Pâtisserie

Dados Internacionais de Catalogação na Publicação (CIP)
(Câmara Brasileira do Livro, SP, Brasil)

Suas, Michel
　Pâtisserie : abordagem profissional / Michel Suas; fotografias Frank Wing ; revisão técnica Tatiane dos Santos ; tradução Beatriz Karan Guimarães. — São Paulo : Cengage Learning, 2023.

　Título original: Advanced bread and pastry: a professional approach.
　Bibliografia.ISBN 978-85-221-1078-0
　1. reimpr. da 1. ed. brasileira de 2012.

　1. Gastronomia 2. Panificação 3.Pão (Culinária) 4. Pastelaria 5. Produtos de padaria I. Wing, Frank. II. Título.

11-11053　　　　　　　　　　　　　　　　　　　CDD-641.815

Índice para catálogo sistemático:
1. Pâtisserie : Receitas : Culinária　　641.815

Pâtisserie
Abordagem profissional

Michel Suas

Revisão técnica
Tatiane dos Santos
Graduada em Psicologia pela Universidade Metodista de São Paulo e pós-graduada em Gestão de Negócios e Serviços de Alimentação pelo Centro Universitário Senac. Formada em Cozinheiro Chefe Internacional do Centro Universitário Senac. Especialista em confeitaria artística. Atualmente é coordenadora e docente no curso de Gastronomia na Universidade Metodista de Piracicaba e professora no Centro Universitário Senac.

Fotografias
Frank Wing

Tradução
Beatriz Karan Guimarães

Austrália · Brasil · Japão · Coreia · México · Cingapura · Espanha · Reino Unido · Estados Unidos

Pâtisserie
Abordagem profissional
Michel Suas

Gerente Editorial: Patricia La Rosa

Supervisora Editorial: Noelma Brocanelli

Editor de Desenvolvimento: Fábio Gonçalves

Supervisora de Produção Editorial: Fabiana Alencar Albuquerque

Título original: Advanced Bread and Pastry.
A Professional Approach
ISBN 13: 978-1-4180-1169-7
ISBN 10: 0-4180-1169-X

Tradução: Beatriz Karan Guimarães

Revisão Técnica: Tatiane dos Santos

Copidesque: Nelson Luis Barbosa

Revisão: Luicy Caetano de Oliveira e Maria Alice da Costa

Diagramação: Join Bureau

Capa: Estúdio Bogari

© 2009 Delmar, parte da Cengage Learning

© 2012 Cengage Learning Edições Ltda.

Todos os direitos reservados. Nenhuma parte deste livro poderá ser reproduzida, sejam quais forem os meios empregados, sem a permissão, por escrito, da Editora. Aos infratores aplicam-se as sanções previstas nos artigos 102, 104, 106 e 107 da Lei nº 9.610, de 19 de fevereiro de 1998.

Esta editora empenhou-se em contatar os responsáveis pelos direitos autorais de todas as imagens e de outros materiais utilizados neste livro. Se porventura for constatada a omissão involuntária na identificação de algum deles, dispomo-nos a efetuar, futuramente, os possíveis acertos.

> Para informações sobre nossos produtos, entre em contato pelo telefone **0800 11 19 39**
>
> Para permissão de uso de material desta obra, envie seu pedido para **direitosautorais@cengage.com**

© 2012 Cengage Learning. Todos os direitos reservados.

ISBN 13: 978-85-221-1078-0
ISBN 10: 85-221-1078-6

Cengage Learning
Condomínio E-Business Park
Rua Werner Siemens, 111 – Prédio 20 – Espaço 4
Lapa de Baixo – CEP 05069-900 – São Paulo – SP
Tel.: (11) 3665-9900 – Fax: (11) 3665-9901
Sac: 0800 11 19 39

Para suas soluções de curso e aprendizado, visite www.cengage.com.br

Impresso no Brasil.
Printed in Brazil.
1. reimpressão de 2023.

AGRADECIMENTOS

Gostaria de dedicar este livro a todas as pessoas que me apoiaram durante minha trajetória nesta profissão. Foi uma estrada, às vezes, cheia de percalços, mas sempre divertida para um jovem de 14 anos expulso da escola.

Gostaria de começar com a França, com meu primeiro chef pâtissier, Sr. Hingouet, que me deu a oportunidade de ser seu aluno; ao chef Sr. Blaise, que me mostrou o valor do alimento e a profissão na cozinha. Ao Sr. Barrier, que me ofereceu o emprego de chef pâtissier executivo aos 22 anos no seu restaurante três estrelas. A todos os meus mentores e colegas.

Nos Estados Unidos, a todos os meus clientes da TMB Baking Inc., a todos os estudantes do San Francisco Baking Institute, que me ajudaram a conseguir meus objetivos. Às pessoas que confiaram em mim e buscaram meus conselhos e orientações para seus empreendimentos, ou para frequentar os cursos do SFBI.

Este trabalho é um agradecimento por todo esse apoio, incentivo e confiança. Espero que este livro atenda suas expectativas, e que ajude a ensinar às novas gerações, ou a fazê-las descobrir o valor da profissão.

Da mesma forma, agradeço a todos que participaram da criação deste livro, a todos da SFBI e da TMB Baking Inc. e à minha família, especialmente minha filha Julie Marie, que me deu força e energia para seguir adiante sempre que pensava que o livro era maior do que eu seria capaz de realizar. Ela sempre conseguia me fazer rir.

Muito obrigado a todos!

Sumário

Prefácio ix

PARTE 1: INTRODUÇÃO

Capítulo 1: Panificação e pâtisserie: uma perspectiva histórica e oportunidades atuais... 5

Capítulo 2: Segurança alimentar e assepsia em panificação 23

PARTE 2: PÂTISSERIE

Capítulo 3: Biscoitos 53

Capítulo 4: Bolos rápidos 97

Capítulo 5: Massa para pâtisserie.. 133

Capítulo 6: Tortas fechadas e tortas abertas 165

Capítulo 7: Preparo para bolos e cocção 209

Capítulo 8: Caldas, cremes, mingaus, espumas de ovos e coberturas............. 253

Capítulo 9: Musse... 313

Capítulo 10: Bolo em camadas: clássico e moderno 333

Capítulo 11: *Petits fours* e confeitos..................................... 433

Capítulo 12: Sobremesas congeladas..................................... 491

Capítulo 13: Sobremesas compostas 537

Capítulo 14: Decoração profissional..................................... 579

Capítulo 15: O chocolate e a arte em chocolate............................ 615

Apêndice A: Conversões 671

Apêndice B: Porcentagens do padeiro 673

Apêndice C: Conversões de temperatura 678

Glossário... 679

Referências 695

Índice de fórmulas... 697

Índice remissivo 703

PANIFICAÇÃO E VIENNOISERIE
Abordagem profissional

PARTE 1: INTRODUÇÃO

Capítulo 1: Panificação e pâtisserie: uma perspectiva histórica e oportunidades atuais

Capítulo 2: Segurança alimentar e assepsia em panificação

PARTE 2: PANIFICAÇÃO

Capítulo 3: Processo de panificação e mistura da massa

Capítulo 4: Fermentação

Capítulo 5: Assar o pão

Capítulo 6: Tecnologia avançada para farinhas e melhoradores de massa

Capítulo 7: Processos alternativos de panificação

Capítulo 8: Fórmulas de pães

PARTE 3: VIENNOISERIE

Capítulo 9: Viennoiserie

Apêndice A: Conversões

Apêndice B: Porcentagens do padeiro

Apêndice C: Conversões de temperatura

Glossário
Referências
Índice de fórmulas
Índice remissivo

PREFÁCIO

Pâtisserie[1] é um guia abrangente, projetado como fonte de consulta para faculdades e universidades, escolas particulares de culinária e gastronomia e profissionais. Combinando respeito à tradição com abordagem moderna dos métodos e técnicas, este livro traz apresentação atraente e ensinamentos indispensáveis. É destinado a ajudar professores, padeiros e chefs pâtissiers a acompanhar os recentes desenvolvimentos de ingredientes, produtos e apresentações da indústria. As fórmulas são baseadas em uma variedade de métodos e processos clássicos e contemporâneos. Com esses conhecimentos, padeiros e chef pâtissiers estarão prontos para desenvolver habilidades mais avançadas, experimentar novas ideias e interpretar quaisquer fórmulas.

AS FÓRMULAS

A fórmula pode ser considerada a combinação de ingredientes diferentes que tenham sido adequadamente selecionados. É um procedimento seguido de uma observação e um produto final com uma avaliação.

A avaliação do produto deve ser feita durante todas as etapas da fórmula e não apenas ao término da atividade. Ao adotar essa medida, o profissional sabe o que mudar na fórmula, ou no processo, e como corrigir eventuais problemas. Ao longo do processo de criação, aprendemos sobre as propriedades de cada ingrediente ao analisar suas reações e examinar os resultados finais.

Cada fórmula é apresentada em sua melhor versão. Algumas fórmulas, ou composições, são bastante clássicas; são apresentadas aqui porque consideramos a importância de conhecer as origens desses clássicos. Além disso, as fórmulas clássicas servem de modelo; permitem desenvolver um produto com estilo e sabor próprios. Toda a terminologia deste livro – apresentada nas palavras-chave ao final dos capítulos – é precisa. O profissional pode usar esses termos com segurança. No Glossário podemos encontrar todas as palavras-chave que são partes, ou não, de nossa linguagem cotidiana. São conceitos que o profissional precisa saber usar apropriadamente e ensinar aos outros.

COMO UTILIZAR ESTE LIVRO

Ao utilizar este livro, o profissional deve revisar as explicações em cada capítulo sobre informações, ingredientes e procedimentos (incluindo mistura, cozimento e finalização) para que possa entender como realizar as fórmulas apresentadas aqui com sucesso. A parte mais importante de

---

[1] A edição brasileira de *Advanced Bread and Pastry* está dividida em dois volumes, sendo: *Panificação e Viennoiserie: Abordagem profissional* e *Pâtisserie: Abordagem profissional*.

uma fórmula é o procedimento; é preciso ter o controle completo de todas as etapas para conseguir observar o que acontece nesse processo e ser capaz de corrigir erros quando necessário.

Primeiro deve-se ler o capítulo para entender o contexto. Consultar o glossário para continuar avançando e a seção de ingredientes, que se encontra na página deste livro, no site da Cengage Learning (www.cengage.com.br), assim como as listas de ingredientes indicadas nos capítulos, para compreender suas propriedades e seus usos para propósitos diversos.

O objetivo deste livro é ensinar e melhorar as habilidades por meio da informação, bem como orientar sobre a prática. Para isso, apresentamos um panorama de fórmulas que representam uma variedade de técnicas e de procedimentos para obter resultados diversos. Ao criar fórmulas diferentes com ingredientes e processos diferentes, oferecemos ao profissional um conhecimento de outros produtos e de suas características. A seção de mistura para bolos, por exemplo, apresenta bolo espumoso (pão de ló), bolo com gordura hidrogenada líquida e bolos com métodos cremosos para evidenciar a relação entre ingredientes, procedimentos e produto final.

SOLUÇÃO DE PROBLEMAS

Ao longo dos capítulos, são apresentadas soluções de problemas e orientações gerais. Caso o produto não resulte como o esperado, o leitor deverá voltar ao capítulo específico, ler o texto novamente e procurar respostas para entender o que pode ter dado errado e por quê. A melhor parte da indústria da pâtisserie é que se pode descobrir algo novo cada vez que se cria um produto.

E, novamente, este livro fornece o melhor das preparações e dos procedimentos clássicos. Por certo o profissional encontrará, aqui, uma fórmula com um ingrediente diferente, uma abordagem diferente da fórmula ou uma aparência diferente do produto final. Devemos aceitar as diferenças para entender e aprender com elas. Essa é a beleza de nossa indústria. O profissional pode criar seu próprio produto assim como um artista, um músico ou um pintor o faz.

SOBRE O AUTOR

Michel Suas é o fundador do San Francisco Baking Institute (SFBI) e da TMB Baking. Estudou na França, seu país de origem, onde foi diplomado como chef de cozinha, chef pâtissier e padeiro. Depois de quase quatro décadas na indústria de panificação, ele demonstrou seu profissionalismo em todas as áreas de panificação e pâtisserie, incluindo procedimento, fórmula, produção, planejamento de padarias, equipamento e treinamento. Em 1996, Michel fundou o SFBI, que desde então formou milhares de profissionais e jovens padeiros de todas as partes do mundo. O Instituto tem servido como espaço para treinar diversas equipes vencedoras de concursos como o Baking USA, além de hospedar inúmeros grupos internacionais de países como Rússia, China e Japão. O compromisso de Michel em oferecer uma formação sólida para estudantes que estão iniciando suas atividades em panificação, e para profissionais interessados em ampliar suas habilidades, continua a crescer. O foco principal de Michel é a sua devoção à educação na medida em que ele tem ampliado o currículo da SFBI e tem viajado pelo mundo divulgando seu vasto conhecimento e sua paixão pela panificação.

A ORGANIZAÇÃO DO TEXTO

Este livro está organizado na progressão do passo a passo do método e do procedimento para cada produto. A organização acompanha cada fórmula, permitindo que o leitor e o professor possam desenvolver um entendimento claro da correlação entre procedimentos e a relativa importância e diferenças de cada um deles.

Pâtisserie está dividido em duas partes: Introdução e Pâtisserie, seguidas dos apêndices: Conversões, Porcentagens do padeiro e Conversões de temperatura, Glossário, Índice de fórmulas e Índice remissivo.

APRESENTAÇÃO

Pâtisserie é uma passagem atraente entre um texto fundamental de consulta e um tipo de livro elegante sobre a arte da confeitaria que normalmente é escrito e ilustrado por celebridades.

Algumas inovações desta edição:

- Fotografias dos produtos finais magnificamente produzidas juntamente com fotografias mais práticas mostrando os procedimentos passo a passo, envolvendo os leitores e fornecendo referências visuais importantes.
- Os objetivos dos capítulos estão indicados para auxiliar o leitor a entendê-los com facilidade.
- Uma lista de palavras-chave reforça a terminologia relevante para cada capítulo.
- Um glossário com as palavras-chave e suas definições é fornecido no final do livro para consultas rápidas.
- Ilustrações coloridas detalhadas são apresentadas ao longo do texto para a maior compreensão de conceitos mais difíceis.
- Tabelas e gráficos proporcionam uma apresentação visual de informações essenciais para o entendimento dos alunos.

AGRADECIMENTOS ESPECIAIS

Este livro só se tornou possível graças à minha equipe. O nome do autor reflete somente uma pessoa responsável por conceber o trabalho inicialmente, e por direcionar a criação de suas ideias com um objetivo claro. "O Livro" é o resultado de pessoas com múltiplos talentos, com vasta experiência e capacidade. Todos dividem o crédito pelo resultado final. Para um livro desta dimensão, a única maneira de escrevê-lo é buscar especialistas em cada área.

As pessoas a seguir merecem um reconhecimento especial pelas suas contribuições:

Didier Rosada Este projeto não seria possível sem a participação de Didier Rosada na seção de Panificação. Seus conhecimentos, paixão e devoção são evidentes no texto. Aqueles que conhecem Didier pessoalmente são testemunhas da sua capacidade como professor e da sua integridade como pessoa, o que ultrapassa todas as expectativas. Com mentalidade aberta, divide seu conhecimento e ensina com profundidade os mistérios da produção do pão com simplicidade, humor e mão firme. Não importa se for iniciante ou profissional – é sempre possível aprender algo com Didier Rosada.

PREFÁCIO

Brian Wood A organização deste livro não teria sido possível sem Brian Wood. Quando ainda muito jovem, e já um excelente chef pâtissier, demonstrou impressionante objetividade e persistência. A participação de Brian na Introdução, na Viennoiserie e na seção de Pâtisserie, além de ter contribuído em muitas outras partes deste livro, demonstra sua dedicação à perfeição. Sua marca pessoal de qualidade contribuiu enormemente para o resultado positivo deste projeto.

Miyuki Togi O suporte de Miyuki à escrita e à edição no projeto de criação deste livro foi incalculável. Com o objetivo de desenvolver um entendimento mais aprofundado do conteúdo a ser compartilhado, Miyuki foi capaz de passar as informações com profissionalismo, e na medida certa, ao longo dos capítulos. Além disso, seu trabalho minucioso nos testes de cozimento fortaleceu nossa confiança na qualidade das fórmulas. O envolvimento de Miyuki no *décor* e nas seções de sobremesas é uma amostragem da habilidade que essa jovem talentosa vai trazer à indústria.

Steve Hartz Pelas suas contribuições no capítulo sobre segurança alimentar e assepsia, Steve Hartz foi insubstituível. O domínio completo dos problemas de higiene e sua experiência na indústria de panificação permitiram a ele combinar a perspectiva do conhecimento prático do dia a dia juntamente com a teoria.

Juliette Lelchuk Com seu temperamento criativo e domínio excepcional de sabor e apresentação, Juliette teve uma forte influência no desenvolvimento das sobremesas. Seu sorriso e sua natureza atenta também foram de grande auxílio para nós, de muitas maneiras.

Stéphane Tréand Não poderíamos esperar alguém melhor para trabalhar com pastilhagem e açúcar do que Stéphane Tréand. Sua habilidade e seu profissionalismo estão presentes em tudo que ele faz. Stéphane não teve receio de trabalhar 14 horas seguidas para ter certeza de que cada foto estivesse correta. Mesmo sob enorme pressão, sua atitude positiva e amiga nunca oscilou. Ele tornou cada tarefa mais prazerosa para cada pessoa envolvida no processo, na medida em que o observávamos criar elementos de decoração com precisão e estilo.

Lisa Curran Pesquisando, revisando e acrescentando elementos no capítulo sobre farinhas, Lisa provou ter uma riqueza de informações, apresentadas sempre com uma abordagem discreta e amiga. É sempre um prazer trabalhar com Lisa.

Kelly O'Connell Kelly foi uma presença constante sempre que precisávamos de seu trabalho de pesquisa e revisão. Sua participação no capítulo sobre sobremesas congeladas foi incalculável, e sua atitude calma e positiva tornou nosso trabalho mais fácil.

Julie Marie Suas Julie merece um agradecimento especial por seu envolvimento na sessão de fotos e seleção de fotografias, juntamente com suas sugestões de alguns capítulos para tornar o livro mais divertido.

Evelyne Suas Por registrar todas as nossas sessões de fotos, mas especialmente por seu apoio constante e positivo, obrigado Evelyne.

Frank Wing O entusiasmo de Frank e a devoção incomum às fotografias por ele produzidas tornaram os produtos até mesmo melhores que os reais. Aprendemos muito com ele. Todos os produtos fotografados para este livro são autênticos. Nenhum estilista de alimentos participou das sessões. Sem a paciência e o conhecimento de Frank sobre alimentos, nunca chegaríamos perto das magníficas fotos aqui apresentadas.

Jamie Williams Jamie trabalhou no primeiro esboço da edição. Ajudou a manter a consistência nos capítulos e apresentar uma única voz de todos os colaboradores. Seu entusiasmo e atenção ao detalhe foram muito úteis e muito apreciados.

Nikki Lee Gostaríamos de agradecer a Nikki e a sua equipe da Lachina Publishing Services por sua paciência e atenção ao detalhe para o leiaute e produção do livro. Mesmo com pressão para o prazo de entrega, ela manteve consistentemente um alto nível de exigência. Obrigado Nikki.

Cengage Learning Agradecemos a todo o pessoal da Cengage Learning que trabalhou neste projeto. De sua aquisição por Matt Hart à supervisão de redação e ao processo de produção por Patricia Osborn, à produção e projeto de arte com Glenn Castle, e toda a equipe foi muito útil em nos dar suporte para produzir o livro que queríamos publicar. Muito obrigado.

Equipe do TMB Baking A paciência e o apoio da equipe do TMB foram extremamente estimulantes durante os testes e a produção deste livro. Agradecimentos especiais a Richard Abitbol por todo o seu apoio e pelo desenvolvimento dos gráficos e de outras mídias para a seção de Bolos. Sua colaboração em colocar a informação final de forma detalhada, bem como a documentação sobre equipamentos, foi inestimável.

Profissionais da indústria de panificação, estudantes e entusiastas Não teríamos chegado aqui sem todos os estudantes dedicados que frequentaram o San Francisco Baking Institute (SFBI). Seu apoio contínuo, bem como seu entusiasmo e o desejo de ver este livro pronto foram muito valiosos para nós.

Tim Kitzman Pela sua paciência e determinação, já que ele testou cada fórmula de pão inúmeras vezes para finalmente compilar todas as informações, muito obrigado Tim Kitzman.

REVISORES

À Cengage Learning gostaria de agradecer os seguintes revisores por seu trabalho e contribuições valiosas para este livro.

Elena Clement, CEPC. *Associate Instructor*. Johnson & Wales. Denver Campus. Denver, CO; Joseph A. DiPaolo Jr., AOS CEPC. *Pastry Chef Instructor*. Le Cordon Bleu College of Culinary Arts Atlanta. Duluth, GA; Elizabeth K. Fackler, CCE, CEPC. *Pastry Arts Instructor*. Alaska Culinary Academy, Alaska Vocational Technical Center. Seward, AK; Christopher Harris. *Pastry Chef Instructor*. South Seattle Community College. Seattle, WA; Lisa Inlow, AOS. *Chef Instructor*. Saddleback Junior College. Mission Viejo, CA; Paul V. Krebs. *Professor*. Schenectady County Community College.

Schenectady, NY; Ken Morlino, MAB, CEC. *Associate Professor, Coordinator of Culinary Arts*. Nashville State Community College. Nashville, TN; Dominic O'Neill, CEC. *Executive Chef and Instructor*. Scottsdale Community College. Scottsdale, AZ; William Darrel Smith, MAED. *Chef Instructor*. The Art Institute International Minnesota (AiM), Minneapolis, MN; Chris Thielman, MA, CEC, CCE. *Chef Instructor*. College of DuPage. Glen Ellyn, IL; Michelle R. Walsh, CEPC. *Adjunct Instructor*. Oakland Community College. Farmington Hills, MI.

Encontra-se na página deste livro, no site www.cengage.com.br, um arquivo sobre **Ingredientes** e outro sobre **Equipamentos**.

Como qualquer outro instrumento dinâmico de informação, os sites mudam ou podem ser retirados da Web sem aviso prévio, a Cengage Learning não se responsabiliza por essas alterações.

PARTE 1

INTRODUÇÃO

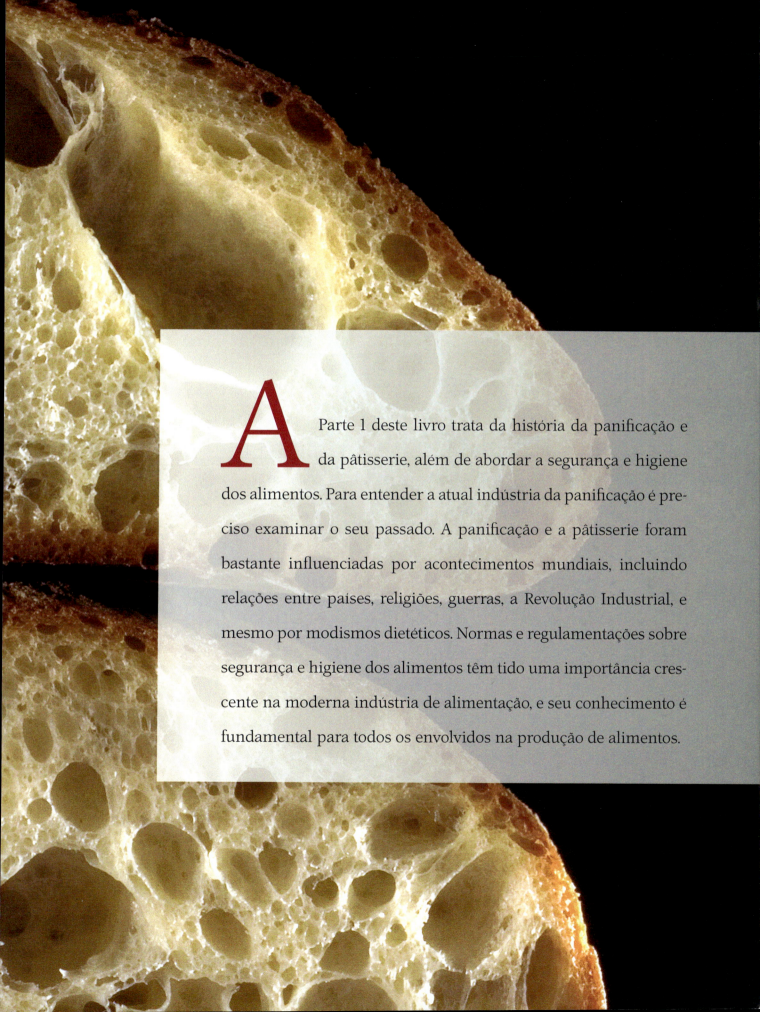

A Parte 1 deste livro trata da história da panificação e da pâtisserie, além de abordar a segurança e higiene dos alimentos. Para entender a atual indústria da panificação é preciso examinar o seu passado. A panificação e a pâtisserie foram bastante influenciadas por acontecimentos mundiais, incluindo relações entre países, religiões, guerras, a Revolução Industrial, e mesmo por modismos dietéticos. Normas e regulamentações sobre segurança e higiene dos alimentos têm tido uma importância crescente na moderna indústria de alimentação, e seu conhecimento é fundamental para todos os envolvidos na produção de alimentos.

capítulo 1

PANIFICAÇÃO E PÂTISSERIE: UMA PERSPECTIVA HISTÓRICA E OPORTUNIDADES ATUAIS

OBJETIVOS

Após a leitura deste capítulo, você será capaz de:

- Apresentar as origens e evoluções da panificação, incluindo suas influências em várias civilizações.
- Explicar a cultura da panificação.
- Explicar o declínio e o ressurgimento da panificação artesanal e as suas razões, e citar profissionais que ajudaram a reintroduzir os métodos de panificação artesanal.
- Expor as exigências e os desafios que os padeiros enfrentam hoje.
- Entender a indústria e as oportunidades apresentadas.

INTRODUÇÃO À PANIFICAÇÃO E PÂTISSERIE

Ao longo da história, o homem tem buscado alimentos benéficos à saúde, garantindo assim a sua sobrevivência como espécie. Embora nossa existência tenha se tornado consideravelmente mais complexa desde os tempos da caça e coleta, a necessidade de nutrição continuou sendo a mesma, apenas os avanços da ciência e da tecnologia têm facilitado os meios de melhor satisfazer essa necessidade.

Para entender os fundamentos da panificação, é necessário explorar e aprofundar a sua história. Uma série de acontecimentos – incluindo novas técnicas agrícolas, ameaça de fome, surgimento e queda de nações, casamentos de reis e rainhas, a Revolução Industrial, o acesso a informações aprimoradas, religião e guerras – deixou sua marca nos pães e pâtisseries que ainda hoje produzimos e consumimos.

PARTE 1: INTRODUÇÃO

PERÍODO NEOLÍTICO (10.000 A.C. - 4.000 A.C)

O período Neolítico foi marcado pela mudança de sociedades nômades, que dependiam da caça e da coleta, para comunidades sedentárias de base agrária. Aproximadamente metade da dieta neolítica era composta de caças, como cervo, faisão ou peixes. A outra metade consistia de nozes, frutas silvestres e grãos, incluindo **centeio**, **espelta** (um tipo de trigo mais rústico), **painço** e **trigo**. Durante esse período, protótipos de pães primitivos surgiram na forma de uma simples **pasta** feita inicialmente com grãos deixados de molho e mais tarde cozidos em água. Assim, o grão não apenas se tornava mais digestivo que o cru, como o processo de cozimento também oferecia mais nutrientes.

A transição de comunidades nômades para sedentárias também marcou um lento afastamento da vida selvagem (Flandrin & Montanari, 1999, p. 71-2). Europeus que viviam em áreas mais temperadas desfrutavam de um ambiente mais diverso que proporcionava uma dieta nutritiva e balanceada incluindo vários cereais, especialmente trigo e centeio, e carne de animais domésticos, como ovelhas, cabras, vacas e porcos (ibidem, p. 28). Na medida em que essa cultura, predominantemente agrária, se espalhou para o oeste da Europa, essa dieta tornou-se a base alimentar adotada pelos ocidentais ainda hoje (ibidem, p. 28).

À medida que as antigas tecnologias iam se desenvolvendo, o processo de preparação dos grãos para consumo também mudava. A pasta primitiva passou a ser aquecida em pedras achatadas quentes ou mesmo assada em cinzas para produzir um pão rústico, porém mais durável e de fácil transporte. Esses alimentos forneciam nutrientes vitais não encontrados tão facilmente nas carnes e se tornaram parte essencial da dieta alimentar do Neolítico. Por serem imprescindíveis para a sobrevivência, os cereais passaram a ser valorizados e consumidos por comunidades inteiras, o que ocasionou o aumento da colaboração e da troca entre essas comunidades.

Outro grande avanço verificado durante o Neolítico foi a criação e o uso de potes de cerâmica, moinhos rústicos e fornos. Descobertas arqueológicas revelaram moinhos e fornos como peças centrais de uma casa revelando a sua importância na vida daquele período. Esses avanços de tecnologia básica também prepararam terreno para que gregos e egípcios aprimorassem a arte da panificação (Flandrin & Montanari, 1999, p. 28).

ANTIGUIDADE CLÁSSICA – EGITO E GRÉCIA (5.500 A.C. - 300 D.C.)

À medida que a civilização avançou na Europa e no Oriente Próximo e Médio, um número crescente de pessoas passou a viver em áreas densamente povoadas, tendo nos grãos a sua fonte básica de alimentação. Durante esse período, mediante experimentos com ingredientes e novas técnicas, as culturas egípcia e grega tornaram-se as primeiras a realmente avançar na ciência da panificação.

Sedimentos encontrados no delta do Nilo, no Egito, apresentaram sinais de que já em 4.000 a.C. agricultores cultivavam espelta, trigo e **cevada** para a produção doméstica de pães de modo geral e cerveja, além de exportarem grãos para a Grécia. Essas exportações abasteciam os gregos de uma quantidade extra de grãos necessária para a sua produção de pães e massas doces (Flandrin & Montanari, 1999, p. 39).

A maior parte do conhecimento em relação a pães e massas doces do antigo Egito vem de achados arqueológicos, já que pouco existe em registros escritos. Em escavações de túmulos egípcios foram encontrados "alimentos para funeral", um sortimento de pães e afins, às vezes chegando aos milhares, destinados como provisão para a vida depois da morte (ibidem, p. 38).

O que sabemos, de fato, é que os pães e pastas da Antiguidade eram feitos tanto de grãos produzidos localmente como trazidos de outras regiões, e que o tipo de pão ou pasta consumido estava geralmente relacionado ao *status* na sociedade. Os mais ricos comiam os pães mais claros, as classes médias consumiam pães com alguns grãos integrais, e os mais pobres comiam pães com grãos integrais e espelta.

As pessoas que consumiam grãos na forma de pão geralmente produziam a farinha em suas próprias casas. Os grãos eram ligeiramente tostados ou secos ao sol para facilitar a separação da palha. Eram então triturados com o auxílio de um pilão, depois moídos entre duas pedras e peneirados até o grau desejado. Exames feitos em antigos egípcios revelaram que os dentes eram excessivamente gastos, o que os arqueólogos atribuíram à mistura acidental de areia fina com farinha durante o processo de moagem (Flandrin & Montanari, 1999, p. 39).

Os primeiros pães egípcios sem fermentação eram feitos de farinha de trigo, cevada ou espelta, água e sal. Hieróglifos mostram que as pessoas sovavam a massa com as mãos, mas grandes quantidades eram também processadas com os pés. Embora esses pães fossem normalmente assados em lajes ou fornos de pedra, há também especulações de que poderiam ter sido assados nas paredes de fornos, muito semelhante à forma como os autênticos pães *naan* são assados hoje (em fornos abaixo do solo) (ibidem, p. 39).

Conforme citado pelo escritor grego Ateneu, os gregos da Antiguidade eram conhecidos por ter 72 tipos diferentes de pão (Revel, 1982, p. 65). A dimensão dessa produção é indicativa da importância dos avanços sociais e tecnológicos naquele período, incluindo o redesenho de fornos a lenha e um processo de moagem aprimorado capaz de produzir diversos graus de moagem da farinha. A diversidade de ingredientes disponíveis propiciava combinações de sabores muito variadas, com uma enorme variedade de grãos, ervas, óleos, frutas e sementes usadas para criar uma vasta seleção de pães. Depois de certo tempo, a arte da panificação avançou a um nível que formatos e sabores específicos foram criados para celebrar ocasiões, incluindo pães em forma de cones, que eram cobertos por sementes de cominho e usados em cerimônias religiosas. Outros modelos incluíam pães achatados, redondos, ovais e triangulares. Com esses significativos avanços, a utilização de grãos como simples meio de nutrição mudou, e o pão passou a ser associado à civilização e inovação gastronômica (Revel, 1962, p. 64-5).

Pães fermentados começaram a ser produzidos por volta de 1.500 a.C. (Flandrin & Montanari, 1999, p. 39). Há duas teorias predominantes relativas ao desenvolvimento de pães fermentados. A primeira é de que os egípcios, que aprimoraram o processo de fabricação de cerveja, usavam a bebida em vez de água na produção do pão e, assim, introduziram o fermento na massa. A segunda teoria é de que uma parte da massa teria sido esquecida em algum lugar, inoculada pela fermentação natural do ambiente e mais tarde assada (Tannahill, 1988, p. 52).

Embora essa massa fermentada não produzisse um pão muito leve, ainda assim era mais leve do que aquela experimentada previamente pelos antigos egípcios. Se, porém, a massa fermentada foi feita inicialmente com cerveja, os egípcios fariam facilmente a associação entre fermentação de grãos para produzir cerveja e fermentação de grãos para fazer crescer o pão. A teoria da cerveja é mais comum e possivelmente mais realista, já que continuou sendo o método mais popular para produzir pães fermentados no Egito (Tannahill, 1988, p. 52).

Fora do Egito foram desenvolvidos métodos de fermentação de acordo com os recursos e costumes regionais. Gregos e italianos usavam métodos relacionados ao processo de produção de vinhos para obter a fermentação; os três métodos mais comuns eram farinha de painço e suco de uva, farelo e vinho branco, e pasta envelhecida (Tannahill, 1988, p. 52). Os gauleses (cultura antiga que habitava o que é hoje parte da França e da Bélgica) e caucasianos (que viviam em uma região hoje pertencente a Geórgia, Armênia e Azerbaijão) usavam a espuma da cerveja para fermentar seus pães (ibidem, p. 52). O método mais comum de fermentação era reservar uma parte da massa para que pudesse ser usada no preparo seguinte como fermento, um recurso empregado ainda hoje em muitas padarias.

OS PRIMEIROS BOLOS

Além de produzir pães, egípcios e gregos faziam bolos rudimentares. Os egípcios eram conhecidos por prepará-los já por volta de 3.000 a.C. (Tannahill, 1988, p. 53). Os ingredientes mais comuns para esses bolos incluíam leite, ovos, manteiga, mel, sementes de gergelim, pinoli, nozes, amêndoas, sementes de papoula e tâmaras (Revel, 1982, p. 69). Um bolo típico poderia ser um pão adocicado, passado no mel e coberto com sementes.

Em seu livro *Cultura e cozinha*, Jean-François Revel (1982, p. 69) apresenta uma receita de bolo do historiador grego Ateneu, datada aproximadamente de 200 a.C.:

> Juntar nozes de Thásos, amêndoas e sementes de papoula e tostá-las cuidadosamente. Socá-las bem num pilão limpo, misturar esses ingredientes, moê-los adicionando mel coado, e pimenta, e misturar tudo muito bem; a mistura vai ficar escura por causa da pimenta. Faça dessa pasta um quadrado achatado, e então moa um pouco de gergelim branco, misture com farinha e mel. Fazer dois discos de bolo, e rechear com a pasta escura, apertando com cuidado no meio.

Apicius, epicurista e escritor do período greco-romano, registrou muitas receitas de bolos bem populares durante a transição para a era cristã. São consideradas as únicas descrições de preparo de bolos e massas doces da Antiguidade e da Idade Média. Um autor de período anterior, Crisipo de Tiana, escreveu um tratado sobre preparo de bolos, no qual detalhava mais de 30 receitas da época; infelizmente esse livro não chegou aos nossos tempos. Mas, por sorte, há outros exemplos de receitas antigas de bolos, como esta segunda receita registrada por Jean-François Revel (1982, p. 69):

> Bolinhos caseiros: moer tâmaras, nozes ou pinoli com espelta cozida em água. Acrescentar pimenta finamente moída e mel; faça bolinhas, passando-as levemente no sal. Fritá-las em óleo e umedecê-las com mel.

Assim como muitas receitas que sobreviveram à era clássica grega e à do antigo Egito, somente as preparações básicas são descritas, e acredita-se que as quantidades dos produtos utilizados e as instruções específicas eram conhecidas por todos. Outra observação interessante é que ambas as receitas incluem pimenta, uma especiaria bastante comum na época.

PÃO E CULTURA NA ANTIGUIDADE

A concentração de pessoas em áreas densamente povoadas e o surgimento do pão e o uso de grãos como a principal fonte de alimento teve imenso impacto na cultura da antiga Grécia e do Egito, e para a maioria das comunidades europeias emergentes. Ao satisfazer suas necessidades mais imediatas, a população dessas regiões adotou um estilo de vida mais sedentário e urbano, abandonando, assim, o que era considerado "o estilo de vida bárbaro" (Flandrin & Montanari, 1999, p. 69).

O reconhecimento da civilização na Grécia e no Egito foi determinado pelo que as pessoas comiam. O padrão necessário para sustentar essa cultura civilizada foi definido como "o convívio, o tipo de alimentação consumida, a arte culinária e as regras dietéticas" (ibidem, p. 69). O Convívio, ou a interação entre grupos sociais, promoveu a comunicação e a identidade grupal, ao mesmo tempo que o tipo de alimento consumido por um grupo específico criava uma identidade que os separava dos demais. Para gregos e egípcios, a produção de pão tornou-se o símbolo do que significava viver numa sociedade civilizada. No Egito, acreditava-se que "aquele de barriga vazia é quem reclama" (ibidem, 1999, p. 38). Barriga cheia garante a ordem.

Pães e bolos também desempenharam um papel importante na vida religiosa. No Egito, durante os funerais e os sacrifícios, por exemplo, túmulos eram abastecidos com doces para que o defunto os consumisse após a morte, e bolos e pães eram frequentemente oferecidos aos deuses. De acordo com alguns relatos, Ramsés III oferecia anualmente 9 mil bolos e 200 mil pães aos deuses (Bachmann, 1955, p. 2).

Igualmente importante, o atendimento das necessidades nutricionais básicas significava mais tempo disponível para o aprimoramento intelectual e social. A Grécia e o Egito foram os mestres pioneiros da filosofia, das artes, da construção e da agricultura. A partir da Grécia, a arte e a ciência da panificação seguiram para Roma, tornando-se parte dominante da cultura durante o Império Romano, abastecendo o exército e a população em geral. No ano 100 d.C., o imperador Trajano criou uma guilda de padeiros que deveria fornecer pão para a população à custa do Estado. Ao manter os mais pobres alimentados, Trajano tinha o controle sobre a ordem social de maneira muito semelhante ao que os egípcios haviam feito antes (Montagné, 2001, p. 66).

A IDADE MÉDIA

A Idade Média se estendeu dos séculos V ao XV, começando com a queda do Império Romano e terminando com o surgimento da indústria e da arte que acabaram por promover o Renascimento. A Idade Média foi marcada pela drástica escassez de grãos, por crescente urbanização, fome, doença e uma mudança radical na produção de pães em geral. No início do período, o consumo de pão estava em declínio, mas, ao fim da Idade Média, a organização da profissão de padeiro e a regulação relativa à produção de pães começaram novamente a se desenvolver. Os avanços mais significativos em panificação eram melhorias feitas em fornos, introdução de novos ingredientes, organização dos padeiros e a formação das associações profissionais, as guildas.

O declínio na produção e consumo de pães pode ser atribuído a uma cultura germânica, dominante e nômade, que se alimentava especialmente de carnes, deixando os campos sem cultivo. Esse modo de vida opunha-se fortemente aos antigos modelos de domesticidade, sustentabilidade e afastamento da vida rústica praticados por egípcios, gregos e romanos. Durante o período em que a cultura germânica prevaleceu houve um declínio no uso dos principais ingredientes mediterrâneos como grãos, azeite e vinho. As pessoas voltaram a caçar em florestas, ou transformaram suas lavouras em pastagens para animais domésticos.

Por volta do ano mil da nossa era, a agricultura foi reintroduzida e a panificação começou finalmente a progredir em relação à posição que ocupava na Antiguidade. Essa vasta mudança foi iniciada pela Igreja Católica como forma de fixar populações nômades e de produzir grãos para pães, que desempenhavam um papel determinante nos rituais da Igreja. Sacerdotes católicos aprenderam o cultivo da terra a partir de textos escritos centenas de anos antes por seus antecessores greco-romanos, que descreviam a complexidade do cultivo do solo (Jacob, 1944, p. 115-116).

Os anos 1.100 d.C. presenciam o desenvolvimento do ofício de padeiro, juntamente com as regulamentações da profissão. Por volta do fim do século XII, uma distinção importante surge entre aqueles que apenas assavam o pão (***fornarii***) e aqueles que preparavam a massa e as assavam (***pistores***). Mais precisamente, o papel dos *fornarii* era assar a massa trazida pela comunidade. O manuseio dos fornos era considerado um trabalho perigoso, e a especialização da atividade era passada de uma geração a outra. Porém, o uso coletivo dos fornos dos *fornarii* tinha um preço. Subornos eram oferecidos e aceitos, dando preferência àqueles que podiam pagar mais, e as lutas de poder surgiam inevitavelmente (Flandrin & Montanari, 1999, p. 277).

Na medida em que o consumo de pão cresceu na região do mediterrâneo, os *fornarii* se deram conta de que poderiam se beneficiar da venda de pães também, e conquistaram esse direito com a ajuda da Igreja. Já em Paris, por volta de 1.200 d.C., os *pistores* pressionaram e conseguiram o direito de exclusividade na panificação. Em troca desse direito, ficavam obrigados a fornecer pães à realeza e a se submeter às frequentes inspeções para assegurar que os regulamentos sanitários e de pesagem estivessem sendo seguidos (Flandrin & Montanari, 1999, p. 39).

A primeira guilda de padeiros, chamada *Tameliers*, foi formada na França nessa época. O nome *Tamelier* refere-se ao ato de peneirar a farinha conforme exigia a receita. Para tornar-se um *Tamelier*, eram necessários quatro anos de aprendizado, realizar vários testes e receber, do rei, a licença para exercer o ofício. Por meio da guilda, os padeiros forneciam pães para várias indústrias e, em troca, recebiam alguns privilégios, como tratamento médico gratuito e imediato por fornecimento de pães aos hospitais (Montagné, 2001, p. 66).

Durante o século XIII, os pães eram feitos especialmente de trigo e se tornaram parte fundamental no crescimento urbano da Europa ocidental. A qualidade do trigo variava muito, e o tipo de farinha usada continuava a delinear as posições na sociedade – quanto mais ricas as famílias, mais macio e branco era o pão. Os pães das classes mais altas eram conhecidos como *pain de bouche* ou *pain mollet*, na França. Na Alemanha, era *Semmelbrot*; e na Inglaterra, *paindemain* ou *white bread* (Flandrin & Montanari, 1999, p. 281). O pão das classes trabalhadoras continha mais farelo e germe de trigo e era conhecido como pão marrom, enquanto o pão de trigo integral era destinado à população mais pobre (Flandrin & Montanari, p. 281).

Com a produção de pão bem consolidada, os padeiros logo começaram a criar produtos "doces" para ser vendidos como oferecimentos para a Igreja, nos feriados, e quando os preços dos grãos estavam baixos. Os primeiros a serem produzidos eram tipos biscoitos primitivos e *waffles*, que eram feitos ao pressionar a massa entre duas peças de metal quentes. Dependendo da oferta de ingredientes, a massa era enriquecida com mel, leite, ovos e, às vezes, açúcar. Esses doces se tornaram imediatamente populares, recebendo encomendas diárias da realeza e de nobres. Além de serem consumidos como uma sobremesa leve, também poderiam fazer parte da refeição matinal (Flandrin & Montanari, 1999, p. 281).

As Cruzadas tiveram um papel muito importante no desenvolvimento da confeitaria. Os ocidentais trouxeram de volta, da Pérsia, o açúcar, considerado uma "especiaria" nova e estimulante; além disso, trouxeram uma forma primitiva de massa folhada e uma variedade de frutas, nozes e especiarias. A introdução do açúcar e da massa folhada acabou causando alguns problemas entre as três principais guildas de Paris (padeiros, confeiteiros e donos de restaurantes). Cada um deles queria direitos exclusivos para o uso e venda desses produtos (Montagné, 2001, p. 855-856).

Do fim da Idade Media até a Renascença, a especialização e a diferença entre panificação e pâtisserie aumentou consideravelmente por toda a Europa ocidental. Juntamente com essa especialização, surge um controle estrito por parte da realeza, que emitia direitos a determinadas guildas para a produção de produtos de panificação, determinando regras de comércio, definição de padrões, controle de preços e a garantia de qualidade.

Um exemplo disso foi o rei francês João, o Bom, que em 1351 definiu as atribuições das pâtisseries e dos seus produtos, como biscoitos e diversos bolos, vários doces e salgadinhos, marzipã e tortas (ibidem, p. 66). Em 1366, Carlos V da França definiu regras relativas a quando e onde os pães poderiam ser vendidos e determinou o preço de pães feitos com os diversos tipos de farinhas (ibidem). Em 1397, e novamente em 1406, seu sucessor, Carlos VI, revisou os direitos originais dos confeiteiros ao criar regulamentos que estabeleciam as vendas, os padrões de qualidade e a definição de funções para **oubloyers**, ou confeiteiros diaristas. Nos tempos de Carlos VI, esperava-se que um confeiteiro fabricasse 500 **biscoitos** (*oublies*) grandes, 300 *supplications* (para os feriados religiosos e oferendas), e 200 *esterels*, por dia (Flandrin & Montanari, 1999, p. 281).

DA RENASCENÇA À REVOLUÇÃO INDUSTRIAL

A realeza mantinha um rígido controle sobre a fabricação de pães e pâtisseries ao longo da Renascença. Em 1440, Carlos VIII da França lançou um decreto outorgando o direito de preparar salgados aos **pâtissiers**,[1] uma nova guilda a quem era dado o direito exclusivo de produzir e vender tortas e pastelões recheados com carnes, peixes e queijos. Juntamente com esses direitos, surgem responsabilidades para garantir a segurança alimentar apropriada. Por exemplo, era proibido vender produtos velhos ou usar carnes deterioradas e laticínios estragados ou de baixa qualidade. Carlos VIII também criou regras de produção para pâtissiers e assistentes semelhantes às dos confeiteiros. Por fim, pâtissiers e confeiteiros se uniriam em uma mesma guilda para ter controle sobre casamentos e banquetes, um monopólio que durou de 1556 até a extinção das guildas francesas por Turgot em 1776 (Montagné, 2001, p. 856).

A legislação referente à produção e venda de farinha, pães e massas alcançou novos patamares na França durante o século XVII, inicialmente em razão de uma redução da oferta de grãos. Em 1635, Richelieu decretou que "padeiros fabricantes de pãezinhos e pâtissiers não devem comprar grãos antes das 11 horas no inverno e antes do meio-dia no verão; padeiros fabricantes de pães grandes não deverão comprar grãos antes das 2 da tarde. Isso permitirá que a população obtenha seus ingredientes primeiro. Padeiros deverão colocar uma marca indicativa nos seus pães, e manter pesos e medidas em suas padarias, sob pena de terem suas licenças recolhidas" (ibidem).

O mais curioso era a tabela de preços e padrões para identificar o produto e o seu peso, assim como as exigências de marcar o pão com sinais típicos para que o produto pudesse ser rastreado até o seu padeiro. Mais tarde, quando se formaram mercados urbanos em cidades como Paris, a legislação que controlava a venda de pães muitas vezes especificava que um padeiro poderia vender seus produtos apenas com a ajuda de sua esposa e filhos (ibidem).

Durante os séculos XVI e XVII, o perigo da fome na Europa ocidental era uma realidade constante. Não apenas a oferta de grãos era variável, como uma crescente população urbana pobre consumia esses estoques. Na medida em que os pobres convergiam para as cidades com "alimentos garantidos", e o preço do pão aumentava junto com a demanda, a realeza tornava-se consequentemente responsável por garantir um "equilíbrio nutricional" entre seus súditos.

---

[1] Em francês, o termo "pâtissier" designa o profissional que produz doces, bolos, biscoitos e massas doces e salgadas. Carlos VIII procurou diferenciar os pâtissiers dos confeiteiros, sendo os primeiros os produtores de massas salgadas e os confeiteiros, de sobremesas. Essa diferenciação, no entanto, já era arbitrária pois, no século anterior, os pâtissiers já produziam biscoitos e diversos bolos, vários doces e salgadinhos. (NRT)

Falhas nesse sentido poderiam desencadear tumultos, saques em padarias e mesmo rebeliões contra a própria monarquia (Flandrin & Montanari, 1999, p. 108).

Na medida em que a tecnologia do cultivo do trigo foi aprimorada durante o século XVIII, a produção aumentou e a ameaça da fome declinou lentamente. Visando manter o campesinato sob controle, o governo francês decretou que comerciantes mantivessem estoques de grãos para os tempos de escassez. Entretanto, o aumento de estoques não acalmou a população. As grandes compras de trigo feitas pelos comerciantes geraram aumento de preços, e a população ainda passava fome (ibidem, p. 281). A acusação era de que o governo havia fixado preço em combinação com os comerciantes, e esse protesto acabou resultando no retorno ao preço anterior dos grãos em 1773.

Infelizmente, a confiança renovada no modelo agrário culminou numa avassaladora mudança na distribuição e regulamentos relativos à venda de trigo na França. No espaço de um ano desde a anulação das leis que restringiam a venda de trigo, o preço do pão estava quase tão alto quanto o salário de um dia de um trabalhador (Tannahill, 1988, p. 283). A "guerra da fome" aconteceu (Montagné, 2001, p. 67) e resultou na famosa marcha de 1789 de Paris a Versalhes, com o povo gritando "Vamos pegar o padeiro e a mulher do padeiro".

A crise na França teve muito pouco a ver, se é que teve, com a falta de alimentos básicos. Por toda a Europa, a troca entre nações estava se tornando mais comum, e grandes quantidades de trigo importadas dos países Bálticos para a Europa ocidental muitas vezes complementavam as colheitas escassas (Flandrin & Montanari, 1999, p. 281). Ironicamente, os problemas que culminaram com a queda da monarquia francesa não estavam tanto na escassez de trigo e pão, mas sim na falta de meios para distribui-los entre as massas (Tannahill, 1988, p. 283).

A EVOLUÇÃO DA PÂTISSERIE

As artes da panificação e da pâtisserie passaram por uma evolução mais extrema a partir do século XVI em diante, estabelecendo definitivamente as bases prevalentes ainda hoje. Apreciada por um público pequeno e rico, a pâtisserie teve suas origens na preparação de salgados: os pâtissiers eram inicialmente preparadores de tortas de carnes, de peixes e de queijos. É possível que as tortas do século XVI não sejam reconhecidas por um chef pâtissier moderno; no entanto, algumas semelhanças podem ser notadas. Uma das bases mais comuns encontradas nas cozinhas contemporâneas teve origem em 1506 na cidade de Pithivier, na França, quando um chef pâtissier inventou o "creme de amêndoa" amplamente utilizado como base para bolos e recheios de tortas, tais como no Bolo Pithivier (Chaboissier & Lebigre, 1993, p. 12). Outra importante base da pâtisserie moderna, que teve suas raízes na França, é uma antecessora da massa *choux* (*pâte à choux*). A massa *choux* foi criada por Popelini, o chef pâtissier de Catarina de Médici, que a acompanhou da Itália para a França após o seu casamento com Henrique II em 1540. Embora a versão original não seja a usada atualmente, foi, sem dúvida, uma preparação inovadora para o seu tempo (ibidem, p. 12).

Outras inovações se tornaram possíveis no século XVI graças à crescente oferta de açúcar, o que trouxe um aprimoramento às receitas com claras de ovos e natas batidas. A partir dessas bases, surgiram as madalenas e os biscoitos de amêndoas, embora, possivelmente, não fossem tão refinados quanto aqueles apreciados hoje em dia. Conforme conta a tradição, Della Pigna, outro chef pâtissier italiano vindo com Catarina de Médici, introduziu a **pastilhagem** (*pastillage*) (esculturas de açúcar), um recurso decorativo que ele usava para criar **pièces montées**, ou esculturas de centro de mesa (ibidem).

Os séculos XVII e XVIII assistiram a progressos nas artes da pâtisserie mediante refinamentos nos processos e incorporação de novos ingredientes, como o café da África, o chá da

China, e o chocolate das Américas (Revel, 1982, p. 166). O fim do século XVII presenciou um grande aumento no consumo de sorvetes e *sorbets* originários da Espanha e da Sicília. Além disso, o açúcar de beterraba tornou-se uma nova fonte de sacarose para a Europa pela primeira vez.

Avanços significativos do século XVII incluem as tortas doces de amêndoas de Rageuneau, em 1638, o que representou um salto de qualidade em comparação aos biscoitos da época, especialmente considerando a oferta imprevisível do trigo e o seu racionamento. O croissant foi criado por padeiros em Budapeste, em 1686, como recompensa a quem detectasse a invasão do exército otomano e alertasse a cidade desse perigo. Após a bem-sucedida defesa, os pâtissiers foram autorizados a desenvolver uma iguaria homenageando a lua crescente da bandeira do Império Otomano (Montagné, 2001, p. 372). Em 1770, atribuiu-se a Maria Antonieta a introdução do croissant e de outros doces vienenses na França depois de seu casamento com Luís XVI (Chaboissier & Lebigre, 1993, p. 13).

O século XVIII trouxe algumas inovações tecnológicas importantes para o processamento de matérias-primas. No fim do século, um químico alemão conseguiu extrair e cristalizar o açúcar da beterraba, criando, assim, uma alternativa mais econômica ao caro açúcar de cana importado. No entanto, o processo provou ser bastante dispendioso, e o resultado apresentou um produto de qualidade pobre. O procedimento não estava suficientemente aprimorado para produzir um adoçante comparável ao do açúcar da cana até 1812 (Chaboissier & Lebigre, 1993, p. 16). O século XVIII também presenciou o aperfeiçoamento dos processos da pâtisserie, como a introdução do Baba ao Rum, em 1740, trazido à França pelo rei da Polônia Stanislas Leszczynski, e a criação, em 1760, da tostada de *pâte à choux* pelo famoso pâtissier Avice. O ano de 1783 se tornou notável pelo nascimento de Marie-Antonin Carême, cujas realizações no aperfeiçoamento da pâtisserie foram únicas no seu tempo.

Carême contribuiu imensamente para o mundo da pâtisserie, mas também era um chef e um inovador dedicado a cozinhas e equipamentos de pequeno e grande portes. Ele fora abandonado aos 12 anos pelo pai, que afirmou que a sociedade tinha mais a oferecer "a um espírito empreendedor" do que ele como pai (Revel, 1982, p. 246). Foi inicialmente adotado pelo dono de um restaurante decadente e designado para trabalhar na cozinha. Aos 16 anos, tornou-se aprendiz de um dos melhores chefs pâtissiers de Paris, Bailly, na Rue Vivienne (ibidem, p. 250). Já aos 20 anos, foi considerado um dos chefs mais influentes dos tempos modernos. Estudou cuidadosamente o trabalho dos grandes mestres do seu tempo para desenvolver estilos e apresentações jamais usados no mundo culinário até então. Em *Cultura e cozinha*, Revel (1982, p. 246) descreve a atenção de Carême para os detalhes produzidos por outros chefs na seguinte passagem:

> Como todos os criadores, era um ladrão de ideias – enfatizo que era ladrão, não um plagiador. Era apaixonadamente ligado a todos os mestres que tinham algo a dizer. Avice para pâtisserie, Laquipierre para molhos – apenas os fracos têm medo de ser influenciados, disse Goethe – mas nenhuma das criações dos mestres foi seguida até o último detalhe, e Carême sempre prestou homenagens afetuosas e generosas a todos eles.

Enquanto trabalhava para Bailly, Carême foi apresentado a novos produtos e ficou responsável pela preparação de tortas e pratos decorativos para a confeitaria. A inspiração veio do Museu Nacional de Gravura, onde passava as horas de folga estudando e copiando várias obras de arte. O famoso diplomata Talleyrand foi o responsável pela ascensão seguinte na carreira de Carême. Frequentador assíduo do restaurante de Bailly durante o estágio de Carême, Talleyrand logo o empregou, trabalhando diretamente sob Boucher (ibidem, p. 250-251).

PARTE 1: INTRODUÇÃO

Atribui-se a Carême a criação ou o aperfeiçoamento de muitas bases para massas usadas ainda hoje. Ele se tornou mais famoso pelo desenvolvimento da moderna versão da massa folhada, usada tanto para doces como para salgados. Para melhorar as antigas versões dessa massa (previamente "aperfeiçoada" por Guillaume Tirel, conhecida como Taillevent, no fim do século XV) (Chaboissier & Lebigre, 1993, p. 11), Carême inovou a técnica da massa folhada, a laminação que cuidadosamente sobrepõe manteiga e massa para finalizar em centenas de camadas. Outras pessoas também tiveram o reconhecimento pela criação da massa folhada, de Feuillet a Claude Gelé. Podemos deixar a escolha do "criador" potencial aos historiadores e à própria preferência do leitor em relação a essa versátil e maravilhosa massa de muitas variações e aplicações. Além disso, Carême foi o criador de *nougat*, merengue, *croquant*, *poupelins* (bolo de *pâte à choux* recheado com creme) e *solilemmes*, um pão do tipo brioche com manteiga borrifada logo após sair do forno (ibidem, p. 251).

A atenção de Carême aos detalhes e sua dedicação eram quase tão únicos e excepcionais quanto o seu trabalho com as massas. A abordagem multidisciplinar e os estilos das apresentações não apenas marcaram a cozinha francesa por gerações, como ainda hoje são inspiração para chefs principiantes. Ao avaliar o impacto de seu trabalho, Carême concluiu certa vez: "Quando, para esquecer os invejosos que despertei, meu olhar vaga por Paris, noto com alegria o aumento de confeitarias e a melhoria delas. Nada disso existia antes de meu trabalho e dos meus livros. Como havia previsto, os pâtissiers se tornaram bastante qualificados e meticulosos" (Revel, 1982, p. 251).

Carême alcançou novos padrões na apresentação de pratos, em que a abundância e a surpresa eram elementos centrais. Esse novo cerimonial de jantares, chamado serviço à francesa, apoiava-se basicamente no serviço de chefs, cozinheiros, mordomos e governantes. Embora apreciado quase que exclusivamente pela realeza e pela nobreza, o serviço à francesa mudou fundamentalmente a preparação dos pratos, bem como o modo como as pessoas passaram a comer socialmente. Logo se popularizou, sendo adotado pela classe média, apreciado na forma influenciada pelo próximo grande chef: Auguste Escoffier.

PANIFICAÇÃO NA AMÉRICA

Como os europeus migraram para a América do Norte, trouxeram a cultura da panificação como fonte principal de nutrição. Durante as primeiras viagens ao Novo Mundo, exploradores despreparados foram forçados a contar com o mar e provisões para a sobrevivência. Uma das primeiras descobertas alimentícias foi o **milho**. Os nativos americanos contavam com mais de 200 variedades de milho, e, possivelmente, pelo mesmo tempo que os europeus, tinham se sustentado com o trigo. O milho foi levado para a Europa onde o seu uso foi rapidamente disseminado, mas ao final não substituiu o trigo como ingrediente preferencial para a panificação (Tannahill, 1988, p. 204-205).

PANIFICAÇÃO NO BRASIL

Em toda a América, a partir da colonização, os portugueses e europeus que para cá vieram trouxeram o hábito do grande consumo de pão. A primeira tentativa de plantar o trigo no Brasil data de 1530, por Martin Afonso.

Até o século XIX, devido à escassez de farinha de trigo, o pão era consumido apenas pelas classes mais abastadas, os menos privilegiados consumiam o beiju de tapioca.

No século XIX surgem as primeiras padarias, com fornos ao estilo francês, masseiras e cilindro; os pães ainda não possuíam muita variedade e sua cocção e produção não eram adequadas.

> Assim, com o surgimento das padarias cujos donos eram franceses, portugueses e alemães, houve maior variedade de produção e a busca por melhores fornecedores de farinha.
>
> Hoje, o consumo de trigo pelos brasileiros é de aproximadamente 9,73 kg/ano, sendo 75% transformados em farinha. Desta quantidade 55%, são destinados para as empresas voltadas à área de panificação. Já farinhas destinadas à panificação, 65% são consumidas em padarias, 21,5% na indústria de pão e 9% nos supermercados. O consumo *per capita* de pão pelos brasileiros é de 27,54 kg pessoa/ano. Esse índice é inferior ao recomendado pela Organização Mundial da Saúde (OMS), que considera o consumo de 60 kg pessoa/ano como ideal (Bosisio, 2004, p. 14).
>
> No Brasil, o consumo de pão de trigo sofre variações regionais. No Sul e no Sudeste, por exemplo, o consumo é de cerca de 35 kg pessoa/ano contra apenas 10 kg no Nordeste, o que pode ser facilmente explicado pelas características da cultura regional, no qual o pão de trigo sofre a concorrência direta de substitutos como o beiju, o cuscuz e o polvilho doce (A. Bosisio Junior, *O pão na mesa brasileira*. Rio de Janeiro: Senac Nacional, 2004, p. 14 (152 p.)).

O CRESCIMENTO DA GASTRONOMIA

Os pioneiros que desembarcaram em Plymouth Rock em 1620 trouxeram trigo e centeio para usar como alimento principal (Tannahill, 1988, p. 222). Para surpresa e desapontamento deles, esses grãos não vingaram no solo rochoso da Nova Inglaterra, assim foram forçados a olhar em torno em busca de um alimento básico. Com a ajuda dos nativos norte-americanos, os colonos aprenderam a preparar papas e bolos com milho, mingau, panqueca, pão de milho, que são consumidos ainda hoje.

Na medida em que grandes contingentes de imigrantes começaram a povoar a América, trouxeram uma variedade de pães e tortas que vieram a formar grande parte de suas dietas. A maior influência veio inicialmente da Inglaterra, mas, como outros europeus chegavam, também foram adotadas outras tradições em panificação (Meyer, 1998, p. 4). Não é surpresa, portanto, que de meados de 1700 até o começo de 1800 a panificação norte-americana refletisse alimentos e culturas originárias de várias regiões. Esse período presenciou a introdução e o predomínio de pastelões, panquecas, torta de frutas, pudins cozidos, pudins de milho e biscoitos (ibidem, p. 5).

O advento de novos ingredientes na América impulsionou a qualificação técnica a um nível próximo do que temos hoje. Em 1750, foi usado o primeiro fermento químico. Conhecido como pó de pérola (carbonato de potássio), foi criado a partir de cinza natural de madeira e outros recursos naturais. Antes de o carbonato de potássio estar disponível, a textura dos bolos era densa. A amônia também era usada como um agente de fermentação. A solução de água e amônia era preparada e uma gota dessa solução era posta no topo da massa. O centro do bolo crescia como na madalena (*madeleine*). O fermento para pão também era produzido comercialmente a partir do fim de 1800 e se baseava cada vez mais em matrizes naturais que se perpetuavam. Agentes químicos de fermentação adicionais (bicarbonato de potássio e bicarbonato de sódio) foram criados ao fim do século XIX, mas somente por volta de 1859 essas descobertas passaram a ser aceitas e usadas regularmente (Meyer, 1998, p. 10). Um dos empecilhos para a popularização do seu uso era que uma lista específica de ingredientes era necessária para ativar os agentes de fermentação. O primeiro fermento químico somente foi introduzido por volta de 1940 ao eliminar a necessidade de equilibrar ingredientes ácidos e básicos.

PARTE 1: INTRODUÇÃO

A partir da metade do século XIX, até seu fim, o cenário estava pronto para o renascimento da indústria da panificação. A panificação comercial estava começando a retornar, para o bem ou para o mal, graças a importantes avanços tecnológicos em inúmeras áreas.

O primeiro avanço foi o moinho moderno, criado em 1830. Esse invento mecanizou o trabalho humano e permitiu que grandes quantidades de grãos fossem processadas para uso em diversos produtos. Em 1875, o moinho foi adaptado para energia hidráulica, com inúmeros moinhos instalados próximo às cataratas do Niágara (Jacob, 1944, p. 350). O segundo invento foi a masseira, desenvolvida na França em torno de 1850, padronizada e usada em várias padarias 50 anos mais tarde. O avanço seguinte, ao fim de 1800, foi o crescente predomínio de fornos, com o surgimento dos primeiros fornos comerciais automáticos nos Estados Unidos por volta da Primeira Guerra Mundial, e mais tarde na Europa (ibidem, p. 354).

Outras inovações, como o divisor automático de massa, sistemas para crescimento do pão e empacotamento, propiciavam uma produção mais rápida e melhores condições sanitárias (ibidem, p. 356).

Conforme o século XX avançava, padarias comerciais regionais passaram a fornecer vastas quantidades de pães para a população em todos os Estados Unidos. Padarias pequenas, "artesanais", começavam a rarear, já que a eficiência e a diminuição de custos desses grandes conglomerados se consolidavam.

As padarias comerciais do começo do século XX eram empresas de grande porte capazes de manter grandes produções, além de poder comprar de volta os pães não vendidos. Um estudo da Universidade de Stanford, de 1923, constatou que, em média, de 6% a 10% da produção de pães não era vendida. O Food and Drug Administration (FDA) estimava que 600 mil barris de farinha, valendo milhões de dólares, eram desperdiçados anualmente. Como resultado, o FDA estabeleceu medidas para estender a durabilidade dos pães nas prateleiras, conservando os nutrientes e garantindo a saúde pública. Alguns padeiros mais econômicos tomavam medidas criativas transformando o pão não vendido em pão novo, até que, por volta da Segunda Guerra Mundial, surgissem leis federais proibindo a sua reutilização. O pão deveria ser consumido fresco, ou mesmo amanhecido (Jacob, 1944, p. 354).

O retorno aos alimentos artesanais

Ao longo da Segunda Guerra Mundial, grande parte do pão produzido nos Estados Unidos e na Europa era preparada utilizando processos altamente mecanizados. Masseiras de alta velocidade, combinadas com farinhas apropriadas, misturavam as massas de forma eficiente e apresentavam um produto final com textura firme, branca e de bastante volume. As massas podiam agora ser misturadas, assadas e empacotadas sem ao menos serem tocadas. Os padeiros preferiam as novas masseiras porque exigiam menos trabalho manual e o consumidor apreciava o pão volumoso, branco e macio. Assim, por um curto período, todo mundo estava feliz. No entanto, a oxidação excessiva da massa, a falta de fermentação adequada e o uso exagerado de emulsificantes e estabilizantes proporcionaram vida longa aos pães, mas – da crosta ao miolo – retirou deles todo o sabor e as características particulares de cada padaria. Era difícil, portanto, encontrar pães de boa qualidade.

Por volta dos anos 1970, a baguete (*baguette*) tornou-se uma nova tendência para a indústria de panificação nos Estados Unidos. Grandes empresas da França foram para os Estados Unidos para atender a demanda. Empresários inauguraram inicialmente pequenas *delicatessens* e, mais tarde, lojas com maior variedade de produtos. Com elas surgiram novos tipos diferentes de pães de forma. A crosta era crocante e o miolo mais airado. Em geral, a qualidade desse pão era mediana, o sabor, insípido, e durava apenas um dia. Problemas similares aos da produção de pães de forma também afetaram a qualidade desses pães: excesso de misturas, adição de melhoradores (para que o miolo ficasse branco e airado) e falta de fermentação adequada. A baixa qualidade do pão trouxe, para a indústria da panificação, jovens mais ambiciosos que desejavam produzir um pão diferenciado. Na época, não havia muitas publicações técnicas disponíveis, apenas na França era possível encontrá-las.

Na França, a qualidade do pão não era melhor. Os métodos tradicionais de preparo estavam desaparecendo, as receitas antigas não eram mais passadas adiante, e a mão de obra qualificada estava encolhendo.

A missão de trazer de volta a qualidade do pão ao seu mais alto nível estava nas mãos de um homem: Raymond Calvel. Ele não fazia concessões na sua visão sobre panificação. Não tinha receio de dizer o que pensava, nem quando se dirigia a um pequeno padeiro, nem a grandes empresas. O seu impacto na indústria foi lento, mas Calvel iniciou ali um processo muito sólido.

Na medida em que o conhecimento e as técnicas de Calvel foram se disseminando gradualmente nos diversos setores da indústria de panificação, a reação foi inteiramente positiva, e com razão. Pães recém-saídos do forno, com um miolo airado e de cor creme, sabor refinado e uma crosta fina, crocante e dourada acabaram convencendo até os mais resistentes consumidores de pão de forma. Os alunos de Calvel aprenderam suas teorias sobre misturas, fermentação e uso do forno; adotaram essas técnicas como suas e ensinaram outros padeiros e consumidores com essa abordagem mais refinada. O mais impressionante é que Calvel apresentou pela primeira vez a autólise, uma técnica que tem resultados muito positivos na textura do pão.

O surgimento de um movimento a favor de pães artesanais nos Estados Unidos foi resultado de muitos erros e tentativas. O que talvez tenha levado esse movimento tão longe é que não há limites para a criatividade de sabores. Isso trouxe aos pães comuns novidades como baguete com azeitonas e sementes, semolina, multigrãos, *ciabatta*, e pão *sourdough*.[2] Para obter melhor sabor, textura e durabilidade, a maioria desses pães era produzida com esponja de massa azeda, matriz líquida, massa úmida ou massa fermentada.

Por meio da evolução da panificação artesanal, o uso da esponja tornou-se mais comum, a massa era deixada a fermentar por mais tempo e num ritmo mais lento e a fermentação final prolongada. O tempo para se produzir baguetes nos anos 1970 era de 3 horas, da mistura da massa até assar. Hoje, a média é de 6 a 16 horas, e alguns procedimentos levam até 24 horas. O resultado do aumento na fermentação melhorou o sabor e a durabilidade. Além disso, ao empregar novas técnicas, os pães ficaram com o miolo mais aberto e leve, e pela primeira vez a coloração da crosta, mais escura. O movimento pelo pão artesanal trouxe como resultado o cruzamento de técnicas especiais de diversos países.

A parte mais interessante da evolução do pão artesanal nos Estados Unidos foi a criação de técnicas exclusivas pelas padarias. Tais técnicas algumas vezes foram mantidas em segredo.

Com esses novos avanços na panificação, os consumidores estavam dispostos a manter fidelidade ao produto, demonstrando não ser apenas um modismo. Pães de qualidade passaram a fazer parte do hábito alimentar de muitas pessoas. Mesmo com as dietas de baixo consumo de carboidratos em moda, o mercado de pães de qualidade não sofreu nenhuma alteração.

Com a evolução do pão veio a revolução na indústria do trigo e da farinha. Os padeiros buscavam uma farinha com alta quantidade de proteína e com menor quantidade de cinza. Farinhas orgânicas hoje são facilmente encontradas e a preço acessíveis. O nome de algumas poucas padarias

---

[2] O termo *sourdough* também é conhecido como massa mãe ou massa azeda. "Azeda" refere-se ao pH da massa feita com a fermentação de lactobacilos. Trata-se de um pré-fermento originado de micro-organismos presentes no ambiente. Entende-se por *pão sourdough* aquele produzido com a massa mãe. (NRT)

pioneiras do movimento de pão artesanal são Acme Bread Co., Semifreddi's, La Brea Bakery, Della Factoria, Grace Baking, Essential Baking Company, Ecce Panis, Balthazar, Marvelous Market, Artisan Bakers e Amy's Breads. Como essas pequenas padarias se tornaram bem-sucedidas com pães artesanais, os supermercados também quiseram participar do movimento, já que havia uma demanda crescente por pães tradicionais de qualidade no mercado. Considerando o longo tempo dos procedimentos, falta de trabalhadores qualificados e demandas regionais, os supermercados precisavam resolver o problema da distribuição de pães sem que fossem acrescentados ingredientes químicos para aumentar o tempo de prateleira. A solução decisiva era assar parcialmente e congelar o pão. As grandes padarias que tinham contratos com os supermercados estabeleceram novos sistemas de produção para se ajustar aos novos procedimentos. A primeira indústria de pão desse tipo foi construída nos Estados Unidos. Essa fábrica tornou-se um sucesso tão grande que europeus foram para os Estados Unidos para aprender sobre seus sistemas de produção e distribuição e obter novas ideias sobre pães artesanais para melhorar seus produtos e sua qualidade.

Podemos concluir que o pão artesanal tem sabor suficiente para complementar um prato ou um sanduíche em razão da vasta seleção de sabores oriunda da fermentação e dos ingredientes adicionados à massa.

O movimento em favor do pão artesanal continua e se expande em direção à Ásia e à Austrália.

Essa tecnologia também está em expansão e se voltou para as especialidades vienenses: massa laminada como a do croissant e a do *danish* passaram por uma transição nos procedimentos que estabeleceram novos padrões de qualidade, sabor e duração. A pâtisserie está vivendo uma renovação com novos ingredientes, matérias-primas de qualidade, e intensificando sabores, texturas e apresentações.

PANIFICAÇÃO: UMA HISTÓRIA ABRANGENTE E COMPLEXA

Desde o modesto começo no período Neolítico até os dias de hoje, as pessoas têm sido atraídas para os grãos, especialmente para o trigo, pelos seus valores nutritivos e sua importância cultural. O surgimento e o desaparecimento de povos, doenças, pragas, guerras e esperanças têm sido atribuídos à abundância ou falta de trigo. Embora o conhecimento e a tecnologia voltados para a moagem, misturas e cozimento tenham mudado pouco ao longo dos tempos, estamos hoje, sem dúvida, no ápice: a combinação da mecanização com processos artesanais para produzir pães no estilo europeu tradicional para uma vasta população.

A especialização da profissão está sempre se expandindo e, embora muitos digam que não há nada de novo em panificação e pâtisserie, a inovação e a revitalização de ideias continuam a impulsionar a indústria. Um levantamento atual dos melhores pães e doces com certeza vai retratar apresentações e sabores originais obtidos com atenção aos detalhes e profissionalismo. Temos de reconhecer que em panificação e pâtisserie há muitas fases e modismos que vêm e vão, mas também temos de entendê-los. Eles fazem parte das transformações que marcam a evolução do negócio. Para entender a história da panificação e da pâtisserie também precisamos ter um olhar para o futuro.

PANIFICAÇÃO E PÂTISSERIE COMERCIAIS HOJE

Aqueles que hoje aspiram a tornar-se padeiro ou pâtissier devem estar preparados para mergulhar em uma carreira que pode ser desafiadora e gratificante em um ambiente que é quase sempre estimulante, mas às vezes exaustivo. Devem ser curiosos, criativos e precisos, prontos a participar de uma atividade dinâmica que ofereça inúmeras especialidades e variações regionais.

OPORTUNIDADES PARA PADEIROS E PÂTISSIERS

Tradicionalmente, padeiros e pâtissiers passam toda a sua carreira se aprofundando em apenas uma especialidade. Hoje, a facilidade de conseguir ingredientes e informações tornou mais comum o domínio em outros segmentos da profissão, incluindo especializações como chocolate, açúcar, pão, especialidades vienenses, tortas e bolos de casamento.

As artes da panificação e da pâtisserie estão em constante aperfeiçoamento com novas técnicas e apresentações. Longe de se esgotar, os elementos de prestígio e surpresa lançados por Carême há 200 anos ainda são explorados e adotados.

TREINAMENTO PARA SE TORNAR PADEIRO OU PÂTISSIER

No passado, o caminho tradicional para alcançar uma carreira na panificação era o das relações familiares, com as padarias familiares passando geralmente de pai para filho. Quando a panificação passa a atuar em níveis industriais no fim do século XIX, o treinamento começou a se desenvolver nos moldes existentes ainda hoje: escola ou aprendizado no trabalho. Em ambas as situações, aspirantes a padeiros aprendem com profissionais mais experientes. Cada programa de treinamento tem prós e contras, e cada aluno deve decidir qual escolha é a melhor.

Frequentar a escola

Normalmente, as escolas de panificação oferecem leituras baseadas em teorias sobre ingredientes, equipamentos, administração e composição; uma ampla variedade de ingredientes e fórmulas, métodos diferentes de produção e aulas práticas. Muitas escolas oferecem cursos com treinamento básico para aspirantes de padeiros e pâtissiers, assim como educação continuada para profissionais. Os cursos podem variar de alguns dias até vários anos.

A maior vantagem de frequentar uma escola é que o aluno pode conseguir muitas informações em um curto espaço de tempo, além de poder pôr em prática o que aprendeu nos estágios. Para quem está iniciando a carreira, esse procedimento oferece uma formação sólida, que pode ser muito enriquecedora ao longo de sua vida profissional.

Aprender no trabalho

O treinamento no trabalho é importante para adotar hábitos eficientes e voltados para a produção. Uma desvantagem desse método, entretanto, é que o grau de aprendizado de fórmulas e processos pode ser bem mais lento do que na escola. Quando se aprende no trabalho, os padeiros devem assumir seu próprio aprendizado e aproveitar cada oportunidade para aprender. Dependendo dos objetivos de cada um deles, devem procurar situações em que possam dominar habilidades e assumir responsabilidades adicionais. As vantagens do treinamento no trabalho são ampliadas quando os alunos podem trabalhar sob a orientação de vários profissionais, aprendendo o melhor de cada um deles para apresentar, por fim, o seu próprio estilo.

Educação continuada

Muitos padeiros e pâtissiers experientes completam sua educação e experiência com aulas ou seminários de educação continuada para complementar seu desenvolvimento profissional. Esses cursos intensivos são destinados a tratar de um tópico altamente especializado em um período curto. Aulas especializadas podem motivar e inspirar os alunos a melhorar a qualidade do seu trabalho, fortalecer as ligações com a indústria e elevar o profissionalismo da panificação e da pâtisserie. Os cursos de especialização acabam enriquecendo tanto o indivíduo como os estabelecimentos que investem nisso.

Outro método frequente visando o desenvolvimento profissional destinado a padeiros e pâtissiers é a realização de **estágio** (um período de trabalho curto para aprender técnicas e procedimentos específicos) em algum outro estabelecimento que não o seu próprio. Embora o tempo de duração do estágio possa variar, o objetivo é conquistar novas habilidades e inspiração para o aperfeiçoamento do seu trabalho.

Quaisquer que sejam os caminhos do treinamento que os alunos escolham, é importante permanecer bem informados a respeito de tendências do momento, novas técnicas e novos ingredientes. A participação em seminários e aulas com temas específicos, além da realização de estágios, são grandes recursos para se manter atualizado.

AS OPORTUNIDADES EM PANIFICAÇÃO E PÂTISSERIE

Padeiros e pâtissiers de competência comprovada frequentemente buscam novas oportunidades na administração, na pesquisa e no desenvolvimento, ensinando ou prestando consultoria, participando de competições, entre outros trabalhos. Essas novas atividades muitas vezes requerem um treinamento adicional com a finalidade de preparar para qualificações por demanda, incluindo aulas de ciência dos alimentos, administração e programas de qualificação para ensino.

Para uma carreira bem-sucedida é necessário muita motivação individual, foco e entusiasmo. Aqueles que enfrentam os desafios são muitas vezes responsáveis por treinar e motivar a geração seguinte de profissionais, e por elevar os níveis de qualificação das artes de panificação e pâtisserie a novos patamares.

Capítulo 1: Panificação e pâtisserie: uma perspectiva histórica e oportunidades atuais

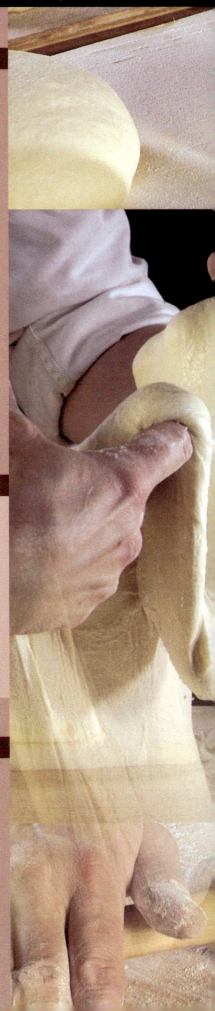

RESUMO DO CAPÍTULO

Para entender inteiramente a panificação e sua influência na humanidade, é preciso considerar os diversos momentos históricos que a panificação ou a pâtisserie teve sobre a nossa cultura. Da fome à ascensão e queda de nações, a Revolução Industrial, a religião e as guerras, a influência da panificação e da pâtisserie tem sido imensa e duradoura. As diversas culturas do mundo desenvolveram seu próprio estilo de preparar alimentos que representam sua terra, suas lutas e seus sucessos, e esses produtos estarão para sempre entranhados em suas vidas. Embora a moagem, a mistura e o cozimento de pães e bolos tenham sido influenciados pela tecnologia, ainda hoje consumimos os mesmos alimentos consumidos pelos povos antigos ao longo da história. Por algum tempo, processos altamente mecanizados alteraram os princípios básicos e, dessa forma, perdemos a qualidade. Depois de muito tempo de produção de alimentos de qualidade ruim, o renascimento da panificação artesanal se estabeleceu e tem desde então frutificado. Com esse renascimento, cada vez mais oportunidades se apresentam aos padeiros e pâtissiers. O interesse do consumidor em pães de alta qualidade está crescendo, e novos profissionais deverão estar preparados para atender a essa demanda.

PALAVRAS-CHAVE

- biscoitos (*oublies*)
- centeio
- cevada
- espelta
- estágio
- *fornarii*
- milho
- painço
- pastas
- pastilhagem (escultura de açúcar)
- pâtissiers/confeiteiros
- *pièces montées*
- *pistores*
- *Oubloyers*
- trigo

QUESTÕES PARA REVISÃO

1. Que função os grãos desempenharam na vida humana durante o período Neolítico?
2. Quais foram os resultados dos avanços em panificação e pâtisserie durante a Antiguidade?
3. Qual era a função das guildas na Idade Média?
4. Qual é a influência de Carême na pâtisserie?
5. Que medidas foram tomadas para renovar a qualidade do pão para que pudesse ser considerado pão artesanal hoje?

capítulo 2

SEGURANÇA ALIMENTAR E ASSEPSIA EM PANIFICAÇÃO

OBJETIVOS

Após a leitura deste capítulo, você será capaz de:

- Discutir a importância das práticas de higiene e assepsia dos alimentos que definem a segurança alimentar em um ambiente de trabalho e obter um conhecimento básico das leis e regulamentos que tratam do tema.
- Descrever as leis e os regulamentos básicos referentes a higiene e assepsia dos alimentos.
- Explicar o sistema Hazard Analysis Critical Control Point – HACCP (Análise de Perigos e Pontos Críticos de Controle – APPCC).
- Explicar os Standard Sanitation Operating Procedures – SSOP (Procedimentos Padrão de Higiene Operacional – PPHO).

SEGURANÇA ALIMENTAR E ASSEPSIA NA INDÚSTRIA DE ALIMENTOS

A indústria de alimentos deve ter o compromisso de fornecer um alimento livre de qualquer dano potencial. Embora essa seja uma afirmação elementar, na prática não é tão simples de realizar e de manter esse princípio. As regras e as regulamentações para assepsia e higiene dos alimentos na panificação devem ser obedecidas e praticadas de forma que seus produtos sejam seguros e livres de quaisquer riscos. Proprietários de padarias e seus empregados devem observar as leis de segurança e de assepsia alimentar estabelecidas, e todos devem aprender e adotar a legislação. O sistema de **Hazard Analysis Critical Control Point – HACCP** e o **Standard Sanitation Operating Procedures – SSOP** são sistemas estabelecidos para oferecer uma compreensão básica e prática dessas leis fundamentais que garantam um alimento e um ambiente de produção seguros. A maior parte deste capítulo é dedicada às regras e regulamentações que regem essa indústria e os métodos aplicados para evitar problemas potencialmente perigosos.

PARTE 1: INTRODUÇÃO

DE QUE MODO A LEGISLAÇÃO SOBRE ALIMENTOS INFLUENCIA A PANIFICAÇÃO E A PÂTISSERIE

Nos mais de 70 anos desde que foi promulgado, em 1938, o **Federal Food, Drug and Cosmetic Act – FDCA** (Decreto Federal de Alimentos, Drogas e Cosméticos), não apenas manteve sua importância para a indústria da panificação, como também tem servido de base para a produção de alimentos seguros. Embora o FDCA seja de grande importância, não foi o início da legislação referente a alimentos. Esse decreto foi o resultado de muitos anos de história e experiência na tentativa de prevenir práticas arriscadas e enganosas na produção e comercialização de alimentos. Além disso, foi o resultado do conhecimento obtido pelo avanço na ciência e na tecnologia.

Dois dos mais importantes objetivos dessa legislação visam prevenir, sempre que necessário, a **adulteração** dos alimentos e punir os que a praticam. O dois tipos de adulteração, em geral, são de ordem econômica e de materiais estranhos no alimento. A adulteração econômica diz respeito à redução do valor nutritivo ao se agregar ingredientes de baixa qualidade (tais como diluir suco de laranja em água) ou substituir um ingrediente mais rico (como vender um bolo dizendo ser feito com manteiga, quando na realidade contém gordura vegetal).

A adulteração por materiais estranhos trata de um tema esteticamente desagradável (pelos de roedores, pedaços de insetos, e assim por diante) ou potencialmente danoso (micro-organismos patogênicos, vidro, aditivos químicos perigosos e outros) que podem ser encontrados nos produtos de panificação.

Referências históricas de adulteração alimentar são abundantes. Na Roma antiga, comerciantes muitas vezes vendiam óleos artificiais como azeite puro, e a legislação da época proibia a prática de misturar grãos estragados aos outros para disfarçar a deterioração. Por volta de 200 a.C., Cato descreveu um método para determinar se o vinho havia sido misturado com água. Mais tarde, no século XV, na Europa, foi promulgada uma lei proibindo a venda do vinho que comprometesse a sua região de origem.

Leis antigas sobre alimentos também tratavam da panificação. Em 1202, o rei João I, da Inglaterra, proibiu a adulteração do pão com ingredientes de menor qualidade do que a farinha de trigo, como ervilha ou feijões moídos.

Outros exemplos relativos à segurança alimentar incluem certa lei inglesa de 1723 que proibia o uso de tubos de chumbo no processo de destilação de bebidas, assim como determinada lei da Virgínia, de 1898, que considerava adulteração de doces tudo o que contivesse qualquer quantidade de substâncias minerais, cores ou sabores tóxicos ou outros ingredientes que pudessem causar danos à saúde.

Hoje, graças à indústria de panificação, todos os países industrializados possuem um fornecimento extremamente seguro desses produtos. Mesmo assim, substâncias estranhas ou aditivos químicos proibidos ocasionalmente aparecem em pães e doces. Se essas substâncias não são detectadas antes de os produtos serem lançados para consumo, podem se tornar alvos de *recalls* ou simplesmente serem retirados do mercado.

Os *recalls* podem ocorrer por iniciativa do proprietário da panificadora, ou por exigência da **Food and Drug Administration – FDA** dos Estados Unidos. Todas as empresas de panificação, sem considerar seu porte, estão sujeitas à possibilidade de *recalls* e, portanto, devem ter um sistema que permita rastrear o produto do seu início até a distribuição durante a sua validade. Os *recalls* são classificados em classes I, II, e III, com a classe I representando a mais alta probabilidade de que o uso ou a exposição do produto vai causar sérias consequências à saúde ou mesmo morte. A adulteração dos alimentos, intencional ou não, além de proibida, continua a ser um problema potencial que é o alvo específico da moderna legislação alimentar. Além disso, muitos dos esforços das agências governamentais – federal, estaduais e municipais – estão voltados para desvendar e tomar medidas contra empresas ou indivíduos envolvidos nessas práticas.

O **Nutrition Labeling and Education Act – NLEA** (Decreto de Rotulação e Educação Nutricional) de 1990 aperfeiçoou o FDCA, obrigando a rotulação nutricional em todos os produtos de panificação comercializados. Essa emenda decisiva marcou o início de uma nova era na regulamentação do fornecimento de alimentos nos Estados Unidos. Ao exigir a rotulação para prevenir informações falsas ou enganosas sobre produtos alimentícios, a legislação passou a oferecer ao consumidor melhores condições para a escolha de alimentos. O NLEA também reconheceu a relação vital entre dieta e saúde, oferecendo aos consumidores instrumentos que permitissem escolher produtos de panificação baseados em informações completas, acuradas e verdadeiras.

Atualmente, uma combinação de regulamentos em nível federal, estadual e municipal atua em conjunto para garantir que qualquer produto da indústria de panificação seja seguro. Por isso, antes de iniciar suas atividades, as novas empresas devem contatar a vigilância sanitária local para garantir o cumprimento das exigências legais necessárias. Em alguns Estados, jurisdições locais e instituições acadêmicas oferecem programas de certificação de higiene para padarias. A localização e disponibilidade desses programas variam de Estado para Estado e são facilmente encontrados *online*.

BOAS PRÁTICAS DE PRODUÇÃO NA PADARIA

As **Good Manufacturing Practices – GMP** (Boas Práticas de Produção) são parâmetros que fornecem um sistema de processos, procedimentos e documentação para assegurar que os produtos de panificação tenham a identidade, potência, composição, qualidade e pureza que representam ter.

A base legal para as GMP foi estabelecida a partir do FDCA de 1938, mas foi somente em 1960 que os regulamentos referentes à adulteração de alimentos foram concluídos para auxiliar a indústria de alimentos a cumprir as determinações do Decreto. As regulamentações são escritas como exigências e fazem uso da palavra *dever* em vez de *recomendar*. As GMP são auxiliares na aplicação da lei, aplicadas especialmente em parceria com a inspeção da unidade de produção ou depósito. São instrumentos valiosos para empresários de panificação e, quando adequadamente implantados, podem ajudar a evitar acusações de adulterações do FDCA.

Regulamentações detalhadas das GMP podem ser encontradas no Code of Federal Regulations, Título 21, Subparte A, Seção 110.10 abordando questões de pessoal:

(a) *Controle de doenças*. Qualquer pessoa que, por meio de exame médico ou observação administrativa, demonstrar ter ou aparentar ter uma doença, lesão exposta, incluindo furúnculos, feridas, machucados infeccionados, ou qualquer outra fonte anormal de contaminação microbiológica, com possibilidades de contaminar alimentos, superfícies de contato, ou materiais de embalagem, deve ser excluída de qualquer operação que possa resultar em contaminação até que a condição seja superada. Os empregados devem ser orientados a comunicar, aos supervisores, sobre suas condições de saúde.

(b) *Limpeza*. Todas as pessoas que trabalham no contato direto com alimentos, superfícies de contato e embalagens devem estar cientes das práticas de higiene durante o expediente, visando à proteção contra qualquer contaminação dos alimentos. Os métodos para a manutenção da limpeza incluem, mas não se limitam, a: (1) Trajar uniforme adequado às operações de modo a evitar a contaminação de alimentos, superfícies de contato, ou materiais de embalagens. (2) Manter a higiene pessoal adequada. (3) Lavar completamente as mãos (e assepsia se necessário para proteção contra micro-organismos indesejáveis) em local próprio antes de iniciar o trabalho, depois de cada ausência do local de trabalho, e a qualquer outro momento em que as mãos possam estar sujas ou contaminadas. (4) Remover qualquer joia ou outro objeto que possa cair na comida, em equipamentos, ou recipientes, além de anéis que não possam ser adequadamente higienizados durante a manipulação dos alimentos. Caso as joias não possam ser removidas, devem ser cobertas e mantidas intactas, limpas, e em condições higiênicas, de forma a efetivamente proteger os alimentos de contaminação. (5) Manter as luvas, quando forem usadas em manipulação de alimentos, em condições intactas, limpas e higiênicas. As luvas devem ser de material impermeável. (6) Usar, sempre que necessário, de forma adequada, redes, bandas no cabelo, bonés, protetor de barba, ou outros eficientes protetores de cabelos. (7) Guardar roupas e outros pertences pessoais em áreas externas ao local de trabalho ou longe de onde os equipamentos ou utensílios sejam lavados. (8) Evitar comer, mascar chiclete, beber refrigerantes ou fumar próximo de áreas onde alimentos estejam expostos ou equipamentos e utensílios sejam lavados. (9) Tomar quaisquer outras precauções necessárias para evitar contaminações nos alimentos, nas superfícies de trabalho, ou nos materiais de embalagem com micro-organismos, ou substâncias estranhas como suor, cabelos, cosméticos, fumo, material químico e medicamentos dermatológicos.

(c) *Qualificação e treinamento*. Os empregados responsáveis por identificar falhas na assepsia ou na contaminação alimentar devem ter qualificação para a função ou experiência anterior, ou ambas, para apresentar um nível de competência necessária para garantir a produção de um alimento higiênico e seguro. Manipuladores de alimentos e supervisores devem receber treinamento adequado, com técnicas de manuseio apropriadas e princípios de proteção dos alimentos. Também devem ser informados dos perigos das práticas anti-higiênicas e falta de assepsia dos empregados.

(d) *Supervisão*. A um supervisor competente cabe a tarefa de garantir o comprometimento dos empregados em relação a todas as exigências de segurança e assepsia dos alimentos (Atual Guia de Boas Práticas de Fabricação (BPF) – Anvisa).

NO BRASIL

Na área de alimentos, a Anvisa coordena, supervisiona e controla as atividades de registro, de informações, de inspeção, de controle de riscos e o estabelecimento de normas e padrões. O objetivo é garantir as ações de vigilância sanitária de alimentos, bebidas, águas envasadas, seus insumos, suas embalagens, aditivos alimentares e coadjuvantes de tecnologia, limites de contaminantes e resíduos de medicamentos veterinários. Essa atuação é compartilhada com outros ministérios, como o da Agricultura, Pecuária e Abastecimento, e com os estados e municípios que integram o Sistema Nacional de Vigilância Sanitária. As Boas Práticas de Fabricação (BPF) abrangem um conjunto de medidas que devem ser adotadas pelas indústrias de alimentos a fim de garantir a qualidade sanitária e a conformidade dos produtos alimentícios com os regulamentos técnicos. A legislação sanitária federal regulamenta essas medidas em caráter geral, aplicável a todo o tipo de indústria de alimentos e específico, voltadas às indústrias que processam determinadas categorias de alimentos (http://www.anvisa.gov.br/alimentos, acesso em 30/10/2010).

A Anvisa, em parceria com o Sebrae, participa do projeto APPC que visa estabelecer o Sistema APPCC, no qual os pré-requisitos são as Boas Práticas de Fabricação e a Resolução RDC nº 275, de 21 de outubro de 2002, sobre Procedimentos de Padrões de Higiene Operacional.

Outro projeto relacionado à qualidade na produção alimentícia é o Programa Alimento Seguro (PAS), a Empresa Brasileira de Pesquisa Agropecuária (Embrapa), através de uma parceria com as empresas do sistema "S", visa garantir, através do APPCC, a segurança alimentar, a redução de custos envolvidos, incentivar a produtividade e a competitividade entre as empresas.

É importante ressaltar que os conceitos e sistemas estabelecidos neste livro também são utilizados no Brasil; no entanto, algumas siglas foram modificadas para facilitar sua memorização, compreensão e aplicação nos empreendimentos de serviços ou produção de alimentos, como:

- Hazard Analysis Critical Control Point (HACCP) – Análise de Perigos de Pontos Críticos de Controle (APPCC)
- Standar Sanitation Operating Procedures (SSOP) – Procedimentos Padrões de Higiene Operacional (PPHO)
- Good Manufacturing Practices (GMP) – Boas Práticas de Fabricação (BPF)
- First-in First-out (Fifo) – Primeiro a Entrar, Primeiro a Sair (PEPS)
- Integrated Pest Management (IPM) – Manejo Integrado de Pragas (MIP)

SEGURANÇA ALIMENTAR NA PANIFICAÇÃO

A expectativa dos consumidores é de comprar pães e doces sem risco de contaminação. Os produtos das padarias devem estar livres de riscos que possam causar desconforto, doença ou morte, sejam eles comprados para consumir em casa ou preparados por outros para consumo em restaurantes ou outro tipo de estabelecimento voltado à alimentação.

A **HACCP** iniciou-se no começo da década de 1960[1] como um esforço conjunto entre a Pillsbury Company, a Nasa (National Air and Space Administration), as Forças Armadas dos Estados Unidos (Natick Laboratories) e a Força Aérea dos Estados Unidos (Space Laboratory Project Group). O objetivo inicial da HACCP era produzir alimentos livres de defeitos ou riscos para consumo dos astronautas durante as viagens espaciais.

Recentemente, essa missão se expandiu significativamente. O FDA atingiu um nível que não era mais capaz de garantir uma segurança alimentar ampla, porque simplesmente não tinha os recursos necessários para supervisão, ações fiscalizadoras e programas de inspeção. Todos os segmentos da indústria alimentícia, incluindo as padarias, precisavam dividir as responsabilidades ao tomar medidas para evitar falhas no sistema de produção, processamento e fornecimento de alimentos. Essas medidas levaram ao desenvolvimento e ao esboço da regulamentação dos

---

[1] O sistema de controle APPCC chegou no Brasil em meados de 1993, através do Sebrae/Senai; esses órgãos foram responsáveis pela sua difusão em todo o Brasil. Em 2004, fortalece-se a importância do sistema e é criado o ABNT NBR 14991 – Sistema de Gestão da Análise de Perigos e Pontos Críticos de Controle – Qualificação de Auditores. (NRT)

programas da HACCP como elementos essenciais de segurança alimentar nos procedimentos das padarias em todo o país.

OS SETE ELEMENTOS DE UM PROGRAMA DE HACCP

Um programa de HACCP desenvolvido e implantado adequadamente deve ser destinado a prevenir riscos no processo de preparação, em vez de tentar detectá-los depois de ocorridos. Essa medida é realizada por meio de um programa de teste do produto final.

Analisar riscos

Ao desenvolver um programa de HACCP (ou Análise de Perigos e Pontos Críticos de Controle – APPCC), é necessário primeiro determinar que riscos podem ocorrer no local de produção de alimentos. Eles somente poderão ser identificados depois que a palavra *risco* tiver sido definida com precisão.

Em termos técnicos, considera-se risco a presença de substância tóxica ou danosa em um alimento de acordo com a seção 402(a) (1) do FDCA. O risco é mais específico que uma alteração. Um alimento que representa perigo é considerado adulterado, mas a presença de uma adulteração não constitui necessariamente risco. Um alimento pode ser adulterado com substâncias, como pedaços de insetos, que, embora esteticamente desagradável, não constituem necessariamente um risco para aquele que o consome.

O risco é normalmente definido como um micro-organismo ou como substâncias químicas ou físicas encontradas em um alimento. Caso o risco seja causado por um micro-organismo, ele é considerado patogênico; se causado por substância química, dependendo dos níveis apresentados, pode ser danoso; por substâncias físicas, como cacos de vidro ou fragmentos de metal, pode causar lesões na ingestão do alimento.

Após o bom entendimento do que constitui risco, o passo seguinte é examinar os processos de produção para detectar onde pode haver algum tipo de perigo de contaminação do alimento. Um exame completo das condições dos ingredientes, das fórmulas, dos processos e do armazenamento administrado por uma pessoa treinada vai determinar que riscos podem ocorrer na fase final do produto. As fontes mais evidentes são os ingredientes e outras matérias-primas utilizadas. Outra fonte pode ser alguma falha em algum aspecto do procedimento, como negligência no processo de esterilização.

As Figuras 2-1 e 2-2 apresentam exemplos de fluxograma de produção e de processos de avaliação de risco que devem ser utilizados na produção de baguete com *sourdough* (massa "azeda"). Note que, no fluxograma, cada passo no processo de produção está listado e os pontos críticos de controle estão claramente identificados. O processo de avaliação de risco é um relatório detalhado que auxilia os funcionários de uma padaria a determinar que riscos podem ocorrer no processo de panificação e em que fase poderia ocorrer.

Identificar os Pontos de Controle Críticos no processo de panificação

Os Critical Control Point – CCP (Pontos de Controle Críticos – PCC) são definidos como um ponto em que algum risco possa se desenvolver ou se instalar no alimento, no caso de a operação sair do controle. Se a perda de controle levar a um risco potencial, o ponto é considerado de controle *crítico*. No entanto, se resultar em um desvio dos padrões de qualidade, o ponto será considerado um ponto de controle de *qualidade*. Embora os programas de HACCP estejam voltados apenas

Figura 2-1
Fluxograma de produção de baguete com massa azeda.

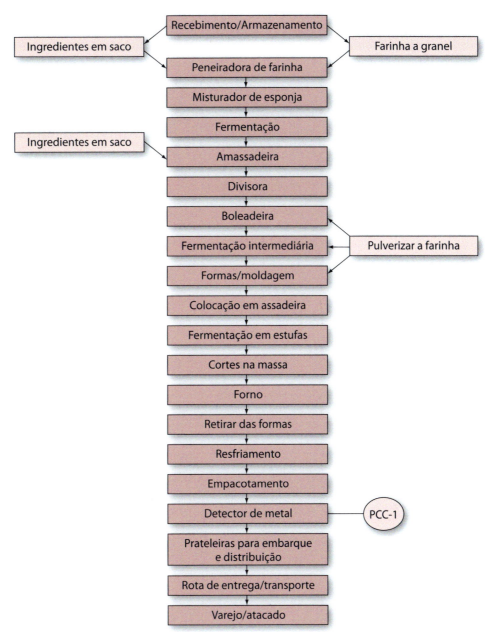

para o controle de pontos críticos, uma panificação com credibilidade deverá estar preocupada com os pontos críticos de risco e de qualidade também.

Ao determinar se os pontos de controle críticos ocorrem em uma operação de panificação, o uso de um fluxograma de decisão é sempre útil. Um exemplo dessa abordagem, conforme desenvolvido pelo National Advisory Committee on Microbiological Criteria for Foods – NACMCF, é apresentado na Figura 2-3.

Estabelecer limites para os pontos de controle crítico

Em geral, para que alguma contaminação se desenvolva ou se instale no alimento é necessário que o ponto crítico esteja operando fora de controle. Para que haja uma prevenção efetiva é necessário determinar o ponto no qual surge o potencial para o risco. A habilidade para estabelecer os limites somente é possível se houver um conhecimento profundo tanto dos riscos como de todo

PARTE 1: INTRODUÇÃO

Figura 2-2 Avaliação dos processos de risco da produção de baguete com massa azeda.

1	2	3	4	5	6
Fases do processo	**Risco introduzido por ingrediente ou nesta fase do processo** (B) biológico (Q) químico (F) físico	**O risco está controlado por programa de Pré-requisito (Sim ou não)? Se sim, indicar qual.**	**O risco foi eliminado em fase posterior (Sim ou não)?**	**Identificar a fase em que o controle eliminou o risco potencial**	**Ponto de controle crítico (PCC)**
Recebimento de produtos a granel	(B) *Salmonela*, aflatoxina, vomitoxina (Q) Contaminação cruzada alergênica (F) Papel, plástico, madeira, metal	(B) Sim, especificação do produto (Q) Sim, recebendo procedimentos (F) Sim, boas práticas de fabricação (BPF)	(B) Sim (Q) (F) Sim	(B) Assar, o produto atinge temperatura interna 90 °C (Q) (F) Detector de metal PCC#1	
Recebimento de ingrediente inesperado	(B) Salmonela, aflatoxina, vomitoxina (Q) Contaminação cruzada alergênica (F) Papel, plástico, madeira, metal	(B) Sim, especificação do produto (Q) Sim, recebendo procedimentos (F) Sim, boas práticas de fabricação (BPF)	(B) Sim (Q) (F) Sim	(B) Assar, o produto atinge temperatura interna 90 °C (Q) (F) Detector de metal PCC#1	
Armazenagem dos ingredientes	(B) Mofo dos silos (Q) Contaminação cruzada de alergênico (F) Papel, plástico, madeira, metal	(B) MCS (sensibilidade química múltipla) (Q) Sim, BPF, protocolo de controle de alergênicos (F) Papel/plástico: sim: BPF. Metal: não	(B) (Q) (F) Sim	(B) (Q) (F) Detector de metal PCC#1	
Peneiradora de farinha a granel	(B) Nenhum (Q) Nenhum (F) Papel, plástico, metal	(B) (Q) (F) Papel/plástico: Sim: BPF	(B) (Q) (F) Sim	(B) (Q) (F) Detector de metal PCC#1	
Pesagem de ingredientes	(B) Mofo (Q) Contaminação cruzada alergênica de ingredientes anteriores (F) Metal	(B) MCS (Q) Sim, BPF, protocolo de controle de alergênicos (F) Papel/plástico: sim: BPF. Metal: não	(B) Não se aplica (Q) (F) Sim	(B) Assar, o produto atinge temperatura interna 90 °C (Q) (F) Detector de metal PCC#1	
Mistura da esponja/massa	(B) Nenhum (Q) Contaminação cruzada alergênica de ingredientes anteriores (F) Metal	(B) Não se aplica (Q) Sim, BPF, protocolo de controle de alergênicos (F) Papel/plástico: sim: BPF. Metal: não	(B) Não se aplica (Q) (F) Sim	(B) (Q) (F) Detector de metal PCC#1	
Fermentação	(B) Mofo (Q) Contaminação cruzada alergênica de ingredientes anteriores (F) Metal	(B) MCS) (Q) Sim, BPF, protocolo de controle de alergênicos (F) Papel/plástico: sim: BPF. Metal: não	(B) (Q) (F) Sim	(B) (Q) (F) Detector de metal PCC#1	
Divisora e modeladora	(B) Nenhum (Q) Contaminação cruzada alergênica de ingredientes anteriores (F) Metal	(B) Não se aplica (Q) Sim, BPF, protocolo de controle de alergênicos (F) Metal	(B) Não se aplica (Q) (F) Sim	(B) (Q) (F) Detector de metal PCC#1	

(continua)

Capítulo 2: Segurança alimentar e assepsia em panificação

Figura 2-2 Avaliação dos processos de risco da produção de baguete com massa azeda. (*continuação*)

1	2	3	4	5	6
Fases do processo	**Risco introduzido por ingrediente ou nesta fase do processo** **(B)** biológico **(Q)** químico **(F)** físico	**O risco está controlado por programa de Pré-requisito (Sim ou não)? Se sim, indicar qual.**	**O risco foi eliminado em fase posterior (Sim ou não)?**	**Identificar a fase em que o controle eliminou o risco potencial**	**Ponto de controle crítico (PCC)**
Assadeiras e/ou pás de forno	(B) Mofo (Q) Contaminação cruzada alergênica de ingredientes anteriores (F) Metal, madeira	(B) Rodízio de pás (Q) Sim, BPF, protocolo de controle de alergênicos (F) Não	(B) Sim (Q) (F) Sim	(B) Cozimento do produto atinge temperatura interna 90 °C (Q) (F) Detector de metal PCC#1	
Estufas	(B) Nenhum (Q) Contaminação cruzada alergênica de ingredientes anteriores (F) Metal	(B) Não se aplica (Q) Sim, BPF, protocolo de controle de alergênicos (F) Não	(B) Não se aplica (Q) (F) Sim	(B) Não se aplica (Q) (F) Detector de metal PCC#1	
Cortes na massa	(B) Nenhum (Q) Contaminação cruzada alergênica de ingredientes anteriores (F) Metal	(B) Não se aplica (Q) Sim, BPF, protocolo de controle de alergênicos (F) Não	(B) Não se aplica (Q) (F) Sim	(B) Não se aplica (Q) (F) Detector de metal PCC#1	
Desenformar	(B) Nenhum (Q) Contaminação cruzada alergênica de ingredientes anteriores (F) Metal	(B) Não se aplica (Q) Sim, BPF, protocolo de controle de alergênicos (F) Metal; Não	(B) Não se aplica (Q) (F) Sim	(B) Não se aplica (Q) (F) Detector de metal PCC#1	
Cooling	(B) Nenhum (C) Contaminação cruzada alergênica de ingredientes anteriores (P) Metal	(B) Não se aplica (C) Sim, produção GMPs, protocolo de controle de alergênicos (P) Plástico: Sim: GMPs. Metal: Não	(B) Não se aplica (C) (P) Sim	(B) Não se aplica (C) (P) Detector de metal CCP#1	
Embalagem	(B) Nenhum (Q) Impressão de alergênico com erro ou embalagem errada, contaminação de outros produtos (F) Nenhum	(B) Não se aplica (Q) Sim, protocolo de controle de produção alergênicos (F)	(B) Não se aplica (Q) (F)	(B) Não se aplica (Q) (F)	
Detector de metal	(B) Nenhum (Q) Contaminação cruzada alergênica de ingredientes anteriores (F) Metal	(B) (Q) Sim, produção de BPF, protocolo de controle de produção alergênicos (F) Não	(B) (Q) (F) Sim	(B) (Q) (F) Detector de metal PCC#1	PCC#1
Distribuição e armazenamento	(B) Nenhum (Q) Impressão de alergênico com erro ou embalagem errada, contaminação de outros produtos (F) Material estranho	(B) (Q) Sim, protocolo de controle de produção alergênicos (F) Controle de animais e insetos	(B) (Q) (F)	(B) (Q) (F)	

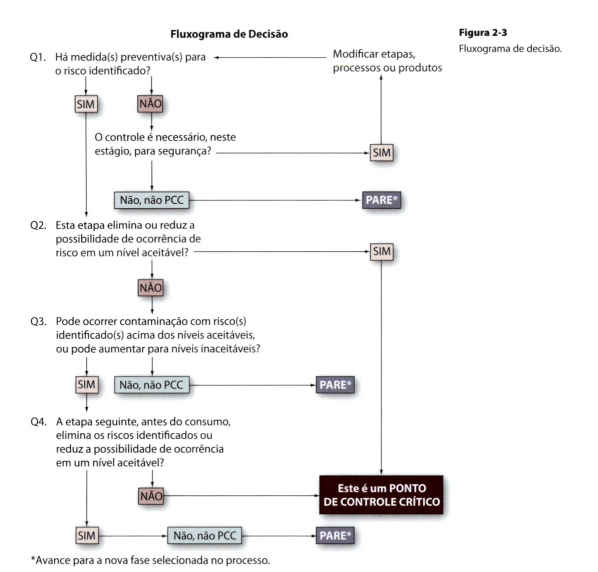

Figura 2-3
Fluxograma de decisão.

o processo. Definir limites para cada PCC não é uma tarefa fácil, mas é um passo fundamental para desenvolver um programa de HACCP.

Monitoramento dos Pontos de Controle Crítico

Após concluir que os PCC estão dentro dos limites aceitáveis, deve ser implantado um sistema de monitoramento. Essa medida vai assegurar que, se o processo ultrapassar seus limites, e se existe um risco em potencial, uma ação corretiva deverá ser tomada imediatamente. Para manter uma possível perda de produtos em um nível mínimo, um sistema de monitoramento contínuo é recomendado. Se for adotado um monitoramento contínuo ou frequente, também será possível identificar tendências que possam resultar em uma situação sem controle.

Detalhamento de ação adequada e efetiva

A identificação e monitoramento dos pontos de controle crítico é apenas o começo do processo. Um plano completo de APPCC também especifica as ações corretivas que devem ser tomadas quando o sistema de monitoramento revelar que o ponto de controle crítico está fora dos limites estabelecidos. Essa medida pode incluir a interrupção da linha de processamento do produto até que ações corretivas sejam concluídas. Exemplos de medidas corretivas incluem rejeitar o fornecimento de um ingrediente, como farinha, que possa conter um micro-organismo patogênico em um nível acima do aceitável, ou ajustar um equipamento de medida, como o divisor ou moldador de massa, que pudesse fazer que uma operação saísse do controle. Farinha, por exemplo, pode ter níveis inaceitáveis de aflatoxinas (mofo) que são normalmente encontradas nesse ingrediente. Se um lote de farinha chega à padaria com CA (Certificado de Análise) de um fornecedor mostrando um nível percentual de mistura acima do normal, significa que o produto pode ter níveis de aflatoxinas que excedam os limites estipulados pelo programa de HACCP. Levando-se em conta essa informação, o cliente deve rejeitar tal lote de farinha.

Desenvolver um sistema de registro para a padaria

Um sistema de registro completo para a padaria é essencial para demonstrar a implantação de um sistema de fato, para documentar sua utilização e verificar sua eficácia na produção de alimentos seguros. Embora os programas de HACCP representem um esforço cooperativo, dividindo responsabilidades para assegurar a qualidade do alimento fornecido, uma agência reguladora como a FDA necessita mais do que afirmações verbais de que um plano efetivo vem sendo desenvolvido e utilizado. Um plano organizado e atualizado produz transparência e oferece à agência instrumentos para acessar o plano e sua validade para o funcionamento da padaria.

Tanto a administração da panificação como fiscais normalmente examinam informações e registros de ações corretivas para assegurar-se de que o sistema de HACCP venha sendo aplicado de modo correto. Esses registros também podem incluir documentação relativa a treinamento realizado pelos empregados responsáveis pela implantação do programa. Os registros de treinamento asseguram que um sistema efetivo esteja sendo cumprido.

Verificação de procedimentos

A etapa final, ao se desenvolver e implantar um programa de HACCP, é verificar se todas as ações e procedimentos descritos previamente são eficazes. O controle de pontos críticos deve ser revisto periodicamente, e as mudanças devem ser feitas sempre que necessário. Cabe à administração verificar regularmente se os limites dos pontos de controle ainda estão adequados e se os registros estão completos e com fácil acesso. Deve ficar evidente que ações corretivas foram de fato tomadas quando um ponto de controle foi encontrado fora dos limites. Além disso, o resultado dessas verificações deve ser registrado de forma que a eficiência do programa de HACCP possa ser apresentada para a fiscalização e para outras pessoas.

Resumo da HACCP

Embora os programas de HACCP não apresentem um novo conceito em segurança alimentar, eles são considerados positivos como meio de conseguir uma prevenção total e abrangente dos problemas de segurança alimentar. Um programa eficaz de HACCP contém sete componentes:

- Determinação dos riscos potenciais de cada processo.
- Identificação de pontos de controle de risco potencial.
- Definição de limites para pontos de controle críticos.
- Definição de procedimentos para monitorar pontos de controle.
- Definição de ações corretivas quando os pontos de controle excedam os limites.
- Definição de um sistema de registro adequado.
- Definição de um programa para verificar a eficácia do programa de HACCP.

PARTE 1: INTRODUÇÃO

HIGIENE DOS ALIMENTOS NA PANIFICAÇÃO

Uma higiene alimentar adequada é essencial para garantir que os produtos de certa padaria destinados ao mercado sejam seguros para o consumo. Quando as práticas recomendadas são seguidas, a reputação da empresa e a saúde de seus clientes vão estar protegidas. É claro que o cumprimento de práticas de boa higiene é também uma exigência da lei.

Considerando que as bactérias que causam intoxicação alimentar se reproduzem facilmente, todo o possível deve ser feito para evitar que ela ocorra. Intoxicação alimentar pode provocar, no mínimo, um grande desconforto; em casos extremos, pode levar a doença grave ou até morte.

Há quatro medidas de segurança contra o crescimento e a propagação de bactérias:

- Garantir que as áreas de preparação de alimentos estejam limpas e manter bons padrões de **higiene pessoal**.
- Armazenar, preparar e cozinhar os alimentos de forma adequada.
- Manter os alimentos na temperatura correta.
- Prevenir a contaminação cruzada.

Para obter bons padrões de higiene, essas medidas devem ser tomadas a cada fase do processo, desde o momento em que o alimento ou ingredientes crus são recebidos até a venda do produto final. Se os padrões de higiene falharem em qualquer etapa do processo, o resultado poderá ser intoxicação alimentar.

HIGIENE PESSOAL

Ao ser manipulado, o alimento pode ser contaminado muito facilmente. Por isso, todos os funcionários de padarias que trabalham com massas ou outros ingredientes devem sempre manter bons padrões de higiene pessoal, além de adotar uma rotina para garantir que o produto não seja contaminado com germes nocivos, sujeira ou outro material estranho.

Em especial, as mãos devem ser lavadas e secas regularmente durante a preparação dos seguintes procedimentos:

- Antes de começar a trabalhar.
- Antes de manusear alimentos prontos para o consumo.
- Depois de manipular alimentos crus, particularmente carne e frango crus.
- Depois de ir ao banheiro.
- Depois do intervalo.

Os empregados devem ser orientados sobre os métodos adequados para higienização das mãos e praticar essas medidas. Usar água morna e sabão líquido para lavar completamente as mãos. Ensaboar e lavar bem as mãos e os punhos, os dedos, entre eles e as unhas. Enxaguar e secar as mãos por completo usando papel-toalha ou secador automático; jamais secar as mãos no uniforme ou em outro tecido.

Os funcionários que trabalham em áreas de preparação de alimentos também devem:

- Vestir roupas limpas, avental, ou outra vestimenta de proteção, limpos.
- Evitar tocar cabelos e rosto.

- Proteger cortes ou feridas com curativos limpos, impermeáveis e cobrir com luvas descartáveis.
- Lavar as mãos depois de assoar o nariz.
- Evitar tossir ou espirrar sobre os alimentos.
- Evitar fumar.
- Evitar usar joia ou unhas postiças que possam cair nos alimentos.

Treinamento e supervisão

Proprietários de padarias ou aqueles que supervisionam a preparação de pães e doces devem garantir que os empregados recebam orientação sobre higiene dos alimentos, bem como a supervisão adequada para esse tipo de trabalho. As agências locais de vigilância sanitária devem estar preparadas para fornecer informações, incluindo detalhes a respeito de programas de treinamento, além de oferecer aconselhamento.

Funcionários doentes

Funcionários que vão para o trabalho apresentando sintomas de intoxicação alimentar como diarreia, vômito ou dores estomacais não devem trabalhar nas áreas de preparação ou manuseio de alimentos, uma vez que podem facilmente contaminar o local e os colegas.

INGREDIENTES

Para garantir a segurança dos alimentos devem-se escolher fornecedores de confiança, além de tomar medidas para garantir que os produtos comprados sejam armazenados, processados e manuseados de forma segura. No momento da entrega dos ingredientes devem ser conferidos se:

- A nota de compra está correta.
- Produtos refrigerados ou congelados estão na temperatura adequada.
- A embalagem está intacta.

Armazenar alimentos

Os alimentos devem ser armazenados de forma correta para se manter seguros. Em especial, certifique-se de que:

- O controle de temperatura esteja correto.
- Os alimentos crus, especialmente carne e laticínios, estejam separados dos alimentos prontos para consumo. O ideal é mantê-los em refrigeradores separados.
- A carne e os ovos estejam armazenados em recipientes vedados e colocados na parte inferior da geladeira de forma a não contaminar alimentos prontos para o consumo.
- Os refrigeradores não estejam sobrecarregados de modo a impedir a circulação de ar frio, o que pode resultar em alimentos não resfriados de modo adequado.
- Os alimentos secos, tais como farinha, grãos e nozes estejam armazenados longe do chão. O ideal é colocá-los em recipientes vedados para evitar insetos e outros animais.
- A data de validade do produto esteja vigente. Jamais utilizar alimento depois da data indicada, já que seu consumo poderá não ser seguro.
- Os alimentos com prazo de validade curto devem ser conferidos a cada dia para garantir que a data não seja ultrapassada.
- As instruções de armazenamento no rótulo do produto ou embalagem sejam seguidas.

Como uma sugestão prática, ao se armazenar alimentos, a regra de **primeiro a entrar, primeiro a sair** deve ser seguida. Esse método envolve o rodizio de alimentos para que aqueles que estejam prestes a ter a data de validade vencida fiquem à frente nas prateleiras para serem consumidos primeiro.

Preparar alimentos

É bastante comum que o alimento seja contaminado durante a sua preparação. Para evitar essa contaminação, as pessoas que manipulam alimentos devem:

- Manter a higiene pessoal.
- Usar pranchas e superfícies de contato diversas para alimentos crus e alimentos prontos para o consumo.
- Utilizar equipamentos e utensílios diferentes para alimentos crus e alimentos prontos para o consumo sempre que possível.
- Limpar equipamentos e superfícies de contato completamente antes e depois de usá-los.
- Evitar usar as mãos para transferir alimentos, preferir o uso de pinças, pratos ou bandejas.
- Retornar para a geladeira os alimentos refrigerados imediatamente após o uso.

Cozinhar e assar

O cozimento adequado elimina bactérias tóxicas como *Salmonella*, *Campylobacter*, *Escherichia coli* 0157:H7 e *Listeria*. Por isso, é importante cozinhar e reaquecer o alimento por completo, especialmente lacticínios e carnes, quando utilizados. O alimento não deve ser reaquecido mais de uma vez, e também é aconselhável esperar que resfrie antes de colocá-lo no refrigerador. Essa medida vai prevenir que o calor do alimento passe para outros alimentos próximos. Além disso, a orientação do FDA define que o alimento deve esfriar de 57 °C para 21 °C em duas horas e que esse alimento deve esfriar de 21 °C para 5 °C em mais quatro horas.

CONTROLE DE TEMPERATURA

Deve ser observado um controle restrito de temperatura para que alguns alimentos se mantenham protegidos. Alimentos prontos para o consumo, alimentos cozidos, carne ou peixes defumados e alguns tipos de lacticínios devem, por lei, ser mantidos quentes ou frios até serem servidos. Caso contrário, bactérias nocivas podem se desenvolver, ou podem se formar toxinas no alimento causando intoxicação ao consumidor.

Certos **patógenos**, ou micro-organismos causadores de doenças, podem sobreviver em todos os níveis de temperatura. No entanto, o ambiente mais propício para o desenvolvimento dos muitos micro-organismos que podem causar doenças é aquele em que a temperatura vai de 5 °C a 57 °C – uma variação conhecida como **zona de perigo**. Acima de 57 °C muitos dos patógenos ou são destruídos ou não vão se reproduzir. Abaixo de 5 °C o ciclo de reprodução será retardado ou interrompido.

Por esse motivo, os alimentos que são mantidos quentes antes de ser servidos devem permanecer acima de 63 °C e sua temperatura deve ser continuamente monitorada. Aqueles alimentos que forem servidos frios devem ser mantidos a 4 °C ou abaixo dessa temperatura.

CONTAMINAÇÃO CRUZADA

A expressão **contaminação cruzada** descreve a transferência de micro-organismo de um alimento, normalmente cru, para outros. A bactéria pode ser transferida diretamente, quando o alimento contaminado toca outro alimento, ou indiretamente, pelas mãos, por meio de equipamentos, superfícies de contato, facas e/ou outros utensílios. A contaminação cruzada pode ocorrer facilmente em uma panificação na qual ovos e laticínios são ingredientes comuns. A contaminação cruzada ocorre com muita frequência e é uma das maiores causas de intoxicação alimentar. Um dos determinantes mais comuns inclui o armazenamento de alimentos crus ao lado de alimentos prontos para o consumo, não lavar as mãos depois de manusear alimentos crus e usar a mesma prancha ou faca para alimentos crus e cozidos.

DOENÇAS DE ORIGEM ALIMENTAR

No total, 76 milhões de casos de doenças causadas por alimentos ocorrem a cada ano nos Estados Unidos. Desse total, em torno de 500 resultam em morte.

CAUSAS

Embora as bactérias ou suas toxinas causem a maior parte das intoxicações alimentares, também podem estar relacionadas a parasitas (triquinose), vírus (hepatite) e agentes químicos (fungos). A contaminação dos alimentos pode ocorrer durante cultivo, colheita, manuseio, armazenamento, transporte ou preparação.

FATORES DE RISCO

Gestantes, idosos, crianças e pessoas com problemas crônicos de saúde, como diabetes, cirrose, falência renal crônica, Aids e câncer, estão mais expostas aos riscos de contrair uma intoxicação alimentar.

Em torno de 79% dos surtos de intoxicação alimentar nos Estados Unidos é atribuído a bactérias, sendo a *salmonela* responsável por mais da metade dos casos constatados. A *salmonela* pode ser contraída ao se consumir ovos, carne e frango. Ao todo, um em cada 20 mil ovos apresenta *salmonela*. *Campylobacter*, que se reproduz no leite, frango, carne e animais de estimação, causam 4 milhões de casos de doenças alimentares por ano nos Estados Unidos. É menos incidente e normalmente não está associada a surtos.

DIAGNÓSTICOS

Os sintomas de intoxicação alimentar são similares à gastroenterite. Os doentes reclamam de cólicas estomacais, náusea, vômito e diarreia. Em alguns casos podem ocorrer febre, dor de cabeça, dores no corpo e desidratação. Um diagnóstico adequado tem como base o histórico de ingestão de algum alimento em especial e em testes laboratoriais. O exame do alimento consumido, quando possível, ajuda bastante.

TRATAMENTO

A maioria das intoxicações alimentares é relativamente leve e dispensa tratamento, a não ser aumentar o consumo de líquidos para repor o perdido. Os pacientes que apresentarem sintomas mais sérios como sangramento, febre, sintomas neurológicos, dificuldade em respirar e tontura devem consultar um médico imediatamente. Em alguns casos é necessária a hospitalização para hidratação ou outros cuidados médicos.

PATÓGENOS DOS ALIMENTOS

Todos aqueles envolvidos na atividade de preparação de alimentos devem instruir-se sobre patógenos, saber de onde eles vêm e como evitá-los. Os mais comuns e mais problemáticos são:

- *Campylobacter*, a causa bacteriana mais comum de diarreia nos Estados Unidos – Suas fontes são leite cru, água não tratada e carne ou frango crus ou não cozidos adequadamente.
- *Clostridium botulinum*, um organismo que produz uma toxina que causa o botulismo – Essa doença, que pode ser fatal, impede os músculos respiratórios de bombear o ar para os pulmões, pode ser causada por alimentos preparados em casa e por óleos de ervas. Também, pela possível presença de *Clostridium botulinum*, não se deve dar mel a crianças com menos de 1 ano de idade.
- *Escherichia coli* O157:H7, uma bactéria que pode produzir uma toxina mortal – *E. Coli* O157:H7 causa aproximadamente 73 mil casos de intoxicação alimentar a cada ano nos Estados Unidos. Suas fontes são o leite cru e a carne, especialmente hambúrguer mal cozido ou cru.
- *Listeria monocytogenes* causa a listeriose, uma doença muito perigosa para gestantes, recém-nascidos e adultos com sistema imunológico frágil – as fontes principais são solo e água, e tem sido encontrada em laticínios, incluindo queijo fresco, bem como em carne crua ou mal cozida, frangos, frutos do mar e legumes.
- *Norovírus* é o maior causador de diarreias nos Estados Unidos – Qualquer alimento pode ser contaminado com norovírus caso seja manipulado por alguém que esteja infectado.
- *Salmonela* é responsável por milhões de casos de intoxicação alimentar a cada ano – É a causa mais comum de mortes por intoxicação alimentar, suas fontes incluem ovos crus ou mal cozidos, frango e carne mal cozidas, laticínios, frutos do mar, frutas e legumes.
- *Staphylococcus aureus*, uma bactéria com toxinas que causam vômitos imediatamente após a ingestão – É encontrada em alimentos com altos níveis de proteína, como porco, saladas, produtos de padarias e laticínios.
- *Shigella*, estima-se que 3 milhões de casos de diarreia por ano são causados por essa bactéria – A *shigella* é causada por falta de higiene, o que facilita a transmissão de uma pessoa a outra. Suas fontes são saladas, laticínios e água não tratada.
- *Toxoplasma gondii* é um parasita que causa a toxoplasmose – Essa doença grave pode causar alterações no sistema nervoso central, especialmente retardo mental e perda da visão em crianças. Gestantes e adultos com sistema imunológico frágil estão sob alto risco se contraírem a doença.
- *Vibrio vulnificus* é uma bactéria que causa gastroenterite ou uma síndrome conhecida como septicemia – Pessoas com doenças hepáticas estão sob alto risco se contraírem a *Vibrio vulnificus*. É encontrada em frutos do mar crus ou mal cozidos.

ALIMENTOS ALERGÊNICOS

Alimento alergênico é um produto ou ingrediente que contém certas proteínas que podem potencialmente causar reações graves, por vezes fatais, em uma pessoa que seja alérgica àquele alimento. Proteínas alergênicas ocorrem naturalmente e não são eliminadas mediante cozimento. O curioso é que muitos dos alergênicos mais comuns e perigosos, indicados na seção a seguir, são empregados na indústria de panificação.

Alergias alimentares ativam o sistema imunológico que pode variar de um desconforto a uma reação fatal. Atualmente, não há medicamentos disponíveis para curar alergias, embora epinefrina ou adrenalina sejam utilizadas normalmente para controlar a reação alérgica a uma proteína alimentar. O único modo de prevenir uma reação alérgica é evitar o alimento causador da alergia.

OS OITOS PRINCIPAIS

De acordo com o *Guidance Document for Food Investigators*, do FDA, são oito alimentos que contêm as proteínas que causam 90% de todas as reações alérgicas. Ao compor essa lista, o FDA se concentrou nos principais alimentos que causam anafilaxia, incluindo:

- Leite
- Ovos
- Amendoim
- Oleaginosas (castanhas, nozes, amêndoas, avelãs)
- Peixes
- Frutos do mar
- Soja
- Trigo

No Canadá, a lista dos alimentos alergênicos mais importantes inclui semente de gergelim e sulfito. A categoria nozes inclui noz europeia e pecã, amêndoa, avelã, pistache, castanha-de-caju, pinoli, macadâmia e castanha-do-pará. Frutos do mar incluem siri, caranguejo, lagosta, camarão, mariscos e ostras. Trigo inclui também cevada, centeio, aveia e espelta, tanto em grão, farinha ou em outra forma. Em todas as categorias, ainda não se sabe a quantidade exata de proteína alergênica suficiente para provocar uma reação alérgica.

Todos os alimentos alergênicos são proteínas, mas nem todas as proteínas são alergênicas. Aproximadamente 170 alimentos diferentes foram identificados como capazes de causar uma reação alérgica e, portanto, devem ser objeto de atenção especial por parte dos panificadores. Entre esses alimentos estão sementes de algodão, sementes de papoula, sementes de girassol, gergelim, legumes, sulfito, e a lista continua a crescer. Normalmente são incluídos também, nas listas de alergênicos, a sensibilidade aos sulfitos e ao amarelo FD&C #5. No entanto, os sulfitos acrescentados em nível menor do que dez partes por milhão (ppm) não precisam ser indicados no rótulo.

Os alergênicos devem ser incluídos como parte das análises de ingredientes de risco em um programa de HACCP nas panificadoras. Caso a panificadora não tenha um programa de HACCP, deve ser feita análise independente para alergênicos nos ingredientes. Deve-se desenvolver uma metodologia para diferenciar ingredientes alergênicos de não alergênicos, e os alergênicos devem ser identificados como um ingrediente isolado ou como parte de uma combinação nas especificações de ingredientes. As panificadoras podem usar muitos métodos diferentes para identificar os ingredientes, desde que o programa seja seguido. A análise de risco do ingrediente deve incluir também auxílios no processamento ou aditivos involuntários que possam conter alergênico, sulfitos, ou amarelo FD&C #5.

A solução para controlar alergênicos durante o processamento é evitar a contaminação cruzada. A fim de informar mais acertadamente, deve-se indicar a respectiva área em que os alergênicos são adicionados ao longo do processo produtivo. Caso o mesmo ingrediente alergênico seja empregado em todos os produtos, não há risco de contaminação cruzada. Infelizmente, isso não ocorre na maioria dos casos. A possibilidade de contaminação cruzada nas panificadoras pode ocorrer, por exemplo, quando a produção de um pão com sementes ou nozes muda para outro que não contenha no seu rótulo tais ingredientes. A higienização adequada ou a limpeza do equipamento e superfícies de contato, além da separação de panelas e formas, vai evitar a contaminação cruzada de alergênicos.

ROTULAÇÃO

O rótulo de ingredientes deve incluir todos aqueles usados na fabricação de qualquer produto, e todos os alergênicos devem ser claramente indicados. Além disso, os ingredientes empregados para a fabricação de um produto especial devem ser confirmados com o rótulo para assegurar-se de que são idênticos.

Desde janeiro de 2006 passou a vigorar, nos Estados Unidos, as exigências do FDA que requerem que todos os produtos alimentícios rotulados para venda adotem novos padrões para declarar a presença de gorduras trans e alergênicos. Informações específicas em relação às exigências de rotulação para gorduras trans podem ser obtidas no site do FDA: http://www.fda.gov./oc/iniciatives/transfats. Para informações sobre rotulação de alimentos alergênicos, contate o site do Center for Food Safety and Applied Nutrition do FDA: http://www.cfsan.fda.go~dms/alrguid.htmal.[2]

PRÁTICAS ADEQUADAS DE LIMPEZA E HIGIENIZAÇÃO EM PANIFICADORAS

Em todo o processo de produção de alimentos, o local e todos os equipamentos e superfícies de contato diretamente relacionados com alimentos devem ser mantidos limpos e, quando necessário, desinfetados. Uma rotina de higiene e um conjunto de limpeza correta são boas medidas para assegurar que os níveis adequados de limpeza foram alcançados.

Um plano de higienização completa para a panificadora deve consistir de um programa escrito para as atividades de assepsia que devem ocorrer diária, semanal e mensalmente, ou periodicamente. Também deve incluir o Standard Sanitation Operating Procedures – SSOP (Procedimento Padrão de Higiene Operacional – PPHO), ou por escrito, passo a passo, os procedimentos de assepsia e higienização para cada atividade de limpeza. Por fim, deve adotar uma lista para registrar as atividades de higienização conforme forem completadas. Essas atividades devem ser rigorosamente mantidas.

LIMPEZA *VERSUS* HIGIENIZAÇÃO

Limpeza remove a sujeira e resíduos mais visíveis, incluindo poeira e restos de comida, enquanto a **higienização** diminui o número de micro-organismos causadores de doenças para um nível seguro. Uma bancada de trabalho não poderá ser adequadamente higienizada se não for completamente limpa antes, porque a sujeira e os resíduos de alimento podem abrigar as bactérias dos efeitos de uma higienização.

---

[2] Consulte também os endereços: http://portal.anvisa.gov.br/wps/portal/anvisa/home/alimentos e http://www.abre.org.br/rotulagem.php. (NE)

Processo básico de limpeza e higienização

A seguir, o processo para uma limpeza e higienização básicas de superfícies de contato de alimentos:

- Limpar sujeira, resíduos e restos de comida.
- Enxaguar com água limpa.
- Lavar e escovar com detergente para soltar as partículas remanescentes.
- Enxaguar uma segunda vez com água quente.
- Higienizar com material aprovado para uso em superfícies de contato com alimento.
- Secar com ar quente (o uso de pano ou papel-toalha pode resultar em contaminação cruzada).

Esse procedimento também pode ser aplicado em outras superfícies que não para alimentos, como chão, paredes e tetos.

AGENTES DE LIMPEZA

Procedimentos adequados de limpeza garantem as bases de um programa efetivo de higienização das instalações. Como foi afirmado, a limpeza com detergentes apropriados deve ser realizada antes da higienização. A escolha do detergente depende do tipo de sujeira a ser removida, o volume de limpeza necessária, o tipo de superfície a ser limpa e o tipo de equipamento usado para limpeza.

Fatores que afetam a limpeza

Há dois fatores que afetam a limpeza: a concentração do produto e os tipos de detergentes empregados. A concentração envolve a especificidade do detergente, já que produtos diferentes funcionam melhor para os vários tipos de sujeira. Outros fatores nessa categoria incluem o tempo em que o detergente permanece na área a ser limpa, o grau de espuma, a temperatura da solução de limpeza, a ação mecânica de escovação, o tipo e a quantidade de sujeira, a água utilizada, incluindo os níveis de solidificação.

Quatro tipos de detergentes são apropriados para uso em panificadoras:

- Detergentes para uso geral são leves, e da linha de pH neutro. São seguros para uso em superfícies pintadas ou corrosíveis.
- Detergente alcalino contém níveis alcalinos (cáusticos) de moderado a alto, que são mais efetivos em resíduos de alimentos.
- Detergentes clorados ou alcalinos clorados são eficazes em remover sujeira de origem proteica.
- Detergentes ácidos são os melhores para remover depósitos de mineral inorgânico como crostas e cal.

HIGIENIZADORES

Cloro, produtos com iodo e composto de amônia quaternária são os três produtos químicos mais empregados como higienizadores. Quando é usada a água quente como etapa de higienização, a temperatura deve ser mantida no mínimo a 76,7 °C e não mais do que 90,6 °C por 30 segundos.

Fatores que afetam a higienização

Produto para higienização adicionado em excesso pode criar uma solução tóxica e ineficaz; se, ao contrário, for adicionado em menor quantidade, a solução será fraca e sem efeito. A solução deve ser testada no momento de sua preparação e continuar ao longo do processo para garantir que a concentração adequada seja mantida. Devem-se considerar os seguintes pontos ao desenvolver um programa de higienização:

- Um plano para um rodizio de higienização para prevenir a formação de **biofilme**, ou uma comunidade de micro-organismos que ataca superfícies sólidas expostas à água excretando uma substância fina, colante – Biofilmes colonizam imediatamente superfícies, incluindo pias, bancadas e outras superfícies de contato de alimentos. Práticas de assepsia malfeitas e produtos de limpeza ineficazes podem aumentar a incidência de doenças relacionadas a eles.
- O tipo de superfície a ser higienizada – Produtos diferentes funcionam melhor para cada tipo de superfície.
- O tempo que um produto permanece em contato com a área a ser higienizada.
- A temperatura da solução para higienização.
- As possibilidades de que um produto entre em contato com material orgânico reduzindo sua eficácia.

As concentrações de produtos mais usadas

A Figura 2-4 mostra os quatro higienizadores mais aplicados, juntamente com as concentrações recomendadas para alimentos e superfícies em geral. Os valores mais altos da lista indicam a concentração máxima permitida sem o enxágue necessário. Para atingir a concentração correta, siga as instruções do rótulo do produto para diluição proporcional. Testes de papel em tiras são encontrados facilmente e podem ser usados para verificar se foram alcançadas as concentrações corretas.

CONTROLE DE PRAGAS NA PANIFICADORA

Um dos muitos cuidados que vai garantir uma produção e armazenamento higiênico, seguro e integral dos bens produzidos em uma panificadora é a aplicação do **Integrated Pest Management – IPM** (Manejo Integrado de Pragas – MIP) para o controle de pragas. O IPM tornou-se hoje o método preferido no processamento de alimentos e operações em panificadoras. No entanto, é necessário um entendimento básico para a aplicação do programa de controle de pragas, seja ele terceirizado ou administrado pela própria empresa.

Figura 2-4
Concentrações de produto.

Produto	Superfície de contato com alimento (ppm)	Superfícies em geral (ppm)
Cloro	100-200	400
Iodo	25	25
Composto de amônia quaternária	200	400-800
Ácido peracético	200-315	200-315

INFESTAÇÃO DE INSETOS EM ALIMENTOS ARMAZENADOS

Milhares de insetos, literalmente, estão associados à indústria panificadora. Cereais, nozes, frutas e doces, todos os ingredientes comuns em panificação estão sob alto risco de atrair insetos.

Os **insetos** mais comuns em alimentos armazenados em panificadoras são:

- Caruncho da farinha
- Besouro da farinha
- Besouro de grãos
- Caruncho do fumo
- Traças de farinha
- Traças dos cereais
- Gorgulho mercador

O ciclo de vida ou a **metamorfose completa** dos insetos de alimentos consiste de quatro estágios: (1) ovo, (2) larva, (3) crisálida, e (4) adulto. O ciclo começa quando o ovo é depositado dentro ou próximo dos alimentos. Durante a fase larval, o inseto provoca os maiores estragos no produto e no seu entorno. A pequena larva se desenvolve e começa a se alimentar imediatamente. Na medida em que a larva cresce, ela se transforma em uma crisálida. Esta solta a pele e o inseto adulto emerge.

Insetos secundários

Um segundo grupo de insetos pode infestar a área de estoque e os produtos armazenados ali. Conhecidos como insetos secundários, fazem parte de programas de eliminação e higienização. Os insetos secundários mais comuns encontrados em panificadoras são as baratas de esgoto e as baratinhas alemãs. Esses insetos podem ser controlados por meio de um programa organizado que inclui a inspeção de todas as matérias-primas e pacotes recebidos para se ter certeza de que não estão infestados. Além disso, todas as rachaduras e fendas das instalações devem ser vedadas para eliminar quaisquer possibilidades de dar abrigo aos insetos. Por fim, uma prática sólida de boas técnicas de higienização e aplicação de pesticidas ou iscas e armadilhas quando necessário pode controlar a população desses insetos.

As moscas, que são portadoras de doenças e estão associadas à sujeira, fazem parte de um outro problema sério nas panificadoras. Elas podem ser controladas usando-se muitos dos métodos aplicados ao controle de baratas. Além disso, o uso de barreiras mecânicas como telas, cortinas de ar e armadilhas elétricas para moscas podem ser muito eficazes no controle de infestações desses insetos.

TIPOS, HÁBITOS E CARACTERÍSTICAS DE ROEDORES

Camundongos, ratos de telhado e ratazanas podem causar muitos problemas aos profissionais de panificação. Esses animais transitam por paredes e superfícies. Os camundongos necessitam de menos água e são mais fáceis de capturar do que ratazanas, que nas grandes cidades dos Estados Unidos têm uma população igual ou maior do que a humana. Além da magnitude dos números, os ratos podem transmitir doenças como tifo e pragas.

O primeiro passo no controle de roedores é criar barreiras. Em outras palavras, é essencial vedar adequadamente todas as portas. Construções antigas com deficiências estruturais como rachaduras e fendas que podem permitir a passagem de roedores devem ser vedadas ou consertadas.

Pontos com iscas podem ser usados ao longo das áreas externas das instalações. Devem ser bem vedados, colocados em lugar seguro e claramente identificados. As iscas para roedores nunca devem ser colocadas na área de produção ou de armazenamento. Para a área interna, armadilhas sem iscas podem ser utilizadas, mas devem ser de modo claro identificadas e inspecionadas semanalmente.

TIPOS, HÁBITOS E CARACTERÍSTICAS DE PÁSSAROS

Pardais, estorninhos e pombos são considerados pestes no interior e nas imediações das instalações de produção de alimentos.

O controle de pássaros pode ser feito tomando-se três medidas preventivas: eliminar todas as fontes de alimento e água, prevenindo a entrada e a instalação das aves, ou construindo barreiras e armadilhas ou iscas para pássaros.

PESTICIDAS

Dois tipos de **pesticidas** são normalmente empregados na indústria de panificação. São de uso generalizado, o que oferece pouco risco às pessoas ou ao ambiente quando aplicados de acordo com as recomendações do rótulo, e pesticidas de uso restrito, que podem oferecer riscos potenciais mesmo quando utilizados adequadamente.

PROCEDIMENTOS OPERACIONAIS GERAIS PARA O CONTROLE DE PRAGAS

Os procedimentos a seguir são recomendados para receber e armazenar ingredientes e material embalado para prevenir a invasão de pragas no interior das instalações:

- Inspecionar todo o material entregue na panificadora antes de aceitá-lo para assegurar a ausência de pestes ou descobrir contaminação que possa ter ocorrido durante o transporte.
- Estabelecer um rodízio eficiente de PEPS (Primeiro a entrar, primeiro a sair, do inglês Fifo – First In, First Out) de todo o material do estoque não apenas para alimentos.
- Armazenar todos os produtos e materiais a 45 cm da parede e nunca diretamente no chão.
- Manter materiais tóxicos (produtos de limpeza, pesticidas) a uma distância segura dos alimentos para evitar a possibilidade de contaminação.
- Limpar de modo imediato qualquer respingo liquido ou seco. Embalagens danificadas ou perfuradas, em que o produto fica exposto, devem ser inspecionadas diariamente.
- Pense seriamente em adotar equipamentos mecânicos de controle de pestes como a armadilha múltipla para roedores, cartões colantes e lâmpadas para atrair insetos. As iscas para roedores e/ou outros venenos tóxicos devem ser empregados como último recurso e somente com a supervisão de um profissional.
- Manter um registro ou uma anotação de todas as ocorrências com pesticidas e as medidas de controle tomadas. Um manual do programa de controle de pestes com registro de contratos, seguros e serviços deve ser mantido na empresa.
- Realizar inspeções internas e/ou externas para avaliar a eficácia completa do programa de controle de pestes. Essas inspeções devem ser realizadas regularmente e considerar as necessidades e as exposições da panificadora.
- Promover treinamentos contínuos para funcionários sobre práticas de eliminação de pestes e boa higienização.

BIOSSEGURANÇA

Um dos resultados do ataque terrorista de 11 de setembro de 2001 tem sido uma crescente conscientização da necessidade de ampliar a segurança nos Estados Unidos. A resposta do Congresso foi a aprovação da Lei de 2002 (**Lei do Bioterrorismo**), transformada em lei pelo presidente Bush em 12 de junho de 2002.[3]

A Lei do Bioterrorismo está dividida em cinco títulos. O FDA foi responsável por desenvolver alguns temas da lei, especialmente o Titulo III, Subtítulo A – Proteger o fornecimento de alimentos e medicamentos garantindo segurança.

DESTAQUES DA LEI DO BIOTERRORISMO, TÍTULO III, SUBTÍTULO A

A Section 305 (Registration of Food Facilities – Registro das Instalações de Alimentos) exigia que o proprietário, o operador ou o agente responsável por uma empresa alimentícia, no mercado interno ou externo, fizesse seu registro no FDA até dezembro de 2003. Instalações são definidas como fábrica, depósito ou outro estabelecimento, incluindo importadoras. A Lei do Bioterrorismo exclui fazendas, restaurantes e outros estabelecimentos de venda a varejo, e instituições sem fins lucrativos nos quais o alimento é preparado ou servido diretamente para o cliente. As empresas estrangeiras sujeitas às exigências de registro estão restritas àquelas que manufaturam, processam, empacotam, estocam alimentos, somente se o alimento de tais empresas chegam aos Estados Unidos sem processamento ou empacotamento adicional fora do país.

SEGURANÇA ALIMENTAR

Para prevenir manipulação intencional, as grandes empresas estão voltadas para desenvolver programas de segurança alimentar para suas operações. Embora não se limitem a eles, esses programas cobrem os seguintes pontos:

- Vulnerabilidade de avaliação e risco gerencial.
- Desenvolvimento de diretrizes e programas escritos.
- Definição de uma equipe de segurança alimentar.
- Revisão das instalações.
- Medidas de segurança para prédios e terrenos.
- Controle de acesso.
- Segurança para depósitos.
- Preparação para *recall*.
- Crise de programas de gerenciamento.
- Inspeções de segurança.
- Relacionamento entre cliente-fornecedor.

---

[3] Para mais informações, com relação ao Brasil, consulte o site: http://www2.desenvolvimento.gov.br/sitio/secex/negInternacionais/MedTerrorismo/Lei.php. (NE)

INICIAR UM EMPREENDIMENTO EM PANIFICAÇÃO

Seja no caso de um pequeno empresário apenas começando, seja no de uma empresa já estabelecida em busca de expansão, operar uma panificação em um ambiente regulatório em constante mudança pode ser uma tarefa assustadora.

As informações a seguir fornecem um painel básico para iniciar o empreendimento criando uma estrutura sólida para uma nova empresa, ou simplesmente para expandi-la. A Vigilância Sanitária local é uma boa fonte para se conhecer o que será requisitado para o tipo de operação contemplada, bem como sobre o segmento do mercado escolhido – seja varejo, fornecimento de refeições, atacado, ou um pouco de cada um deles. Quando essas informações puderem ser reunidas, será possível avançar.

Não importa se determinada operação é conduzida em uma cozinha doméstica de 30 m² ou em uma instalação comercial de 3.000 m², a exposição e a responsabilidade do proprietário são as mesmas. A única diferença é que, na operação de maior porte, os fatores do programa de segurança alimentar serão mais elaborados e complexos.

PROCEDIMENTOS PARA AVALIAR O FUNCIONAMENTO DA PANIFICADORA

Dependendo do que será produzido na empresa, haverá inúmeras variáveis a serem consideradas. A seguir, são indicadas algumas das práticas a serem observadas:

- Calcular o tamanho das instalações ou da área (em metros quadrados).
- Determinar os tipos de pães e/ou doces a serem produzidos.
- Fazer uma relação dos equipamentos a serem utilizados nos procedimentos.
- Criar uma lista de ingredientes a serem usados nos procedimentos.
- Se houver empregados, decidir quantos serão e se haverá necessidade de treinamento.
- Se ingredientes e materiais embalados serão armazenados no local, determinar o tamanho e o tipo de depósito ou sala de estoque necessária.
- Determinar como os produtos serão distribuídos, se por meio de veículos do proprietário, transporte de terceiros, ou outros meios.

PROCEDIMENTOS PARA DETERMINAR O TAMANHO DAS INSTALAÇÕES E A DISTRIBUIÇÃO DOS EQUIPAMENTOS

Um programa bem-sucedido de segurança alimentar é determinado pelo tamanho das instalações e pelos tipos de equipamentos a serem utilizados na produção. Ao planejar um espaço de trabalho, deve-se investir em um fluxo de produção eficiente e ter certo espaço amplo para ajudar a estabelecer um local de trabalho organizado e limpo. A seguir, algumas indicações:

- Criar um diagrama das instalações incluindo a distribuição dos equipamentos e a separação de áreas relativas à produção.
- Indicar no diagrama todas as portas principais e as giratórias entre as áreas ou de entrada e saída da panificadora.
- Determinar as áreas em que serão armazenadas matérias-primas ou outros materiais usados no processamento ou no apoio da operação.
- Indicar a área de limpeza para o preparo das atividades de limpeza e de higienização.
- Se for o caso, mostrar o espaço destinado aos funcionários (copa, armários).

CONSIDERAÇÕES SOBRE O CONTROLE DE PRAGAS

Depois de definir o plano para as operações da panificadora, deve-se consultar ou contratar uma empresa especializada no controle de pragas. As pequenas empresas podem se beneficiar do profissionalismo dessas firmas nos locais onde a operação será realizada. Esse tipo de firma também poderá fornecer proteção contra pragas, como ratos, pássaros e insetos, que possam invadir as instalações, para áreas internas e externas.

Ao contratar esse tipo de serviço para o controle de pragas, o contratante deve assegurar-se de que a empresa tenha experiência na indústria alimentícia. Mesmo quando uma empresa externa é contratada, a responsabilidade final é do proprietário da panificadora, caso um procedimento ou um produto final seja exposto à pesticida. Os proprietários de panificadoras devem estar cientes de suas responsabilidades ao executar o controle de pragas.

As empresas de controle de pragas terceirizadas devem manter um registro de suas atividades quando contratadas. Somente devem ser contratadas empresas licenciadas que concordem em fornecer toda a documentação necessária ao realizarem a atividade. O empregado da empresa contratada deve checar toda a área acompanhado de um funcionário da panificadora para que qualquer dúvida ou problema que surja possa ser resolvido em tempo.

Caso seja necessária a aplicação de um pesticida, uma documentação conhecida como **Material Safety Data Sheets – MSDS** (Folhas de Dados de Segurança do Produto) deve ser fornecida para garantir que tanto os trabalhadores como o pessoal de segurança no trabalho conheçam os procedimentos adequados para manuseio ou funcionamento de uma determinada substância.

PROCEDIMENTO PARA CRIAÇÃO DO PERFIL DO PRODUTO

Ao terminar de assar um produto, o padeiro ou confeiteiro ainda não terá concluído seu trabalho. O manuseio e o armazenamento dos produtos são tão importantes quanto seu preparo. Especialmente os de confeitaria, que contêm frutas frescas, creme fresco ou cozido e nozes, devem ser armazenados e rotulados de modo adequado para diminuir os riscos de intoxicação alimentar. A seguir, algumas indicações básicas:

- Desenvolver o perfil do produto para cada item a ser produzido de forma que possam ser definidos parâmetros para o controle de sensibilidade de temperatura ou problemas alergênicos.
- Estabelecer a validade de um produto em relação à segurança e ao frescor.
- Determinar as exigências de rótulo e de embalagem que se aplicam para cada item, quando necessário.
- Especificar as exigências de duração e armazenamento de produtos acabados.
- Estabelecer as exigências para distribuição e/ou procedimentos.

PROCEDIMENTO PARA MATÉRIAS-PRIMAS E EMBALAGENS

O armazenamento de matérias-primas e material de embalagem é considerado um ponto de controle. A garantia de um produto finalizado depende da segurança das matérias-primas utilizadas e dos materiais usados para a embalagem. A seguir, algumas considerações básicas:

- Listar as matérias-primas necessárias para o procedimento.
- Determinar qualquer exigência especial para o manuseio e armazenamento de matérias-primas, incluindo controle de temperatura, manuseio ou armazenamento especial de ingrediente alergênico, e assim por diante.
- Indicar local adequado de armazenamento que permita a separação de ingredientes e material de embalagem.
- Certificar-se de que quaisquer e todos os rótulos usados nas embalagens estejam de acordo com as exigências legais.

PROCESSOS PARA IMPLANTAR PROCEDIMENTOS DE LIMPEZA E HIGIENIZAÇÃO

Implantar procedimentos padronizados de limpeza e higienização é o melhor meio de garantir instalações limpas e higiênicas. Estabelecer as diretrizes juntamente com a empresa fornecedora de material químico e com empregados garante que todos estarão cientes da importância da limpeza e higiene e, portanto, vão seguir as orientações do **Standard Sanitation Operating Procedures – SSOP**. Monitorar as atividades de limpeza e higienização diariamente, ou mesmo por turnos, assegura confiança e ajuda a manter um ambiente de produção asseado.

- Consultar empresas do ramo fornecedoras de material químico com experiência na indústria de alimentos para determinar quais os produtos necessários para a assepsia de panificadoras.
- Solicitar assistência dos fornecedores de material químico para delinear procedimentos de limpeza em várias aplicações nas instalações.
- Obter o Material Safety Data Sheets (MSDS) para todos os produtos de limpeza usados nas instalações.
- Solicitar à empresa de produtos químicos auxílio no treinamento de pessoal nas práticas seguras de manuseio de produtos químicos a serem usados, incluindo aplicação, especialmente se a empresa encontra-se em expansão.

CONSIDERAÇÕES PARA CONSULTORES EXTERNOS E INSTITUIÇÕES LOCAIS DE ENSINO

O responsável por uma panificadora deve ter conhecimento básico das leis e procedimentos exigidos para o funcionamento de sua empresa. Cursos de Higiene e Manipulação de Alimentos são, com frequência, promovidos por universidades públicas ou pela Divisão de Vigilância Sanitária. No entanto, para a solução de situações mais complexas e específicas uma consultoria pode ser de grande ajuda.

- Ao iniciar a atividade, faça uma consultoria ou frequente um curso em escolas especializadas; ambos são recursos valiosos.
- Ao contratar os serviços de um consultor, verifique as referências e credenciais.
- O dinheiro gasto em serviços de consultoria, no início, pode ajudar a evitar situações mais dispendiosas no futuro.

Capítulo 2: Segurança alimentar e assepsia em panificação

RESUMO DO CAPÍTULO

Os princípios básicos de higiene e assepsia alimentar são definidos por lei. Os responsáveis por panificadoras ou confeitarias que adotam esses princípios básicos e mantêm a produção livre de riscos podem oferecer um produto mais seguro aos consumidores. Produtos que apresentem riscos potenciais podem ser evitados se a panificadora ou confeitaria seguir os procedimentos de APPCC e POPH. A partir do momento que os procedimentos forem incorporados à rotina da produção, as chances de contaminação alimentar são em grande parte reduzidas. Se esses procedimentos forem seguidos diariamente, é possível que muitos problemas sejam prevenidos.

PALAVRAS-CHAVE

- adulteração
- alimento alergênico
- Análises de Perigos e Pontos Críticos de Controle (APPCC)
- biofilme
- Good Manufacturing Practices – GMP (Boas Práticas de Produção)
- contaminação cruzada
- decreto do Federal Food, Drug and Cosmetic (FDCA)
- Food and Drug Administration (FDA)
- higiene pessoal
- higienização
- insetos
- Manejo Integrado de Pragas (MIP)
- lei do bioterrorismo
- Material Safety Data Sheets (MSDS)
- metamorfose completa
- Nutrition Labeling and Education Act (NLEA)
- patógenos
- pesticidas
- primeiro a entrar, primeiro a sair (PEPS)
- Procedimentos Padrão de Higiene Operacional (PPHO)
- zona de perigo

QUESTÕES PARA REVISÃO

1. Qual a diferença entre as palavras *dever* e *recomendar* das Boas Práticas de Produção?
2. Quais são as quatro principais defesas contra o crescimento e disseminação das bactérias?
3. A intoxicação alimentar é causada por bactéria ou por suas toxinas, parasitas, vírus, e por quais outros riscos?
4. Podem as proteínas alergênicas ser eliminadas por cozimento ou aquecimento?
5. O que deve ser feito antes de uma superfície de contato ser completamente higienizada?

PARTE 2

PÂTISSERIE

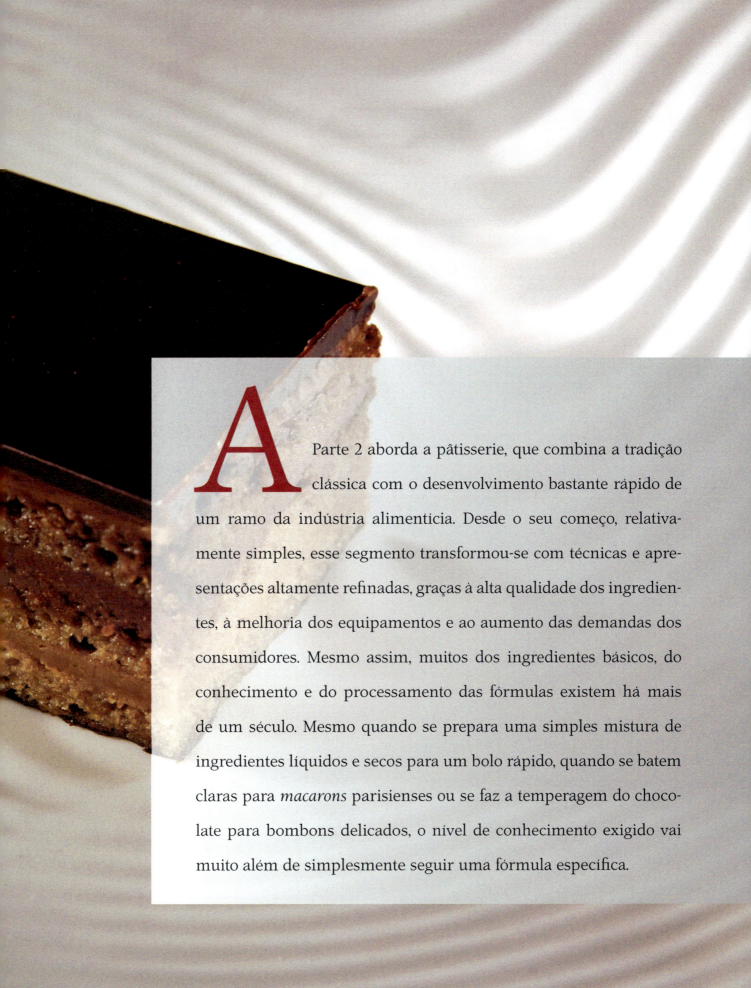

A Parte 2 aborda a pâtisserie, que combina a tradição clássica com o desenvolvimento bastante rápido de um ramo da indústria alimentícia. Desde o seu começo, relativamente simples, esse segmento transformou-se com técnicas e apresentações altamente refinadas, graças à alta qualidade dos ingredientes, à melhoria dos equipamentos e ao aumento das demandas dos consumidores. Mesmo assim, muitos dos ingredientes básicos, do conhecimento e do processamento das fórmulas existem há mais de um século. Mesmo quando se prepara uma simples mistura de ingredientes líquidos e secos para um bolo rápido, quando se batem claras para *macarons* parisienses ou se faz a temperagem do chocolate para bombons delicados, o nível de conhecimento exigido vai muito além de simplesmente seguir uma fórmula específica.

capítulo 3

BISCOITOS

OBJETIVOS

Após a leitura deste capítulo, você será capaz de:

- Descrever as funções de cada ingrediente dos biscoitos, como os amaciantes, os fortalecedores e os saborizantes ou os complementos.
- Identificar os efeitos dos diferentes métodos de mistura.
- Explicar as causas do derretimento do biscoito na forma e ser capaz de controlar os fatores que contribuem para isso.
- Descrever o que confere as principais características de um biscoito, como crocância, maciez, firmeza e o desmanchar na boca.
- Elaborar uma variedade de biscoitos empregando os métodos destacados neste capítulo.

DEFINIÇÃO E ABRANGÊNCIA DOS BISCOITOS

Tanto como iguaria apetitosa para eventos especiais, para acompanhar o leite do lanche noturno ou como um acompanhamento para qualquer ocasião, os biscoitos são apreciados em todo o mundo. A história da origem dos biscoitos tem milhares de anos; no entanto, eles foram adaptados de receitas e de técnicas criadas durante a Idade Média até chegar à forma como os conhecemos hoje.

Os biscoitos são feitos com base em uma massa mais ou menos parecida com alguns tipos de massa de bolo. Um biscoito é, basicamente, uma versão menor e mais seca que um bolo – a principal diferença entre os dois é a quantidade de líquido. A textura dos biscoitos pode ser macia, firme, dura, quebradiça, leve ou densa. Há inúmeras combinações de sabor, em razão de uma vasta seleção de ingredientes básicos que incluem manteiga, açúcar, ovos, farinha, farinha de castanhas[1] e **saborizantes**. Os saborizantes e os complementos são ingredientes que acrescentam sabor e textura diferentes ao biscoito. Não há, contudo, uma função estrutural e normalmente são acrescentados à massa quase ao final do processo de mistura. Como exemplos de saborizantes e complementos estão os chocolates *chips*, flocos de aveia, castanhas e frutas secas.

---

[1] Oleaginosas em geral, como castanhas, nozes, amêndoas, pistaches, entre outras. (NE)

INGREDIENTES FUNCIONAIS PARA OS BISCOITOS

Os ingredientes usados em uma fórmula de biscoito podem ser classificados em dois grupos principais: **ingredientes amaciantes** e **ingredientes fortalecedores**. Esses dois grupos desempenham papel importante na formação de características do biscoito, como maciez, firmeza, crocância e expansão. Os ingredientes amaciantes tornam o biscoito mais tenro, possibilitando a expansão e evitando que ele se torne muito crocante e endurecido. Os ingredientes fortalecedores criam uma estrutura viável para que a massa, que reduz a expansão, retenha sua forma e apresente um produto final facilmente reconhecido como biscoito (Matz, 1987, p. 151).

FORTALECEDORES

Os principais ingredientes fortalecedores incluem farinha, água, cacau em pó, sal, claras, ovos, leite e sólidos lácteos não gordurosos. Esses ingredientes, constituídos especialmente por amidos e proteínas, ajudam a manter o biscoito inteiro antes e depois do processo de cozimento.

A proteína na farinha é considerada um componente fortalecedor, porque, quando é hidratada, permite a formação do glúten. O tipo de farinha utilizada para biscoitos depende do tipo de biscoito que será produzido. As farinhas normalmente usadas na fabricação de biscoito são as mesmas utilizadas na pâtisserie (7% a 9% de proteína) e farinha para pão de baixa proteína (10,5% a 12% de proteína). Farinhas com alto teor de proteína não são adequadas para biscoitos, pois criam uma quantidade excessiva de ação fortalecedora que resulta em um miolo mais denso, com possibilidade de rachadura na superfície.

A água também atua como agente fortalecedor ao hidratar e potencialmente fortalecer o glúten. O sal fortalece a massa ao reforçar a estrutura do glúten, mas normalmente não há uma quantidade significativa de sal nas fórmulas de biscoito para produzir uma diferença importante. O sal, geralmente, é adicionado em pequenas quantidades somente para realçar o sabor. A proteína dos ovos e das claras fornece a estrutura básica e produz volume. Na medida em que o biscoito assa, as proteínas coagulam e ajudam a fixar a forma. O leite e o leite em pó fornecem um nível de fortalecimento, porque a proteína absorve a água. Uma mistura de aproximadamente 5% de leite em pó, com base no peso da farinha, vai produzir um efeito levemente fortalecedor e também melhorar a cor e o brilho da crosta.

AMACIANTES

Os açúcares e as gorduras são os principais ingredientes amaciantes que se equilibram com os ingredientes fortalecedores para criar uma textura mais macia no biscoito. Os amaciantes mais importantes incluem açúcar refinado, açúcar líquido ou invertido, gorduras naturais ou industrializadas, gemas, amidos derivados de milho ou trigo e fermentos.

Açúcar

O açúcar é **higroscópico**, o que significa que atrai e retém líquido. O tamanho da granulação do açúcar vai afetar a expansão do biscoito e, consequentemente, sua maciez. Evidentemente, quanto mais fina a granulação, mais o biscoito vai se expandir com menor tempo de mistura. Inversamente, quanto maior a granulação do açúcar, maior o tempo de mistura para produzir mais expansão. A menor concentração de granulação de açúcar na massa de biscoito requer mais água na mistura com a farinha, permitindo que o glúten se desenvolva, o que vai retardar a expansão da massa (Matz, 1992, p. 110). Se a granulação do açúcar for menor em tamanho, mas do mesmo peso, se dispersará na massa em concentração maior: os grãos estarão situados próximos uns aos outros, impedindo que o glúten forme laços fortes, e, portanto, estimule a expansão.

Também podem ser acrescentados às fórmulas de biscoitos os açúcares líquidos ou invertidos, como xarope de milho e glicose, em pequenas quantidades para ajudar a manter a maciez. O efeito que o excesso de açúcar invertido pode causar é a formação precoce da crosta e uma coloração mais clara. Para substituir a sacarose são necessários de 10% a 15% de açúcar invertido ou líquido com base no peso da farinha. Uma quantidade excessiva de açúcar invertido ou líquido pode causar uma dureza desagradável na crosta e excesso de doçura no produto final.

Gordura

A gordura amacia os biscoitos ao interferir com o amido e as proteínas formadoras de glúten no trigo. A manteiga e a gordura hidrogenada são as principais gorduras utilizadas nas fórmulas de biscoitos; banha e óleos são usados com menos frequência. Uma vez que a manteiga é mais cara que os outros tipos de gordura, a margarina ou gordura vegetal hidrogenada podem ser suas substitutas nos casos em que o sabor não seja muito considerado no produto final. Além disso, a grande quantidade de gordura das gemas adiciona riqueza de cores e maciez à textura. A lecitina, um dos ácidos graxos presentes na gema, é um emulsificante natural que ajuda a gerar melhor distribuição dos líquidos e das gorduras criando um produto mais tenro.

Amido

Os amidos derivados do trigo e do milho atuam como agentes amaciantes, pois absorvem umidade e aumentam a massa, porém não criam força estrutural. Os produtos derivados do milho incluem farinha de milho grossa, fina e amido de milho. A farinha de milho grossa, em geral produzida com grãos moídos grosseiramente, apresenta diversas texturas, o que dá sabor e crocância ao biscoito. O amido de milho, que não apresenta o sabor do milho, pode ser acrescentado às fórmulas para criar no biscoito uma textura leve e esfarelada, e não tem efeito maior na expansão da massa. A fécula de batata, feita de batatas com alto teor de amido, cozidas, desidratadas e moídas, por vezes é usada nas fórmulas para produzir uma textura macia, esponjosa e quase farinhenta. Tanto o amido de milho como a fécula de batata apresentam alto teor de amido, e possuem quantidades bem baixas de proteínas, se comparadas com a farinha de trigo, que tem em torno de 8% a 15% de proteína.

Fermentos químicos

Os fermentos químicos agem como amaciantes porque produzem dióxido de carbono durante o processo de cozimento e levam os biscoitos a crescer e adquirir textura macia. Os principais fermentos usados nas fórmulas de biscoito são bicarbonato de sódio e fermento rápido de dupla ação, que é a mistura de bicarbonato de sódio, sais ácidos e amido de milho.

Quando os sais ácidos são expostos ao calor, em um sistema de fermentação química, reagem com o bicarbonato de sódio e começam a produzir dióxido de carbono. Sais ácidos diferentes podem começar suas reações em temperaturas diversas. Exemplos de sais ácidos que reagem em temperaturas baixas são cremor de tártaro (bitartarato de potássio) e fosfato monocálcico. O sal ácido, que reage em altas temperaturas, como o sulfato de alumínio de sódio, gera uma grande quantidade de gás durante o cozimento, promovendo, assim, o crescimento do biscoito no forno.

Quando o fermento de dupla ação é utilizado, o dióxido de carbono é produzido em dois estágios: ao ser exposto à umidade e ao calor. Durante a mistura, um pequeno volume de gás é produzido pelos sais ácidos que reagem com o bicarbonato de sódio dissolvido. A segunda reação ocorre no forno, garantindo, assim, um volume suficiente de crescimento. O fermento de ação única contém apenas sais ácidos reagentes a baixas temperaturas. Atualmente, esse fermento não é mais produzido em grande escala.

O bicarbonato de sódio pode ser usado somente quando a fórmula contiver um ingrediente ácido, como cacau em pó ou leite fermentado (*buttermilk*). Isso ocorre porque o bicarbonato de sódio precisa de um componente ácido para desencadear a reação que produz o dióxido de carbono. Quando o bicarbonato de sódio é utilizado em excesso, um sabor alcalino pode permanecer no gosto final do produto, já que não foi possível que todo o bicarbonato de sódio reagisse com os ingredientes ácidos disponíveis. Além do mais, excesso de bicarbonato de sódio, ou de fermento químico, pode apresentar uma textura um pouco pesada e crosta de cor escura.

O bicarbonato de amônia é um fermento químico não muito utilizado atualmente nas padarias. Ao entrar em contato com a umidade e ser exposto a altas temperaturas, rapidamente se transforma em amônia, dióxido de carbono e água, todos auxiliares na fermentação. O bicarbonato de amônia é adequado na utilização de produtos com especiarias, como biscoitos de gengibre, ou em biscoitos assados que devem ficar bem secos, eliminando a possibilidade de gosto ruim. Também ajuda a manter a uniformidade e a expansão dos biscoitos, pois reage muito rapidamente. Quando usado de modo adequado em fórmulas e no cozimento, não desprende odor de amônia no produto.

TIPOS DE BISCOITO

Os diversos tipos de biscoito têm por base especialmente o método das fórmulas e o preparo (ver Figura 3-1). Em razão das orientações para o preparo e cozimento variarem consideravelmente de biscoito para biscoito, todas as instruções devem ser seguidas conforme indicação da fórmula para técnicas especiais e para o tempo de cozimento. Independentemente do tipo de biscoito a ser produzido, é importante moldá-los do mesmo tamanho para que assem todos por igual.

- **Biscoito porcionado**: O nome desse biscoito se deve ao fato de a massa ser lançada em porções. Os biscoitos porcionados são elaborados com massa mais firme. Eles são misturados, feitos em porções empregando uma colher ou máquina de biscoito, e assados, ou podem ser congelados antes de ir ao forno. O controle das porções pode ser mantido pelo tamanho da colher ou pelo molde da placa de porcionamento. Os exemplos típicos de biscoitos porcionados são aqueles com gotas de chocolate e os de farinha de aveia e uvas-passas.
- **Biscoito de saco de confeitar**: Embora esses biscoitos sejam feitos com uma massa mais macia que a do porcionado, ainda assim eles mantêm sua forma. Esse tipo de fórmula pode, por vezes, levar farinha ou pasta de amêndoas. Os biscoitos de saco de confeitar também podem ser feitos com prensa de biscoito, ou máquina, e normalmente apresentam formas decorativas. Os biscoitos *spritz cookies* e *sables à la poche* são exemplos típicos desse tipo de biscoito.
- **Biscoito vazado**: Os biscoitos vazados são formulados para limitar sua expansão durante o cozimento e para que sua forma original possa ser mantida. São cortados a partir da

massa aberta, que apresenta propriedades reológicas similares à massa do biscoito porcionado. Essa massa deve ser firme o suficiente para ser aberta sem perder a força, causando a quebra, embora deva também manter uma textura macia e esfarelada. É importante que essa massa não seja muito manuseada, porque o desenvolvimento excessivo do glúten produz um encolhimento da massa e uma textura firme demais. Qualquer farelo da massa deve ser cuidadosamente incorporado à massa fresca para minimizar o desperdício. Os biscoitos açucarados ou os de gengibre são exemplos de biscoitos vazados.

- **Biscoito de forma**: Essa classificação representa uma variedade diversa de produtos que normalmente são assados em tabuleiros e cortados em tamanhos individuais. O processo de preparo do biscoito de forma depende muito da fórmula. Entre os exemplos desse tipo de biscoitos estão os *brownies*, barras de limão, *toscani* e barras de granola.

Figura 3-1
Seleção de biscoitos (de cima para baixo, da esquerda para a direita): biscoitos de aveia com uvas-passas, *tuiles*, *diamants* sortidos, *sables à la poche*, barras de limão, biscoitos açucarados, *biscotti* duplos de chocolate.

- **Biscoito fatiado**: O biscoito fatiado é feito a partir de uma peça grande de massa que é assada e, então, cortada em peças individuais. A consistência da massa normalmente é similar à do biscoito porcionado. Dois exemplos mais comuns de biscoito fatiado incluem as barras de figo e *biscotti*. O *biscotti*, que literalmente significa "assado duas vezes", é deixado no forno depois de fatiado para secar.
- **Biscoito congelado**: Em razão do processo de mistura e da fórmula da massa, esse biscoito apresenta pouca expansão e mantém sua forma e cor ao longo do processo de cozimento. Pode ser produzido com métodos tradicionais para criar desenhos geométricos sofisticados ou marmorizados, assim como pode apresentar uma multiplicidade de sabores. Os biscoitos congelados podem ser moldados em cilindros ou blocos de massa para serem refrigerados, fatiados e assados, ou ser congelados até quando necessário.
- **Biscoito em estêncil**: Normalmente fino e crocante em textura, o biscoito em estêncil, em geral, é feito para fazer parte de, ou guarnecer, sobremesas compostas. Muitas vezes chamados *tuiles*, são feitos de uma massa básica, fina, que é misturada, deixada para descansar e espalhada em forma livre ou em moldes, e então assada. O nome *tuile* é derivado dos biscoitos clássicos, finos, arredondados, que são finalizados com amêndoas fatiadas. Logo que são tirados do forno, ainda quentes, são moldados em curvas que lembram uma *tuile* (telha). As guarnições nas *tuiles* contemporâneas incluem pedaços de cacau, coco, castanhas, especiarias e sementes. Uma fórmula para *tuile* será apresentada no Capítulo 13.
- **Biscoito moldado**: Os biscoitos moldados variam consideravelmente em composição. É importante que a massa seja adequadamente misturada usando o método de um estágio ou o método *sablé*, para que, no caso de serem usados desenhos complexos, não sejam queimados ou deformados. Depois de misturada, a massa é depositada em placas pró-

prias e, então, levada ao forno. Tradicionalmente, o tipo mais comum de biscoito moldado era o *shortbread* (barra amanteigada), produzido em moldes feitos de madeira ou de metal. Hoje, biscoitos moldados normalmente provêm de padarias comerciais que produzem em larga escala e com equipamentos altamente especializados.

MÉTODOS DE MISTURA PARA BISCOITO

Estes métodos de mistura são muito semelhantes aos dos bolos, e a diferença principal é a quantidade de líquido utilizada. Tal como na mistura de bolo, deve ocorrer pouco desenvolvimento do glúten, uma vez que este vai fortalecer o biscoito.

Antes de preparar qualquer fórmula de biscoito, é importante ter todos os ingredientes já pesados adequadamente e, em geral, todos os ingredientes devem estar em temperatura ambiente. Uma exceção é o método *sablé*, no qual a manteiga deve estar fria. A temperatura dos ingredientes é essencial para a incorporação adequada e emulsificação correta das gorduras e dos líquidos. A seguir, apresentamos uma descrição dos quatro principais métodos de mistura para biscoitos.

MÉTODO CREMOSO

A técnica mais comum para misturar massa de biscoito, o **método cremoso**, é definida pela mistura de gorduras e açúcares para incorporar ar. A quantidade de ar incorporado depende da característica desejada para o biscoito. Quanto mais as gorduras e os açúcares forem batidos, mais os biscoitos vão se expandir durante o processo de cozimento. Além do mais, se o biscoito tiver grande quantidade de gordura e menor quantidade de farinha, o tempo necessário de mistura da gordura e do açúcar será menor. A mistura excessiva nesse caso vai gerar um aumento da expansão e maior aquecimento da massa do biscoito, que resultará em derretimento de algumas gorduras apresentando textura e volume indesejáveis no produto final.

Figura 3-2 Biscoito com derretimento.

Depois que a gordura e o açúcar forem suficientemente batidos, os ovos são acrescentados progressivamente. A adição gradual dos ovos deve ser observada, assim como a temperatura adequada dos ingredientes, para evitar que a mistura desande. Caso os ovos sejam acrescentados muito rapidamente, a mistura pode perder sua emulsão, pois a estrutura matriz da gordura e do açúcar não conseguirá absorver todo o líquido de uma única vez. A temperatura dos ovos deve ser similar à da manteiga (16 °C a 18 °C). Se os ovos estiverem muito frios, vão endurecer as partículas da manteiga dispersas no açúcar e a mistura poderá, assim, desandar.

É raro que uma fórmula de biscoito leve líquido adicional. Entretanto, se qualquer líquido tiver de ser adicionado, deve ser feito depois dos ovos, e de uma única vez. A seguir, os ingredientes secos são misturados apenas até serem incorporados. É muito importante obter uma mistura homogênea dos ingredientes secos para não empelotar e minimizar o desenvolvimento do glúten.

A mistura é uma etapa fundamental na produção de biscoito. Todos os ingredientes devem ser incorporados homogeneamente e com a quantidade exata especificada na fórmula. Mesmo assim, um erro comum é misturar de forma desigual a combinação de manteiga e açúcar no restante da massa. Ao empregar o método cremoso, por exemplo, a raquete da batedeira não toca a cuba, o que deixa uma fina camada da mistura de manteiga e açúcar. Para assegurar uma distribuição homogênea da fase da manteiga e do açúcar, a cuba deve ser raspada ao longo de todo o procedimento. Caso contrário, essa porção, ao juntar-se com o restante da mistura, produzirá um **derretimento** do biscoito durante o cozimento. Isso ocorre quando a fase da manteiga e do açúcar derrete e escorre do restante da massa (ver Figura 3-2).

Procedimento do método cremoso

- Pesar todos os ingredientes e mantê-los em temperatura ambiente.
- Bater a manteiga e o açúcar em uma cuba com batedeira de raquete (ver Método cremoso, Figura 3-3, Etapa 1).
- Adicionar os ovos lentamente e, depois, a baunilha (ver Método cremoso, Figura 3-3, Etapas 2-3).
- Raspar a cuba e misturar ao restante da massa incorporando tudo homogeneamente (ver Método cremoso, Figura 3-3, Etapa 4).
- Adicionar a farinha e misturar até ficar homogênea (ver Método cremoso, Figura 3-3, Etapa 5).
- Se adicionar outros ingredientes, misturar a farinha apenas até a metade do tempo, então acrescentar os ingredientes extras e continuar a misturar até a incorporação se completar (ver Método cremoso, Figura 3-3, Etapa 6).
- Guardar no refrigerador ou no freezer e então cortar em porções; assar quando necessário.

MÉTODO ESPUMOSO

Este método é empregado para texturas de biscoitos mais macias, como alguns tipos de *brownies* e alguns tipos de *macarons*. Os biscoitos champanhe, normalmente considerados biscoitos na Europa, são feitos com o método espumoso; entretanto, nos Estados Unidos, e também no Brasil, são usados mais como base para bolos. Um biscoito preparado com o **método**

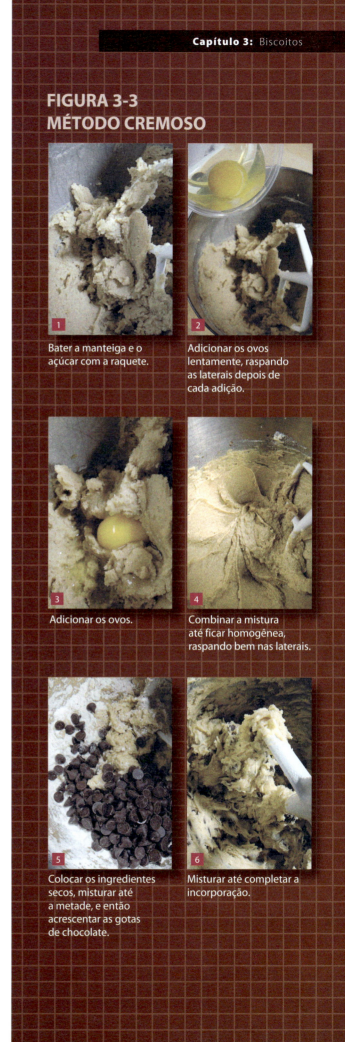

FIGURA 3-3 MÉTODO CREMOSO

1. Bater a manteiga e o açúcar com a raquete.
2. Adicionar os ovos lentamente, raspando as laterais depois de cada adição.
3. Adicionar os ovos.
4. Combinar a mistura até ficar homogênea, raspando bem nas laterais.
5. Colocar os ingredientes secos, misturar até a metade, e então acrescentar as gotas de chocolate.
6. Misturar até completar a incorporação.

FIGURA 3-4   MÉTODO MERENGUE PARA *MACARONS* PARISIENSES

1. Adicionar às claras batidas o corante desejado.

2. Bater até atingir o pico firme.

3. Incorporar os ingredientes secos peneirados.

espumoso pode levar ovos inteiros, claras e algumas gemas para criar espuma, que é estabilizada com um pouco de açúcar da própria fórmula. Como a espuma de ovos incorpora ar, acaba por ganhar volume. O nível em que a espuma deve ser batida depende em grande parte do produto a ser feito e o tipo de espuma a ser usado.

A firmeza do merengue é classificada em três estágios: **fluido**, **pico leve** e **pico firme**. Quando o merengue tem uma aparência homogênea e cai do batedor globo sem formar nenhum pico, é chamado fluido. Caso forme um pico quando o batedor é levantado, mas o topo do pico cai, chama-se pico leve. Quando batido até o pico firme, o merengue apresenta uma aparência brilhante e forma picos quando o batedor é levantado. O merengue fluido é utilizado para musses e recheios de tortas. O de pico leve é usado especialmente para bolos e biscoitos, e o de pico firme normalmente é utilizado para ser assado. Para uma revisão completa sobre merengue e espuma de ovos, consultar o Capítulo 8.

Depois que os ovos e o açúcar forem batidos até o ponto desejado, os ingredientes secos peneirados são adicionados à mistura. Caso seja utilizado chocolate derretido, como nos *brownies*, pode ser adicionado antes da farinha. A massa pode, então, ser moldada e assada.

O método espumoso é realizado em duas etapas. Na primeira, os ovos, ou o seu produto, e o açúcar são batidos até o ponto desejado. A seguir, os ingredientes secos peneirados são adicionados à mistura. A partir desse procedimento básico, pode-se usar uma das três variações para a espuma de ovos: ovos inteiros, só as claras ou só as gemas. Durante a mistura do *brownie* clássico, por exemplo, ovos inteiros são batidos com o açúcar até o **ponto de fita**, ou seja, a mistura forma textura semelhante a uma fita quando o batedor é levantado. Na preparação tradicional do biscoito champanhe, as gemas e as claras são batidas separadamente e então combinadas para obter o máximo de volume. Para os *macarons*, os ingredientes adicionais são combinados com as claras. A seguir, apresentamos os três métodos:

Procedimento do método espumoso – Método dos ovos inteiros (*brownies*)

- Pesar todos os ingredientes e mantê-los em temperatura ambiente.
- Bater na batedeira elétrica, com o globo, os ovos e o açúcar até o ponto de fita.
- Acrescentar quaisquer ingredientes extras como baunilha, manteiga derretida ou chocolate, e misturar até a incorporação completa.
- Adicionar os ingredientes secos peneirados e misturar somente até incorporar, usando a raquete ou uma espátula de borracha.
- Cortar conforme desejar e assar imediatamente.

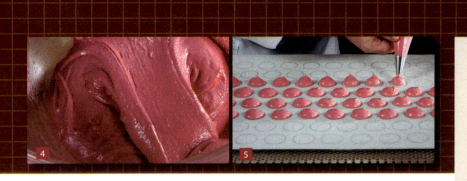

4 Misturar bem até ficar homogênea, raspar bem nas bordas.

5 Cortar como desejar, deixar formar uma película e assar imediatamente.

Procedimento do método espumoso – Método dos ovos separados (biscoito champanhe)

- Pesar todos os ingredientes e mantê-los em temperatura ambiente.
- Bater na batedeira elétrica, com o globo, as gemas e o açúcar até o ponto de fita.
- Bater na batedeira elétrica as claras e o açúcar até o ponto de pico leve.
- Misturar o merengue com as gemas delicadamente utilizando uma espátula de borracha.
- Acrescentar os ingredientes secos peneirados e misturar somente até serem incorporados usando a espátula de borracha.
- Cortar conforme desejar e assar imediatamente.

Procedimento do método espumoso – Método merengue (*macarons* parisienses)

- Pesar todos os ingredientes e mantê-los em temperatura ambiente.
- Bater na batedeira elétrica, com o batedor, as claras e o açúcar até formar picos firmes. Acrescente corante, se necessário (ver Método merengue para *macarons* parisienses, Figura 3-4, Etapas 1-2).
- Acrescentar os ingredientes secos e misturar para desinflar a massa até o ponto desejado (ver Método merengue para *macarons* parisienses, Figura 3-4, Etapas 3-4).
- Cortar como desejar, deixar formar uma película e, então, assar imediatamente (ver Método merengue para *macarons* parisienses, Figura 3-4, Etapa 5).

MÉTODO *SABLÉ*

O **método *sablé*** ("arenoso") produz massas que podem variar de uma textura esfarelada e arenosa a uma textura mais crocante. Os ingredientes empregados para esses tipos de biscoitos incluem farinha, manteiga, açúcar e ovos, com a opção de acrescentar complementos adicionais.

O processo para esse método começa de forma muito diferente daqueles dos biscoitos que adotam o método cremoso. O primeiro passo é combinar a farinha, o açúcar e quaisquer outros ingredientes secos como sal ou especiarias e, então, combinar com manteiga fria usando a raquete na batedeira. Para criar a textura arenosa desse biscoito, é necessário cobrir com gordura a maior parte do amido e da quantidade de proteína da farinha. Quando a mistura estiver parecendo farinha de milho grossa, são adicionados os ovos (ou as gemas), e a massa é misturada até se tornar homogênea. A parte do amido não coberta pela gordura e a gordura serão hidratadas pelos ovos, e vão proporcionar a formação de uma massa coesa. A partir daí, a massa pode ser cortada e moldada conforme desejar, assada imediatamente, ou guardada no refrigerador, ou no freezer, para cozimento futuro. O método *sablé* normalmente é utilizado para biscoitos congelados ou cortados.

**FIGURA 3-5
MÉTODO SABLÉ**

1. Combinar a gordura fria com os ingredientes secos em cuba com a raquete e misturar até a massa se tornar homogênea.

2. Acrescentar os ingredientes líquidos de uma só vez.

3. Na metade do processo de mistura, acrescentar farinha de amêndoas (quando for o caso).

4. Quando completar a incorporação, não exceder a mistura.

Ao fazer uso do método *sablé*, algumas precauções devem ser tomadas para garantir que tudo dê certo. Primeiro, ao incorporar os ingredientes secos com a manteiga, é fundamental usar manteiga fria. Se a manteiga estiver morna, será absorvida pela farinha e derreterá o açúcar. Segundo, é importante não misturar em excesso a combinação farinha–açúcar–manteiga. Se isso ocorrer, os três ingredientes formarão a massa prematuramente, o biscoito não será capaz de absorver os ovos e sua textura será muito tenra, já que o amido não terá sido hidratado para criar a estrutura do biscoito.

Procedimento do método *sablé*

- Pesar todos os ingredientes, mantendo a manteiga e os ovos (ou as gemas) frios.
- Misturar, na batedeira elétrica, com a raquete, os ingredientes secos com a manteiga até homogeneizar (ver o Método *sablé*, Figura 3-5, Etapa 1).
- Adicionar os ovos (ou as gemas) e misturar até a massa se tornar homogênea (ver o Método *sablé*, Figura 3-5, Etapas 2-4).
- Cobrir a massa com filme plástico e refrigerar até ficar firme.

MÉTODO DE ESTÁGIO ÚNICO

O **método de estágio único**, quanto à mistura, é o mais direto entre todos. Os ingredientes são misturados juntos no mesmo momento e são cortados de acordo com a consistência da massa. Como todos os ingredientes são misturados ao mesmo tempo, há menor controle sobre o desenvolvimento do glúten em comparação com outros métodos de mistura. Por essa razão, esse método é adotado com menos frequência.

Depois que todos os ingredientes forem pesados e mantidos em temperatura ambiente (quando for necessário), são levados à batedeira com raquete e misturados até a incorporação completa. Os riscos incluem mistura excessiva da massa, o que pode causar um endurecimento do biscoito pelo maior desenvolvimento do glúten. Esse método é empregado somente quando o desenvolvimento excessivo do glúten não for um problema considerável e quando a massa for, de algum modo, firme, como em alguns casos de *macarons* endurecidos.

Procedimento do método de estágio único

- Pesar todos os ingredientes.
- Combinar todos os ingredientes na batedeira com raquete.
- Misturar até a massa se tornar homogênea.
- Refrigerar a massa até esfriar; então cortar conforme a consistência da massa e assar quando desejar.

AS CARACTERÍSTICAS DOS BISCOITOS E SUAS CAUSAS

Para produzir ampla variedade de biscoitos, é preciso conhecer suas características e texturas. Para isso, é necessária uma compreensão de como os ingredientes funcionam, juntamente com os procedimentos da fórmula e as propriedades do cozimento – que controlam qualquer tipo de biscoito, seja crocante, macio, firme ou esfarelado.

CROCÂNCIA

A crocância é controlada especialmente pelo limite da parte líquida da fórmula do biscoito. Quanto maior a parte líquida, mais macio será o biscoito. Os seguintes fatores também contribuem para o aspecto crocante:

- Quantidade pequena ou excessiva de açúcar. Quando uma fórmula apresenta uma quantidade bem pequena de açúcar, o biscoito se torna crocante. O açúcar, por ser higroscópico atrai líquido e promove a maciez. Se o biscoito tiver pequena quantidade de açúcar, não será úmido ou macio. Entretanto, quando grandes quantidades de açúcar são adicionadas ou um processo alternativo de cozimento é adotado, o açúcar vai se cristalizar novamente durante o longo processo de cozimento como o do *biscotti*. Uma aparência brilhante produzida pelo açúcar cristalizado novamente aparece na superfície do *biscotti*, que normalmente é assado por um longo tempo em temperatura baixa para secar bem.
- O tamanho do biscoito em relação à temperatura do cozimento. Um biscoito bem pequeno vai assar até uma textura mais seca muito mais rapidamente que um biscoito maior assado na mesma temperatura.
- Tempo de cozimento mais longo em temperatura mais baixa. Essa técnica assa o biscoito além do ponto de cozimento e reduz o teor de umidade.
- Duplo cozimento para aumentar o aspecto de crocância, do mesmo modo que o *biscotti*.

Para manter as qualidades de crocância, os biscoitos devem ser armazenados em recipientes bem vedados ou embalados para evitar a absorção de umidade do ar.

MACIEZ

A maciez é estimulada por fatores diretamente opostos àqueles que produzem a crocância:

- Maior quantidade de líquidos cria um biscoito mais macio e retarda o ressecamento.
- Alto teor de gordura amacia e mantém a umidade dos biscoitos.
- Uso de **umectantes**, como mel, açúcar mascavo, xarope de milho, açúcar invertido e glicose. Esses ingredientes têm qualidades higroscópicas, o que atrai a umidade.
- Assar biscoitos maiores por menor período.
- Assar por períodos breves em temperaturas altas.
- Cobrir biscoitos de textura macia vai prevenir o envelhecimento e o ressecamento.

FIRMEZA

É necessária umidade para criar firmeza, ou seja, equilíbrio sutil entre os ingredientes que promovem a firmeza e os amaciadores para o desenvolvimento adequado do produto.

- Alto teor de açúcar é necessário para criar uma textura mais macia.
- Quantidade maior de ingredientes fortalecedores, como farinha com alto teor de proteína, ovos inteiros, ou claras, vai produzir uma massa mais encorpada.
- Tempo de mistura final maior aumenta o desenvolvimento do glúten.

ESFARELAMENTO

O segredo para produzir uma textura esfarelada é criar uma massa seca produzida com alta porcentagem de ingredientes amaciadores. Geralmente mais manteiga, menos açúcar e menos líquido são utilizados. As gemas são usadas como líquido principal para garantir um mínimo de desenvolvimento de glúten e uma textura crocante para o biscoito. O *shortbread* é um exemplo de biscoito com textura esfarelada.

Não é utilizado muito líquido no *shortbread*, uma vez que a farinha é coberta com gordura e não pode absorver muito líquido. Tal como a massa de torta, é crucial que a fase da gordura e da farinha não seja misturada em excesso; misturar completamente a farinha com a manteiga vai produzir um biscoito com excesso de maciez.

EXPANSÃO DO BISCOITO

A **expansão do biscoito** refere-se à expansão da massa crua durante o processo de cozimento. Quando compreendemos os fatores que afetam a expansão, como a seleção de ingredientes, procedimentos da fórmula e condições de cozimento, as fórmulas podem ser facilmente controladas conforme desejarmos.

A expansão pode ser avaliada com o uso do fator de expansão, quando a farinha é uma variável na fórmula. O fator de expansão pode ser determinado ao dividir a média do comprimento (C) pela média da espessura (E) do biscoito, tanto para a massa crua como para a cozida. Quando os dois fatores de expansão são comparados, o fator de expansão da variável do produto é dividido pelo fator de expansão original.

Fator de Expansão = *C/E*
% do fator de expansão = (Fator de expansão de produto variável × 100) / Fator de expansão (Matz, 1992, p. 348)

Exemplo 1
Controle do produto (o que há originalmente) – Biscoitos com comprimento médio de 7,6 cm, com altura média de 1,8 cm
Variável do produto (o que está sendo comparado) – Biscoitos com comprimento médio de 6,4 cm, média de altura 2,5 cm
Fator de expansão (controle) = 7,6 / 1,8 = 4,22
Fator de expansão (variável) = 6,4 / 2,5 = 2,5
% do fator de expansão = (2,5 × 100) / 4,22 = 59
A variável da expansão do produto é de 59% do produto original.

Exemplo 2
Controle do produto (o que há originalmente) – Biscoitos com comprimento médio de 7,6 cm, com altura média de 1,8 cm.
Variável do produto (o que está sendo comparado) – Biscoitos com comprimento médio de 8,9 cm, média de altura 1,3 cm
Fator de expansão (controle) = 7,6 / 1,8 = 4,22

Fator de expansão (variável) = 8,9 / 1,3 = 6,84
% do fator de expansão = (6,84 × 100) /4,22 = 162
A variável da expansão do produto é de 162% do produto original.

Conhecendo o fator de expansão, pode-se controlar o tamanho do biscoito ao ajustar a altura durante a moldagem.

AUMENTO DA EXPANSÃO

A expansão do biscoito é especialmente influenciada pelo tipo e pela quantidade de açúcar utilizados, juntamente com o período gasto na mistura de gorduras e de açúcar. Considerando o mesmo tempo de mistura, o açúcar com granulação menor produz uma expansão maior que aquele com granulação maior. Os grãos menores acabam se dispersando mais na massa e impedem o desenvolvimento do glúten. O mesmo peso de açúcar de granulação grossa se dispersa melhor pela massa, permitindo que o glúten apresente mais força. Tempo maior de mistura promove a expansão do produto, uma vez que mais ar é incorporado à massa, que, quando aquecida, tende a se expandir mais. Os fermentos químicos têm efeitos similares, lançando gases durante o processo de cozimento e criando um biscoito mais leve, que se expande.

Outros fatores que estimulam a expansão incluem uma temperatura de cozimento mais baixa, o que retarda a gelatinização do amido e a coagulação da proteína; e a temperatura da massa, com uma massa de biscoito mais aquecida, se expande mais que a fria. Além do mais, uma farinha mais macia, com um teor de proteína menor, vai permitir maior expansão, assim como untar a forma para diminuir a resistência à expansão.

DIMINUIÇÃO DA EXPANSÃO

As propriedades que limitam a expansão normalmente são opostas àquelas que a promovem. Uma medida eficaz é usar açúcar com granulação maior, e o tempo de mistura da gordura e do açúcar menor, o que vai limitar a incorporação de ar na massa. Um efeito similar é criado ao se usar menos fermento químico. A expansão também pode ser limitada ao aumentar a quantidade de ingredientes fortalecedores como farinha ou ao utilizar farinha mais forte. Uma técnica final, que não é recomendada, é usar altas temperaturas durante o processo de cozimento, permitindo que o biscoito se consolide antes que possa se expandir muito. Caso essa técnica seja empregada, deve-se ter o cuidado para que o biscoito não queime externamente antes de assar o interior.

O PROCESSO DE COZIMENTO

Como e quando assar biscoitos dependem em grande parte da fórmula e das necessidades de produção. As instruções para assar biscoitos variam bastante, de acordo com o tipo e a fórmula. Algumas massas de biscoito, por exemplo, devem ser refrigeradas ou congeladas para uso futuro, dependendo do fermento químico e do processo de mistura empregados. As massas de biscoito que contenham fermento químico possuem alta tolerância para armazenagem em refrigerador e no freezer, uma vez que a maior parte do gás é gerada durante a exposição ao calor. Quando é usado somente bicarbonato de sódio como agente de fermentação e o ingrediente ácido está na massa, a tolerância ao armazenamento é menor, pois a acidez desencadeia uma reação ao entrar em contato com a umidade durante a mistura. O armazenamento da massa de biscoito no freezer é comum em padarias comerciais, com grande quantidade de massa misturada, moldada e assada conforme a necessidade ao longo da semana. A massa de biscoito congelada pode ser assada logo após ser retirada do freezer, sem descongelar; entretanto, a temperatura deve ser mais baixa e o período de cozimento mais longo que o dos biscoitos com massa em temperatura ambiente.

Embora existam algumas regras gerais para o cozimento, outras orientações específicas devem ser seguidas para cada fórmula. O primeiro passo do cozimento envolve a modelagem e a cobertura dos biscoitos, e o tamanho, a forma e a quantidade afetam o tempo e a temperatura de cozimento. Normalmente os biscoitos são levados ao forno em assadeiras forradas com papel-manteiga; entretanto, também podem ser assados em folhas de silicone ou mesmo em formas de tortas. É importante ainda que os biscoitos sejam porcionados levando em consideração a expansão durante o cozimento. O grau de expansão pode variar de produto para produto.

O segundo passo do cozimento envolve a temperatura do forno. A maioria dos biscoitos é assada o mais rápido possível em temperatura de média a alta para preservar as qualidades desejadas sem que se ressequem. A temperatura normal para fornos de convecção é de 177 °C e de 191 °C para fornos *deck* ou domésticos. Se o cozimento for feito com temperaturas muito baixas os biscoitos ficarão secos, haverá expansão excessiva e coloração pálida. O cozimento em temperaturas muito altas pode reduzir a expansão e provocar a queima do biscoito antes de assar internamente.

Inúmeras orientações determinam o momento em que o biscoito deve ser retirado do forno, incluindo grau de cozimento, crocância ou maciez, assim como a coloração, que deve ser de dourada leve a escura. Para que um biscoito se torne comestível, é necessário ter alguma estrutura. Os biscoitos geralmente são bem macios quando saem do forno, tornando-se mais firmes depois de esfriarem. Para testar o cozimento correto, deve-se levantar a borda do biscoito enquanto estiver no forno. Se ele se soltar do papel, significa que está pronto.

Depois de assados, os biscoitos se tornam muito macios e suscetíveis a quebras e devem permanecer na forma em que foram assados até esfriar. Se forem assados em uma forma untada, devem ser transferidos para uma superfície fria, aproximadamente uns 10 minutos depois de sair do forno. Se não se desprenderem da forma quando ainda estiverem mornos, podem ficar colados, ou tortos, caso não se mantenham no mesmo nível.

FÓRMULA

BISCOITOS COM GOTAS DE CHOCOLATE (*CHOCOLATE CHIP COOKIE*)

Não é difícil gostar dos biscoitos com gotas de chocolate; embora alguns gostem deles mais consistentes, há quem os prefira crocantes, com castanhas ou sem elas. Mais da metade dos biscoitos feitos pelos norte-americanos é com gotas de chocolate, com uma estimativa de 7 bilhões consumidos anualmente. A Toll House Cookie foi criada por Ruth Graves Wakefield na década de 1930, quando ela e o marido, Kenneth, eram proprietários da hospedaria Toll House, em Massachusetts. Certo dia, enquanto cozinhava para seus hóspedes, Ruth teve de substituir o chocolate de confeitaria pelo chocolate meio-amargo em uma fórmula de biscoitos. Ela picou o chocolate em pedaços pequenos, mas quando retirou os biscoitos do forno, o chocolate meio-amargo não tinha se mesclado com a massa como normalmente acontecia com o outro chocolate. Esses biscoitos com pedacinhos de chocolate se tornaram um sucesso imediato entre seus hóspedes. Por fim, Ruth Wakefield vendeu sua fórmula à Nestlé em troca de fornecimento de gotas de chocolate ao longo de sua vida. O resto é história.

Ingredientes	% do padeiro	Peso kg
Manteiga	70,79	0,775
Açúcar	44,21	0,484
Açúcar mascavo	52,63	0,576
Ovos	31,58	0,346
Extrato de baunilha	1,58	0,017
Farinha para pão	100,00	1,095
Bicarbonato de sódio	1,11	0,012
Sal	1,68	0,018
Gotas de chocolate	110,53	1,211
Total	414,11	4,536

Procedimento

1. Bater a manteiga com o açúcar.
2. Adicionar os ovos gradualmente e, depois, a baunilha.
3. Combinar a farinha, o bicarbonato e o sal; misturar até 50% da incorporação.
4. Adicionar as gotas de chocolate e misturar até a incorporação completa.
5. Pesar em peças de 1 kg e enrolar a massa em rolos de 43 cm (comprimento da assadeira).

6. Embrulhar a massa em papel-manteiga, e refrigerar até que fique pronta para uso.
7. Cortar do tamanho que desejar (50 g a 100 g), colocar em assadeira com papel-manteiga e assar a 177 °C em um forno de convecção por 10 a 12 minutos.

FÓRMULA

BISCOITO DE AVEIA E UVAS-PASSAS (*OATMEAL RASIN COOKIE*)

Quando preparado corretamente, o biscoito de aveia e uvas-passas é uma delícia apetitosa com um aroma irresistível. O segredo para obter os resultados desejados é evitar o excesso de cozimento, já que a textura correta desse biscoito é sua característica essencial. Rústico e simples, esse clássico biscoito norte-americano é perfeito com um copo de leite como acompanhamento.

Ingredientes	% do padeiro	Peso kg
Manteiga	68,75	0,607
Açúcar mascavo	145,00	1,281
Ovos	32,50	0,287
Extrato de baunilha	3,50	0,031
Farinha para pão	100,00	0,883
Fermento químico	3,50	0,031
Bicarbonato de sódio	1,75	0,015
Sal	1,00	0,009
Flocos de aveia	85,00	0,751
Uvas-passas	72,50	0,640
Total	513,50	4,536

Procedimento

1. Bater a manteiga com o açúcar em velocidade média até misturar completamente.
2. Adicionar os ovos gradualmente e, depois, a baunilha.
3. Combinar os ingredientes secos e colocá-los na cuba; misturar até 50% da incorporação.
4. Adicionar as uvas-passas e os flocos de aveia e misturar até a incorporação completa.
5. Pesar em peças de 1 kg e enrolar a massa em rolos de 43 cm (comprimento da assadeira).
6. Embrulhar cada pedaço em papel-manteiga, e refrigerar até que fique pronta para uso.
7. Cortar do tamanho que desejar (50 g a 100 g), colocar em assadeira com papel-manteiga e assar a 177 °C em um forno de convecção por 12 a 15 minutos.

Capítulo 3: Biscoitos

FÓRMULA

BISCOITO DE PASTA DE AMENDOIM (*PEANUT BUTTER COOKIE*)

Mais da metade da produção de amendoim dos Estados Unidos é destinada à produção de pasta de amendoim. Criada no fim do século XIX por um médico, a pasta foi apresentada por ele como um alimento saudável na Feira Mundial de St. Louis em 1904. Amendoins amassados ou picados usados na panificação eram intensamente divulgados por George Washington Carver, educador afro-americano, botânico e cientista do Alabama's Tuskegee Institute, porém a pasta de amendoim somente se tornará um ingrediente comum para biscoitos no começo da década de 1930. Atualmente, é a base alimentar no comércio e nos lares norte-americanos, o biscoito de pasta de amendoim, com a sua marca comercial com embalagem xadrez, é apreciado pela sua textura densa e sabor complexo.

Ingredientes	% do padeiro	Peso kg
Manteiga	60,71	0,748
Açúcar	53,57	0,660
Açúcar mascavo	52,68	0,649
Ovos	26,79	0,330
Extrato de baunilha	0,89	0,011
Pasta de amendoim	68,75	0,847
Farinha para pão	100,00	1,233
Fermento químico	3,93	0,048
Sal	0,71	0,009
Total	368,03	4,536

Procedimento

1. Combinar os ingredientes secos e reservar.
2. Bater a manteiga com os açúcares.
3. Adicionar os ovos e a baunilha e, depois, a pasta de amendoim.
4. Adicionar os ingredientes secos e misturar até a incorporação completa.
5. Pesar em peças de 1 kg e enrolar a massa em rolos de 43 cm (comprimento da assadeira).
6. Embrulhar cada pedaço em papel-manteiga, e refrigerar até que fique pronta para uso.
7. Cortar do tamanho que desejar (50 g a 100 g), colocar em assadeira com papel-manteiga e assar a 177 °C em um forno de convecção por 12 a 15 minutos.

FÓRMULA

SNICKERDOODLE

O curioso nome desse biscoito pode ter origem nos tempos coloniais da Nova Inglaterra, quando os cozinheiros eram conhecidos por dar nomes esquisitos às suas criações. Entretanto, alguns historiadores acreditam que os *snickerdoodles* foram criados pelos holandeses da Pensilvânia, com seu nome derivado de "St. Nick", ou pelos alemães e seus *Schneckennudeln*, um rolinho doce polvilhado com canela. Independentemente de suas origens, esses apetitosos biscoitos são conhecidos pela sua textura macia e pela mistura de açúcar e canela na superfície.

Ingredientes	% do padeiro	Peso kg
Manteiga	80,88	1,189
Açúcar	99,26	1,459
Ovos	23,53	0,346
Extrato de baunilha	2,94	0,043
Farinha para pão	100,00	1,470
Fermento químico	1,18	0,017
Sal	0,88	0,013
Total	308,67	4,536

Procedimento

1. Bater a manteiga com o açúcar.
2. Adicionar gradualmente os ovos e a baunilha.
3. Combinar os ingredientes secos e misturá-los à massa com o cuidado de não misturar excessivamente.
4. Pesar em peças de 1 kg e enrolar a massa em rolos de 43 cm (comprimento da assadeira).
5. Embrulhar cada pedaço em papel-manteiga, e refrigerar até que fique pronta para uso.
6. Cortar do tamanho que desejar (50 g a 100 g), passar as peças na mistura de açúcar e canela (ver a proporção a seguir), colocar em assadeira com papel-manteiga e assar a 177 °C em um forno de convecção por 10 a 12 minutos.

Fórmula da mistura de canela e açúcar

Ingredientes	% do padeiro	Peso kg
Açúcar	100	0,454
Canela	4–6	0,018–0,027

FÓRMULA

BISCOITO DE GENGIBRE E AÇÚCAR MASCAVO (*GINGER MOLASSES COOKIE*)

O gengibre e o açúcar mascavo produzem uma combinação perfeita nesse biscoito irresistivelmente crocante e aromático. Com café ou um copo de leite fresco, nada poderia ser melhor em uma tarde de outono.

Ingredientes	% do padeiro	Peso kg
Manteiga	44,67	0,787
Açúcar mascavo	71,32	1,257
Ovos	7,84	0,138
Melado	26,65	0,470
Farinha para pão	100,00	1,762
Bicarbonato de sódio	2,51	0,044
Sal	1,10	0,019
Cravos moídos	0,63	0,011
Canela	0,94	0,017
Gengibre em pó	0,94	0,017
Noz-moscada em pó	0,47	0,008
Pimenta-da-jamaica em pó	0,31	0,005
Total	257,38	4,536

Procedimento

1. Bater a manteiga com o açúcar até misturar bem.
2. Adicionar os ovos e, depois, o açúcar mascavo.
3. Adicionar os ingredientes secos e misturar até incorporar bem.
4. Pesar peças de 1 kg e fazer rolos de massa de 43 cm (comprimento da assadeira).
5. Embrulhar cada pedaço em papel-manteiga, e refrigerar até que fique pronta para uso.
6. Cortar do tamanho que desejar (50 g a 100 g), passar as peças na mistura de açúcar e canela (ver a proporção na p. 70), colocar em assadeira com papel-manteiga e assar a 177 °C em um forno de convecção por 12 a 15 minutos.

FÓRMULA

GINGERSNAP

Tipicamente crocante e aromático, o pequeno *gingersnap* tem sido uma iguaria favorita desde os tempos medievais. Alguns acreditam que a combinação de especiarias exóticas com a textura apetitosa torna esses biscoitos absolutamente irresistíveis. Na Suécia, os *gingersnaps* são os biscoitos tradicionais para comemorar o dia de Santa Lúcia.

Ingredientes	% do padeiro	Peso kg
Manteiga	67,06	1,037
Açúcar	68,63	1,061
Ovos	19,61	0,303
Melado	30,59	0,473
Farinha para pão	100,00	1,546
Bicarbonato de sódio	3,92	0,061
Sal	0,78	0,012
Cravos moídos	0,39	0,006
Canela	0,78	0,012
Gengibre em pó	1,57	0,024
Total	293,33	4,536

Procedimento

1. Peneirar os ingredientes secos e reservar.
2. Bater a manteiga com o açúcar.
3. Adicionar os ovos lentamente.
4. Adicionar o melado e misturar até incorporar bem.
5. Acrescentar os ingredientes secos e misturar até incorporar bem.
6. Pesar peças de 1 kg e enrolar a massa em rolos de 43 cm (comprimento da assadeira).
7. Embrulhar cada pedaço em papel-manteiga, e refrigerar até que fique pronta para uso.
8. Fazer bolas de 45 g cada e passar no açúcar granulado.
9. Colocar em assadeira com papel-manteiga, nove biscoitos por forma e assar a 149 °C em um forno de convecção por 20 a 22 minutos.

Seleção de biscoitos (*cookies*) de estilo norte-americano (de cima para baixo, da esquerda para a direita) Biscoito de pasta de amendoim, *gingersnap*, biscoito de gengibre e açúcar mascavo, biscoito com gotas de chocolate, *snickerdoodle*, biscoito de aveia e uvas-passas.

FÓRMULA

MACARON DE COCO (CHEWY COCONUT MACARON)

A palavra "*macaron*" é derivada de uma expressão italiana para um tipo de pasta: *macarone*. A versão unicamente com amêndoas em geral é atribuida a um grupo de freiras carmelitas italianas do fim do século XVIII. A tradição conta que os *macarons* mais famosos da época, *Macarons de Nancy* da cidade francesa de mesmo nome, ressecava muito rapidamente, por isso foi adicionado coco à fórmula original como uma forma de acrescentar um conservante natural. Com sua camada externa de coco tostado, crocante, e seu interior úmido e "puxa", os *macarons* são apetitosos e se tornam ainda mais irresistíveis quando a metade do biscoito é mergulhada em chocolate. Em razão de não conterem nem farinha nem gemas, os *macarons* atendem aos padrões alimentares da comunidade judaica e acabaram se tornando uma tradição durante a Páscoa.

Ingredientes	% do padeiro	Peso kg
Coco ralado	92,71	1,686
Açúcar	100,00	1,819
Claras	56,67	1,031
Total	249,38	4,536

Procedimento

1. Combinar todos os ingredientes em uma panela em fogo médio e mexer constantemente até a mistura atingir 55 °C.
2. Com uma colher, moldar essa mistura e colocar em forma com papel-manteiga.
3. Os biscoitos devem ser de aproximadamente 5 cm de diâmetro e de 4,5 cm de altura.
4. Assar em forno de convecção a 163 °C até que fique com a coloração dourada-escura, aproximadamente 15 minutos.
5. Quando os biscoitos estiverem completamente frios, mergulhar sua base em chocolate derretido e deixar se consolidar em papel-manteiga.

Macaron de coco

Capítulo 3: Biscoitos

FÓRMULA

BISCOTTI

Muitos países têm as próprias versões desse biscoito centenário, mas o *biscotti* com o qual estamos mais familiarizados hoje possivelmente foi criado durante o século XV por um padeiro italiano que tradicionalmente os servia com vinhos toscanos. Tornaram-se tão populares, que cada província acabou desenvolvendo sua versão. Dizem que os *biscotti* eram muito apreciados por Cristóvão Colombo e por outros navegadores da época em razão da sua longa durabilidade. Em italiano, a palavra *biscotto* significa "biscuit" ou "biscoito". Mais precisamente, a palavra *biscotti* refere-se ao método original de cozimento. A raiz da palavra *bis* e *cotto* significa literalmente cozido duas vezes. Sua forma longa e fina e sua textura crocante tornam o *biscotti* um acompanhamento ideal para molhar em bebidas quentes ou frias.

Fórmula de *biscotti* duplo de chocolate

Ingredientes	% do padeiro	Peso kg
Manteiga	25,00	0,352
Açúcar	72,00	1,013
Ovos	48,00	0,675
Extrato de baunilha	4,00	0,056
Farinha para pão	100,00	1,407
Farinha de amêndoas	20,00	0,281
Cacau em pó	14,50	0,204
Fermento químico	2,50	0,035
Sal	1,50	0,021
Chocolate em pedaços	35,00	0,492
Total	322,50	4,536

Procedimento

1. Bater a manteiga com o açúcar até misturar bem.
2. Adicionar os ovos e a baunilha.
3. Combinar os ingredientes secos.
4. Adicionar os ingredientes secos, e misturar até 50% da incorporação. Então, acrescentar os pedaços de chocolate e misturar até completar a incorporação.

5. Formar rolos de 1 kg. Colocar em forma forrada com papel-manteiga e abrir a massa até que fique com 2,5 cm de altura.
6. Assar em forno de convecção a 163 °C por 35 a 40 minutos até que fique firme ao toque.
7. Quando estiver completamente frio, cortar enviesado e retornar os biscoitos à forma.
8. Assar novamente os *biscotti* a 121 °C até que fique bem secos.

Fórmula de *biscotti* de laranja e nozes-pecã

Ingredientes	% do padeiro	Peso kg
Manteiga	21,18	0,274
Açúcar	80,59	1,041
Ovos	42,94	0,555
Extrato de baunilha	3,53	0,046
Farinha para pão	100,00	1,292
Canela	1,76	0,023
Bicarbonato de amônia	1,18	0,015
Sal	1,76	0,023
Nozes-pecã tostada e picada	92,35	1,193
Raspas de laranja	5,88	0,076
Total	351,17	4,536

Procedimento para o *biscotti* de laranja e nozes-pecã

1. Na batedeira com raquete, bater a manteiga e o açúcar.
2. Adicionar gradualmente os ovos e a baunilha.
3. Peneirar a farinha com a canela, bicarbonato de amônia e sal.
4. Acrescentar os ingredientes secos à manteiga e misturar até 50% da incorporação.
5. Adicionar as pecãs e as raspas de laranja, e misturar até distribuir bem.
6. Moldar a massa em rolos de 1 kg. Colocar em forma forrada com papel-manteiga e abrir a massa até que fique com 2,5 cm de altura.
7. Assar em forno de convecção a 163 °C por 35 a 40 minutos até que se torne firme ao toque.
8. Quando estiver completamente frio, cortar enviesado e retornar os biscoitos à forma.
9. Assar novamente os *biscotti* a 121 °C até que fiquem bem secos.

FÓRMULA

SABLES À LA POCHE

O nome desses biscoitos macios que se desmancham na boca provém de uma expressão em francês que significa "areia no bolso". Rico em manteiga e aromatizado com canela, é mais provável que os *sables à la poche* acabem na boca e não no bolso; no entanto, seu nome não deixa de ser charmoso.

Ingredientes	% do padeiro	Peso kg
Manteiga macia	88,89	1,691
Açúcar impalpável	33,33	0,634
Claras	13,33	0,254
Canela	1,11	0,021
Farinha para pão	100,00	1,902
Fermento químico	0,89	0,017
Sal	0,89	0,017
Total	238,44	4,536

Procedimento

1. Bater a manteiga com o globo e, então, adicionar o açúcar impalpável. Acrescentar as claras lentamente e misturar até que fiquem bem incorporadas.
2. Adicionar os ingredientes secos peneirados; não misturar excessivamente.
3. Com o saco de confeitar colocar a massa em moldes do tipo concha, para isso usar o bico de estrela grande. Assar em forno de convecção a 163 °C por 15 minutos.

FÓRMULA

DIAMANT

O brilho da cobertura de açúcar do biscoito *diamant* expressa bem seu nome tanto na aparência como no espírito, oferecendo uma iguaria refinada para aqueles que apreciam biscoitos como pequenas joias. Os biscoitos *diamants* são muito tenros e também versáteis para infinitas variações de sabores. Como sua massa congela bem, os confeiteiros adoram o *diamant*, pois facilita sua produção.

Fórmula de *diamant* de chocolate

Ingredientes	% do padeiro	Peso kg
Manteiga	100,00	1,700
Açúcar impalpável	40,00	0,680
Ovos	12,50	0,213
Farinha para pão	100,00	1,700
Cacau em pó	12,50	0,213
Sal	1,75	0,030
Total	266,75	4,536

Fórmula de *diamant* de baunilha

Ingredientes	% do padeiro	Peso kg
Manteiga	88,80	1,728
Açúcar impalpável	35,50	0,691
Fava de baunilha	—	4 unidades
Gemas	8,80	0,171
Farinha para pão	100,00	1,946
Total	233,10	4,536

Procedimento do *diamant*

1. Misturar a manteiga macia, o açúcar impalpável, fava de baunilha raspada (somente baunilha) e, então, adicionar as gemas (no caso do *diamant* de chocolate, ovos inteiros) e misturar até que fique homogêneo.
2. Acrescentar a farinha peneirada (o cacau e o sal para a fórmula de chocolate) e misturar até que fiquem bem incorporados.
3. Fazer rolos de 200 g, com 43 cm de comprimento (comprimento da forma).

4. Refrigerar por no mínimo 4 horas.
5. Pincelar cada rolo levemente com *egg wash* e passar no açúcar granulado. Cortar em fatias de 1 cm de espessura e levar à forma forrada com papel-manteiga.
6. Assar em forno de convecção a 168 °C por 10 a 12 minutos.

FÓRMULA

BISCOITO DE MILHO E GROSELHA DESIDRATADA (*CORNMEAL CURRANT COOKIE*)

Esse biscoito aparentemente simples é o resultado de uma combinação de elementos doces e salgados. A farinha de milho confere uma textura densa, entre o seco e o macio, enquanto o alecrim e a groselha despertam o paladar resultando um aroma encantador durante o cozimento.

Ingredientes	% do padeiro	Peso kg
Farinha para pão	100,00	1,055
Farinha de milho amarela	76,00	0,802
Açúcar	66,67	0,703
Groselha desidratada	66,67	0,703
Alecrim fresco	2,00	0,021
Manteiga	95,33	1,006
Extrato de baunilha	1,33	0,014
Gemas	22,00	0,232
Total	430,00	4,536

Procedimento

1. Picar bem o alecrim.
2. Combinar a farinha, a farinha de milho, o açúcar, a groselha, o alecrim e a manteiga na cuba de uma batedeira com raquete.
3. Misturar até ficar arenoso e, então, adicionar as gemas e o extrato de baunilha. Misturar somente até que a massa fique homogênea.
4. Pesar peças de 1 kg da massa e fazer rolos de 43 cm (comprimento da forma).
5. Envolver cada rolo em papel-manteiga e refrigerar até que fique pronto para assar.
6. Partir em fatias de 45 g cada um deles, colocar em forma forrada com papel-manteiga, e assar em forno de convecção a 163 °C por 14 minutos aproximadamente.

PARTE 2: PÂTISSERIE

FÓRMULA

BISCOITO DE CHOCOLATE CONFORTO (*CHOCOLATE INDULGENCE COOKIE*)

O biscoito de chocolate conforto foi criado no mundo encantado no qual o *brownie* se encontra com o biscoito. Produzido com cobertura de chocolate, esse biscoito intensamente nutritivo é macio e substancioso, deixando plenamente satisfeitos os amantes de chocolate.

Ingredientes	% do padeiro	Peso kg
Chocolate meio-amargo	735,29	1,704
Manteiga	100,00	0,232
Ovos	529,41	1,227
Açúcar	467,65	1,084
Extrato de baunilha	7,35	0,017
Farinha de bolo peneirada	100,00	0,232
Fermento químico	12,65	0,029
Sal	4,41	0,010
Total	1956,76	4,536

Procedimento

1. Peneirar a farinha, o fermento e o sal. Reservar.
2. Derreter juntos o chocolate e a manteiga.
3. Bater o açúcar, os ovos e a baunilha até o ponto de fita. Quando o chocolate alcançar 33 °C adicioná-lo à mistura de ovos.
4. Misturar os ingredientes secos com a raquete da batedeira ou com a espátula, caso seja manual.
5. Usar uma colher de sorvete para formar os biscoitos e colocá-los em formas forradas com papel-manteiga e deixar em temperatura ambiente por 30 minutos.
6. Assar em forno de convecção a 163 °C por 12 a 15 minutos. (Inserir um testador de bolo em um dos biscoitos. Retirar do forno quando o testador mostrar um pouco de estrutura de miolo com o centro quase cozido.)

Capítulo 3: Biscoitos

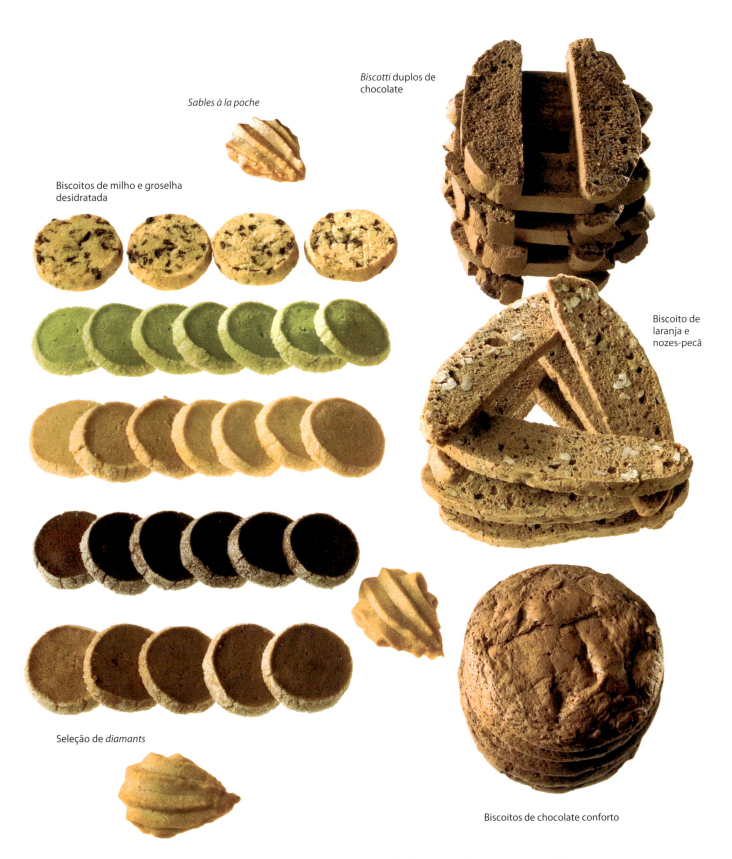

Sables à la poche

Biscotti duplos de chocolate

Biscoitos de milho e groselha desidratada

Biscoito de laranja e nozes-pecã

Seleção de diamants

Biscoitos de chocolate conforto

Seleção de biscoitos de estilo europeu

FÓRMULA

MACARONS PARISIENSES (PARISIAN MACARONS)

As origens dos confeitos de *macaron* nos remetem ao século XVII, mas foi preciso esperar até o começo do século XX para que os pâtissiers parisienses criassem as versões refinadas que apreciamos hoje em dia. Os *macarons* de estilo francês normalmente levam dois biscoitos do tipo merengue, com uma parte externa delicada e um interior macio e consistente, unidos por ganache ou outro creme. Os *macarons* contemporâneos excitam a imaginação com cores vividas e combinações de sabores surpreendentes, enquanto sua textura sublime estimula o prazer gastronômico.

Fórmula simples do *macaron* parisiense

Ingredientes	% do padeiro	Peso kg
Claras	100,00	0,981
Açúcar granulado	36,50	0,358
Claras em pó	9,40	0,092
Farinha de amêndoas	117,60	1,153
Açúcar impalpável	199,00	1,952
Corante a gosto	~	~
Total	462,50	4,536

Procedimento para o *macaron* parisiense

1. Peneirar juntos a farinha de amêndoas e o açúcar impalpável.
2. Bater as claras, o açúcar, e as claras em pó até atingir o pico firme.
3. Combinar a mistura de amêndoas e o merengue, adicionar corante se desejar, e moldar com o saco de confeitar círculos de 4 cm sobre forma perfurada forrada com silicone.
4. Deixar formar uma película (o tempo pode variar de acordo com o clima) e assar em forno de convecção a 154 °C com o respirador aberto por 9 a 11 minutos.

Fórmula do *macaron* parisiense com chocolate

Ingredientes	% do padeiro	Peso kg
Claras	100,00	0,909
Açúcar granulado	32,90	0,299
Claras em pó	5,00	0,045
Farinha de amêndoas	126,60	1,151
Açúcar impalpável	216,60	1,970
Cacau em pó escuro	17,70	0,161
Total	498,80	4,536

Procedimento para o *macaron* parisiense com chocolate

1. Peneirar juntos a farinha de amêndoas, o açúcar impalpável e o cacau em pó.
2. Bater as claras, o açúcar, e as claras em pó até atingir o pico firme.
3. Combinar a mistura de amêndoas e o merengue, adicionar e moldar com o saco de confeitar círculos de 4 cm sobre forma perfurada forrada com silicone.
4. Deixar formar uma película (o tempo pode variar de acordo com o clima) e assar em forno de convecção a 154 °C com o respirador aberto por 9 a 11 minutos.

Seleção de macarons parisienses
(de cima para baixo) limão, chocolate, framboesa, maracujá, pistache e fava de baunilha.

FÓRMULA

MERENGUE *ROCHER* (*ROCHER MERINGUE*)

A origem do nome desses sublimes biscoitinhos vem da semelhança com rocha, ou *rocher* em francês, embora sejam inegavelmente macios e consistentes. Os *rochers* são incrivelmente versáteis e apresentam ampla variedade de combinações, incluindo café, chocolate e framboesa. Normalmente é preparada uma quantidade grande de merengue e, então, as variações de sabores são adicionadas em porções separadas. Antes de assar, os merengues podem ser postos na forma com saco de confeitar, ou simplesmente com uma colher para obter uma aparência mais rústica.

Ingredientes	% do padeiro	Peso kg
Açúcar nº 1	100,00	1,184
Água	33,00	0,391
Claras	100,00	1,184
Açúcar nº 2	10,00	0,118
Açúcar impalpável	60,00	0,711
Amêndoas fatiadas tostadas	80,00	0,947
Total	383,00	4,536

Procedimento

1. Misturar o açúcar impalpável e as amêndoas.
2. Combinar o açúcar nº 1 e a água em uma panela para preparar o merengue italiano.
3. Depois que a calda estiver a 116 °C, começar a bater as claras e o açúcar nº 2 até atingir o pico firme.
4. Quando a calda atingir 120 °C, pôr a calda sobre as claras batidas para fazer um merengue italiano. Continuar a bater até esfriar e atingir uma temperatura ligeiramente morna.
5. Acrescentar delicadamente as amêndoas cobertas com açúcar impalpável sobre o merengue e dividir o merengue para ser aromatizado, conforme desejar. Sugerimos alguns sabores como lascas de cacau, framboesa (geleia), café (Trablit[2]), cacau em pó e gotas de chocolate.
6. Usar o saco de confeitar ou uma colher grande para formar os biscoitos sobre uma forma forrada com papel-manteiga. Assar em forno de convecção a 177 °C com o respirador aberto por 25 minutos ou até que fique seco ao toque.

---

[2] Marca francesa que produz extratos líquidos de café para uso culinário. (NT)

Seleção de merengues *rocher*
Amêndoas, framboesas e lascas de cacau

Capítulo 3: Biscoitos

FÓRMULA

BROWNIES

Em 1897, o catálogo da Sears, Roebuck and Company publicou a primeira fórmula conhecida de *brownie*, que logo se tornou a sobremesa norte-americana mais famosa. A origem do *brownie* de chocolate é desconhecida; no entanto, possivelmente foi criado de modo acidental por algum cozinheiro descuidado que esqueceu de acrescentar fermento à massa de bolo de chocolate. Os *brownies* evoluíram ao longo dos anos e passaram a incluir em suas fórmulas variações do tipo bolo com texturas consistentes, usando, às vezes, castanhas ou gotas de chocolate. Para aqueles que adoram chocolate, há poucos aromas no mundo tão atraentes como o dos *brownies* assando no forno.

Ingredientes	% do padeiro	Peso kg
Chocolate amargo	100,00	1,000
Manteiga	74,00	0,740
Ovos	74,00	0,740
Açúcar	172,80	1,728
Sal	0,80	0,008
Extrato de baunilha	3,40	0,034
Farinha para bolo	100,00	1,000
Total	525,00	5,250

Produção: 1 forma.

Procedimento

1. Peneirar a farinha e reservar.
2. Colocar em um recipiente o chocolate picado e a manteiga para derreter em banho-maria ou no micro-ondas.
3. Deixar a mistura esfriar de 27 °C a 32 °C.
4. Aquecer os ovos e o açúcar a 32 °C e bater com o sal e a baunilha até o ponto de fita.
5. Misturar o chocolate e a manteiga derretidos até que se tornem homogêneos.
6. Acrescentar a farinha à mistura.
7. Espalhar a massa sobre forma forrada com papel-manteiga.
8. Assar em forno de convecção a 163 °C por 30 a 35 minutos.
9. Depois de frio, retirar da forma e cortar em barras no tamanho desejado.

FÓRMULA

BARRAS DE LIMÃO (*LEMON BARS*)

Com sua crosta crocante e recheio macio, a barra de limão é um artigo essencial para o repertório de qualquer pâtissier. A combinação de texturas, juntamente com a apresentação colorida e sabor cítrico pungente tornam esse doce um eterno favorito, especialmente no sudeste dos Estados Unidos.

Ingredientes	% do padeiro	Peso kg
Açúcar	722,58	2,448
Ovos	451,61	1,530
Suco de limão	216,13	0,732
Farinha para pão	100,00	0,339
Total	1.490,32	5,050

Produção: 1 forma.

Mise en Place

Pâte sucrée,[3] 1,5 kg por forma.

Procedimento

1. Cobrir uma forma com a *pâte sucrée* e assar parcialmente. Deixar esfriar e reservar. Com mesma massa de *pâte sucrée* crua, corrigir qualquer rachadura ou desnível para evitar que o recheio líquido escorra.
2. Bater o açúcar e os ovos à mão; misturar bem.
3. Acrescentar o suco de limão e misturar.
4. Deixar descansar por uns 20 minutos; retirar a camada branca de espuma.
5. Adicionar a farinha mexendo sempre para evitar que formem pelotas.
6. Despejar a massa sobre a *pâte sucrée* pré-cozida.
7. Assar em forno de convecção a 149 °C por 30 minutos ou até ficar firme.
8. Depois de frio, pulverizar com açúcar impalpável e cortar em barras do tamanho desejado.

---

[3] *Patê sucrée* é o nome dado às massas que levam grande quantidade de açúcar em relação à de farinha. (NRT)

Capítulo 3: Biscoitos

FÓRMULA

PAVÊ DE ABÓBORA (*PUMPKIN PAVÉ*)

Conforme o tempo esfria e as férias se aproximam, a escolha de ingredientes frescos também muda. Mais precisamente, o outono traz uma nova variedade de maçãs crocantes, legumes especiais e frutas, como abóboras e similares. Essas frutas e legumes sazonais são a base de muitas iguarias clássicas norte-americanas. Pavê, que significa "pavimento", em francês, refere-se à forma dessa produção. Para essa fórmula pode ser usada a abóbora fresca ou em conserva, e uma variação interessante pode ser feita com abóbora-manteiga. A farinha de castanhas no *streusel*[4] pode ser substituída; no entanto, se forem usadas castanhas picadas, a quantidade de manteiga pode ser reduzida em 15% a 20%.

Fórmula de *streusel* de avelã

Ingredientes	% do padeiro	Peso kg
Farinha para bolo	100,00	0,739
Açúcar mascavo	62,00	0,458
Farinha de avelãs	50,00	0,370
Manteiga	76,00	0,562
Total	288,00	2,130

Produção: 1 forma.

Procedimento para o *streusel* de avelã

1. Colocar todos os ingredientes na cuba de uma batedeira com raquete. Misturar até se formar o *streusel*.
2. Para cada fórmula, colocar a metade do *streusel* sobre forma com as laterais untadas.
3. Pressionar o *streusel* para formar uma crosta na base.
4. Assar em forno de convecção a 177 °C por 12 minutos aproximadamente, ou até a crosta começar a escurecer.
5. Reservar até esfriar.

---

[4] Tipo de farofa crocante, doce e úmida utilizada como cobertura para alguns doces assados, como o *crumble* e para bolos, biscoitos e pães doces, como a cuca, típico das colônias alemãs do sul do Brasil. (NRT)

PARTE 2: PÂTISSERIE

Fórmula do recheio de abóbora

Ingredientes	% do padeiro	Peso kg
Cream cheese	100,00	1,463
Fava de baunilha	—	2 unidades
Pimenta-da-jamaica	0,96	0,014
Canela	1,92	0,028
Açúcar	74,65	1,092
Xarope de bordo (*syrup*)	6,85	0,100
Purê de abóbora	54,79	0,801
Ovos	54,79	0,801
Total	293,96	4,300

Procedimento para o recheio de abóbora

1. Pesar todos os ingredientes e mantê-los em temperatura ambiente.
2. Bater juntos o *cream cheese*, as favas de baunilha, a pimenta-da-jamaica e a canela em uma batedeira equipada com raquete. Raspar o fundo da cuba.
3. Depois que a mistura estiver homogênea, acrescentar o açúcar lentamente e misturar até que fique bem incorporado. Raspar o fundo da cuba.
4. A seguir, adicionar a xarope de bordo e misturar bem.
5. Acrescentar o purê de abóbora e misturar até homogeneizar. Raspar o fundo da cuba.
6. Juntar os ovos lentamente e misturar apenas até a incorporação. Raspar o fundo da cuba novamente e misturar por pouco tempo.

Montagem

1. Despejar o recheio de abóbora sobre a crosta de avelã parcialmente assada.
2. Espalhar o restante do *streusel* de avelã sobre o recheio.
3. Assar em forno de convecção a 149 °C por aproximadamente 35 minutos ou até que o recheio se torne firme.
4. Esfriar durante a noite e cortar no dia seguinte.

Pavê de abóbora

Barras de limão

Brownies

Seleção de biscoitos em barras

PARTE 2: PÂTISSERIE

FÓRMULA

PALMIERS

Essas iguarias amanteigadas são feitas com massa folhada. O açúcar é laminado na massa nas últimas duas dobraduras, cobrindo a parte externa, que durante o cozimento se carameliza acrescentando uma textura deliciosamente crocante.

Mise en place

Massa folhada com as duas últimas dobraduras simples completadas com açúcar, ou adição opcional de açúcar.

Procedimento

1. Abrir a massa e deixá-la com 2 mm de espessura. Colocar a massa sobre uma superfície polvilhada com açúcar cristal.
2. Polvilhar a superfície da massa folhada com açúcar cristal.
3. Fazer uma tira longa e estreita e dobrar as duas extremidades da tira em direção ao centro da massa até que as duas partes se encontrem.
4. Dobrar cada uma das duas peças no topo uma da outra.
5. Com uma faca, cortar fatias de 1 cm de largura da massa enrolada e pulverizada com açúcar.
6. Colocar os *palmiers* sobre a forma e assar em 177 °C por 20 minutos ou até dourar.

FÓRMULA

SACRISTANS

Esses biscoitos em forma de parafuso são feitos de massa folhada torcida e cobertos de açúcar granulado, com a adição opcional de amêndoas laminadas. Dizem que o nome *sacristans* provém do encarregado dos cálices sagrados da Igreja Católica. Com certeza esses biscoitos são suficientemente deliciosos para inspirar toda uma clientela de religiosos.

Mise en place

Massa folhada com seis dobraduras simples aberta até 2,5 mm, com açúcar cristal.

Procedimento

1. Cobrir os dois lados da massa folhada com açúcar. Abrir a massa sobre uma superfície polvilhada com açúcar cristal. Em seguida, cobrir a superfície da massa com açúcar cristal.
2. Cortar em bandas de 15 cm de largura e depois em tiras de 1 cm.
3. Torcer cada tira duas vezes antes de colocá-la na forma forrada com papel-manteiga levemente borrifado com água. A água ajuda a massa a não encolher. Pressionar as pontas para manter a forma durante o cozimento.
4. Refrigerar no mínimo 30 minutos antes de assar.
5. Assar com temperatura de 177 °C por 20 minutos até dourar.

PARTE 2: PÂTISSERIE

Capítulo 3: Biscoitos

RESUMO DO CAPÍTULO

Os biscoitos são uma das formas mais simples de pâtisserie e fazem parte de um repertório essencial de muitas cozinhas e confeitarias. Os biscoitos podem ser preparados como *petit fours* ou como um elemento para sobremesas compostas mais sofisticadas. As técnicas necessárias para a montagem de biscoitos incluem muitos conhecimentos básicos, que são fundamentais para cada padeiro ou confeiteiro. Ao dominar os fundamentos da produção de biscoitos, os aspirantes a padeiros e chefs pâtissiers podem alcançar resultados consistentes, desenvolver fórmulas e procedimentos, e também criar novas fórmulas.

PALAVRAS-CHAVE

- biscoito congelado
- biscoito de forma
- biscoito de saco de confeitar
- biscoito em estêncil
- biscoito fatiado
- biscoito moldado
- biscoito porcionado
- biscoito vazado
- derretimento
- expansão do biscoito
- fluido
- higroscópico
- ingredientes amaciantes
- ingredientes fortalecedores
- método cremoso
- método de estágio único
- método espumoso
- método *sablé*
- pico firme
- pico leve
- ponto de fita
- saborizantes
- umectantes

QUESTÕES PARA REVISÃO

1. O que são ingredientes amaciantes e fortalecedores e que papel desempenham na composição de um biscoito?
2. Que efeito terão uma mistura insuficiente e uma mistura excessiva no produto final? Por quê?
3. Que fatores contribuem para a crocância dos biscoitos?
4. Indique todos os fatores que têm influência na expansão dos biscoitos.
5. Quais são os sinais de que os biscoitos estão assados?

| 95 |

capítulo
4

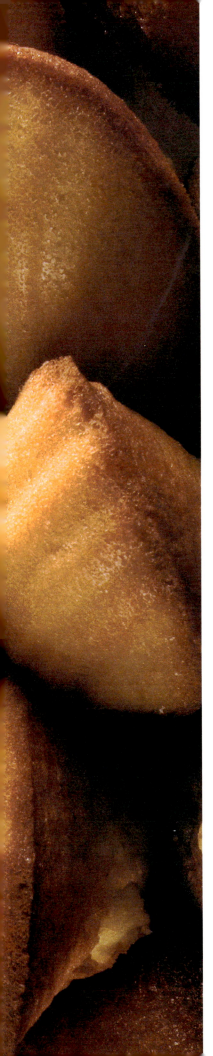

BOLOS RÁPIDOS

OBJETIVOS

Após a leitura deste capítulo, você será capaz de:

- Descrever os três métodos de mistura para os bolos rápidos.
- Descrever o papel que o glúten desempenha na estrutura física do produto final.
- Explicar o preparo e a cocção dos diferentes bolos rápidos.
- Discutir as características dos diversos fermentos químicos e suas propriedades.
- Fazer uma seleção de bolos rápidos aplicando as técnicas apresentadas neste capítulo.

DESCRIÇÃO E VARIEDADES DOS BOLOS RÁPIDOS

A classificação de **bolos rápidos** engloba ampla variedade de produtos feitos com fermento químico, como *muffins*, *scones* e bolos. Com a fermentação ocorrendo com agentes químicos e com calor, os bolos rápidos são os produtos básicos das padarias, considerando que são fáceis e econômicos de produzir em grande escala. As habilidades técnicas para produzir esses bolos estão contidas em inúmeros conceitos-chave que incluem funções dos ingredientes, métodos de mistura e procedimentos para o cozimento. Depois de dominar esses conhecimentos, é possível fazer ampla seleção de produtos com relativamente poucos ingredientes e alguns conhecimentos técnicos. Várias misturas comerciais para bolos rápidos estão disponíveis no mercado; o uso dessas misturas vai resultar em produtos mais consistentes em menor tempo de produção. É bastante conveniente utilizar essas misturas para produção feita em larga escala; entretanto, em caso de produção menor, se todo o processo for desenvolvido no próprio local a qualidade será melhor e o custo, menor.

CONTROLAR O DESENVOLVIMENTO DO GLÚTEN

A característica física mais esperada nos bolos rápidos é a maciez. Mesmo que essa categoria englobe inúmeros produtos, como *scones*, *muffins* e bolos de frutas, eles devem apresentar textura macia para garantir uma experiência prazerosa. Essa qualidade é controlada pelo processo de mistura.

O desenvolvimento do glúten tem um papel importante no controle da textura dos bolos rápidos. O teor de açúcar e de gordura nesses bolos ajuda a prevenir o desenvolvimento excessivo do glúten; entretanto, as fórmulas que contenham níveis mais altos de líquido têm uma tendência maior a desenvolver o glúten de forma mais rápida. Além disso, o excesso de mistura das massas de *muffins* ou bolos vai produzir um miolo mais firme e que pode resultar em buracos diagonais no bolo, um fenômeno chamado túneis, ou **efeito túnel**. Produtos como *biscuit* e *scones* terão uma textura densa e firme se forem misturados em excesso. Os métodos adequados de mistura e as precauções para cada uma das principais categorias de mistura serão apresentados neste capítulo (ver Figura 4-1).

O PAPEL DOS FERMENTOS QUÍMICOS

Os **fermentos químicos** desempenham um papel crucial no desenvolvimento dos bolos rápidos. Há inúmeros tipos de fermentos químicos, mas todos têm os mesmos objetivos na produção de bolos rápidos. Em primeiro lugar, todos os fermentos químicos produzem gás ao reagir com a água, calor ou ácido. O gás torna a massa aerada e se desenvolve antes e/ou durante o cozimento. A aeração da massa torna o produto mais macio, propiciando um paladar agradável. Em segundo, o fermento químico tem um pH alto quando dissolvido, e é usado para equilibrar o pH total da massa do bolo rápido. A medida exata do fermento químico é fundamental porque uma leve mudança pode interferir no resultado final da massa.

BICARBONATO DE SÓDIO E FERMENTO QUÍMICO

Os fermentos mais comuns usados para bolos rápidos são **bicarbonato de sódio** e **fermento químico**. O fermento químico é uma mistura de bicarbonato de sódio, **ácidos fermentativos** e amido de milho. Os ácidos fermentativos são adicionados para reagir com o bicarbonato de sódio e produzir dióxidos de carbono durante a mistura e/ou durante o cozimento. O amido evita que o fermento se solidifique, absorva a umidade ambiente, e, mais importante, previne a reação prematura do fermento químico.

Figura 4-1
Muffins apresentando efeitos diferenciados no volume, pico e miolo: mistura adequada (à esquerda) e mistura insuficiente (à direita).

Durante a mistura, é criada uma pequena quantidade de dióxido de carbono pelos ácidos de ação rápida reagindo com o bicarbonato de sódio dissolvido. Os ácidos que reagem nesse ponto em temperaturas baixas são o cremor de tártaro (bitartarato de potássio) e o fosfato monocálcio.

Os agentes fermentativos que reagem em altas temperaturas normalmente são sais de alumínio, como sulfato de alumínio de sódio (SAS) e fosfato de alumínio de sódio, que criam grandes quantidades de gás durante o cozimento, permitindo que os bolos rápidos cresçam no forno. Os alumes (sais de alumínio) não reagem com o bicarbonato de sódio a baixas temperaturas, mas agem rapidamente sob o calor do forno. O resíduo dessa reação é hidróxido de alumínio, que por ser insolúvel é indesejável no alimento, pois pode deixar um sabor desagradável no produto final. Nos Estados Unidos, o uso de SAS nos fermentos químicos é permitido porque a quantidade adicionada atualmente é insignificante. O pirofosfato de ácido do sódio, que também é um ácido reagente a altas temperaturas, não contém alume, e é mais comumente usado em fermentos químicos especiais para pessoas que não desejam consumir alumínio.

Os fermentos químicos que contêm os ácidos reagentes tanto a baixas quanto a altas temperaturas são chamados **fermentos químicos de dupla ação**, e aqueles reagentes a apenas baixas temperaturas são chamados **fermentos de ação única**. O fermento de ação única geralmente é empregado em produções de grande escala. Tanto o bicarbonato de sódio como o fermento químico devem ser guardados em recipientes bem vedados e armazenados em local frio e seco. A durabilidade de ambos os produtos é de um ano aproximadamente depois da data de fabricação.

HISTÓRIA DOS FERMENTOS QUÍMICOS

Os **carbonatos de sódio ou de potássio** são conhecidos como os mais antigos fermentos usados em panificação. Os carbonatos de sódio eram obtidos das cinzas de plantas marinhas, assim como de plantas próximas ao mar. O potássio vem das cinzas de plantas terrestres e eram originalmente chamadas *potashes*. A partir das *potashes*, foi criada uma forma mais pura de fermento conhecido como pó de pérola (Bennion & Bamford, 1973, p. 76). Tanto o carbonato de sódio como o potássio são alcalinos, e quando usados com um ingrediente ácido, como leite azedo ou leite fermentado, produzem uma reação que resulta em dióxido de carbono. Embora exista ácido láctico nesses laticínios, a quantidade de ácido não é suficiente para provocar uma reação completa nesses fermentos. No entanto, acredita-se que o ácido reduza o gosto alcalino e a perda de coloração. Naquela época, a produção doméstica de pães era amplamente adotada, mas, à medida que a panificação comercial tornou-se mais popular, foi necessário descobrir substâncias mais adequadas e estáveis para ajudar na aeração química.

Até 1830, o potássio e o **alume** foram utilizados como fermentos em padarias. O alume não é um ácido, mas reage com o carbonato de sódio produzindo dióxido de carbono quando exposto ao calor do forno. À época apareceu no mercado o **bicarbonato de amônia**, usado tanto na produção doméstica como na comercial. Por volta de 1840 foi introduzido o fermento químico pronto, feito com ácido tartárico e cremor de tártaro, misturado com bicarbonato de sódio. De 1860 a 1890, muitos ácidos empregados na fermentação foram testados para serem utilizados no fermento químico. O fosfato monocálcio e o SAS, que hoje são usados comercialmente na produção de fermento químico, foram descobertos nesse período. Assim, o primeiro fermento químico de ação dupla foi produzido nessa época.

O pirofosfatado de ácido do sódio foi o ácido fermentativo a ser introduzido logo depois nos Estados Unidos em 1911. Esse produto é totalmente não higroscópico em água fria, mas se dissolve e reage imediatamente em ambientes mais quentes; é, portanto, um ácido de "atuação lenta", adequado para cozimento. Na indústria de panificação contemporânea, os principais ácidos usados em fermentos químicos são cremor de tártaro, fosfato monocálcio, SAS, alumínio fosfato de sódio e o pirofosfato de ácido de sódio.

FERMENTOS QUÍMICOS E EQUILÍBRIO DO pH

Um equilíbrio adequado do bicarbonato de sódio, bem como de outros fermentos como o fermento químico, é essencial para a qualidade da textura e para o sabor dos produtos. O bicarbonato de sódio equilibra o pH em bolos rápidos, quando outro sistema de fermentação estiver sendo empregado. Além do mais, o controle do pH é crucial no processo de produção dos bolos rápidos, uma vez que um pH baixo relaxa o glúten e um pH mais alto o fortalece. Bicarbonato de sódio, que tem pH em torno de 8,0, é sempre usado com o cremor de tártaro ou outro ingrediente ácido, como mel, melado ou cacau em pó. O bicarbonato de sódio também ajuda a equilibrar o sabor do produto final ao tornar a acidez menos evidente. Uma pequena quantidade de cremor de tártaro em *biscuits* diminui o pH e enfraquece o glúten, resultando um produto mais tenro. O cremor de tártaro também ajuda a produzir um miolo mais branco. O uso excessivo de fermento químico ou bicarbonato de sódio resulta uma textura levemente grosseira com sabor metalizado e uma coloração amarela ou esverdeada.

ESCOLHER UM FERMENTO QUÍMICO PARA FÓRMULAS DE BOLOS RÁPIDOS

O sistema de fermentação adequado para uso em uma fórmula específica depende dos ingredientes e dos processos envolvidos na sua preparação. Enquanto os fermentos químicos normalmente são acrescentados em proporção à farinha, a acidez da massa deve ser observada. Quanto mais gordura e açúcar houver em uma fórmula, menos fermento e leite serão necessários; ao contrário, quanto menor for a quantidade de gordura e de açúcar em uma fórmula, mais fermento e leite serão necessários. A gordura tem um efeito amaciante no glúten e reduz a resistência à pressão do gás. A massa cresce levemente durante o processo de mistura, já que o ar é incorporado; entretanto, os fermentos adicionais também são frequentemente usados (ver Figuras 4-2a e 4-2b).

Em grandes padarias comerciais, podem ser usados fermentos especialmente preparados contendo diversos ácidos para um controle maior sobre a produção de dióxido de carbono no sistema da massa. A combinação de fosfato monocálcio e pirofosfato de ácido do sódio, ambos fermentativos (o primeiro de ação rápida e o segundo de ação lenta), são usados frequentemente para fermentos comerciais.

MÉTODOS DE MISTURA PARA BOLOS RÁPIDOS

Levando-se em conta a variedade de produtos da categoria de bolos rápidos, há três métodos de mistura a considerar: arenoso, cremoso e combinado. O método de mistura a ser escolhido vai depender do resultado esperado para o produto final.

MÉTODO ARENOSO OU *SABLÉ* PARA *BISCUITS* E *SCONES*

O que é conhecido como *biscuit* nos Estados Unidos foi desenvolvido muitos anos atrás e ganhou popularidade especialmente no sudeste do país. O sabor neutro dos *biscuits* muitas vezes é usado

Figura 4-2a
Comparação dos efeitos do fermento químico nos bolos rápidos (nenhum, 100%, 200%)

Figura 4-2b
Comparação dos efeitos do fermento químico em bolos rápidos com cortes (nenhum, 100% e 200%)

como promotores de sabor para alimentos que são servidos com eles. Podem ser doces ou salgados, e normalmente são servidos no café da manhã, no almoço ou no jantar. Os *scones* são uma versão mais enriquecida dos *biscuits*, muitas vezes contêm frutas, castanhas ou frutas secas e adoçantes, como mel, melado ou açúcar granulado. As versões salgadas dos *scones* podem ser preparadas com vários tipos de queijos, temperos e ervas.

Combinações dos ingredientes

O **método arenoso (*sablé*)** é obtido ao se juntar a gordura com a farinha e outros ingredientes secos e então adicionar os ingredientes liquidos e misturá-los até a incorporação. O resultado final geralmente apresenta pedaços pequenos e médios de gordura por toda a massa para criar uma estrutura esfarelada. A fórmula para *biscuits* esfarelados e *scones* é similar, com ingredientes comuns que incluem farinha, gordura sólida, fermento químico, leite, leite fermentado ou creme, açúcar ou outros ingredientes.

Vários tipos de farinhas podem ser encontrados em fórmulas para *biscuits*, assim como para *scones*. Farinhas para pão, para pâtisseries e, às vezes, para bolo são empregadas nesse método para dar força suficiente ao produto e criar camadas macias que se desmancham na boca. Quanto mais forte for a farinha, maior será o crescimento do *biscuit* e menor será a expansão deste. Caso a farinha seja muito fraca, o formato não vai se manter uniforme, pois a proteina será insuficiente para manter a forma.

Farinhas mais fracas também produzem cores mais pálidas na crosta, mas esse fenômeno pode ser compensado com a adição de leite em pó, em aproximadamente 5% do peso da farinha.

Os tipos de açúcar mais comuns empregados em bolos rápidos é o granulado[1] e o invertido, como o mel. Somente uma pequena quantidade de açúcar é usada nas fórmulas; os *biscuits* salgados normalmente contêm de 2% a 5% de açúcar, e em *biscuits* doces, que muitas vezes são uti-

---

[1] O açúcar granulado é um tipo de açúcar refinado com cristais de tamanho regular, também conhecido como Premium. O açúcar refinado comum é o amorfo, com cristais e forma irregulares. (NRT)

lizados em bolos de morango, podem-se adicionar até 15% de açúcar. Nas fórmulas de *scones*, quase sempre é utilizado açúcar. Ao se fazer uso do açúcar invertido, a coloração da crosta é acentuada e também mantém o produto umedecido por um período mais longo. O mel muitas vezes é usado nas fórmulas de *scones* para prolongar sua durabilidade e adicionar um sabor único.

Método de mistura

O segredo para produzir excelentes *biscuits* e *scones* que se desmancham na boca está no processo de mistura. A gordura deve ser misturada com a farinha na mesma proporção, os liquidos devem ser adicionados na quantidade exata, e o tempo de mistura deve ser minimo. Para garantir a textura correta do produto final, a gordura nos *biscuits* e nos *scones* deve ser fria e permanecer visível, do tamanho de ervilhas.

A massa de *biscuit* é misturada levemente após a incorporação do liquido na etapa de farinha e gordura. A seguir, ela é aberta até a espessura desejada e cortada. É fundamental deixá-la descansar por pelo menos 20 minutos antes de assar para permitir que o glúten relaxe e o crescimento no forno durante o cozimento seja homogêneo. O *egg wash*[2] deve ser aplicado na parte de cima do produto e não dos lados para que haja um crescimento equilibrado. Os *biscuits* e os *scones* reagem bem ao congelamento depois de serem cortados e cobertos com filme-plástico. Antes de assar, devem ser descongelados completamente para atingir uma fermentação completa e evitar que a massa fique crua no centro.

Caso a massa do *scone* ou do *biscuit* seja misturada em excesso, a gordura vai cobrir todas as partículas do amido. O resultado será um produto muito tenro e sem estrutura suficiente. Outro resultado da mistura excessiva é o encolhimento do produto, já que o glúten é fortalecido, o produto final terá um volume menor. Em contrapartida, a mistura insuficiente também pode causar problemas. Farinha encaroçada e pedaços de gordura resultarão em produtos finais irregulares. Todos os ingredientes secos devem ser umedecidos homogeneamente. Se os ingredientes forem hidratados excessivamente, o resultado será uma massa macia demais e tão fraca que mal se sustentará quando for levantada, produzindo volume e textura mais pobres. Ocorre algum grau de desenvolvimento do glúten ao se abrir a massa ou ao estendê-la para cortar os *biscuits*, mas, sem causar nenhum dano significativo, a menos que seja muito manuseada. É importante diminuir as aparas da massa, porque caso precise incorporá-las, ao se trabalhar novamente com a massa, esta ganhará força e firmeza.

No caso de preparar *scones* com frutas congeladas, é mais fácil fazer a mistura básica para *scones* e adicionar as frutas congeladas à massa durante a moldagem. Para isso, a massa é inicialmente dividida e as frutas são pressionadas entre as duas camadas e, finalmente, são acrescentadas mais frutas no topo dos *scones*. Desse modo, evita-se amassar as frutas deixando escorrer seu suco durante a mistura.

Procedimento do método arenoso

- Pesar todos os ingredientes.
- Peneirar os fermentos químicos e combinar com os ingredientes secos.
- Combinar os ingredientes líquidos.
- Misturar a gordura e a farinha com as mãos, ou com o batedor da batedeira até que a gordura fique do tamanho de ervilhas (ver Método arenoso, Figura 4-3, Etapa 1).

---

[2] *Egg wash* é a mistura de gema e água utilizada para criar uma superfície dourada nas produções. (NRT)

FIGURA 4-3 MÉTODO ARENOSO

1 A gordura fria é misturada com os ingredientes secos até o tamanho adequado.

2 O ingrediente líquido é adicionado aos ingredientes secos.

3 A massa é misturada apenas até a incorporação.

» Adicionar o líquido aos ingredientes secos e misturar até a massa ficar homogênea (ver Método arenoso, Figura 4-3, Etapas 2-3).

MÉTODO CREMOSO PARA *BISCUITS* E *SCONES*

Alguns *biscuits* e bolos rápidos são misturados pelo **método cremoso** em que a gordura e o açúcar são incorporados até formar uma pasta. Isso faz um produto com o miolo mais fino e com textura menos flocada quando comparado com produtos feitos pelo método arenoso.

Combinação dos ingredientes

Os ingredientes e a combinação dos ingredientes dos *biscuits* e dos *scones* feita com o método cremoso é muito semelhante àquela do método arenoso. A principal diferença é que as fórmulas que adotam o método cremoso tendem a apresentar menos gordura sólida. Quando se deseja uma textura bem macia, acrescenta-se creme de leite com ovos depois que o açúcar e a gordura forem incorporados, em vez de usar liquido com menos gordura, como leite ou água.

Método de mistura

No método cremoso para *biscuits* e *scones*, a gordura e o açúcar são incorporados, e a gordura se espalha igualmente pela massa em um processo contínuo, reduzindo a possibilidade de formar bolsas de gordura e assim obter um produto folhado. A seguir, os ingredientes líquidos são adicionados lentamente e misturados ao açúcar e à gordura. A farinha peneirada e os fermentos são acrescentados a seguir, e a mistura deve ocorrer até que os ingredientes fiquem bem incorporados. É mais fácil obter uma mistura mais homogênea dos ingredientes quando comparamos este método com o arenoso. Na comparação desses métodos, o efeito final na massa também é bastante diferente; o miolo é mais fino e mais macio que o folhado. Se forem adicionadas frutas secas e/ou castanhas, estas devem ser acrescentadas quando os ingredientes secos estiverem com 50% da incorporação para evitar uma mistura excessiva.

Ao usar o método cremoso para *biscuits* e *scones*, a gordura e o açúcar devem ser batidos somente até o ponto de incorporação, pois a mistura excessiva pode acrescentar mais ar à massa e criar uma textura semelhante à de bolo, o que não é desejável em *biscuits* e *scones*.

A preparação e o cozimento são semelhantes nos dois métodos. Para produções de pequeno porte, as massas de *biscuits* e de *scones* são feitas usando-se uma colher de sorvete, enquanto para operações de grande porte pode-se usar uma máquina de moldar *biscuits*. Além disso, a massa pode ser aberta e cortada no formato desejado com uma faca ou cortador. É recomendável deixar a massa cortada descansar pelo menos uns 15 minutos antes de assá-la para um crescimento homogêneo.

Método cremoso para *biscuits* e *scones*

- Pesar todos os ingredientes. Preparar a batedeira adaptada com o batedor globo. Peneirar os fermentos e misturar com a farinha e o sal.
- Misturar a gordura e o açúcar e bater somente até homogeneizar, não deixar a massa ficar muito leve e aerada.
- Acrescentar os ovos lentamente, raspando as paredes da cuba depois de adicionar todo o conteúdo.
- Adicionar todos os líquidos e misturar completamente.
- Acrescentar os ingredientes secos e misturar até homogeneizar.

MÉTODO COMBINADO PARA *MUFFINS*, BOLOS DE FORMA E *SCONES*

Talvez a técnica mais simples e mais conhecida pelo padeiro iniciante seja o **método combinado**, também chamado método *muffin*. Nesse método, os ingredientes secos são simplesmente adicionados aos líquidos. É um processo de mistura rápido e fácil, que pode ser usado para diversos produtos, incluindo *muffins*, bolo de banana e *scones* de creme. O mesmo método de mistura é também usado para panquecas, crepes e *waffles*; entretanto, a consistência dessas massas é mais fluida. Para tornar a textura dessas massas mais leves, às vezes a fórmula é adaptada para incluir claras em neve, como ocorre em algumas massas de *waffles*. Pães de tamanho grande têm a tendência a apresentar um interior mais denso e úmido em comparação com os de menor tamanho, já que as massas maiores mantêm a umidade por mais tempo durante o cozimento.

A mistura de ingredientes

O tipo de farinha usado no método combinado pode variar da farinha para bolos até a farinha para pão de baixa proteína. Se a fórmula indicar farinha comum, a farinha para pão de baixa proteína pode ser utilizada sem problemas. A gordura usada no método combinado deve ser em estado líquido, o que resulta em um miolo denso e úmido. Muitas vezes a manteiga é empregada porque oferece um sabor sofisticado e cremoso, mas pode ser substituída por margarina desde que seja sem sal. Óleos como o de canola ou de cártamo também são ingredientes bastante usados. É importante utilizar óleos de sabor neutro. O açúcar normalmente usado é o branco ou o mascavo. O açúcar não somente ajuda a prevenir o desenvolvimento do glúten, como também ajuda a reter a umidade e adia o ressecamento. Os fermentos, em geral, são compostos por fermento químico ou uma combinação de fermento e bicarbonato de sódio. A quantidade pode variar dependendo da proporção de outros ingredientes na fórmula. Os complementos podem ser desde frutas (frescas, secas, enlatadas ou congeladas) até castanhas e especiarias.

Método de mistura

Considerando que a proporção de líquido para farinha é alta nesses tipos de fórmulas, é importante misturar o mínimo para prevenir o desenvolvimento excessivo do glúten: os ingredientes líquidos e secos são misturados apenas até a incorporação. O açúcar é considerado ingrediente líquido nas fórmulas do método combinado e deve ser misturado com os líquidos. Caso haja algum ingrediente adicional, como frutas e/ou castanhas, este deve ser adicionado quando a massa estiver na metade da mistura para evitar um tempo excessivo do preparo. Para prevenir a ruptura de frutas durante a mistura e o preparo da massa, estas devem estar completamente congeladas ao serem adicionadas à massa.

A massa preparada com o método combinado normalmente é depositada em formas untadas ou sobre papel-manteiga. Os produtos podem ser assados em forminhas de *muffins* ou em formas para pão. O pão de milho normalmente é assado em assadeira e então fatiado em porções individuais. Somente produtos como *scones* devem ser pincelados com *egg wash*. A superfície de pães ou de *muffins* pode ser decorada com açúcar granulado, sementes ou castanhas. Quando assados em formas untadas, os produtos devem ser desenformados 10 minutos depois de assados para esfriar completamente e prevenir o "suor".

Procedimento do método combinado

- Pesar todos os ingredientes. Peneirar todos os ingredientes secos.
- Misturar os ingredientes líquidos.
- Misturar todos os ingredientes líquidos com os secos apenas até a massa ficar homogênea. A massa poderá parecer encaroçada. Não misture excessivamente.
- Armazenar para uso futuro ou colocar em forma para assar. (*Observação*: Dependendo da fórmula, reservar a massa por muito tempo poderá afetar o crescimento no forno).

MÉTODO CREMOSO PARA *MUFFINS*, BOLOS PARA CAFÉ E BOLOS DE FORMA

O método cremoso para *muffins*, bolos e pães doces é usado com menos frequência que o método combinado. É um procedimento que exige maior tempo, maior atenção aos detalhes durante o processo de mistura; no entanto, gera um produto com uma textura úmida e tende a ser mais macio que os produtos preparados com o método combinado.

Combinação dos ingredientes

Em geral, as fórmulas do método cremoso tendem a ter uma quantidade maior de gordura e açúcar que as fórmulas do método combinado, por isso apresentam um sabor mais rico e uma textura tenra. Os *muffins* e bolos feitos com o método cremoso estão baseados na mistura de gordura sólida (manteiga, margarina, gordura hidrogenada, ou uma combinação delas) e açúcar. Às vezes é acrescentado *cream cheese* na preparação e deve fazer parte da preparação do creme. A presença do *cream cheese* dá estabilidade à mistura de gordura e açúcar e, depois que os ovos são adicionados, auxilia a manter a emulsão, pois o *cream cheese* contém goma e estabilizantes. Normalmente, a farinha para tortas é usada, mas uma combinação dela com a farinha para bolos é utilizada às vezes para criar um miolo menos elástico e mais tenro. Assim como no caso dos produtos preparados com o método combinado, no método *muffins* também são possíveis aplicações tanto para doces como para salgados.

Método de mistura

Para essa aplicação, incorpora-se ar na mistura de gordura e açúcar para ajudar na fermentação e dar leveza ao miolo. Normalmente, o açúcar é batido com a gordura e quaisquer outros ingredientes, como o *cream cheese*. Para produzir uma mistura correta, a gordura deve estar pelo menos a 18 °C para garantir uma consistência adequada. Depois que a mistura de gordura e açúcar estiver leve e aerada, os ovos podem ser adicionados lentamente. Feito isso, deve-se raspar a

FIGURA 4-4 MONTAGEM DO *SCONE*

Depois que a massa for misturada e dividida, colocar uma porção da massa em uma forma redonda de 20 cm de diâmetro.

Dividir a massa em oito pedaços usando uma faca grande.

Pincelar a superfície levemente com *egg wash*.

Finalizar com açúcar granulado na superfície.

cuba para garantir uma mistura homogênea. Na sequência, quaisquer ingredientes líquidos adicionais podem ser incluídos na mistura. Por fim, os ingredientes secos devem ser acrescentados e misturados somente até a incorporação.

Procedimento do método cremoso para *muffins*, bolos para café e bolos de forma

Pesar todos os ingredientes. Preparar a batedeira com o globo. Peneirar a farinha, o fermento e o sal.

Misturar a gordura e o açúcar e bater até se tornarem leves e aerados.

Acrescentar os ovos em três estágios, batendo depois de cada adição e raspando as laterais da cuba depois que todos os ovos forem acrescentados.

Adicionar quaisquer outros líquidos e misturar completamente.

Pôr os ingredientes secos e bater a massa até ficar homogênea. Se for acrescentar outros ingredientes, essa adição deve ser feita quando a mistura tiver completado três quartos do procedimento.

PROCESSO DE PREPARAÇÃO DE BOLOS RÁPIDOS

A preparação de bolos rápidos é em grande parte determinada pelo método de mistura ou pela relação entre o produto e sua base. Como qualquer produto em panificação, o padeiro precisa se adaptar à situação e aplicar habilidades para determinar o melhor processo. Algumas regras para cada produto são apresentadas a seguir.

SCONES

- Sobre superfície polvilhada com farinha, abrir a massa até 2 cm de espessura.
- Cortar com molde, ou com faca, o tamanho e o formato desejados, minimizando o desperdício de massa.
- Os *scones* com massa cremosa devem ser moldados com colher.
- Como alternativa, repartir a massa em peças de 1 kg e arranjá-las em formas de bolo de 20 cm de diâmetro (ver Montagem do *scone*, Figura 4-4, Etapa 1).
- Cortar em oito partes iguais e transferir para uma assadeira (ver Montagem do *scone*, Figura 4-4, Etapa 2).
- Colocar os *scones* em assadeira forrada com papel-manteiga e pincelar com *egg wash* ou creme e guarnecer com açúcar (opcional) (ver Montagem do *scone*, Figura 4-4, Etapa 3-4).

Scones feitos com frutas congeladas (mirtilo)

- Preparar uma massa de *scone* básica.
- Pesar e separar a massa em peças de 450 g.

- Espalhar 50 g de mirtilos congelados em forma redonda de aro de 20 cm × 10 cm.
- Abrir, arredondando, uma parte da massa de *scone* e colocar sobre os mirtilos.
- Espalhar 50 g de mirtilos congelados sobre a massa de *scone* e pressionar levemente.
- Abrir, arredondando, uma segunda parte da massa de *scone* e arranjar sobre a forma.
- Remover o aro da forma e cortar a massa em oito partes iguais.

Observação: Utilize apenas os mirtilos que estiverem congelados. Misture os mirtilos com uma pequena quantidade de farinha para evitar que soltem caldo.

BISCUITS

- Sovar a massa levemente ao pressioná-la e dobrá-la ao meio. Repetir a operação por aproximadamente 10 vezes.
- Abrir a massa até a espessura de 2 cm e cortar os *biscuits* no tamanho desejado com um cortador polvilhado de farinha.
- Colocar os *biscuits* em forma forrada com papel-manteiga e pincelar com *egg wash* ou creme e guarnecer com açúcar (opcional).

MUFFINS

- A quantidade de massa de *muffin* por porção varia de acordo com a técnica de mistura e com o tamanho da forminha.
- Todas as forminhas de *muffin* precisam ser forradas com forminhas de papel ou borrifadas com óleo.
- A massa de *muffin* feita com o método cremoso deve preencher aproximadamente a metade de cada forma.
- O método combinado de massa pode preencher três quartos de cada forma.
- A quantidade de massa na forma terá um efeito no tamanho do topo do *muffin*. Maior quantidade de massa, maior o topo.
- Numa situação de produção, os *muffins* normalmente são divididos pelo volume, usando-se vários tamanhos de colheres para manter o padrão das porções.
- Depois de encher as formas, os *muffins* podem ser guarnecidos e assados.

BOLOS DE FORMA

- As regras para colocar a massa de bolo em formas são similares às regras para as forminhas de *muffins*.
- As formas de bolo devem sempre ser untadas com óleo e colocadas em assadeira.
- Para garantir um cozimento homogêneo e controle adequado das porções, os bolos de forma normalmente são divididos por peso, em vez de volume.
- Alguns bolos de forma podem ser "cortados" usando uma faca curva mergulhada parcialmente no óleo. Pressionar a massa levemente uns 6 mm em direção a seu interior vai permitir que ela se abra durante o cozimento.

FIGURA 4-5   MONTAGEM DO BOLO PARA CAFÉ

1 Depois que uma parte da massa for espalhada na base da forma, o recheio é colocado no topo.

2 Colocar a segunda camada de massa por cima; arranjar para que fique homogênea.

3 Espalhar o *streusel* sobre a camada de cima.

BOLOS PARA CAFÉ

- O procedimento para a montagem desse bolo geralmente consiste em várias etapas.
- Inicialmente, a forma deve ser untada. A seguir, uma porção de massa é colocada na forma e arranjada de maneira homogênea.
- O recheio escolhido é distribuído por toda a base. (Se usar geleia ou frutas, é importante que não entre em contato com a forma.) (Ver Montagem do bolo para café, Figura 4-5, Etapa 1).
- A seguir, a segunda camada de massa é colocada sobre o recheio e pressionada para firmar bem (ver Montagem do bolo para café, Figura 4-5, Etapa 2).
- Se for usado o *streusel*, deve ser espalhado sobre a camada final da massa (ver Montagem do bolo para café, Figura 4-5, Etapa 3).

USO DE ASSADEIRAS

- Produtos como bolo para café ou pão de milho podem ser preparados em assadeiras e depois fatiados.
- As assadeiras são forradas com papel-manteiga.
- Formas com aro podem ser usadas para obter um volume mais equilibrado dos produtos.
- A colocação da massa na forma depende do tamanho desta e do preparo do produto.
- Assar em temperatura mais baixa por um período mais longo para garantir um cozimento completo.

ASSAR BOLOS RÁPIDOS

Uma característica comum dos bolos rápidos é que eles devem ser assados o mais rápido possível para garantir que o produto final seja apetitoso e agradável. Mesmo assim, a temperatura e o tempo de cozimento variam. Produtos como *scones* e *biscuits* vão assar a temperaturas mais altas e por um período mais curto que o bolo para café, enquanto o bolo de forma deve assar a temperaturas mais baixas e por um período mais longo que os *muffins* para garantir que o interior do produto seja assado por igual.

Com apenas uma rápida olhada, os padeiros profissionais que preparam os mesmos itens diariamente são capazes de avaliar se um produto está pronto. Para os iniciantes, no entanto, ou no caso de uma nova fórmula, há inúmeros detalhes a serem observados. Os bolos de forma, por exemplo, têm uma estrutura definida em que a massa, ao ser pressionada, retorna à posição anterior quando prontos. O teste mais comum para verificar se o produto está assado é inserir um palito em seu interior. Se retornar limpo, o produto foi assado plenamente. Caso o palito retorne com resíduos de massa, é sinal de que ainda não está pronto. A mesma técnica pode ser usada para os *muffins*. Outras características para verificar se os *muffins* e os bolos de forma estão prontos são a cor dourada, o centro da superfície que, ao ser pressionado, retorna à posição anterior, e a separação parcial entre a massa e as laterais da forma.

Os bolos de forma e os *muffins* devem ser retirados da forma de 10 a 15 minutos depois de assados. Se não forem retirados nesse tempo, será mais difícil depois, além de ocorrer a condensação do vapor, que pode danificar a integridade do produto.

PRODUÇÃO DE *BISCUITS* E DE *SCONES*

A produção de *biscuits* e *scones* para venda a varejo pode variar de totalmente manual a completamente mecanizada. A diferença da qualidade talvez seja evidente, dependendo do produto; entretanto, há uma situação em que a demanda por grandes volumes de produção poderá resultar possivelmente na necessidade de sacrificar uma parte da qualidade. Isso ocorre por causa de problemas que surgem durante o estágio da mistura. Para a produção em grande quantidade, os *scones* podem ser preparados e, então, congelados, ou armazenados no refrigerador para uso futuro. Os *scones* e *biscuits* folhados devem sempre ir ao forno frio para manter sua estrutura.

ARMAZENAMENTO DE BOLOS RÁPIDOS

Os bolos rápidos são melhores quando servidos frescos, mas, no caso de serem servidos mais tarde, mantêm-se bem no freezer. Produtos como os bolos de forma e bolos para café podem ser produzidos em grandes quantidades uma vez por semana e armazenados no freezer até quando for necessário sem comprometer o sabor ou a textura. Os produtos a serem armazenados dessa forma devem ser embalados somente depois que esfriar completamente. Se forem embalados com plástico quando ainda mornos, a umidade se condensará na superfície do plástico, facilitando o aparecimento do mofo mais rapidamente e uma possível contaminação com micro-organismos em curto espaço de tempo. O ponto positivo desses bolos é que são fáceis de preparar, o que os torna mais adequados para serem servidos frescos.

FÓRMULA

BOLO DE BANANA (*BANANA BREAD*)

O bolo de banana tornou-se padrão nas cozinhas norte-americanas quando o bicarbonato de sódio e o fermento químico atingiram o auge na década de 1930, promovendo a popularidade dos bolos rápidos de todos os tipos. Sua fama como favorito foi renovada nos anos 1960, quando bolos nutritivos estavam na moda, e a simplicidade das fórmulas básicas do bolo de banana contribuiu para a permanência de sua popularidade a partir de então.

Ingredientes	% do padeiro	Peso kg
Bananas	105,00	0,725
Leite fermentado	11,25	0,078
Extrato de baunilha	0,50	0,003
Açúcar	66,00	0,456
Açúcar mascavo	33,00	0,228
Ovos	40,70	0,281
Óleo de canola	42,00	0,290
Farinha para pão	100,00	0,691
Sal	1,00	0,007
Bicarbonato de sódio	2,00	0,014
Fermento químico	2,00	0,014
Canela	0,70	0,005
Castanhas	30,00	0,207
Total	434,15	3,000

Produção: 5 unidades de 20 cm x 10 cm.

Procedimento

1. Na batedeira com o globo, bater as bananas, o leite fermentado e o extrato de baunilha até se dissolverem. Reservar.
2. Bater à parte o açúcar, o açúcar mascavo, os ovos e o óleo de canola na batedeira até que fiquem bem incorporados.
3. Juntar os ingredientes secos e os líquidos e bater até a metade da incorporação.

4. Acrescentar a mistura da banana e o leite fermentado e então as castanhas e misturar até a incorporação completa.
5. Verter a massa em forma untada até três quartos da altura da forma.
6. Com uma lâmina banhada em óleo, fazer um corte ao longo da massa de 2 cm de profundidade.
7. Assar até ficar dourado e a superfície retornar à posição anterior quando pressionada pelo toque.
8. Para uma unidade de 20 cm × 10 cm, assar em forno de convecção a 168 °C por 40 a 45 minutos.

Variação: Fórmula de bolo com peras carameladas

Ajustes	% do padeiro	Peso kg
Adicionar noz-moscada	0,1	0,001
Adicionar gengibre	0,5	0,003
Substituir as bananas por peras picadas, em cubos de 1 cm	112	0,774

Fórmula da calda de caramelo

Ingredientes	% do padeiro	Peso kg
Açúcar	100	0,227
Gengibre	0,1	0,000
Noz-moscada	0,1	0,000
Total	100,20	0,227

Procedimento

1. Fazer a calda de caramelo com o açúcar e as especiarias e então acrescentar as peras. Cozinhar até ficarem macias; reservar.
2. Depois que a calda de peras estiver fria, misturar com a massa.
3. Colocar 600 g de manteiga para cada unidade de 20 cm × 10 cm e continuar como no bolo de banana.

FÓRMULA

BOLO DE ABÓBORA (*PUMPKIN BREAD*)

Um bolo nutritivo e denso servido mais frequentemente no outono e no inverno, o bolo de abóbora, na verdade, merece ser apreciado durante o ano inteiro. Recheado com especiarias, abóbora e nozes, cada pedaço é envolvido em sabor. É um bolo delicioso para o café da manhã ou para o café ou chá da tarde.

Ingredientes	% do padeiro	Peso kg
Açúcar	109,00	0,639
Manteiga	91,00	0,533
Ovos	31,00	0,182
Purê de abóbora	92,00	0,539
Farinha para pão de baixa proteína	100,00	0,586
Bicarbonato de sódio	0,80	0,005
Fermento químico	0,40	0,002
Sal	0,80	0,005
Canela	0,40	0,002
Noz-moscada	0,40	0,002
Pimenta-da-jamaica	0,40	0,002
Gengibre	0,40	0,002
Total	426,60	2,501

Produção: 5 unidades de 20 cm × 10 cm.

Procedimento

1. Na batedeira, bater a manteiga e o açúcar usando o globo.
2. Misturar os ovos e a abóbora e lentamente acrescentar essa mistura à manteiga e ao açúcar.
3. Peneirar todos os ingredientes secos, adicionar à cuba e misturar até a massa ficar homogênea.
4. Colocar 500 g dessa massa na forma de 20 cm × 10 cm.
5. Assar em forno de convecção a 177 °C por 45 minutos ou até quando estiver pronto.

Capítulo 4: Bolos rápidos

FÓRMULA

BOLO DE MILHO (*CORNBREAD*)

Os povos mais antigos que preparavam bolos de milho foram as tribos nativas do sudeste dos Estados Unidos, pois o milho era a sua principal fonte de alimentação. Os primeiros colonos logo adotaram o hábito de usar os ingredientes locais, como a farinha de milho, já que o trigo, que estavam acostumados a consumir, estava em falta. O bolo de milho tornou-se popular durante a Guerra Civil, pois era econômico e fácil de preparar. Atualmente, a farinha de milho é utilizada em grande variedade de produtos, especialmente nessa região do país, onde a autenticidade das fórmulas é muito valorizada. Famoso por sua textura macia e incompleto sem uma generosa porção de manteiga, o bolo de milho é, na maioria das vezes, consumido ainda quente ou ao menos morno.

Ingredientes	% do padeiro	Peso kg
Farinha de milho	34,00	0,619
Farinha de semolina	33,00	0,601
Farinha de trigo para bolos	33,00	0,601
Fermento químico	5,00	0,091
Sal	1,70	0,031
Açúcar	32,00	0,583
Ovos	20,00	0,364
Leite fermentado	76,00	1,385
Manteiga	26,00	0,474
Total	260,70	4,750

Produção: 5 formas 20 cm × 10 cm de bolo.

Procedimento

1. Derreter a manteiga e reservar.
2. Peneirar junto a farinha de milho, a semolina, a farinha de trigo, o fermento, o sal e o açúcar; reservar.
3. Combinar os ovos e o leite fermentado. Acrescentar os ingredientes secos aos líquidos e misturar até completar a incorporação.
4. A seguir, adicionar a manteiga derretida e misturar até que fique homogênea.
5. Colocar a massa nas formas preparadas, sendo 950 g em cada forma. Assar a 177 °C por 16 a 18 minutos ou até ficar pronto.

FÓRMULA

MUFFIN SALGADO (SAVORY MUFFIN)

Reunir as melhores iguarias de um café da manhã, misturar tudo em uma massa de *muffin* enriquecida com ovos, aromatizada com mostarda e salsinha, levar ao forno, e o que temos? Um *muffin* de presunto e queijo de dar água na boca, acompanhado devidamente de uma boa xícara de café.

Ingredientes	% do padeiro	Peso kg
Salsinha	6,00	0,044
Queijo gruyère, ralado	50,00	0,365
Presunto picado	75,00	0,548
Ovos	150,00	1,096
Mostarda	25,00	0,183
Manteiga, macia	60,00	0,438
Sal	2,00	0,015
Pimenta moída	1,00	0,007
Farinha para pão	100,00	0,731
Fermento químico	10,00	0,073
Total	479,00	3,500

Produção: 45 *muffins* de tamanho médio.

Procedimento

1. Manter todos os ingredientes em temperatura ambiente e amornar a manteiga para que amoleça.
2. Picar a salsinha; preparar o queijo e o presunto.
3. Combinar os ingredientes líquidos (ovos, mostarda e manteiga) e a salsinha.
4. Combinar todos os ingredientes secos (sal, pimenta, farinha, fermento).
5. Acrescentar os ingredientes secos aos líquidos, e misturá-los até três quartos do processo. Acrescentar o queijo e o presunto e misturá-los até a incorporação completa.
6. Colocar em formas untadas ou em forminhas de papel para *muffins*.
7. Assar em forno de convecção a 191 °C por 15 minutos, ou até que fiquem prontos.

Observação

O teor de sal da mostarda, do queijo e do presunto varia conforme a origem. Ajustar a quantidade de sal da fórmula se necessário.

Seleção de bolos rápidos

FÓRMULA

MUFFIN DE MIRTILO (*BLUEBERRY MUFFIN*)

Toda padaria tradicional dos Estados Unidos tem sua versão do *muffin* de mirtilo. A cor, a textura e o sabor ácido do mirtilo mesclado com a massa levemente adocicada criam uma iguaria clássica para a refeição matinal com um apelo irresistível.

Ingredientes	% do padeiro	Peso kg
Óleo de canola	20,00	0,237
Manteiga derretida	20,00	0,237
Açúcar	76,50	0,906
Ovos	35,00	0,415
Leite	59,50	0,705
Extrato de baunilha	1,50	0,018
Farinha para pão	100,00	1,184
Fermento químico	3,75	0,044
Sal	1,75	0,021
Mirtilos	65,00	0,770
Total	383,00	4,536

Produção: 45 *muffins* de tamanho médio.

Procedimento

1. Peneirar a farinha e o fermento. Adicionar sal e reservar.
2. Misturar o óleo, a manteiga e o açúcar.
3. Acrescentar os ovos, o leite e a baunilha à mistura da manteiga.
4. Adicionar os ingredientes secos aos líquidos e misturar em primeira velocidade até a incorporação completa. Continuar a mistura em velocidade menor de 30 segundos a 1 minuto. A mistura excessiva vai produzir um topo maior no *muffin*.
5. Acrescentar o mirtilo.
6. Com uma colher, colocar a massa do *muffin* em forminhas untadas ou em papel apropriado do tamanho desejado.
7. Um pouco antes de levar ao forno, guarnecer conforme a escolha: açúcar cristal, amêndoas laminadas, *streusel* ou açúcar granulado.
8. Assar em forno de convecção a 190 °C por 18 minutos ou até que fique pronto.

Observação

A massa poderá ser armazenada no refrigerador por dois dias com bons resultados.

FÓRMULA

MUFFIN DE FIBRAS (BRAN MUFFIN)

Este tipo de *muffin* faz que uma alimentação saudável seja não apenas prolongada, mas prazerosa. Com sua textura densa e umedecida, com porções generosas de groselha desidratada, germe e farelo de trigo, este *muffin* é uma opção deliciosa e saudável.

Ingredientes	% do padeiro	Peso kg
Óleo de canola	35,00	0,334
Mel	9,50	0,091
Melado	21,00	0,201
Açúcar mascavo	59,50	0,568
Extrato de baunilha	1,20	0,011
Ovos	41,60	0,397
Leite fermentado	123,00	1,175
Farinha para pão	100,00	0,955
Bicarbonato de sódio	4,70	0,045
Fermento químico	2,30	0,022
Canela	1,20	0,011
Sal	0,50	0,005
Germe de trigo	23,00	0,220
Farelo	14,25	0,136
Groselha desidratada	38,00	0,363
Total	474,75	4,536

Produção: 45 *muffins* de tamanho médio.

Procedimento

1. Combinar os ingredientes secos e reservar.
2. Combinar os ingredientes líquidos e juntar com os ingredientes secos.
3. Misturar até 75% da incorporação; adicionar o germe de trigo, o farelo e as groselhas desidratadas e finalizar a incorporação.
4. Colocar 100 g da massa em forma untada para *muffin* ou em forminha de papel e guarnecer com farelo.
5. Assar em forno de convecção a 190 °C por 15 a 17 minutos ou até que fique pronto.

Observação

A massa poderá ser armazenada no refrigerador por dois dias com bons resultados.

BOLO PARA CAFÉ

O bolo para café é chamado assim porque tem a bebida como acompanhamento mais perfeito. Embora seu papel seja tornar a rotina do café da manhã mais prazerosa, este bolo pode ser servido como sobremesa habitual para os convidados, não importando a que hora.

FÓRMULA

BOLO PARA CAFÉ (COFFEE CAKE)

A adição de *cream cheese* produz um bolo com um interior macio e úmido. Duas camadas de massa unidas por uma camada de geleia e fruta produzem um agradável sabor adocicado, com um toque ácido que ajuda a purificar o paladar. A massa deste bolo pode ser armazenada sob refrigeração por até 24 horas, e o bolo montado pode ser armazenado, congelado, por até uma semana, com bons resultados. O bolo deve ser descongelado antes de assar.

Fórmula para a cobertura de *streusel*

Ingredientes	% do padeiro	Peso kg
Manteiga (fria)	140,00	0,317
Açúcar	100,00	0,227
Farinha de amêndoas	100,00	0,227
Farinha de trigo para bolos	100,00	0,227
Sal	0,80	0,002
Canela	0,40	0,001
Total	441,20	1,000

Produção: 5 bolos de 23 cm.

Procedimento da cobertura de *streusel*

1. Combinar todos os ingredientes na batedeira com a raquete.
2. Misturar em velocidade média até a mistura ficar esfarelada. Não misturar em excesso.
3. Refrigerar em recipiente bem vedado até quando necessário (também pode ser mantido bem no freezer por longo período).

Fórmula da massa

Ingredientes	% do padeiro	Peso kg
Manteiga	44,92	0,570
Cream cheese	56,25	0,713
Açúcar	56,25	0,713
Ovos	39,06	0,495
Extrato de baunilha	1,95	0,025
Farinha para pão	100,00	1,268
Fermento químico	1,56	0,020
Bicarbonato de sódio	2,34	0,030
Sal	1,56	0,020
Leite integral	31,25	0,396
Total	335,14	4,250

Produção: 5 bolos de 23 cm.

Procedimento para a massa

1. Bater a manteiga, o *cream cheese* e o açúcar até homogeneizar.
2. Adicionar os ovos e a baunilha lentamente.
3. Peneirar todos os ingredientes secos e adicionar lentamente à massa sem misturar em excesso.
4. Acrescentar o leite e misturar até homogeneizar.

Fórmula da montagem do bolo para café

Ingredientes	% do padeiro	Peso kg
Massa	100,00	4,250
Framboesa	13,99	0,595
Geleia de framboesa	4,66	0,198
Total	118,65	5,043

Procedimento para a montagem do bolo para café

1. Untar as formas de bolo (23 cm) e colocar 400 g de massa em cada forma e espalhar a massa.
2. Colocar 40 g de geleia sobre a massa e acrescentar em torno de 120 g da fruta sobre a geleia.
3. Acrescentar 450 g da massa sobre a geleia e finalizar com 200 g de *streusel* sobre a massa.
4. Assar em forno de convecção a 168 °C por 50 a 55 minutos.
5. Deixar esfriar por 15 minutos e, então, retirar o bolo da forma.

FÓRMULA

BOLO PARA CAFÉ COM CREME AZEDO (*SOUR CREAM COFFEE CAKE*)

Este bolo nutritivo e tenro realça a combinação aromática das maçãs e das avelãs. O procedimento pode parecer um pouco detalhado para um bolo simples, mas com alguns preparos prévios a operação pode ser facilitada. Ele fica melhor quando assado em forma larga e cortado em quadrados depois de frio.

Fórmula para a cobertura de *streusel* com avelãs

Ingredientes	% do padeiro	Peso kg
Açúcar mascavo	140,00	0,271
Farinha de trigo para bolos	100,00	0,193
Manteiga fria	100,00	0,193
Avelãs	100,00	0,193
Total	440,00	0,850

Procedimento para a cobertura de *streusel* com avelãs

1. Picar um pouco as avelãs.
2. Combinar todos os ingredientes e misturar no processador em velocidade média com a lâmina.
3. Misturar até que fique esfarelado; não misturar em excesso.

Fórmula para o recheio de maçã

Ingredientes	% do padeiro	Peso kg
Maçãs, cortadas em cubos	100,00	1,301
Canela com açúcar	10,80	0,141
Manteiga derretida	4,61	0,060
Total	115,41	1,501

Procedimento para o recheio de maçã

1. Picar as maçãs em cubos de 2 cm; combinar com a manteiga e canela com açúcar.
2. Assar a 163 °C por 20 a 25 minutos. Deixar esfriar e reservar.

Fórmula do *streusel*

Ingredientes	% do padeiro	Peso kg
Açúcar mascavo	1027,48	1,024
Farinha de trigo para bolos	100,00	0,100
Manteiga fria	170,23	0,170
Avelãs	910,31	0,907
Total	2208,02	2,200

Procedimento para o *streusel*

1. Assar as avelãs a 163 °C por 15 minutos ou até dourar.
2. Depois de frias, cortar ligeiramente.
3. Misturar o açúcar mascavo, a farinha, a manteiga e as avelãs com a raquete até que a mistura se torne esfarelada.
4. Reservar.

Fórmula para a massa

Ingredientes	% do padeiro	Peso kg
Manteiga	76,30	0,909
Açúcar	38,15	0,454
Açúcar mascavo	38,15	0,454
Ovos	48,74	0,580
Extrato de baunilha	1,68	0,020
Farinha de trigo para bolos	100,00	1,191
Bicarbonato de sódio	1,85	0,022
Fermento químico	1,51	0,018
Creme azedo	84,03	1,001
Total	390,41	4,649

Produção: 1 forma inteira.

Procedimento para a massa

1. Peneirar a farinha, o bicarbonato de sódio e o fermento; reservar.
2. Bater, com a raquete, a manteiga e o açúcar até que fique leve.
3. Gradualmente acrescentar os ovos e a baunilha.
4. Raspar bem a cuba.
5. Adicionar a metade dos ingredientes secos e misturar até a incorporação completa.
6. Acrescentar o creme azedo e misturar até a incorporação completa.
7. Adicionar o restante dos ingredientes e misturar até completar a incorporação.

Montagem

1. Colocar a metade da massa em forma de aro forrada com papel-manteiga.
2. Acrescentar a maçã sobre a massa. Após, polvilhar com *streusel*.
3. Cobrir com o restante da massa e espalhar bem.
4. Cobrir com o *streusel* de avelã e espalhar bem.
5. Assar em forno de convecção a 163 °C por 45 a 55 minutos.

Seleção de bolos rápidos
(no sentido horário a partir do alto) Bolo para café, *muffin* de mirtilo, *muffin* de fibras e bolo com creme azedo.

Capítulo 4: Bolos rápidos

SCONES

Alguns acreditam que os primeiros *scones* surgiram na Escócia, e a inspiração para o nome viria de *Stone of Destiny* (ou *Scone*), o lugar onde os reis escoceses costumavam ser coroados. Outros acreditam que o nome é derivado da palavra holandesa *schoonbrot*, que significa "pão branco delicado", ou da palavra alemã *sconbrot*, que significa "pão delicado ou bonito". Há ainda quem diga que o termo vem do gaélico *sgonn*, que quer dizer "massa sem forma" ou "grande bocado". Qualquer que seja sua origem, os *scones* inicialmente eram feitos com aveia, moldados de forma arredonda e cortados em quatro ou seis triângulos e, depois assados em grelha tanto em fogo direto como no fogão. Atualmente, as versões com base em farinha são mais comuns e são assadas no forno. Os formatos, incluindo os triangulares, os arredondados, os quadrados e adiamantados são tão variados como as combinações dos sabores, do doce ao salgado.

Scones de manteiga

Scones salgados

Scones com creme

FÓRMULA

SCONE COM CREME (CREAM SCONE)

O *scone* com creme é um clássico que requer creme com teor de gordura de pelo menos 35%. O método de mistura simples permite uma produção fácil, mas deve-se ter o cuidado de não misturar excessivamente a massa. Os *scones* se conservam bem no refrigerador por até 18 horas, ou no freezer, bem embalados, por até uma semana.

Ingredientes	% do padeiro	Peso kg
Farinha para pão	100,00	1,765
Açúcar	20,00	0,343
Fermento químico	4,50	0,077
Sal	0,63	0,011
Castanhas, frutas secas etc.	43,75	0,749
Creme de leite integral	105,00	1,799
Mel	18,00	0,308
Total	291,88	5,052

Produção: 40 *scones* cortados em 5 círculos de 20 cm.

Procedimento

1. Combinar a farinha, o açúcar, o fermento e o sal.
2. Adicionar as frutas secas ou castanhas até incorporar.
3. Bater o creme e o mel.
4. Adicionar a mistura do creme aos ingredientes secos e misturar até que a massa fique homogênea.
5. Dividir a massa em peças de 1 kg cada uma delas.
6. Arranjar cada porção em forma de 20 cm com aro.
7. Remover o aro da forma e cortar a massa em oito fatias.
8. Pincelar com *egg wash* e guarnecer com açúcar ou farinha de amêndoas.
9. Assar em forno de convecção a 190 °C por 15 a 17 minutos ou até dourar e assar completamente.

FÓRMULA

SCONE COM MANTEIGA (*BUTTER SCONE*)

O *scone* com manteiga é caracterizado por sua textura folhada e tenra. Para uma textura melhor, a mistura deve ser feita à mão. Caso a massa seja feita na máquina, seu tamanho deve ser limitado para prevenir que ocorra uma mistura excessiva, o que pode acontecer facilmente quando são misturados mais que 45 kg. Estes *scones* podem ser adequadamente armazenados em refrigerador por até 18 horas, ou no freezer, com embalagem adequada, por até uma semana.

Ingredientes	% do padeiro	Peso kg
Farinha para pão	100,00	1,998
Açúcar	12,50	0,250
Fermento químico	5,60	0,112
Sal	0,80	0,016
Raspa de laranja	1,00	0,020
Manteiga fria	25,00	0,500
Groselha desidratada	30,60	0,611
Creme	56,00	1,119
Mel	7,50	0,150
Ovos	11,25	0,225
Total	250,25	5,000

Produção: 40 *scones* cortados em 5 círculos de 20 cm.

Procedimento

1. Combinar o creme, o mel e os ovos; reservar.
2. Em um recipiente, combinar a farinha, o açúcar, o fermento, o sal e a raspa de laranja.
3. Com o globo, bater a manteiga, juntamente com os ingredientes secos, até que formem bolas do tamanho de ervilhas. Acrescentar a groselha e misturar até obter uma distribuição homogênea.

4. Acrescentar os ingredientes líquidos; misturar até incorporar completamente.
5. Dividir a massa em peças de 1 kg.
6. Arranjar cada porção em formas de 20 cm com aro.
7. Remover o aro e cortar a massa em oito pedaços.
8. Como alternativa, abrir a massa em superfície levemente polvilhada com farinha e cortar nos formatos desejados.
9. Armazenar em refrigerador ou no freezer ou pincelar levemente com *egg wash* e assar em forno de convecção a 190 °C por 15 a 17 minutos ou até dourar.

FÓRMULA

SCONE SALGADO (SAVORY SCONE)

O melhor do mundo da pâtisserie e dos salgados encontra-se neste saboroso e tenro *scone*, enriquecido com queijo de cabra, pinoli e cebolinha verde. Este *scone* é uma alternativa prazerosa às versões doces na refeição matinal ou no lanche.

Ingredientes	% do padeiro	Peso kg
Farinha para pão	60,00	1,267
Farinha de semolina	17,00	0,359
Farinha de trigo *durum*	23,00	0,486
Fermento químico	4,50	0,095
Sal	1,00	0,021
Manteiga fria	23,50	0,496
Creme	35,00	0,739
Mel	18,00	0,380
Ovos	11,70	0,247
Cebolinha	11,00	0,232
Pinoli	17,00	0,359
Queijo de cabra	15,00	0,317
Total	236,70	5,000

Produção: 40 *scones* cortados em 5 círculos de 20 cm.

Procedimento

1. Combinar o creme, o mel e os ovos e reservar.
2. Bater as farinhas, fermento, sal e manteiga na batedeira com o globo.
3. Misturar até que a manteiga fique como bolas do tamanho de ervilhas.
4. Com a batedeira ligada, acrescentar os ingredientes líquidos e misturar até 50%.
5. Acrescentar as cebolinhas, o pinoli e o queijo de cabra esfarelado.
6. Continuar a misturar até a massa apenas se homogeneizar.
7. Dividir a massa em peças de 1 kg cada.
8. Arranjar cada porção em forma de 20 cm com aro.
9. Remover o aro e cortar o círculo em oito fatias.
10 Pincelar com *egg wash*.
11 Assar em forno de convecção a 190 °C por 15 a 17 minutos ou até que fique dourado.

FÓRMULA

MADELEINES

As *madeleines* tornaram-se famosas, inicialmente, por intermédio da obra de Marcel Proust, *Em busca do tempo perdido*, na qual o autor escreveu: "Ela trouxe um daqueles bolinhos chamados 'pequenas *madeleines*', que parecem ter sido moldados em conchas afuniladas... Um prazer delicioso invadiu meus sentidos". De acordo com a tradição, as *madeleines* se originaram na Commercy do século XVIII, na região da Lorena, quando uma menina chamada Madeleine preparou esses bolinhos para Stanislaw Lezczynski, o duque de Lorena, que compartilhava a paixão pela iguaria recém-descoberta com sua filha, Marie, a esposa de Luís XV, assegurando, assim, sua popularidade. Esses bolinhos encantadores são assados em forminhas ovais com frisos que lembram a forma das conchas.

Ingredientes	% do padeiro	Peso kg
Açúcar	81,63	1,060
Açúcar mascavo	12,24	0,159
Sal	0,41	0,005
Mel	16,33	0,212
Ovos	110,20	1,431
Farinha de trigo para bolos	100,00	1,298
Fermento químico	2,86	0,037
Manteiga, 82% de gordura, derretida	100,00	1,298
Total	423,67	5,500

Produção: 5 formas (Flexipan®).

Procedimento

1. Peneirar a farinha e o fermento e reservar.
2. Derreter a manteiga e reservar.
3. Colocar na batedeira, os açúcares, o sal, o mel e os ovos, e bater apenas até a incorporação.
4. Acrescentar a farinha peneirada e o fermento; misturar com o auxílio de uma espátula de borracha.
5. Adicionar a manteiga derretida e misturar até a incorporação se completar.
6. Despejar a massa em três quartos da forma e refrigerar por no mínimo 1 hora e meia.
7. Assar em etapas em forno de convecção: começar com 245 °C por 2 minutos e diminuir para 176 °C por 9 a 10 minutos.
8. Remover das formas 5 minutos depois de assados.

FÓRMULA

FINANCIER

O *financier*, às vezes chamado *friand* (significa "apetitoso" ou "saboroso"), é um bolo leve ideal para acompanhar chás. A base deste bolo leva *beurre noisette* (manteiga dourada), farinha de amêndoas, claras, farinha e açúcar impalpável. Assim como as *madeleines*, o *financier* geralmente é assado em formas moldadas e pode ter recebido esse nome por causa dos moldes retangulares em que eram assados, pois pareciam barras de ouro. Os *financiers*, em geral, são cobertos com creme batido, frutas vermelhas ou frutas frescas, e podem ser servidos com sorvete ou outros doces congelados.

Ingredientes	% do padeiro	Peso kg
Açúcar impalpável	264,00	1,763
Farinha de amêndoas	96,00	0,641
Farinha para pão	100,00	0,668
Fermento químico	2,40	0,016
Baunilha em fava	—	2,5 unidades
Açúcar invertido	24,00	0,160
Manteiga dourada	144,00	0,962
Claras	268,00	1,790
Total	898,40	6,000

Produção: 5 formas (Flexipan®).

Procedimento

1. Peneirar os ingredientes secos e acrescentar a baunilha e o açúcar invertido a essa mistura.
2. Colocar na batedeira com o globo e bater todos os ingredientes.
3. Cozinhar a manteiga até o estágio em que escureça, tomando o cuidado de não mexer a mistura.
4. Coar a manteiga dourada (*beurre noisette*), acrescentá-la aos ingredientes secos e misturar bem.
5. Adicionar a metade das claras e misturar até incorporar.
6. Acrescentar o restante das claras e misturar até que a massa fique homogênea.
7. Colocar três quartos da massa em formas untadas ou em Flexipan®.
8. Assar a 187 °C por 10 a 12 minutos ou até que fique pronto.
9. A massa pode ser armazenada inteira no refrigerador por até quatro dias ou congelada em porções por até 10 dias.

Capítulo 4: Bolos rápidos

RESUMO DO CAPÍTULO

Os bolos rápidos fazem parte dos produtos base de muitos estabelecimentos. O uso do fermento rápido e os métodos de misturas simples tornam esses produtos ideais para padarias. Os três principais métodos de mistura para os bolos rápidos – o arenoso, o cremoso e o combinado ou *muffin* – são simples; porém, é preciso atenção ao grau de desenvolvimento do glúten. Em determinadas situações, a mistura além da incorporação, como ocorre em alguns tipos de *muffins*, pode melhorar a textura, bem como a aparência do *muffin* ao aumentar seu volume. No entanto, normalmente a mistura é mantida ao mínimo para criar produtos macios e leves. É crucial conhecer as propriedades do fermento químico apresentadas neste capítulo para entender o seu papel na produção dos bolos rápidos. A produção destes bolos pode ocorrer diariamente, ou pode-se utilizar o freezer para facilitar o planejamento e a organização do trabalho. A utilização do freezer para produtos como os *scones* e o bolo para café permite a apresentação de grande seleção de produtos com menos trabalho para a equipe da padaria.

PALAVRAS-CHAVE

- ácidos fermentativos
- alume
- bicarbonato de amônia
- bicarbonato de sódio
- bolos rápidos
- carbonatos de sódio ou de potássio
- efeito túnel
- fermento de ação única
- fermento químico de dupla ação
- fermento químico
- método arenoso (*sablé*)
- método combinado (ou *muffin*)
- método cremoso
- potássio

QUESTÕES PARA REVISÃO

1. **Descrever o método arenoso (*sablé*) e como a estrutura aerada do *biscuit* é criada.**
2. **Explicar a função do fermento químico e do bicarbonato de sódio e como essas reações químicas ocorrem?**
3. **Descrever o processo de preparação do *scone* com frutas congeladas. Como esse processo difere daquele com frutas secas ou castanhas adicionadas à massa?**
4. **Quais são os sinais de que os produtos a seguir estão assados?**
   a. *Muffins*
   b. *Scones*
   c. Bolos
5. **O que é o efeito túnel? Quais são suas causas?**

| 131 |

capítulo 5

MASSA PARA PÂTISSERIE

OBJETIVOS

Após a leitura deste capítulo, você será capaz de:

- Explicar as características das várias massas, bem como suas propriedades e usos comuns.
- Apresentar as funções dos ingredientes das várias massas de pâtisserie apresentadas neste capítulo.
- Descrever os processos de misturas para os diferentes tipos de massa apresentadas.
- Preparar uma variedade de massas incluindo *pâte brisée*, *pâte sablée*, *sablé breton*, massa folhada, *pâte à foncer*, e massa amanteigada.

INTRODUÇÃO À MASSA PARA PÂTISSERIE

A palavra francesa **pâte** (massa) é classicamente empregada para descrever uma categoria de produtos que são a base de muitas criações tradicionais e contemporâneas. As massas são tão importantes que há tradicionalmente uma seção responsável pela sua produção em confeitarias ou padarias. Quem trabalha nessa seção é conhecido como **tourier**.[1] Esta é uma profissão importante porque o cuidado em misturar e manusear adequadamente as várias preparações de massas determina definitivamente a qualidade dos produtos finais de uma confeitaria ou padaria.

Há inúmeros tipos diferentes de massas para pâtisserie. Embora cada uma delas tenha uma textura própria, muitas são feitas com farinha, gordura, açúcar, um líquido como água, leite e/ou ovos em proporções variadas. A textura de cada massa é o resultado dos ingredientes usados, da maneira como a gordura foi incorporada à massa, e do quanto o glúten foi desenvolvido.

---

[1] *Tourier* é o padeiro ou profissional que prepara pastas (massas). (NRT)

As massas de pâtisserie apresentadas neste capítulo foram divididas em duas categorias com base na quantidade de açúcar que levam. A quantidade de açúcar na massa e sua influência nos sabores determinam não somente sua textura, como também o uso que dela normalmente se faz. Este capítulo vai apresentar versões doces e neutras das massas usadas como base para pâtisserie. As variedades neutras incluem massa amanteigada, a *pâte brisée* e *pâte à foncer*. As variedades doces incluem *pâte sucrée*, *pâte sablée* e *sablé breton*. Dois produtos adicionais serão apresentados, a massa folhada e a *pâte à choux*.

Há algumas diferenças de terminologia entre os nomes comumente usados nos Estados Unidos e aqueles utilizados na Europa, mais precisamente na França e em outros países. Consultar a Figura 5-1 para um rápido resumo de como cada tipo de massa geralmente é empregado.

COMBINAÇÃO DOS INGREDIENTES NA MASSA PARA PÂTISSERIE

Embora uma massa seja composta com os mesmos ingredientes básicos, dependendo da fórmula e do procedimento, pode haver resultados diferentes nas características físicas e nas texturas. Muitas dessas características são resultados do método adotado e da quantidade de ingredientes na fórmula.

São cinco os ingredientes básicos para os vários tipos de massa para pâtisserie: farinha, gordura, líquido (leite ou água), ovos e açúcar. Os ingredientes secundários como sal e fermento também são importantes. A escolha dos ingredientes e sua proporção em relação à farinha vão determinar muitas das características do produto final. O equilíbrio das diversas proteínas, gordura, água livre e açúcares na massa são cruciais para obter uma produção de massa de excelência com os resultados desejados.

Figura 5-1 As massas de pâtisserie e seus usos mais comuns.

	Doce	Neutra	Pie[2]	Torta	Biscoito	Textura	Comentários e uso
Massa amanteigada		X	X	X		Tenra e folhada	Pie, doce e salgada
Pâte brisée		X	X	X		Tenra	Torta, doce e salgada
Pâte à foncer	(X)	X	X	X		Tenra/crocante	Torta, doce e salgada; variedade baseada no uso; açúcar pode ser até 25% do peso da farinha
Pâte sucrée	X			X	X	Crocante	Massa de torta doce
Pâte sablée	X			X	X	Tenra/crocante	Base para torta
Sablé breton	X				X	Tenra/laminada	Biscoito tradicional da Bretanha
Pâte à sablé breton	X			X	X	Tenra/laminada	Usada como base para *entremets* ou tortas
Massa folhada		X	X	X	X	Folhada/leve	For napoleons, folhados de maçã, tortas salgadas, *vol-au-vent*
Pâte à choux		X				Macia/crocante	Para folhados com creme, *éclair*, *religieuse* etc.

---

[2] Pie são tipos de tortas fechadas com massa. Comumente recheadas com geleia e cobertas com tiras de massa entrelaçadas. Um exemplo desse tipo de preparação é a torta linzer. As tortas do tipo *pie* são tão tradicionais e comuns na Europa e nos Estados Unidos que são compreendidas como uma categoria de produção. (NRT)

FARINHA

A farinha utilizada nas fórmulas de massa de pâtisserie, geralmente, é a de trigo, e a variedade depende em grande parte do produto a ser preparado. A maioria das massas requer a farinha para pâtisserie ou farinha comum para pão com baixo teor de proteína para garantir maciez ao produto final. Quando se deseja um produto com pouco desenvolvimento do glúten e uma textura tenra, laminada ou folhada, normalmente é utilizada a farinha para pâtisserie para obter essas características. Para massas que requerem mais força, como aquelas em que o teor de açúcar é de 10%, ou mais, em relação ao peso da farinha, recomenda-se uma com baixa proteína ou a farinha comum. Com exceção de *pâte à choux*, todas as massas apresentadas neste capítulo têm hidratação de 50% ou menos com base no peso da farinha. Quando há uma grande proporção de farinha para água, o glúten pode se desenvolver mais rapidamente; portanto, é importante usar a farinha adequada. O amido produzido pela farinha vai absorver os líquidos da massa que, ao ser aquecida no forno, vai se gelatinizar criando uma estrutura adequada do produto.

GORDURAS

Embora as gorduras e os óleos geralmente sejam classificados como agentes redutores, também podem ser chamados de ingredientes amaciantes. O termo "redutor" é tradicionalmente empregado para descrever a capacidade de encurtar ou dividir as cadeias do glúten que podem fortalecer uma massa feita com farinha. Esse termo, no entanto, é equivocado, porque só o que já foi longo pode ser encurtado. Ao misturar a massa para torta, a proteína da farinha não é desenvolvida e, portanto, é "encolhida". A alta quantidade de gordura, assim como o processo de mistura, impede a farinha de produzir glúten. O efeito amaciante ocorre quando a gordura envolve a farinha e destrói a possibilidade de formar, com facilidade, uma cadeia longa e contínua de glúten. Nas fórmulas em que há grandes quantidades de gordura, esta se mantém dispersa por toda a massa depois da mistura e cria uma crosta mais folhada. Por sua vez, quando ocorre uma incorporação mais completa da gordura, cria-se uma massa mais "diminuta" e menos folhada.

A gordura é utilizada para acrescentar sabor, criar textura, ajudar a fermentar e despertar o paladar. As gorduras mais usadas são manteiga, banha de porco, óleos vegetais, gordura hidrogenada e emulsificantes. As gorduras empregadas em pâtisserie normalmente não têm sal.

A função da gordura animal na massa é criar um folhado, maciez e manter a umidade. Dependendo do custo, também da aparência desejada, das propriedades de manuseio e do sabor, é possível escolher diversos tipos de gorduras que vão produzir uma variedade de resultados.

A manteiga, que é apreciada pelo seu sabor e paladar, é a gordura mais usada em massas. No entanto, algumas massas se beneficiam mais das gorduras hidrogenadas, como é o caso das massas de tortas fechadas. Nesse caso, deve-se observar o teor de água na gordura para adequar as mudanças necessárias na fórmula.

O tipo de gordura usado tem muita influência tanto na massa como no produto final. Quanto mais alto for o ponto de fusão de gorduras manufaturadas, mais fácil vai ser manusear a massa e mais folhada ela vai ficar. Formatos e bordas decorativas na crosta da torta também se beneficiam da gordura manufaturada, já que não queimam tanto como as crostas de manteiga.

Para a panificação artesanal, a tendência é usar 100% de manteiga em razão da superioridade do sabor e do compromisso com a qualidade dos alimentos. Quanto mais baixo o ponto de fusão, significa que a massa feita totalmente com manteiga é um pouco mais difícil de manusear do que a feita com gordura hidrogenada. Entretanto, desde que o ambiente não seja muito quente e o profissional trabalhe de forma eficiente, a manteiga não apresentará nenhum problema de manuseio.

LÍQUIDOS

Na maioria das fórmulas há água e/ou leite; no entanto, algumas indicam outros líquidos, incluindo creme, ovos, leite fermentado ou mesmo suco. A água, entre os ingredientes líquidos selecionados, permite que os ingredientes hidrossolúveis como sal, açúcar e fermentos se dissolvam homogeneamente, propiciando a formação da massa pela hidratação do amido e da proteína da farinha. Os outros componentes líquidos como as gorduras, as proteínas e os carboidratos também influenciam a textura e o cozimento da massa. Além disso, quando a água se transforma em vapor a 100 °C no forno, o vapor acaba ajudando no crescimento do produto.

O leite e seus derivados produzem efeitos adicionais aos da água. A lactose e as proteínas ajudam no desenvolvimento da coloração da crosta, na firmeza e na crocância. Os ácidos lácticos fortalecem o glúten e aumentam sua estabilidade, resultando em textura e granulação finas. A gordura do leite ajuda a tornar a massa mais macia.

A capacidade de hidratação, ou a absorção da água pela farinha, depende do teor de umidade da farinha, bem como do quanto a manteiga foi dissolvida na massa. O teor de hidratação é crucial porque determina a textura final e a força da massa. Se a manteiga for muito misturada na massa, não haverá farinha suficiente para hidratar a proteína e o amido, e a massa se tornará quebradiça e não produzirá uma boa crosta. Se a manteiga não for misturada o suficiente, haverá um excesso de hidratação da proteína e do amido, e a massa se tornará então difícil de ser manuseada.

A água usada para a massa deve ser sempre fria para evitar que a gordura se dissolva e seja absorvida pela farinha, e o sabor deve ser neutro. Se a água for muito clorada, é recomendado que se utilize água filtrada ou deixe que a água descanse por várias horas. Essa medida permite que o cloro se dissipe naturalmente.

Alguns líquidos alternativos, às vezes, são usados para a massa, especialmente para a massa amanteigada, entre esses estão o leite, o creme, o creme azedo e o leite fermentado. Esses líquidos acrescentam açúcar (lactose) e gordura, juntamente com a acidez que leva a massa a se tornar mais saborosa e fácil de trabalhar.

OVOS

Os ovos na maior parte das vezes inteiros, normalmente são utilizados em massas para pâtisserie. Usados inteiros ou separados, gemas ou claras, apresentam papel importante em inúmeras funções que afetam a estrutura, a textura, a fermentação, o sabor e a cor. Esse ingrediente contêm um teor significativo de água, capaz de hidratar proteínas e amidos.

A composição das claras é de 90% de água, e a das gemas é em torno de 50% de água, o que significa que um ovo inteiro tem aproximadamente 72% de água. As proteínas encontradas em ovos coagulam durante o cozimento, criando estrutura. A massa feita com ovos inteiros produz uma crosta que impede que ela desmorone para os lados, e evita que encolha na forma depois de assada. Por sua vez, a alta porcentagem de gordura das gemas tende a produzir maciez e uma coloração mais rica na massa. Quando as gemas são o único produto/hidratação na fórmula é mais adequado utilizar uma base plana, uma vez que as propriedades amaciantes podem levar a massa a transbordar pelos lados da forma. A lecitina, um emulsificante natural das gemas, ajuda a gerar melhor distribuição dos líquidos e das gorduras, tornando a massa mais homogênea. Mas nem sempre isso é desejável. Algumas variedades da *pâte sablée* incluem um processo de pré-cozimento da gema para tornar a lecitina sem efeito, promovendo uma textura mais tenra e mais esfarelada. Se a fórmula indicar apenas o uso de claras, que contêm alta quantidade de água e de proteína, para massa de pâtisserie; esta obterá força durante a mistura, bem como durante o cozimento em razão da coagulação das proteínas das claras.

AÇÚCAR

O açúcar é usado em quase todas as massas, com exceção da maioria das folhadas. É empregado em vários níveis para alterar tanto a quantidade de doçura como a textura da massa. As variedades mais comuns incluem açúcar impalpável, açúcar refinado e açúcar granulado. Açúcares menos comuns, como o mascavo, podem ser utilizados para criar sabores específicos, assim como variação na cor da massa.

O tamanho da granulação do açúcar influencia no sabor, no paladar e nas propriedades da massa, bem como nos processos de mistura (Figura 5-2).

A textura fina do açúcar impalpável possibilita que os ingredientes se espalhem facilmente por toda a massa e produzam uma massa bastante homogênea, muito apreciada pelas qualidades de manuseio. A facilidade para abrir uma massa feita com açúcar impalpável é maior que aquela feita com açúcar refinado ou granulado. A desvantagem de usar o açúcar impalpável é que o sabor da crosta não é o ideal em comparação com o açúcar refinado ou o granulado.

O uso do açúcar refinado normalmente produz bons resultados; entretanto, a massa é visivelmente mais difícil de ser trabalhada. O sabor é melhor; porém a abertura da massa é reduzida, já que os grãos maiores do açúcar interferem na facilidade de manuseio da massa.

O açúcar granulado produz o melhor sabor dos três, mas, em razão do tamanho dos cristais, gera uma textura mais grosseira, dificultando a abertura da massa, o que é compreensível.

Mesmo que o método cremoso seja usado para preparar uma massa de pâtisserie, não deve ser utilizado para incorporar ar. A incorporação de ar prejudica a estrutura da massa usada para tortas, pois altera sua forma durante o cozimento. As propriedades higroscópicas do açúcar ajudam a reter a umidade. Isso prolonga o frescor ao absorver a umidade dos outros ingredientes, assim como do ambiente. O açúcar tem a capacidade de dissolver o glúten, o que produz miolo macio, granulação mais fina e textura mais úmida e mais tenra. O açúcar também contribui para a reação Maillard durante o cozimento, o que confere cor e firmeza à crosta.

Propriedades	Açúcar impalpável	Açúcar refinado	Açúcar granulado
Manuseio	XXX	XX	X
Durabilidade	XXX	XX	X
Sabor/paladar	X	XX	XXX

Figura 5-2
O açúcar e as propriedades da massa.

FERMENTOS

Tanto os fermentos químicos como os naturais são usados nas massas de pâtisserie. A fermentação natural ocorre em todas as massas em diversos níveis, dependendo da aplicação. Consideremos, por exemplo, o discreto crescimento de uma crosta de torta em comparação com o exuberante crescimento da massa folhada como resultado do teor de água na massa e da manteiga se transformando em vapor. A massa em que a manteiga for incorporada em um nível mais alto vai apresentar textura mais densa. Uma pequena quantidade de fermento químico normalmente é usada nessas massas. O fermento químico em geral é utilizado em massa de pâtisserie para assadeiras ou para tortas especiais. Para a *pâte breton*, o fermento químico contribui para uma textura única da massa.

SAL

O sal é adicionado na maioria das massas de pâtisserie para acrescentar sabor, aumentar a durabilidade e atenuar os sabores da farinha. Também tem um leve efeito amaciante no glúten e ajuda a tornar a massa menos pegajosa. O sal deve ser pesado para que seja usada a quantidade indicada na fórmula: o padrão é de aproximadamente 1,5% a 2% do peso da farinha. Algumas massas especiais, como a *sablé breton*, têm um sabor mais salgado, que é sua característica. Na Bretanha, a região da França onde o uso da *sablé breton* é comum, a manteiga com sal também é empregada na preparação de biscoito.

OUTROS INGREDIENTES

Algumas fórmulas podem pedir uma pequena quantidade de suco de limão ou vinagre a ser acrescentado à massa. A adição de um ácido líquido vai ajudar o glúten a relaxar de forma que a massa vai se tornar mais extensiva ao ser manuseada. A acidez na massa vai ajudar a evitar a oxidação, ou a leve coloração acinzentada que ocorre quando é deixada por diversos dias no refrigerador.

As variações no sabor, bem como na textura podem ser obtidas com o uso de farinhas de amêndoas, especiarias e extratos aromáticos. Normalmente, utiliza-se uma pequena quantidade de farinha de amêndoas na *pâte sucrée* e na *pâte sablée* e também fava de baunilha em vez do extrato para intensificar sabor da massa.

MASSA DE PÂTISSERIE SEM AÇÚCAR, OU NEUTRA

A massa de pâtisserie sem açúcar, ou neutra, tem uma série de funções e pode ser usada para salgados e doces. Dependendo do recheio, é melhor que a base não seja tão doce, mesmo se utilizado um recheio com nível mais acentuado de doçura. Uma torta de *pâte sucrée* com recheio de creme de limão, por exemplo, teria um sabor muito diferente se o creme de limão servisse de recheio para uma torta feita de *pâte à foncer*. Ambas podem ser boas, mas serão notadamente diferentes. O equilíbrio do adocicado, da maciez, do esfarelado e da crocância é considerado importante na criação de sobremesas e de pâtisseries.

A seleção de massas de pâtisserie sem açúcar abordadas neste capítulo inclui massa de torta fechada, *pâte brisée* e *pâte à foncer*. As duas massas com grande diferença entre si são a de torta fechada e a *pâte à foncer*. A *pâte brisée* é ligeiramente mais enriquecida que a *pâte à foncer* e que a massa amanteigada. Geralmente, é usada para pratos salgados.

A massa amanteigada é preparada com o método de massa fechada (*pie*), similar ao método arenoso para *biscuits* e *scones* de manteiga. O método de mistura para a *pâte brisée* e para a *pâte à foncer* pode ser tanto o cremoso como o *sablé*. Ambos os métodos produzem massas, geralmente, mais fortes e fáceis de abrir em peças maiores, apresentando uma textura crocante. As técnicas de produção e de cozimento de torta fechada e de **massa amanteigada** serão tratadas com detalhes no Capítulo 6. As massas amanteigadas abrangem todas as massas que possam ser usadas para preparar tortas, porém, normalmente é uma massa de pâtisserie doce. Todas as massas devem descansar por, no mínimo, quatro horas antes de serem abertas. Essa técnica vai minimizar o encolhimento e garantir que as gorduras estejam frias e não derretam tão facilmente na massa.

MASSA DE TORTA (*PIE*)

Há dois tipos de **massa para tortas** normalmente utilizadas: a **compacta** e a **laminada** (**do tipo folhada**). Ambas são tenras, embora a compacta tenha uma textura mais firme. O tipo de massa para torta é determinado pela forma como a gordura foi incorporada na farinha. Para criar uma massa amanteigada que seja ao mesmo tempo tenra e folhada (ou laminada), devem ser usados os ingredientes adequados, que incluem farinha, gordura e água. Ingredientes básicos adicionais podem incluir sal, açúcar e um líquido ácido como suco de limão.

O teor de proteína da farinha para bolos (ou para tortas) cria um equilíbrio sutil entre força e maciez que a torna uma escolha-padrão para massas de tortas. A farinha para pão, com seu alto teor de proteína, produz uma massa mais endurecida, difícil de abrir e deixar com espessura mais fina. Por sua vez, a farinha para bolos não oferece força suficiente para manter sua forma ao longo da preparação e é muito frágil ao ser trabalhada. Se a intenção for produzir uma torta com farinha de trigo integral para bolos, a massa terá uma base boa e nutritiva. Se a farinha integral não estiver disponível, é possível substituir 25% do peso da farinha por farinha integral para pães.

As gorduras manufaturadas e as naturais são as mais usadas na preparação de massas amanteigadas; entretanto, algumas fórmulas pedem óleos vegetais. Entre as gorduras manufaturadas estão todas as variedades de gorduras hidrogenadas e margarinas, enquanto as naturais incluem a manteiga e a banha.

A água é um ingrediente essencial para a massa amanteigada, porque integra os amidos e as proteínas formando, assim, uma massa que tem força. A proporção média de água para farinha é de 20% a 30%.

O açúcar, um ingrediente opcional na massa amanteigada, geralmente é usado em pequenas quantidades em massas doces, em torno de 5% a 8% do peso da farinha. Uma pequena adição de açúcar à massa vai tornar a base um pouco mais macia e também ajudará a torná-la mais dourada.

Massa de torta compacta

A massa de torta compacta é produzida quando a gordura é misturada até que pareça farinha de milho grossa. Como a gordura cobre uma grande parte da farinha, ela repele a hidratação e garante uma crosta mais crocante por um longo período. Essa propriedade é essencial para tortas com recheios mais líquidos, como frutas, cremes e *chiffon*. A massa de torta compacta é muito versátil e pode ser empregada tanto para cobertura como para base de tortas.

Massa de torta laminada (do tipo folhada)

A massa de torta laminada é usada para recheios mais secos e para coberturas de tortas. A farinha e a gordura são misturadas até que a gordura fique do tamanho de nozes, deixando as partículas de gordura bem grandes, produzindo na massa uma textura folhada ao ser aberta. A massa de torta laminada requer mais água para hidratar o amido e a proteína. Essa massa pode ser levada ao forno crua com recheios mais líquidos, tendo-se o cuidado de cobrir a base com uma camada fina de chocolate ou de manteiga de cacau para torná-la mais impermeável.

Mistura da massa amanteigada

O resultado de uma massa amanteigada bem-feita depende do método correto de mistura adotado. É muito importante conhecer as propriedades dos ingredientes, pois a temperatura e a mistura vão determinar suas características e a qualidade do produto final. A massa amanteigada pode ser misturada à mão ou na batedeira com bons resultados, mas deve-se ter o cuidado de não misturar em excesso ao utilizar a batedeira.

Os estágios mais importantes da mistura são cortar a gordura em pedaços grandes e adicionar água à mistura de gordura e farinha. É fundamental que a gordura esteja fria para ser cortada e adicionada à farinha, pois se estiver morna, será absorvida. A quantidade de água necessária depende do grau em que a gordura é misturada à farinha. Para produzir uma massa mais laminada são necessários pedaços grandes de gordura, e será preciso mais água para hidratar as proteínas e o amido disponíveis. Para a massa compacta, utiliza-se menos água porque uma parte da proteína e do amido foi coberta com gordura. Será difícil trabalhar a massa se estiver muito úmida ou muito seca, e a qualidade vai ser comprometida.

Mistura à mão

- Combinar a farinha, o sal e o açúcar e cortar a manteiga fria em cubos de 2,5 cm (ver Mistura à mão, Figura 5-3, Etapa 1).
- Acrescentar a manteiga fria à mistura da farinha (ver Mistura à mão, Figura 5-3, Etapa 2).
- Com uma espátula, ou cortador de metal, cortar a manteiga na mistura de farinha até alcançar a consistência desejada (grossa para a massa compacta e do tamanho de nozes para massa laminada). Esse procedimento pode ser feito em uma mesa ou bancada.
- Adicionar a água e o suco de limão (se for usar) reservando um pouco. Misturar até a massa se formar (ver Mistura à mão, Figura 5-3, Etapas 3-5).
- Adicionar mais líquido se necessário.
- Transferir a massa para uma assadeira forrada com papel-manteiga e cobrir com plástico.
- Deixar no refrigerador por pelo menos quatro horas antes de usá-la.

Mistura à máquina

- Em uma cuba, com a raquete, combinar a farinha, o sal e o açúcar.
- Cortar a manteiga em cubos de 2,5 cm e colocar na mistura (ver Mistura à máquina, Figura 5-4, Etapa 1).
- Bater em velocidade média até atingir a consistência desejada (grossa para massa compacta e do tamanho de avelã para a laminada) (ver Mistura à máquina, Figura 5-4, Etapa 2).
- Adicionar a água e o suco de limão (se for usar) reservando um pouco. Misturar até a massa se formar (ver Mistura à máquina, Figura 5-4, Etapa 3).

Capítulo 5: Massa para pâtisserie

FIGURA 5-3 MISTURA À MÃO

A gordura fria, a farinha para tortas, o sal e o açúcar na bancada prontos para serem misturados.

Cortar a gordura na farinha usando um cortador de metal; processar até o estágio desejado.

Fazer um buraco no centro, acrescentar a mistura e depois despejar a água fria no meio.

Amassar com as mãos apenas até incorporar.

Alguns pedaços de manteiga devem permanecer na massa.

FIGURA 5-4 MISTURA À MÁQUINA

Cortar a gordura na farinha com espátula.

Bater até que a consistência desejada seja alcançada.

Acrescentar o líquido e bater até que a massa se forme.

- Acrescentar mais líquido se for necessário.
- Transferir a massa para uma assadeira forrada com papel-manteiga e cobrir com plástico.
- Deixar no refrigerador por pelo menos quatro horas antes de usá-la.

Cuidados para a mistura Um dos primeiros passos para garantir uma massa amanteigada de boa qualidade é assegurar-se de que a temperatura dos ingredientes esteja correta. Tanto a gordura como os líquidos devem estar frios. O próximo cuidado deve ser misturar a gordura e a farinha em um grau adequado. A mistura insuficiente vai requerer mais água à massa, resultando em uma torta que pode absorver mais líquido. Por sua vez, se a fase farinha–gordura for

Figura 5-5
Exemplo de fórmulas de *pâte à foncer*.

Ingredientes	Fórmula 1 (%)	Fórmula 2 (%)
Farinha	100 (para tortas)	100 (para pão)
Manteiga	50	50–75
Sal	2	2
Água	12	—
Açúcar	—	0–25
Ovos	—	15–20

misturada em excesso e a massa não puder ser adequadamente hidratada, ela não terá força suficiente e pode encolher excessivamente durante o cozimento.

Por último, a quantidade correta de água na massa amanteigada é fundamental. Se houver água suficiente, a mistura excessiva pode fortalecer o glúten resultando em uma crosta dura. Caso não haja água suficiente, a massa pode se tornar seca, esfarelada e difícil de trabalhar.

PÂTE À FONCER

A **pâte à foncer**, que quer dizer "massa para base", é usada especialmente para "forrar" formas para tortas. De acordo com o *Traité de pâtisserie moderne* (Darenne & Duval, 1974, p. 54-55), há cinco variações clássicas, que inclui *pâte à foncer* fina, *pâte à foncer* básica, *pâte à foncer* comum, *pâte à foncer* para os *entremets*, e *pâte à foncer levée ordinaire* para tortas e flans. Pode ter muito pouco açúcar ou nenhum, podendo ser usada tanto para pratos doces como para salgados. A fórmula básica é similar à da massa amanteigada (*pie*), mas é processada com manteiga em temperatura ambiente em vez de manteiga fria. Dessa forma, é produzida uma massa com textura delicada, já que a manteiga se dissolve mais facilmente pela massa.

Uma fórmula típica (Fórmula 1), além de outra fórmula mais enriquecida (Fórmula 2) de *pâte à foncer* são mostradas na Figura 5-5. Dependendo da quantidade de açúcar na massa, bem como da qualidade da farinha empregada, pode ser uma vantagem usar a farinha para pão ou farinha para tortas na *pâte à foncer*. Com grandes quantidades de açúcar, a farinha para pão com alto teor de proteína adicionará força à massa, tornando-a fácil de manusear. Essa massa pode ser enriquecida com açúcar até 25% do peso da farinha (PF), a manteiga pode ser aumentada (até 25% com base no PF), e ovos podem substituir a água (15% a 20% do PF). Como todas as massas de tortas, a *pâte à foncer* deve descansar por no mínimo quatro horas antes de ser usada para garantir que a manteiga esteja bem fria e o glúten relaxado.

PÂTE BRISÉE

A **pâte brisée** é uma massa similar à massa amanteigada (*pie*) e à *pâte à foncer*, mas normalmente leva ovos. Considerando que a pâtisserie é um campo muito dinâmico, e muitos gostam de criar as próprias variações, as fórmulas tendem a variar muito de uma fonte a outra, e a *pâte brisée* é um bom exemplo dessa tendência. Algumas fórmulas indicam farinha para pão, outras, farinha para tortas. Algumas podem conter açúcar, outras não. No entanto, de acordo com o *Traité de pâtisserie moderne*, uma referência para a pâtisserie, a *pâte brisée* não deve conter açúcar (Darenne & Duval, 1974, p. 60). Algumas podem levar água, outras, ovos; algumas, apenas gemas. Conhecer

Ingredientes	Fórmula 1 (%)	Fórmula 2 (%)
Farinha	100 (para tortas)	100 (para pão)
Manteiga	60	45
Água	20	18
Gemas	—	7
Açúcar impalpável	—	9
Sal	2	1,8

Figura 5-6
Exemplo de fórmulas de *pâte brisée*.

as propriedades dos ingredientes e como esses interferem na massa como um todo é importante para entender a mistura, o cozimento, a durabilidade e as propriedades nutricionais. Os dois exemplos de *pâte brisée* na Figura 5-6 mostram como podem variar consideravelmente. A fórmula 1 apresenta alto porcentual de manteiga e utiliza farinha para tortas, enquanto a fórmula 2 utiliza a farinha para pão e menos manteiga, mas acrescenta agentes amaciantes incluindo gemas e açúcar impalpável.

REVISÃO DA MASSA AMANTEIGADA NEUTRA

A massa amanteigada neutra, ou sem açúcar, faz parte de um grupo de massas mais versátil, alguns tipos são muito semelhantes, e podem ser usados tanto para salgados como para doces. As escolhas dos ingredientes, além de todas as indicações dos processos de mistura, são muito importantes e devem ser seguidos. Todas as massas amanteigadas devem ser deixadas ao menos quatro horas em descanso para garantir que estejam resfriadas e o glúten, bem relaxado. Depois que a massa for aberta (esse tópico será tratado com mais detalhes no Capítulo 6), deve ser cortada de forma eficiente para evitar desperdício. Qualquer excedente da massa deve ser adicionado à massa seguinte, e quando possível, é melhor calcular as porções de massa necessárias para evitar desperdício. As sobras não devem exceder 15% do peso da nova massa.

MASSA DOCE PARA PÂTISSERIE

A massa doce para pâtisserie leva grande quantidade de açúcar e ovos em comparação com a massa amanteigada comum, o que a torna mais doce e mais enriquecida. São usadas inúmeras massas doces importantes e consagradas, incluindo a *pâte sucrée*, *pâte sablée* e a *pâte à sablé breton*. Essas massas não são usadas apenas para tortas, mas servem também para biscoitos ou bases para bolos. A **pâte sucrée**, que significa literalmente "massa doce", é uma massa francesa tradicional usada frequentemente como base para tortas. A **pâte sablée** é uma massa mais tenra que pode igualmente ser usada para a base de tortas, mas também servir como base para bolos e outras sobremesas. A **pâte à sablé breton** é uma massa usada originalmente para os biscoitos tradicionais da Bretanha, na França. Atualmente, é utilizada como base para tortas e outros doces. Como outras massas de pâtisserie, todas as massas doces podem ser abertas bem finas para criar uma base delicada, de cor dourada e de textura crocante; entretanto, quando for usada como base em camadas, como tortas ou *entremets*, a massa normalmente deve ser mais grossa. Todas as massas doces devem ser aromatizadas com ingredientes como fava de baunilha, chocolate, amêndoa ou pistache para acrescentar um toque original. Assim como em qualquer outra massa, os ingredientes e o processo de mistura empregados para a massa de pâtisserie serão decisivos para o sabor e a textura do produto final.

COMBINAÇÃO DOS INGREDIENTES DA MASSA DOCE PARA PÂTISSERIE

Se a farinha usada para a massa doce for muito fraca, esta não terá força suficiente para ser aberta, transportada para a forma e moldada. Se a farinha for muito forte, vai produzir uma massa muito resistente para ser aberta, vai precisar de mais hidratação e vai encolher excessivamente durante o cozimento. A melhor opção é a farinha para pão com baixa proteína ou farinha comum, pois ambas fornecem força suficiente, embora mantenham a massa amanteigada tenra e crocante. O teor de proteína da farinha é essencial para acrescentar força à massa, uma vez que a quantidade de açúcar a torna mais fraca, podendo ocorrer o rompimento da massa durante a abertura.

A manteiga sem sal é a escolha-padrão para massas doces, pois acrescenta um sabor adocicado e complexo. A manteiga com sal, ou meio-salgada, pode ser usada para versões especiais da *pâte à sablé breton*, assim como da *pâte sablée*. Se esse for o caso, o sal da fórmula deve ser corrigido para obter o sabor ideal.

Três tipos de açúcares são comuns nas massas doces: granulado ou refinado, o superfino e o impalpável. A escolha vai afetar a textura da massa, as características de manuseio e o sabor. Ver a Figura 5-2 para uma revisão dessas propriedades. O açúcar impalpável mais fino, dependendo do método de produção, não vai incorporar nenhum ar à massa, o que vai reduzir a expansão e criar uma massa mais fácil de trabalhar em larga escala. Se for usado o açúcar refinado branco, o sabor será melhorado; no entanto, deve-se ter o cuidado para não incorporar muito ar à manteiga, já que a massa amanteigada não deve se expandir muito no forno.

Os ovos são a principal fonte de hidratação em massas doces para produção em grandes quantidades, em comparação com a massa amanteigada neutra, sem açúcar. As gemas acrescentam riqueza à cor e ao sabor, enquanto os emulsificantes naturais da gema ajudam a tornar a massa mais fácil de manusear. Em alguns casos, a gema é pré-cozida e passada na peneira antes de ser adicionada à massa para criar uma textura menos densa e mais esfarelada. Se esse método for adotado, é importante que a gema não permaneça descoberta por muito tempo, pois poderá ressecar e afetar negativamente a hidratação da massa. Embora as claras raramente sejam empregadas na preparação de massas doces, tornam a massa mais crocante e estável depois de assada.

O sal é usado para completar os sabores dos outros ingredientes da massa, especialmente o sabor da farinha. Algumas preparações especiais podem levar manteiga salgada para intensificar o sabor da massa. Além disso, sais especiais, como a flor de sal de Guérande, podem ser usados para acrescentar um sabor original e surpreendente.

O fermento químico é um ingrediente opcional, e com freqüência é adicionado às massas doces para dar-lhes leveza. Normalmente, é adicionado em pequenas quantidades de aproximadamente 0,5% do peso da farinha. O fermento químico, em geral, é usado na clássica *sablé breton* e é em grande parte responsável por sua textura final e pela cor dourada.

MÉTODOS DE MISTURA

Há dois métodos principais de mistura para massa doce: o arenoso e o cremoso. O método cremoso para massa doce é adaptado do método cremoso padrão e produz resultados similares ao método arenoso. Para uma revisão completa do método arenoso, bem como do método cremoso tradicional, ver o Capítulo 3.

Método arenoso

Nesse método, uma grande quantidade de farinha e açúcar é coberta com gordura, e então são acrescentados ovos para hidratar o restante da farinha e adicionar força à massa. O resultado é uma crosta crocante e tenra. Se a massa for aberta corretamente e assada sem o recheio, a crosta não vai encolher, e normalmente não será necessário colocar pesos sobre ela quando for assada.

Método cremoso

No método cremoso para massa doce, a manteiga e o açúcar são batidos minimamente para limitar a quantidade de ar introduzida na massa. É importante que a manteiga esteja bem macia para ajudar a limitar a incorporação de ar e garantir que seja distribuída igualmente pela massa. Se a massa for adequadamente misturada usando a técnica da manteiga macia, os resultados devem ser similares ao método arenoso. Depois que a gordura e o açúcar forem misturados, os ovos são adicionados, em seguida a farinha, e misturados até a incorporação completa. Muitas pessoas adaptaram as fórmulas que indicavam o método arenoso para o método cremoso com manteiga macia, já que os resultados são mais consistentes e a textura da manteiga pode ser controlada. É mais difícil controlar a incorporação exata da manteiga aos ingredientes secos, especialmente durante as estações mais quentes.

PÂTE SUCRÉE

A *pâte sucrée* é uma massa doce enriquecida e normalmente é feita com o método cremoso, mas também pode ser elaborada com o método arenoso. A *pâte sucrée* é usada para base de forminhas moldadas ou para biscoitos cortados em moldes. A fórmula clássica para essa massa é de 100% de farinha, 50% de manteiga, 50% de açúcar e 20% de ovos. Alguns confeiteiros acrescentam uma pequena quantidade de fermento para tornar a textura mais leve. A *pâte sucrée* apresenta uma textura crocante depois de assada e é ideal para tortas, pois é fácil de manusear em grandes quantidades e, geralmente, tem longa durabilidade.

PÂTE SABLÉE

O termo *sablée* em francês significa "arenoso" e normalmente é empregado para referir-se a biscoitos. A *pâte sablée* é delicada, rica e esfarelada por causa da alta proporção de manteiga e açúcar em relação à farinha. A fórmula clássica contém 100% de farinha, 60% de manteiga e 40% de açúcar. A *pâte sablée* também pode levar fermento, o que contribui para uma textura leve e, consequentemente, menor durabilidade. Algumas versões acrescentam farinha de amêndoas para realçar o sabor e a textura, e a fava de baunilha também é um ingrediente bastante usado.

Embora não seja tradicional, algumas versões da *pâte sablée* levam gemas, que devem ser pré-cozidas. A adição de gemas frescas torna a massa levemente enriquecida e com força adicional em razão da água contida na gema. Caso seja adicionada gema pré-cozida, a massa se tornará mais tenra (pela neutralização da lecitina) e, portanto, mais difícil de processar. A *pâte sablée* feita com gema cozida, em geral, é usada para biscoitos e base para *petit four* ou *entre-*

mets. A *pâte sablée* pode ser misturada tanto pelo método cremoso como pelo método arenoso, dependendo da fórmula adotada.

PÂTE BRETON E PÂTE À SABLÉ BRETON

A **pâte breton** é uma massa especial que se originou na Bretanha, França, e é tradicionalmente preparada para biscoitos. O método tradicional de mistura da *pâte breton* começa com gemas batidas com açúcar, adição de manteiga macia, misturando somente até a incorporação, e então acrescentando a farinha e o fermento peneirados e misturando apenas até a incorporação. Essa técnica resulta em um biscoito com miolo aberto e textura bastante arenosa.

A *patê à sablé breton* é uma variação da *pâte breton* e, em geral, é empregada para tortas e bases de *petit four*. A *pâte à sablé breton* não é adequada para servir de base em formas de tortas maiores, uma vez que é uma massa muito tenra e sem força para sustentar-se nas laterais.

REVISÃO DA MASSA DOCE PARA PÂTISSERIE

Com apenas algumas bases de massas doces para pâtisseries, pode-se fazer ampla seleção de produtos com texturas e sabores diferentes. Algumas preparações são melhores que outras para produção em grande escala. A *pâte sucrée*, por exemplo, pode tolerar mais manuseio que a *pâte sablée* com gemas cozidas. Os sabores e as texturas da massa devem complementar os dos componentes que acompanham. Portanto, conhecer essa variedade de massas doces permite ao profissional criar inúmeros estilos de bases para pâtisserie.

A MASSA FOLHADA

A **massa folhada** é um clássico da pâtisserie francesa, com uma longa história. Considerando suas formas mais primitivas, está em evidência desde o século XV. É uma massa laminada, mas não é considerada tecnicamente viennoiserie. A massa folhada não é fermentada, e normalmente não leva açúcar. É considerada enriquecida por causa da grande quantidade de manteiga usada para criar as camadas finíssimas de massa, que depois de assada torna-se crocante e leve.

A massa folhada é tradicionalmente utilizada para a montagem da sobremesa **mil-folhas** cujo nome é uma referência às inúmeras camadas criadas na massa durante o processo de laminação. Como a massa folhada não é doce, suas aplicações se estendem também aos pratos salgados. Pode ser usada para pratos como o tradicional *Beef Wellington*,[3] salmão *em croute*, *galette* rústica ou tira-gostos salgados. Nas confeitarias, ampla variedade de massas folhadas é usada para pâtisseries matinais, tortas, *galettes* doces, bolos e sobremesas clássicas como *napoleons*, *palmiers*, folhados de maçã, *vol-au-vents*, *jalousie* e canudinhos de creme.

Embora a massa folhada seja feita com somente quatro ingredientes básicos (farinha, água, manteiga e sal), o processo de preparação a transforma em única, diferente de todas as outras. Podem ser acrescentados à massa básica ingredientes adicionais como suco de limão, vinho branco, açúcar (em quantidade mínima), malte e ovos.

A farinha para pão com baixo teor de proteína, em geral, é a utilizada. No entanto, se a massa folhada for feita à mão, até 25% do peso da farinha pode ser substituído pela farinha para bolos

---

[3] Peça inteira de filé envolta em massa. (NT)

FIGURA 5-7 MASSA FOLHADA TRADICIONAL

1 A manteiga e a massa, já preparadas.

2 Abrir a massa até o dobro do tamanho da manteiga.

3 Cobrir a manteiga com a massa.

4 Girar a massa a 90 graus. E, então, abrir a massa para a primeira dobra.

(comum) para facilitar o manuseio da massa. A água usada para a massa folhada deve ser sempre fria, e o sal vai ajudar a equilibrar o sabor da farinha e o da manteiga. O ideal é que a manteiga tenha alto teor de gordura. Em média, a manteiga faz parte da metade do peso da massa. Ingredientes ácidos como suco de limão ou vinho branco podem acrescentar um pouco mais de extensividade a ela, e também ajudam a prevenir a oxidação. A versão italiana da massa folhada leva uma pequena quantidade de ovos e, às vezes, açúcar, que enriquece um pouco mais a massa.

PROCEDIMENTOS BÁSICOS

Da mesma forma que na viennoiserie, o procedimento básico da massa folhada inclui a técnica que é tradicionalmente conhecida como *détrempe*,[4] envolvendo a *beurrage* (bloco de manteiga) completando a massa. Essa massa é, então, aberta e recebe uma série de dobras, sendo o normal cinco, e, no máximo, seis dobras. As dobras da massa folhada podem ser completadas da mesma maneira que as outras massas laminadas ao adotar dobraduras simples ou duplas independentes ou combinadas. Consultar *Panificação e viennoiserie*, Parte 3 – Viennoiserie, para uma revisão sobre laminação.

TIPOS DE MASSA FOLHADA

Os quatro tipos principais de massa folhada são *blitz*, tradicional, italiana e invertida. Cada uma tem suas virtudes e seus seguidores, e é importante conhecer cada uma delas para saber qual é a mais apropriada para determinados produtos. Além dessas quatro fórmulas básicas, há inúmeras variações possíveis baseadas em inclusões na massa, como cacau em pó, pasta de pistache, ou manteiga para a *beurrage*.

Massa folhada *blitz*

A **massa folhada *blitz*** é a mais básica entre essas massas folhadas. Também é conhecida como massa folhada rápida, por sua preparação ser mais ligeira que as outras. É essencialmente uma massa amanteigada bastante laminada que teve as dobras completadas. A quantidade média de manteiga utilizada é de 75% do peso da farinha.

---

[4] Termo associado a "envelopar". Nesse caso, a massa que vai "envelopar" a manteiga ou a própria dobra de "envelope", como também é conhecida a primeira dobra, em que a massa envolve a manteiga para que a partir desse "envelope" se iniciem as dobras. (NT)

A massa folhada *blitz* é misturada somente até se formar uma massa básica, sendo importante não misturar em excesso. Os pedaços de manteiga devem ser do tamanho de bolas de golfe para produzir uma laminação adequada. Pode não ter uma boa aparência depois de misturada, mas vai se tornar mais homogênea quando iniciar a laminação. Depois de misturada, a massa deve descansar no refrigerador por no mínimo 20 minutos. Para a massa folhada *blitz*, o normal são quatro dobras simples, já que não há uma grande quantidade de manteiga concentrada nela. A massa deve descansar por no mínimo 20 minutos depois das duas primeiras dobras, e também depois da terceira e da quarta dobras. Muitas dobras podem sacrificar o volume e a laminação do produto final.

Massa folhada tradicional

A **massa folhada tradicional** é feita com a *beurrage* e a *détrempe* e requer um processo mais elaborado que a *blitz*. A manteiga para a folhada tradicional é normalmente 50% do peso da massa. Com uma média de 50% da farinha hidratada, a massa é bastante firme, o que é necessário para criar camadas distintas de massa e manteiga.

A mistura da *détrempe* limita-se apenas à incorporação dos ingredientes. Depois de misturada, a massa deve descansar no refrigerador por pelo menos uma hora antes de iniciar a laminação. Da mesma forma que as massas folhadas fermentadas, é possível fazer duas dobras seguidas. Entre cada uma delas, a massa deve descansar no refrigerador, ou até mesmo no freezer para manter a temperatura fria (ver Figura 5-7, Massa folhada tradicional).

Massa folhada italiana

A **massa folhada italiana**, também conhecida como **pasta sfogliata**, varia em composição da *blitz* e da tradicional, pois leva vinho branco e ovos. Outra diferença é o processo de mistura. No caso da massa folhada italiana, é necessária uma mistura intensiva. O processo de laminação desta massa é o mesmo que a da tradicional e deve ser seguido.

Massa folhada invertida

A **massa folhada invertida** funciona melhor com um cilindro reversível. Como o próprio nome indica, a *beurrage* fica do lado externo da massa. Essa técnica cria uma massa mais crocante e mais laminada, já que a superfície externa se torna uma única camada durante o processo de dobra, aumentando as camadas de gordura.

Sua fórmula varia bastante em relação às outras massas folhadas, pois a técnica é muito diferente. Para que seja possível estender a manteiga sem que ela derreta, e para que se torne mais extensiva, é preciso primeiro misturá-la com a farinha. Ao todo, aproximadamente 40% do peso da farinha é adicionado à manteiga. O *détrempe* para essa massa é mais enriquecido também, com uma média de 30% de manteiga na massa. É fundamental que essa manteiga seja misturada de forma homogênea, e depois resfriada, ao contrário da *beurrage* para a massa folhada tradicional e italiana, que pode ser usada imediatamente. Para a massa folhada invertida, são necessárias cinco dobras simples (ver Massa folhada invertida, Figura 5-8).

TRABALHANDO COM A MASSA FOLHADA

É fundamental que o trabalho com a massa folhada seja rápido e eficiente para evitar o aquecimento. Em razão de a massa ser, normalmente, aberta com uma espessura bem fina, o aquecimento ocorre rapidamente. Depois de aberta, a massa deve relaxar, ou poderá encolher após ser

FIGURA 5-8 MASSA FOLHADA INVERTIDA

1. Misturar a manteiga e a farinha para a *beurrage* da massa folhada invertida.
2. Espalhar a mistura da manteiga em uma lâmina de plástico grossa no formato de um bloco retangular.
3. Misturar a massa em equipamento com gancho; processar somente até a incorporação.
4. Preparar a *beurrage* e a massa fria.
5. Esticar a *beurrage* até duas vezes o tamanho da massa e colocá-la no centro.
6. Cobrir a massa com a manteiga.
7. Abrir a massa em três vezes seu comprimento.
8. Completar a dobra simples.

cortada. Além disso, é importante deixar que ela descanse por ao menos 30 minutos no refrigerador depois que o produto for moldado, prevenindo assim que encolha durante o cozimento (ver Trabalhar com massa folhada – *Jalousie*, Figura 5-9).

PÂTE À CHOUX

A **pâte à choux** é uma preparação clássica da pâtisserie francesa que utiliza dois estágios: cozinhar a massa e assar a massa. As raízes da *pâte à choux* vêm do século XVI e originalmente era feita adicionando ovos a uma massa elaborada com batatas. Esse prato ainda é feito atualmente e é conhecido como *pommes dauphine*. A palavra *choux* (termo francês para "repolho") refere-se à forma irregular que assume quando assada (antigamente). É um componente versátil e importante no repertório de cada chef, usado para muitas aplicações tanto em pâtisserie como na cozinha. Produtos normalmente feitos com a *pâte à choux* incluem folhado de creme, *éclairs*, profiteroles e o clássico Paris-Brest.

A *pâte à choux* é uma combinação de leite e/ou água, manteiga, margarina ou gordura hidrogenada, açúcar, sal, farinha para bolo e ovos. O uso do leite proporciona mais cor durante o cozimento e gera uma massa mais tenra, enquanto a água permite o cozimento em altas temperaturas. Geralmente é usada uma combinação de água e leite. Como gordura, normalmente é utilizada

FIGURA 5-9 TRABALHAR COM A MASSA FOLHADA – JALOUSIE

1. Depois que a massa folhada for aberta e deixada para descansar, medir e cortá-la em retângulos.
2. Pincelar as bordas com *egg wash*, preencher as bordas com as tiras nas laterais, e colocar o recheio no centro.
3. Cortar a camada superior com o cortador de massas apropriado.
4. Colocar a camada superior por cima, pressionando gentilmente para selar as bordas.
5. Criar bordas decorativas conforme desejar.

a manteiga sem sal; entretanto, margarina e gordura vegetal também podem ser empregadas. Por seu teor de proteína mais brando, a farinha para bolos é a mais indicada, pois evita que a massa se deforme muito durante o cozimento. Se for usada a farinha para pão, será necessária uma hidratação maior, e a massa pode se tornar dura e não se expandir bem no forno. Normalmente, adiciona-se uma pequena quantidade de açúcar, que além de acrescentar um leve sabor adocicado também melhora a coloração. O sal realça os sabores e ajuda na liga da água com a massa, tornando-a mais homogênea. Os ovos devem ser sempre frescos para garantir um sabor melhor e devem estar em temperatura ambiente para facilitar a incorporação à massa.

Cozinhar e assar

Para iniciar a *pâte à choux*, o líquido, a gordura, o sal e o açúcar são combinados em panela de inox e levados a ferver. É importante aquecer essa mistura lentamente no início para garantir que a gordura derreta completamente, à medida que o líquido aquece. Se houver muita evaporação, a emulsão rompe antes que a farinha seja adicionada. Depois que ferver a mistura, deve-se removê-la do fogo, adicionar a farinha de uma vez, e mexer até que se forme uma massa grossa (ver *Pâte à choux*, Figura 5-10, Etapa 1).

Retornar a mistura ao fogo, em temperatura baixa, e mexer somente até a farinha se soltar das bordas da panela (ver *Pâte à choux*, Figura 5-10, Etapa 2). Nessa fase, o amido da farinha é hidratado e se mistura com o líquido (manteiga, leite e água), o que ajuda a estabilizar a emul-

FIGURA 5-10 PÂTE À CHOUX

1 Após a fervura, retirar a panela do fogo e acrescentar a farinha peneirada.

2 Cozinhar a massa, mexendo sempre, até que se solte das bordas da vasilha.

3 Transferir a massa para uma tigela e bater com a raquete; em seguida, adicionar 75% dos ovos.

4 Bater até obter consistência homogênea; ajustar com os ovos restantes e o leite quente, se necessário.

5 A massa está terminada e com a consistência desejada.

são. É importante não cozinhar excessivamente essa massa, do contrário as proteínas serão danificadas e a farinha vai perder sua capacidade de manter o líquido e de absorver completamente os ovos.

A seguir, a pasta é transferida a uma batedeira com batedor raquete e batida por alguns minutos. Acrescentar, então, três quartos dos ovos de uma vez (ver *Pâte à choux*, Figura 5-10, Etapa 3), e depois da incorporação o resto é adicionado para obter a textura adequada da massa (ver *Pâte à choux* Figura 5-10, Etapa 4). Se todos os ovos tiverem sido acrescentados e a massa ainda estiver firme, adicionar leite morno para ajustá-la até obter a consistência correta (ver *Pâte à choux*, Figura 5-10, Etapa 5). A adição ou não de leite, bem como a quantidade de leite adicionado, vai depender de quando a farinha foi produzida, da qualidade e do teor de umidade contidos nela. É importante não misturar excessivamente a *pâte à choux*, o que pode ocorrer naturalmente quando a mistura é feita na máquina. A *pâte à choux* pode ser facilmente preparada à mão sem que se corra o risco de misturar em excesso.

A necessidade de ovos na *pâte à choux* é para manter a emulsão e aumentar a porcentagem de líquido. A expansão da *pâte à choux* se deve à criação de vapor da própria massa durante o processo de cozimento. Se a massa estiver muito seca, não haverá geração de vapor suficiente para fazê-la crescer, e se estiver muito úmida, ela não poderá manter a forma que o vapor cria. A *pâte à choux* feita de forma adequadamente terá uma aparência brilhante e homogênea. Essa massa não pode ser muito macia e deverá relaxar ligeiramente depois de moldada e colocada na forma.

Depois que a *pâte à choux* for colocada na forma (ver Moldagem com saco de confeitar, Figura 5-11), pode ser pincelada, marcada e assada. O objetivo de marcar a massa é promover a expansão homogênea do produto. Uma maneira fácil de marcá-la é fazer uma leve pressão com um garfo em desenho cruzado.

É melhor assar a preparação em forno de convecção, em etapas, começando com temperatura de média a alta (177 °C) e baixando a temperatura na medida em que o cozimento avançar

FIGURA 5-11 MOLDAGEM COM SACO DE CONFEITAR

(163 °C) depois de 5 a 7 minutos. A temperatura inicial aquece a massa rapidamente, criando o vapor necessário para o crescimento. Se a pâtisserie se torna muito quente, um excesso de vapor é produzido, o que pode resultar em uma massa disforme ou quebradiça. As proteínas dos ovos e da farinha são esticadas ao serem aquecidas e se mantêm nessa forma até serem condensadas pelo calor do forno. Depois que o volume completo for atingido e a crosta começar a se formar, a temperatura deve diminuir e a saída de ar, ser aberta. A pâte à choux deve ser assada até dourar e "secar" no centro. O teste pode ser feito ao se abrir um pedaço da massa dentro do forno e conferir o nível de umidade em seu interior. Curiosamente, deve estar levemente úmido. Se a pâte à choux for retirada prematuramente do forno, a massa corre o risco de desmontar, já que a umidade excessiva em seu interior evapora pela crosta tornando-a fraca.

1 Moldar os *éclairs* na extensão desejada.

2 Ao final do *éclair*, dobrar o bico em direção ao topo do *éclair* para manter o formato.

3 Pincelar a superfície e corrigir alguma imperfeição.

4 Moldar o Paris-Brest no diâmetro desejado.

5 Depois de pincelar, finalizar com amêndoas laminadas.

A pâte à choux pode ser armazenada no *freezer* crua ou assada, apresentando bons resultados. Para armazenar a pâte à choux crua é aconselhável adotar o ultracongelador e congelar a massa por no máximo duas semanas. Depois de descongelada por completo, ela pode ser assada normalmente. Para congelar a pâte à choux assada, as peças devem ser congeladas em formas e então separadas por questões de espaço para armazenamento. Quando preciso, podem ser utilizadas normalmente. Todos os produtos de pâte à choux têm durabilidade muito curta, em torno de 24 horas, uma vez que a massa tende a se tornar excessivamente macia.

FÓRMULA

MASSA DE TORTA (*PIE DOUGH*)

A busca pela massa de torta perfeita tem sido uma obsessão dos norte-americanos há gerações. Cada família tem a própria fórmula secreta e cada profissional, suas técnicas. Apresentamos aqui uma versão testada por especialistas que faz parte das "ferramentas" de cada confeiteiro.

Ingredientes	% do padeiro	Peso kg
Farinha para bolos	100,00	2,191
Açúcar	5,00	0,110
Sal	2,00	0,044
Manteiga	70,00	1,534
Água fria	30,00	0,657
Total	207,00	4,536

Procedimento

1. Misturar a farinha, o açúcar, o sal e a manteiga até que os pedaços de manteiga estejam no tamanho adequado tanto para a massa folhada como para a compacta.
2. Acrescentar a água à farinha e misturar apenas até a incorporação. Ver a observação a seguir.
3. Dividir a massa em porções conforme desejar e deixar descansar no refrigerador por pelo menos quatro horas ou armazenar no freezer por período mais longo.

Observação
A quantidade de água necessária pode variar de acordo com o teor de umidade da farinha, conforme a gordura for acrescentada à farinha. Quanto mais a gordura for misturada, menos água será necessário.

Cozimento da base da torta – *Blind bake*

1. Colocar a massa na forma, cobrir com papel-manteiga e colocar pesos sobre o papel.[5] Assar em forno de convecção a 196 °C.
2. Depois de 10 minutos, remover o papel e o peso e assar por mais 10 minutos ou até se tornar dourada.
3. Como alternativa, colocar a massa entre duas formas de torta de alumínio e assar com a base invertida até dourar, aproximadamente de 15 a 20 minutos.

---

[5] Podem ser utilizados feijões, por exemplo. (NT)

FÓRMULA

PÂTE À FONCER

Esta versão francesa da massa de torta básica tem uma textura excepcionalmente delicada, o que a torna perfeita para base de tortas. A *pâte à foncer* pode ser usada para pratos doces e salgados.

Ingredientes	% do padeiro	Peso kg
Manteiga	75,00	1,680
Sal	2,00	0,045
Açúcar	1,50	0,034
Gemas	4,00	0,090
Leite	20,00	0,448
Farinha para bolos	100,00	2,240
Total	202,50	4,536

Procedimento

1. Amaciar a manteiga e bater com a raquete.
2. Adicionar o sal, o açúcar, as gemas e o leite e, então, acrescentar a farinha. Misturar apenas até a incorporação. Cuidado para não misturar em excesso.
3. Transferir para uma assadeira e reservar no refrigerador por pelo menos quatro horas.
4. Assar em forno de convecção a 196 °C, ou em forno convencional a 219 °C até dourar.

Capítulo 5: Massa para pâtisserie

FÓRMULA

PÂTE BRISÉE

A *pâte brisée* é a versão clássica da massa de torta. Saborosa, rápida de preparar e fácil de abrir. Tem alta porcentagem de gordura em relação à farinha, o que contribui para sua textura macia e sabor amanteigado para essa importante iguaria francesa. É usada tanto para pratos doces como para salgados.

Ingredientes	% do padeiro	Peso kg
Farinha para bolos	100,00	2,492
Sal	2,00	0,050
Manteiga	60,00	1,495
Água fria	20,00	0,498
Total	182,00	4,536

Procedimento

1. Em uma batedeira, com o batedor raquete, misturar a manteiga com a farinha e o sal até a textura se tornar enfarinhada.
2. Gradualmente, misturar a água até a massa se tornar homogênea.
3. Cobrir com filme plástico e refrigerar por pelo menos quatro horas.
4. Assar em forno de convecção a 196 °C.

FÓRMULA

PÂTE SUCRÉE

Às vezes chamada massa para torta doce, a *pâte sucrée* é semelhante à *pâte brisée*, mas é enriquecida com gemas e mais açúcar. É semelhante à *short dough* norte-americana.

Ingredientes	% do padeiro	Peso kg
Farinha para pão	100,00	1,963
Açúcar impalpável	40,23	0,790
Fermento químico	0,57	0,011
Manteiga	50,00	0,982
Ovos	25,29	0,497
Farinha de amêndoas	14,94	0,293
Fava de baunilha	—	4 unidades
Total	231,03	4,536

Procedimento

1. Peneirar a farinha, o açúcar e o fermento. Adicionar esses ingredientes à batedeira com o batedor tipo raquete.
2. Acrescentar a manteiga e misturar em velocidade média até obter textura esfarelada.
3. Adicionar os ovos e, quando a massa começar a se tornar homogênea, acrescentar a farinha de amêndoas e misturar até completar a homogeneização.
4. Cobrir a massa com filme plástico e reservar no refrigerador por no mínimo quatro horas.
5. Abrir a massa na espessura desejada, aparar, se for necessário, e reservar no refrigerador por no mínimo 30 minutos e no máximo dois dias. Preencher as formas de torta conforme desejar.
6. Assar a base da torta – *blind bake* – em forno de convecção a 163 °C por 10 a 12 minutos ou até dourar.

Variação
A *pâte sucrée* de chocolate pode ser obtida ao substituir 20% da farinha por cacau em pó.

FÓRMULA

PÂTE SABLÉE

Empregada com maior frequência para tortas de sobremesa, esta base é semelhante a um biscoito e sua textura esfarelada, *sablée*, significa arenosa, em francês.

Ingredientes	% do padeiro	Peso kg
Gemas cozidas	17,14	0,285
Manteiga macia	81,43	1,352
Sal	0,29	0,005
Açúcar impalpável	42,86	0,712
Gemas	17,14	0,285
Farinha de amêndoas	14,29	0,237
Farinha para bolos	100,00	1,661
Total	273,15	4,536

Procedimento

1. Cozinhar as gemas e reservar, cobertas.
2. Bater a manteiga, o sal e o açúcar até estarem bem combinados.
3. Coar as gemas em peneira bem fina e misturar à manteiga e o açúcar com as gemas frescas.
4. Acrescentar a farinha de amêndoas nessa mistura.

5. Pôr a farinha e misturar até a incorporação.
6. Cobrir com filme plástico e armazenar no refrigerador até que esteja pronta para o uso.
7. Abrir a massa e cortar círculos para biscoitos ou tortas.
8. Para tortas: forrar os aros da forma com massa; deixar descansar por 30 minutos.
9. Para biscoitos: colocar os círculos em forma forrada com papel-manteiga e pincelar com *egg wash*.
10. Assar a *pâte sablée* em forno de convecção a 163 °C com a ventilação aberta até dourar.

FÓRMULA

PÂTE BRETON

Esta massa tradicional originária da Bretanha é enriquecida com gemas e quantidades generosas de manteiga. É uma massa doce com um toque de sal. Serve de base para tortas e bolos e também pode ser usada para biscoitos.

Ingredientes	% do padeiro	Peso kg
Gemas	30,00	0,478
Açúcar granulado	70,00	1,116
Manteiga	75,00	1,196
Sal	1,00	0,016
Farinha para bolos	100,00	1,594
Fermento químico	8,50	0,136
Total	284,50	4,536

Procedimento

1. Peneirar a farinha e o fermento; reservar.
2. Bater as gemas e o açúcar até branquear.
3. Acrescentar a manteiga macia, o sal, e misturar até incorporar.
4. A seguir, adicionar os ingredientes peneirados. Misturar até a massa se tornar homogênea.
5. Usar imediatamente, ou armazenar em recipiente fechado no refrigerador, até quando necessário.
6. Moldar com o saco de confeiteiro ou abrir para moldar da forma e do tamanho desejados.
7. Assar a *pâte breton* em forno de convecção a 163 °C com a ventilação aberta até dourar.

PARTE 2: PÂTISSERIE

FÓRMULA

MASSA FOLHADA *BLITZ* (BLITZ PUFF PASTRY)

Esta massa também tem o apropriado nome de massa folhada rápida, pois leva a metade do tempo para ser preparada em comparação à massa folhada padrão. É importante não misturar muito a manteiga na massa, e esta deve estar em pedaços grandes no momento de começar a laminação para garantir uma textura folhada ideal. A massa folhada *blitz* pode ser usada em mais aplicações que as outras massas folhadas.

Ingredientes	% do padeiro	Peso kg
Farinha	100,00	1,981
Manteiga fria	75,00	1,486
Sal	2,00	0,040
Malte	1,00	0,020
Suco de limão	1,00	0,020
Água	50,00	0,990
Total	229,00	4,536

Procedimento

1. Combinar a farinha, a manteiga, o sal e o malte na cuba da batedeira com raquete.
2. Misturar em velocidade lenta até a manteiga se distribuir homogeneamente em pedaços grandes.
3. Acrescentar o suco de limão e a água fria e misturar apenas até a massa se formar. Não misturar em excesso.
4. Transferir a massa para uma forma rasa polvilhada com farinha. Arranjar a massa na forma.
5. Cobrir a massa com filme plástico e colocá-la no refrigerador por 20 minutos.

Laminação

1. Dobrar a massa cinco vezes com dobras simples.
2. Duas dobras podem ser feitas uma seguida da outra, com 30 minutos de descanso entre as outras dobras.
3. Depois da última dobra (a quinta simples), deixar a massa descansar por 30 minutos.
4. A partir desse ponto a massa pode ser usada conforme desejar.

Capítulo 5: Massa para pâtisserie

FÓRMULA

MASSA FOLHADA CLÁSSICA (*CLASSIC PUFF PASTRY*)

Esta massa é também chamada na França de *pâte feuilletée*. Ela cresce porque produz vapor gerado pela grande quantidade de manteiga contida entre as diversas camadas de massa. A folhada clássica é a base para inúmeras pâtisseries, sobremesas, muitos salgados e outras iguarias.

Ingredientes	% do padeiro	Peso kg
Farinha para pão	100,00	2,800
Água	48,00	1,344
Manteiga	10,00	0,280
Sal	2,00	0,056
Suco de limão	1,00	0,028
Malte	1,00	0,028
Total	162,00	4,536
Manteiga para folhar	50,00	2,268

Observação
A porcentagem de manteiga para folhar utilizada nesta fórmula se refere ao peso total da massa.

Procedimento

Misturar	Misturar todos os ingredientes (exceto a manteiga para folhar) até a incorporação (3 a 4 minutos em primeira velocidade).
	Transferir para uma forma levemente polvilhada com farinha, formar um quadrado achatado e cobrir com plástico.
Descansar	Deixar a massa descansar no refrigerador por uma hora.
Laminar	Cinco a seis dobras simples.
	Duas dobras de cada vez; deixar descansar por 30 minutos entre cada grupo de dobras.
Estender a massa	Depois de descansar por pelo menos 30 minutos, abrir a massa folhada em 2 mm de espessura. Usar conforme desejar.
Assar	Em forno de convecção a 176 °C. O tempo de cozimento pode variar conforme a composição do produto.

Opção de modelagem

Folhado de maçã (*Chausson pomme*)

Abrir a massa até 2 mm de espessura. Cortar círculos de 90 mm. Enrolar em formato oval e rechear o meio com manteiga de maçã. Umedecer as bordas e dobrar ao meio para selar. Dobrar a borda e pincelar *egg wash*. Deixar descansar no refrigerador ao menos 30 minutos. Criar uma abertura no topo da preparação e pincelar *egg wash* novamente antes de assar. Assar a 176 °C por 20 a 25 minutos, ou até que as bordas fiquem douradas.

FÓRMULA

MASSA FOLHADA INVERTIDA (*INVERTED PUFF PASTRY*)

A massa folhada invertida se forma quando a manteiga, misturada com um pouco de farinha, é colocada na parte externa da massa. Embora possa parecer um pouco complicada, ela é, na verdade, mais fácil de manusear que a massa folhada clássica, pois não fica pegajosa. Além do mais, tende a manter sua forma de maneira mais consistente e com menos encolhimento durante o cozimento.

Ingredientes	% do padeiro	Peso kg
Farinha para pão	100,00	2,724
Água	39,00	1,062
Manteiga	22,50	0,613
Sal	3,00	0,082
Malte	1,00	0,027
Suco de limão	1,00	0,027
Total	166,50	4,536
Manteiga para folhar	75,00	3,402
Farinha para laminação	18,01	0,817

Observação
A porcentagem de manteiga e a farinha para a *détrempe* se referem ao peso total da farinha.

Procedimento, *Détrempe*

1. Misturar todos os ingredientes (exceto a manteiga e a farinha para laminação).
2. Abrir a massa em um quadrado e colocar na forma.
3. Reservar a massa envolvida em plástico no refrigerador por ao menos 30 minutos.

Procedimento, *Beurrage*

1. Misturar a manteiga e a farinha para laminação na batedeira com o batedor raquete.
2. Espalhar a mistura de manteiga e farinha em folha de plástico grossa ou em papel-manteiga no formato de um retângulo que tenha as mesmas dimensões da massa. Reservar no refrigerador.

Procedimento, Laminação

1. A *beurrage* deve ter o dobro do tamanho da massa.
2. Colocar a massa no centro e cobri-la com a manteiga.
3. Fazer duas dobras simples na massa e deixá-la descansando por uma hora sob refrigeração.
4. Fazer mais duas dobras simples e deixar por mais uma hora no refrigerador.
5. Finalizar a dobra simples da massa e refrigerar por uma hora.
6. Abrir a massa com 2 mm de espessura e usar conforme desejar.

FÓRMULA

PÂTE À CHOUX

Os franceses deram este nome original *pâte à choux*, ou "repolho", pela sua aparência. Conhecida desde o século XVI, a fórmula foi aperfeiçoada por Antoine Carême no século XIX, e é usada ainda hoje. Excepcionalmente delicada antes de assar, a *pâte à choux* deve ser moldada com colher ou com o saco de confeitar. Depois de assada, a crosta externa retém vapor no interior, criando uma forma arredondada com um furo no centro. As conchas crocantes são recheadas com uma variedade de cremes e finalizadas com coberturas. Sobremesas surpreendentes como *croquembouche*, profiteroles, *gateau St. Honoré*, Paris-Brest e os *éclairs* são todas feitas com *pâte à choux*.

Ingredientes	% do padeiro	Peso kg
Leite integral	89,00	0,796
Água	89,00	0,796
Sal	3,00	0,027
Açúcar	4,00	0,036
Manteiga	79,00	0,707
Farinha para bolos	100,00	0,895
Ovos	143,00	1,279
Total	507,00	4,536

Procedimento

1. Peneirar a farinha e reservar.
2. Ferver o leite, a água, o sal, o açúcar e a manteiga.
3. Retirar do fogo, adicionar a farinha à panela e mexer bem até misturar completamente.
4. Retornar ao fogo e, mexendo constantemente, cozinhar a pasta por 1 minuto ou até se soltar da panela.
5. Transferir a pasta para uma batedeira com raquete, misturar a velocidade baixa e acrescentar três quartos dos ovos.
6. Adicionar o restante dos ovos.
7. Ajustar até obter a consistência apropriada usando leite quente.
8. Com o saco de confeitar, moldar conforme desejar e pincelar levemente com *egg wash*.
9. Assar em forno de convecção a 176 °C por 10 minutos com a ventilação fechada e então a 163 °C por 15 a 20 minutos com a ventilação aberta.
10. Assar até que a massa apresente parte externa bem dourada e esteja "seca" no centro.

Capítulo 5: Massa para pâtisserie

RESUMO DO CAPÍTULO

A seleção de massas doces e neutras, bem como massa folhada e *pâte à choux*, forma as bases de muitas pâtisseries e de bolos tradicionais. Compreender suas fórmulas e suas características é um passo importante para entender o preparo e composição de bolos, tortas, quiches e empadões, apenas para citar alguns. As variações que essas massas apresentam criam opções adicionais para explorar suas potencialidades.

PALAVRAS-CHAVE

- compacta
- laminada
- massa amanteigada
- massa de torta fechada (*pie*)
- massa folhada
- massa folhada *blitz*
- massa folhada invertida
- massa folhada italiana
- massa folhada tradicional
- mil-folhas
- *pasta sfogliata*
- *pâte* (massa)
- *pâte à choux*
- *pâte à foncer*
- *pâte à sablé breton*
- *pâte breton*
- *pâte brisée*
- *pâte sablée*
- *pâte sucrée*
- *tourier*

QUESTÕES PARA REVISÃO

1. Quais são os principais ingredientes na massa de pâtisserie doce? Quais são as funções desses ingredientes?
2. Qual é o processo para fazer a massa de torta compacta? E a massa de torta laminada?
3. Qual é a importância de obter uma massa firme para a massa folhada?
4. Quais são as vantagens em adotar a massa folhada invertida
5. Qual é o mecanismo de crescimento da *pâte à choux*?

capítulo **6**

TORTAS FECHADAS E TORTAS ABERTAS[1]

OBJETIVOS

Após a leitura deste capítulo, você será capaz de:

- Descrever os variados tipos de tortas e apontar as diferenças entre elas.
- Indicar os vários métodos para criar recheios e montagem de tortas.
- Demonstrar habilidade de manusear adequadamente a massa de torta e assá-la corretamente.
- Montar várias tortas utilizando uma variedade de bases e recheios.
- Demonstrar habilidade de manusear de modo adequado os vários tipos de tortas e assá-los corretamente.

TORTAS FECHADAS (*PIES*): HISTÓRIA E DEFINIÇÃO

Muito do que se sabe hoje sobre essas tortas pouco mudou ao longo de séculos. Embora muitos considerem essa pâtisserie tão norte-americana como sua bandeira, a torta fechada tem suas raízes na Europa. Os britânicos, em particular, são bem conhecidos pela tradição nessas tortas e são, em grande parte, reconhecidos como aqueles que introduziram esse prato no Novo Mundo. Durante a colonização dos Estados Unidos e do Canadá, as tortas de um tipo ou de outro eram o alimento básico de cada refeição.

Nos Estados Unidos, as tortas fechadas costumam ser mais consumidas no inverno, e algumas padarias oferecem tortas apenas durante essa época do ano. Apresentadas em todas as formas e de todos os tamanhos, não estão limitadas à imagem-padrão. Podem ser doces ou salgadas, altamente sofisticadas ou extremamente rústicas. Essa variedade reflete os diferentes gostos e memórias associadas a essa pâtisserie tão apreciada.

---

[1] *Pie*, em inglês, refere-se à torta, de modo geral fechada, mais profunda e com massa mais espessa. Já a *tarts* tem a massa mais fina, mais rasa e, em geral, é aberta. Ambas podem ser doces ou salgadas e levam recheio. (NT)

A duas principais categorias de tortas são as **assadas com recheio** e as **assadas sem recheio**. A primeira é composta por uma base crua, recheada com fruta ou creme e, então, assada. A crosta pode estar na base e/ou no topo. Exemplos desse tipo de tortas são as de maçã, de mirtilo e de abóbora.

Na segunda, a crosta é inicialmente assada sozinha, **blind baked**, com ou sem peso por cima. Depois que a base é assada, completa-se com recheio do tipo creme aromatizado. Entre essas tortas estão as de creme de chocolate, *chiffon* de morango e merengue de limão. Há várias técnicas de assá-las, todas elas serão abordadas adiante neste capítulo.

A base e o recheio são os principais componentes de uma torta. Para aperfeiçoar a preparação dos dois componentes, é necessário compreender a variedade de ingredientes e seu funcionamento, os métodos de mistura, a preparação dos recheios e a decoração. É preciso equilibrar sabor, textura e temperaturas para criar uma pâtisserie delicada que possa corresponder aos padrões quase míticos de perfeição dos amantes dessa iguaria.

Observação: A compreensão da fórmula de massa de torta, apresentada no Capítulo 5, é um pré-requisito essencial para este capítulo.

TRABALHAR COM A MASSA DE TORTA

A produção de tortas pode ser abordada de diversas maneiras, dependendo especialmente da quantidade a ser produzida e do equipamento disponível. Ao trabalhar com massa de torta, inúmeros fatores devem ser levados em conta.

- *Controle das porções*: dependendo de como a torta é feita, devem ser adotadas técnicas diferentes de controle das porções, já que as aparas e os excessos de massa devem ser reutilizados apenas uma vez, e como base da torta somente.
- *Técnicas adequadas de abrir e preparar a massa*: a base da torta deve ser igual em espessura e diâmetro para manter a consistência e reduzir desperdício.
- *Cozimento*: muitos fatores contribuem para um cozimento bem-sucedido de uma torta, como tempo de descanso, pincelar com *egg wash*, temperatura do forno e tempo.
- *Volume*: as técnicas para produção devem mudar à medida que o volume aumenta. Há equipamentos específicos disponíveis para tornar a produção mais eficiente.

CONTROLE DA PORÇÃO DE MASSA

Uma medida comum para o controle da porção é dividir a massa nos pesos desejados após a mistura. Se um padeiro, por exemplo, receber um pedido para dez tortas de maçã, mais fundas, de 23 cm de diâmetro e com crosta em cima (fechada), ele sabe que vai precisar de dez porções de massa de 250 g cada uma delas para a crosta superior e dez porções de massa de 250 g para a base da torta. Depois que a massa for dividida em porções, deve ser moldada em bolas, envolvida em filme plástico, rotulada adequadamente e armazenada sob refrigeração até quando necessário. Massas de tortas podem ser armazenadas sob refrigeração por até três dias, sem que haja mudança em sua qualidade; para períodos mais longos, recomenda-se o freezer.

Esse método reduz o desperdício, uma vez que cada porção de massa é suficiente para o preparo da torta (ver Figura 6-1). Qualquer excesso pode ser aproveitado no preparo seguinte.

	20 cm de diâmetro, rasa	23 cm de diâmetro e funda ou 25 cm de diâmetro rasa	25 cm de diâmetro e funda
Massa de torta para base (crosta dupla)	140 g	250 g	310 g
Massa de torta para cobrir (crosta dupla)	140 g	250 g	250 g
Massa de torta para base única (lateral ondulada)	170 g	310 g	340 g

Figura 6-1
Pesos e tamanhos das massas de tortas.

As aparas não devem exceder 10% do peso da nova massa para garantir as características de maciez e crocância. Pode-se resfriar as aparas excedentes e incorporá-las à outra massa.

ABRIR A MASSA DE TORTA

Para abrir a massa de torta à mão, é necessário tér prática. O objetivo é formar um círculo ligeiramente maior que o diâmetro da forma. Para tamanhos maiores, a massa deve ter a espessura de 3 mm. Para tortas individuais, a massa deve ter 1,5 mm de espessura.

Para manter a forma circular, é importante iniciar com um formato redondo. A massa também deve estar na temperatura correta. Se estiver muito fria, pode criar resistência ao ser aberta, vindo a se quebrar. Se estiver morna, a manteiga pode ser absorvida pela farinha e começar a escorrer. Dependendo da temperatura da massa, pode ser melhor trabalhá-la à mão por alguns minutos para torná-la maleável.

Assim que a massa estiver pronta para ser aberta, é fundamental trabalhar em uma superfície levemente polvilhada com farinha. O topo da massa também deve ser polvilhado com farinha (ver Abrir a massa de torta, Figura 6-2, Etapa 1). Com um rolo de massa, começar no centro da massa. O segredo para abrir a massa uniformemente é usar o rolo de modo a se afastar do centro, com pressão, retornar ao centro sem pressão e rolar na direção contrária com pressão (ver Abrir a massa de torta, Figura 6-2, Etapa 2). É igualmente importante abrir as extremidades da massa. Se isso não for feito, a massa poderá se deformar quando for girada para ser estendida novamente.

Após esticar a massa, girá-la a 45 graus em sentido horário para garantir que sua abertura seja uniforme e que a forma se mantenha circular (Ver Abrir a massa de torta, Figura 6-2, Etapa 3). Em fase de aprendizado, não se deve abrir a massa muito rapidamente. Deve-se manter a forma circular (ver Abrir a massa de torta, Figura 6-2, Etapa 4), e continuar a polvilhar sempre que necessário, mas com o cuidado de não usar farinha em excesso. Caso contrário, a torta terá uma aparência pouco atrativa e opaca durante o cozimento, e o excesso de farinha poderá imprimir um sabor amargo à massa.

Colocar a massa nas formas (manualmente)

Depois de aberta, a massa pode ser colocada na forma. Esse procedimento se torna mais fácil com a massa fria. Se ela amornar ao ser aberta, deve-se esfriá-la por uns 5 minutos para facilitar o manuseio.

FIGURA 6-2 ABRIR A MASSA DE TORTA

1 Depois da mistura, a massa deve ser dividida em porções e moldadas em forma de discos achatados. Para abrir, colocar a massa em superfície polvilhada com farinha.

2 Começar a abrir a massa a partir do centro. Abrir do centro para fora com pressão, retornar ao centro sem pressão, abrir do centro para dentro com pressão.

3 Girar a massa a 45 graus depois de completar a abertura.

4 Manter o formato arredondado com a mesma espessura.

FIGURA 6-3 COLOCAR A MASSA NA FORMA

1 Depois de aberta, colocar a massa na forma.

2 Primeiro, apoiar a massa na base da forma, depois próximo às bordas e, por fim, nas laterais da base para cima.

3 Arranjar a massa pressionando com delicadeza, sem esticá-la. A massa deve ultrapassar em torno de 3 cm a borda da forma.

4 Para fazer uma borda alta, enrolar a massa em si mesma para criar um relevo.

5 A massa está pronta para ser pressionada para formar uma borda decorativa.

O objetivo é obter uma massa uniforme ao ser colocada na forma, com quantidade suficiente para ultrapassar as bordas (ver Colocar a massa na forma, Figura 6-3, Etapa 1). Inicialmente, a massa deve ser colocada na base, depois próxima às bordas e, por fim, nos lados a partir da base para cima (ver Colocar a massa na forma, Figura 6-3, Etapa 2). O erro mais comum é não deixar a massa ultrapassar as bordas da forma. Ao colocar na forma, é importante pressionar levemente a massa para preencher os espaços, sem esticá-la (ver Colocar a massa na forma, Figura 6-3, Etapa 3).

Depois que a massa estiver na forma, a borda pode ser preparada para uma torta única, sem a crosta superior. As bordas não são apenas decorativas, mas ajudam a massa a se manter firme na forma e também funcionam como protetoras para prevenir respingos de recheios, como a quiche ou como a torta de abóbora. Para fazer uma borda alta, a massa deve ser enrolada sobre si mesma criando um relevo que pode ser marcado, cortado ou pressionado para criar uma variedade de desenhos (ver Colocar a massa na forma, Figura 6-3, Etapas 4-5). Ver Borda de base única, Figura 6-4, um guia passo a passo para fazer bordas decorativas em tortas de crosta única.

Torta com crosta dupla

Para tortas com crosta dupla, a massa da base deve exceder em apenas 1 cm da borda. A crosta do topo deve já estar aberta. É importante que o recheio esteja frio e deve-se cuidar para que nem um pouco dele fique na borda da massa. Se o recheio estiver quente, vai aquecer a massa, o que poderá amolecer ou derreter a gordura. Recheio nas bordas pode prejudicar a vedação e causar um ponto de vazamento do recheio. Depois que o recheio for colocado, a aba da base deve ser levemente pincelada com água.

Devem-se fazer aberturas no topo da torta para que o vapor se desprenda durante o cozimento. Se a torta não for ventilada, o vapor escapa pela parte mais frágil da massa, normalmente pela lateral na junção entre a base e o topo. Se a torta for excessivamente aberta, o recheio pode acabar perdendo a umidade. As aberturas podem ser simples, como uma série de cortes na massa, ou elaboradas, como os cortes feitos com faca *paring* ou um cortador específico para isso (ver Torta com crosta dupla, Figura 6-5, Etapa 1).

A seguir, a massa superior é colocada sobre o recheio e presa à borda de baixo por uma leve pressão (ver Torta com crosta dupla, Figura 6-5, Etapa 2). Os próximos passos são selar as duas peças de massas e criar uma borda decorativa. Da mesma forma que a torta de base única, o excesso de borda deve ser enrolado sobre si mesmo (ver Torta com crosta dupla, Figura 6-5, Etapa 3). Depois que essa etapa estiver pronta, alguns estilos decorativos podem ser aplicados, como laços ou tiras trançadas (ver Torta com crosta dupla, Figura 6-5, Etapa 4).

Crostas trançadas

A **crosta trançada** é um elemento decorativo importante que deixa também grande quantidade de vapor escapar e evita que o recheio escorra pelas laterais. Esse recurso é muito útil para recheios de frutas como mirtilo e cereja. Para criar a crosta trançada devem ser seguidas as mesmas orientações para a torta com crosta dupla, ao colocar o recheio sobre a base arranjada na forma. Com a parte de cima da torta, cortar tiras uniformes com a largura desejada. Seguir a orientação passo a passo para montar a crosta trançada (Figura 6-6, Etapas 1-2).

Depois que as tiras forem colocadas sobre a torta, enrolar a borda externa da base para dar acabamento (ver Crosta trançada, Figura 6-6, Etapa 3). Esse procedimento é muito impor-

FIGURA 6-4 BORDA DE BASE ÚNICA

A borda é moldada com os dedos. É importante espaçar homogeneamente para obter um acabamento uniforme.

A borda moldada em uma base única é ao mesmo tempo funcional e atraente.

A borda pode ser beliscada para criar um desenho diferente.

FIGURA 6-5 TORTA COM CROSTA DUPLA

Cortar aberturas na parte de cima da massa para que a umidade evapore durante o cozimento.

Colocar a parte de cima da massa sobre o recheio e selar a borda com uma leve pressão.

Unir as duas partes da massa para criar uma borda decorativa. Da mesma forma que ocorre com a torta de base única, a massa que ultrapassa a borda da forma é enrolada sobre si mesma.

A borda está terminada. Estilos decorativos, como nós e trançados, podem ser feitos na borda.

FIGURA 6-6 CROSTA TRANÇADA

Depois de colocar o recheio, acrescentar cinco tiras de massa no sentido vertical. Levantar a segunda e a quarta tiras e posicionar uma tira horizontalmente.

Retornar a segunda e a quarta tiras ao seu lugar original, e então levantar a primeira, a terceira e a quinta tiras verticais para colocar a segunda tira horizontal.

Depois de pronto o trançado, o excesso de massa da borda é enrolado sobre si mesmo para formar uma borda.

tante para esse tipo de torta, já que o recheio geralmente é mais liquido e pode transbordar ao ser assado.

Assar a base da torta e a torta inteira

É fundamental conhecer os dois principais métodos de cozimento das tortas: assar a base da torta e assar a torta inteira. No primeiro caso, apenas a base é assada, tanto parcial como completamente, dependendo das necessidades do padeiro. O processo de cozimento é tão importante quanto o da mistura da massa, o da preparação do recheio e o da montagem da torta, visto que o cozimento determina a qualidade final. Preparar a torta para ser assada e pincelar a massa com *egg wash* ou creme, controlando a temperatura do forno e garantindo, assim, o cozimento correto para obter o sucesso esperado.

Pincelar com *egg wash* e creme

Antes de levar a torta ao forno, deve-se pincelar levemente a parte de cima com *egg wash* ou creme para dar cor e melhorar a qualidade do produto. Pincelar a torta com *egg wash* confere à ela uma coloração brilhante e dourada, enquanto o creme produz um acabamento insípido e opaco. Qualquer que seja o acabamento usado, é importante aplicar apenas uma cobertura leve. Nesse estágio, pode ser acrescentado açúcar refinado ou cristal para realçar a aparência, a textura e o sabor.

Temperatura da massa de torta

Ao assar uma torta, os padeiros devem levar em conta a temperatura tanto da massa como do forno. Mais precisamente, é essencial que o forno esteja quente e a massa, fria. Caso o forno esteja muito frio, a manteiga pode escorrer da massa tornando-a excessivamente seca. Se a temperatura estiver muito quente, a massa pode assar de forma desigual: embora a parte externa possa parecer assada, o interior ficará pesado.

Assar a base da torta

Essa técnica envolve o cozimento da base da torta sem recheio. Esse procedimento pode ser feito com o cozimento da massa em 100% até a base se tornar crocante, ou a torta pode ser assada apenas parcialmente. Há dois motivos para assar apenas a base da torta: primeiro, ela estará pronta (cozimento completo) para receber o recheio, como a torta *chiffon*, ou merengue de limão, e, segundo, para adiantar o procedimento (já que o cozimento é parcial). No segundo caso, obtém-se uma base crocante ideal para recheios mais úmidos, como o de abóbora ou como a quiche.

Nos dois métodos para assar apenas a base, são utilizados pesos e papel-manteiga, ou outra forma por cima. Esse procedimento é muito simples, mas é importante tomar alguns cuidados para garantir o resultado esperado. A base da torta deve sempre estar fria ao ser levada ao forno, e é recomendado que ela descanse por um mínimo de 30 minutos depois de ser manuseada e antes de ir ao forno para evitar que encolha e que fique pesada.

Assar a base da torta com pesos e papel-manteiga Para o primeiro método, é usado peso para evitar que a massa cresça e se deforme durante o cozimento. Deve-se cortar o papel-manteiga no tamanho da forma, incluindo as laterais. O papel é colocado sobre a massa e, então, preenchido com grãos de feijão ou outro tipo de peso que mantenha a base da torta achatada e firme durante o cozimento. Se a base for parcialmente assada, depois recheada e finalizada mais tarde, deve ser

FIGURA 6-7 ASSAR A BASE COM OUTRA FORMA POR CIMA

1 Ao usar outra forma para assar a base, a segunda forma é colocada por cima da massa já arranjada na primeira.

2 Pressionar levemente a segunda forma para que não forme bolhas de ar.

3 Inverter as formas e cortar o excesso de massa com uma faca *paring*.

assada na metade do tempo e com o calor suficiente na parte baixa do forno para que a base e a borda sejam assadas uniformemente. Dependendo das condições de cozimento, é recomendável remover os grãos de feijão, ou os pesos, e continuar assando por alguns minutos a mais para garantir que a crosta fique mais crocante.

Assar a base com outra forma por cima Uma maneira comum de assar a base da torta é colocar uma segunda forma por cima, deixando a massa entre as duas formas e inverter a posição da forma quando for assar. Esse método elimina a necessidade de usar papel e pesos.

O procedimento é forrar a forma com a massa como de costume e, então, colocar outra forma por cima (ver Assar a base com outra forma por cima, Figura 6-7). A seguir, inverter as formas e deixar descansar por no mínimo 30 minutos. Levar as formas ao forno invertidas, para que não cresçam, e então assar. Quando realizado adequadamente, o resultado é uma base perfeitamente assada, de coloração dourada e com o formato uniforme. Além disso, depois de recheada, a massa pode ser congelada na forma e retirada para assar conforme necessário.

ARMAZENAR AS BASES DAS TORTAS

A produção de tortas deve ser planejada para facilitar o trabalho do padeiro. Depois de preparadas, as bases cruas das tortas devem ser armazenadas no refrigerador por até dois dias, ou no freezer por vários meses se estiverem bem embaladas. As bases congeladas podem ser descongeladas no refrigerador e devem ser assadas conforme a necessidade. Para evitar o ressecamento, as bases assadas não devem ser armazenadas no refrigerador. Caso tenham de ser armazenadas, devem ser bem embaladas e mantidas no freezer por até um mês.

PRODUÇÃO DE TORTAS

Em pequenas padarias e restaurantes, nos quais as tortas representam uma panela menor das vendas, um investimento em cilindros (ou mesmo em compressora de tortas) não se faz necessário, mas para aqueles que produzem tortas em grande quantidade é um recurso de produção mais eficiente em relação ao tempo e aos custos. Cilindros e compressoras de tortas são úteis para reduzir desperdício e para manter a produção funcionando.

Com os cilindros, uma técnica comum é pressionar a massa de torta sobre uma forma de 5 cm de espessura e cobrir a massa com filme. Depois de resfriada, uma porção é cortada e passada no cilindro. São produzidos círculos de massa de tamanho apropriado, minimizando o desperdício. Estes devem ser levemente polvilhados com farinha para não colar e, então, ser colocados na forma, com borda ondulada, e armazenados no refrigerador ou no freezer até quando necessário. As sobras podem ser acrescentadas à próxima massa, mas devem ser reutilizadas apenas uma vez, já que sua textura torna-se mais endurecida e mais propensa a encolher.

As compressoras de massas também são úteis para a produção de tortas. O processo é muito simples e a compressora pode reduzir muito a quantidade de massa desperdiçada se as porções forem calculadas de modo cuidadoso. Depois que as porções forem divididas, e postas para descansar, cada porção é colocada na forma e a compressora desce espalhando a massa uniformemente sobre a forma. Uma placa aquecida no topo evita que a massa cole no equipamento. Alguns equipamentos são capazes de aparar os excessos de massa e para produção em escala há linhas automatizadas capazes de produzir até 140 tortas grandes por minuto.

CARACTERÍSTICAS DAS MASSAS DE TORTAS, PROBLEMAS E CAUSAS

Muitos fatores contribuem para o sucesso ou o fracasso na produção de tortas. A Figura 6-8 apresenta uma referência rápida e útil aos problemas e suas causas.

RECHEIOS DE TORTAS

Para uma torta bem-feita, o recheio é tão importante quanto a crosta. Muitas vezes a crosta é deixada no prato, mas o recheio raramente. Podem ser feitas inúmeras considerações para a ampla variedade de recheios, com produtos, processos e seleção de ingredientes desempenhando papéis importantes para obter os resultados desejados. Na seção de recheios, iremos rever os ingredientes, as fórmulas e os procedimentos usados para tortas de frutas, de creme, *chantilly* e *chiffon*.

TORTA DE FRUTAS: A ESCOLHA DO INGREDIENTE

A escolha da fruta a ser usada na **torta de frutas** pode ser dividida em quatro categorias principais: frescas, congeladas, enlatadas e secas, com cada uma delas apresentando vantagens e desvantagens de forma distinta. Ao escolher os ingredientes, o confeiteiro deve avaliar alguns aspectos considerando a clientela, as características do produto, o sabor, o custo dos alimentos, o custo da mão de obra e a disponibilidade do produto.

Frutas frescas

As frutas frescas da estação podem ser os ingredientes mais saborosos, porém os mais caros de que um chef pode dispor. Mesmo assim, a qualidade do produto será melhor e seu preço final poderá também ser mais alto. O segredo é escolher frutas frescas que destaquem os sabores locais. Elas podem ser cozidas antes de ir ao forno ou durante o processo de cocção.

Ao selecionar as frutas frescas a serem usadas em pâtisserie, é necessário considerar a cor, o sabor e a textura, com uma expectativa de que a fruta apresente características superiores da sua melhor fase. Por exemplo, a torta de maçã feita no período de melhor oferta vai variar

Figura 6-8 Características das massas de tortas, problemas e causas.

Erros	Causas
Massa muito elástica para abrir	▶ Farinha muito forte ▶ Massa misturada em excesso ▶ Massa não descansou o suficiente ▶ Não foi usada gordura suficiente
Crosta muito dura	▶ Farinha muito forte ▶ Não foi usada gordura suficiente ▶ Massa manuseada em excesso ▶ Muitas sobras foram usadas
Crosta muito quebradiça	▶ Farinha muito fraca ▶ Excesso de gordura ▶ Pouca água acrescentada ▶ Massa não foi misturada adequadamente
Crosta sem laminação	▶ Não foi usada gordura suficiente ▶ Gordura foi misturada em excesso na massa ▶ Massa manuseada em excesso ▶ Massa não foi resfriada antes de assar
Base da crosta empapada	▶ Temperatura do forno muito baixa ▶ Tempo de cozimento insuficiente ▶ Recheio muito quente quando colocado na base ▶ Escolha da massa incorreta, a massa de torta compacta previne base empapada
Encolhimento da crosta nas laterais da forma	▶ Farinha muito forte ▶ Excesso de manuseio ▶ Gordura insuficiente ▶ Massa não descansou o suficiente antes de ir para a forma ▶ Massa foi esticada demais para cobrir a forma

bastante em doçura, acidez e textura em comparação com a torta de maçã oferecida em outros períodos. O comércio globalizado talvez mude o conceito de frutas da estação, mas é importante notar que algumas características desejáveis podem ser sacrificadas durante o transporte de navio de produtos importados.

Quando a fruta é fresca, sua textura natural e os níveis de açúcar podem variar consideravelmente. O chef pâtissier precisa conhecer essas variações para poder ajustar as fórmulas quando necessário. Além disso, o trabalho de descascar, cavar, tirar as sementes, fatiar, entre outras tarefas, toma um tempo considerável no processo de preparação, o que normalmente vai refletir no aumento de custo do produto final. Para grandes produções, algumas frutas podem ser compradas frescas, mas com algumas preparações adiantadas, como descascadas, sem sementes, fatiadas ou em gomos.

Frutas em conservas

As frutas em conservas são menos versáteis que as frutas frescas, mas têm como característica de qualidade a consistência, disponibilidade e facilidade de ser encontrada durante o ano todo e baixos custos de produção. Outra vantagem é que sua durabilidade é muito maior que a das frutas frescas. A variedade é de certa forma mais restrita, e as opções mais comuns incluem peras, pêssegos, abacaxis, damascos e cerejas.

Geralmente o processo de fruta enlatada amacia o produto e padroniza seu teor de açúcar. As frutas em conservas são apresentadas em caldas de várias densidades, variando de **calda leve** a **calda grossa**, o que deve ser levado em conta na preparação dos recheios. Leve ou grossa, a variedade da calda refere-se à densidade em que a fruta foi preparada, o que afeta a quantidade de açúcar da fruta.

Frutas congeladas

As frutas congeladas são ingredientes bastante convenientes e versáteis em uma confeitaria, especialmente para tortas. As variedades dessas frutas incluem maçãs, frutas vermelhas (morangos, amoras, framboesas, mirtilos), ruibarbo e as com sementes, como pêssegos, cerejas e ameixas. Algumas frutas, como maçãs e pêssegos, podem ser processadas em fatias, cubos, como purês ou picadas. Quaisquer que sejam as variedades, as frutas congeladas devem ser manipuladas adequadamente para manter sua integridade até a preparação final.

Em muitos tipos de frutas congeladas é acrescentado açúcar, especialmente para prevenir a formação de cristais de gelo que podem ter efeito negativo em sua estrutura, na cor e no sabor. A quantidade de açúcar acrescentado varia entre 10% e 15% do peso da fruta.

A qualidade das frutas congeladas depende da marca, mas, em geral, todas elas devem ter um **congelamento rápido individual** (*individually quick frozen* – **IQF**). Esse processo garante que a fruta retenha o máximo de sabor e de cor possível e que suas características se mantenham separadas das outras frutas. É difícil separar as frutas vermelhas que são congeladas em bloco. Ao recebê-las, o responsável deve conferir a qualidade e mantê-las congeladas. Desde que haja espaço no congelador, o armazenamento é fácil e a durabilidade, boa.

Frutas secas

As frutas secas normalmente são tratadas como uma inclusão para outras tortas, como a de maçã ou *mincemeat*.[2] Acrescenta um sabor adocicado único e se destaca, na textura, dos demais ingredientes do recheio.

Seleção de amido

Uma vasta seleção de amido está disponível como agente espessante para os recheios de torta de frutas. Entre estes incluem-se, por exemplo, amido de milho, araruta, tapioca, amido de milho ceroso e farinha de trigo. A gelatinização, que resulta do aquecimento e do crescimento das moléculas de amido, proporciona corpo, paladar e textura ao recheio, e o alcance desses resultados pode variar dependendo do espessante utilizado e de outros ingredientes usados na fórmula.

TORTA DE FRUTAS: MÉTODOS DE PRODUÇÃO

As tortas de frutas são um meio excelente de destacar os sabores locais e sazonais do campo e do pomar. Ao escolher uma fruta, deve-se buscar a melhor qualidade com um adocicado natu-

---

[2] *Mincemeat*, tortinha tradicional feita no Natal com frutas secas e especiarias, de sabor agridoce. Antigamente também era preparada com carnes. (NT)

FIGURA 6-9 MÉTODO DA FRUTA CRUA

1 Combinar as frutas, o açúcar, o amido e as especiarias.

2 Colocar o recheio de frutas na base da torta.

3 Colocar pedaços de manteiga se for o caso e, por fim, acrescentar a massa para cobrir a torta.

ral e uma textura adequada. Ambos são fatores cruciais para um produto bem-sucedido.

O teor de açúcar natural ou adicionado da fruta, seja ela fresca, congelada ou enlatada, precisa ser balanceado com o açúcar da fórmula. A textura da fruta vai determinar a qualidade final da torta, assim como o método correto de preparação. Há três métodos principais para tortas de frutas: **método da fruta crua**, **método da fruta cozida** e **método do suco de fruta cozida**.

Método da fruta crua

Considerado o método clássico de preparo de torta de frutas, o método da fruta crua é também o mais comum para padeiros artesanais. Podem ser usadas frutas frescas e congeladas. O ingrediente mais comum é maçã fresca; entretanto, também podem ser utilizadas peras, maçãs congeladas e frutas vermelhas congeladas.

O procedimento envolve a combinação de frutas preparadas com açúcar, um amido, como o de milho, aromatizantes e manteiga, e então a mistura é colocada na forma de torta. É importante colocar uma porção de frutas cruas no centro da forma, já que seu volume vai diminuir bastante durante o cozimento. Durante o processo de cozimento, a fruta vai relaxar e se acomodar na forma, ocupando todos os lugares vazios. Quando a massa estiver dourada, o recheio borbulhante e a fruta macia, a torta estará pronta.

A preocupação principal desse método é não preparar a mistura de frutas com muita antecedência. Assim que o açúcar entra em contato com a fruta, começa a retirar seu liquido e o preparo das porções se torna mais difícil. Consequentemente, quando a mistura de açúcar–amido–especiarias for acrescentada à fruta, deve ser colocada imediatamente na forma para garantir que o suco da fruta seja dividido uniformemente entre as porções.

Procedimento do método da fruta crua

- Preparar as bases da torta e reservar no refrigerador.
- Pesar todos os ingredientes e preparar as frutas.
- Combinar o amido, o açúcar e as especiarias.
- Combinar a mistura de amido e açúcar com a fruta (ver Método da fruta crua, Figura 6-9, Etapa 1).
- Colocar o recheio nas bases das tortas e finalizar a moldagem (ver Método da fruta crua, Figura 6-9, Etapas 2-3).
- Assar em seguida.

Método da fruta cozida

O método da fruta cozida normalmente é empregado para frutas mais firmes que suportam o cozimento antes de ser colocadas sobre as massas de tortas. As mais comuns usadas nesse método são as maçãs frescas e as peras crocantes.

A ação espessante na torta de fruta cozida ocorre antes de ela ir para o forno. Inicialmente, o amido é combinado com o açúcar e as especiarias. Depois a manteiga é derretida em uma panela, as maçãs e as outras frutas são acrescidas e, então, salteadas na manteiga. Depois de cozinhar levemente a fruta, acrescentar a mistura de açúcar e amido e cozinhar até que o amido engrosse. É importante controlar o grau de cozimento do recheio, já que a fruta vai amaciar ainda mais quando for ao forno. Transferir o recheio cozido para outro recipiente para esfriar. Depois de frio, pode ser colocado sobre a massa e assado como de costume.

Como o recheio já foi cozido, não há necessidade de agrupar as frutas no centro da forma como no caso da fruta crua. Além disso, não vão diminuir muito depois de assadas.

Procedimento para o método da fruta cozida

- Preparar a base para a torta e reservar no refrigerador ou preparar enquanto o recheio estiver esfriando.
- Pesar todos os ingredientes e preparar a fruta.
- Combinar o amido, o açúcar e as especiarias.
- Em uma panela grande, derreter a manteiga; adicionar a fruta já preparada e saltear (ver Método da fruta cozida, Figura 6-10, Etapa 1).
- Combinar a mistura amido–açúcar com a fruta e mexer para incorporar os ingredientes (ver Método da fruta cozida, Figura 6-10, Etapa 2).
- Cozinhar até o amido inchar. Não mexer nem cozinhar a fruta em excesso durante o cozimento (ver Método da fruta cozida, Figura 6-10, Etapa 3).
- Transferir para um recipiente raso, cobrir com filme plástico e deixar esfriar (ver Método da fruta cozida, Figura 6-10, Etapa 4).
- Colocar o recheio na base da torta e finalizar o processo de montagem.
- Assar ou congelar assim que possível.

Método do suco de fruta cozido

O método do suco de fruta cozido é usado com certas frutas mais delicadas, que, ao contrário do que ocorre com as mais firmes, como maçãs e peras, não apresentam uma textura muito espessa. Esse método preserva a integridade e a aparência de frutas mais frágeis, como as enlatadas e frutas vermelhas, já que somente o suco é engrossado antes de a torta ir para o forno. Os ingredientes para o preparo incluem o suco de fruta, a fruta, o amido e os aromatizantes.

FIGURA 6-10 MÉTODO DA FRUTA COZIDA

1. Saltear a fruta preparada com manteiga derretida.
2. Adicionar à fruta a mistura de açúcar, amido e especiarias e misturar até a incorporação se completar.
3. Cozinhar até o amido inchar e a mistura começar a engrossar.
4. Depois de cozida, transferir a mistura para um recipiente raso e deixar esfriar.

FIGURA 6-11 MÉTODO DO SUCO DE FRUTA COZIDO

1. Ferver o suco de fruta. Enquanto isso, misturar o amido a uma pequena quantidade do suco ou de água.
2. Acrescentar a mistura de amido, açúcar e especiarias ao líquido fervente e cozinhar até engrossar.
3. Combinar, delicadamente, o suco e as frutas. Transferir para um recipiente raso, cobrir com filme plástico e deixar esfriar.
4. Colocar o recheio em uma base de torta já preparada para ir ao forno.

O método de preparação é cozinhar um pouco o suco da fruta (ou o de outra fruta) com a mistura de açúcar–amido–especiarias, que depois de engrossada é derramada sobre a fruta e combinadas. O recheio deve ser refrigerado até esfriar e, então, colocado sobre a base da torta. Ao contrário dos outros métodos, o recheio com suco de fruta cozido normalmente é mais fluido e não deve ultrapassar a borda da forma. As crostas trançadas normalmente são usadas como segunda crosta para essas tortas, já que permitem que uma grande quantidade de líquido evapore.

Procedimento para o método do suco de fruta cozido

- Preparar a base da torta e reservar no refrigerador, ou prepará-la enquanto o recheio esfria.
- Pesar todos os ingredientes.
- Em uma panela deixar o suco ferver.
- Misturar o amido com uma pequena quantidade do suco ou água da fórmula (ver Método do suco de fruta cozido, Figura 6-11, Etapa 1). Adicionar essa mistura ao suco fervente e mexer até incorporar (ver Método do suco de fruta cozido, Figura 6-11, Etapa 2).
- Acrescentar açúcar e especiarias.
- Ferver por 1 minuto até o amido engrossar.
- Verter o líquido sobre a fruta separada e combinar delicadamente. *Observação*: Cuidar para não quebrar a fruta quando misturar com o líquido. Para facilitar a produção, descongelar a fruta para a torta na véspera em um escorredor sob refrigeração (Ver Método do suco de fruta cozido, Figura 6-11, Etapa 3).
- Transferir para um recipiente raso, cobrir com filme plástico e deixar esfriar.
- Colocar sobre a base da torta e terminar a montagem (ver Método do suco de fruta cozido, Figura 6-11, Etapa 4).
- Assar ou congelar assim que possível.

Visão geral dos métodos de recheio de frutas

O padeiro ou o chef pâtissier tem muitas opções ao preparar uma torta de frutas. Dependendo da fruta, o método do cozimento da torta inteira pode funcionar muito bem para estilos mais rústicos e para tortas de frutas de vários formatos conhecidas como **galettes**. Esse método também é vantajoso para produção de tortas em alta temporada, já que é rápido e o recheio não requer refrigeração. E também é muito mais eficiente que o método da fruta cozida, ao se cozinhar e esfriar maçãs, por exemplo, para mil tortas, o que exige um tempo muito maior e equipamento adequado.

A vantagem do método da fruta cozida está em que o processo para engrossar o líquido é mais controlado e é possível colocar mais frutas na base da torta. Devem ser usadas somente as frutas que podem suportar cozimento e deve-se ter o cuidado de não cozinhar o recheio em excesso.

Peras crocantes funcionam bem, mas não é o caso das peras muito maduras. Frutas em conservas e congeladas jamais devem ser usadas nesse tipo de recheio.

O método do suco de fruta cozido é ideal para frutas em conservas e frutas vermelhas frescas ou congeladas. Considerando que somente o suco da fruta é engrossado, as frutas mais frágeis permanecem inteiras. A desvantagem desse método é que o produto final requer refrigeração, o que, para a maioria dos estabelecimentos, é um recurso muito requisitado.

TORTA DE CREME – *CUSTARD*

A **torta de creme** (*custard*) é caracterizada pela função que os ovos desempenham atuando como o principal agente de solidificação e espessante. Incluem variedades como as de leite fermentado, de abóbora, quiche e de nozes-pecã. Para criar uma torta de creme clássica, é necessário entender as propriedades de cozimento tanto da crosta como do recheio, além de tomar as medidas adequadas para que a crosta esteja crocante e o recheio, suculento.

Método da torta de creme – *Custard*

O processo de preparação das tortas de creme é simples e fácil. Em geral, todos os ingredientes são misturados cuidadosamente para evitar que entre muito ar no creme. Depois que o recheio de creme estiver pronto, pode ser utilizado imediatamente ou reservado para uso futuro. Alguns recheios duram por alguns dias sob refrigeração, o que é uma vantagem para atividades comerciais que desejam oferecer tortas frescas todos os dias, mas não têm tempo para preparar recheios com a mesma frequência.

Seleção de massas para tortas de creme (Custard) A massa para torta de creme deve ser sempre a compacta, pois evita que ela se torne empapada antes e depois de assada. Há duas técnicas de preparação da crosta para a torta de creme: assar o recheio com uma base crua ou assar o recheio em base já assada. Dependendo do tamanho da torta, do tipo de forno e/ou do tipo de formas usadas (perfuradas ou não), pode-se escolher uma técnica ou outra.

Orientações para o cozimento da torta de creme (Custard) Para tortas de creme que iniciam o processo com as bases cruas, o cozimento deve começar em alta temperatura e terminar com temperatura mais baixa. Durante os estágios iniciais, a alta temperatura é essencial para que a massa cozinhe adequadamente em um ambiente tão úmido. Depois que a crosta estiver dourada, a temperatura pode ser diminuída para finalizar o cozimento do recheio. Para todas as tortas de creme, cozinhar o recheio no estágio correto é um ponto essencial de domínio do procedimento. Se o recheio for cozido em excesso, pode coagular e perder sua homogeneidade.

Há várias maneiras de obter uma temperatura alta para o cozimento de uma base crua de torta com recheio de creme. O modo mais fácil de transferir calor à massa é ter disponível um forno *deck* com base de pedra. Entretanto, nesse caso, será um desafio baixar a temperatura rapidamente para assar o creme de forma homogênea. Uma opção ideal para um estabelecimento comercial é assar tortas em fornos de convecção em formas perfuradas. Esse método vai garantir a transferência de calor suficiente para assar a massa rapidamente. Os fornos de convecção são mais eficientes que os fornos *deck* quando as temperaturas tiverem de ser alteradas no processo de cozimento.

Outra opção para assar tortas de creme é rechear as bases de tortas, que foram parcialmente assadas, e levar ao forno em temperatura de baixa a média de 149 °C a 163 °C em forno de convecção.

FIGURA 6-12 TORTA DE CREME

1. Em uma cuba, combinar o creme base morno com o chocolate derretido.
2. Misturar até completar a incorporação.
3. Colocar a mistura sobre uma crosta pré-assada.
4. Alisar a superfície e refrigerar.

Nessa temperatura baixa, a crosta não vai dourar imediatamente, embora o calor seja suficiente para assar o recheio. Esse método funciona bem para estabelecimentos com pequeno movimento ou para aqueles que não têm as condições ideais de cozimento, visto que garante um produto assado corretamente.

Procedimento para a torta de creme (*Custard*)

- Preparar as bases da torta e reservar no refrigerador ou então assá-las conforme necessitar.
- Pesar todos os ingredientes para o recheio.
- Combinar todos os ingredientes e misturar bem. *Observação*: Atenção para não incorporar ar durante o processo de mistura.
- Colocar o recheio nas bases da torta.
- Assar assim que possível.

TORTAS DE CREME

A **torta de creme** é sempre feita com uma base já assada, finalizada com creme, *chantilly* e alguma outra guarnição. Podem ser acrescentados ingredientes adicionais ao creme para variações, como cremes de chocolate, de coco e de pasta de amendoim. Para entender melhor as tortas de creme, consultar "Mingaus (creme cozido)" e "Creme *chantilly*" no Capítulo 8.

Seleção de crostas para torta de creme

A crosta para torta de creme deve ser compacta, tipo folhada, ou uma combinação delas, dependendo das necessidades do confeiteiro. Caso seja escolhida a massa compacta, não há necessidade de tomar nenhuma precaução. Mas no caso da massa folhada, ou uma combinação, deve-se criar uma barreira de proteção à umidade entre a crosta e o recheio para evitar que a massa se torne empapada. Alguns profissionais pincelam uma camada bem fina de chocolate branco ou escuro sobre a crosta, enquanto outros preferem manteiga de cacau por atribuir um sabor mais neutro ao produto.

Recheios para a torta de creme

Nas tortas de creme, o creme *pâtissière* ou uma variação dele é o componente principal da porção do recheio. A fórmula exata é baseada no equilíbrio entre açúcar, espessantes e gorduras com os ingredientes adicionados, que podem ser chocolate, coco, pasta de amendoim, entre outros. É necessário experimentar e avaliar o produto para provar textura e sabor adequados.

Uma fórmula de torta de creme de chocolate, por exemplo, que indica um chocolate com 72% de cacau, terá sabor e textura diferentes, caso seja usado chocolate com 50% de cacau com mesmo peso. A torta que tiver o chocolate com menor teor de cacau terá menos sabor de chocolate, um gosto mais adocicado e uma capacidade menor de solidificação. Para obter melhores resultados, a quantidade de chocolate com menor teor de cacau deve ser aumentada, o que vai aumentar a quantidade de cacau, o sabor e a capacidade de solidificação. Ao mesmo tempo, a quantidade de açúcar no creme base deve ser diminuída, já que o chocolate adicional aumentará a quantidade de açúcar.

Colocação do recheio A colocação do recheio na crosta é um passo importante na produção de tortas de creme, especialmente se tiver o chocolate como base. Todas as bases devem ser assadas e estar em temperatura ambiente antes de ser recheadas. O recheio pode ser colocado na base, quando estiver levemente morno, em torno de 32 °C a 35 °C. A melhor maneira de colocar o recheio na base depende da quantidade da fórmula e do tamanho da torta. Em tortas maiores, o recheio pode ser despejado sobre a base, e nas pequenas, pode ser usado o saco de confeitar. Com a quantidade necessária, que geralmente é em torno de três quartos da crosta, alisar o recheio, se for preciso, e levar ao refrigerador para esfriar. Depois que o recheio esfriar, acrescenta-se o *chantilly* e pode-se enfeitar a torta como desejar. É fundamental colocar o recheio antes que se solidifique, o que vai facilitar o corte e as fatias ficarão mais definidas.

Procedimento para a torta de creme

- Preparar as bases e assá-las.
- Pesar todos os ingredientes para o recheio.
- Cozinhar o creme e, então, transferi-lo para a cuba do misturador equipado com o batedor.
- Bater o creme em velocidade baixa e acrescentar ingredientes aromatizantes, como chocolate, pasta de nozes e coco. Bater até ficar levemente morno, em torno de 32 °C a 35 °C (ver Torta de creme, Figura 6-12, Etapas 1-2).
- Colocar o recheio nas bases e alisar a superfície (ver Torta de creme, Figura 6-12, Etapas 3-4).
- Refrigerar até esfriar, cobrir com creme *chantilly* e guarnecer conforme desejar.

Considerações gerais sobre a torta de creme

As precauções para a composição e montagem da torta de creme incluem o cuidado na preparação da crosta, do recheio e do creme *chantilly*, pois todos esses estágios vão afetar a apresentação visual e a textura da torta. Outros cuidados devem ser com relação à higiene e à durabilidade. O tempo máximo que uma torta de creme pode ficar no refrigerador ou em vitrina refrigerada é de dois dias, já que o creme fresco e a grande quantidade de ingredientes líquidos do creme são suscetíveis a estragar e a desenvolver contaminação microbiológica. Todos os equipamentos devem estar limpos antes de se iniciar a preparação e as mãos jamais devem entrar em contato com alimentos já prontos.

TORTA *CHIFFON*

A **torta *chiffon*** é uma sobremesa norte-americana clássica, muito comum em restaurantes e também em confeitarias. Essa torta "tão leve quanto o ar" tem como base claras em neve e às vezes *chantilly* para manter sua textura. Semelhante a uma musse na composição e na preparação, a torta *chiffon* requer inúmeros estágios, com atenção especial à temperatura e aos níveis em que as claras e o creme são batidos.

A torta *chiffon* é composta por uma crosta já assada, recheio *chiffon*, nata batida e guarnição.

Recheio *chiffon*: a base

A base confere ao recheio *chiffon* seu sabor e, no caso do chocolate, pode afetar a textura também. A base pode conter ganache, purê de frutas ou mesmo um creme *anglaise* aromatizado. Pode ser adicionada uma porção de açúcar do recheio na base, que normalmente está pronta para ser elaborada depois de esfriar a uma temperatura de 35 °C a 40 °C.

Recheio *chiffon*: espuma de ovos

A claras em neve para a torta *chiffon* é um merengue comum, composto por claras e açúcar, devendo ser batido até o pico médio antes de ser adicionado à base. Caso as claras não sejam suficientemente batidas, vai ocorrer perda de volume; caso sejam batidas em excesso, será difícil incorporá-las e a textura pode se tornar grosseira. Para que o consumo da torta *chiffon* seja seguro, é fundamental o uso de claras pasteurizadas. Consultar o Capítulo 8 para informações importantes sobre espuma de ovos e os diversos estágios de desenvolvimento.

Recheio *chiffon*: creme *chantilly*

O creme batido (ou nata batida) é um ingrediente opcional na preparação da torta *chiffon*. Para garantir uma qualidade melhor do creme batido e maior firmeza, o teor de gordura deve ser em torno de 35% a 40%. O creme pode ser batido até o ponto leve e mantido no refrigerador até quando necessário, ou pode ser batido imediatamente antes de usar. É o último ingrediente a ser adicionado ao recheio *chiffon*; essa medida evita que o creme se desenvolva em excesso durante a incorporação. Consultar o Capítulo 8 para uma revisão completa sobre o creme batido.

Recheio *chiffon*: agentes gelificantes

Os agentes gelificantes são necessários para estabilizar a delicada matriz da base do recheio, espuma de ovos e creme batido (se for utilizado). O agente gelificante mais comum é a gelatina, que inicialmente deve ser hidratada, dissolvida e depois adicionada à base do recheio e, então, incorporada. A temperatura deve estar morna para que a gelatina não se solidifique ao entrar em contato com a base do recheio.

Método *chiffon*

Compreendendo-se o funcionamento dos ingredientes da torta *chiffon* e os cuidados especiais necessários, pode-se aprender e dominar o processo geral para a elaboração desse recheio.

O primeiro passo é pesar todos os ingredientes e bater o creme até o ponto macio, se for usá-lo. A seguir, a base pode ser preparada e a gelatina, dissolvida e bem incorporada a ela. Quando a base estiver entre 35 °C e 40 °C, o merengue pode ser preparado até o pico médio. A seguir, se for utilizar o creme, batê-lo até o ponto macio.

Para iniciar a elaboração da base, adicionar um terço do merengue e incorporá-lo com o batedor. A seguir, adicionar, cuidadosamente, o restante do merengue em duas vezes, misturando suavemente com uma espátula de borracha. Deve-se ter o cuidado de misturar somente até a incorporação. Por fim, adicionar o creme batido em dois estágios, misturando somente até a incorporação com a espátula de borracha.

Depois que o recheio estiver pronto, colocá-lo na base da torta que já deve estar completamente assada. Este deve ser espalhado delicadamente, alcançando apenas da metade até três quartos das laterais da forma, e pode ser mais alto em direção ao centro. A torta deve então ser refrigerada para que o recheio se consolide lentamente. Depois de firme, pode ser coberta com creme *chantilly* e guarnecida conforme desejar.

Procedimento para o recheio *chiffon*

- Preparar as bases da torta e levar ao forno.
- Pesar todos os ingredientes para o recheio.
- Bater o creme até o ponto macio e reservar no refrigerador ou batê-lo apenas antes de utilizá-lo.
- Preparar a base e dissolver a gelatina.
- Misturar a base e a gelatina e preparar o merengue até o pico médio.
- Misturar um terço do merengue à base, e acrescentar o restante com uma espátula de borracha em dois estágios.
- Terminar de bater o creme até o estágio desejado e acrescentar ao recheio em dois estágios usando a espátula de borracha.
- Colocar o recheio nas crostas já assadas.
- Refrigerar até que fiquem firmes, finalizar com creme *chantilly* e guarnecer conforme desejar.

Cuidados no preparo do recheio *chiffon*

Os cuidados a serem tomados para as tortas *chiffon* são similares aos das tortas de creme. Os recheios contêm uma grande quantidade de líquido, claras e cremes, sendo essencial a pasteurização das claras; além do mais, todos os ingredientes devem ser frescos. Deve-se tomar cuidados também durante a preparação desse recheio delicado. Observar a temperatura indicada e incorporar os ingredientes na proporção e na ordem adequadas. Estas são medidas essenciais para obter uma textura leve e etérea chamada *chiffon*.

CONCLUSÃO SOBRE AS TORTAS

Para a preparação de uma boa torta, o confeiteiro deve ter domínio de vários elementos essenciais: a mistura da massa, a preparação do recheio, o manuseio da massa, a colocação do recheio na torta, a finalização e a montagem, o tempo e a temperatura de cozimento e, para complementar, técnicas de decoração. Tanto para um produto final simples, como torta de maçã, quanto para um com a complexidade de uma torta *chiffon*, uma produção bem-sucedida depende de conhecimento completo dos processos e das técnicas envolvidas.

TORTAS ABERTAS (*TARTS*)

As tortas abertas estão para os confeiteiros como as tortas fechadas (*pies*) estão para os padeiros. Embora as abertas sejam baseadas em conceitos muito similares aos das fechadas, a composição acaba definindo se as semelhanças ou diferenças são maiores ou menores.

Em geral as tortas não têm mais que 3 cm de espessura. Sempre têm uma crosta na base e eventualmente uma crosta superior. Assim como as tortas fechadas, as abertas podem ser assadas com ou sem recheio. As massas de **tortas abertas assadas com recheio** normalmente recebem

FIGURA 6-13 COLOCAR A MASSA NAS FORMAS

1 Depois de abrir a massa da torta, aparar se for necessário e cortar nos formatos e tamanhos desejados. Colocar a massa no refrigerador até esfriar.

2 Colocar a massa em uma forma de torta e começar a ajustar a partir da base.

uma camada de creme de amêndoas como base, como o *frangipane*, e frutas. Outros recheios podem ter como base arroz, ricota ou mesmo geleia. As massas de **tortas abertas assadas sem recheio** podem ser recheadas com creme *pâtissière* e finalizadas com frutas ou uma composição mais complexa, como geleia de framboesa com musse de chocolate amargo. Algumas dessas tortas podem ser combinadas com componentes utilizados para outros tipos de tortas.

Há algumas diferenças-padrão entre as tortas abertas e as fechadas. As abertas normalmente são assadas em formas com laterais mais baixas, que podem ou não ter a base removível. Ao contrário das tortas fechadas, mais frágeis, as abertas são servidas fora da forma. As laterais das tortas abertas são mais definidas, a massa é mais enriquecida e mais crocante que a da torta fechada. As abertas também se apresentam em formatos e tamanhos diversos: as tortas contemporâneas podem ter o tamanho de *petits fours* ou *entremets*, além de serem redondas, ovais, quadradas ou terem algum formato especial. Por último, as tortas abertas normalmente são finalizadas com calda de damasco, açúcar impalpável, fruta ou chocolate.

TRABALHAR COM A MASSA DE TORTA ABERTA

Os principais cuidados com a massa de torta aberta são muito semelhantes aos que se deve ter com a fechada; entretanto, a massa de torta aberta apresenta maiores desafios de manuseio. Ambas devem ser mantidas sob refrigeração por pelo menos quatro horas antes de serem abertas, para se ter certeza de que foram resfriadas o suficiente e de que o glúten relaxou.

Abrir a massa de torta aberta

A massa de torta pode ser aberta à mão ou em cilindro. Em ambos os métodos, é essencial que ela seja manuseada rápida e eficientemente, pois como é aberta muitas vezes e é mais fina, se aquece muito depressa. Na medida em que a massa aquece, torna-se mais frágil e propensa a se quebrar por manuseio excessivo.

Colocar a massa nas formas

Ao produzir tortas, é prática comum abrir a massa, aparar, se necessário, cortar em círculos, transferir para as formas e mantê-las no refrigerador até esfriar. Trabalhar com massas mais frias facilita sua colocação nas formas, permitindo a criação de um produto final de apresenta-

3 Conferir se cada parte da massa está em contato com a forma.

4 Aparar o excesso de massa das bordas usando uma faca *paring*.

ção mais bonita, em um tempo de manuseio mais curto (ver Figura 6-13). Ao colocar a massa nas formas, é importante que a massa relaxe para que não fique esticada e, ao mesmo tempo, possa preencher toda a superfície da forma, especialmente as laterais (ver a Figura 6-14).

ASSAR A MASSA DE TORTA

Assar a massa de torta aberta é muito semelhante a assar outro tipo de torta. Dependendo da aplicação, a massa pode ser assada com ou sem o recheio. Como na fechada, é recomendado que a massa descanse ao menos por meia hora antes de assar, reduzindo o risco de encolher e romper nas laterais.

A temperatura correta do forno é fundamental ao assar a massa de torta aberta, já que a crosta deve ser assada até se tornar crocante. Se for assada separada do recheio, um bom ponto de partida é a temperatura de 175 °C em forno de convecção, embora alguns confeiteiros prefiram assar em temperaturas ligeiramente mais baixas, como 155 °C a 165 °C por um período maior. Essa medida garante que uma quantidade maior de umidade se evapore, resultando em uma crosta mais seca e mais crocante. Para as tortas assadas com recheio, como as de peras com amêndoas, é recomendado assar em forma perfurada para permitir que o máximo de calor se transfira para a crosta.

Dependendo do clima, as crostas das tortas poderão ter durabilidades diferentes. Em climas de baixa umidade, crostas armazenadas em recipientes bem vedados mantêm-se bem em temperatura ambiente por aproximadamente uma semana. Para armazenagem mais longa, elas devem ser guardadas em recipiente vedado no freezer.

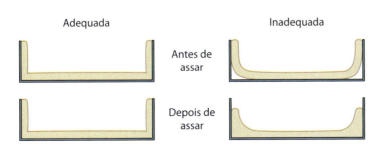

Figura 6-14
Desenho de colocação da massa na forma de maneira adequada e inadequada.

| 185 |

Armazenamento da massa de torta crua

A massa da torta crua pode ser armazenada inteira, ou ser esticada e dividida em porções e guardada no refrigerador por vários dias. É recomendado armazenar a massa em formas forradas com papel-manteiga e cobertas com filme plástico. A massa crua de torta, bem acondicionada, também pode ser armazenada no freezer por vários meses.

Soluções de problemas da massa de torta

Há mais possibilidades de ocorrer erros com a massa de torta aberta do que com a de outro tipo. Tempo insuficiente de mistura, seleção inapropriada de ingredientes, condições inadequadas de cozimento e manuseio impróprio da massa podem causar problemas ao produto final. Para esclarecimentos de erros e de suas possíveis causas nas massas de tortas, ver a Figura 6-15.

TORTAS ASSADAS COM O RECHEIO

Não importa se com frutas da estação, com frutas frescas ou congeladas, essas tortas oferecem uma apresentação elegante e sofisticada. As tortas assadas com o recheio sempre começam com uma massa crua e quase sempre contêm recheio adicional, como ricota cremosa e adocicada, *frangipane* enriquecido e aromático, geleia ou um simples creme *pâtissièrie*. Para uma explicação completa da preparação dos diversos cremes, consultar o Capítulo 8.

Montagem básica das tortas assadas

Depois que toda a **mise en place** estiver pronta, a montagem da torta pode ser iniciada, com atenção às etapas específicas para garantir uma produção e um cozimento bem-sucedidos. Para a

Figura 6-15 Massas de tortas – Erros e causas.

Erros	Causas
Massa muito dura	▶ Pouca gordura ▶ Farinha muito forte ▶ Massa com mistura excessiva
Massa encolhe ao ser aberta	▶ Massa não descansou o suficiente antes de ser aberta ▶ Massa com mistura excessiva ▶ Farinha muito forte
Crosta empapada na base	▶ Recheio muito líquido ▶ Base não foi assada o suficiente ▶ Temperatura do forno muito baixa ▶ Torta não foi assada o suficiente
Crosta muito dura	▶ Farinha muito forte ▶ Massa misturada em excesso ▶ Torta foi assada em excesso
Crosta encolhida das laterais	▶ Farinha muito forte ▶ Massa misturada em excesso ▶ Massa não descansou o suficiente quando cortada ▶ Massa esticada em excesso ao ser colocada na forma

montagem de grandes quantidades de bases assadas com recheio de creme de amêndoas ou *frangipane*, o recheio deve estar em temperatura ambiente para facilitar o preenchimento da torta. Depois que todas as tortas forem arranjadas nas formas, é fundamental a colocação correta da quantidade do creme de amêndoas. Se for colocado pouco creme, a torta terá pouco volume. Se for colocado muito creme, levará muito mais tempo para assar e o recheio pode transbordar da forma. A seguir, uma fruta ou outro ingrediente pode ser colocado no topo do recheio de amêndoas, ou do *frangipane*, para efeito decorativo. Nesse estágio, a torta pode ser assada, ou ser mantida sob refrigeração para ser assada em até um dia.

Escolha da fruta: tortas assadas

O tipo de fruta escolhida vai determinar a quantidade de recheio a ser colocada na torta. Para as tortas assadas com recheio, as frutas em conserva e as frescas são escolhas mais frequentes. As frutas em conserva mais usadas são peras e damascos; as frescas, com infinitas variedades, podem incluir maçãs, figos e outras frutas com caroços. Elas podem ser preparadas de inúmeras maneiras: cortadas em fatias, em gomos ou deixadas inteiras. Caso use frutas frescas, pode-se polvilhar um pouco de açúcar antes de assar.

Orientações para assar as tortas

Há vários aspectos que devem ser considerados ao se assar uma torta. As tortas de frutas precisam ser assadas em temperatura suficientemente alta para que se forme uma crosta crocante. O recheio precisa ser assado até que se consolide e a fruta deve estar tenra, quando o cozimento estiver completo. Para uma torta de 20 cm de diâmetro, a temperatura de 175 °C em forno de convecção é suficiente para garantir uma crosta crocante, o cozimento do recheio e a fruta tenra. Para tortas maiores, ou para as que são mais grossas do que a média, a temperatura talvez tenha de ser diminuída para garantir um cozimento homogêneo.

Orientações finais para as tortas assadas com recheio

As tortas assadas com recheio normalmente são finalizadas para valorizar a apresentação e para proteger o acabamento. Para estas, o processo de finalização normalmente envolve uma simples camada de calda de damasco aquecida, que pincelada sobre a superfície atua como barreira protetora, ajudando a evitar o ressecamento da fruta e também previne que a torta absorva a umidade ambiente. Além da calda de damasco, podem ser usados outros ingredientes, como frutas frescas, chocolate, açúcar impalpável ou cristal, ou castanhas para acrescentar um toque de elegância ao produto final.

Procedimento geral para tortas assadas com recheio

- Preparar as bases das tortas.
- Preencher as bases com o saco de confeitar na altura adequada (ver Tortas assadas com recheio, Figura 6-16, Etapa 1).
- Se desejar, preparar a fruta conforme a necessidade e arranjá-la no topo do creme (ver Tortas assadas com recheio, Figura 6-16, Etapa 2).
- Se for o caso, finalizar com a crosta superior (ventilada) e selar com segurança as bordas.
- Assar a torta até quando estiver pronta, remover da forma e finalizar conforme desejar.

FIGURA 6-16 TORTAS ASSADAS COM RECHEIO

1. Colocar o recheio nas bases com a quantidade e altura corretas.

2. Arranjar a fruta sobre o recheio.

TORTAS ASSADAS SEM RECHEIO

A variedade de ingredientes para essas tortas só é limitada pela imaginação; entretanto, sempre será a combinação de uma crosta assada com um tipo de recheio fresco. Uma torta assada simples, por exemplo, pode consistir em uma crosta recheada com creme *pâtissièrie* e finalizada com fruta fresca. Para os mais ambiciosos, uma variedade infinita de cremes e recheios pode ser adotada para criar muitas variedades, algumas delas podem ser encontradas nas fórmulas deste livro. Não importa o tipo da preparação, há inúmeros fatores importantes para se criar uma torta bem feita.

Orientações para assar a base das tortas

Para criar uma boa base de torta, a crosta deve ser assada corretamente até ficar dourada. Pelo fato de o recheio para essas tortas ser mais líquido, é necessário aplicar uma camada bem fina de chocolate ou manteiga de cacau para evitar que a crosta se torne empapada.

Orientações para a montagem e composição das tortas assadas

A montagem para as tortas assadas previamente, em geral, é direta. Depois que a camada opcional de proteção de chocolate for aplicada à crosta, o recheio pode ser colocado em seguida. As tortas devem ser preenchidas exatamente abaixo do limite da borda, tendo-se o cuidado para que o recheio não transborde ou não atinja as bordas da crosta, que devem permanecer visíveis e sem recheio. A superfície da torta recheada deve ser homogênea. Em algumas situações, um recheio como uma musse, ou outro creme especial, pode ficar acima da borda da crosta. Nesses casos, a borda pode ou não ficar visível, dependendo da concepção da sobremesa.

Orientações finais para tortas assadas sem recheio

As tortas assadas sem recheio permitem que o confeiteiro use diversos componentes da pâtisserie e desenvolva apresentações criativas e variedade nas combinações de sabores. O acabamento varia com a preparação, com uma torta de fruta normalmente pincelada com calda de damasco aquecida para preservar a integridade da fruta e para valorizar sua aparência. Quaisquer tortas contendo ganache ou *crémeux* devem ser cobertas para proteger o recheio de ressecamento e oxidação. As tortas assadas podem conter musse ou outros componentes mais sofisticados como *spray* de chocolate, açúcar ou chocolate *décor*, frutas frescas ou castanhas glaceadas.

Procedimento geral para tortas assadas sem recheio

- Preparar as bases e assá-las.
- Remover as bases das formas e colocar o recheio nas tortas na altura correta.
- Se for o caso, preparar a fruta conforme for usar e arranjar no topo do recheio.
- Acrescentar, se necessário, os ingredientes adicionais, como musse, previamente preparados ou uma cobertura.

CONCLUSÃO SOBRE AS TORTAS

As tortas são baseadas em massa de pâtisserie, que normalmente é mais enriquecida e mais adocicada que a massa de torta fechada (*pie*). O processo de criação de tortas abertas (*tarts*) é mais delicado que o de fechadas, e a variedade é imensa, considerando as inúmeras opções baseadas em ingredientes disponíveis e na composição dos produtos desejados. Tortas sazonais, como a de frutas frescas, são uma excelente escolha para chamar a atenção para a produção local. Ao mesmo tempo, uma torta deliciosa de amêndoas e pera pode ser feita durante todo o ano. Para ocasiões especiais ou para confeitarias mais sofisticadas, a composição da torta aberta pode incluir musse ou outros cremes como forma de valorizar a qualidade do produto.

FÓRMULA

TORTA TRADICIONAL DE MAÇÃ (*OLD FASHIONED APPLE PIE*)

As tortas de maçã eram muito populares na Europa e, especialmente, na Inglaterra, muito antes de se tornarem um símbolo norte-americano. A popularidade da torta de maçã nos Estados Unidos coincide com o fato de o país se tornar o maior produtor de maçã do mundo. Esta versão tradicional da torta de maçã é reminiscente das versões clássicas mantidas por várias gerações.

Componentes

Massa de torta fechada compacta ou folhada
Recheio de maçã

Fórmula do recheio de maçã

Ingredientes	% do padeiro	Peso kg
Maçãs, sem casca, fatiadas	100,00	3,578
Suco de limão	1,46	0,052
Açúcar	20,00	0,716
Amido de milho	2,40	0,086
Sal	0,15	0,005
Canela	0,15	0,005
Noz-moscada	0,05	0,002
Uvas-passas (ao molho)	6,10	0,218
Manteiga	2,44	0,087
Total	132,75	4,750

Produção: 5 tortas de crosta dupla de 23 cm.

Mise en place

1. Abrir a massa e colocá-la na base da forma.
2. Reservar no refrigerador até que o recheio fique pronto.

Procedimento para o recheio de maçã

1. Descascar, tirar o miolo e fatiar as maçãs.
2. Combinar as fatias de maçã com suco de limão em um recipiente grande.
3. Misturar o açúcar, o amido, o sal e as especiarias.
4. Acrescentar as maçãs e misturar bem.
5. Adicionar as uvas-passas escorridas.

Montagem e cozimento

1. Preencher as bases com o recheio. Acrescentar manteiga no topo do recheio. Criar ventilação na crosta superior da massa e selar as duas partes com uma borda decorativa.

2. Pincelar com *egg wash* ou creme e finalizar com açúcar cristal.
3. Assar em forno de convecção a 196 °C por aproximadamente 40 a 45 minutos.

FÓRMULA

TORTA DE ABÓBORA (*PUMPKIN PIE*)

Quando os pioneiros chegaram ao Novo Mundo, aprenderam com os nativos uma variedade de métodos úteis de cozimento, incluindo o uso de abóboras. A versão mais antiga de torta de abóbora não era realmente uma torta; era mais um pudim de abóbora. Os colonos costumavam tirar o interior da abóbora, recheavam com leite e polpa de abóbora e deixavam cozinhar por horas em cinzas quentes, muitas vezes acrescentando especiarias e caldas. Algumas décadas mais tarde, na França, o famoso chef e escritor francês François Pierre Varenne escreveu *Le vrai cuisinier françois* [O verdadeiro cozinheiro francês], no qual apresentou uma fórmula para uma torta de abóbora que incluía massa. Por volta de 1600, receitas para variações da *pumpkin pie* começaram a aparecer nos livros ingleses de culinária, acabaram chegando aos Estados Unidos, onde servir torta de abóbora tornou-se tradição nas celebrações de Ação de Graças que continuam até hoje.

Componentes

Massa de torta compacta
Recheio para torta de abóbora

Fórmula para recheio de abóbora

Ingredientes	% do padeiro	Peso kg
Ovos	23,70	0,288
Purê de abóbora	100,00	1,215
Açúcar mascavo	75,10	0,912
Canela	0,41	0,005
Noz-moscada	0,21	0,003
Gengibre	0,21	0,003
Cloves	0,21	0,003
Pimenta-da-jamaica	0,21	0,003
Sal	0,62	0,008
Leite evaporado*	99,79	1,212
Manteiga derretida	8,23	0,100
Total	308,69	3,750

* O leite evaporado se torna concentrado pela evaporação de parte do seu líquido. Sua consistência é semelhante a do leite condensado, porém não contém açúcar. (NT)
Produção: 5 tortas de crosta única de 23 cm.

Mise en place

1. Abrir a massa da torta e colocar na forma.
2. Reservar no refrigerador até que o recheio esteja pronto.

Procedimento para o recheio de abóbora

1. Bater os ovos com o batedor. Acrescentar abóbora, açúcar mascavo, especiarias e sal; misturar bem.
2. Adicionar o leite evaporado e a manteiga.
3. Triturar os ingredientes com um triturador até a mistura se tornar homogênea.

Montagem e cozimento

1. Colocar o recheio nas bases da torta de forma homogênea, até próximo da borda.
2. Assar por 15 minutos a 196 °C em forno de convecção.
3. Baixar a temperatura do forno para 149 °C e assar por mais 30 a 40 minutos, ou até quase se consolidar no centro.
4. Remover do forno e deixar esfriar.

FÓRMULA

TORTA DE NOZES-PECÃ (*PECAN PIE*)

Alguns dizem que os colonos franceses de New Orleans criaram esta torta depois de descobrirem as nozes-pecã com os nativos da região. Outros acreditam que a torta de pecã é uma invenção do século XX inspirada em tortas tradicionais de açúcar e nozes confeitadas. Mesmo que haja dúvidas sobre sua origem, essa torta está inegavelmente mais ligada ao sul dos Estados Unidos, onde muitos alimentos baseados em nozes-pecã são elementos importantes da cozinha local. A versão aqui apresentada, baseada em crosta amanteigada e crocante, é menos adocicada que outras, permitindo que o sabor genuíno das nozes e o creme enriquecido brilhem.

Componentes

1. Massa de torta compacta
2. Recheio de creme

Fórmula para o recheio de creme

Ingredientes	% do padeiro	Peso kg
Ovos	71,43	0,498
Açúcar mascavo	71,43	0,498
Xarope de milho *light*	100,00	0,697
Manteiga derretida	21,43	0,149
Essência de baunilha	3,57	0,025
Sal	1,43	0,010
Nozes-pecã	89,29	0,622
Total	358,58	2,500

Produção: 5 tortas de crosta única de 23 cm.

Mise en place

1. Abrir a massa da torta e colocar na forma.
2. Reservar no refrigerador até que o recheio esteja pronto.

Procedimento para o recheio de creme

1. Aquecer os ovos até 32 °C e reservar.
2. Bater o açúcar mascavo e o xarope de milho; acrescentar a manteiga.
3. Acrescentar a baunilha e o sal.
4. Adicionar lentamente os ovos aquecidos e levemente batidos à mistura de açúcar.
5. Evitar a incorporação de ar nesta mistura.

Montagem e cozimento

1. Arranjar as nozes na massa crua e colocar o recheio de creme sobre elas.
2. Assar a 185 °C por 10 minutos em forno de convecção e, então, a 165 °C por 30 a 35 minutos ou até o recheio se consolidar.

FÓRMULA

TORTA DE CHOCOLATE COM CREME *CHANTILLY* (*CHOCOLATE CREAM PIE*)

Muitos norte-americanos lembram com saudade da torta de chocolate com *chantilly* exposta na vitrina dos seus restaurantes favoritos. Essa nostálgica sobremesa foi atualizada para o novo século, com ingredientes sofisticados e finalização elegante, mantendo, no entanto, os elementos básicos que a tornaram uma escolha definitiva: exuberante, com creme de chocolate amargo sedoso e montes de *chantilly* sobre uma crosta amanteigada e crocante.

Componentes

Base assada de massa folhada.

Creme de chocolate.

Creme *chantilly*.

Raspas de chocolate e açúcar impalpável.

Fórmula de creme de chocolate

Ingredientes	% do padeiro	Peso kg
Leite integral	60,00	0,758
Creme de leite	40,00	0,505
Açúcar nº 1	10,00	0,126
Amido de milho	5,00	0,063
Açúcar nº 2	20,00	0,253
Gemas	15,00	0,189
Manteiga	13,00	0,164
Chocolate a 72% cacau	25,00	0,316
Total	188,00	2,375

Produção: 5 tortas de crosta única de 23 cm.

Procedimento para o creme de chocolate

1. Em panela de inox, ferver o leite, o creme e o primeiro açúcar.
2. Misturar o segundo açúcar com o amido de milho.
3. Combinar as gemas com o açúcar e o amido.
4. Depois de fervido, misturar um terço do leite na mistura das gemas.
5. Retornar a mistura das gemas e do açúcar ao leite e tornar a fervê-la, mexendo sempre.
6. Depois de cozido, transferir o creme para um misturador adaptado com batedor.
7. Acrescentar o chocolate e misturar em velocidade lenta. Adicionar a manteiga e misturar até que fique homogênea.

Torta de maçã

Seleção de tortas

Torta de chocolate e creme *chantilly*

Torta de nozes-pecã

8. Quando tiver amornado ao simples toque, colocar a mistura sobre as crostas assadas, somente até três quartos de sua altura. Deixar esfriar até assentar o recheio.

9. Finalizar com creme *chantilly*. Guarnecer com raspas de chocolate e açúcar impalpável.

FÓRMULA

QUICHE

A quiche, mais precisamente associada à França atualmente, na realidade originou-se na Alemanha, no reino medieval de Lothringen, sob domínio alemão, que mais tarde os franceses renomearam de *Lorraine*. A palavra quiche vem do alemão *Küchen*, que significa "bolo". Originalmente a quiche começou com uma massa de pão, mas a base da escolha é massa de torta ou *pâte brisée*. A quiche tornou-se popular na Inglaterra e nos Estados Unidos durante as décadas de 1940 e 1950. Tradicionalmente, era apresentada em suas versões vegetarianas, mas se transformou e acabou incluindo presunto, frutos do mar e muitos outros ingredientes.

Fórmula para recheio da quiche

Ingredientes	% do padeiro	Peso kg
Creme de leite	100,00	0,848
Leite	100,00	0,848
Ovos	68,00	0,577
Gemas	25,00	0,212
Sal	1,80	0,015
Pimenta moída	—	A gosto
Noz-moscada	—	A gosto
Total	294,80	2,500

Produção: 5 quiches de 23 cm. (*Observação*: a produção pode variar dependendo da quantidade e do tipo de recheio usado.)

Procedimento para o recheio de creme

Combinar todos os ingredientes e misturá-los bem com um triturador.

Montagem e cozimento

1. Colocar a massa nas formas de quiche ou de tortas e deixar descansar no refrigerador por no mínimo 30 minutos. Assar as formas antes de pôr o recheio.
2. Preparar e esfriar os recheios e depois colocá-los nas crostas.
3. Preencher as crostas até um pouco abaixo da altura da borda.
4. Assar em forno de convecção a 149 °C somente até o creme se consolidar.

Observação:
Quiches pequenas do tipo *petits fours* ou em tamanho individual não precisam ser assadas antes do recheio. Nesse caso, a temperatura inicial deve ser 177 °C e então baixar a temperatura para 149 °C. Para melhorar a cor da crosta e deixar a massa mais crocante, pode-se assar em forma perfurada.

Seleção de quiches

PARTE 2: PÂTISSERIE

Fórmula de recheio Lorraine

Ingredientes	Quantidade kg
Presunto em cubos	0,090
Bacon cozido	0,100
Queijo emmental ralado	0,090

Produção: 1 quiche de 23 cm.

Fórmula de recheio de frango com alcachofras e pimentão vermelho assado

Ingredientes	Quantidade kg
Frango	0,100
Alcachofra	0,080
Pimentão assado	0,050

Produção: 1 quiche de 23 cm.

Fórmula de recheio de espinafre, queijo feta e tomate

Ingredientes	Quantidade kg
Espinafre	0,080
Queijo feta	0,120
Tomate	0,100

Produção: 1 quiche de 23 cm.

Fórmula de recheio de cogumelo e queijo suíço

Ingredientes	Quantidade kg
Cogumelos	0,150
Tomilho	0,002
Queijo suíço	0,100

Produção: 1 quiche de 23 cm.

Fórmula de recheio de brócolis com queijo cheddar

Ingredientes	Quantidade kg
Brócolis	0,125
Queijo cheddar	0,125

Produção: 1 quiche de 23 cm.

Capítulo 6: Tortas fechadas e tortas abertas

FÓRMULA

TORTA DE PERAS COM CREME DE AMÊNDOAS (*PEAR ALMOND TART*)

Esta sobremesa decorativa é uma clássica torta francesa, muitas vezes servida durante o outono quando seus principais ingredientes estão na melhor fase. As tortas de pera são surpreendentemente fáceis de preparar e são sobremesas sensacionais para ocasiões especiais, pela sua aparência clássica, elegante, e por seus ingredientes aromáticos. A combinação de peras e *frangipane* sobre uma crosta amanteigada nunca deixa de encantar.

Componentes	Quantidade kg
Pâte sucrée	250 g
Geleia de framboesa	Quanto baste
Frangipane	500 g
Peras cortadas, cozidas ou em conservas	6 unidades
Calda de damasco	Quanto baste

Produção: 1 torta de 23 cm.

Procedimento

1. Abrir a massa o suficiente para caber numa forma de 23 cm.
2. Forrar a forma com a massa e aparar as sobras.
3. Confeitar uma espiral de geleia de framboesa na base da torta.
4. Confeitar a base da torta com *frangipane* até cobri-la.
5. Fatiar as metades das peras.
6. Arranjar seis metades das peras sobre o *frangipane* com a parte mais fina voltada para o centro.
7. Assar em forno de convecção a 177 °C por aproximadamente 35 minutos ou até dourar
8. Pincelar com calda de damasco e colocar amêndoas moídas ou açúcar cristal nas bordas para decorar.

Torta de peras com creme de amêndoas

FÓRMULA

TORTA DE FRUTAS FRESCAS (*FRESH FRUIT TART*)

As tortas de frutas frescas são muito comuns nas confeitarias dos Estados Unidos e da Europa. O estilo pode variar de uma apresentação organizada da fruta até um arranjo abstrato. Qualquer que seja o estilo, é fundamental usar ingredientes frescos e de qualidade para garantir que sabores e texturas sejam os melhores possíveis. Colocar uma camada impermeável entre a crosta e o creme é opcional; entretanto, essa medida vai prolongar a textura crocante da crosta. Usar as frutas da estação quando estiverem na sua melhor fase e equilibrar as formas e cores da fruta para uma apresentação que surpreenda.

Componentes

Pâte sucrée
Creme *pâtissièrie*
Frutas frescas
Calda de damasco
Açúcar impalpável

Montagem

1. Pré-aquecer o forno a 175 °C.
2. Colocar a *pâte sucrée* na forma, refrigerar e depois assar.
3. Com o saco de confeitar, colocar o creme sobre a crosta de forma homogênea. Acrescentar a fruta no topo do creme e guarnecer com calda de damasco e açúcar impalpável.

FÓRMULA

TORTA DE MARACUJÁ (*PASSION FRUIT TART*)

O sabor intenso e a fragrância embriagante desta fruta tropical a distingue de outras normalmente usadas na criação de tortas sazonais. O maracujá foi descoberto pelos exploradores espanhóis que o chamaram fruto-da-paixão, em homenagem à paixão de Cristo. É uma torta simples, consistindo em uma base de *pâte sucrée* e *crémeux* de maracujá, um recheio excepcionalmente cremoso de purê de maracujá, açúcar, gemas, manteiga e gelatina.

Componentes

Crostas de torta de *pâte sucrée* assadas
Crémeux de maracujá
Merengue italiano
Cobertura neutra
Décor de chocolate

Fórmula de *crémeux* de maracujá

Ingredientes	% do padeiro	Peso kg
Purê de maracujá	100,00	0,975
Açúcar	50,00	0,487
Gemas	30,00	0,292
Ovos	37,50	0,365
Gelatina	1,50	0,015
Manteiga	37,50	0,365
Total	256,50	2,500

Produção: 5 tortas de 23 cm ou 16 minitortas de 10 cm.

Procedimento para o *crémeux* de maracujá

1. Levar o purê quase até a fervura com metade do açúcar.
2. Combinar gemas, ovos inteiros e o restante do açúcar.
3. Colocar um terço do purê sobre a mistura de ovos e mexer com a espátula. Não usar o batedor, pois vai incorporar ar.
4. Retornar a mistura de ovos à panela e continuar a mexer continuamente, agitando o fundo da panela.
5. Cozinhar até a mistura alcançar 82 °C e engrossar. Não cozinhe demais.
6. Coar com um *chinois* fino em um recipiente limpo e seco. Acrescentar a gelatina e mexer até a incorporação.
7. Quando a mistura estiver a 35 °C, acrescentar manteiga macia usando um triturador.
8. Colocar o *crémeux* nas bases da torta até quase o topo e armazená-las cobertas no freezer até quando necessário.

Fórmula do merengue italiano

Ingredientes	% do padeiro	Peso kg
Açúcar	200,00	0,600
Água	60,00	0,180
Claras	100,00	0,300
Total	360,00	1,080

Produção: 5 tortas de 23 cm.

Procedimento para o merengue italiano

1. Aquecer o açúcar e a água no fogão até alcançar o ponto de ebulição.
2. Em uma batedeira com batedor adaptado, misturar as claras em segunda velocidade.
3. Quando a calda de açúcar atingir o estágio de bala mole (118 °C), despejar lentamente nas claras batidas. Continuar a misturar por 10 minutos.

Montagem

Remover as crostas do freezer e cobrir com uma camada bem fina de cobertura neutra, decorar a borda com merengue italiano, e guarnecer com chocolate *décor*.

Seleção de tortas abertas

Torta breton de morango

Torta de limão e merengue

Torta de frutas frescas

Torta de creme de limão

FÓRMULA

TARTE TATIN

Esta famosa sobremesa francesa, basicamente uma torta de maçã invertida com maçãs carameladas, é supostamente o resultado de um feliz acidente. As irmãs Carolina e Stéphanie Tatin administravam o Hotel Tatin numa pequena comunidade rural no Vale do Loire no fim dos anos 1800. Um dia, Stéphanie estava preparando sua torta especial de maçã, quando, por distração, colocou-a para assar invertida. Stéphanie serviu a torta diferente ainda morna, mesmo percebendo que a massa da torta e as maçãs estavam invertidas. Os clientes se maravilharam com a criação original, e assim surgiu a célebre sobremesa. Os franceses a chamam de *Tarte des demoiselles Tatin* – "A torta das senhoritas Tatin". É atribuido ao *restauranteur* Louis Vaudable o crédito pela divulgação da *Tarte Tatin*. Depois de experimentá-la um dia, ele fez dela um item permanente do menu do seu restaurante, o Maxim's de Paris.

Componentes

Massa folhada
Maçãs
Calda de caramelo

Fórmula de calda de caramelo

Ingredientes	% do padeiro	Peso kg
Glicose	16,67	0,048
Açúcar	100,00	0,290
Manteiga	33,33	0,097
Creme	22,22	0,065
Total	172,22	0,500

Produção: 5 tortas de 15 cm.

Procedimento para a calda de caramelo

1. Aquecer a glicose e o açúcar, cozinhar até obter uma cor dourado-escura.
2. Adicionar a manteiga e misturar até incorporar.
3. Acrescentar o creme mexendo constantemente.
4. Depositar nas formas.

Montagem

1. Abrir a massa folhada, aparar, cortar círculos de 15 cm e reservar.
2. Arranjar as maçãs sobre o caramelo de forma decorativa.
3. Finalizar com a massa e criar uma abertura no centro dela.

4. Assar em forno de convecção a 177 °C até a massa dourar.
5. Antes de remover a massa da forma, deixar descansar por duas horas.
6. Para remover a massa, aquecer a forma e virar sobre um prato dourado ou uma bandeja.

FÓRMULA

TORTA DE CREME DE LIMÃO (*LEMON CURD TART*)

Esta torta refrescante agrada aos olhos com sua aparência luminosa e estimula o paladar com sua magnífica combinação de sabor doce e cítrico. O creme de limão é uma especialidade da Inglaterra, onde tem sido usado desde o século XIX como recheio para bolos, tortinhas e tortas, ou como acompanhamento para *muffins* ou pães. A massa usada para a crosta é a *pâte à foncer*, equilibrando o sabor adocicado e cítrico do recheio, com a maciez amanteigada da crosta.

Componentes

Pâte à foncer
Creme de limão
Calda neutra
Chocolate temperado

Fórmula do creme de limão

Ingredientes	% do padeiro	Peso kg
Açúcar	100,00	1,030
Gemas	48,89	0,504
Suco de limão	50,00	0,515
Raspa de limão	3,33	0,034
Manteiga	40,00	0,412
Total	242,22	2,495

Produção: 5 tortas de 23 cm ou 16 tortinhas de 10 cm.

Procedimento para o creme de limão

1. Combinar o açúcar, as gemas, o suco e a raspa de limão em um recipiente de inox e colocar em banho-maria.
2. Mexer de vez em quando. Depois de pronto, a mistura deve ficar firme.
3. Retirar do fogo, coar sobre um recipiente limpo e acrescentar manteiga entre 32 °C a 35 °C e usar o triturador
4. Cobrir o creme e reservar no refrigerador.

Montagem

1. Forrar as formas com a *pâte à foncer* e deixar no refrigerador por pelo menos meia hora.
2. Assar as tortas e deixar esfriar.
3. Rechear as tortas com o creme de limão.
4. Levar ao forno de convecção com temperatura baixa, 94 °C por aproximadamente 10 minutos para firmar o creme.
5. Deixar esfriar e cobrir com a calda. A cobertura decorativa de chocolate feita com o saco de confeitar é opcional.

Variação de torta de limão e merengue

1. Depois que o creme de limão for colocado sobre a torta e ficar firme, fazer um merengue italiano (ver as páginas 298-299) e pôr sobre a superfície da torta.
2. Dourar com o maçarico.

FÓRMULA

TORTA *BRETON* DE MORANGO (*BRETON STRAWBERRY TART*)

Poucas sobremesas são tão surpreendentemente coloridas como uma torta de morangos frescos. Com sua fruta vermelho-rubi, arranjada à perfeição sobre uma crosta de torta *breton*, esta sobremesa evoca os prazeres de verão como nenhuma outra. Uma camada de creme de pistache, juntamente com guarnição de pistaches glaceados, acrescenta um sabor estimulante e um apelo visual irresistível.

Componentes

Pâte breton
Creme de pistache
Morangos frescos
Calda de damascos
Pistaches glaceados
Açúcar impalpável

Fórmula para a *pâte breton*

Ingredientes	% do padeiro	Peso kg
Gemas	30,00	0,132
Açúcar	70,00	0,307
Manteiga	75,00	0,329
Sal	1,00	0,004
Farinha para bolo	100,00	0,439
Fermento químico	8,50	0,037
Total	284,50	1,250

Produção: 5 tortas de 15 cm.

Procedimento para a *pâte breton*

1. Bater as gemas e o açúcar com a paleta até se tornar fluida e formar espuma.
2. Acrescentar a manteiga amolecida e o sal. Misturar até incorporar.
3. Acrescentar a farinha e o fermento já peneirados.
4. Refrigerar a massa por pelo menos quatro horas.
5. Abrir cada porção de 250 g em círculos de 15 cm e colocar em forma untada.
6. Assar em 177 °C por 14 minutos.

Fórmula para creme de pistache

Ingredientes	% do padeiro	Peso kg
Creme *pâtissièrie*	100,00	0,329
Pasta de pistache	9,00	0,030
Kirsch	5,00	0,016
Total	114,00	0,375

Procedimento para o creme de pistache

1. Bater o creme *pâtissièrie* até ficar homogêneo.
2. Acrescentar a pasta de pistache até incorporar.
3. Adicionar o kirsch.

Montagem

1. Depois de esfriar, remover as crostas das formas.
2. Colocar 75 g de creme de pistache em cada crosta.
3. Decorar com vários morangos; cobrir os morangos com calda para evitar que ressequem.
4. Acrescentar algumas framboesas e polvilhar com açúcar impalpável.
5. Guarnecer com pedaços de pistache.

Capítulo 6: Tortas fechadas e tortas abertas

RESUMO DO CAPÍTULO

As tortas fechadas e as tortas abertas são produtos versáteis que permitem que o padeiro e o confeiteiro apresentem inúmeros sabores e texturas. Da torta de maçãs feitas com maçãs frescas à torta *breton* de morangos, essa categoria de pâtisserie pode ser tanto clássica como contemporânea. A variedade de recheios que pode ser preparada para as tortas fechadas, as infinitas opções para recheios de uma seleção de tortas abertas, além de inúmeras técnicas de composição fornecem ao profissional um conjunto amplo para o desenvolvimento desses produtos.

PALAVRAS-CHAVE

- base assada
- calda grossa
- calda leve
- congelamento individual rápido (*individually quick frozen* – IQF)
- crosta trançada
- *galette*
- método da fruta cozida
- método da fruta crua
- método do suco de fruta cozido
- método do cozimento da torta inteira
- *mise en place*
- torta aberta assada com recheio
- torta aberta assada sem recheio
- torta assada sem recheio
- torta *chiffon*
- torta fechada assada com recheio
- torta fechada assada sem recheio
- torta de creme
- torta de creme (*Custard*)
- torta de frutas

QUESTÕES PARA REVISÃO

1. Quais são os objetivos ao abrir uma massa de torta e colocá-la na forma?
2. Qual é o objetivo de assar a crosta da torta. Que tipos de tortas requerem esse método?
3. Quais são os três principais métodos usados para preparar recheio de frutas para tortas? Como são preparados?
4. O que pode ser feito para evitar que a massa de torta encolha quando é assada?
5. Quais medidas preventivas podem ser tomadas para preservar a qualidade de uma crosta para uma torta de frutas frescas? O que pode ser feito para preservar a qualidade das frutas?

| 207 |

capítulo 7

PREPARO PARA BOLOS E COCÇÃO

OBJETIVOS

Depois de ler este capítulo, você será capaz de:

- Demonstrar conhecimento sobre o que é necessário e quais as funções dos ingredientes para o preparo de bolo.
- Preparar uma variedade de bases para bolo adotando os processos destacados neste capitulo.
- Determinar o cozimento correto para todos os tipos de bolo apresentados e adotar as técnicas de armazenamento adequadas.
- Solucionar problemas na confecção de bolo pela verificação do procedimento, incluindo testes para medir temperatura, pH e gravidade específica de massas de bolo.

INTRODUÇÃO AO PREPARO PARA BOLOS E COCÇÃO

Para os chefs pâtissiers é importante um conhecimento sólido sobre elaboração e cocção de bolos, já que servem de base para muitos dos doces que produzem. Também é essencial ter domínio completo das características dos bolos e como combiná-los com outros elementos típicos de sobremesas.

Este capítulo explora três considerações importantes sobre preparo para diferentes tipos de bolos: ingredientes, fórmulas e procedimentos. Também são examinados o cozimento e a qualidade, monitorados pelo controle da gravidade específica do pH e da temperatura da massa.

CARACTERÍSTICAS DO BOLO

As duas principais categorias de bolo são aquelas com base em gordura ou em aeração (claras em neve e/ou gemas branqueadas). Nessas categorias, inúmeros tipos de preparo podem ser aplicados para apenas um bolo, ou para um estilo de bolo. O método anjo, por exemplo, é utilizado unicamente para o bolo anjo, enquanto o método cremoso, é usado para vários outros tipos de bolo.

BOLOS COM BASE EM GORDURA

Os bolos com base em gordura normalmente são mais firmes e densos que aqueles com base aerada. A alta presença de gordura e de açúcar nesses bolos também proporciona a umidade, produzindo um miolo de estrutura mais delicada. Embora os bolos com base em gordura sejam muitas vezes fermentados com agentes químicos, alguns tipos também têm seu crescimento promovido pela incorporação de ar à massa durante o preparo. Esses bolos são de estilo mais norte-americano, pois são mais densos, mais nutritivos e mais úmidos que os bolos com base em claras e gemas aeradas, além de combinarem melhor com coberturas mais enriquecidas, como creme amanteigado e outras.

A seleção de gorduras usadas para esse tipo de bolo varia da manteiga à gordura vegetal hidrogenada até a gordura líquida. Dependendo do tipo de gordura usada, a técnica pode diferir de um método para outro. Nem todos os métodos para bolos com alta proporção, por exemplo, tem como base a mistura de gordura e açúcar; eles são, ao contrário, baseados mais na mistura completa de todos os ingredientes em uma ordem específica. A massa pode ser bastante espessa ou até líquida.

Os métodos mais comuns utilizados para bolos com base em gordura são o cremoso, cremoso modificado, de alta proporção da gordura líquida e bolo espumoso (pão de ló).

BOLOS COM BASE EM CLARAS E GEMAS AERADAS

Os bolos com base em claras e gemas aeradas são sempre feitos com ovos inteiros batidos, com gemas batidas ou somente com as claras batidas. Dependendo do tipo de bolo, o ingrediente à base de ovos pode precisar ser aquecido antes de ser batido para ajudar a aumentar o volume. Depois de obtida a espuma, os ingredientes secos peneirados são acrescentados delicadamente, e a massa deve ser assada de imediato. Os bolos com base em espuma geralmente são mais leves e mais frágeis que os bolos com base em gordura, e apresentam um miolo mais seco e mais aberto. Entre eles estão o *génoise*, *biscuit jaconde*, *chiffon* e o bolo anjo.

Os métodos usados para preparar bolos aerados normalmente são típicos dos produtos a que seus nomes se referem. Entre eles o bolo espumoso (pão de ló), o bolo espumoso com ovos separados, o *chiffon* e o bolo anjo.

ESCOLHA DOS INGREDIENTES E SUAS FUNÇÕES

Os ingredientes do bolo têm um papel essencial no processo de preparo e cocção. As características específicas e as funções descritas neste capítulo servem apenas para bolos. Mais informações sobre ingredientes estão disponíveis na página deste livro, no site www.cengage.com.br.

FARINHA

A farinha para bolo normalmente é moída a partir do trigo branco macio ou do trigo vermelho de inverno.[1] Os níveis de extração relativamente baixos de 45% a 60% produzem uma farinha com baixo teor de farelo e de proteína; em média, o teor de proteína para farinha de bolo é em torno de 7% a 9%. Embora seja necessária certa quantidade de proteína para ajudar a manter a

---

[1] Variedade de trigo que não é utilizada no Brasil. (NRT)

estrutura, muita proteina pode produzir um miolo endurecido e ressecado. A farinha de bolo é moída em pequenas particulas que favorecem a absorção, a uniformidade do miolo e a simetria do bolo (Pyler, 1988, p. 912).

Depois que a farinha é moída, ela é branqueada com gás cloro para melhorar suas qualidades de cozimento.[2] Esse processo diminui o pH, possibilita a absorção de liquidos, melhora o volume e a textura (ibidem, p. 914). A absorção da farinha é melhorada porque o amido é transformado com o tratamento de cloro. A textura é realçada, uma vez que, com o tratamento de cloro, o glúten se torna enfraquecido. Outras farinhas como as de pâtisserie e as comuns para bolos como *chiffon* e *génoise* também podem ser usadas para a mistura de bolo. Entretanto, para bolos com alto teor de gordura, a farinha para bolo é a única que pode absorver todo o líquido usado nessas fórmulas. Além do mais, as cloradas reagem de forma mais intensa com o bicarbonato de sódio produzindo dióxido de carbono.

AMIDO

Além da farinha, o amido pode ser adicionado às fórmulas de bolo. É preferível usar um amido modificado ou pré-gelatinizado. Esses amidos incham na presença de água fria e se hidratam rapidamente, retendo umidade e permitindo uma mistura mais viscosa que aquela que utiliza apenas farinha. A viscosidade crescente ajuda a reter as células de ar criadas pela emulsão durante a mistura. O amido comum não é utilizado, já que a temperatura de cozimento do bolo não é alta o suficiente para consolidar o amido, e o resultado será um bolo com uma granulação mais grossa. O uso de amido modificado pode substituir a gordura ou os emulsificantes em alguns casos, como nos bolos sem gordura ou *muffins*.

GORDURA

A gordura tem três papéis principais no preparo de bolo. Ajuda a acrescentar ar à massa durante o preparo auxiliando o crescimento, cria uma textura macia, leve e tenra ao cobrir todo o amido e a proteína da farinha, e ajuda a manter as emulsões homogêneas necessárias em bolos com essa textura. Além disso, deve-se ter em mente que a gordura acrescenta sabor ao bolo, caso seja feito uso de manteiga.

A escolha de gordura para a mistura de bolo inclui óleo vegetal, manteiga, gordura vegetal hidrogenada emulsificada e gordura vegetal hidrogenada liquida. A escolha da gordura vai exigir uma mudança na fórmula, no procedimento, no tempo de mistura e na adaptação dos equipamentos. O óleo, por exemplo, se dispersa facilmente, a gordura sólida não, e a gordura hidrogenada liquida, que também se dispersa facilmente, contém emulsificantes e estabilizantes. Os bolos que levam gorduras com emulsificantes exigem menor tempo de mistura para criar a emulsão. O tempo de mistura e sua velocidade devem ser atentamente observados, em especial quando é usada gordura com emulsificantes.

AÇÚCAR

O açúcar pode ser classificado como agente amaciante. A presença do açúcar em massas de bolo produz efeito no sabor, na textura, nas propriedades físicas, e também atua como conservante,

---

[2] No Brasil não se utiliza o tratamento de cloro para as farinhas. (NRT)

pois mantém a qualidade, uma vez que ajuda a reter a umidade. É preferível o açúcar refinado com maior ou menor granulação, mas o impalpável as vezes também pode ser usado, especialmente em bolos espumosos (pão de ló). O açúcar invertido também é utilizado em algumas fórmulas, pois ajuda a manter o miolo macio e tenro, especialmente em bolos aromatizados com chocolate e café.

OVOS

A combinação do teor de água, de proteína, de gordura e de lecitinas dos ovos produz no preparo de bolo e no seu cozimento reações muito particulares. Os ovos são usados para hidratar, amaciar, fermentar, emulsificar, dar cor e aroma à massa de bolo; e devem ser sempre de alta qualidade.

Os ovos são um dos ingredientes que mais contribuem para a emulsão, tanto quando são utilizados inteiros, como separados, claras ou gemas. A emulsão é a parte mais importante para definir a textura final do miolo do bolo. As bolhas de ar criadas pela emulsão produzem uma expansão da massa do bolo. As bolhas de ar atuam como agentes de fermentação e aumentam em tamanho a partir da evaporação da água na massa, da mesma forma que o dióxido de carbono produzido pelo fermento químico (ácido fermentativo mais bicarbonato de sódio).

A formação de tantas bolhas de ar em uma emulsificação é típica da mistura de bolo. A estabilidade da emulsão das massas aeradas está baseada na introdução de ar na matriz de água e da proteína do ovo. O processo e a velocidade da mistura são importantes para a criação de uma emulsão estável, com bolhas de ar de tamanho homogêneo. Para perceber como funciona, podemos observar um canudo na água. Assoprar ar com um canudo na água é semelhante à ação de bater em velocidade lenta. Se assoprarmos rapidamente e com muita força, poucas bolhas grandes aparecerão na superfície. Se assoprarmos lentamente, muitas bolhinhas vão subir à superfície, pois são pequenas e o peso da água as torna mais lentas.

O mesmo fenômeno pode ser observado com maior evidência na massa de bolo, visto que o açúcar e a gordura são mais espessos e viscosos que a água. A mistura de claras ou de ovos inteiros deve ser batida em velocidade lenta para obter aeração uniforme formada por pequenas bolhas de ar. Depois de obtida essa textura, a velocidade pode aumentar para ajudar a produzir bolhas de ar mais rapidamente. Ao alcançar o volume adequado, a velocidade deve ser reduzida para média, para reforçar a emulsão. Essa medida diminui as bolhas de ar grandes e torna o conjunto da emulsão mais uniforme. A mistura excessiva da espuma quebrará a emulsão, especialmente se a quantidade de açúcar for menor. Se a espuma de ovos se tornar "seca", será difícil incorporá-la à base da mistura, produzindo a quebra da emulsão. É muito importante monitorar o desenvolvimento da espuma de ovos. No caso de alguns bolos, como o anjo e o *génoise*, a emulsão é produzida apenas com os ovos. A estabilidade e a qualidade dessa emulsão são essenciais, já que é o único sistema de fermentação para o bolo.

LÍQUIDOS

Os líquidos são componentes essenciais para o preparo, pois umedecem o miolo e tornam o bolo palatável. Entre os líquidos que contribuem para uma textura macia do bolo estão a água, o creme azedo, os ovos e o leite. Ao usar líquidos, devem ser consideradas as propriedades hidratantes adequadas de cada ingrediente.

FERMENTOS

Os fermentos criam texturas leves nos bolos. Os principais sistemas de fermentação usados nos bolos são mecânicos e químicos. Enquanto bater e misturar são meios muito eficientes de introduzir bolhas de ar no sistema de massa, fermentos adicionais são muitas vezes necessários (com exceção dos bolos, ou pão de ló). Os agentes de fermentação químicos mais comuns usados em pequenas padarias são bicarbonato de sódio e fermento químico. Existem os fermentos químicos de dupla ação e são destinados para múltiplos usos. Combinações especiais com níveis de reações específicos são utilizadas para a produção de grandes volumes de algumas massas de bolo para obter resultados mais satisfatórios.

O fermento químico é uma mistura de um ácido fermentativo, bicarbonato de sódio e um agente intermediário como um amido de milho. A combinação desses ingredientes é balanceada pelo que se chama de **valor neutralizador (VN)**, que é a medida de acidez advinda dos ácidos fermentativos. O VN é utilizado para determinar a quantidade de ácidos fermentativos ou ácidos necessários para produzir o pH neutro quando combinado com o bicarbonato de sódio. Ele representa o número de partes do bicarbonato de sódio que pode ser neutralizado por 100 partes do ácido fermentativo. O ácido fermentativo e o bicarbonato de sódio são balanceados para garantir que pouco ou nada permaneça depois do cozimento. O balanço de alguns produtos, como o bolo *devil* de chocolate, pede um pH mais alto, o que confere ao produto sua marca em cor e sabor característicos. O objetivo de usar tanto o fermento químico como o bicarbonato de sódio para esse tipo de bolo é criar essas características. Muitos bolos têm pH neutro; entretanto, alguns, como o bolo anjo, apresentam um pH baixo. Para isso, um ácido fermentativo extra (cremor de tártaro) é adicionado para que o bolo fique bem claro e com um miolo mais fechado.

Fabricantes de bolos e biscoitos em larga escala usam uma mistura especial de bicarbonato de sódio e ácidos fermentativos, em vez de fermento químico, para poder controlar toda a fermentação dos alimentos produzidos. Para auxiliar nessa tarefa, os fabricantes de ácidos fermentativos definem com antecedência a quantidade de ácido necessário para atingir um valor neutro de bicarbonato de sódio. Processos mais sofisticados no âmbito da produção obtêm esse valor neutro para os fabricantes de bolos e biscoitos. Esses valores neutros são representativos do nível de acidez determinado pelo processo conhecido como método de titração.

A Figura 7-1 mostra os ácidos fermentativos mais comuns usados na indústria de panificação com suas respectivas abreviações, seus valores neutralizantes e suas reações específicas. O valor neutralizante é usado para calcular a quantidade de bicarbonato de sódio necessária para neutralizar os ácidos fermentativos.

Para calcular a quantidade do ácido fermentativo

- Determinar o peso da farinha para a fórmula.
- Calcular o peso do bicarbonato de sódio: a porcentagem média do bicarbonato de sódio é 1,2% a 2% baseado no peso da farinha (farinha para bolo).
- Dividir o peso do bicarbonato de sódio pelo valor neutralizante do ácido selecionado; por exemplo,

$$\frac{\text{Bicarbonato} \times 100}{\text{VN}}$$

Se forem escolhidos dois ácidos fermentativos, a quantidade é calculada separadamente para cada um deles. Para neutralizar o produto, o ácido fermentativo é selecionado de acordo com

Figura 7-1
Os ácidos fermentativos mais comuns usados na indústria de panificação.

Ácido fermentativo	Fórmula	Abreviações	Valor neutralizante	Reação
Fosfato monocálcico monoidratado	$CA(H_2PO_4)_2 H_2O$	FMM	80	Intermediária
Fosfato monocálcico anidro	$Ca(H_2PO_4)_2$	FMA	83	Intermediária lenta
Fosfato dicálcico hidratado	$CaHPO_4 2H_2O$	FDH	33	Muito lenta
Pirofosfato do ácido do sódio	$Na_2H_2P_2O_7$	PAS	74	Lenta
Fosfato de alumínio e sódio anidro	$Na_3Al_2H_{15}(PO_4)_8$	FASA	100	Muito lenta
Fosfato de alumínio e sódio hidratado	$NaAl_3H_{14}(PO_4)_8 4H_2O$	FASA	100	Muito lenta
Sulfato de alumínio e sódio	$NaAl(SO_4)_2$	SAS	104	Muito lenta
Ácido adípico	$HOOC(CH_2)_4COOH$	Adípico	115	Rápida
Ácido cítrico	$HOOCCH_2C(OH)(COOH)CH_2COOH$	Cítrico	87	Rápida
Ácido fumárico	$HOOCHC:CHCOOH$	Fumárico	145	Rápida
Glucona Delta Lactona	$C_6H_{10}O_6$	GDL	45	Lenta
Tartarato ácido de potássio	$COOC(HCOH)_2COOH$	Cremor de tártaro	45	Muito rápido
Ácido tartárico	$HOOC(HCOH)_2COOH$	Tartárico	112	Muito rápido

o produto final e sua utilização. Dependendo se o produto será assado imediatamente ou armazenado em local frio, no freezer ou mantido como mistura seca, diversos ácidos fermentativos podem ser usados. A Figura 7-2 apresenta algumas recomendações.

A seguir, apresentamos uma mistura comum para um fermento de dupla ação em bolo:

- FMM + PAS + FASA
- SAS + FMM
- PAS + FMM

O amido de milho frequentemente é acrescentado como um intermediário para minimizar os danos da umidade ao ácido.

MISE-EN-PLACE PARA A MISTURA E COZIMENTO DO BOLO

Procedimentos específicos para mistura de bolo determinam o uso de um equipamento em particular, e para todo o processo desde balança até cobertura e cozimento. Dependendo do tamanho da operação, podem ser usadas configurações diversas. Uma pequena padaria, por exemplo, pode misturar a massa de seus bolos em uma batedeira planetária, ao passo que uma padaria maior pode misturar o mesmo tipo de massa em um misturador contínuo. Na padaria pequena, o bolo tende a ser assado em fornos de *racks*, forno rotativo, forno de convecção ou em pequenos

Figura 7-2
Algumas opções neutralizantes.

Ácido fermentativo	Abreviação	Uso	Reação
Fosfato monocálcico monoidrato	FMM	1ª reação dupla ação Bolo anjo	Aumenta a aeração durante a mistura Produz gás durante a mistura
Fosfato monocálcico anidro	FMA	Bolos em geral	Produz gás durante todo o processo
Fosfato de alumínio e sódio	FAS	Bolos	Ajuda a manter a umidade
Pirofosfato do ácido do sódio	PAS	Bolos em geral	Produz gás no forno
Fosfato dicálcico	FD	Bolos	Produz gás no forno

fornos com *deck*, mas é bem possível que em uma grande padaria comercial seja usado um túnel ou um forno *travelling*.

UTENSÍLIOS

Uma mistura de bolo eficiente depende de vários utensílios, incluindo espátulas, batedores, raspadores de cubas, papel-manteiga, paletas, assadeiras, formas de bolo e equipamentos para banho-maria.

BATEDEIRAS ESPECIAIS

Para bolos, há dois estilos de batedeiras, ou misturadoras, normalmente utilizadas. As batedeiras planetárias são usadas com bons resultados para padarias pequenas ou de tamanho médio. Quando o volume aumenta, um sistema contínuo de mistura favorece a criação de resultados mais consistentes e produtivos.

Grandes batedeiras planetárias podem ser equipadas com uma cuba a vácuo ou com um pressurizador para controlar a emulsão, bem como a temperatura. A batedeira contínua processa a emulsão na medida em que os ingredientes são acrescentados à máquina. Pode ser feito em um ou dois estágios.

Para as batedeiras de um só estágio, todos os ingredientes são misturados juntos e mantidos em um recipiente para ser despejados no centro da emulsão. A quantidade é monitorada. Na medida em que a mistura é despejada na emulsão, é introduzido ar na massa e a combinação é completada. Assim como a velocidade, a quantidade da mistura e do ar é controlada para obter uma emulsão adequada.

Para o método de dois estágios, os ingredientes são divididos de acordo com a fórmula. O bolo mais conhecido em que esse método é adotado é o *chiffon*. Faz-se uma mistura de gemas, açúcar, óleo, farinha, fermento e água, se necessário, acrescenta-se aromatizantes como cacau em pó ou baunilha. Essa mistura é mantida em um recipiente. Em outro recipiente, são misturados as claras, o açúcar e cremor de tártaro, até o açúcar se dissolver. Não ocorre nenhuma emulsão.

Depois, a mistura das claras é despejada no centro da emulsão para criar a massa aerada. A rotação é controlada para monitorar a mistura e é introduzido ar para auxiliar na formação da emulsão. Depois que as claras forem misturadas, devem ser combinadas com a massa usando o *static mixer*, que é um tubo com lâmina espiral em seu interior (imagine uma cadeia de DNA) que gira, misturando as duas partes conforme forem adicionadas. Na medida em que a massa sai do *static mixer*, já pode ser colocada em uma forma, máquina depositora, funil, ou forno tunelado (com esteira interna), diretamente em superfície desenhada especialmente para assar (particularmente bolinhos com geleia).

FORNOS

Uma vasta seleção de fornos pode ser usada para o preparo de bolos, incluindo fornos giratórios, de convecção, de *rack*, com *deck* e os fornos tunelados. Devem ser feitas considerações especiais para cada tipo de forno, pois tempo de cozimento e temperaturas variam de forno para forno.

ORIENTAÇÕES GERAIS PARA PREPARO E COCÇÃO DE BOLOS

Há algumas regras para preparo e cocção de bolos que, se forem seguidas, podem ajudar a obter maior sucesso com o produto final. Tanto a mistura do bolo como o seu cozimento requerem bastante atenção a detalhes, assim como exigem um método de controle na preparação dos ingredientes e dos equipamentos.

PESAGEM

Todos os ingredientes devem ser pesados antes de começar qualquer tipo de preparo. Qualquer preparação necessária de ingredientes, incluindo peneirar e aquecer, deve ser completada. Esta organização permitirá que o processo de preparo seja acompanhado com maior atenção.

A PREPARAÇÃO DAS FORMAS, O PREPARO E A PRODUÇÃO

Antes de iniciar o preparo, todas as assadeiras e formas devem estar prontas para ser preenchidas e levadas para o forno. Formas para bolos com alto teor de gordura devem ser vaporizadas com óleo antiaderente e as bases devem ser cobertas com papel manteiga. As formas de bolos espumosos não devem ser vaporizadas, mas deve-se colocar um círculo de papel-manteiga na base.

Embora as orientações para a mistura variem consideravelmente conforme as fórmulas, há algumas considerações importantes tanto para os bolos com base em gordura como para os espumosos. Para bolos em base em gordura, é muito importante raspar a cuba conforme a mistura avance para garantir a incorporação homogênea dos ingredientes. Para os bolos com base em espuma é essencial bater os ovos, ou seus derivados, no estágio correto e adicionar os ingredientes secos lentamente, de forma eficiente e completa.

Ao preencher as formas com a massa é recomendável pesar as porções para manter os produtos uniformes. Um sistema de preenchimento de formas semiautomático é bastante útil para dosar as porções de massa, especialmente em padarias que produzem muitos bolos. Nesse caso, as porções são feitas por volume. Depois que a massa for pesada, deve ser espalhada de maneira a ser distribuída homogeneamente. Após toda a distribuição da massa, o bolo deve ser rapidamente levado ao forno e da maneira mais eficiente possível.

COCÇÃO

Uma das primeiras medidas a ser tomada ao fazer bolos é pré-aquecer o forno. É também muito importante assá-lo na temperatura correta considerando o tipo e o tamanho. Como regra, bolos pequenos requerem temperaturas mais altas e tempo mais curto. Quanto maior for o bolo, mais baixa a temperatura e mais logo o tempo de cocção.

A temperatura e o tempo de cocção vão afetar o nível de reação dos ácidos fermentativos. Fermentos de dupla ação agem em dois estágios. O primeiro estágio produz um ácido fermentativo de ação rápida, normalmente o fosfato monocálcico (FM) e dióxido de carbono durante a mistura. O segundo, produz um fermento de ação lenta como o pirofosfato do ácido do sódio (PAS) ou o fosfato de alumínio e sódio (FAS). Estes precisam de uma temperatura de pelo menos 41 °C a 43 °C para reagir. Se a massa não atingir essa temperatura rapidamente, uma crosta se formará impedindo a expansão adequada. O mesmo efeito pode ocorrer se o forno estiver com temperatura muito alta, criando uma crosta de cor escura na base e no topo do bolo. O nível de reação é o tempo que o ácido fermentativo leva para produzir 60% de seu gás em relação à temperatura.

É necessário espaço suficiente no forno entre as formas para promover uma circulação uniforme de ar e um cozimento homogêneo. O vapor pode ser utilizado para bolos com alto teor de gordura e para os cremosos para permitir uma expansão melhor ao manter a superfície macia, mas jamais deve ser usado para bolos espumosos.

Depois que o bolo estiver assado, é fundamental que seu cozimento não seja verificado antes do tempo. Abrir a porta do forno, ou mover a forma prematuramente, pode fazer que o bolo murche, se a proteína e o amido ainda não estiverem gelatinizados. É impossível determinar um tempo específico para o cozimento completo, uma vez que alguns bolos podem ser como os *biscuits jaconde* que assam em 7 minutos, enquanto outros podem levar 25 minutos.

É importante testar o cozimento antes que os bolos sejam retirados do forno. Movimentá-los demais antes de finalizar o cozimento pode diminuir o volume e danificar seu interior. Ao testar o cozimento de um bolo é importante observar o seguinte:

- Leve contração das laterais da forma em bolos com alto teor de gordura.
- Textura de certa forma elástica quando pressionado levemente com o dedo devido ao miolo mais aberto e estabilizado.
- Coloração adequada na superfície.
- O instrumento para testar o cozimento retorna limpo depois de inserido no meio do bolo.

COCÇÃO EM REGIÕES DE ALTITUDES ELEVADAS

Em áreas de altitudes elevadas ocorrem alterações no cozimento, pois a pressão atmosférica é mais baixa que no nível do mar. Nessas regiões, é mais difícil que o bolo cresça durante o cozimento. Produtos preparados com fermento para pão, por exemplo, podem ser facilmente controlados ao ter sua quantidade diminuída. Os bolos, por sua vez, precisam de um pouco mais de atenção por ter estrutura mais frágil que a da massa de pão. Para massas de pão com ovos, um aumento na quantidade de ovos pode ajudar a manter a estrutura com uma quantidade de proteína adicional. Para bolo espumoso e *génoise*, que contêm muitos ovos, o cozimento nessas regiões não é um problema, como ocorre com o método cremoso, de alta proporção e cremoso modificado.

Em regiões com altitudes maiores que 600 metros, o fermento químico, o bicarbonato de sódio e o cremor de tártaro devem ser reduzidos em 15% e, conforme a altitude se eleva, aumentados entre 5% e 8% a cada 300 metros.

Quaisquer bolos com gordura liquida ou gordura hidrogenada com emulsificantes devem reduzir seu tempo de mistura em 40%. Os ovos devem ser reduzidos de 4% a 10% do seu peso indicado na fórmula. A água também deve ser reduzida na mesma proporção. A temperatura de cozimento deve ser aumentada para ajudar a manter a cor e consolidar as proteínas mais rapidamente.

RESFRIAMENTO E ARMAZENAMENTO

As técnicas adequadas de resfriamento e de armazenamento são muito importantes para a qualidade do produto. Se o bolo for deixado na forma para esfriar, vai suar e o excesso de água será absorvido pelo bolo. Por sua vez, uma assadeira muito quente pode ressecar bastante as massas mais finas como o *biscuit jaconde* depois de assadas. Depois que o bolo resfriar completamente, pode ser embalado em filme plástico. Se o produto for embalado ainda morno, a umidade contida no bolo, com a temperatura morna, pode tornar o ambiente propício a mofo e crescimento de bactérias. A superfície se tornará pegajosa e a aplicação da cobertura se tornará mais difícil.

Bolos preparados pelo método cremoso e com alto teor de gordura devem ser desenformados entre 10 e 15 minutos depois de retirados do forno e ser resfriados em temperatura ambiente antes de serem embalados. Bolos feitos em assadeiras grandes devem ser transferidos para os *racks* para resfriarem de modo rápido e uniforme.

As assadeiras para *jaconde* e *génoise* devem ser transferidas para assadeiras em temperatura ambiente para evitar excesso de ressecamento. O bolo anjo e o *chiffon* devem esfriar na forma, que deve ficar invertida, com circulação de ar suficiente. Ao ser retirado da forma, deve ser colocado em superfície limpa, lisa e fria, ou em *rack*.

Os bolos sempre devem ser bem vedados ao serem embalados e armazenados. Aqueles sem decoração, que podem ser armazenados por até um mês no freezer, se forem adequadamente embalados, devem ser rotulados e datados. Para assegurar a qualidade dos produtos, o estoque deve passar por rodízio regularmente.

BOLOS COM ALTO TEOR DE GORDURA

Os bolos com alto teor de gordura são caracterizados por altos níveis de gordura como manteiga ou gordura emulsificada em forma sólida ou líquida. O método normal de mistura para bolos com manteiga é o método cremoso, que incorpora ar na massa. Para bolos com gordura líquida, o uso do batedor incorpora ar em uma massa mais fluida. Ao misturar bolos com alto teor de gordura, o passo mais importante é raspar a cuba três ou quatro vezes para garantir a incorporação completa dos ingredientes e uma mistura bem emulsificada.

PREPARO DE BOLO: MÉTODO CREMOSO

Os bolos feitos com o **método cremoso** estão baseados na ação principal de bater a manteiga e o açúcar juntos, um processo similar ao método cremoso para biscoitos. Esse método também pode ser o mais desafiador, especialmente se for um bolo somente de manteiga. Gorduras sólidas alternativas, como as gorduras emulsificantes (alto teor), normalmente são adicionadas a esse tipo de bolo. Emulsificantes são também usados para acrescentar estabilidade à emulsão de ingredientes. Se a intenção é preparar um bolo somente com manteiga, será preciso atenção a alguns detalhes, incluindo a temperatura dos ingredientes, a velocidade e o nível de incorporação.

Procedimento para o método cremoso

- Pesar todos os ingredientes e mantê-los em temperatura ambiente.
- Bater a gordura até amaciar e, então, adicionar o açúcar. Misturar até atingir uma textura leve e sedosa. Raspar o excesso nas laterais da cuba.
- Se for necessário usar chocolate, acrescentá-lo durante o estágio de mistura da manteiga e do açúcar.
- Adicionar os ovos gradualmente (Ver o Método cremoso, Figura 7-3, Etapa 1). Bater até atingir uma textura leve e sedosa. Raspar as bordas da cuba.
- Acrescentar os ingredientes secos peneirados e líquidos adicionais nos estágios indicados.
- Acrescentar os ingredientes em quatro momentos (Ver Método cremoso, Figura 7-3, Etapa 2).
- Adicionar os ingredientes líquidos em três momentos.
- Sempre adicionar primeiro os ingredientes secos, a seguir acrescentar os líquidos (Ver Método cremoso, Figura 7-3, Etapa 3).
- Sempre terminar a mistura com a última porção de ingredientes secos. Raspar as laterais da cuba e da paleta e juntar ao restante da mistura (Ver Método cremoso, Figura 7-3, Etapa 4).

Preparação da forma e produção para o método cremoso

As formas para bolos preparados com o método cremoso devem ser vaporizadas com *spray*[3] antiaderente ou untadas com uma mistura de manteiga e farinha. A seguir, o papel-manteiga cortado em círculo deve ser colocado na base da forma para garantir que o bolo se solte com facilidade depois de assado. Para a produção de bolo, algumas padarias usam formas de papel semelhantes às de *cupcakes*. Elas cobrem a base e as laterais da forma. Ao adotar esse recurso, evitam untar e limpar as formas. Além disso, os bolos ficam protegidos e podem ser congelados sem necessidade de embalá-los. A massa de bolo deve ser depositada por peso nesse método. Depois de colocar a massa na forma, a superfície deve ser nivelada. Para esses bolos, a massa normalmente alcança mais da metade da altura da forma para um bolo de 5 cm.

PREPARO DE BOLO: MÉTODO CREMOSO MODIFICADO

O **método cremoso modificado** tem os mesmos princípios do método cremoso, mais o acréscimo de merengue batido até o pico leve. Essa adição possibilita um crescimento adicional ao bolo e cria um produto final mais leve. Após a adição do merengue, a massa deve ser colocada nas formas já preparadas e levada ao forno imediatamente.

PREPARO DE BOLO: MÉTODO DE ALTA PROPORÇÃO

Os **bolos de alta proporção** são caracterizados pela alta proporção de açúcar e de ingredientes líquidos em relação à farinha. Esses bolos levam gorduras especiais com emulsificantes adicionados para ajudar a emulsificar a grande quantidade de ingredientes líquidos e de gordura. O procedimento para a mistura de bolos de alta proporção começa por envolver todos os ingredientes secos com a gordura e, então, misturar lentamente os componentes líquidos. É muito impor-

---

[3] Tipo de óleo em *spray* para uso culinário, mas pode ser substituído por óleo de soja aplicado em camada fina. (NRT)

PARTE 4: PÂTISSERIE

FIGURA 7-3
MÉTODO CREMOSO

Depois que a manteiga e o açúcar forem batidos até um estágio leve e sedoso, adicionar gradualmente os ovos batidos em etapas. Raspar a cuba depois de cada incorporação.

Acrescentar os ingredientes peneirados em quatro estágios.

Adicionar os ingredientes líquidos em três estágios, alternando com os ingredientes secos; raspar a cuba e usar a paleta ocasionalmente.

Depositar a mistura, depois de pronta, nas formas já preparadas.

tante observar o tempo de mistura e raspar as laterais da cuba no procedimento de mistura dos bolos de alta proporção. A mistura ocorre em diferentes velocidades e o tempo deve ser monitorado para o controle de qualidade e consistência.

Procedimento para o método de alta proporção

- Pesar todos os ingredientes e mantê-los em temperatura ambiente.
- Adicionar os ingredientes secos peneirados (com exceção do açúcar) na cuba e acrescentar a gordura emulsificada (Ver Método de alta proporção, Figura 7-4, Etapa 1).
- Bater por 2 minutos em velocidade baixa, raspar as laterais da cuba. Continuar a bater por mais 2 minutos em velocidade baixa. Raspar as laterais.
- Adicionar o açúcar e parte do leite ou água. Bater por 4 minutos em baixa velocidade. Raspar a cuba diversas vezes (Ver Método de alta proporção, Figura 7-4, Etapa 2).
- Combinar o restante dos ingredientes líquidos com os ovos e adicionar à mistura em três estágios (Ver Método de alta proporção, Figura 7-4, Etapa 3).
- Raspar as laterais da cuba entre cada adição.
- A fase final da mistura deve durar aproximadamente 5 minutos.
- Colocar a massa, por peso, em formas untadas, forradas com papel, e encher até a metade. Assar imediatamente (Ver Método de alta proporção, Figura 7-4, Etapa 4).

PREPARO DE BOLO: MÉTODO DA GORDURA LÍQUIDA

O desenvolvimento de **gordura líquida** (parcialmente hidrogenada) com emulsificantes adicionados tem sido uma vantagem para produtores de bolos que usam gorduras hidrogenadas para as bases de seus bolos. Essas gorduras se dispersam rápida e facilmente por toda a massa, mas requerem atenção especial ao tempo e ao grau de mistura. Ao ser batida, a massa incorpora ar, que acaba atuando como fator de crescimento adicional.

Procedimento para o método de gordura líquida

- Colocar todos os ingredientes líquidos na batedeira com o batedor globo.
- Adicionar os ingredientes secos peneirados sobre os ingredientes líquidos.
- Misturar em velocidade baixa por 1,5 minuto ou até que todos os ingredientes estejam misturados.
- Bater em velocidade alta por 4 minutos.
- Raspar as laterais da cuba muito bem.
- Bater em velocidade média por 3 minutos.
- Colocar na forma untada e forrada com papel-manteiga até a metade da forma e assar imediatamente.

Observação: É recomendável obter informação técnica sobre a gordura hidrogenada com relação ao tempo de mistura. Esse tempo está relacionado aos emulsificantes contidos na gordura.

BOLOS COM BASE EM ESPUMA

Os bolos com base em espuma são feitos com derivados de ovos batidos, que têm o efeito de crescimento, produzindo uma massa leve. Ovos inteiros, gemas e claras, podem ser usados separadamente ou em combinação. Para informação específica sobre manuseio de ovos e espumas feitas corretamente, consultar a explanação sobre espuma de ovos no Capítulo 8. Ao fazer bolos com base em espuma, a *mise-en-place* deve estar preparada, pois não pode haver interrupção no procedimento. O planejamento prévio vai garantir que as espumas sejam processadas rapidamente e que a qualidade do bolo não sofra interrupções durante os vários estágios de mistura, preparação e cozimento.

BOLOS COM BASE EM ESPUMA: MÉTODO ESPUMOSO BÁSICO

O método básico para a espuma é usado para fazer o **bolo espumoso** (pão de ló), normalmente chamado *génoise*. Variações incluem a espuma com manteiga ou com leite e manteiga. Os bolos com base em espuma são caracteristicamente mais secos que aqueles com alto teor de gordura, e alguns consumidores acham que ele tem sabor excessivo de ovos. Em geral, é utilizado para bolos de estilo mais europeu, e a textura seca pode ser corrigida com o acréscimo de uma calda leve durante a montagem do bolo.

Procedimento para o método espumoso básico

- Pesar todos os ingredientes e peneirá-los.
- Combinar os ovos inteiros com o açúcar e aquecê-los em banho-maria durante a mistura.
- Bater em velocidade média a alta até o ponto de fita. Acrescentar aromatizantes ao final desse estágio (Ver Método espumoso básico, Figura 7-5, Etapa 1).
- Delicadamente, acrescentar os ingredientes secos peneirados (Ver Método espumoso básico, Figura 7-5, Etapa 2).
- Colocar a massa em forma forrada com papel, cobrindo três quartos da forma de 5 cm de altura. Assar imediatamente (Ver Método espumoso básico, Figura 7-5, Etapa 3).
- Esfriar o bolo com a forma invertida, pois esse tipo de bolo tende a murchar. Esse aspecto pode variar dependendo da qualidade da farinha usada.
- Remover o bolo da forma e, se não for consumido fresco, pode ser armazenado para uso futuro.

FIGURA 7-4 MÉTODO DE ALTA PROPORÇÃO

1 Peneirar os ingredientes secos, exceto o açúcar. Colocar na batedeira com a gordura emulsificada.

2 Misturar conforme indicado; raspar as laterais da cuba e a paleta ocasionalmente. Adicionar o açúcar e o leite na cuba; continuar misturando.

3 Combinar o restante do líquido e os ovos, e acrescentar à cuba em três estágios durante a mistura. Raspar as laterais da cuba depois de cada adição.

4 Colocar a massa finalizada em formas já preparadas.

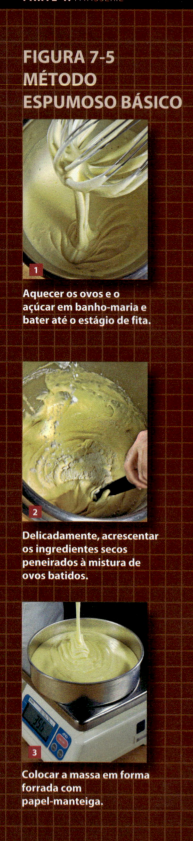

FIGURA 7-5
MÉTODO ESPUMOSO BÁSICO

1. Aquecer os ovos e o açúcar em banho-maria e bater até o estágio de fita.

2. Delicadamente, acrescentar os ingredientes secos peneirados à mistura de ovos batidos.

3. Colocar a massa em forma forrada com papel-manteiga.

BOLOS COM BASE EM ESPUMA: VARIAÇÕES DO BOLO ESPUMOSO

As duas principais variações do bolo espumoso levam líquido adicional aumentando a umidade, amaciando o miolo e enriquecendo o sabor. Deve-se ter atenção ao incorporar esses ingredientes para evitar tempo excessivo de mistura da massa.

Método espumoso com manteiga

Seguir o mesmo procedimento para o método básico com os ingredientes secos. Acrescentar, então, a manteiga derretida misturando completamente, tomando o cuidado para não misturar excessivamente. Continuar o procedimento o mais rápido possível e da mesma maneira que no método espumoso básico.

Método espumoso com manteiga e leite quente

Misturar o leite e a manteiga. Adicionar o leite e a manteiga à mistura básica de espuma em três estágios depois de incorporar a farinha. Atenção para não misturar em excesso.

BOLOS COM BASE EM ESPUMA: MÉTODO ESPUMOSO COM OVOS SEPARADOS

O **método espumoso com ovos separados** combina o extremo poder de leveza das claras com o lado nutritivo e mais compacto criado pelos ovos inteiros e pelas gemas. Os ovos inteiros e as gemas são usados na base da espuma e fornecem alto nível de gordura, o que dá um sabor complexo a esse tipo de bolo. É importante não bater as claras em excesso, ou de menos, pois isso poderá afetar muito seu volume. O alto teor de açúcar e de gordura desses bolos garante uma textura macia e os torna úteis também para rocamboles ou bolos que precisem ser enrolados.

Ao espalhar a espuma com ovos separados para rocambole na forma, é importante não manusear muito a massa, pois ela poderá perder volume. A massa deve ser espalhada antes no sentido do comprimento, e depois no da largura.

Procedimento para o método espumoso com ovos separados

- Pesar todos os ingredientes e mantê-los em temperatura ambiente. Peneirar os ingredientes secos.
- Bater os ovos inteiros e o açúcar em ponto de fita.
- Bater as claras e o açúcar a um pico de leve a firme.
- Acrescentar as claras à mistura de ovos (Ver Método espumoso com ovos separados, Figura 7-6, Etapas 1-2).
- Delicadamente, adicionar os ingredientes secos peneirados. Não misturar em excesso (Ver Método espumoso com ovos separados, Figura 7-6, Etapa 3).

FIGURA 7-6 MÉTODO ESPUMOSO COM OVOS SEPARADOS

- Colocar a massa em formas forradas de silicone e assar imediatamente.
- Depois de assado, transferir o bolo para uma superfície fria para evitar o ressecamento excessivo.
- Usar em seguida, ou armazenar no freezer, coberto, para uso futuro.

1 Bater os ovos inteiros e o açúcar até o estágio de fita e preparar o merengue com pico leve a firme. Acrescentar o merengue à mistura de ovos inteiros em estágios.

2 Combinar ambos delicadamente.

3 Acrescentar os ingredientes secos peneirados delicadamente, cuidando para não misturar em excesso.

BOLOS COM BASE EM ESPUMA: MÉTODO *BISCUIT JACONDE*

O **método *biscuit jaconde*** é uma variação do método espumoso com ovos separados. É caracterizado pela adição de farinha de castanhas à massa, bem como um desenho que é aplicado por meio de uma massa grossa. O *biscuit jaconde* normalmente é assado em formas finas ou assadeiras. A farinha de castanhas pode ser de qualquer tipo de oleaginosa, mas a favorita é a farinha de amêndoas pelo seu sabor e textura.

A farinha de amêndoas normalmente é acompanhada por **tant pour tant (TPT)**, que é composta por uma parte de farinha de amêndoas e outra de açúcar refinado (embora neste livro, todas as preparações de TPT requeiram açúcar impalpável). A parte do bolo com desenho é criada com uma matriz, que usa uma massa densa (*pâte à décor*) sobre uma placa de silicone. Pode ser usado papel-manteiga, mas a massa tende a se distorcer, criando marcas durante o cozimento e deformando o bolo. A seguir, a cobertura com o desenho impresso é congelada para se consolidar e a massa é colocada na forma e espalhada com uma espátula. Os desenhos aderem ao bolo durante o cozimento e formam uma superfície com o desenho.

O TPT é, então, batido com os ovos inteiros e as claras são batidas separadamente com açúcar adicional até o pico leve. Depois que ambas as espumas atingirem seu volume pleno, as claras são mescladas na base de ovos e amêndoas e, a seguir, a farinha é adicionada. A manteiga amaciada é adicionada, às vezes, à base de ovos inteiros.

Procedimento do método *biscuit jaconde*

- Pesar todos os ingredientes e mantê-los em temperatura ambiente.
- Preparar a mistura básica para decorar as placas de silicone (Ver Opções de desenho do *biscuit jaconde*, Figura 7-7).

FIGURA 7-7 OPÇÕES DE DESENHO DO *BISCUIT JACONDE*

1 Opção 1: Pincelar uma pequena porção de *pâte à décor* amaciada sobre uma placa de silicone.

2 Opção 2: Espalhar uma camada fina de *pâte à décor* em uma placa de silicone.

3 Usando um pente, criar um padrão decorativo.

- Combinar o TPT, ovos inteiros e gemas.
- Bater a mistura de ovos em alta velocidade até triplicar o volume.
- Preparar merengue em pico leve a firme com claras e açúcar refinado.
- Adicionar as claras na mistura dos ovos inteiros e acrescentar a farinha nessa mistura.
- Colocar a massa em porções uniformes nas formas com o desenho e assar (Ver Método *biscuit jaconde*, Figura 7-8).

BOLOS COM BASE DE ESPUMA: MÉTODO *CHIFFON*

Bolos feitos com o **método *chiffon*** crescem com o ar das claras batidas, além do fermento químico. O *chiffon* sempre contém óleos neutros, o que produz um bolo de textura macia. O procedimento em dois estágios é feito primeiro para criar uma mistura dos ingredientes líquidos e secos; então as claras são batidas e misturadas à base. O óleo nessa fórmula produz um miolo bastante tenro.

Em razão de o miolo do *chiffon* ser tão macio, o bolo não pode ser removido da forma logo que sai do forno. É importante que as formas não sejam untadas para que o bolo cole na base e não murche durante o tempo de resfriamento. Por esse mesmo motivo é deixado para resfriar com a forma invertida. Para retirar o bolo da forma, usar uma espátula em torno das bordas, inverter a forma e bater um pouco para ajudar a remover o bolo.

Procedimento para o método *chiffon*

- Pesar todos os ingredientes e mantê-los em temperatura ambiente, peneirar os ingredientes secos.
- Colocar os ingredientes secos em uma cuba e bater em velocidade média com globo. Acrescentar o óleo e as gemas e, então, acrescentar a água e os aromatizantes. Raspar as bordas diversas vezes para garantir uma mistura homogênea. Não misturar em excesso (Ver Método *chiffon*, Figura 7-9, Etapas 1-2).
- Bater as claras e o restante do açúcar até um pico leve a firme.
- Misturar o merengue à base do bolo (Ver Método *chiffon*, Figura 7-9, Etapas 3-4) e colocar a massa em forma, sem untar. Assar imediatamente (Ver Método *chiffon*, Figura 7-9, Etapa 5).

FIGURA 7-8 MÉTODO *BISCUIT JACONDE*

1. Depois de preparar a massa do *biscuit jaconde*, colocá-la sobre as placas de silicone preparadas.

2. Espalhar a massa uniformemente.

3. Depois de assado, o *biscuit* deve ser virado sobre papel assim que resfriar ligeiramente.

- Resfriar o bolo com a forma invertida. Remover da forma e usar em seguida, ou congelar, bem embalado, até quando necessário.

BOLOS COM BASE EM ESPUMA: MÉTODO DO BOLO ANJO

O **método do bolo anjo** é assim chamado pela brancura de seu interior e pela leveza de sua textura. Os três ingredientes básicos são açúcar, claras e farinha; outros ingredientes como sal, aromatizantes e ácido tartárico também são normalmente usados. Os aromatizantes podem variar de chocolate aos cítricos até especiarias. É necessário acrescentar um ingrediente ácido como o ácido tartárico para fortalecer a espuma de ovos, para prevenir que ela murche durante e após o cozimento, e também para branquear e amaciar o interior do bolo (Pyler, 1988, p. 1003-1004). As claras devem estar sem contaminantes, especialmente aqueles que contenham gordura e todo o equipamento deve estar limpo. Pelo fato de o bolo anjo conter grande proporção de açúcar em relação à farinha, a espuma de ovos é feita com a metade da quantidade de açúcar, e o restante do açúcar é adicionado à espuma de ovos junto com a farinha peneirada. A organização do tempo é fundamental no preparo do bolo anjo e é muito importante levá-lo ao forno o mais rapidamente possível.

Procedimento para o método do bolo anjo

- Pesar todos os ingredientes e mantê-los em temperatura ambiente. Peneirar a farinha com metade do açúcar.
- Bater as claras até formar uma espuma. Adicionar o cremor de tártaro e o sal. Quando atingir o pico leve, acrescentar o restante do açúcar lentamente até alcançar o pico leve-médio. Não bater em excesso.
- Acrescentar, lentamente, o açúcar e a farinha peneirados (Ver Método do bolo anjo, Figura 7-10, Etapa 1).
- Colocar a massa em formas de bolo afuniladas sem gordura e assar imediatamente (Ver Método do bolo anjo, Figura 7-10, Etapas 2-3).
- Depois de assados, inverter as formas e deixá-los esfriar.
- Remover das formas depois de frios.

FIGURA 7-9 MÉTODO CHIFFON

FIGURA 7-10 MÉTODO DO BOLO ANJO

PREPARO DE BOLO DE NÍVEL AVANÇADO

Muitos padeiros e confeiteiros misturam e assam bolos todos os dias sem problemas. Entretanto, se o local e os ingredientes mudam os resultados finais possivelmente vão mudar também. As variações que podem afetar a qualidade dos bolos incluem o tipo de forno usado, a qualidade dos ingredientes e a temperatura ambiente. As orientações para monitorar a mistura de bolo incluem o controle de temperatura, do pH e a gravidade específica da massa. O registro dessas informações pode ajudar a melhorar a qualidade dos bolos, já que o padeiro ou o confeiteiro podem comparar os resultados da mistura em diferentes momentos.

SOLUÇÃO DE PROBLEMAS NA PRODUÇÃO DE BOLOS

Usar a Figura 7-11 como suporte para solucionar problemas apresentados.

Figura 7-11 Características do bolo e problemas apresentados.

Características	Causas
Volume e forma	
O bolo não cresceu suficientemente	▶ Pouco fermento ou fermento vencido ▶ Muito líquido ou pouca farinha ▶ O forno não estava quente o suficiente ▶ O forno muito quente consolidou o bolo antes que pudesse crescer ▶ A gordura e o açúcar não foram batidos suficientemente
O bolo apresenta um formato não uniforme	▶ A massa não foi espalhada uniformemente ▶ O calor do forno não era uniforme ▶ Os *racks* do forno estavam desnivelados ▶ A forma estava entortada
O bolo apresenta furos grandes	▶ O fermento não foi espalhado na massa uniformemente, criando bolsas de gás ▶ A massa foi excessivamente misturada
Bolo de espuma de ovos murchou	▶ Muito ar ou muito pouco ar incorporado na espuma de ovos
Coloração da crosta	
Crosta muito escura	▶ Temperatura do forno muito alta ▶ Tempo de cozimento muito longo ▶ Excesso de açúcar na massa
Crosta muito clara	▶ Temperatura do forno muito baixa ▶ Tempo de cozimento não suficiente ▶ Pouco açúcar adicionado à massa
Crosta pegajosa	▶ Tempo de cozimento não suficiente ▶ O bolo foi resfriado na forma sem ventilação suficiente ▶ O bolo foi embalado antes de esfriar
Crosta aberta ou quebrada	▶ Muita farinha ou pouco líquido ▶ Farinha muito forte ▶ A massa não foi misturada corretamente ▶ Temperatura do forno muito alta
Textura	
Bolo pesado e denso	▶ Pouco fermento ▶ Muito líquido ou pouca farinha ▶ Muito açúcar ou muita gordura ▶ A temperatura do forno não estava suficientemente alta
Bolo se espedaça e se esfarela	▶ Farinha muito fraca ▶ Muito açúcar ou muita gordura ▶ A massa não foi misturada adequadamente ▶ O bolo foi retirado da forma ainda quente
Bolo duro	▶ Farinha muito forte ▶ Muita farinha ▶ A massa foi misturada em excesso ▶ Pouca gordura e pouco açúcar
Sabor	
Bolo sem sabor	▶ Baixa qualidade dos ingredientes ▶ Fórmula não proporcional

TEMPERATURA DA MASSA

A temperatura da massa afeta a viscosidade, que, por sua vez, afeta tanto a aeração quanto a estabilidade do produto. Para alcançar o melhor volume, a massa deve estar na temperatura adequada. A temperatura da gordura, por exemplo, em bolos com base em gordura, afeta a quantidade de ar que pode ser incorporada na massa. Baixas temperaturas inibem a incorporação de ar e produzem uma massa mais dura. E, ao contrário, temperaturas mais altas derretem a gordura e tornam a massa muito fluida, inibindo sua capacidade de manter a emulsão dos ingredientes líquidos, ar e gordura. A temperatura também vai afetar o fermento e o gás produzido durante o primeiro estágio de mistura, especialmente se o fermento usado for o de dupla ação.

Controlar a temperatura da massa

Para controlar a temperatura da massa, o confeiteiro deve saber as temperaturas de todos os ingredientes principais da massa e o fator de fricção da mistura, devendo ajustar a temperatura dos ingredientes líquidos para compensar. Exceto se a mistura do bolo for realizada em um ambiente de temperatura controlada, a temperatura dos principais ingredientes líquidos e a temperatura da preparação poderá variar ao longo do ano. A temperatura dos ingredientes no sistema de massa pode variar com o clima.

A equação na próxima seção pode servir como orientação básica para determinar a temperatura final da massa, já que todas as fórmulas têm quantidades variáveis de ingredientes e de tempo de mistura. Outra medida é registrar todas as informações sobre mistura de bolo para entender a relação entre tempo de mistura, temperatura dos ingredientes e qualidade final.

Fatores que afetam o cálculo da temperatura da massa

Os principais fatores que afetam o cálculo da temperatura da massa incluem:

- TF (temperatura da farinha)
- TAm (temperatura ambiente)
- TAg (temperatura da água)
- TG (temperatura da gordura)
- TO (temperatura dos ovos)
- TAç (temperatura do açúcar)
- TDM (temperatura desejada da massa)
- TRM (temperatura real da massa)
- FF (fator de fricção)

Para determinar a temperatura dos ingredientes líquidos, precisamos saber o fator de fricção para avaliar a quantidade de calor a ser produzida durante a mistura.

$$FF = (6 \times TRM) - (TAm + TF + TAg + TG + TO + TAç)$$

A seguir, a temperatura desejada da água precisa ser calculada:

$$TAg = (6 \times TDM) - (TAm + TF + FF + TG + TO + TAç)$$

A temperatura ajustada da água, ou outro ingrediente liquido importante, vai levar a temperatura da massa a um grau desejado. Se a temperatura da água estiver muito baixa, combiná-la com a temperatura dos ovos (TO) e, então, multiplicar por somente 5 fatores.

pH DA MASSA DE BOLO

Para o desenvolvimento físico e sabor adequados, os bolos precisam de um pH equilibrado. Essa medida de componentes ácidos e básicos é avaliada em uma escala de 0 a 14, em que 0 indica extrema acidez e 14, extrema alcalinidade. A água pura é neutra, ou nível 7.

O pH da massa do bolo pode ser a tarefa mais difícil de monitorar sem os instrumentos específicos. No entanto, se a produção de bolos continuar a apresentar problemas, é importante verificar o pH, pois alterações neste podem afetar a estrutura e a cor do miolo, o sabor e o volume. O pH baixo num bolo produz sabores ácidos e uma textura mais fina, além da redução do tamanho do miolo e do volume do bolo. Se o pH for muito alto, o bolo terá um sabor químico acentuado, o miolo terá furos grandes e textura rústica, o volume será maior e a parede de células será mais grossa (Pyler, 1988, p. 998-999).

Controle do pH

Na massa de bolo o pH é controlado ao ajustar os fermentos. Se o pH estiver muito ácido, é necessário baixar o nível dos fermentos; se o pH estiver muito alcalino, a quantidade de bicarbonato de sódio deve ser diminuída. Manter o equilíbrio do fermento químico na massa do bolo é fundamental, do contrário ele poderá não reagir durante o cozimento, o que vai resultar em um sabor desagradável.

O pH desejado na massa deve ser neutro ou levemente ácido. Algumas exceções incluem o bolo anjo, que é mais ácido devido ao fermento (1,75% com base nas claras) e no *Devil's food cake*, que é mais alcalino (de 8,8 a 9,2 pH) para realçar o sabor e às vezes a cor (Pyler, 1988, p. 999). Para medir o pH, partes iguais de bolo e de água destilada (em torno de 10 g de bolo e 10 g de água destilada) são misturadas até formar uma pasta. O pH é, então, medido com o medidor de pH por três vezes para obter uma média dos resultados (estes podem variar em razão das mudanças na temperatura da pasta).

Os ingredientes principais e agentes de fermentação química determinam o pH da massa. Aqueles que possuem efeito neutro incluem o açúcar branco, gorduras e agentes químicos balanceados, como fermento em pó. Os ingredientes com efeito redutor (mais ácidos) inclui sucos de frutas, creme de leite, leite e a manteiga. Aqueles que aumentam o pH (mais alcalinos) incluem o bicarbonato de sódio, o cacau em pó (natural ou holandês) e ovos (Pyler, 1988, p. 999).

GRAVIDADE ESPECÍFICA

A **gravidade específica (GE)** é a medida de diversos itens e a comparação de suas densidades em relação ao peso por volume. No processo de mistura do bolo, a gravidade específica é a medida da incorporação de ar na massa, que é comparada por volume e peso ao mesmo volume e peso da água dividida pelo peso da água. Na Europa, a gravidade específica é realizada por um método diferente, conhecido como "densidade da massa". É calculado a partir do peso em gramas por milímetro de massa.

A quantidade de ar incorporado na massa tem um efeito importante nas características do bolo, como maciez, granulação, textura e volume. As massas de bolos com mistura excessiva, por exemplo, são frágeis, quebram facilmente ou apresentam fendas e podem ter o topo muito elevado (Pyler, 1988, p. 998). Calcular a gravidade específica por meio da fórmula do bolo pode ajudar a determinar o melhor tempo de mistura. A gravidade específica é normalmente calculada durante o processo de mistura para o método cremoso, um pouco antes de adicionar o restante dos ingredientes líquidos como ovos ou água. Ao adotar esse método, é possível aumentar o tempo de mistura antes de adicionar o líquido, ou reduzir o tempo de mistura depois de adicionar os líquidos. Quanto mais ar for incorporado na massa, menor será a gravidade específica.

A gravidade específica é calculada ao dividir o peso de dado volume de massa pelo peso do mesmo volume de água. Ela afetará a textura do miolo e o nível de umidade do produto final se esse fator não for adequadamente considerado. É ainda mais importante avaliar a gravidade específica da massa ao usar fórmulas que contenham gorduras com emulsificantes.

Procedimento para calcular a gravidade específica

- Pesar uma xícara e ajustar a balança.
- Pesar a xícara cheia de água até a borda (sem deixar transbordar).
- Usar a mesma medida e pesar uma xícara cheia de massa até o topo (sem deixar transbordar).
- Dividir o peso da massa (PM) pelo peso da água (PA) para calcular a gravidade específica (GE):

$$PM : PA = GE$$

Exemplo: A gravidade específica recomendada para alguns tipos de bolo selecionados:

Bolo amarelo*:   0,725 a 0,750
Bolo de chocolate*: 0,750 a 0,780
Bolo espumoso: 0,420 a 0,480
Bolo *chiffon*:   0,600 a 0,680

* Baseado no uso da gordura líquida.

Ver as orientações na Figura 7-12.

Figura 7-12
Orientações para temperatura, gravidade específica e pH para tipos comuns de bolos.

Tipo de massa	°C	Gravidade específica	pH
Espumoso	33–34	0,46–0,48	7,3–7,6
Camada amarela	21–22	0,94–0,97	7,2–7,8
Camada branca	21–22	0,95–0,97	7,2–7,8
Bolo Devil	22–23	0,95–0,97	8,8–9,2
Bolo de creme azedo	15–16	0,83–0,85	6,6–7,1

FÓRMULA

BOLO MÁRMORE
(*MARBLE BUTTER CAKE*)

Atraentes formas sinuosas de chocolate entremeadas com a massa branca formam o desenho que dá ao bolo mármore seu nome. Para criar a aparência perfeita de mármore, é importante, ao combinar as massas, não misturá-las excessivamente; caso contrário, cada uma delas vai perder sua definição. O bolo mármore às vezes é finalizado com uma simples pulverização de açúcar impalpável ou pedacinhos de chocolate, mas também é delicioso servido sem cobertura.

Ingredientes	% do padeiro	Peso kg
Manteiga	60,00	0,358
Açúcar	83,00	0,495
Açúcar invertido	17,00	0,101
Ovos	72,00	0,429
Essência de baunilha	2,00	0,012
Farinha para bolo	70,00	0,417
Fécula de batata	30,00	0,179
Fermento químico	3,00	0,018
Bicarbonato de sódio	1,20	0,007
Sal	1,20	0,007
Leite	30,00	0,179
Creme azedo	31,00	0,185
Cacau em pó (amargo)	9,00	0,054
Creme azedo	10,00	0,060
Total	419,40	2,500

Produção: 5 bolos de 20 cm x 10 cm.

Procedimento

1. Peneirar a farinha, a fécula de batata e o fermento. Reservar.
2. Bater a manteiga com o açúcar até que fique cremosa. Acrescentar o açúcar invertido e depois os ovos e a baunilha.
3. Adicionar os ingredientes secos peneirados alternando com o leite combinado com o primeiro creme azedo.
4. Dividir a massa em duas partes: em uma delas colocar o cacau em pó e na outra, o segundo creme azedo.

5. Verter a massa uniformemente em formas untadas de 20 cm × 10 cm com 500 g em cada uma.
6. Girar a massa com uma faca ou espátula para criar o efeito do mármore.
7. Assar a 168 °C por 40 a 45 minutos ou até o testador voltar limpo depois de inserido no centro do bolo.

FÓRMULA

BOLO DE CREME AZEDO (*SOUR CREAM POUND CAKE*)

O bolo de creme azedo, que se acredita ser originário do nordeste da Europa, foi chamado de *pound cake* pelo fato de, antigamente, a fórmula indicar um *pound* de peso (453 g) para cada ingrediente como farinha, açúcar, manteiga e ovos. O resultado era um bolo muito denso, com sabor rico e amanteigado, mas também era difícil de misturar nos tempos em que preparar a mistura com as mãos era a única opção. O bolo de creme azedo atravessou inúmeras gerações nas cozinhas norte-americanas, lentamente mudando para versões mais leves que a original, mas ainda mantém a gratificante complexidade de sabor e a característica densidade.

Ingredientes	% do padeiro	Peso kg
Manteiga sem sal	94,25	0,463
Açúcar	106,19	0,521
Ovos	50,88	0,250
Essência de baunilha	3,10	0,015
Farinha para bolo	100,00	0,491
Fermento químico	2,65	0,013
Creme azedo	100,00	0,491
Sal	1,33	0,007
Total	458,37	2,250

Produção: 5 bolos de 20 cm × 10 cm.

Procedimento

1. Peneirar a farinha e o fermento. Reservar.
2. Bater a manteiga com o açúcar até obter um creme leve.
3. Lentamente acrescentar os ovos e a baunilha.
4. Acrescentar os ingredientes secos alternando com o creme azedo em baixa velocidade, começando e terminando com os ingredientes secos.

5. Colocar a massa em formas untadas, com 450 g em cada.
6. Assar a 163 °C em forno de convecção por 35 minutos ou até o testador voltar limpo depois de inserido no centro do bolo.

Variação do bolo de creme azedo com chocolate

Ajustes	% do padeiro	Peso kg
Reduzir a farinha para	75	0,368
Acrescentar cacau em pó	25	0,123
Acrescentar bicarbonato	2	0,010

Observação
Os novos pesos da farinha e do cacau se equivalem aqui a 100% para manter as percentagens acima.

Variação do bolo de creme azedo com baunilha

Ajustes	% do padeiro	Peso kg
Acrescentar fava de baunilha	—	2 unidades

Variação do bolo de creme azedo com limão

Ajustes	% do padeiro	Peso kg
Retirar a essência de baunilha	—	—
Acrescentar raspa de limão	2	0,010
Acrescentar suco de limão	6	0,029
Acrescentar bicarbonato	2	0,010

Variação do bolo de creme azedo com café

Ajustes	% do padeiro	Peso kg
Acrescentar pasta de café	13*	0,063

* A pasta de café é de 3% do peso total da manteiga.

Variação do bolo de creme azedo com pistache

Ajustes	% do padeiro	Peso kg
Reduzir açúcar	88	0,432
Acrescentar pasta de pistache*	14	0,069

*A qualidade e o tipo da pasta de pistache vão afetar a quantidade necessária.

Variação do bolo de creme azedo com chá verde

Ajustes	% do padeiro	Peso kg
Acrescentar chá verde em pó	3	0,015

FÓRMULA

BOLO DE CHOCOLATE PARA O CAFÉ (*CHOCOLATE BREAKFAST CAKE*)

A pasta de amêndoas neste bolo de chocolate intensamente aromatizado cria uma textura agradável e de complexidade excepcional. A adição de frutas cristalizadas e de amêndoas nesta sobremesa, já enriquecida, acrescenta um tom a mais de exuberância.

Ingredientes	% do padeiro	Peso kg
Pasta de amêndoas	50,00	0,169
Ovos	125,00	0,422
Manteiga	100,00	0,338
Açúcar	125,00	0,422
Leite	100,00	0,338
Farinha para bolo	100,00	0,338
Fermento químico	2,50	0,008
Cacau em pó	25,00	0,084
Farinha de amêndoas	25,00	0,084
Laranja cristalizada	25,00	0,084
Avelãs tostadas	25,00	0,084
Gotas de chocolate	37,50	0,127
Total	740,00	2,500

Produção: 5 bolos de 20 cm × 10 cm.

Procedimento

1. Peneirar a farinha, o fermento e o cacau em pó. Reservar.
2. Aquecer a pasta de amêndoas e bater com a paleta.
3. Adicionar gradualmente pequenas quantidades de ovos para amaciar a pasta.
4. Adicionar a manteiga e o açúcar lentamente, misturando depois de cada adição.
5. Acrescentar o restante dos ovos lentamente e misturar até ficar homogênea.
6. Adicionar o leite, e depois os ingredientes peneirados e a farinha de amêndoas até 50% da incorporação.
7. Adicionar a laranja cristalizada, as avelãs e as gotas de chocolate e misturar até a incorporação.
8. Colocar 500 g de massa em cada forma untada de 20 cm × 10 cm.
9. Assar em forno de convecção a 177 °C por 35 a 40 minutos ou até o testador retornar limpo depois de inserido no centro do bolo.

Bolos de método cremoso

Bolo de creme azedo

Bolo de chocolate para o café

Bolo mármore

FÓRMULA

BOLO DE FRUTAS (CAKE AUX FRUITS)

A essência desta sobremesa complexa, com uma textura rica, está baseada na fórmula de bolo com manteiga, e adota o método cremoso modificado. A utilização de damascos secos, de passas de groselha, de frutas cítricas cristalizadas e de amêndoas, juntamente com uma aplicação generosa de rum, traz um sabor intenso a cada fatia.

Ingredientes	% do padeiro	Peso kg
Manteiga	72,30	0,385
Açúcar nº 1	38,20	0,203
Açúcar invertido	12,70	0,068
Gemas	25,50	0,136
Farinha para bolo	100,00	0,533
Fermento químico	2,50	0,013
Claras	63,80	0,340
Açúcar nº 2	19,10	0,102
Laranja cristalizada	14,80	0,079
Groselha desidratada	21,00	0,112
Uvas-passas douradas	36,00	0,192
Damascos secos picados	27,60	0,147
Amêndoas tostadas e picadas	19,00	0,101
Rum envelhecido	17,00	0,091
Total	469,50	2,500

Produção: 5 bolos de 20 cm × 10 cm.

Procedimento

1. Macerar as frutas e as amêndoas no rum por 24 horas.
2. Peneirar a farinha e o fermento juntos e reservar.
3. Bater a manteiga e o primeiro açúcar até ficar cremosa. Acrescentar a calda de açúcar invertido e as gemas.
4. Adicionar os ingredientes peneirados e misturar até incorporar.
5. Com as claras e o segundo açúcar, preparar um merengue com pico leve a firme. Adicionar à massa em três estágios.

Bolo de frutas

6. Acrescentar as frutas maceradas e colocar a massa nas formas untadas de 20 cm × 10 cm, com 500 g de massa em cada.

7. Assar a 168 °C por 35 a 40 minutos ou até o testador voltar limpo depois de inserido no centro do bolo.

FÓRMULA

BOLO DE CHOCOLATE DE ALTA PROPORÇÃO (*HIGH-RATIO CHOCOLATE CAKE*)

Depois de experimentar este bolo tenro, pode ser difícil acreditar que é, na verdade, uma versão idêntica à das misturas prontas para bolos. Para obter os melhores resultados desta receita, é fundamental observar atentamente as medidas e as orientações de tempo, já que podem afetar a absorção de ar na massa e seu crescimento. O resultado final é o que muitos consideram ser o clássico bolo norte-americano em camadas, a atração central de inúmeras festas de aniversário e de ocasiões especiais.

Ingredientes	% do padeiro	Peso kg
Farinha para bolo	100,00	0,551
Cacau em pó	15,79	0,087
Sal	2,11	0,012
Fermento químico	3,16	0,017
Bicarbonato de sódio	2,11	0,012
Gordura emulsificada	57,89	0,319
Açúcar	131,58	0,724
Leite nº 1	65,79	0,362
Essência de baunilha	5,26	0,029
Leite nº 2	50,00	0,275
Ovos	65,79	0,362
Total	499,48	2,750

Produção: 5 bolos de 20 cm.

Procedimento

1. Peneirar a farinha, o cacau, o sal, o fermento e o bicarbonato e acrescentar à cuba da batedeira.

2. Adicionar a gordura emulsificada aos ingredientes secos e bater com o globo por 2 minutos em velocidade lenta.

3. Raspar as laterais da cuba com a espátula.
4. Misturar por outros 2 minutos em baixa velocidade.
5. Gradualmente, acrescentar a primeira quantidade de leite alternando com o açúcar e misturando em baixa velocidade por 3 minutos.
6. Raspar as laterais da cuba.
7. Combinar a segunda quantidade de leite, mais os ovos e adicionar em três estágios, misturando por um total de 5 minutos em baixa velocidade.
8. Colocar 500 g de massa em cada forma de 20 cm, vaporizada com óleo e forrada com papel-manteiga.
9. Assar em forno de convecção a 168 °C por 30 a 35 minutos.

FÓRMULA

BOLO ESPUMOSO DE CHOCOLATE COM GORDURA LÍQUIDA (*CHOCOLATE LIQUID SHORTENNING SPONGE CAKE*)

Este tipo de bolo se tornou bastante popular e substituiu, em grande parte, o método de preparo de alta proporção devido à simplicidade da mistura, à facilidade de ingredientes e à "qualidade". Este bolo apresenta miolo úmido, bom volume e leveza, e mantém suas boas qualidades.

Ingredientes	% do padeiro	Peso kg
Ovos	203,84	1,037
Gordura líquida	76,92	0,391
Leite	76,92	0,391
Essência de baunilha	3,85	0,020
Açúcar	169,23	0,861
Farinha para bolo	100,00	0,509
Fermento químico	7,69	0,039
Sal	3,85	0,020
Bicarbonato de sódio	3,30	0,017
Cacau em pó	23,08	0,117
Total	668,68	3,402

Produção: 5 bolos de 20 cm.

Procedimento

1. Combinar os ingredientes líquidos em cuba com batedor tipo globo.
2. Peneirar todos os ingredientes secos (incluindo o cacau) e acrescentar à cuba.
3. Bater em velocidade baixa por 1,5 minuto ou até incorporar.
4. Bater em velocidade de média a alta por 3 minutos.
5. Raspar as laterais da cuba.
6. Bater em velocidade média por 3 minutos.
7. Colocar 680 g de massa em cada forma de 20 cm, vaporizada com óleo e forrada com papel-manteiga.
8. Assar em forno de convecção a 168 °C ou em forno com *deck* a 177 °C por 30 a 35 minutos, ou até que o centro esteja firme ao toque.

FÓRMULA

BOLO ESPUMOSO EMMANUEL (*EMMANUEL SPONGE*)

Este bolo amanteigado é semelhante à tradicional *madeleine* na sua preparação. Uma fina camada de manteiga é espalhada sobre a forma e decorada com framboesas congeladas e pistaches cristalizados, ou outra combinação de frutas ou castanhas. O açúcar invertido usado na espuma Emmanuel ajuda a manter a umidade, enquanto o uso de manteiga derretida produz um miolo bastante tenro.

Ingredientes	% do padeiro	Peso kg
Ovos	100,00	1,191
Açúcar invertido	52,70	0,628
Farinha para bolo	100,00	1,191
Açúcar impalpável	48,65	0,579
Sal	1,08	0,013
Fermento químico	4,05	0,048
Leite	31,08	0,370
Manteiga derretida	81,08	0,965
Pedaços de framboesa	21,62	0,257
Pistaches cristalizados	21,62	0,257
Total	461,88	5,500

Produção: 5 bolos de 20 cm.

PARTE 2: PÂTISSERIE

Procedimento

1. Peneirar a farinha, o açúcar impalpável, o sal e o fermento.
2. Bater os ovos e o açúcar invertido com a paleta.
3. Adicionar os ingredientes peneirados aos ovos e misturar até incorporar.
4. Acrescentar o leite e depois a manteiga e misturar até incorporar completamente.
5. Refrigerar a mistura por 18 a 24 horas.
6. Colocar a massa em placas de silicone e guarnecer com pedaços de framboesas congeladas e pistaches. Assar em forno de convecção a 205 °C por 8 a 10 minutos.
7. Depois de assado, transferir o bolo para uma superfície fria para evitar ressecamento excessivo.

FÓRMULA

BOLO ANJO (ANGEL FOOD CAKE)

O bolo anjo é uma criação norte-americana, possivelmente dos holandeses da Pensilvânia, onde a produção de formas de bolo – essencial para o preparo correto do bolo anjo – era uma indústria próspera durante os anos 1800. O nome é uma referência à sua textura e aparência leve e suficientemente aerada capaz de "atrair os anjos", este bolo se distingue pelo uso de claras, o que dá a ele um volume muito leve na ausência de gemas, gordura e fermento.

Ingredientes	% do padeiro	Peso kg
Claras	281,25	1,393
Açúcar refinado nº 1	69,79	0,346
Cremor de tártaro	4,17	0,021
Essência de baunilha	2,08	0,010
Sal	0,42	0,002
Açúcar refinado nº 2	208,33	1,032
Farinha para bolo	100,00	0,495
Total	666,04	3,300

Produção: 4 bolos em formas de bolo afuniladas de 26 cm.

Procedimento

1. Peneirar o sal, o segundo açúcar e a farinha.
2. Na batedeira, bater as claras até obter volume. Combinar o primeiro açúcar e o cremor de tártaro; adicionar o açúcar lentamente e bater até alcançar o pico leve.
3. Adicionar a mistura da farinha com a espuma de claras.

4. Pesar 800 g e colocar numa forma de bolo afunilada de 26 cm.
5. Assar em forno de convecção a 155 °C por 30 a 35 minutos ou até dourar. Retirar do forno e inverter as formas para resfriar.
6. Retirar os bolos das formas depois de completamente frios.

Fórmula de bolo anjo com chocolate

Ingredientes	% do padeiro	Peso kg
Claras	281,25	1,393
Açúcar refinado nº 1	69,79	0,346
Cremor de tártaro	4,17	0,021
Essência de baunilha	2,08	0,010
Sal	0,42	0,002
Açúcar refinado nº 2	208,33	1,032
Farinha para bolo	75,00	0,372
Cacau em pó	25,00	0,124
Total	666,04	3,300

Observação
Os pesos da farinha e do cacau devem equivaler a 100%.
Produção: 4 formas de bolo afuniladas de 26 cm.

Procedimento para o bolo anjo com chocolate

1. Peneirar juntos o sal, o segundo açúcar, a farinha e o cacau em pó.
2. Na batedeira, bater as claras até obter volume. Combinar o primeiro açúcar com o cremor de tártaro.
3. Adicionar o açúcar lentamente e bater até o pico leve.
4. Adicionar a farinha na espuma de claras.
5. Pesar 800 g de massa e colocar em forma de bolo afunilada de 26 cm.
6. Assar em forno de convecção a 155 °C por 30 a 35 minutos ou até dourar. Remover do forno e inverter as formas para que resfriem de maneira invertida.
7. Retirar os bolos das formas quando estiverem completamente frios.

Bolo anjo

Bolo anjo com chocolate

FÓRMULA

GÉNOISE BÁSICO (BASIC GÉNOISE)

O nome *génoise* é uma referência ao seu lugar de origem, Gênova, na Itália, e pertence à família das espumas (pão de ló). Leve e aerado, este bolo versátil é usado como base para muitas sobremesas. O *génoise* difere das outras espumas por ter os ovos inteiros batidos com o açúcar, a farinha é adicionada, e uma pequena quantidade de manteiga derretida é acrescentada ao final da mistura, criando um bolo tenro e aromático que tem um sabor amanteigado e levemente adocicado.

Ingredientes	% do padeiro	Peso kg
Ovos	162,00	1,388
Açúcar refinado	90,50	0,775
Açúcar invertido	11,00	0,094
Farinha para bolo	81,00	0,694
Fécula de batata	19,00	0,163
Manteiga derretida	10,00	0,086
Total	373,50	3,200

Produção: 7 bolos de 20 cm.

Procedimento

1. Peneirar a fécula de batata e a farinha. Reservar.
2. Bater os ovos, o açúcar refinado e o invertido até o ponto de fita.
3. Adicionar a farinha e a fécula peneiradas.
4. Acrescentar a manteiga.
5. Colocar em forma sem untar forrada com papel-manteiga. Colocar de 400 g a 450 g de massa em cada forma de 20 cm.
6. Assar em forno de convecção a 168 °C por 25 minutos.
7. Depois de assado, inverter os bolos em *rack* de metal. Retirá-los das formas depois de completamente frios.

FÓRMULA

BOLO *CHIFFON* DOURADO E BOLO *CHIFFON* DE CHOCOLATE (*GOLDEN CHIFFON AND CHOCOLATE CHIFFON CAKE*)

Um agente de seguros de Los Angeles, Harry Baker, inventou o bolo *chiffon* em 1927 e manteve guardada a receita por mais de vinte anos, preparando seus bolos somente para as estrelas de Hollywood e para o famoso restaurante Brown Derby. Em 1947, a família Baker vendeu a receita para a General Mills, que publicou a "receita secreta" em maio de 1948 na revista *Better Homes and Gardens*, criando uma sensação em todo o país. O ingrediente secreto, óleo vegetal, foi revelado e a revista anunciou o bolo como "o primeiro bolo realmente novo em 100 anos". O bolo *chiffon* é úmido e tenro, leve e aerado, com o sabor tão rico quanto o de um bolo com manteiga, mas a textura afofada, como a de um bolo espumoso está baseada nas claras e no fermento para seu crescimento. O uso de óleo vegetal, em vez da mistura de gordura e de açúcar, torna esta massa rápida e fácil de preparar. Em razão do alto teor de óleo, o bolo *chiffon* é bastante umedecido e resistente ao ressecamento, mesmo sob refrigeração.

Fórmula do bolo *chiffon* dourado

Ingredientes	% do padeiro	Peso kg
Farinha para bolo	100,00	0,561
Fermento químico	3,03	0,017
Açúcar nº 1	86,36	0,484
Raspa de limão	—	1,5 unidades
Óleo vegetal	50,25	0,282
Gemas	50,00	0,280
Água	57,32	0,321
Essência de baunilha	2,53	0,014
Claras	100,51	0,564
Açúcar nº 2	42,93	0,241
Cremor de tártaro	0,51	0,003
Total	493,44	2,767

Produção: 5 bolos de 20 cm.

Procedimento para o bolo *chiffon* dourado

1. Peneirar a farinha, o fermento e o primeiro açúcar. Adicionar as raspas de limão.
2. Em cuba separada, bater os ingredientes líquidos; adicionar os ingredientes secos lentamente para obter uma massa homogênea.
3. Bater as claras, acrescentar o segundo açúcar e o cremor de tártaro até o pico leve.
4. Combinar o merengue com a massa em três estágios até se tornar homogênea.
5. Colocar a massa (550 g) em formas não untadas.
6. Assar em forno de convecção a 168 °C por 30 minutos ou até quando estiver assado.
7. Inverter as formas para esfriar. Remover das formas somente quando os bolos estiverem completamente frios.

Fórmula do bolo *chiffon* de chocolate

Ingredientes	% do padeiro	Peso kg
Água	60,00	0,259
Chocolate meio-amargo	74,67	0,322
Gemas	60,00	0,259
Óleo de canola	53,33	0,230
Essência de baunilha	1,33	0,006
Farinha de bolo peneirada	100,00	0,431
Fermento químico	4,67	0,020
Bicarbonato de sódio	1,33	0,006
Açúcar refinado nº 1	120,00	0,518
Claras	105,33	0,454
Açúcar refinado nº 2	56,00	0,242
Cremor de tártaro	0,93	0,004
Total	637,59	2,750

Produção: 5 bolos de 20 cm.

Procedimento para o bolo *chiffon* de chocolate

1. Colocar água fervente sobre o chocolate picado e deixar por 1 minuto. Com o batedor, formar uma emulsão.
2. Peneirar e combinar a farinha, o fermento, o bicarbonato e o primeiro açúcar.
3. Em uma cuba separada, bater os ingredientes líquidos e adicionar a emulsão de chocolate; acrescentar os ingredientes secos lentamente para produzir uma massa homogênea.
4. Bater as claras, junto com o segundo açúcar e o cremor de tártaro até o pico leve.
5. Adicionar o merengue à massa em três estágios até se tornar homogênea.

6. Colocar a massa em forma não untada, 550 g em cada uma e assar a 168 °C em forno de convecção por 30 a 35 minutos.

7. Inverter as formas para esfriar. Remover das formas somente quando os bolos estiverem completamente frios.

FÓRMULA

ROCAMBOLE (*ROULADE*)

O rocambole, chamado de *jelly roll* pelos norte-americanos e de *swiss roll* pelos ingleses, é um bolo espumoso leve e delicado usado para sobremesas recheadas e enroladas como o tradicional tronco de Natal.

Ingredientes	% do padeiro	Peso kg
Gemas	80,00	0,414
Ovos	222,22	1,151
Açúcar refinado nº 1	86,67	0,449
Claras	133,33	0,691
Açúcar refinado nº 2	150,00	0,777
Farinha para bolo	100,00	0,518
Total	772,22	4,000

Produção: 5 assadeiras.

Procedimento

1. Peneirar a farinha e reservar.
2. Aquecer as gemas, os ovos inteiros e o primeiro açúcar até 43 °C em banho-maria.
3. Bater as gemas, os ovos inteiros e o primeiro açúcar com o batedor até o ponto de fita.
4. Bater as claras com o segundo açúcar até atingir o pico leve.
5. Adicionar as claras à mistura de ovos em três estágios.
6. Acrescentar a farinha à mistura de ovos.
7. Colocar 800 g da massa em cada forma forrada com placa de silicone e assar a 205 °C por 8 a 10 minutos.
8. Depois de retirar do forno, transferir o bolo para uma superfície fria para evitar que o cozimento continue.

FÓRMULA

BOLO *BISCUIT* DE CHOCOLATE (*CHOCOLATE BISCUIT*)

Este bolo espumoso versátil é feito com ovos separados e tem um sabor intenso e rico de chocolate. É usado como base na preparação de alguns bolos musse, no entanto, também pode ser utilizado como bolo no estilo rocambole.

Ingredientes	% do padeiro	Peso kg
Gemas	91,60	0,359
Ovos	208,00	0,815
Açúcar nº 1	166,00	0,651
Claras	133,00	0,521
Açúcar nº 2	66,60	0,261
Farinha para bolo	50,00	0,196
Cacau em pó	50,00	0,196
Total	765,20	3,000

Produção: 5 assadeiras.

Procedimento

1. Peneirar a farinha e o cacau e reservar.
2. Bater as gemas, os ovos inteiros e o primeiro açúcar até o ponto de fita.
3. Bater as claras e o segundo açúcar até o pico leve.
4. Acrescentar o merengue à espuma de ovos em três estágios e, então, adicionar os ingredientes secos peneirados.
5. Colocar 600 g de massa em assadeira forrada com base de silicone e espalhar uniformemente.
6. Assar a temperatura de 205 °C por 7 a 9 minutos.
7. Depois de assado, transferir o bolo para uma superfície fria para evitar que o cozimento continue.

Capítulo 7: Preparo para bolos e cocção

FÓRMULA

PÂTE À DÉCOR E *PÂTE À DÉCOR NOIR*

A *pâte à décor* é normalmente usada para preparar as laterais coloridas aplicadas em decoração de bolos. A massa é espalhada de forma decorativa em camada muito fina e, então, congelada. A seguir, a massa de bolo é aplicada sobre a *pâte à décor* congelada e, então, levada ao forno para assar. Depois de assadas, as duas massas formam um bolo, contendo o elemento decorativo.

Fórmula da *pâte à décor*

Ingredientes	% do padeiro	Peso kg
Manteiga derretida	100,00	0,227
Açúcar impalpável	100,00	0,227
Farinha	100,00	0,227
Claras	100,00	0,227
Corante[4]	Quanto baste	Quanto baste
Total	400,00	0,907

Procedimento para a *pâte à décor*

1. Combinar a manteiga com o açúcar impalpável e, então, acrescentar a farinha peneirada.
2. Misturar bem com a espátula e, lentamente, adicionar as claras até a massa se tornar homogênea.
3. Colorir conforme desejar.
4. Reservar em refrigerador por até uma semana ou em freezer por até um mês.

Fórmula da *pâte à décor noir*

Ingredientes	% do padeiro	Peso kg
Manteiga derretida	142,86	0,227
Açúcar impalpável	142,86	0,227
Farinha para bolo	100,00	0,159
Cacau em pó	42,86	0,068
Claras	142,86	0,227
Total	571,44	0,907

Procedimento para a *pâte à décor noir*

1. Combinar a manteiga com o açúcar impalpável e, então, acrescentar a farinha e o cacau em pó, peneirados.
2. Misturar bem com a espátula e, lentamente, adicionar as claras até a massa se tornar homogênea.
3. Reservar em refrigerador por até uma semana ou em freezer por até um mês.

---

[4] Nesta receita, é importante utilizar corante em gel e não líquido, pois o corante líquido não se homogeneiza adequadamente na mistura devido à quantidade de gordura da massa.

FÓRMULA

BISCUIT VIENNOIS

Usado como base para muitos *entremets* e como camada no clássico bolo ópera, o sabor do *biscuit viennois* é realçado com a farinha de amêndoa, o que proporciona ao bolo uma textura muito atrativa.

Ingredientes	% do padeiro	Peso kg
Tant pour tant (TPT)	250	0,887
Gemas	59	0,209
Ovos	105	0,373
Claras	225	0,798
Açúcar refinado	22	0,078
Farinha para bolo	50	0,177
Farinha para doces	50	0,177
Total	761,00	2,700

Produção: 4 assadeiras.

Procedimento

1. Peneirar as farinhas e reservar.
2. Peneirar o TPT.
3. Combinar o TPT, as gemas e os ovos inteiros. Bater em alta velocidade até triplicar o volume.
4. Fazer um merengue em ponto de pico com as claras e o açúcar refinado.
5. Adicionar o merengue na mistura de ovos e acrescentar a farinha nesta mistura.
6. Colocar 650 g de massa em assadeira forrada com placa de silicone e espalhar de maneira uniforme.
7. Assar em forno de convecção a 205 °C por aproximadamente 7 minutos.
8. Depois de assado, transferir o bolo para uma superfície fria para evitar que o cozimento continue.

Biscuit viennois jaconde (bolo com laterais decoradas)

Componentes

Pâte à décor e/ou *pâte à décor noir*
Biscuit viennois

Procedimento

1. Preparar as placas de silicone com a *pâte à décor* conforme desejar. Congelar até se consolidar.
2. Preparar o *biscuit viennois* e colocar em porções sobre as placas de silicone já preparadas enquanto a *pâte à décor* estiver congelando.
3. Assar como de costume para o *biscuit viennois*.

FÓRMULA

BOLO DE MAÇÃ PARA O CAFÉ DA MANHÃ (*APPLE BREAKFAST CAKE*)

Este bolo de maçãs, em estilo campestre, é saboroso, úmido e denso. É um prazer degustá-lo não só pela manhã, pois é também uma deliciosa tentação ao longo do dia.

Bolo de maçã para o café da manhã

Ingredientes	% do padeiro	Peso kg
Ovos	65,38	0,404
Açúcar	57,69	0,357
Uvas-passas	57,69	0,357
Nozes picadas	38,46	0,238
Manteiga derretida	57,69	0,357
Maçãs, sem casca, picada em cubos	384,62	2,378
Essência de baunilha	1,54	0,010
Farinha para bolo	100,00	0,618
Fermento químico	3,46	0,021
Sal	1,54	0,010
Total	768,07	4,750

Produção: 5 bolos de 20 cm.

Procedimento

1. Usar o *spray* com óleo antiaderente. Reservar.
2. Peneirar a farinha, o fermento e o sal. Reservar.
3. Bater os ovos com açúcar até o ponto de fita.
4. Acrescentar as uvas-passas, as nozes e a manteiga. Misturar até a incorporação.
5. Adicionar as maçãs picadas e a essência de baunilha.
6. Acrescentar os ingredientes peneirados à mistura e mexer até incorporar.
7. Colocar 950 g de massa em cada forma de 20 cm.
8. Assar a 168 °C por aproximadamente 45 minutos.
9. Deixar esfriar na forma por 15 minutos antes de retirar o bolo da forma.
10. Virar o bolo em um círculo de papelão.
11. Cobrir com cobertura lisa feita com açúcar impalpável, suco de laranja e raspas de laranja.

FÓRMULA

MERENGUE DE AVELÃS JAPONESA (*HAZELNUT JAPONAISE*)

Este merengue apresenta farinha de avelãs, assado na forma de um disco leve e crocante que pode ser usado como base para bolos e muitas outras sobremesas. A qualidade do merengue está em batê-lo em picos bastante firmes. Se não atingir este estágio, o resultado pode ser um merengue esfarelado e quebradiço.

Ingredientes	% do padeiro	Peso kg
Farinha de avelãs	100,00	0,900
Açúcar impalpável	100,00	0,900
Claras	100,00	0,900
Açúcar refinado	100,00	0,900
Total	400,00	3,600

Procedimento

1. Peneirar a farinha de avelã e o açúcar impalpável.
2. Bater as claras e o açúcar refinado até o pico firme.
3. Acrescentar os ingredientes peneirados, tomando o cuidado para que o merengue não murche.
4. Com o saco de confeitar, formar discos do diâmetro desejado.
5. Assar em forno de convecção a 100 °C com a ventilação do forno aberta por aproximadamente 2 horas ou até ressecar.

Capítulo 7: Preparo para bolos e cocção

RESUMO DO CAPÍTULO

A mistura e o preparo de um bolo bem-feito são o resultado de ingredientes de alta qualidade, procedimentos corretos e técnicas de cozimento adequadas. Há muitos tipos de bolos, cada um deles tem um método específico de mistura que é importante seguir. Buscar a qualidade ao cuidar da temperatura da massa, do pH e da gravidade específica certamente não é uma exigência; no entanto, esses recursos permitem ao padeiro e ao confeiteiro saber se os pontos essenciais do processo foram observados.

PALAVRAS-CHAVE

- bolo espumoso
- bolos com base em espuma de ovos
- bolos com base em gordura
- bolos de alta proporção
- gordura líquida
- gravidade específica (GE)
- método *biscuit jaconde*
- método *chiffon*
- método cremoso
- método creme modificado valor neutralizador (VN)
- método do bolo anjo
- método espumoso com ovos separados
- *tant pour tant* (TPT)

QUESTÕES PARA REVISÃO

1. Quais são as duas principais categorias de bolo? Qual é a diferença entre elas?
2. Que função os principais ingredientes indicados a seguir desempenham no bolo: farinha, açúcar, manteiga e ovos?
3. Como o método cremoso é realizado?
4. De que forma a temperatura da massa influencia na sua viscosidade?
5. O que é gravidade específica? De que forma é calculada? O que ela determina?

capítulo
8

CALDAS, CREMES, MINGAUS, ESPUMAS DE OVOS E COBERTURAS

OBJETIVOS

Depois de ler este capítulo, você será capaz de:

- Descrever as funções dos ingredientes e os processos para caldas, cremes, mingaus, espumas de ovos e coberturas.
- Adotar as práticas adequadas de assepsia, higiene e armazenamento em relação a caldas, mingaus, cremes, espumas de ovos e coberturas.
- Preparar diversas caldas, cremes, mingaus, espumas de ovos e coberturas apresentados no capítulo.
- Solucionar problemas relativos a caldas, cremes, mingaus, espumas de ovos e coberturas.

INTRODUÇÃO

Este capítulo apresenta diversas categorias de preparações, todas servindo como bases para a elaboração e finalização de pâtisseries e de bolos. Entre essas preparações incluem-se caldas de açúcar, cremes, espumas de ovos e coberturas, apresentados em um mesmo capítulo pela relação de dependência entre uns e outros. Para preparar um creme de manteiga italiano, por exemplo, é necessário antes saber como preparar corretamente uma calda, e é preciso conhecer as propriedades das claras batidas para fazer um merengue italiano.

SOLUÇÕES DE AÇÚCAR

As caldas de açúcar são usadas na preparação de uma grande variedade de pâtisserie, incluindo bolos embebidos em calda, cremes de manteiga e merengues, além de serem utilizadas nas esculturas de açúcar. A **calda de açúcar** é uma combinação de açúcar e água levada a ferver e cozida até atingir certa temperatura. Em pâtisserie, as caldas são definidas pela proporção de açúcar e de água, bem como pela temperatura ao fim do cozimento.

PARTE 2: PÂTISSERIE

A medida usada para quantificar a densidade de açúcar de qualquer liquido é chamada **baumé**, importante para determinar sabor e estabilidade. O baumé é medido usando-se um hidrômetro, que também é chamado de sacarômetro. Ver Figura 8-1 para a relação entre as leituras baumé e a densidade de açúcar.

Uma das caldas de açúcar mais comuns é a **calda simples**, que é feita de pesos iguais para açúcar e água e mede 28 graus baumé. A calda simples pode ser usada para bolos com caldas ou como reserva para outras aplicações decorativas como esculturas de açúcar, glaceados e coberturas. A **calda 30 baumé** – feita com 137 partes de açúcar e 100 de água – é também usada, às vezes, como calda simples. A **calda de bolo** tem menos açúcar que água. A proporção normal de água para açúcar é algo em torno de 2:1 e 4:3. Utilizada para umedecer bolos, acrescenta uma quantidade mínima de doçura.

Figura 8-1
Densidade de açúcar/leitura baumé.

Grau brix	Grau baumé	Açúcar em 1 kg de calda	Açúcar em 1 kg de água
20	11,10	200 g	250 g
21	11,70	210 g	266 g
22	12,20	220 g	282 g
23	12,80	230 g	299 g
24	13,30	240 g	316 g
25	13,90	250 g	333 g
26	14,40	260 g	351 g
27	15,00	270 g	370 g
28	15,60	280 g	389 g
29	16,20	290 g	408 g
30	16,70	300 g	429 g
31	17,20	310 g	449 g
32	17,80	320 g	471 g
33	18,30	330 g	493 g
34	18,90	340 g	515 g
35	19,40	350 g	538 g
36	20,00	360 g	563 g
37	20,60	370 g	587 g
38	21,10	380 g	613 g
39	21,70	390 g	639 g
40	22,20	400 g	667 g
41	22,80	410 g	695 g

(continua)

Capítulo 8: Caldas, cremes, mingaus, espumas de ovos e coberturas

Grau brix	Grau baumé	Açúcar em 1 kg de calda	Açúcar em 1 kg de água
42	23,30	420 g	724 g
43	23,90	430 g	754 g
44	24,40	440 g	786 g
45	25,00	450 g	818 g
46	25,60	460 g	852 g
47	26,10	470 g	887 g
48	26,70	480 g	923 g
49	27,20	490 g	961 g
50	27,80	500 g	1,000 g
51	28,30	510 g	1,041 g
52	28,90	520 g	1,083 g
53	29,40	530 g	1,128 g
54	30,00	540 g	1,174 g
55	30,60	550 g	1,222 g
56	31,10	560 g	1,272 g
57	31,70	570 g	1,326 g
58	32,20	580 g	1,381 g
59	32,80	590 g	1,439 g
60	33,30	600 g	1,500 g
61	34,40	610 g	1,564 g
62	33,90	620 g	1,632 g
63	35,00	630 g	1,703 g
64	35,60	640 g	1,778 g
65	36,10	650 g	1,857 g
66	36,70	660 g	1,941 g
67	37,20	670 g	2,030 g
68	37,80	680 g	2,125 g
69	38,30	690 g	2,226 g
70	38,90	700 g	2,333 g
71	39,40	710 g	2,448 g
72	40,00	720 g	2,571 g
73	40,60	730 g	2,703 g
74	41,10	740 g	2,846 g
75	41,70	750 g	3,000 g

Figura 8-1
Densidade de açúcar/ leitura baumé (*continuação*).

INGREDIENTES E PROCEDIMENTOS PARA A CALDA DE AÇÚCAR

Uma calda de açúcar sempre será composta por açúcar e água. Para diversos usos, a preferência recai sobre o açúcar de cana em detrimento do de beterraba, por causa da pureza da cor e do sabor. É também mais resistente à **cristalização**, que cria uma textura mais grossa no produto final. Depois que o açúcar é dissolvido na água e aquecido, transforma-se passando para o estado líquido. No entanto, o açúcar dissolvido naturalmente tende a retornar à forma cristalina e isso ocorre se houver qualquer cristal de açúcar não dissolvido ou partículas estranhas na solução ou nas paredes da cuba, ou se houver uma agitação excessiva. A pureza do açúcar é um fator importante a considerar, já que partículas estranhas vão atuar como catalisadoras para a cristalização. O açúcar empregado para caldas deve ser limpo e sem outros materiais estranhos, como farinha ou farinha de castanhas. Por último, a água usada deve ser de boa qualidade. Qualquer impureza na cor e ou no sabor pode apresentar impacto negativo no produto final.

Se outros ingredientes como raspas de limão ou laranja, baunilha e álcool forem usados, devem ser incorporados à calda durante ou depois do processo de cozimento. Para ingredientes insolúveis, como raspa de cítricos, uma calda mais fina vai evitar a formação de cristais.

É importante seguir as orientações ao preparar uma calda de qualquer densidade, pois isso vai evitar sua cristalização. Primeiro, o peso da água deve ser ao menos 30% do peso do açúcar. Segundo, o açúcar deve ser dissolvido antes de começar o processo de cozimento.

O processo de cozimento tem início logo que a água é colocada na panela, seguida do açúcar. Os dois são combinados somente até a incorporação e a panela levada ao fogo de médio a alto. Se o fogo for muito alto, pode cristalizar o açúcar. Além disso, muita agitação ao mexer a panela causa cristalização. Por fim, as laterais da panela devem ser umedecidas com água fria com um pincel limpo para dissolver qualquer grão de açúcar que possa ter aderido à panela. No mínimo, as laterais da panela devem ser limpas no começo do processo e depois que o açúcar e a água ferverem. Para soluções de açúcar aquecidas até altas temperaturas, pode ser necessário raspar as laterais mais do que duas vezes.

Se a calda for utilizada como complemento de sobremesa ou como um elemento para o *sorbet*, ou se for reservada para outros usos, a mistura deve ser coberta e posta para esfriar. Cobrir a calda é uma medida que evita a perda excessiva de umidade e ajudará a manter a sua densidade desejada.

CALDAS DE AÇÚCAR

As soluções de calda de açúcar referem-se às caldas aquecidas acima do ponto de ebulição. São frequentemente usadas para fazer balas, esculturas ou preparar itens como merengue italiano. À medida que a temperatura sobe, a água evapora e aumenta a densidade da calda.

Embora as soluções de açúcar possam parecer fluidas quando quentes, elas se espessam em temperaturas mais frias. Esse grau de espessamento durante o resfriamento é classificado por uma terminologia específica. A calda de açúcar cozida entre 149 °C e 154 °C, por exemplo, se torna dura (ponto de crosta dura), ao passo que uma calda cozida a 116 °C é mais maleável (bala mole) quando resfriada. Ver Figura 8-2 para comparar a temperatura, a concentração de açúcar e a consistência das caldas.

CONSISTÊNCIA	TEMPERATURA
Ponto de fio	102 °C a 113 °C
Ponto de "bala mole"	113 °C a 116 °C
Ponto de "bala firme"	118 °C a 121 °C
Ponto de "bala dura"	121 °C a 129 °C
"Ponto de "crosta mole"	132 °C a 143 °C
Ponto de "crosta dura"	149 °C a 154 °C
Ponto de caramelo	160 °C a 177 °C

Figura 8-2
Pontos e temperaturas do açúcar.

CREMES BÁSICOS

Para guarnecer uma sobremesa, rechear um doce ou servir como um componente para uma preparação futura, os cremes são um ingrediente essencial em pâtisserie. Os quatro tipos que servem de base na preparação de sobremesas são o creme batido (ou a nata batida), o creme *chantilly*, o creme *anglaise* e o creme *pâtissière* (creme de confeiteiro). Esses cremes básicos diferem em sua composição, mas compartilham de uma característica: todos têm como ingrediente principal os lacticínios. O creme batido e o creme *chantilly* são baseados em creme de leite batido, enquanto o creme *anglaise* e o creme *pâtissière* têm como base o leite ou uma combinação de leite e creme e são cozidos com outros ingredientes. O creme *anglaise* e o creme *pâtissière* são semelhantes a um mingau e são engrossados com ovos e/ou amido.

Esta seção também vai se dedicar ao creme de amêndoas, uma preparação clássica que é muito diferente dos outros cremes, mas também é considerado creme base por ser semelhante a uma massa de bolo, tanto na mistura como na receita. Pode ser usado como recheio em tortas e viennoiserie, como camada de bolo e como base para um creme de amêndoas com maior leveza: o *frangipane*.

CREME BATIDO (OU NATA BATIDA)

O **creme batido** é um creme de leite que foi batido para aumentar seu volume e dar leveza à sua textura. Normalmente é usado como um componente para criar outros tipos, como o creme diplomata, já que não é doce. O creme com um teor de gordura em torno de 35% e 40% contém excelentes propriedades para ser batido. Pouca gordura vai inibir o creme de crescer de volume e sua estrutura será instável; já um teor de gordura muito alto vai criar uma textura pesada e rústica.

Como a gordura se desenvolve tornando-se mais estável em temperaturas mais frias, é recomendável que se use creme frio para bater. A cuba e o batedor também podem estar frios, dependendo da temperatura ambiente. Caso queira bater o creme em batedeira, use velocidade média para garantir que o processo não se desenrole muito rapidamente. Caso contrário, pode criar um desequilíbrio entre a gordura e a espuma de ar, além disso a textura poderá se tornar granulada. Para corrigir um creme excessivamente batido, o que por vezes pode acontecer, acrescente creme fresco e mexa levemente para incorporar.

CREME *CHANTILLY*

O **creme** *chantilly* é um creme batido adoçado e aromatizado com baunilha, usado normalmente como guarnição para sobremesas ou, às vezes, para cobertura de bolo. A quantidade de açúcar depende do tipo de aplicação a ser feita; entretanto, 15% de açúcar baseado no peso do creme é o padrão. Deve-se ter o cuidado de não bater em excesso, pois o creme pode tornar-se granulado, uma vez que a textura homogênea vai se desenvolver mais tarde com o saco de confeitar ou com aplicação de espátula para cobertura.

Para preparar o creme *chantilly* pode ser usado tanto o açúcar impalpável como o refinado, acrescentado no início do processo. Normalmente, utiliza-se essência de baunilha como agente aromatizante em vez de fava de baunilha; no entanto, em algumas aplicações usa-se a fava de baunilha tanto para realçar o sabor como para valorizar a apresentação.

CREME ANGLAISE

O **creme** *anglaise* é um **creme cozido**, que se leva ao fogo mexendo constantemente, e que pode ser considerado um molho, embora seja classificado como creme. É essencialmente um creme engrossado e aromatizado, extremamente versátil, com uso em inúmeras preparações como molho para sobremesa até base para sorvete, creme de manteiga ou musse.

Ao preparar e trabalhar com o creme *anglaise* deve-se prestar muita atenção à temperatura e à higiene. O creme deve ser cozido, no mínimo, até 74 °C para garantir a destruição da alfa-amilase, uma enzima perigosa naturalmente presente em ovos que pode arruinar o creme prematuramente. Nunca acima de 82 °C para garantir que os ovos não coagulem. Além disso, devem ser adotadas medidas de higiene adequadas para que o produto não seja contaminado.

Ingredientes do creme *anglaise* e variações

A seleção e a quantidade de ingredientes vão determinar a riqueza e o sabor do creme *anglaise*. Os ingredientes básicos incluem leite, açúcar e gemas. Os ingredientes adicionais normalmente usados incluem creme e fava ou essência de baunilha.

Muitas vezes, o ingrediente líquido para a preparação do creme *anglaise* pode incluir tanto leite quanto creme como forma de torná-lo mais enriquecido. Quando o creme *anglaise* for utilizado como base para sorvetes, ou como o líquido principal para o ganache, será necessária uma quantidade menor de gordura para contrabalançar o porcentual total de gordura no produto final, e o leite pode ser usado como 100% da parte líquida. Essa medida vai garantir uma textura mais leve e menos granulada.

A quantidade de açúcar usado na preparação do creme *anglaise* é determinada pelo tipo de produto a que se destina. Para molhos de sobremesa, o padrão é de 20% de açúcar baseado no peso do líquido. Se o creme *anglaise* for usado com outros elementos para compor uma sobremesa, poderá ser necessária uma quantidade maior ou menor de açúcar.

A quantidade de ovos do creme *anglaise* provém da gema, o que enriquece o produto por adicionar mais gordura e cor, além de atuar como o principal agente espessante. A quantidade média está em torno de 20% baseado no peso do líquido, mas pode variar até o mínimo de 15% e atingir até 35%.

O creme *anglaise* é frequentemente aromatizado, além da tradicional baunilha, com ervas, álcoóis, pastas de castanhas e chocolate entre as escolhas mais populares. Os purês de frutas não são os aromatizantes ideais em razão da acidez, além do que o sabor da fruta interfere na intensidade e na cremosidade do molho. A escolha dos agentes aromatizantes vai determinar em que momento estes devem ser acrescentados à mistura. A porcentagem de agentes aromatizantes é determinada pela sua composição e pela receita básica do molho. Usar a mesma quantidade de chocolate a 72%, por exemplo, em vez do de 50%, vai criar um sabor de chocolate mais intenso, e talvez seja preciso mais açúcar na receita final.

Para criar sabores próprios, podem-se usar infusões quentes ou frias. Para criar uma infusão quente com ervas, especiarias, chá ou café, o leite e o creme são aquecidos com o sabor escolhido e são deixados em infusão, cobertos, por certo tempo. A duração da infusão quente depende da intensidade dos ingredientes em infusão, a quantidade do líquido e os sabores desejados. Uma infusão mais longa vai produzir um sabor mais intenso; entretanto, deve-se ter o cuidado de evitar introduzir sabores tânicos, além de outros desagradáveis, durante o processo de produção de sabores.

As infusões frias diferem das do leite e do creme, pois estes não são aquecidos antes da infusão começar. O item a ser levado à infusão é incorporado ao lacticínio, coberto e deixado sob refrigeração. Antes de terminar a elaboração do creme *anglaise*, o item em infusão é coado. Para aqueles que absorvam muito líquido, e dependendo do preparo, pode ser necessário acrescentar mais leite para compensar qualquer perda de volume líquido. É importante não adicionar mais creme, já que existe alta porcentagem de gordura remanescente do líquido, e que não é absorvida pelo produto em infusão. O ingrediente usado para infusão absorve água e deixa os altos níveis de gordura no líquido da infusão. Adicionar leite ajuda a contrabalançar os níveis de gordura do produto final.

Aromatizantes como o álcool, as pastas de castanhas e o chocolate são incorporados simplesmente ao serem adicionados ao creme *anglaise* depois de cozido. As pastas de castanhas e o chocolate devem ser incorporados imediatamente depois que o creme completar o cozimento, para que o calor derreta o chocolate e aqueça as gorduras da pasta de castanhas, tornando a incorporação mais fácil e completa. O álcool deve ser acrescentado somente depois que o creme *anglaise* estiver fora do fogo, e já frio, para preservar seus sabores.

Preparação do creme *anglaise*

O procedimento básico de preparação do creme *anglaise* é muito simples. Deve-se, no entanto, ter cuidado para não cozinhar em excesso ou para que não sofra contaminação durante o processo de cozimento ou de resfriamento.

Depois que todos os ingredientes forem pesados, o líquido (que nesse caso é a combinação entre creme e leite) é levado a ferver com a metade do açúcar da receita. O restante do açúcar é adicionado às gemas e a mistura deve ser mexida até se tornar homogênea (ver Pre-

**FIGURA 8-3
PREPARAÇÃO DO
CREME *ANGLAISE***

1 Bater o açúcar com as gemas apenas até homogeneizar, enquanto os líquidos e a fava de baunilha comecem a ferver.

2 Adicionar um terço do líquido à mistura das gemas e o açúcar, mexer até homogeneizar e, então, retornar à panela para finalizar o cozimento.

3 Ao mesmo tempo que mexer o fundo da panela, monitorar cuidadosamente a temperatura e não deixar ultrapassar 82 °C.

4 Depois de cozido, coar em um *chinois* fino e resfriar.

paração do creme *anglaise*, Figura 8-3, Etapa 1). Depois que o líquido ferver, aproximadamente um terço é despejado sobre as gemas, misturando sempre até incorporar os dois ingredientes (ver Preparação do creme *anglaise*, Figura 8-3, Etapa 2). Se os dois ingredientes não forem misturados em seguida, parte da proteína dos ovos pode coagular. A mistura de gema e creme deve retornar à panela para ser cozida, com agitação constante, a 82 °C (ver Preparação do creme *anglaise*, Figura 8-3, Etapa 3).

Se o creme *anglaise* não atingir a temperatura-padrão, a proteína do ovo não apresentará seu poder máximo espessante. Contudo, se o creme for aquecido em excesso, a proteína do ovo pode coagular e aparecerão partículas de ovos, além de sabor acentuado. Se o creme *anglaise* for cozido além do necessário, alguns profissionais optam por utilizar o processador vertical de imersão para quebrar as pequenas partículas de ovos, enquanto outros preferem iniciar outro creme. A melhor medida é ser cauteloso e prestar muita atenção à temperatura do creme *anglaise* para evitar quaisquer desperdícios de tempo e de ingredientes.

A finalização pode ser verificada pela temperatura ou pela viscosidade do creme na espátula. Depois de cozido, deve ser coado com o *chinois* sobre um recipiente limpo, coberto e resfriado o mais rapidamente possível (ver Preparação do creme *anglaise*, Figura 8-3, Etapa 4). Caso o creme não seja adequadamente resfriado, pode ocorrer a continuação do cozimento e a consequente coagulação da proteína do ovo. Ao preparar grandes quantidades, é recomendável que o resfriamento do creme seja feito rapidamente sobre um tanque de gelo. A higiene, o cozimento, o resfriamento e o armazenamento adequados devem ser praticados em todos os momentos.

Para a preparação de quaisquer cremes, especialmente aqueles cozidos, é sempre recomendável o uso de equipamentos limpos e higienizados feitos de aço inoxidável e silicone. Essas medidas vão evitar a descoloração e a contaminação deles. Nunca devem ser usados equipamentos de alumínio, de plásticos não resistentes ao calor ou madeiras para cremes cozidos. O alumínio reagirá com os ovos tornando a cor do creme esverdeada. Os recipientes de plásticos não resistentes ao calor derreterão durante o cozimento e os utensílios de madeira muitas vezes abrigam bactérias, sabores e aromas desagradáveis.

Procedimento para o creme anglaise

- Ferver o leite com a metade do açúcar e com a fava de baunilha (caso for usá-la).
- Combinar as gemas com o restante do açúcar e misturar até incorporar, tomando cuidado para não incorporar ar.
- Colocar um terço do líquido que foi fervido sobre a mistura das gemas. Mexer até incorporar.
- Retornar a panela ao fogo e, enquanto estiver mexendo, acrescentar a mistura das gemas.
- Cozinhar em fogo baixo até 82 °C mexendo constantemente.
- Coar o molho imediatamente sobre um recipiente limpo e seco, deixando resfriar sobre uma bacia de gelo.
- Usar imediatamente ou armazenar no refrigerador para uso posterior.

CREME *PÂTISSIÈRE* (OU CREME DE CONFEITEIRO)

Tal como o creme *anglaise*, o **creme *pâtissière*** é cozido mexendo-se constantemente. Esse creme é usado como recheio ou base em muitas pâtisseries clássicas e contemporâneas, como croissant e *danish*, tortas de frutas frescas, tortas de creme, cremes de manteiga, *éclairs* e *napoleons* (mil-folhas).

FIGURA 8-4 PREPARAÇÃO DO CREME *PÂTISSIÈRE*

1 Depois de combinar o açúcar com o amido, bater as gemas até incorporar.

2 Depois que o leite e a baunilha atingirem a fervura, misturar um terço dele na mistura de gema e açúcar, e então, retornar à panela para finalizar o cozimento.

3 Enquanto estiver batendo constantemente, ferver a mistura por 2 minutos.

4 Acrescentar a manteiga e bater até a incorporação.

5 Colocar o creme em um recipiente limpo e cobrir a superfície do creme com filme plástico.

Pode ser usado fresco em produtos como torta de frutas frescas ou assado como recheio para itens como o *danish*.

Ingredientes para o creme *pâtissière* e sua composição

O creme *pâtissière* difere do creme *anglaise* de duas maneiras: composição e textura. Os ingredientes básicos para o creme *pâtissière* incluem leite, açúcar, ovos inteiros e/ou gemas, amido de milho e manteiga. Ingredientes adicionais como baunilha, raspas de cítricos, alcoóis, chocolates e pastas de castanhas podem ser usados para incrementar o sabor. Assim como no creme *anglaise*, creme integral, ou creme misturado com metade de leite (*half and half*) pode ser substituído por todo o leite ou apenas parcialmente.

A maioria dos ingredientes usados para o creme *pâtissière* é similar aos ingredientes do creme *anglaise*, com exceção da manteiga e do amido. A adição de manteiga ao creme *pâtissière* amacia a textura ao despertar a fase de gel do leite. A manteiga é também adicionada para enriquecer o sabor. O amido, que se liga com as proteínas dos ovos e os protege de coagular sob alto calor, criando um creme mais espesso e mais estável. A presença do amido requer uma temperatura e um cozimento final diferentes para assegurar um produto homogêneo e viscoso.

Em vez de amido de milho, pode-se utilizar amidos modificados destinados aos cremes, ou até mesmo farinha. Esta, porém, entre os agentes espessantes, é o menos eficaz, em parte porque contém proteína, o que interfere com o conjunto do teor de amido.

Preparação do creme *pâtissière*

O processo de preparação do **creme *pâtissière*** é o mesmo do preparo do creme *anglaise*; no entanto, o creme *pâtissière* deve ser fervido para engrossar e fazer que o amido inche completamente. As mesmas exigências de higiene, limpeza dos equipamentos e as regras de assepsia devem ser observadas para evitar a contaminação.

Depois que todos os ingredientes forem pesados, o liquido pode ser levado a ferver com a metade do açúcar e com a fava de baunilha, caso seja utilizada. O restante do açúcar deve ser combinado com o amido (para uma mistura homogênea), e os ovos devem ser combinados com essa mistura (ver Preparação do creme *pâtissière*, Figura 8-4, Etapa 1). Depois que o líquido ferver, derramar um terço sobre a mistura de ovos/açúcar/amido, mexendo os ingredientes até completar a mistura (ver Preparação do creme *pâtissière*, Figura 8-4, Etapa 2). A seguir, essa mistura deve retornar à panela e o creme deve ser mexido firmemente com o batedor. É muito importante mexer o creme na base da panela, especialmente as laterais para evitar que se queime (ver Preparação do creme *pâtissière*, Figura 8-4, Etapa 3).

O creme deve engrossar rapidamente e ferver por 2 minutos depois que surgir o primeiro sinal de fervura. A seguir, a manteiga pode ser adicionada com a panela fora do fogo e deve-se mexer para incorporar (ver Preparação do creme *pâtissière*, Figura 8-4, Etapa 4). Por fim, o creme deve ser colocado em recipiente limpo e raso, coberto com filme plástico (ver Preparação do creme *pâtissière*, Figura 8-4, Etapa 5). Caso não seja coberto, a caseína do leite vai reagir com o ar formando uma película. O creme *pâtissière* deve ser refrigerado assim que possível para que ocorra um resfriamento rápido, evitando, assim, a proliferação de bactérias.

Procedimento para o creme pâtissière

- Pesar o leite integral e uma parte do açúcar em recipiente de aço inoxidável e levar a ferver.
- Levar o restante do açúcar e do amido para um recipiente e misturá-los até combinar.
- Combinar as gemas com a mistura de açúcar e amido e bater até que fique homogênea, com a aparência pálida.
- Depois que o leite ferver, colocar um terço sobre a mistura das gemas e misturar até combinar bem.
- Retornar essa mistura à panela, mexendo constantemente.
- Continue a cozinhar o creme enquanto mexer até que ferva por 2 minutos.
- Adicionar a manteiga, fora do fogo, e mexer até se misturar completamente.
- Colocar o creme em assadeira forrada com papel-manteiga e cobrir a superfície com filme plástico.
- Refrigerar imediatamente e armazenar até quando necessário.

Considerações sobre o creme *pâtissière*

Assim como o creme *anglaise*, o creme *pâtissière* deve ser sempre cozido em panela de aço inoxidável. O alumínio pode descolorir o creme, e nunca devem ser usados utensílios de madeira. Jamais se deve pôr os dedos no creme. Além disso, devem ser seguidas todas as medidas de higiene para evitar contaminação bacteriana.

O creme deve ser fervido por dois minutos e, enquanto isso, deve ser mexido constantemente para que o amido inche de modo uniforme e completo. Se isso ocorrer em um nível muito lento, o creme pode se tornar excessivamente fluido e, se não for cozido o suficiente, pode restar um gosto de amido e apresentar textura granulada. Além disso, se apenas forem usadas gemas no creme, e se estas não tiverem coagulado depois que o creme estiver pronto, a enzima que digere o amido, a alfa-amilase, começará a quebrar as partículas do amido e o creme não vai se consolidar depois de frio.

O creme finalizado deve ser colocado em um recipiente limpo e raso, e sua superfície deve ser coberta com filme plástico e refrigerado imediatamente. Antes de usá-lo, será necessário bater levemente o creme para torná-lo homogêneo. Nesse estágio, deve ser aromatizado. Se for excessivamente agitado, as partículas do amido podem se quebrar, resultando em um creme muito fluido e sem força suficiente.

Na medida em que o creme envelhece, o amido se rompe e começa a "verter" água do creme. Esse fenômeno é chamado **sinerese**. Por essa razão, o creme *pâtissière* deve ser feito em lotes que sejam usados no máximo por um período de dois a três dias.

CREME DE AMÊNDOAS

O **creme de amêndoas** é utilizado como recheio para uma variedade de produtos assados, incluindo o clássico *pithivier*,[1] várias viennoiseries, tortas de frutas e bolos recheados. Entre seus ingredientes normalmente estão manteiga, açúcar, ovos, farinha de amêndoas, farinha e rum. A quantidade de farinha de amêndoa usada é bem maior que a de farinha de trigo, que é empregada apenas como agente de ligação. Outras oleaginosas além das amêndoas podem ser usadas para criar um recheio diferenciado.

Abundância de manteiga, de açúcar e de ovos no creme de amêndoas torna-o rico e extravagante, além de a farinha de amêndoas acrescentar um acentuado gosto de castanhas, apresentando uma consistência levemente granulosa. Normalmente o método creme é usado para criar uma textura leve semelhante à de um bolo. Outros métodos de preparação incluem o método espumoso.

A pasta de amêndoas é uma alternativa comum à farinha de amêndoas. Embora crie uma textura homogênea no produto, é importante ficar atento à quantidade de açúcar e ao equilíbrio na receita final. Por exemplo, uma pasta de amêndoas com "60%" (uma das inúmeras receitas disponíveis) contém 60% de amêndoas e 40% de açúcar.

Em razão da alta quantidade de gordura e de açúcar desse creme, ele se mantém bem sob refrigeração por pelo menos uma semana e pode ser mantido por muito mais tempo no freezer.

FRANGIPANE

O *frangipane* é semelhante ao creme de amêndoas, mas apresenta textura e sabor muito mais leves. Tem a mesma versatilidade do de amêndoas, pois pode ser usado na preparação de bolos, tortas e viennoiserie, embora apresente sabor e textura mais sutis e mais leves.

Na sua forma mais simples, o *frangipane* combina duas partes de creme de amêndoas com uma parte de creme *pâtissière*, mas pode facilmente ser ajustado para criar uma textura mais leve ou mais densa. A preparação é simples: o creme *pâtissière* frio é adicionado ao creme de amêndoas e é incorporado usando a paleta com o misturador vertical. O *frangipane* feito com creme *pâtissière* deve ser consumido entre dois e três dias para garantir que esteja fresco e para evitar contaminação.

MINGAUS

O **creme cozido** é preparado com uma **base de mingau** que pode conter gemas, claras, ou ambos; creme, leite, ou ambos; e ingredientes adicionais como açúcar e aromatizantes. A proporção de ovos para o líquido e o tipo de líquido usado vai determinar a textura do creme final. Os cremes cozidos que são retirados das formas, como o pudim de leite com caramelo (açúcar queimado), requerem uma proporção mais alta de ovos em relação ao líquido, já que precisam ficar firmes.

---

[1] Torta folhada formada por dois discos de massa e creme no meio. Sua decoração característica são cortes espirais na superfície. (NT)

Cremes cozidos como o creme *brûlée* e *pot de crème* podem se firmar com menos ovos em relação ao liquido, uma vez que quase sempre são servidos em ramequins ou em potes similares. Outros cremes cozidos incluem quiches e **pudim de pão**.

A quantidade de açúcar em um creme vai afetar sua sensibilidade ao calor. Aqueles que têm uma quantidade menor de açúcar requerem um aquecimento mais brando e atenção constante, enquanto aqueles com altos teores de açúcar são mais tolerantes ao calor e com menor tendência a coagular. Isso se deve ao fato de que a alta quantidade de moléculas de açúcar contidas na fase liquida bloqueia a interação entre as proteinas e retarda sua capacidade aglutinante.

O procedimento básico para preparar um mingau é simples. É semelhante ao procedimento para cremes cozidos até o ponto de retornar a mistura para cozinhar no fogo. Para o mingau todos os ingredientes são acrescentados juntos e, então, postos para cozinhar.

O liquido, normalmente creme, deve ser aquecido com uma porção de açúcar. Os ovos e/ou as gemas podem ser combinados com o restante do açúcar. Quando o liquido estiver quase fervendo, é lentamente derramado sobre a mistura de ovos e açúcar e misturado até incorporar. A seguir, é coado para remover quaisquer particulas de ovos cozidos e então despejado em ramequins ou outro recipiente especial e assado conforme desejar em banho-maria.

É importante entender alguns pontos essenciais nesse processo. Primeiro, as propriedades coagulantes das proteinas dos ovos consolidam o liquido quando a temperatura se eleva suficientemente no calor do forno. Com frequência, os cremes cozidos são assados em banho-maria em baixa temperatura (149 °C) em forno *deck*, garantindo um calor homogêneo que vai consolidar o creme de maneira uniforme. Segundo, esses cremes devem ser assados somente até se consolidarem. Durante o resfriamento, o processo de cozimento continua, o que vai permitir a consolidação do creme. Caso seja cozido em excesso, a proteina não será capaz de absorver a água e o creme vai desandar.

Os mingaus e os cremes cozidos dependem do calor para ativar as proteinas dos ovos. Depois que esse estágio é completado, uma delicada rede conecta essas proteinas entre si, engrossando o liquido. O calor também induz as proteinas a uma coagulação conferindo uma nova estrutura ao creme. No entanto, da mesma forma que ocorre com as claras, há o risco de avançar demais. Cadeias de proteinas livres mantêm e engrossam o liquido, mas o calor excessivo produz cadeias de proteinas muito apertadas que desestruturam e fazem o creme desandar. O resultado, um creme granulado, é formado por pedaços de proteinas de ovos cozidos, que se separam da mistura.

CREME *BRÛLÉE*

O **creme *brûlée*** é possivelmente uma das sobremesas mais famosas no mundo ocidental. Esse doce simples consiste em um creme enriquecido e sedoso, com uma camada fina de açúcar crocante e caramelada cobrindo seu interior de textura muito delicada. Ao ser levado à mesa, o açúcar do creme *brûlée* deve estar crocante e levemente aquecido, e seu interior, levemente resfriado. A colher deve quebrar a resistência do açúcar produzindo um som caracteristico ao romper a crosta.

O creme *brûlée* é assado em ramequim ou em recipiente refratário raso e largo que proporciona uma superficie ampla para a parte mais apreciada dessa sobremesa. Depois de assado, deve ser armazenado no refrigerador por pelo menos oito horas para resfriar e se firmar completamente antes de ser servido na mesma vasilha em que foi assado.

Antes de servir, a sobremesa deve ser finalizada com o açúcar. A escolha mais comum é a de açúcar branco; no entanto, o açúcar demerara acrescenta um sabor adicional. Depois que uma camada fina de açúcar for aplicada sobre a superfície do creme, um maçarico é usado para caramelar de maneira uniforme sem queimá-lo. Uma forma alternativa de caramelar o creme é em salamandra ou em grill.

CREME *CARAMEL* – PUDIM DE LEITE COM CALDA DE CARAMELO

O **pudim de leite com calda de caramelo** é uma sobremesa clássica preparada com um creme base similar ao creme *brûlée*. Ele deve ser ligeiramente mais firme que o creme *brûlée*, já que é desenformado antes de ser servido. A marca característica dessa sobremesa é a calda de açúcar queimado que a cobre depois de ser desenformado.

Antes de o creme base ser preparado, os ramequins são cobertos com calda de açúcar antes de ir ao forno. A calda deve ser preparada até atingir o ponto de caramelo e ser despejada nos ramequins, forrando a base e as laterais das formas e se consolidando rapidamente. Enquanto a calda estiver esfriando, o creme pode ser preparado, despejado nas formas e, então, assado.

As orientações para o cozimento são as mesmas do creme *brûlée*, tendo-se o cuidado de não assar excessivamente. Depois de assado, o pudim precisa ser resfriado para que se firme antes de ser servido. Após ser consolidado, a forma do pudim deve ser reaquecida em banho-maria para que o caramelo se desprenda e o pudim possa ser desenformado sobre um prato de sobremesa e guarnecido conforme desejar.

POT DE CRÈME

O ***pot de crème*** é um creme cozido que tem origem no século XVIII. Apreciado pela elite, era tradicionalmente assado e servido em potes especiais ornamentados com pinturas feitas à mão e bordas douradas. *Pot de crème* quer dizer literalmente "pote de creme", uma vez que o creme fica levemente firme e tem uma textura muito sedosa. Embora o *pot de crème* possa ter muitos sabores, o chocolate é um dos mais comuns. Atualmente, é servido em ramequins ou outros potes especiais.

Para preparar essa sobremesa, deve ser seguido o mesmo processo que o do creme *brûlée*. É importante não incorporar ar ao creme, ou bater em excesso tanto os ovos como as gemas. Caso seja incorporado ar, o creme pode crescer um pouco no forno, causando rachaduras na superfície do pudim.

As orientações para o cozimento do *pot de crème* são também semelhantes às do creme *brûlée*. O *pot de crème* deve ser assado em temperatura baixa e em banho-maria e, às vezes, coberto durante o cozimento para prevenir a formação de crosta. Depois de firme, o creme é retirado do forno e deixado para resfriar completamente. Assim como o creme *brûlée*, o *pot de crème* é servido no próprio recipiente em que foi assado.

CHEESECAKE

Com sua acentuada diferença em textura, o cheesecake é definitivamente o típico creme assado. As funções dos ingredientes contribuem para esse perfil. Com uma mistura leve de queijo cremoso, creme azedo, manteiga, açúcar, ovos e aromatizantes, o cheesecake é uma combinação que se consolida unicamente pela coagulação das proteínas dos ovos na massa. Os cheesecakes são muitas vezes assados com uma base enriquecida e macia feita de açúcar, farelos de biscoito doce e manteiga.

O sucesso do cheesecake está na incorporação dos ingredientes e no cozimento da massa. Os ingredientes, isolados, e de forma única, variam em firmeza e em textura. Mais importante ainda é que o queijo cremoso é bem firme, o creme azedo bem macio e os ovos, bastante fluidos. Portanto, para obter uma massa homogênea, deve-se dar atenção especial ao processo de mistura e à temperatura dos ingredientes. Todos eles devem estar em temperatura ambiente para assegurar uma mistura uniforme e uma incorporação adequada, além de ser necessário raspar a cuba e o batedor frequentemente para que a mistura seja homogênea.

Para iniciar o procedimento, preparar o mixer com uma espátula e bater o queijo cremoso até ficar homogêneo e cremoso. A seguir, adicionar a manteiga macia e misturar até que fique bem incorporada. Adicionar o açúcar e misturar bem. Depois disso, os ovos devem ser incorporados lentamente para que a mistura fique uniforme. Quando os ovos estiverem bem incorporados, adicionar o creme azedo e outros aromatizantes.

Embora normalmente se usem as formas com aro, de fundo removível, os cheesecakes ficam melhores nas formas tradicionais de bolo. Uma fina camada de óleo apenas garantirá que o cheesecake não fique preso à forma. Os cheesecakes devem ser assados em temperatura baixa e em banho-maria para que o cozimento seja uniforme. Assim como ocorre com outros cremes cozidos e pudins, é importante que não sejam assados por muito tempo. Um bom sinal de que o cheesecake está pronto é, ao ser agitado, mover-se como um todo.

Depois de assado, o cheesecake pode ser transferido para o refrigerador ou para o freezer para esfriar e se consolidar. Para desenformá-lo, aquecer em banho-maria, ou com o maçarico, e virar a forma sobre um prato liso. A seguir, virar novamente sobre outro prato para que fique na posição correta. Assim, o cheesecake estará pronto para ser decorado com frutas frescas, frutas glaceadas ou creme azedo levemente adoçado.

CREMES MAIS ELABORADOS

A pâtisserie clássica e contemporânea de estilo francês envolve uma variedade enorme de cremes que têm como base o creme batido, o creme *pâtissière* e o creme *anglaise*. Ao combinar os cremes básicos entre si ou acrescentando componentes adicionais como gelatina, espuma de ovos, pastas de castanhas ou chocolate, o confeiteiro pode criar uma variedade importante de sabores e de texturas. Quase alcançando as qualidades de uma verdadeira musse, e com características desejáveis semelhantes, esses cremes são facilmente preparados quando os componentes principais, como o creme *pâtissière* e o creme *anglaise*, estiverem à mão.

CREME *ST. HONORÉ*

O **creme *St. Honoré*** é um creme francês clássico normalmente não muito usado, mas será útil conhecer sua preparação e os cuidados especiais necessários. Também é conhecido como **creme Chiboust**, em honra ao confeiteiro que criou a receita para seu famoso bolo *St. Honoré* em meados do século XIX. Embora seus componentes básicos, o creme *pâtissière* e o merengue italiano, o tornem bastante leve, não apresenta tanta estabilidade como os outros cremes com texturas leves semelhantes. Para aumentar a estabilidade acrescenta-se gelatina.

A proporção de creme *pâtissière* para o merengue italiano nesse creme clássico é em torno de 4:1. As temperaturas do creme *pâtissière* e do merengue são fundamentais. Se for muito fria, o creme pode desandar ou perder sua emulsão. A durabilidade recomendada do creme *St. Honoré* é muito curta. Se o creme for feito com o merengue francês, é tão suscetível a desandar e a sofrer contaminação que a durabilidade é de no máximo 12 horas. As preparações feitas com o merengue italiano são mais estáveis e podem durar até 24 horas.

Procedimento para o creme *St. Honoré*

- Desmanchar a gelatina e reservar.
- Preparar o creme *pâtissière*, adicionar a gelatina quando estiver fora do fogo, e esfriar em baixa velocidade na batedeira, equipada com o globo, até 40 °C.
- Enquanto o creme *pâtissière* estiver esfriando, preparar o merengue italiano.
- Enquanto o merengue estiver ainda morno, despejar um terço dele sobre o creme *pâtissièrre* para proporcionar leveza.
- Acrescentar o restante do merengue em três estágios, tomando o cuidado para não mexer excessivamente o creme.
- Usar imediatamente, respeitando a durabilidade para servi-lo de maneira segura.

CREME PARIS-BREST

O creme Paris-Brest é o recheio clássico para o doce Paris-Brest. Uma preparação básica usa 100% de creme *pâtissière*, 50% de manteiga e em torno de 25% de pasta de praline. A proporção de manteiga pode ser aumentada para um creme mais pesado; no entanto, deve-se lembrar que a consolidação desse creme vem da manteiga, e se não houver manteiga suficiente o creme se tornará muito fluido.

Ao fazê-lo, a manteiga e a pasta de praline deverão estar em temperatura ambiente e sem apresentar caroços. O creme *pâtissière* deve estar frio para ajudar a manteiga a se consolidar e manter sua forma. Esse creme deve ser usado assim que for preparado. Se o creme Paris-Brest endurecer, será difícil manuseá-lo e a emulsão poderá se desfazer. Muitas vezes esse creme é aplicado usando um bico largo em forma de estrela para que o recheio, em grande volume, possa ser descartado caso não queira consumir uma grande porção desse creme calórico.

Preparação do creme Paris-Brest

- Mexer o creme *pâtissière* frio e reservar.
- Amaciar a manteiga, em temperatura ambiente, em uma batedeira com paleta.
- Acrescentar a pasta de praline à manteiga e misturar apenas até combinar.
- Adicionar o creme *pâtissière* à mistura de manteiga e pasta de praline. Misturar somente até incorporar.
- Aplicar imediatamente sobre o doce e refrigerar.

CREME DIPLOMATA

O creme diplomata tem suas origens em um pudim francês do século XIX, o pudim Chateaubriand, que foi oferecido aos parisienses pelo famoso confeiteiro de um diplomata. Por definição, o **creme diplomata** é delicado e leve, preparado a partir do creme *pâtissière*, creme batido e gelatina. Pode ser usado como recheio para bolos, tortas e doces. Esse creme também é conhecido como creme *legère*.

O creme diplomata é fácil de preparar em uma situação de emergência, ou mesmo quando for preciso um creme leve para sobremesas. A partir de um creme *pâtissière* padrão como base, é preciso apenas o creme batido para dar leveza e a gelatina para solidificar. Para um creme diplomata mais leve, é usado uma proporção de creme batido maior que a de creme *pâtissière*.

Para iniciar a preparação, o creme batido deve atingir o pico leve. A seguir, o creme *pâtissière* é batido até se tornar homogêneo. A gelatina deve ser diluída e misturada ao creme *pâtissière*, e, então, o creme batido é adicionado e misturado somente até a incorporação. A mistura excessiva pode comprometer sua qualidade.

O creme diplomata deve ser colocado imediatamente nas formas de bolo ou de torta por causa da gelatina. Depois de colocar o creme nas formas, os produtos feitos com esse creme podem ser armazenados sob refrigeração por até 48 horas, ou podem ser congelados. É importante não congelar o creme diplomata, a menos que ele faça parte de alguma sobremesa. Assim como em todas as preparações de cremes, as regras de higiene devem ser seguidas para evitar contaminações.

Preparação do creme diplomata

- Seguir os métodos básicos de preparação para o creme *pâtissière*.
- Bater o creme de leite até atingir o ponto médio e refrigerar.
- Diluir a gelatina em água fria.
- Adicionar a gelatina dissolvida no creme *pâtissière* quente e mexer até dissolver completamente.
- Misturar o creme na batedeira em velocidade baixa e usá-lo imediatamente.

CREME MUSSELINE

Em francês "*musseline*" refere-se a algo leve e delicado. O creme musseline tradicional combina o creme *pâtissière* e manteiga macia que tenha sido batida até se tornar leve e acetinada. Cria, assim, uma combinação entre um creme *pâtissière* e um creme de manteiga leve que é muito versátil e que pode ser usada como recheio em bolos, tortas e doces. Alguns podem mesmo usar uma receita que combine o creme *pâtissière* e o creme de manteiga para fazer o creme musseline.

Esse creme muitas vezes é servido com frutas, tais como o clássico bolo *Le frasier* que combina uma abundância de morangos frescos e de creme musseline. Nesta e em outras preparações, a riqueza do creme é equilibrada com a alta qualidade da fruta fresca. O creme musseline é útil no preparo do mil-folhas ou do bolo Napoleão, já que se mantém suficientemente firme ao ser fatiado.

Ao preparar o creme musseline, é importante cozinhar o creme *pâtissière* em temperatura mais baixa do que a normal. Essa medida é necessária porque o creme *pâtissière* que serve de base tem uma porcentagem mais alta de açúcar, o que é necessário para adoçar a grande quantidade de manteiga que será adicionada, podendo queimar facilmente o creme se o fogo estiver alto. Depois que o creme *pâtissière* estiver cozido, adiciona-se a metade da manteiga. Deve ser deixado para resfriar, coberto, no refrigerador. Depois que o creme estiver esfriado um pouco, deve ser colocado em batedeira com batedor de globo e batido até ficar homogêneo. A seguir, acrescentam-se o restante da manteiga em temperatura ambiente e o creme é batido até atingir seu volume pleno. Nesse estágio estará pronto para o uso.

O creme que não for usado ou os produtos finalizados não utilizados podem ser armazenados em refrigerador por até 48 horas. Produtos feitos com o creme musseline congelam bem e podem ser mantidos no freezer por várias semanas.

Procedimento para o creme musseline

- Preparar o creme *pâtissière* base.
- Ao terminar, retirar do fogo, acrescentar a metade da manteiga e misturar na batedeira.
- Transferir o creme para um recipiente raso, deixar resfriar coberto com filme plástico e levá-lo ao refrigerador.

- Depois de frio, transferir o creme para a cuba da batedeira, acrescentar o restante da manteiga, em temperatura ambiente e bater em velocidade média até incorporar.
- Bater em alta velocidade até o creme dobrar seu volume.
- Aromatizar conforme desejar e usar.

CRÉMEUX

Crémeux em francês significa "cremoso". Como um item da pâtisserie, refere-se a um creme do tipo creme *anglaise* que foi engrossado com manteiga e, às vezes, gelatina. As opções de aromatizantes para o *crémeux* são variadas e incluem chocolate, purê de frutas, pasta de castanhas e caramelo. Os recheios de *crémeux* podem ser usados para rechear tortas ou como bolo musse.

O procedimento para criar o *crémeux* começa com o creme *anglaise*. Depois de prepará-lo, a gelatina em folha dissolvida é acrescentada ao creme ainda quente e misturada até que seja incorporada. Se ingredientes como o chocolate ou a pasta de praline forem acrescentados, devem ser misturados ao creme *anglaise* ainda quente. Para a emulsificação completa do chocolate ou da pasta de praline, recomenda-se o uso de um mixer.

Depois que o creme atingir de 30 °C a 35 °C, a manteiga, em temperatura ambiente, deve ser acrescentada à base. É fundamental que a temperatura esteja nessa faixa e que a manteiga esteja em temperatura ambiente para manter a cremosidade necessária. Se o creme base estiver muito quente, derreterá a manteiga, e o *crémeux* perderá textura e corpo. Para incorporar a manteiga de forma eficiente, é recomendado o uso de um mixer. É muito importante não incorporar ar, pois pode criar bolhas na mistura engrossada. Depois que o *crémeux* estiver pronto, poderá cobrir bases de tortas ou ser colocado em moldes de silicone para *entremets* ou outros usos.

Para preservar a integridade do *crémeux* nas tortas, uma fina camada de calda clara para glacear deve ser aplicada sobre o recheio cremoso, ou, se for o caso, cobertura de chocolate. Essa medida vai prevenir que a intensa umidade do *crémeux* resseque e se deteriore, além de evitar a oxidação e a contaminação. O *crémeux* requer inúmeros cuidados especiais para armazenamento. Os produtos acabados podem ser mantidos sob refrigeração por até 72 horas, e congelados por até uma semana se for bem embalado.

Procedimento para o crémeux
- Preparar o creme *anglaise* básico.
- Dissolver a gelatina em água.
- Manter a manteiga em temperatura ambiente.
- Depois que o creme estiver pronto, acrescentar a gelatina e mexer até incorporar. Passar na peneira em recipiente limpo e seco, e esfriar sobre uma bacia com gelo.
- Se for usar chocolate, adicionar quando o creme base ainda estiver quente e formar uma emulsão (ver *Crémeux*, Figura 8-5, Etapa 1).

FIGURA 8-5 CRÉMEUX

1. Coar o creme *anglaise* ainda quente sobre o chocolate.

2. Formar uma emulsão com o mixer.

3. A mistura deve estar brilhante e bem emulsificada.

4. Colocar o creme sobre as bases de tortas conforme desejar (aqui são mostradas as tortas de chocolate) e esperar que fiquem firmes antes de finalizar.

> Quando a mistura alcançar de 30 °C a 35 °C, acrescentar a manteiga (se for o caso) e incorporá-la ao creme com o mixer (ver *Crémeux*, Figura 8-5, Etapas 2-3). Despejar o creme imediatamente nas bases de tortas ou nas formas para o congelamento (ver *Crémeux*, Figura 8-5, Etapa 4).

ESPUMA DE OVOS

As **espumas de ovos** são componentes essenciais no preparo da pâtisserie clássica e contemporânea e também são usadas na criação de inúmeros cremes, bolos e sobremesas em geral. As espumas ocorrem porque há uma família de proteínas conhecidas como albuminas que são encontradas naturalmente nas claras, ou albúmen. As espumas de ovos se formam quando são batidos ovos inteiros, gemas ou claras com açúcar criando uma espuma leve, ou um conjunto de bolhas de ar mantidas pela ruptura das moléculas da proteína. Os **merengues**, ou espumas feitas com claras e açúcar, variam em composição e os resultados dependem do método usado, assim como da proporção de claras em relação ao açúcar.

As espumas de ovos têm sido usadas por séculos. O merengue possivelmente foi criado em uma pequena cidade da Suíça, Mieringen, por um confeiteiro suíço chamado Gasparini por volta de 1720. O merengue foi introduzido na França por Stanislaus; diz-se que no tempo de Maria Antonieta eram feitos regularmente em Versalhes.

As espumas de ovos se dividem em duas categorias: as cozidas e as cruas. Ambas podem ser cozidas, mas não é necessário. As espumas de ovos cozidas, tais como o merengue italiano e a *pâte à bombe* são mais utilizadas em bolos musse ou outros produtos prontos para ser consumidos, em que uma espuma de ovos produz a leveza desejada.

O merengue italiano é definido como uma espuma de ovos cozida porque esta é preparada com claras e com calda que foi cozida até o estágio de bala firme. Durante o preparo do merengue, as claras são cozidas com o calor da calda, e mesmo assim são capazes de formar uma espuma estável. Espumas cruas, como o merengue comum, são normalmente assadas, mas às vezes são incluídas em preparações cruas de musse.

MERENGUE

É importante a compreensão dos efeitos da gordura sobre as espumas de claras para se entender o desempenho do merengue. Em primeiro lugar, e mais importante, é essencial que qualquer mistura de claras esteja sem gordura de qualquer natureza para obter seu volume pleno. Quaisquer resquícios de gemas, gordura natural da pele ou equipamentos engordurados vai interferir na formação das claras e o resultado será um merengue de pouco volume. O merengue é um tipo de espuma de ovos produzida pela introdução de ar nas claras, por meio de batida constante, e com a adição de açúcar para dar estabilidade à mistura. As proteínas da albumina das claras (especialmente a conalbumina e a ovomucina) se tornam desnaturadas quando agitadas e se separam, formando bolsas de ar e de água que permitem a criação de uma espuma estável.

A desnaturação da proteína na albumina é o resultado da expansão da cadeia de proteína. Conforme se separam e são batidas, essas cadeias de proteínas não quebram, mas, ao contrário, formam novos laços, interligando cadeias de moléculas e, por fim, atraem ar e água em uma matriz delicada de bolhas de ar. Os laços continuam a se formar e a se refazer, no caso de se quebrarem, e na medida em que a espuma de ovos se desenvolve, a estrutura se torna mais estável, já que as conexões moleculares se tornam cada vez maiores.

Durante e após o processo de produção da espuma, a ovalbumina (outra proteína importante das claras) proporciona uma estrutura sustentada na medida em que passa por múltiplos estágios de coagulação. Isso ocorre quando a proteína entra em contato com o ar e durante o aumento da temperatura no forno ou na batedeira.

A adição de açúcar tem inúmeros efeitos no merengue. O açúcar pode atrasar o desenvolvimento do merengue, da mesma forma que pode atrasar o desenvolvimento do glúten no pão. Quando é usada uma grande quantidade de açúcar no merengue, as proteínas necessitam de mais tempo para se desprender e formar os laços que garantam a formação de bolsas de ar e de água. O açúcar também reforça os laços de água e de ar à matriz de proteína. Sem esse laço adicional, o merengue pode se tornar mais suscetível a se desmanchar ou soltar água durante a montagem ou durante o cozimento.

Dependendo da função ou das características desejadas do merengue, as diversas receitas indicam quantidades variadas de açúcar. Quantidades mais altas de açúcar – algumas até com o dobro do peso em relação ao das claras – vão produzir uma espuma mais densa com menos volume, que é mais flexível e mais difícil de bater em excesso. Assar em baixa temperatura criará uma crosta de merengue crocante. Ao contrário, pequenas quantidades de açúcar, tais como o mesmo peso de açúcar e de claras, ou menos açúcar, resultam em espumas mais macias, mais leves e com maior volume. São mais propensas a ser batidas em excesso, embora produzam facilmente um merengue estável, próprio para ser usado com o saco de confeitar ou para adicionar às receitas do tipo bolo de merengue e torta de limão com merengue.

Para incorporar quantidades de açúcar que envolva proporções de 1:1 de açúcar e de claras, é necessário tomar algumas medidas especiais. Para produzir um bom merengue, no começo da batida, a quantidade inicial de açúcar não pode exceder a de um terço das claras. Depois que o volume desejado for atingido, o restante do açúcar pode ser rapidamente acrescentado assim que a batedeira for desligada. Se for necessária uma quantidade maior de açúcar, como 1,5:1, o açúcar restante deve ser adicionado com uma espátula à mão.

Ingredientes adicionais para o merengue

Um leve toque ácido acrescenta força às espumas. O ingrediente mais usado para isso é o cremor de tártaro em uma dosagem de 0,05%, baseado no peso das claras. Uma acidificação leve não vai melhorar ou danificar o volume da espuma, mas torná-la menos propensa a coagular.

Ao contrário do que se afirma, de que uma pequena quantidade de sal é benéfica ao merengue, na verdade, produz o efeito inverso. Pequenas adições de sal aumentam o tempo de batida, comprometendo o volume e criando menos estabilidade.

Precauções com o merengue

Ao preparar merengue com claras, é extremamente importante usar utensílios limpos e as claras não devem conter resíduos de gemas. Qualquer óleo ou gordura que entre em contato com as claras inibe a formação de uma espuma estável. A temperatura das claras é também fundamental para obter um merengue perfeito, já que claras frias inibem o desenvolvimento da espuma. Para obter um volume máximo, as claras devem estar entre 15 °C e 20 °C.

É necessário também controlar o desenvolvimento da espuma para obter estabilidade. Espumas não batidas o suficiente vão sustentar poucas conexões da albumina e as bolhas de ar serão grandes e irregulares. Se batidas em excesso, a albumina das claras terá uma coagulação extra e a espuma se tornará "seca", podendo quebrar e verter água.

FIGURA 8-6 O DESENVOLVIMENTO DO MERENGUE

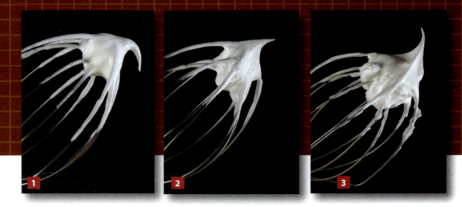

1 Ponto fluido: As claras apresentam apenas força suficiente para formar uma espuma estável.

2 Picos leves: As claras se apresentam mais desenvolvidas e têm mais força para manter uma espuma mais firme.

3 Picos firmes: As claras estão completamente desenvolvidas e podem manter picos bem firmes. Se continuarem a ser batidas, a espuma pode começar a se degradar.

Classificação do desenvolvimento do merengue

A capacidade de o merengue sustentar sua própria forma significa a quantidade de ar que foi introduzida no seu interior, assim como a força da espuma. Por essa razão, as expressões "ponto fluido", "pico leve" e "pico firme" e as combinações como "picos de leve a firme" descrevem o desenvolvimento do merengue (ver O desenvolvimento do merengue, Figura 8-6).

Para utilizações como bases de merengue feitas com saco de confeitar, o pico firme é o mais indicado. Nesse caso, vai conferir ao merengue uma aparência definida de suas linhas e textura homogênea. Para bolos espumosos, em que é indicada uma espuma menos desenvolvida, um merengue de pico leve e, às vezes, em ponto fluido é o suficiente. Para o confeiteiro, o controle do volume é o resultado direto da extensão do desenvolvimento do merengue. Ver o Capítulo 7 para uma abordagem mais completa sobre a gravidade específica de massas de bolo e seus efeitos nas características do produto.

O MERENGUE FRANCÊS

O **merengue francês**, também conhecido como **merengue comum**, é produzido com uma proporção mínima de uma parte de clara e uma de açúcar. A quantidade de açúcar envolvida na preparação vai determinar sua aplicação final. A proporção 1:1 de claras e de açúcar vai produzir um merengue mais macio, ideal para cobertura de tortas e inclusões em musses ou suflês. Merengues mais firmes, feitos com a proporção de 1:2 de claras e de açúcar, são usados para obter produtos mais clássicos e mais crocantes.

Para iniciar o preparo de merengue francês (com uma proporção de 1:1 de claras para açúcar), as claras são batidas em velocidade média com um terço do açúcar. O restante do açúcar deve ser reservado para encorajar o desenvolvimento da espuma. Durante a batida, as bolhas vão se tornar menores à medida que o volume cresce. O açúcar deve ser adicionado quando o merengue atingir o desenvolvimento desejado e a batida deve continuar apenas até o açúcar ser incorporado.

Caso um merengue mais duro seja o objetivo (a proporção de 2:1 de claras para açúcar), a segunda adição de açúcar pode ocorrer enquanto a batedeira ainda estiver funcionando em velocidade baixa. Como alternativa, a segunda adição de açúcar pode ser acrescentada à mão com uma espátula. Caso seja usado o saco de confeitar para diversos produtos, é mais indicado manter o merengue misturando em baixa velocidade para evitar que a proteína coagule. Quantidades adicionais de merengue podem ser colocadas no saco de confeitar e utilizadas conforme necessário.

Procedimento para o merengue francês (1:1 claras-açúcar)

- Na cuba de inox da batedeira, com o batedor globo, começar a bater as claras com um terço do açúcar.
- Bater em velocidade média até que as bolhas de ar se tornem menores e de tamanho uniforme.
- Aumentar a velocidade da batedeira e misturar até atingir picos firmes.
- Acrescentar o restante do açúcar e misturar até a incorporação.
- Utilizar conforme desejar.
- Se for usar o saco de confeitar manter o merengue não utilizado em velocidade baixa para evitar a coagulação.

MERENGUE SUÍÇO

O **merengue suíço** é mais denso e mais estável que o francês. Esse merengue pode ser usado para fazer biscoitos crocantes, ou como base para o creme de manteiga e também como cobertura para bolos e tortas. O merengue suíço é caracterizado pelo aquecimento das claras e do açúcar antes da batida final, um procedimento que envolve agitação constante para evitar que as claras coagulem. Durante esse processo, as temperaturas devem estar entre 49 °C e 71 °C. Se as claras forem mexidas constantemente, o açúcar da mistura vai evitar seu cozimento.

A temperatura final vai influenciar a textura e a segurança alimentar do produto final. O merengue suíço aquecido a 49 °C será menos denso; no entanto, o uso de claras não pasteurizadas requer um aquecimento de 71 °C como precaução para destruir quaisquer bactérias que possam estar presentes. Essa medida é particularmente importante para itens que não forem assados. Temperaturas mais altas também têm um efeito na textura dos biscoitos de merengue, já que a densidade da espuma será levemente alterada pela variação do calor.

Procedimento para o merengue suíço

- Combinar as claras e o açúcar em uma cuba de inox da batedeira.
- Colocar a cuba em banho-maria e aquecer a mistura até a temperatura atingir entre 49 °C e 71 °C, batendo constantemente para evitar a coagulação.
- Depois de alcançar a temperatura desejada, colocar a cuba na batedeira adaptada com o batedor e ligar em velocidade de média a alta até formar picos firmes.
- Se for utilizar o saco de confeiteiro, preservar o merengue não utilizado, batendo lentamente para evitar a coagulação.

MERENGUE ITALIANO

O **merengue italiano** é feito com claras e calda de açúcar quente. A calda é despejada cuidadosamente sobre as claras batidas, e a mistura deve continuar a ser batida até esfriar. O merengue italiano é muito versátil e é normalmente usado em bolos musse, como complemento de *sorbets*, como cobertura, como base para o creme de manteiga italiano e como cobertura para bolo *Alasca* e para tortas de merengue.

Entre todos os merengues, a preparação do merengue italiano é a mais complexa. É imprescindível que a temperatura ambiente esteja entre 20 °C e 21 °C, ausência total de gordura nas claras e nos equipamentos, bem como a cuba deve estar em temperatura ambiente. Essas medidas ajudam a garantir que as claras possam alcançar pelo menos 71 °C, quando são consideradas

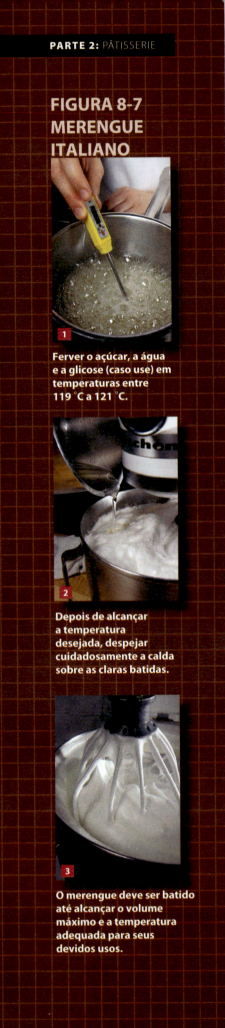

FIGURA 8-7 MERENGUE ITALIANO

1. Ferver o açúcar, a água e a glicose (caso use) em temperaturas entre 119 °C a 121 °C.

2. Depois de alcançar a temperatura desejada, despejar cuidadosamente a calda sobre as claras batidas.

3. O merengue deve ser batido até alcançar o volume máximo e a temperatura adequada para seus devidos usos.

cozidas. Ao usar claras frias e/ou a cuba fria isso não somente dificultará seu desenvolvimento, como vai comprometer o volume do produto final.

Para iniciar o merengue italiano, o açúcar e a água precisam ser cozidos em temperaturas de 119 °C a 121 °C para que a calda atinja o ponto conhecido como bala firme. Enquanto o açúcar estiver sendo cozido, as claras devem ser colocadas na batedeira com o batedor do tipo globo. Quando a calda atingir 116 °C, deve-se começar a bater as claras até atingir a metade de seu volume antes que a calda esteja pronta.

À medida que a calda cozinha, deve-se limpar as laterais da panela com um pincel embebido em água para evitar cristalização. Um pouco antes de a calda atingir o ponto de bala firme, a panela deve ser retirada do fogo e as claras devem ser batidas em velocidade de média a alta até atingir um volume médio. Embora a calda permaneça fora do fogo, a temperatura continua a se elevar.

Quando as claras atingirem o volume apropriado e a calda estiver na temperatura correta, esta deve ser lenta e cuidadosamente despejada na cuba, no espaço entre a lateral e o batedor. Deve-se ter o cuidado de não despejar a calda no batedor para evitar que respingue ao redor.

A quantidade da calda adicionada deve ser semelhante à de açúcar incorporada às claras. Depois que toda a calda for acrescentada, o merengue deve continuar a ser batido em velocidade de média a alta até atingir o seu volume pleno e o merengue baixar a temperatura até aproximadamente 32 °C.

Procedimento para o merengue italiano

- Em uma panela, combinar o açúcar e a água e cozinhar até o ponto de bala firme (ver Merengue italiano, Figura 8-7, Etapa 1).
- Enquanto estiver cozinhando, colocar as claras na cuba de inox da batedeira com o globo.
- Quando a calda estiver quase no ponto de bala firme, aproximadamente a 121 °C, começar a bater as claras e retirar a calda do fogo.
- Acrescentar a calda lentamente quando alcançar a temperatura de 119 °C a 121 °C (ver Merengue italiano, Figura 8-7, Etapa 2).
- Bater em velocidade média a alta por vários minutos e, então, diminuir a velocidade até que a mistura se torne morna (ver Merengue italiano, Figura 8-7, Etapa 3).
- Adicionar a musse ou usar conforme desejar.
- Caso use o saco de confeiteiro, bater lentamente o merengue excedente para não coagular.

PÂTE À BOMBE

A ***pâte à bombe*** é uma espuma feita de gemas e calda. As bases de *pâte à bombe* são usadas para bolos musse, como base para o creme de manteiga francês e para sobremesas congeladas como o *parfait*. Sua mistura acrescenta tanto leveza à textura como riqueza em sabor e em cor.

A *pâte à bombe* pode substituir o merengue tradicional para a produção de bolos musse e sorvetes, mas falta a estrutura e a força de um merengue para sustentar e manter o formato em pico. Depois de fria, ela está pronta para ser usada, aumenta em pelo menos três vezes o seu volume e pode formar fios quando o batedor é levantado.

O procedimento empregado para fazer essa espuma de ovos é exatamente igual ao do merengue italiano. A única diferença é que as gemas são usadas no lugar das claras. A lecitina das gemas ajuda a manter uma emulsão homogênea na musse. Para resumir o procedimento, a calda quente é despejada sobre as gemas batidas e a mistura deve ser batida até esfriar. Conforme é batida, a mistura torna-se clara, aumenta o volume e adquire uma textura aerada.

Procedimento para a *pâte à bombe*

- Em uma panela, combinar o açúcar e a água e cozinhar até atingir o estágio de bala firme.
- Enquanto estiver cozinhando a calda, colocar as gemas na batedeira em uma cuba de inox e começar a bater.
- Adicionar, lentamente, a calda depois de atingir 121 °C.
- Bater em velocidade de média a alta até esfriar.
- Adicionar à preparação da musse ou usar conforme desejar.

COBERTURA

A **cobertura**, que às vezes é chamada pela expressão mais restrita de *frosting*, envolve ampla variedade de receitas usadas para rechear, cobrir ou decorar bolos, doces ou biscoitos. Os principais grupos de coberturas incluem creme de manteiga, glacês, *fondants*, ganache, glacê mármore e glacê real. Sua composição, que varia entre uma cobertura fina a grossa, depende da sua aplicação específica.

Não apenas as coberturas aperfeiçoam as qualidades visuais do bolo, como também são uma proteção ao ressecamento. A cobertura também pode servir para rechear, assim como para decorar o bolo. A cobertura pode ainda servir para criar uma ornamentação para a parte externa do bolo, incluindo infinidades de bordas, flores ou outras decorações confeitadas.

As coberturas específicas são escolhidas de acordo com sua finalidade e aparência, ou porque podem complementar o sabor e a textura da composição do bolo ou da pâtisserie. O equilíbrio entre aromas, cores, texturas e sabores é uma parte essencial do sucesso de um produto final.

CREME DE MANTEIGA

O creme de manteiga é a cobertura mais comum usada para bolos de ocasiões especiais, é amplamente apreciado e é uma escolha versátil para o confeiteiro. Na sua forma básica, o creme de manteiga é composto por manteiga batida e adoçada, embora muitas vezes se torne mais leve pela adição de espuma de ovos ou de claras. O creme de manteiga pode ser usado como recheio, cobertura e decoração de bolos e, às vezes, como recheio de biscoitos e outras variedades de doces. O sabor e a textura do creme de manteiga dependem em grande parte dos ingredientes e do método adotado para seu preparo.

Os principais tipos de creme de manteiga incluem o básico, o de decoração, o italiano, o francês, o suíço e o de creme *anglaise*. O procedimento para produzi-los varia bastante.

Entre todos os ingredientes usados no creme de manteiga, a gordura é o que vai determinar definitivamente a qualidade do produto final. Embora a manteiga seja a favorita pelo sabor e pelo paladar, nem sempre é a primeira opção por duas razões. Primeiro, o alto custo da manteiga pode pesar no orçamento, e, segundo, o ponto de fusão baixo pode tornar o trabalho difícil em climas quentes. Mesmo assim, é importante pensar na satisfação do cliente ao fazer a escolha.

Gorduras hidrogenadas, por sua vez, diminuem os custos do creme de manteiga e contêm emulsificantes que podem criar um produto mais homogêneo e mais estável. O ponto de fusão mais alto da gordura hidrogenada torna o creme mais fácil de manusear. Além disso, pode ser mantido em temperatura ambiente por períodos mais longos em climas mais quentes. Este é um fator importante a considerar para bolos de casamento, por exemplo, em climas quentes, que podem ficar expostos por longos períodos sem refrigeração.

Creme de manteiga básico

Os principais ingredientes para o **creme de manteiga** são açúcar impalpável e manteiga e/ou gordura hidrogenada para cobertura. O açúcar impalpável fornece uma textura melhor que o açúcar refinado, que não dissolve muito facilmente em ambiente com baixa umidade. A escolha da gordura vai determinar o sabor, o ponto de fusão e a cor. O branco puro da gordura hidrogenada vai produzir uma cobertura mais branca e mais leve e a manteiga apresentará sua tonalidade amarela natural. Se maior leveza for desejada, claras pasteurizadas, água ou leite podem ser acrescentados.

Procedimento para o creme de manteiga básico

- Peneirar o açúcar impalpável e deixar na cuba da batedeira preparada com o batedor raquete.
- Acrescentar a gordura à cuba e misturar para combinar.
- Bater em velocidade média a alta e adicionar claras líquidas pasteurizadas, se for usá-las.

Creme de manteiga suíço

O **creme de manteiga suíço** é feito com uma base estável de merengue suíço. Depois que o merengue for feito, a manteiga amaciada é acrescentada lentamente e o creme é batido até atingir seu volume pleno. O creme de manteiga suíço não é tão leve quanto aquele feito com merengue italiano, mas o procedimento é mais rápido e mais simples.

Procedimento para o creme de manteiga suíço

- Preparar o merengue suíço.
- Quando atingir seu volume pleno e esfriar, acrescentar lentamente a manteiga amaciada.
- Bater até completar a incorporação e se tornar leve e macio.

Creme de manteiga italiano

O **creme de manteiga italiano**, com sua característica leveza e estabilidade, é uma escolha bastante comum entre os confeiteiros. Conforme o nome indica, está baseado no merengue italiano, que é batido até atingir seu volume pleno e, então, mantido próximo da temperatura ambiente antes de adicionar lentamente a manteiga amaciada. Então, o creme é batido até se tornar leve e macio (ver Creme de manteiga italiano, Figura 8-8, Etapas 1-3).

É importante notar que, se houver muita diferença entre a temperatura do merengue e a da manteiga, a emulsão pode se romper ou a manteiga pode derreter. Para corrigir um creme de manteiga que tenha se rompido ou desandado é melhor continuar a bater em alta velocidade.

O movimento e a flutuação natural da temperatura vão finalmente emulsificar o creme. Um erro comum é usar o maçarico para aquecer a cuba e, assim, o creme. Essa medida vai aquecer a manteiga, e o movimento adicional, emulsificar o creme de manteiga; no entanto, o creme se tornará denso e quebradiço, em razão das gorduras derretidas.

Se o merengue estiver muito aquecido, a manteiga vai derreter e ocorrerá perda de volume. A mistura poderá ser recuperada se os ingredientes da cuba forem resfriados e batidos para emulsificar. Se o resultado for insatisfatório, mas aceitável, uma opção é misturá-lo a um novo creme para evitar qualquer desperdício.

Procedimento para o creme de manteiga italiano

- Preparar a calda de açúcar e fazer o merengue italiano.
- Depois de resfriado e de alcançar a temperatura ambiente, acrescentar a manteiga amaciada (ver Creme de manteiga italiano, Figura 8-8, Etapa 1).
- Bater até ficar leve e cremoso (ver Creme de manteiga italiano, Figura 8-8, Etapas 2-3).

Creme de manteiga francês

O **creme de manteiga francês** é o mais rico de todos os cremes de manteiga feitos com espuma de ovos. Ao contrário dos cremes de manteiga italiano e suíço, que são baseados em merengues, o creme de manteiga francês tem como base a *pâte à bombe*. Essa espuma feita com gema de ovos acrescenta uma riqueza extraordinária, conferindo uma cor viva ao creme de manteiga. Como este creme é bastante enriquecido em relação aos outros, normalmente é usado em pequenas quantidades para que não predomine sobre os outros ingredientes do bolo ou do doce.

Por ser feito com gemas, sua durabilidade é mais reduzida. Deve ser mantido sob refrigeração quando não for usado e pode durar até uma semana, devendo ser bem vedado. O creme de manteiga francês, bem embalado, pode ser armazenado no freezer por vários meses.

Procedimento para o creme de manteiga francês

- Preparar a *pâte à bombe*.
- Acrescentar a manteiga amaciada à *pâte à bombe* depois que esfriar.
- Bater até a mistura se tornar leve e sedosa. Armazenar no refrigerador até quando for usar.

Creme de manteiga no estilo creme *anglaise*

O mais saboroso dos cremes de manteiga é o **creme de manteiga no estilo creme *anglaise***, também conhecido como creme de manteiga inglês. É preparado usando o molho creme *anglaise*, a manteiga e o merengue italiano. A desvantagem do creme de manteiga no estilo creme *anglaise* é que o alto teor de líquido torna esse creme menos estável e mais suscetível à dete-

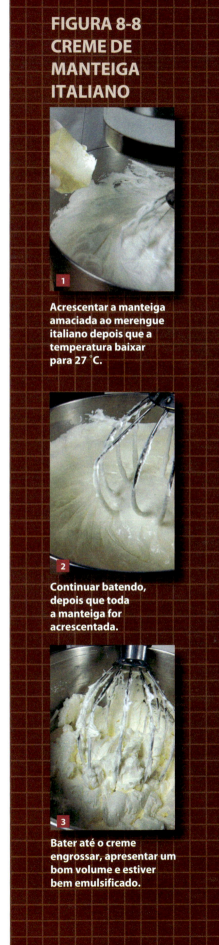

FIGURA 8-8 CREME DE MANTEIGA ITALIANO

1. Acrescentar a manteiga amaciada ao merengue italiano depois que a temperatura baixar para 27 °C.

2. Continuar batendo, depois que toda a manteiga for acrescentada.

3. Bater até o creme engrossar, apresentar um bom volume e estiver bem emulsificado.

rioração. Deve ser usado e servido fresco. Além disso, o creme de manteiga no estilo creme *anglaise* não se mantém bem no congelador, já que o alto teor de líquido do creme cria uma grande quantidade de cristais de gelo que prejudica a emulsão.

O creme *anglaise* deve ser coado em um *chinois* fino e resfriado imediatamente em batedeira adaptada com o globo. Ao mesmo tempo, o merengue italiano pode ser iniciado e a manteiga, amaciada. Quando o creme base estiver com a temperatura em torno de 21 °C a 24 °C, a manteiga pode ser adicionada; deve, então, ser misturada até incorporar bem. Quando o merengue italiano estiver frio, pode ser misturado ao creme e à manteiga até ficar bem homogêneo.

Procedimento para o creme de manteiga no estilo creme anglaise

- Preparar o creme *anglaise*, coar, e bater com o misturador vertical adaptado com o batedor.
- Preparar o merengue italiano e bater até atingir a temperatura ambiente.
- Amaciar a manteiga e acrescentá-la ao creme batido.
- Adicionar o merengue italiano e misturar até incorporar.

Manuseio do creme de manteiga

Os ingredientes usados na produção do creme de manteiga vão determinar seu sabor, a textura e as propriedades de manuseio. A manteiga é a que possui mais ponto de fusão entre todas as gorduras sólidas, pode ser mais difícil de trabalhar que o creme feito total ou parcialmente com gordura hidrogenada. Altas temperaturas fazem as gorduras derreter e o creme se tornar fino, impedindo que mantenha sua forma no bolo ou que apresente um creme homogêneo. Por sua vez, se o creme de manteiga estiver muito frio não irá se espalhar facilmente e será difícil torná-lo uniforme.

Por esses motivos, é fundamental trabalhar com o creme em temperatura adequada. Se tiver sido armazenado no refrigerador, é recomendado que seja retirado da geladeira uma hora antes de usá-lo. Se possível, o creme de manteiga que tenha sido guardado no freezer deve ser transferido para o refrigerador entre 8 e 24 horas antes de ser utilizado, dependendo da quantidade armazenada. Somente depois de alcançar a temperatura ambiente é que estará pronto para uso.

É importante que o creme de manteiga para cobertura de bolos seja homogêneo e sem bolhas de ar que possam surgir no produto final. A maneira mais fácil de corrigir as bolhas de ar e de tornar o creme uniforme é encher a cuba de uma batedeira até o topo (para pequenas quantidades uma batedeira de 5 litros é suficiente) e bater o creme até se tornar homogêneo. É fundamental que o creme esteja acima do batedor para que não incorpore ar. Cada ciclo do batedor retira ar do creme. Quando estiver uniforme, estará pronto para uso.

As opções de aromatizantes para o creme de manteiga são infinitas. As variações de sabores incluem frutas, chocolate, especiarias, castanhas, café e licor. São produzidos normalmente com vários tipos de chocolate, pasta de castanhas, extratos e outros compostos. É importante não acrescentar muitos líquidos adicionais, por isso, itens com álcool devem ser usados como uma porcentagem da manteiga. Para esses casos, consultar as receitas individuais de porcentagens para ingredientes extras.

Entre todos os aromatizantes para o creme de manteiga, o chocolate merece atenção especial. Para evitar criar um creme de manteiga com pedaços de chocolate, este deve ser derretido. Esse processo de derretimento não tem nenhuma relação com o processo de têmpera do chocolate; entretanto, tem o mesmo método de incorporação gradual do chocolate ao creme como um todo. Para iniciar o procedimento, o chocolate deve ser derretido em 49 °C. A seguir, o mesmo peso de creme de manteiga deve ser amornado ligeiramente e, então, misturado ao chocolate com um batedor. Desse modo, o chocolate vai se misturar com o creme evitando que se consolide (formando pedaços de chocolate). Por fim, essa mistura pode ser acrescentada ao creme de manteiga reservado.

Assim como qualquer doce ou outro alimento, o desperdício do creme de manteiga deve ser mínimo. Não é raro, por exemplo, que decoradores principiantes apresentem um creme de manteiga com granulações durante a fase do recheio ou da cobertura. O creme com defeito deve ser separado e reservado para uso somente em aplicações de correção ou adicionado ao chocolate para recheios. Retirar as granulações do creme de manteiga pode levar bastante tempo, mas a qualidade do bolo será maior e o desperdício menor.

FONDANT

O **fondant** é uma calda de açúcar que foi resfriada e mexida para cristalizar o açúcar e produzir uma cobertura macia, branca e cremosa. É frequentemente usada em *napoleons*, *éclairs* e *danishes*. Depois de ser aplicado ao produto, o *fondant* se molda e adquire uma aparência brilhante e branca. Se for aquecido de forma inadequada, pode não se solidificar, terá uma aparência opaca e escurecida, tornando-se bastante duro. As orientações para a temperatura dependem do fabricante do *fondant*. Em geral, os *fondants* prontos, comprados de fornecedores de padarias, podem ser aquecidos a 49 °C. Os *fondants* preparados com a mistura seca podem ser aquecidos somente até 38 °C.

O *fondant* é aquecido para que fique fluido e se torne maleável. Se o *fondant* estiver na temperatura correta, mas ainda muito grosso, pode ser acrescentado um pouco de calda para atingir a viscosidade necessária. Se o *fondant* for aquecido em excesso, logo vai engrossar, e depois de pronto, apresentará uma aparência opaca e escurecida. Para obter uma cobertura firme, alguns o aquecem excessivamente, de propósito; no entanto, como esse procedimento resulta na perda de apelo visual, outra cobertura com qualidades mais adequadas deve ser considerada.

Manuseio do *fondant*

É importante aquecer o *fondant* em banho-maria, mexendo para aquecer uniformemente sem que incorpore ar. O melhor utensílio é uma espátula de borracha. O *fondant* deve ser aquecido entre 38 °C e 49 °C, dependendo do tipo usado. Outras técnicas para o aquecimento incluem o uso do micro-ondas ou um pote diretamente no calor.

Se o *fondant* atingir a temperatura indicada, mas ainda estiver muito grosso, pode ser corrigido com um pouco de calda. Se estiver muito fino, pode ser acrescentado um pouco de *fondant* que não tenha sido aquecido, misturar apenas até a incorporação.

Tanto cores como sabores podem ser acrescentados ao *fondant*. Caso sejam acrescentadas múltiplas cores, a coloração em estágios é a ideal para limitar desperdícios. Ao usar cores primárias com a ajuda de um círculo cromático, o confeiteiro será capaz de obter qualquer cor. Acrescentar amarelo ao branco para criar amarelo, por exemplo, laranja ao amarelo para criar pêssego, vermelho ao pêssego para criar vermelho, azul ao vermelho para criar púrpura. Como regra, é melhor ser moderado ao acrescentar cores. Os tons pastel são mais agradáveis do que as cores muito vivas.

Para o *fondant* de chocolate, acrescentar de 18% a 20% de chocolate ao licor derretido, com base no peso total do *fondant*. Outros aromatizantes, como pasta de café ou extrato de café, também podem ser acrescentados.

CALDA DE CHOCOLATE

A **calda de chocolate**, que é essencialmente um ganache mais fino, é um acabamento bastante versátil. Pode ser feito com chocolate branco, chocolate ao leite ou chocolate amargo, assim como inúmeros outros ingredientes que incluem gelatina, cacau em pó, caldas de açúcar e cremes. As receitas específicas é que vão determinar a viscosidade da calda. Gorduras sólidas, por exemplo, como a manteiga de cacau e os sólidos de cacau, terão um efeito importante em sua textura.

Se a manteiga ou os sólidos de cacau não estiverem presentes em grandes quantidades, a gelatina pode ser usada para equilibrar a textura e a solidez da calda. Isso se aplica especialmente para caldas de chocolate branco ou chocolate ao leite, que possuem um teor menor de cacau do que o chocolate amargo. Uma emulsão estável é fundamental para uma aparência agradável e para garantir uma cobertura fina e brilhante no produto final.

Manuseio da calda de chocolate

A temperatura é um elemento essencial para trabalhar com caldas de chocolates, e as temperaturas adequadas são indicadas nas respectivas receitas. Os produtos que vão receber a calda devem estar frios, mas alguns, como os bolos musse, podem precisar ser congelados.

Normalmente, os itens a ser cobertos devem ser colocados em placas sobre formas forradas com papel-manteiga. O excesso de calda que cair fora do bolo pode então ser reutilizado.

Itens maiores, difíceis de transferir, como o bolo ópera, podem ser cobertos nas placas em que serão montados. Qualquer que seja o tamanho do produto, a cobertura deve ser rápida e uniforme para garantir que toda a extensão do bolo seja coberta.

GANACHE DE CHOCOLATE PARA COBERTURA

O **ganache** é menos popular do que a calda de chocolate para coberturas. É uma mistura cremosa, obtida quando um elemento líquido, geralmente creme, é misturado com chocolate, formando uma emulsão. Para criar um ganache de chocolate amargo para cobertura, o ideal é usar uma proporção de 1:1 de creme e chocolate e acrescentar de 7% a 10% de glicose ao creme baseado no peso. Acrescentar a glicose vai retardar o movimento molecular da cadeia da emulsão e ajudar a reter a umidade evitando o ressecamento. O ganache pode ser preferido pelo sabor em relação à calda de chocolate, já que possivelmente será menos adocicado. Consultar o Capítulo 15 para informações mais detalhadas sobre o ganache.

Manuseio do ganache de chocolate

Embora seja uma emulsão estável, o ganache é suscetível a desandar se for agitado em excesso. É ideal que seja usado fresco. Se o ganache se consolidar na cuba ou no recipiente no qual foi preparado, deve ser derretido; um procedimento que apresenta alguns problemas para o confeiteiro. É recomendado que se aqueça levemente o ganache no micro-ondas até obter a temperatura adequada (ver o Capítulo 15 para mais informações sobre aquecimento e reutilização do ganache).

Da mesma forma que nas caldas de chocolate, a temperatura do ganache é crucial para a sua qualidade. Ele precisa ser usado no momento certo para que a cobertura seja sedosa, uniforme e brilhante. As orientações para sua temperatura são semelhantes às das caldas de chocolate. Além disso, deve-se considerar a temperatura do produto a ser coberto, assim como o tamanho e a viscosidade da calda.

O ganache de chocolate tem menos açúcar que a calda de chocolate e uma concentração maior de gorduras sólidas. Por essas características, se consolida mais rapidamente que a calda e há mais riscos de erros. A colocação do ganache no bolo deve ser uma operação rápida e concisa. Depois que o bolo for coberto, deve retornar ao freezer para se consolidar. Após, pode ser removido da placa provisória e transferido para onde for destinado.

COBERTURA DE FRUTA

Fácil de preparar e simples de usar, a **cobertura de fruta** oferece ao confeiteiro a oportunidade de um acabamento para bolos e doces com cores vibrantes e frescas e sabores únicos. A composição das coberturas de frutas pode variar bastante. Na maioria das vezes podem ser produzidas totalmente no local, usando ingredientes como purês de frutas, glicose, água e gelatina. Versões híbridas podem ser feitas acrescentando ingredientes como purês de frutas, glicose e gelatina a produtos prontos como geleia processada a frio. A cobertura de fruta tem boa estabilidade e se mantém por vários dias se for mantida no refrigerador bem vedada. Depois de colocada sobre um bolo ou um doce, a durabilidade é normalmente limitada a dois dias antes que a calda comece a oxidar e se desidrate.

Trabalhar com a cobertura de fruta

É fundamental evitar a formação de bolhas de ar ao preparar a cobertura de fruta. As bolhas de ar são visíveis e permanecem na cobertura depois de colocada no bolo. Da mesma forma que na calda de chocolate, a temperatura adequada é essencial. A viscosidade da calda precisa ser suficientemente fina para ser despejada, e suficientemente grossa para deixar uma camada fina sobre o bolo. A gelatina sensível à temperatura (e a pectina em produtos prontos encontrados no mercado) precisa ser aquecida adequadamente para que suas propriedades sejam positivas, embora a calda precise esfriar e gelatinizar quando entrar em contato com os *entremets* frios.

GLACÊ REAL

O **glacê real** é uma cobertura clássica. É fácil de confeitar, consolida-se de maneira firme e pode durar, na sua forma decorativa, por muitos anos. Os ingredientes básicos incluem açúcar impalpável, água e claras. É também comum usar claras em pó, ou merengue em pó, para substituir as claras frescas, e evitar a contaminação por bactérias. A proporção de açúcar para o líquido vai determinar a textura da cobertura. Coberturas mais finas são usadas para *flood work* – uma técnica aplicada para criar imagens sobre peças confeitadas. O glacê real também pode ser usado como um meio para criar bordas decorativas em bolos.

O glacê real é naturalmente branco, mas pode ser colorido conforme desejar. É recomendável trabalhar em temperatura ambiente. Se forem usadas claras frescas, o glacê deve ser armazenado no refrigerador. Se for feito com merengue em pó, ou com claras desidratadas, deve ser armazenado em temperatura ambiente. De qualquer maneira, deve ter a superfície coberta com um papel umedecido e bem embalado com filme plástico.

GLACÊ MÁRMORE

O **glacê mármore** é de preparação rápida, feito de açúcar impalpável e um líquido, como leite, suco de limão ou água. Se a receita indicar leite, a adição de aproximadamente 20% de creme do peso do leite vai ajudar o glacê a ter uma aparência mais branca e mais cremosa. O glacê mármore pode ser aromatizado com essências, óleos, sucos de frutas (especialmente limão) e raspas de cítricos. É normalmente usado como cobertura para decorar *danish*, brioches, bolos e minipães doces.

Como é importante evitar as bolhas de ar, é aconselhável mexer o glacê em vez de batê-lo. É essencial obter a consistência correta para garantir que o glacê não escorra depois de aplicado. O glacê mármore pode ser armazenado no refrigerador por até três dias, e os produtos com esse glacê devem ser vendidos no mesmo dia.

OUTRAS COBERTURAS: *WHIPPED TOPPING*, CREME *CHANTILLY* E MERENGUE ITALIANO

Na medida em que o paladar mudou nos últimos anos, a opção por texturas mais leves, como o creme *chantilly* e outras coberturas batidas, se tornaram mais populares. Ao usar o creme *chantilly* é importante não bater em excesso, uma vez que continua a se desenvolver durante a cobertura podendo se tornar granulado. Pode ser adicionada gelatina ao creme *chantilly* em uma porcentagem de 15% para ajudar na estabilização. O **whipped topping** é uma base cremosa sem lactose e apresenta textura suave e brilhante. Os estabilizantes e os emulsificantes presentes nele proporcionam um creme bastante leve e fácil de trabalhar. Muitas pessoas apreciam a leveza dessa cobertura; entretanto, não é valorizada pelos ingredientes que contém e pelo seu uso limitado (não pode ser facilmente usado em musses).

O merengue italiano é uma opção única para coberturas. É leve, derrete na boca e, com o uso do maçarico, apresenta um efeito visual impressionante. Considerando que é importante usar o merengue italiano antes que ele se consolide, deve ser aplicado enquanto ainda estiver levemente morno e a reserva deve ser mantida em movimento. Depois que o merengue for queimado com o maçarico, tem uma durabilidade de até 48 horas no refrigerador.

Capítulo 8: Caldas, cremes, mingaus, espumas de ovos e coberturas

FÓRMULA

CALDA SIMPLES

Este ingrediente essencial é comum em qualquer confeitaria, onde um grande recipiente de calda pode ser encontrado no refrigerador, esperando para ser aplicado em múltiplas preparações. A proporção da calda simples em geral é de 1:1 de água e açúcar.

Ingredientes	% do padeiro	Peso kg
Água	100,00	1,000
Açúcar	100,00	1,000
Total	200,00	2,000

Procedimento

1. Combinar a água e o açúcar e limpar as bordas da panela.
2. Deixar ferver, remover do fogo, cobrir e reservar.

FÓRMULA

CALDA 30 BAUMÉ

Semelhante à calda simples, a calda 30 baumé é um ingrediente essencial para o confeiteiro. A diferença entre a calda simples e a 30 baumé está na proporção entre o açúcar e a água. A calda 30 baumé apresenta a proporção de 137% de açúcar para 100% de água.

Ingredientes	% do padeiro	Peso kg
Água	100,00	0,844
Açúcar	137,00	1,156
Total	237,00	2,000

Procedimento

1. Combinar a água e o açúcar e limpar as bordas da panela.
2. Deixar ferver, remover do fogo, cobrir e reservar.

FÓRMULA

CREME *CHANTILLY*

Esta criação delicada e aerada apareceu inicialmente, como registro histórico, durante o Iluminismo. O creme *chantilly* era servido na vila de Hameau, com os seus excelentes lacticínios produzidos na fazenda junto à propriedade do príncipe de Condé, nos domínios de Chantilly. O famoso creme era servido durante os banquetes que se realizavam no imenso salão de festas do grandioso Hameau de Chantilly, onde os mais privilegiados eram convidados. A baunilha é opcional e pode ser acrescentada para dar sabor.

Ingredientes	% do padeiro	Peso kg
Creme de leite integral	100,00	2,666
Açúcar impalpável	12,50	0,333
Total	112,50	3,000

Procedimento

Com uma batedeira adaptada com o globo, bater o creme e o açúcar até o estágio desejado.

FÓRMULA

CREME *ANGLAISE*

O creme *anglaise* é a expressão francesa para o molho feito de creme e gemas. É um molho com uma textura rica e sedosa que pode ser servido quente ou frio, com bolos, tortas, pudins ou frutas, e é ideal para sobremesas compostas. Além disso, serve de base para inúmeros cremes em confeitaria.

Ingredientes	% do padeiro	Peso kg
Leite integral	50,00	1,071
Creme de leite integral	50,00	1,071
Fava de baunilha	—	2 unidades
Açúcar	20,00	0,429
Gemas	20,00	0,429
Total	140,00	3,000

Capítulo 8: Caldas, cremes, mingaus, espumas de ovos e coberturas

Procedimento

1. Pesar o leite, o creme e raspar as favas de baunilha em panela de inox e levar à fervura.
2. Enquanto isso, pesar o açúcar e as gemas, colocar em um recipiente, misturar e mexer até a incorporação se tornar homogênea.
3. Quando o líquido começar a ferver, despejar um terço da mistura das gemas e mexer até se tornar homogênea.
4. Retornar essa mistura à panela, mexendo constantemente com a espátula de borracha.
5. Continuar a cozinhar o creme, mexendo sempre até atingir 82 °C.
6. Sobre um recipiente limpo, coar o creme *anglaise* com um *chinois* fino.
7. Resfriar imediatamente sobre uma bacia de gelo para evitar que continue a cozinhar.
8. Cobrir a superfície com filme plástico e refrigerar até o momento de usar.

FÓRMULA

CREME *PÂTISSIÈRE*

O creme *pâtissière* (creme de confeiteiro) é a base em qualquer cozinha de confeitaria, usado para rechear bolos, bolinhos, *éclairs*, mil-folhas, tortas e outros doces. É cozido até se tornar um creme rico e espesso feito de uma mistura de leite, ovos, açúcar e amido de milho. Às vezes, são acrescentados ao creme *pâtissière* favas de baunilha, licores, chocolates e café como aromatizantes adicionais.

Ingredientes	% do padeiro	Peso kg
Leite integral	100,00	1,829
Açúcar nº 1	5,00	0,091
Amido de milho	7,00	0,128
Açúcar nº 2	20,00	0,366
Gemas	20,00	0,366
Manteiga	12,00	0,219
Total	164,00	3,000

Procedimento

1. Pesar o leite e o primeiro açúcar e colocá-los em panela de inox. Levar à fervura.
2. Enquanto isso, pesar o amido de milho e o segundo açúcar. Misturar até combinar.
3. Pesar as gemas e colocá-las na mistura de açúcar e amido. Bater apenas até combinar. Não incorporar ar.
4. Quando o leite ferver, colocar um terço do leite na mistura das gemas, e misturar até incorporar uniformemente.
5. Retornar essa mistura à panela, mexendo constantemente.
6. Continuar a cozinhar o creme e a mexer até cozinhar por 2 minutos.
7. Desligar o fogo, acrescentar a manteiga e mexer até misturar completamente.
8. Despejar o creme sobre um recipiente limpo e raso e cobrir a superfície com filme plástico.
9. Refrigerar imediatamente até quando for usar.

Variações de aromatizantes

Podem ser acrescentados ao creme *pâtissière* quaisquer dos ingredientes indicados a seguir para a variação de aromatizantes. Para melhores resultados, o creme *pâtissière* deve estar na temperatura especificada abaixo. As porcentagens estão baseadas em seu peso total.

Pasta de chocolate (líquor)	12%	Quente
Essência de café	3%	Quente ou frio
Álcool	5%	Morno ou frio
Chocolate meio amargo	20%	Quente
Pasta de praline	15%–20%	Quente ou frio
Favas de baunilha		1 fava por 1 kg de leite, cortar e raspar; acrescentar ao leite no começo do procedimento.

Capítulo 8: Caldas, cremes, mingaus, espumas de ovos e coberturas

FÓRMULA

CREME DE AMÊNDOAS

Um dos ingredientes essenciais em qualquer cozinha, o creme de amêndoas é excepcionalmente versátil, usado em doces matinais, bolos e muitas outras sobremesas.

Ingredientes	% do padeiro	Peso kg
Manteiga	324,62	1,319
Açúcar	324,62	1,319
Ovos	147,69	0,600
Farinha de amêndoas	324,62	1,319
Farinha para pão	100,00	0,406
Rum	9,23	0,037
Total	1.230,78	5,000

Procedimento

1. Em uma batedeira com a raquete, bater a manteiga com o açúcar até se tornar leve.
2. Acrescentar os ovos gradualmente.
3. Adicionar a farinha de amêndoas e a farinha de trigo. Misturar até incorporar e, então, adicionar o rum.
4. Cobrir e armazenar no refrigerador.

FÓRMULA

FRANGIPANE

O *frangipane* é o tema de uma das histórias culinárias mais curiosas. Conta-se que tudo começou quando um nobre italiano do século XVI, o marquês Muzio Frangipani, criou luvas com perfume de amêndoas, inaugurando, assim, uma tendência na moda parisiense. Os confeiteiros, querendo capitalizar sobre a febre da última moda, experimentaram diversas maneiras de capturar o perfume nas sobremesas. Dessa forma nasceu o *frangipane*. Aromatizado com farinha de amêndoas, esse creme rico, baseado em duas partes de creme de amêndoas para uma de creme *pâtissière*, é usado para bolos, doces matinais e outras confecções.

Ingredientes	% do padeiro	Peso kg
Creme de amêndoas	100,00	3,333
Creme *pâtissière*	50,00	1,667
Total	150,00	5,000

Procedimento

1. Em uma cuba, combinar o creme de amêndoas e o creme *pâtissière*.
2. Bater usando a raquete até que fique bem incorporado.

Capítulo 8: Caldas, cremes, mingaus, espumas de ovos e coberturas

FÓRMULA

CREME *BRÛLÉE*

A origem do creme *brûlée* ("creme queimado", em francês) é intensamente debatida entre os ingleses, espanhóis e franceses, todos reivindicando para si a criação desse prato clássico, um creme suave com açúcar caramelizado por cima. O creme *brûlée* é imprescindível no cardápio de muitos restaurantes hoje e é apresentado em uma rica variedade de sabores.

Ingredientes	% do padeiro	Peso kg
Creme de leite integral	100,00	1,709
Fava de baunilha	—	2 unidades
Gemas	16,53	0,282
Ovos	3,85	0,066
Açúcar	25,77	0,440
Sal	0,20	0,003
Total	146,35	2,500

Procedimento

1. Aquecer o creme e raspar a fava de baunilha.
2. Combinar e bater cuidadosamente as gemas, os ovos, o açúcar e o sal.
3. Adicionar o creme à mistura de ovos e açúcar.
4. A seguir, coar a mistura em *chinois* fino.
5. Colocar em potes apropriados para creme *brûlée* e assar em banho-maria a 149 °C em forno de convecção.
6. Assar até apenas ficar firme no meio.
7. Remover do forno e transferir para o refrigerador descoberto.

Acabamento

Para servir, pulverizar uma camada fina de açúcar sobre o creme e queimar com o maçarico ou sob o grill.

FÓRMULA

PUDIM DE LEITE COM CALDA DE CARAMELO (*CREME CARAMEL*)

Também conhecido como *flan*, o pudim de leite é uma sobremesa feita com creme enriquecido coberto com uma camada de calda de caramelo. Embora o nome creme *caramel* seja francês, essa sobremesa se espalhou pela Europa e pelo mundo.

Fórmula para a calda de caramelo

Ingredientes	% do padeiro	Peso kg
Açúcar	100,00	0,690
Água	30,00	0,207
Glicose	15,00	0,103
Total	145,00	1,000

Procedimento para a calda de caramelo

1. Combinar o açúcar, a água e a glicose em uma panela.
2. Mexer e deixar ferver.
3. Limpar as laterais da panela, deixando cozinhar até que o açúcar alcance uma cor âmbar.
4. Remover do fogo e despejar a calda nos potes; deixar endurecer.

Formula do pudim

Ingredientes	% do padeiro	Peso kg
Leite integral	100,00	1,552
Açúcar	18,92	0,294
Fava de baunilha	—	2 unidades
Sal	0,50	0,008
Ovos	41,67	0,647
Total	161,09	2,500

Procedimento para o pudim

1. Levar o leite para ferver junto com o açúcar, a baunilha e o sal.
2. Em outro recipiente bater os ovos cuidadosamente.
3. Quando o leite levantar fervura, remover do fogo e lentamente despejar o leite quente sobre os ovos. Coar em peneira.
4. Encher os potes com a mistura e assar em banho-maria a 149 °C em forno de convecção por aproximadamente 1 hora ou até firmar.
5. Refrigerar durante toda a noite.

Servir

Depois de firme, virar os potes do pudim em pratos de sobremesa.

FÓRMULA

POT DE CRÈME

O *pot de crème*, também chamado de *petit pot de crème*, é uma sobremesa rica e cremosa que tem esse nome por ser apresentada nos potinhos onde normalmente é servida. É uma sobremesa com uma apresentação de certo impacto, conveniente para servir em ocasiões especiais, já que pode ser feito com um dia de antecedência.

Fórmula de *pot de crème*

Ingredientes	% do padeiro	Peso kg
Creme de leite integral	100,00	1,471
Ovos	20,00	0,294
Açúcar granulado	20,00	0,294
Pasta de chocolate (líquor)	6,00	0,088
Chocolate 60%	24,00	0,353
Total	170,00	2,500

Procedimento

1. Ferver o creme de leite.
2. Bater os ovos e o açúcar juntos.
3. Adicionar a mistura de ovos ao creme quente.
4. Acrescentar a mistura ainda quente ao cacau em pasta e ao chocolate. Emulsificar com o processador vertical de imersão.
5. Colocar a mistura em potes.
6. Assar em banho-maria a 149 °C por aproximadamente 30 minutos.
7. Esfriar em temperatura ambiente e refrigerar até quando for servir.
8. É servido com creme *chantilly* e frutas frescas ou com biscoito crocante.

Creme *brûlée*

Pot de crème de chocolate

Pudim de leite com calda de caramelo

Capítulo 8: Caldas, cremes, mingaus, espumas de ovos e coberturas

FÓRMULA

CREME DE LIMÃO

O creme de limão, também conhecido como *lemon cheese*, é uma sobremesa tradicional britânica. No final do século XIX e no começo do século XX na Inglaterra, o creme de limão, feito em casa, era servido com pão ou *scones* no chá da tarde e usado como recheio para bolos, pequenas pâtisseries e tortas. O creme de limão é diferente do recheio de limão, porque contém alta proporção de suco e de raspas da fruta, o que lhe confere um sabor muito mais intenso.

Ingredientes	% do padeiro	Peso kg
Açúcar	100,00	1,238
Gemas	48,89	0,605
Suco de limão	50,00	0,619
Raspas de limão	3,33	0,041
Manteiga	40,00	0,495
Total	242,22	3,000

Procedimento

1. Combinar o açúcar, as gemas, o suco de limão e as raspas de limão em recipiente de inox e cozinhar em banho-maria, mexendo de vez em quando.
2. Depois disso, a mistura deve engrossar como um mingau.
3. Remover do fogo, coar sobre um recipiente limpo e acrescentar a manteiga com a temperatura entre 25 °C a 32 °C, misturando com um mixer.
4. Cobrir a superfície e reservar no refrigerador.

PARTE 2: PÂTISSERIE

FÓRMULA

CHEESECAKE

Acredita-se que o cheesecake tenha se originado na Grécia antiga, onde era servido para os atletas durante os primeiros Jogos Olímpicos ocorrido em 776 a.C. Os romanos disseminaram o cheesecake da Grécia para toda a Europa, cujos imigrantes acabaram levando a tradição para os Estados Unidos. O queijo cremoso, o queijo mais usado para preparar o cheesecake atualmente, foi inventado por um leiteiro norte-americano, que estava tentando recriar o queijo francês Neufchâtel. Quando James L. Kraft criou o queijo pasteurizado em 1912, com o queijo cremoso pasteurizado Philadelphia seguindo logo atrás, a produção de cheesecakes nos Estados Unidos acelerou de forma significante. Os cheesecakes são apreciados por sua impressionante riqueza e variações infinitas.

Fórmula da base (feita com biscoitos Graham Cracker[2])

Ingredientes	% do padeiro	Peso kg
Farelo de biscoito (feito farinha) integral e açúcar mascavo, Graham Cracker	100,00	0,827
Açúcar granulado	33,00	0,273
Manteiga	48,40	0,400
Total	181,40	1,500

Produção: 5 bases de 300 g cada.

Procedimento para a base

1. Misturar os farelos do biscoito com o açúcar.
2. Adicionar a manteiga amaciada e misturar até que todo o farelo esteja coberto.
3. Pressionar a mistura na base da forma de bolo.

Fórmula da massa do cheesecake

Ingredientes	% do padeiro	Peso kg
Queijo cremoso	100,00	2,580
Açúcar	30,00	0,774
Manteiga amaciada	4,80	0,124
Suco de limão	1,90	0,049
Essência de baunilha	0,90	0,023
Ovos	26,20	0,676
Creme de leite integral	8,70	0,224
Creme azedo	8,70	0,224
Total	181,20	4,675

Produção: 5 bolos de 20 cm cada.

---

[2] A massa, seguindo a mesma fórmula, pode ser preparada com biscoitos de maisena. (NRT)

Procedimento para a massa do cheesecake

1. Preparar as formas de 20 cm untadas com óleo e a base de biscoitos. Reservar. A base deve ter em torno de 6 mm de espessura na base da forma.
2. Usando a raquete, bater o queijo creme até ficar homogêneo. Adicionar, então, a manteiga e o açúcar, batendo em velocidade média e misturando até ficar uniforme. Raspar as laterais da cuba.
3. Acrescentar o suco de limão e a baunilha e misturar em velocidade baixa até ficar homogênea.
4. Adicionar os ovos em três estágios, raspando a cuba entre cada adição.
5. Quando a massa estiver macia, acrescentar o creme de leite e o creme azedo.
6. Colocar a massa nas formas, 935 g em cada.
7. Colocar as formas em assadeira com água.
8. Assar em forno *deck* a 163 °C por 1 hora e 15 minutos, ou assim que se tornar firme no meio. Ou, assar em forno de convecção a 140 °C por aproximadamente 50 minutos.
9. Deixar esfriar completamente antes de retirar da forma.

Acabamento

1. Para remover o bolo da forma, reaquecer em banho-maria ou esquentar com o maçarico.
2. Dispor o cheesecake em prato adequado.
3. Colocar uma camada fina de creme azedo no topo (opcional) e decorar com frutas frescas.

Cheesecake

FÓRMULA

PUDIM DE PÃO (BREAD PUDDING)

Conhecido antigamente como o pudim dos pobres, o pudim de pão se originou na Inglaterra no século XIII, onde era uma sobremesa popular na época. Foi inicialmente concebido como uma solução imaginativa para aproveitar pães envelhecidos, adicionando açúcar e especiarias, entre outros ingredientes. Os pudins de pão da atualidade são feitos com pão fresco ou envelhecido, banhados em uma mistura rica de leite ou creme, ovos, açúcar, baunilha e especiarias, juntamente com ampla variedade de ingredientes opcionais, incluindo alguns licores. Doce ou salgado, o pudim de pão pode ser cozido no vapor ou assado e consumido quente ou frio.

Pudim de pão salgado

Fórmula de pudim de pão salgado

Ingredientes	% do padeiro	Peso kg
Azeite	2,00	0,016
Cebola picada (6 mm)	15,00	0,117
Alho moído	3,00	0,023
Sal	0,50	0,004
Pimenta do reino	0,10	0,001
Ovos	100,00	0,782
Creme	70,00	0,547
Leite	75,00	0,586
Pão, cubos de 3 cm	77,00	0,602
Muçarela ralada	32,00	0,250
Parmesão ralado	9,00	0,070
Total	383,60	3,000

Produção: aproximadamente 15 de 200 g cada.

Observação

A produção é calculada com base na mistura. A produção pode aumentar se forem feitas variações.

Procedimento para o pudim de pão salgado

1. Saltear as cebolas no óleo por 2 minutos e, então, acrescentar o alho, o sal e a pimenta. Reservar para esfriar.
2. Bater junto os ovos, o creme e o leite.
3. Adicionar o pão, o queijo e, depois, as cebolas.
4. Cobrir e reservar por 1 hora.
5. Colocar nas formas e assar em forno de convecção a 177 °C por 30 minutos ou até dourar.

Variações

Preparar e adicionar os seguintes ingredientes para variações na base. Os pesos são dados baseados na receita completa ou no teste.

Variação com pimentão vermelho e alcachofra

Ingredientes	% do padeiro	Peso kg
Pimentão vermelho tostado picado	100,00	0,375
Alcachofras picadas	100,00	0,375
Total	200,00	0,750

Variação com cogumelos e queijo suíço

Ingredientes	% do padeiro	Peso kg
Cogumelos tostados	100,00	0,294
Azeitonas pretas	75,00	0,221
Queijo suíço	80,00	0,235
Total	255,00	0,750

Variação com bacon e cheddar

Ingredientes	% do padeiro	Peso kg
Bacon	100,00	0,225
Queijo cheddar	100,00	0,225
Total	200,00	0,450

FÓRMULA

MERENGUE FRANCÊS (*FRENCH MERINGUE*)

O merengue francês, também conhecido como merengue comum, é uma preparação versátil. Preparado com mais açúcar que claras, esse merengue normalmente é usado para biscoitos ou coberturas.

Ingredientes	% do padeiro	Peso kg
Claras	100,00	0,900
Açúcar	100,00	0,900
Açúcar impalpável	50,00	0,450
Total	250,00	2,250

Procedimento

1. Peneirar o açúcar impalpável e reservar.
2. Aquecer as claras em 16 °C a 18 °C.
3. Adicionar em torno de um terço do açúcar às claras e bater até ficar firme.
4. Acrescentar o restante do açúcar rapidamente e desligar a batedeira.
5. Adicionar lentamente o açúcar impalpável e confeitar conforme precisar.
6. O merengue que não estiver sendo usado deve ser batido continuamente em velocidade baixa.
7. Assar o merengue a 93 °C por 2 horas ou até secar.

FÓRMULA

MERENGUE ITALIANO (*ITALIAN MERINGUE*)

A base do merengue italiano é calda de açúcar e claras e pode ser usado em inúmeras aplicações, de decoração a bolos musse.

Ingredientes	% do padeiro	Peso kg
Açúcar	200,00	1,803
Água	60,00	0,540
Claras	100,00	0,900
Total	360,00	3,243

Procedimento

1. Aquecer o açúcar e a água até alcançar o ponto de ebulição.
2. Limpar as laterais da panela com água.
3. Quando a calda alcançar 116 °C, bater as claras em segunda velocidade.
4. Quando a calda alcançar de 119 °C a 121 °C adicioná-la às claras, lentamente, tendo o cuidado de despejar a calda pela lateral da cuba.
5. Bater até as claras atingirem a temperatura ambiente, ou a temperatura desejada.
6. O merengue que não estiver sendo usado deve ser batido continuamente em velocidade baixa.

FÓRMULA

MERENGUE SUÍÇO (SWISS MERINGUE)

O merengue suíço tem uma textura mais firme que o merengue francês e normalmente é usado para decoração ou como base para sobremesas.

Ingredientes	% do padeiro	Peso kg
Açúcar	200,00	1,800
Claras	100,00	0,900
Total	300,00	2,700

Procedimento

1. Combinar as claras e o açúcar em uma cuba.
2. Colocar a cuba em banho-maria até a mistura alcançar ao menos 49 °C.
3. Transferir a cuba para a batedeira e bater em velocidade de média a alta até o merengue alcançar seu volume pleno e baixar a temperatura para o nível ambiente.
4. Confeitar conforme desejar em forno baixo 93 °C até secar e ficar crocante (mínimo de 2 horas).

PARTE 2: PÂTISSERIE

Confeitar o merengue

FÓRMULA

CREME DE MANTEIGA CLÁSSICO COM CHOCOLATE (*CLASSIC CHOCOLATE BUTTERCREAM*)

O creme de manteiga clássico para bolos é a cobertura mais apreciada pelos norte-americanos. De preparação simples, o creme de manteiga clássico tem uma textura densa e levemente granulada. Essa versão é aromatizada com chocolate meio amargo.

Ingredientes	% do padeiro	Peso kg
Manteiga	100,00	2,223
Açúcar impalpável	75,00	1,667
Claras pasteurizadas	11,60	0,258
Essência de baunilha	0,80	0,018
Chocolate meio amargo	37,50	0,834
Total	224,90	5,000

Procedimento

1. Peneirar o açúcar impalpável e deixar na cuba da batedeira Acrescentar a manteiga à cuba e bater com a raquete até homogeneizar.
2. Bater em velocidade média a alta e adicionar claras líquidas pasteurizadas e a baunilha.
3. Derreter o chocolate no forno de micro-ondas ou em banho-maria até alcançar 49 °C.
4. Acrescentar um quarto desta mistura ao chocolate e bater até incorporar.
5. Misturar o restante do creme ao chocolate e misturar até ficar uniforme.

Observação
O creme de manteiga básico pode ser feito excluindo o chocolate.

PARTE 2: PÂTISSERIE

FÓRMULA

CREME DE MANTEIGA FRANCÊS
(*FRENCH BUTTERCREAM*)

A versão francesa do creme de manteiga é baseada na *pâte à bombe* e apresenta um sabor excepcional com a adição das gemas. Tem durabilidade mais curta que o creme de manteiga clássico e normalmente é usado para rechear bolos.

Ingredientes	% do padeiro	Peso kg
Açúcar	45,00	1,220
Água	12,50	0,339
Gemas	27,00	0,732
Manteiga	100,00	2,710
Total	184,50	5,000

Procedimento

1. Em uma panela, aquecer o açúcar e a água como para a *pâte à bombe*.
2. Na batedeira com o globo, bater as gemas para dar leveza à textura.
3. Quando a calda atingir o estágio de bala dura (118 °C), despejar a calda sobre as gemas e bater até esfriar.
4. Acrescentar a manteiga amaciada e misturar até obter uma boa emulsão do creme.

FÓRMULA

CREME DE MANTEIGA ITALIANO
(*ITALIAN BUTTER CREAM*)

Este creme é bastante leve e é baseado no merengue italiano. Apresenta textura suave, leve e aerada, e é mais estável que o creme de manteiga francês.

Ingredientes	% do padeiro	Peso kg
Claras	50,00	0,926
Açúcar	90,00	1,667
Água	30,00	0,556
Manteiga	100,00	1,852
Total	270,00	5,000

Procedimento

1. Preparar um merengue italiano com claras, açúcar e água.
2. Combinar o açúcar com a água e cozinhar até o estágio de bala firme (121 °C).
3. Limpar, com água, as laterais da panela para evitar cristalização.
4. Quando a calda alcançar 116 °C começar a bater as claras em velocidade de média a alta.
5. Depois que a calda alcançar a temperatura adequada, despejá-la lentamente sobre as claras batidas.
6. Continuar misturando até ficar em temperatura ambiente e, então, acrescentar a manteiga amaciada.
7. Misturar até a massa ficar totalmente incorporada e a mistura ficar leve e macia.
8. Armazenar no refrigerador até quando for usar.

Regras para a variação de sabores

As variações de sabores a seguir estão baseadas na porcentagem total do creme de manteiga.

Variações de sabores	%
Chocolate 64%	20
Pasta de praline	10–15
Pasta de chocolate (líquor)	12
Essência de café	3–4

FÓRMULA

CREME DE MANTEIGA NO ESTILO CREME *ANGLAISE* (*CREME ANGLAISE – STYLE BUTTERCREAM*)

Alguns acreditam que este seja o melhor creme de manteiga entre todos em termos de sabor. A combinação da espessura da manteiga com a leveza do merengue confere ao creme sua textura excepcional.

Fórmula do creme básico

Ingredientes	% do padeiro	Peso kg
Leite integral	100,00	0,562
Gemas	77,00	0,433
Açúcar	100,00	0,562
Total	277,00	1,557

Procedimento para o creme básico

1. Em uma panela, aquecer o leite.
2. Combinar as gemas e o açúcar na batedeira.
3. Quando o leite ferver, adicioná-lo à mistura de gemas e açúcar.
4. Retornar a panela ao fogo e cozinhar até atingir 82 °C, como para o creme *anglaise*.
5. Coar, usando o *chinois*, sobre a cuba da batedeira adaptada com o batedor. Bater em velocidade média até esfriar.
6. Ver a Fórmula final para o creme de manteiga para finalização do creme.

Fórmula do merengue italiano

Ingredientes	% do padeiro	Peso kg
Água	60,00	0,077
Açúcar nº 1	200,00	0,258
Claras	100,00	0,129
Açúcar nº 2	12,00	0,015
Total	372,00	0,480

Procedimento para o merengue italiano

1. Em uma panela, preparar o primeiro açúcar e a água como para o merengue italiano.
2. Na batedeira, com o globo, começar a bater as claras com o segundo açúcar, assim que a calda atingir a temperatura de 116 °C.
3. Quando a calda alcançar o estágio de bala firme 121 °C, despejar lentamente a calda pelas laterais da cuba.
4. Bater até esfriar. Ver a Fórmula final para o creme de manteiga para finalização do creme.

Fórmula final para o creme de manteiga

Ingredientes	% do padeiro	Peso kg
Creme básico	66,00	1,557
Manteiga	100,00	2,358
Merengue italiano	46,00	1,085
Total	212,00	5,000

Procedimento para o creme de manteiga final

1. Acrescentar a manteiga, em pequenas quantidades de cada vez, ao creme básico frio.
2. Continuar a bater até que a mistura se torne homogênea e bem emulsificada.
3. Adicionar o merengue italiano e misturar até incorporar.

Capítulo 8: Caldas, cremes, mingaus, espumas de ovos e coberturas

FÓRMULA

CALDA DE CHOCOLATE (*CHOCOLATE GLAZE*)

Esta calda pode ser usada em inúmeras aplicações na cozinha, inclusive para completar bebidas como o expresso mocha. Para obter os resultados desejados para esta calda, é fundamental escolher o chocolate adequado, com o teor de cacau especificado.

Ingredientes	% do padeiro	Peso kg
Calda simples	50,00	1,174
Creme 35%	50,50	1,185
Glicose	12,50	0,293
Chocolate para cobertura	37,50	0,880
Chocolate 64%	62,50	1,467
Total	213,00	5,000

Observação
O peso somado dos dois chocolates deve resultar 100%.

Procedimento

1. Preparar a calda simples e reservar.
2. Ferver o creme e a glicose.
3. Picar os chocolates (se forem em barras) e colocá-los em um recipiente.
4. Despejar os líquidos quentes (creme-glicose e calda simples) sobre os chocolates e deixar por 2 minutos.
5. Com um mixer ou espátula de borracha, formar uma emulsão. Não usar o batedor, pois vai formar bolhas de ar.
6. Cobrir a superfície com filme plástico e armazenar no refrigerador.
7. Quando necessário, aquecer no micro-ondas ou em banho-maria para obter a consistência líquida.

Fórmula da calda simples

Ingredientes	% do padeiro	Peso kg
Açúcar	100,00	0,587
Água	100,00	0,587
Total	200,00	1,174

Procedimento

1. Combinar a água com açúcar e limpar com água as laterais da panela.
2. Ferver, cobrir e reservar.

FÓRMULA

CALDA NEGRA (*BLACK GLAZE*)

Semelhante à calda de chocolate, porém feita com uma pequena quantidade de cacau em pó, a calda negra apresenta uma irresistível cor escura.

Ingredientes	% do padeiro	Peso kg
Creme 35%	54,00	1,204
Glicose	12,75	0,284
Cacau em pó escuro	5,00	0,111
Calda simples	52,50	1,171
Chocolate 64%	67,00	1,494
Chocolate para cobertura	33,00	0,736
Total	224,25	5,000

Observação
O peso somado dos dois chocolates deve resultar 100%.

Procedimento

1. Preparar a calda simples para a calda negra. Acrescentar o cacau e emulsificar bem. Reservar.
2. Ferver o creme e a glicose.
3. Picar os chocolates e colocar em recipiente.
4. Despejar os líquidos quentes (creme-glicose e calda simples) sobre os chocolates e deixar por 2 minutos.
5. Com um mixer ou espátula de borracha, formar uma emulsão. Não usar o batedor, pois vai formar bolhas de ar.
6. Cobrir a superfície com filme e armazenar no refrigerador.
7. Quando necessário, aquecer no micro-ondas ou em banho-maria para obter a consistência líquida.

Fórmula de calda simples para a calda negra

Ingredientes	% do padeiro	Peso kg
Água	100,00	0,478
Açúcar	115,00	0,549
Glicose	30,00	0,143
Total	245,00	1,171

Procedimento de calda simples para a calda negra

1. Combinar a água, açúcar e a glicose, limpando com água as laterais da panela.
2. Ferver, cobrir e reservar.

FÓRMULA

NAPPAGE

Esta calda cria o brilho bonito necessário para tortas de frutas e sobremesas semelhantes. É feita com pectina NH, fundamental para o seu sucesso, já que a pectina é termorreversível. A calda se mantém bem no freezer.

Ingredientes	% do padeiro	Peso kg
Água	100,00	3,378
Fava de baunilha	—	10 unidades
Açúcar	40,00	1,351
Pectina NH	4,00	0,135
Suco de limão	4,00	0,135
Total	148,00	5,000

Procedimento

1. Combinar a água com as favas de baunilha em panela de inox e ferver.
2. Combinar um quarto do açúcar com a pectina NH e adicionar à água quando atingir 65 °C, enquanto isso, continuar mexendo constantemente com o batedor.
3. Acrescentar o restante do açúcar por vários minutos e continuar batendo a mistura.
4. Depois que a mistura ferver, remover do fogo, adicionar o suco de limão, e cobrir com filme plástico por 30 minutos.
5. Ferver novamente o *nappage*, coar no *chinois* e reservar no refrigerador até quando necessário.
6. Quando for utilizar novamente, aquecer no fogão ou em micro-ondas até se tornar fluido.

FÓRMULA

GLACÊ REAL (*ROYAL ICING*)

O glacê real é uma cobertura branca e dura e geralmente usada somente para decoração. Seu sabor não pode ser comparado com o das outras coberturas, mas serve bem aos seus propósitos em decoração, pois endurece apresentando um brilho homogêneo e bonito. O glacê real tem sido utilizado para a decoração clássica de bolos de noiva.

Ingredientes	% do padeiro	Peso kg
Açúcar impalpável	100,00	2,542
Claras	17,00	0,432
Suco de limão	1,00	0,025
Total	118,00	3,000

Procedimento

1. Peneirar o açúcar e colocá-lo na batedeira com raquete.
2. Enquanto misturar, acrescentar lentamente as claras e, então, o suco de limão. Para uma consistência mais firme, acrescentar menos claras; para uma consistência mais fluida, adicionar mais claras.
3. Para armazenar, cobrir a superfície com papel-toalha umedecido e cobrir o recipiente com filme plástico.

FÓRMULA

GLACÊ MÁRMORE (*FLAT ICING*)

O glacê mármore é a mais simples das coberturas em conceito e na preparação. Os ingredientes básicos do glacê mármore são açúcar impalpável e água. Pode ser usado em minipães glaceados, *danish* e outros doces no lugar do *fondant*. Aromatizantes como sucos de frutas ou raspas de cítricos podem ser variações interessantes.

Ingredientes	% do padeiro	Peso kg
Açúcar impalpável	100,00	2,564
Suco de limão	3,00	0,077
Água quente	14,00	0,359
Total	117,00	3,000

Procedimento

1. Peneirar o açúcar impalpável e acrescentar a água e o suco de limão.
2. Misturar cuidadosamente com uma espátula (à mão) ou raquete (batedeira) de forma que não incorpore ar. Reservar até quando necessário.
3. A cobertura pode ser mais grossa ou mais fina dependendo da quantidade de água.
4. Leite ou suco, como de limão ou de laranja, pode substituir a água.

Capítulo 8: Caldas, cremes, mingaus, espumas de ovos e coberturas

RESUMO DO CAPÍTULO

As preparações apresentadas neste capítulo cobrem ampla variedade de produtos, todos interligados, complementando-se uns aos outros e também servindo para outros trabalhos com pâtisserie. A compreensão dos procedimentos para o preparo de caldas, cremes, espuma de ovos e coberturas são fundamentais para trabalhar com pâtisserie em níveis mais avançados. Considerando que muitas dessas preparações são prontas para o consumo, é essencial que cuidados adequados com assepsia, higiene e armazenamento sejam praticados constantemente. Na medida em que o profissional souber, com desembaraço, como preparar e corrigir esses cremes básicos, coberturas e espumas de ovos, certamente terá em mãos um número ilimitado de preparações.

PALAVRAS-CHAVE

- base de mingau
- *baumé*
- calda 30 *baumé*
- calda de açúcar
- calda de bolo
- calda de chocolate
- calda simples
- cheesecake
- cobertura
- cobertura de fruta
- creme *anglaise*
- creme básico
- creme batido
- creme *brûlée*
- creme *chantilly*
- creme *chiboust*
- creme cozido
- creme de amêndoas
- creme de manteiga básico
- creme de manteiga francês
- creme de manteiga italiano
- creme de manteiga no estilo creme *anglaise*
- creme de manteiga suíço
- creme diplomata
- creme *pâtissière*
- creme *St. Honoré*
- cristalização
- espuma de ovos
- *fondant*
- *frangipane*
- *ganache*
- glacê mármore
- glacê real
- merengue
- merengue comum
- merengue francês
- merengue italiano
- merengue suíço
- *pâte à bombe*
- *pot de crème*
- pudim de leite com calda de caramelo
- pudim de pão
- sinerese
- *whipped topping*

QUESTÕES PARA REVISÃO

1. O que é *baumé*? Como é controlado?
2. Como é preparado o creme *pâtissière*? Que precauções devem ser tomadas?
3. Qual é o procedimento para fazer o creme *anglaise*? Quais cuidados especiais devem ser tomados?
4. Quais são as orientações para preparar os cremes cozidos?
5. Qual é o efeito do açúcar sobre as claras no merengue francês na proporção de 1:1 e 2:1 (claras para açúcar)?
6. Qual é o procedimento para preparar um creme de manteiga italiano?

| 311 |

capítulo
9

MUSSE

OBJETIVOS

Após a leitura deste capítulo, você será capaz de:

- Explicar a teoria e os princípios em relação aos componentes da musse e as três maiores categorias de preparação.
- Praticar as regras de higiene e assepsia necessárias para manusear alimentos prontos para o consumo.
- Criar, com sucesso, uma variedade de musses para bolos e sobremesas incluindo o creme bávaro, musse de frutas e musse de chocolate.
- Correções de receitas para musse e preparações para equilibrar ingredientes e componentes.

HISTÓRIA E DEFINIÇÃO DA MUSSE

As preparações de musse existem desde meados de 1800. O livro de receitas de Fannie Farmer, de 1896, inclui receitas para musses de morango e de café, e em 1918 apresenta a primeira receita para musse de chocolate.

Essas preparações para a **musse** podem ser doces ou salgadas, quentes ou frias, mas a textura deve ser sempre leve. Musses doces geralmente são montadas com uma preparação básica de chocolate ou purê de frutas, com a adição de espuma de ovos e/ou creme batido para dar a leveza característica à sua textura. Elas podem ser apresentadas de inúmeras maneiras, como recheio de um bolo ou mesmo formar o próprio bolo. Na verdade, o bolo musse vem se tornando uma opção cada vez mais popular como alternativa ao clássico bolo com creme de manteiga.

As preparações para a musse doce podem ser divididas em três categorias principais: musse de frutas, de chocolate e o creme bávaro. Essas categorias são amplamente definidas pelos seus ingredientes e pelas preparações de base. A musse de frutas e a de chocolate, por exemplo, normalmente são baseadas em purê de frutas ou chocolate, respectivamente, ou também em espuma de ovos, creme batido e gelatina. O creme bávaro está baseado no creme *anglaise*, no creme batido e na gelatina. Neste capítulo, vamos abordar os componentes de cada categoria de preparação da musse, bem como os procedimentos necessários para prepará-las.

MUSSE: HIGIENE E ASSEPSIA

Antes de tratar dos componentes e procedimentos para a musse, precisamos inicialmente considerar a higiene e a assepsia. Como para qualquer outro alimento pronto para o consumo, devem ser adotadas medidas rigorosas em relação à assepsia, especialmente aquelas que envolvem as preparações da musse. Todos os equipamentos devem ser bem limpos e deve-se evitar a contaminação cruzada vinda de mãos sujas ou de equipamentos mal limpos, uma vez que as bactérias se proliferam no ambiente úmido e doce das preparações da musse. Para garantir a segurança alimentar, é preciso usar luvas, utensílios limpos e escolher sempre ingredientes frescos.

INTRODUÇÃO AOS COMPONENTES DA MUSSE

Ao preparar uma musse, deve-se buscar o equilíbrio dos sabores, das texturas e as propriedades de gelificação[1] por meio da preparação cuidadosa dos componentes adequados. Embora cada tipo de musse necessite uma combinação diferente, a lista principal inclui a base, a espuma de ovos, um agente gelificante e creme batido. Fatores como o teor de cacau do chocolate e o nível de doçura da base e da espuma têm seu papel na composição final.

A BASE

Como mencionado, a musse tem sempre uma preparação-**base**, que mais tarde é desenvolvida para criar o produto final. Seus componentes adicionais atuam para dar leveza, que podem também adoçar o produto. O tipo de base e sua composição vão influenciar o tipo de espuma de ovos utilizado e a quantidade de gelatina, caso seja usada alguma. A base pode incluir preparações de purê de frutas, cremes cozidos como o creme *anglaise* e o creme *pâtissière*, ou o ganache.

Purê de frutas

O purê de frutas frescas ou congeladas normalmente é a principal base para uma musse de frutas. Algumas variações podem incluir o creme *anglaise* feito com purê de frutas, ou uma mistura de purê de frutas e creme. No entanto, essa versão de musse requer cozimento, o que diminui alguns dos sabores delicados e cores das frutas.

Como um ingrediente básico, a principal função do purê de frutas é acrescentar sabor. Uma pequena quantidade de suco de limão (em torno de 5% do peso do purê) pode ser adicionada ao

---

[1] De acordo com a Agência Nacional de Vigilância Sanitária (Anvisa), gelificante é a substância que confere textura pela formação de um gel. Entre os exemplos de géis estão as geleias e a gelatina. (NRT)

purê de frutas para aumentar a acidez e realçar os sabores das frutas. Frutas frescas ou um purê de frutas congelado de boa qualidade pode ser usado. Tanto um como o outro podem resultar em uma musse muito boa se for preparada adequadamente. Se usar frutas frescas, estas devem estar bem maduras para que seja extraído o melhor de seu sabor e cor. Tanto a fruta fresca como a congelada devem ser adicionadas à musse imediatamente depois de transformadas em purê. Se forem deixadas por muito tempo sofrerão oxidação, o que poderá afetar negativamente o sabor, a cor e a qualidade do produto.

Cremes cozidos

O creme *anglaise* e o creme *pâtissière* são bases que adicionam textura e cremosidade específicas às preparações de musses. O creme *pâtissière*, o mais denso e espesso dos dois, vai necessitar de maior leveza para produzir uma textura mais viscosa. Por sua vez, uma musse com creme *anglaise* vai precisar de mais agentes gelificantes para criar uma musse que possa se manter firme. Como estão sempre à disposição, tanto um creme como outro são bases muito úteis para preparações de última hora.

A composição do creme *anglaise* ou do creme *pâtissière* para utilização em bolos musse pode variar bastante, dependendo dos componentes adicionais. A quantidade dos ingredientes, como gemas, açúcar e manteiga, vai depender da presença destes nos outros componentes da musse. Musse de chocolate branco, por exemplo, baseada em creme, requer uma quantidade de açúcar diferente de uma musse, com base em creme, com chocolate com teor de cacau de 64%.

Ganache

Se, ao preparar uma musse, o chocolate for adicionado de forma inadequada, ou no momento errado, isso terá um efeito negativo na textura e no volume do produto final. Para garantir um produto bem-feito, o chocolate precisa, inicialmente, ser transformado em uma textura cremosa que vai assegurar a incorporação homogênea dos outros componentes. O **ganache**, o resultado de uma **emulsão** de um liquido e de chocolate, é uma base tipica. Uma emulsão é o resultado de dois ou mais líquidos combinados para criar uma mistura homogênea. O exemplo mais conhecido de emulsão é a maionese. Há dois tipos de emulsão possíveis: a água em emulsão de óleo e um óleo em emulsão de água. As emulsões podem ser bastante estáveis ou instáveis. O ganache é um exemplo de água em emulsão de óleo, que pode ser considerado semiestável. O ganache é um produto extremamente versátil, que também pode ser usado como recheio para balas de chocolate, bolos e biscoitos. Consultar o Capítulo 15 para informações mais detalhadas sobre o ganache de chocolate.

Inúmeros fatores, incluindo temperatura, viscosidade e tipo de emulsão são importantes ao usar um ganache na musse. A qualidade da emulsão determina a textura do ganache, que normalmente é controlada pela proporção de creme para chocolate, além da porcentagem de cacau no chocolate. Se for usado um chocolate com alta porcentagem de cacau, por exemplo, na proporção de 1:1 de creme para chocolate, o ganache terá consistência mais firme.

Como alguns chocolates não especificam o teor de gordura contido, uma proporção mais alta ou mais baixa de creme para chocolate pode ser necessária para criar uma emulsão estável e uma textura adequada para o ganache. É necessário determinar o equilíbrio correto dos sólidos de gordura e de cacau entre o creme e o chocolate para criar uma emulsão estável e um ganache com corpo suficiente para sustentar a musse.

A viscosidade do ganache vai determinar os ingredientes adicionais e suas funções na musse. Se o ganache for feito com alta proporção de creme para chocolate, será necessária uma grande quantidade adicional de agentes gelificantes (além da manteiga de cacau do chocolate). O resultado será uma musse leve em textura e no sabor de chocolate.

ESPUMA DE OVOS

As espumas acrescentam leveza e volume ao bolo musse. O merengue italiano e a *pâte à bombe* são as espumas mais utilizadas. Os merengues comuns, ou o francês, são usados às vezes, mas são menos estáveis que as espumas cozidas e podem conter micro-organismos como a salmonela. Ver o Capítulo 8 para mais informações sobre as espumas de ovos.

O tipo de musse e seus ingredientes principais vão determinar a espuma a ser utilizada. Para musses de frutas, a espuma de ovos normalmente usada é o merengue italiano. Sua textura leve acrescenta um adocicado delicado à musse de frutas e não é tão propenso a perder o volume como ocorre com o merengue comum. Além disso, a cor branca pura de um merengue italiano confere agradável coloração ao produto final. Outra opção menos utilizada para a musse de frutas é a *pâte à bombe*, que possui um sabor mais complexo. A *pâte à bombe*, baseada em gemas, tem alto teor de gordura produzindo uma musse com sabor e com cor muito mais exuberantes. Para diminuir o sabor mais intenso, a *pâte à bombe* normalmente é usada em musses de frutas com purês de frutas de sabores mais intensos como o de limão, maracujá, toranja ou groselha.

Para os bolos musse de chocolate, o açúcar da musse precisa ser equilibrado entre o teor de açúcar da espuma de ovos e a quantidade de açúcar do chocolate. Tradicionalmente, a espuma de ovos mais usada era o merengue comum, mas atualmente isso não ocorre por causa dos cuidados com as bactérias nocivas que podem contaminar os alimentos. Em substituição, a *pâte à bombe* e o merengue italiano são as principais escolhas.

A *pâte à bombe* não apenas dá leveza à musse de chocolate, como a lecitina natural da gema ajuda a manter a emulsão ao eliminar a água da gordura. A gordura macia da gema também acrescenta paladar e textura ao retardar as propriedades de fixação mais rígidas da manteiga de cacau, produzindo, dessa forma, texturas mais complexas na musse.

O merengue italiano funciona muito bem na musse de chocolate quando o ganache for preparado com base no creme *anglaise*. A doçura do creme *anglaise* pode ser corrigida para equilibrar com o açúcar do chocolate, assim como o do merengue italiano. O merengue italiano acrescenta maior leveza que a *pâte à bombe*, já que o volume obtido com as claras batidas é maior que o das gemas.

CREME BATIDO

O sabor denso e a textura suave do creme batido, juntamente com sua capacidade de reter ar, tornam esse creme um ingrediente perfeito para a musse. Como as partículas de gordura batidas acrescentam estabilidade e paladar, a escolha correta do creme é essencial para produzir uma textura uniforme que é também suficientemente firme para manter a musse com seus componentes. O creme vai acrescentar características suaves e refrescantes, desde que seja batido até o estágio correto.

A escolha do creme

A escolha é importante, uma vez que o creme a ser usado deve conter 35% de teor de gordura, para garantir que se desenvolva bem e apresente firmeza depois de batido. Um creme com pouca gordura não terá estrutura suficiente para manter seu volume ou o volume da musse. Um creme com um teor de gordura muito alto tenderá a se desenvolver muito rapidamente e, dessa forma, a alta quantidade de cristais de gordura vai produzir uma textura granulada que será transferida à musse, causando uma sensação desagradável ao paladar. Esses cremes com alto teor de gordura em geral são vendidos comercialmente, mas não devem ser usados para a produção de musse.

Funções e proporções do creme nas musses

Enquanto a preparação do creme batido para as musses é mais simples em relação aos outros componentes, a escolha para a base e para a espuma de ovos pode criar inúmeras variáveis a serem consideradas. A mais importante delas é a qualidade do creme batido em relação à base e à espuma de ovos.

Altas quantidades de creme batido podem diluir os sabores da base e tornar a textura da musse muito leve, o que pode servir para um purê com um sabor mais intenso como o de maracujá, groselha, limão-siciliano e limão-taiti. Para esses sabores mais concentrados e para as preparações da musse de chocolate, a proporção de creme batido em relação ao purê é em torno de 1:1. Para purês mais suaves como o de framboesa, morango e pêssego branco, a porcentagem de creme para o purê geralmente é de 50% a 70%.

O creme batido normalmente é adicionado à mistura básica depois que a espuma de ovos foi acrescentada para evitar uma mistura excessiva. Na medida em que for misturado, o creme vai acrescentar leveza à base, produzindo um acabamento à musse. Inicialmente, o creme não deve ser desenvolvido ao máximo para evitar que a textura se torne granulada no momento de adicionar o creme à base.

O creme batido deve ser sempre usado frio. Ao ser adicionado à musse de frutas, à musse de chocolate e ao creme bávaro, atua como catalisador para diminuir a temperatura da preparação e ativar as propriedades da gelatina ou da manteiga de cacau.

AGENTES GELIFICANTES

Todas as musses precisam de um agente gelificante para que sua textura e forma sejam conservadas. Os principais agentes texturizantes incluem a gelatina e a manteiga de cacau contida no chocolate, e a proporção de agentes gelificantes para a musse varia conforme a composição. A porcentagem do teor de cacau, por exemplo, e a quantidade de chocolate vai determinar se serão necessários agentes gelificantes adicionais. Essa observação é especialmente importante no preparo da musse de chocolate, pois o teor de cacau no chocolate varia consideravelmente conforme o tipo ou a marca do chocolate.

Quando for necessária gelatina, esta deve ser sempre dissolvida antes de ser adicionada à musse. A diluição da gelatina permite que ela se dissolva homogeneamente. É recomendado que a gelatina em folha seja dissolvida em quantidade maior de água para evitar que transfira qualquer gosto ou cheiro "desagradável" à musse. As folhas de gelatina devem ser separadas antes de ser colocadas em água bem fria, o que permite uma hidratação completa evitando dissolução. Se for usada a gelatina em pó, deve ser dissolvida na quantidade de cinco vezes o seu peso em água fria. Depois que a gelatina for hidratada, deve ser coada (gelatina em folha) e, então, derretida e misturada à musse. Se ela tiver de ser adicionada ao creme *anglaise*, depois de hidratada e escorrida pode ser acrescentada à base quente e mexida para dissolver.

ESPECIFICAÇÕES E FUNÇÕES DOS COMPONENTES

Em resumo, cada um dos componentes da musse tem especificações e funções próprias. Uma base aromática é essencial para que se mantenha o sabor ao longo da preparação. A base terá leveza e volume acrescentados com a espuma de ovos, normalmente um merengue italiano, uma *pâte à bombe*, ou possivelmente um merengue comum. Para o creme batido, é necessário um teor de gordura de 30% a 40%. A quantidade exata de creme batido dependerá dos outros componentes, juntamente com outros resultados desejados para sabor e textura, e seu desenvolvimento será rigorosamente controlado para manter a textura da musse uniforme. Caso seja necessário algum agente gelificante, pode ser usada gelatina em folha em quantidade suficiente apenas para firmar a musse.

PROCEDIMENTO GERAL PARA A MUSSE

Já que exploramos os principais componentes da musse e as suas funções, podemos abordar a preparação da musse em geral e depois concentrarmo-nos no procedimento específico para a produção do creme bávaro, musse de frutas e de chocolate. A elaboração mais elementar de uma musse começa sempre com a preparação da base. A espuma de ovos, se for usada, é acrescentada nessa base e depois o creme batido é misturado. Outros ingredientes e componentes podem ser incluídos em vários estágios, entretanto, esta é a preparação básica.

Para a produção de qualquer musse, é essencial combinar ou acrescentar componentes em um momento específico a uma temperatura determinada. Se a gelatina for adicionada, por exemplo, quando a preparação estiver muito fria ou em um momento errado, ela não vai se dissolver uniformemente pela musse. Se o creme batido for adicionado quando a mistura base estiver muito quente, as partículas de gordura do creme vão derreter e seu volume e textura serão menores. Observar as orientações das receitas é fundamental, assim como acompanhar atentamente as temperaturas dos componentes e o aspecto físico da musse.

Sempre que preparamos uma musse, ou qualquer pâtisserie relacionada a essa operação, é essencial trabalhar em ambiente limpo, e só começar a produção depois que todos os ingredientes e equipamentos estiverem reunidos. Considerando que a musse é especialmente sensível à temperatura, além de que tudo deve ser feito no momento certo, todos os componentes e utensílios devem estar disponíveis antes de iniciar as atividades.

CREME BÁVARO

DEFINIÇÃO, HISTÓRIA E UTILIZAÇÃO

O **creme bávaro**, ou *bavarois*, é um creme *anglaise* com creme batido e gelatina. Embora sua origem seja de certo modo misteriosa, alguns acreditam que sua preparação surgiu na Baviera, onde muitos chefs franceses costumavam trabalhar para a realeza. Carême tem receitas para o *fromage bavarois* (queijo bávaro); entretanto, essas preparações são muito diferentes das do creme bávaro que conhecemos hoje (Montagne, 2001, p. 86).

Assim como muitos itens da culinária, o creme bávaro foi introduzido na França por um membro da realeza europeia – nesse caso, um príncipe bávaro –, cliente do Café Procope, um dos cafés mais famosos da época (Bilheux & Escoffier, 2000, p. 60). O Café Procope, ponto de encontro de intelectuais, escritores, revolucionários, atores e outras personalidades notáveis, foi a primeira cafeteria estabelecida na França e era decorada de forma a atrair a aristocracia (Montagne, 2001, p. 937-938).

O creme bávaro original era uma bebida espumosa, baseada muitas vezes em uma infusão de ervas e mais tarde incluiu ovos, gemas, kirsch e leite (Bilheux & Escoffier, 2000, p. 60). Ao longo do tempo, o creme bávaro se transformou para se tornar uma sobremesa do tipo musse que conhecemos hoje. O creme bávaro é muito versátil e é, frequentemente, usado em *charlottes* e bolos bávaros.

CREME BÁVARO: INGREDIENTE E COMPOSIÇÃO

Os principais ingredientes para o creme bávaro são leite, creme, gemas, açúcar e gelatina. Os componentes principais são o creme *anglaise* como base, gelatina e creme batido. A escolha de aromatizantes é ilimitada e pode incluir chocolate, café, calda de caramelo, chás, purê de frutas, especiarias e baunilha.

Composição do creme *anglaise*

Dependendo do sabor do *bavarois*, o creme *anglaise* deve ser alterado em relação ao creme *anglaise* usado como molho para sobremesas. As principais variáveis são a quantidade de açúcar (dependendo de outros ingredientes como chocolate, pasta de nozes e purês de frutas) e a quantidade de gemas em proporção ao peso do líquido da receita. A quantidade de gemas pode variar ligeiramente, mas em média oscila entre 20% e 35% do líquido da receita. Embora as gemas sejam um importante agente espessante e nutritivo, o uso excessivo pode causar problemas como coagulação e sabor de ovo predominante. Se o objetivo é produzir um *bavarois* com uma base de frutas, devem ser usados 100% do purê de frutas no lugar do líquido no creme *anglaise* para obter um sabor completo da fruta.

Creme batido para *bavarois*

Ao contrário de outros doces na categoria de musses, o creme bávaro sempre tem o creme batido como componente principal, já que acrescenta leveza à base. O creme deve ser sempre batido somente até o ponto fluido, da mesma forma que nas musses de frutas e de chocolate. Pode ser adicionado ao creme *anglaise* em dois estágios depois que a base alcançar a temperatura entre 24 °C e 29 °C.

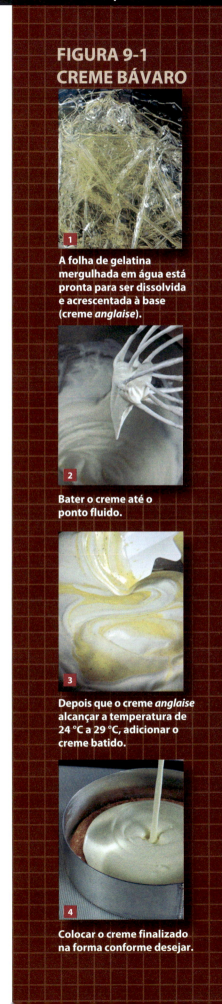

FIGURA 9-1 CREME BÁVARO

1. A folha de gelatina mergulhada em água está pronta para ser dissolvida e acrescentada à base (creme *anglaise*).

2. Bater o creme até o ponto fluido.

3. Depois que o creme *anglaise* alcançar a temperatura de 24 °C a 29 °C, adicionar o creme batido.

4. Colocar o creme finalizado na forma conforme desejar.

Agentes gelificantes para o *bavarois*

Para o creme bávaro, a gelatina é utilizada como agente gelificante. A quantidade da gelatina a ser usada é em torno de 1% da receita total, ou em torno de 3% baseado no peso do líquido no creme *anglaise*.

Equilibrar o açúcar no *bavarois*

Uma medida importante para um *bavarois* bem-sucedido consiste em equilibrar a quantidade de ingredientes no creme *anglaise*, incluindo o açúcar e qualquer ingrediente adicional como chocolate ou pasta de praline. O sabor fresco do creme batido, ou de aromatizantes deve brilhar sem ser dominado por excesso de açúcar. O teor total de açúcar para o creme bávaro deve oscilar entre 15% e 25%, dependendo do sabor favorito do público.

PROCESSO DO CREME BÁVARO

O procedimento para preparar o creme bávaro é simples. Assim como todas as preparações para musse, a gelatina deve ser dissolvida antes (Ver Creme bávaro, Figura 9-1, Etapa 1) e o creme deve ser batido somente até o ponto fluido e reservado no refrigerador (ver Creme bávaro, Figura 9-1, Etapa 2). A seguir, deve ser preparada a base, o creme *anglaise*, e a gelatina já hidratada é adicionada e combinada até dissolver completamente. Depois que o creme *anglaise* esfriar, entre 24 °C e 29 °C, o creme batido deve ser acrescentado e o produto despejado em formas apropriadas (ver Creme bávaro, Figura 9-1, Etapas 3-4).

Podem ocorrer muitas variações durante a preparação do creme *anglaise*. Para um *bavarois* de café, deve ser adicionado café moído na hora aos ingredientes líquidos da base, ou pode ser usada essência de café. Para o *bavarois* de chocolate, este é acrescentado ao creme *anglaise* formando-se uma emulsão antes de acrescentar o creme batido. Ingredientes adicionais, como álcool, geleia ou gotas de chocolate e licores, devem ser acrescentados depois do creme batido.

Procedimento para o creme bávaro

- Preparar todas as formas e pesar todos os ingredientes.
- Mergulhar a gelatina em água fria.
- Bater o creme até alcançar o ponto fluido e reservar no refrigerador (ou bater um pouco antes de usá-lo).
- Cozinhar o creme *anglaise*.
- Adicionar a gelatina hidratada ao creme *anglaise* enquanto estiver quente e mexer bem para incorporar.
- Quando o creme base estiver entre 24 °C e 29 °C, finalizar o creme batido até o ponto fluido.
- Adicionar o creme batido em dois estágios.
- Se for necessário, acrescentar os ingredientes adicionais.
- Despejar o creme sobre as formas e congelar.

A DURABILIDADE DO CREME BÁVARO

A durabilidade do creme bávaro é similar à da musse ou de outra preparação com creme fresco. O tempo máximo em refrigeração deve ser de 48 horas, e a musse bem embalada pode ser congelada por até duas semanas com bons resultados.

MUSSE DE FRUTAS

A musse de frutas oferece a oportunidade de criar doces da estação ou sobremesas que usem frutas frescas locais como base para suas criações. O resultado final é um creme leve com sabor de fruta que dissolve na boca e deixa um sabor fresco da estação. Em vez de usar frutas frescas como base, uma opção garantida e bem-aceita é usar purês de frutas congeladas de alta qualidade disponíveis comercialmente.

A **musse de frutas** normalmente é composta por uma base, uma espuma de ovos, creme batido e um agente gelificante, cuja escolha terá um efeito na textura e no sabor final. Esta seção vai explorar receitas e procedimentos no preparo de musses de frutas.

COMPONENTES PARA UMA MUSSE DE FRUTAS

O tipo de fruta usada vai determinar o preparo da base. As frutas vermelhas e frutas com sementes pequenas devem ser transformadas em purê e peneiradas com o auxílio do *chinois*. Para as frutas com caroço, como as nectarinas ou os damascos, deve-se tirar a casca, remover o caroço e transformar a polpa em purê. Não há necessidade de peneirar essas frutas. Processar a fruta um pouco antes de começar as preparações, cobri-la e levar ao refrigerador até quando for necessário. Se for usar o purê de fruta congelada, descongelar na véspera.

Um dos primeiros passos para preparar uma musse é bater o creme antes, até alcançar o ponto macio e reservá-lo no refrigerador. Alguns preferem bater o creme um pouco antes de incorporá-lo no estágio final da musse; entretanto, o número de batedeiras disponíveis deve ser considerado. O creme deve parar de ser batido assim que ganhar volume e o rastro do batedor mal possa ser visto na superfície do creme. É recomendado que ele seja batido por menos tempo e finalizado depois.

O passo seguinte é preparar o merengue italiano e mergulhar a gelatina em água bem fria até hidratar. Depois de hidratada, a gelatina pode ser reservada até quando for necessária.

Quando o merengue estiver quase pronto, a gelatina dissolvida pode ser acrescentada na base de purê de frutas (ver Musse de frutas, Figura 9-2, Etapa 1). Para garantir uma distribuição uniforme da gelatina, o recomendado é aquecê-la.

Uma pequena porção do purê (em torno de cinco vezes a quantidade de gelatina) deve ser aquecida até 46 °C. Separadamente, a gelatina deve ser dissolvida na mesma temperatura. Isso pode ser feito no micro-ondas ou em banho-maria. Nesse estágio, a gelatina dissolvida pode ser facilmente incorporada ao purê amornado e, então, adicionada ao restante do purê de frutas e incorporada completamente.

Quando o merengue italiano estiver morno, pode ser acrescentado à base (ver Musse de frutas, Figura 9-2, Etapa 2). Para garantir que volume máximo será mantido na musse, componentes leves como o merengue italiano ou creme batido podem ser misturados usando o método de dois estágios. Alguns preferem incorporar a primeira adição de merengue com um batedor até misturar completamente e, depois, acrescentar o restante com uma espátula em dois estágios.

A temperatura da preparação da musse de frutas deve ser ainda em torno de 27 °C a 29 °C. Nesse ponto, o creme pode ser batido até a consistência final de ponto fluido (ver Musse de frutas, Figura 9-2, Etapa 3). O creme vai se desenvolver depois na medida em que for adicionado à musse, e deve ser misturado até quando não houver mais sinais da cor branca na base. Nesse ponto, a musse estará pronta para ir para a forma (ver Musse de frutas, Figura 9-2, Etapas 4-5).

FIGURA 9-2 MUSSE DE FRUTAS

1 Adicionar a gelatina diluída à base.

2 Com o batedor, bater cuidadosamente o merengue italiano.

3 Acrescentar o creme batido em dois estágios.

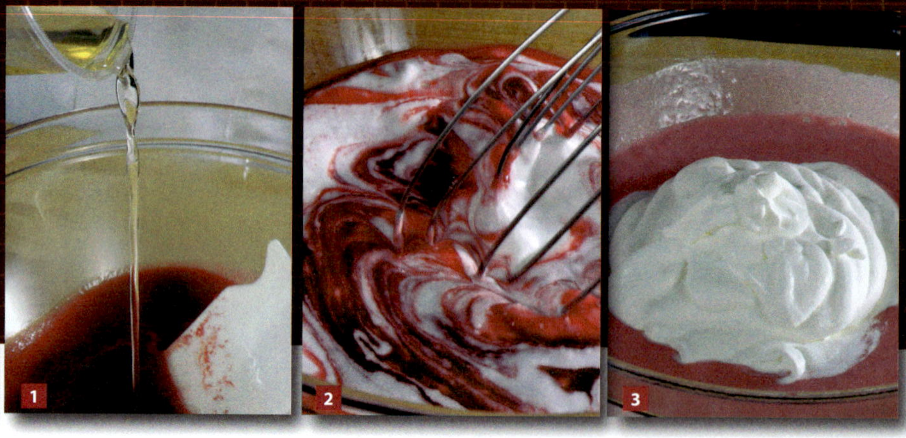

Procedimento para a musse de frutas

- Preparar as formas de aros ou outra.
- Preparar o purê de frutas conforme indicado.
- Bater o creme até o ponto fluido.
- Mergulhar a gelatina em água.
- Fazer o merengue italiano.
- Derreter e acrescentar a gelatina à base.
- Adicionar o merengue italiano à base em duas ou três etapas.
- Misturar o creme em duas etapas.
- Despejar a musse nas formas e congelar.

MUSSE DE CHOCOLATE

A **musse de chocolate** pode ser uma combinação rica e estimulante de chocolate deixando no paladar um sabor suave e cremoso. Há inúmeras receitas e preparações para musse de chocolate, de uma simples combinação de creme *chantilly* e ganache até uma formulação de inúmeros elementos como ganache, várias espumas de ovos (*pâte à bombe*, merengue italiano, merengue suíço e merengue comum) e creme batido. Diversas opções para composição e desenvolvimento de sabores podem ser criadas a partir das três principais categorias de chocolate: branco, ao leite e amargo.

Considerando que há muitas variáveis importantes em relação ao teor de cacau, deve-se entender as propriedades do chocolate para obter resultados consistentes. Para uma visão mais detalhada do chocolate, consultar o Capítulo 15. Quaisquer que sejam as preparações escolhidas, as receitas e os procedimentos fazem parte de práticas e de técnicas comuns.

REGRAS ESSENCIAIS PARA A MUSSE DE CHOCOLATE

Para o sucesso da receita de musse de chocolate, é necessário seguir regras específicas nas áreas indicadas a seguir:

- Ingredientes e receita
- Temperatura
- Emulsão
- Manuseio e assepsia

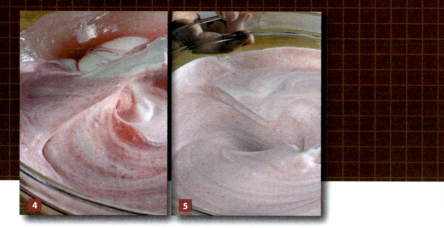

4 Misturar o creme cuidadosamente com a espátula.

5 Quando não houver mais sinais do creme na mistura, a musse estará pronta para ir para a forma.

Fórmula e ingredientes

A qualidade dos ingredientes usados em uma musse de chocolate será evidenciada na sua estrutura final e no seu sabor. Em especial, as porcentagens de manteiga de cacau e o teor de cacau no chocolate desempenham papéis essenciais na musse, incluindo capacidade de gelatinização, de manuseio e de paladar. Caso não seja usado um chocolate *couverture-grade*,[2] por exemplo, o chocolate talvez não apresente a viscosidade necessária, e outras gorduras sólidas podem interferir no seu preparo, podendo apresentar um sabor final desagradável ao paladar. Além de afetar a textura do produto final, a porcentagem de cacau vai afetar a quantidade de chocolate e os elementos adicionais como a *pâte à bombe* e o merengue italiano.

Conforme discutido anteriormente, uma musse de chocolate bem-sucedida é sempre baseada no ganache, uma vez que a dissolução dos cristais da manteiga de cacau (que contém gorduras sólidas cristalinas) antes da elaboração facilita a incorporação do restante dos ingredientes. O ganache pode ser feito com leite, creme *pâtissière*, creme ou creme *anglaise*. Cada liquido contém uma quantidade e uma variedade diferentes de gorduras que vão afetar a textura do ganache e a textura do produto final.

Em relação às espumas de ovos, a *pâte à bombe* acrescenta um sabor complexo e as gemas ajudam a manter uma emulsão homogênea. Por esse motivo, é frequentemente usado em musse de chocolate. O merengue italiano também pode ser usado; entretanto, pela sua natureza mais leve, vai fornecer, de alguma forma, maior leveza que a *pâte à bombe*. Algumas musses podem ser preparadas sem a espuma de ovos.

Quase todas as musses de chocolate requerem creme batido com 35% a 40% de teor de gordura. A quantidade de creme batido adicionado vai afinar a rede estruturante da manteiga de cacau, embora o creme desenvolvido deva ter força suficiente para manter sua própria estrutura. Da mesma forma que com a musse de frutas, a temperatura vai diminuir e o procedimento final de colocar a musse nas formas deve começar assim que o creme batido for incorporado.

Dependendo do tipo e da quantidade de chocolate usado para uma musse, podem ser necessários agentes gelificantes adicionais. Uma musse com chocolate amargo deve ser capaz de se manter por si só, mas a musse de chocolate branco e a de chocolate ao leite normalmente requerem a adição de gelatina para manterem-se firmes e adquirir textura própria. A quantidade de

---

[2] *Couverture-grade* é um chocolate de alta qualidade, feito com grãos selecionados e com teor de manteiga de cacau em torno de 30% a 32%. (NT)

PARTE 2: PÂTISSERIE

FIGURE 9-3 MUSSE DE CHOCOLATE

1. A base desta musse de chocolate é o ganache.

2. A *pâte à bombe* está pronta para ser acrescida à musse.

3. Misture a *pâte à bombe* na musse.

gelatina varia conforme o procedimento e a quantidade de manteiga de cacau da receita, mas, em geral, quanto mais baixo for o teor de cacau, maior será a quantidade de agentes gelificantes necessários para o produto final.

Teor de cacau e de açúcar nas receitas de musse de chocolate

A marca, a porcentagem de cacau e o tipo de chocolate são considerações importantes ao determinar a quantidade de chocolate indicada para uma musse. Quanto maior for a porcentagem de cacau, menor será a quantidade de chocolate necessária para construir um sabor intenso de chocolate e para manter a firmeza de uma musse. Deve-se dar atenção especial à quantidade de chocolate usada, já que a manteiga de cacau contida nesse ingrediente é o maior agente estruturante em uma musse de chocolate. Como regra, a manteiga de cacau compõe ao menos 50% do teor de cacau.

É essencial equilibrar o teor de cacau e de açúcar do chocolate com outras gorduras e açúcares na musse para manter uma emulsão homogênea, produzindo um paladar adequado e um sabor característico. O teor de cacau atua como estabilizador e como agente estruturante, e se a receita não indica *pâte à bombe* ou creme batido suficientes em relação ao chocolate, a musse se tornará bastante firme. Por sua vez, pouco teor de cacau pode não oferecer sabor suficiente ou propriedades estruturantes.

Temperatura

O controle de temperatura é essencial para a musse, assim como a seleção de ingredientes de alta qualidade. Em razão das propriedades de cristalização únicas da manteiga de cacau e do seu desempenho em relação a diferentes variações de temperatura, é necessário ter uma compreensão completa das regras de temperatura antes de começar as preparações para a musse. A discussão sobre as propriedades do chocolate no Capítulo 15 servirá como excelente revisão desta seção.

Para que os cristais de gordura derretam completamente, o chocolate precisa alcançar temperaturas entre 43 °C e 49 °C. Quando é usado o ganache como base para a musse, a temperatura deve estar entre 43 °C e 49 °C para assegurar que toda a manteiga de cacau seja derretida e que a produção fique homogênea. Depois que o ganache esfriar e a temperatura estiver entre 35 °C e 41 °C, podem ser adicionados a espuma de ovos e, a seguir, o creme batido.

A musse deve ser sempre colocada nas formas antes de esfriar, antes da cristalização da manteiga de cacau, que ocorre entre 27 °C e 29 °C. Caso a manteiga de cacau se cristalize antes de

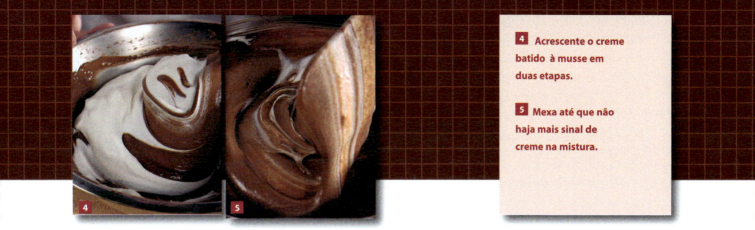

4 Acrescente o creme batido à musse em duas etapas.

5 Mexa até que não haja mais sinal de creme na mistura.

a musse ser colocada nas formas, será difícil distribuir as porções e a qualidade será comprometida. A musse deve se consolidar na forma e não antes.

Emulsão

O passo principal para produzir uma musse saborosa é criar uma emulsão estável, ou seja, uma combinação entre água e óleo. Considerando o alto teor de gordura e de água de uma musse, aspectos como receita adequada, controle de temperatura e grau de incorporação devem ser observados atentamente. Caso contrário, o produto final poderá dar uma sensação de pegajoso e engordurado na boca, uma consistência densa, e não apresentará firmeza ao ser cortado.

Manuseio da musse

Para que a musse mantenha o volume adequado, deve ser evitada a mistura e a manipulação excessivas em todos os estágios da produção. Em formas grandes, a musse deve ser colocada com concha, e nas pequenas, com o saco de confeitar. Deve-se observar que a colocação da musse nas formas com espátula ou com o saco de confeitar pode diminuir seu volume em torno de 15% a 20%, o que, por sua vez, pode aumentar os custos de mão de obra e de ingredientes, já que será necessário aumentar o peso para produzir o mesmo volume.

PROCEDIMENTO PARA A MUSSE DE CHOCOLATE

O procedimento básico para a musse de chocolate é começar por bater o creme até o ponto fluido e reservá-lo no refrigerador. Observar, no entanto, que alguns profissionais preferem bater o creme um pouco antes de usá-lo. O próximo passo é preparar o ganache (ver Musse de chocolate, Figura 9-3, Etapa 1). Dependendo da receita, a base pode ser creme, creme *anglaise* ou creme *pâtissière* e chocolate. Se for usar gelatina, deve ser adicionada ao ganache ainda quente depois de mergulhá-la em água e dissolvê-la. A seguir, a espuma de ovos pode ser iniciada (ver Musse de chocolate, Figura 9-3, Etapa 2). A espuma poderá ser adicionada ao ganache depois que a espuma de ovos estiver entre 35 °C e 41 °C, e o ganache estiver na mesma temperatura (ver Musse de chocolate, Figura 9-3, Etapa 3). Misturar somente até que os componentes fiquem homogêneos, para evitar que a emulsão se quebre. A seguir, o creme batido pode ser acrescentado (ver Musse de chocolate, Figura 9-3, Etapas 4-5). Depois que todo o creme for incorporado, a musse deve ser colocada nas formas e congelada, ou mantida no refrigerador se não for desenformada.

As variações na musse de chocolate podem incluir a adição de pastas de nozes, pedaços de chocolate, geleia em cubos ou bebida alcoólica. Itens mais densos como pasta de nozes devem ser adicionados ao ganache, enquanto ingredientes mais leves e inclusões podem ser acrescentados depois que o creme batido for misturado. Deve-se tomar o cuidado de não misturar a musse em excesso durante a adição de bebida alcoólica ou de outros saborizantes. Quanto mais ela for mexida, mais a gordura vai se desenvolver, e mais granulada se tornará a textura.

Procedimentos básicos para a musse de chocolate

- Pesar todos os ingredientes e preparar todas as formas.
- Bater o creme somente até o ponto fluido e reservar no refrigerador (pode ser feito também um pouco antes de adicioná-lo à musse).
- Preparar o ganache (a base).
- Preparar a espuma.
- Depois que a base (o ganache, no caso) ficar com a temperatura entre 35 °C e 41 °C, acrescentar a espuma de ovos (se for o caso).
- Terminar de bater o creme mantendo-o em ponto fluido e adicioná-lo à base.
- Adicionar quaisquer inclusões (se for o caso).
- Colocar a musse nas formas e levá-las ao congelador ou ao refrigerador.

MUSSE DE CHOCOLATE: MUITO A CONSIDERAR

As possibilidades de sabores e de apresentações da musse de chocolate são muito vastas. A seleção cuidadosa do chocolate pode apresentar enorme variedade de resultados, e o uso de espumas de ovos diversas, ingredientes extras e diferentes quantidades de creme batido poderá permitir que qualquer chocolate seja transformado, na realidade, em qualquer musse.

FÓRMULA

CREME BÁVARO BÁSICO COM VARIAÇÕES
(*BASIC BAVARIAN CREAM WITH VARIATIONS*)

Esta fórmula clássica de creme bávaro pode facilmente ser ajustada com aromatizantes, como pasta de praline ou chocolate.

Ingredientes	% do padeiro	Peso kg
Creme nº 1	50,00	0,242
Leite	50,00	0,242
Açúcar	25,20	0,122
Gemas	31,40	0,152
Gelatina em folha	2,22	0,011
Creme nº 2	100,00	0,483
Total	258,82	1,250

Observação
O peso do leite e do primeiro creme deve somar 100%.

Procedimento

1. Mergulhar a gelatina em água bem fria e reservar.
2. Bater o segundo creme até o ponto fluido e reservar.
3. Ferver o primeiro creme e o leite e continuar com a preparação da base como a de um creme *anglaise* e cozinhar até alcançar 82 °C.
4. Coar em *chinois* fino em recipiente limpo e acrescentar a gelatina hidratada e dissolvida e misturar até a incorporação.
5. Quando a mistura-base esfriar, alcançando entre 24 °C e 29 °C, adicionar o creme batido.

Observação
Uma grande quantidade de creme bávaro pode ser preparada, e depois de coada, aromatizada a gosto, mas isso deve ser feito antes que o creme seja acrescentado.

Variações de sabor

Creme bávaro com chocolate amargo
Pesar 188 g de chocolate *couverture* (64% cacau) (15% do peso total do creme bávaro). Derreter o chocolate no micro-ondas a 44 °C e combinar o chocolate com o creme *anglaise* enquanto quente.

Creme bávaro com praline
Pesar 100 g de pasta de praline (8% do peso total do creme bávaro). Adicionar a praline ao creme *anglaise* quente depois de coado.

> # FÓRMULA
>
> ## MUSSE DE PERA WILLIAMS COM E SEM MERENGUE ITALIANO (*WILLIAMS PEAR MOUSSE WITH AND WITHOUT ITALIAN MERINGUE*)
>
> A fórmula da musse de pera Williams produz uma musse delicadamente saborosa. Na versão clássica, não há merengue italiano; no entanto, apresentamos também uma versão que inclui o merengue italiano. O purê para essa receita de musse pode também ser substituído usando-se damasco, amora, mirtilo, laranja e laranja vermelha para criar uma variedade de outros sabores, na mesma proporção de ingredientes.

Fórmula de musse de pera Williams sem o merengue italiano

Ingredientes	% do padeiro	Peso kg
Purê de pera Williams	100,00	0,692
Açúcar	8,00	0,055
Creme	70,00	0,485
Gelatina em folha	2,60	0,018
Total	180,60	1,250

Observação
O purê de pera Williams pode ser substituído por damasco, amora, mirtilo, laranja ou laranja vermelha.

Procedimento

1. Bater o creme até alcançar o ponto fluido. Reservar no refrigerador.
2. Hidratar a gelatina em água fria e reservar.
3. Aquecer 208 g do purê (30 % do peso do purê) e o açúcar a 44 °C. Adicionar a gelatina hidratada e derretida. Misturar bem para dissolver.
4. Acrescentar o purê com a gelatina ao restante do purê e ajustar a temperatura para 24 °C a 29 °C.
5. Acrescentar o creme batido cuidadosamente ao purê. Misturar até que não haja mais sinais do creme branco.
6. Colocar nas formas selecionadas.

Fórmula de musse de pera Williams com o merengue italiano

Ingredientes	% do padeiro	Peso kg
Purê de pera Williams	100,00	0,724
Açúcar	11,00	0,080
Água	2,20	0,016
Claras	6,80	0,049
Creme	50,00	0,362
Gelatina em folha	2,60	0,019
Total	172,60	1,250

Observação
O purê de pera Williams pode ser substituído por damasco, amora, mirtilo, laranja ou laranja vermelha.

Procedimento

1. Bater o creme até alcançar o ponto fluido. Reservar no refrigerador.
2. Hidratar a gelatina em água fria e reservar.
3. Combinar o açúcar e a água e cozinhar para preparar o merengue italiano. Preparar as claras.
4. Aquecer o purê de frutas a 27 °C.
5. Aquecer uma pequena porção do purê a 49 °C, e adicionar a gelatina hidratada e dissolvida ao purê. Mexer até dissolver. Adicionar essa mistura ao restante do purê.
6. Quando o merengue italiano estiver em temperatura ambiente, adicioná-lo ao purê de frutas.
7. Por último, acrescentar o creme batido, com temperatura entre 27 °C e 29 °C, à mistura e colocar a musse nas formas selecionadas.

FORMULA

MUSSE DE CHOCOLATE (*CHOCOLATE MOUSSE*)

Esta é uma fórmula básica de musse de chocolate que pode ser usada de muitas maneiras para sobremesas, *entremets*, tortas e *petits fours*, entre outras. A seleção de ingredientes adequados, as temperaturas e os procedimentos devem ser seguidos para obter uma musse leve e saborosa, que tenha estrutura suficiente para manter-se sem gelatina.

Ingredientes	% do padeiro	Peso kg
Creme 35%	100,00	0,338
Chocolate *couverture* 64%	100,00	0,338
Gemas	30,00	0,101
Açúcar	30,00	0,101
Água	10,00	0,034
Creme 40%	100,00	0,338
Total	370,00	1,250

Procedimento

1. Preparar um ganache com creme 35% e chocolate.
2. Preparar a *pâte à bombe* com gemas, açúcar e água.
3. Bater o creme 40% até o ponto fluido e reservar no refrigerador.
4. Quando a *pâte à bombe* estiver entre 38 °C e 40 °C adicioná-la ao ganache, que deve estar na mesma temperatura.
5. Adicionar o creme batido em ponto fluido em dois estágios.
6. Colocar nas formas e congelar.

Observação
Um bolo de 20 cm com duas inserções (uma base do bolo e outra com inserção congelada) requer aproximadamente 950 g de musse de chocolate.

RESUMO DO CAPÍTULO

A musse, que existe há mais de um século, tem textura leve e cremosa como característica. Pode ser usada para fazer bolos ou ser apresentada sozinha como componente de uma sobremesa. Para garantir sabor, textura e paladar, que são as características de uma musse de qualidade, é fundamental uma seleção adequada dos ingredientes e das receitas. Considerando os principais componentes de uma musse, a base, a espuma, o creme batido e a gelatina, há inúmeras opções para o desenvolvimento do sabor e da textura. Muita atenção deve ser dada também à temperatura correta e aos procedimentos da mistura para garantir bons resultados.

A popularidade das musses oscilou no passado, possivelmente pelo mau uso da gelatina e pelo impacto causado pela musse em consumidores que cresceram acostumados com bolos doces, em camadas e recheados. Atualmente, a tendência aponta para uma crescente demanda por variedades de bolos musse com sabores e texturas ricas e delicadas apresentadas em confeitarias de qualidade (ver Capítulo 10 para uma visão mais detalhada de bolos especiais e musses).

PALAVRAS-CHAVE

- base
- creme bávaro
- emulsão
- ganache
- musse
- musse de chocolate
- musse de frutas

QUESTÕES PARA REVISÃO

1. Descrever os componentes típicos dos três principais tipos de musse e suas funções.
2. Qual é o procedimento básico para preparar um creme bávaro?
3. Quais são as considerações sobre temperatura ao fazer uma musse de chocolate? Por que são importantes?
4. Quais as precauções de higiene e de assepsia necessárias na preparação de musses? Por quê?

capítulo
10

BOLO EM CAMADAS: CLÁSSICO E MODERNO

OBJETIVOS

Depois de ler este capítulo, você será capaz de:

- Compreender os conceitos de composição e equilíbrio e sobre a evolução de ideias em relação a bolos, incluindo bolos de noivas.
- Dividir, rechear, glaçar, cobrir e decorar um bolo em camadas usando as técnicas clássicas de montagem.
- Produzir bolos especiais contemporâneos, incluindo bolos musse, utilizando uma variedade de técnicas decorativas e considerável produção.
- Identificar e entender a coordenação da produção de bolos de casamento.
- Adotar práticas adequadas de higiene, assepsia e armazenamento em relação aos bolos clássicos e especiais.

INTRODUÇÃO

Desde que a água foi combinada com a farinha para produzir pão, as pessoas têm acrescentado ingredientes como mel e especiarias para produzir doces. Pães doces já eram apreciados desde o Egito antigo, onde frequentemente faziam parte dos rituais e das celebrações. Na atualidade, os bolos são apreciados mundialmente como sobremesas, tornando-se sinônimos de celebrações públicas e privadas. Considerando que esses produtos se tornaram um símbolo de excelência reconhecida, os *designers* de bolo transformaram seu ofício em arte refinada, que é muitas vezes considerado como tal.

Este capítulo funciona como complementação de diversos capítulos, incluindo a mistura de bolos, a preparação de cremes, a espuma de ovos, as caldas, os procedimentos para musse e as técnicas decorativas. Todos esses itens devem ser entendidos para que seja possível a produção de uma variedade de bolos. Uma quantidade de fórmulas básicas deve ser compreendida e administrada e as técnicas envolvidas nos vários estágios da montagem e da finalização devem ser entendidas e praticadas para capacitar o profissional a dominar todas as fases desde um simples bolo em camada até **entremets** extravagantes, ou bolos concebidos para servir, ao menos, dezenas de pessoas. A expectativa comum para os bolos é a perfeição. Com a qualidade e a apresentação de todos os componentes vistos como uma extensão da qualidade da padaria ou confeitaria que o produziu. Este capítulo vai abordar bolos clássicos, especiais e de casamento, considerando sabor, textura, cor, equilíbrio visual e apelo decorativo.

COMPOSIÇÃO E EQUILÍBRIO: BOLOS CLÁSSICOS E CONTEMPORÂNEOS

A composição e o equilíbrio de um bolo começam com planejamento e desenho. Os principais componentes usados no clássico **bolo em camadas** incluem bases de bolo, recheio, cobertura e decoração. O recheio e a cobertura podem ser feitos do mesmo componente como o creme de manteiga, ou as camadas de creme de manteiga podem ser alternadas com camadas de ganache como recheio, com o creme de manteiga como cobertura e uma combinação de creme de manteiga e ganache para a decoração. Na medida em que a montagem de um bolo clássico em camadas se apresenta cada vez mais complexa, um crescente número de componentes se torna necessário para a finalização do bolo. Para se tornarem atraentes, esses componentes devem ser bem equilibrados em sabor, textura, cor e apresentação.

Dependendo da complexidade do bolo a ser montado, considerações sobre a composição do produto podem incluir:

- Sabor do bolo, do recheio e da cobertura.
- Textura do bolo, do recheio e da cobertura.
- Projeto de cores do bolo, do recheio e da cobertura.
- Estilo de montagem.
- Decoração e guarnição.

SABOR DO BOLO, DO RECHEIO E DA COBERTURA

Os sabores da base do bolo, do recheio e da cobertura devem ser todos complementares. Mas o que é obviamente complementar para uma pessoa pode não ser para outra. As opções de sabor incluem bolos de chocolate, de baunilha, açucarado, amanteigado, de castanhas, frutado, de café, de chá e com álcool. Para cada um desses itens, há ainda mais considerações, como chocolate amargo, favas de baunilha, pasta de praline de avelã, framboesa fresca, calda de café e ganache com infusão de chá. Os sabores podem ser semelhantes como em um bolo de chocolate em camadas.

O mais importante, porém, é que muitos sabores diferentes podem ser combinados a partir de diversas bases de bolo, de recheios e de coberturas para criar um bolo com personalidade própria. É importante enfatizar que esses sabores precisam se harmonizar entre si. Sua intensidade deve variar de acordo com os objetivos determinados pelo confeiteiro, especialmente quando se trabalha com múltiplos sabores. Os componentes do bolo podem produzir um equilíbrio entre qualidades opostas, tais como sabores que equilibram leveza ou doçura do recheio. Esse equilíbrio somente pode ser aprendido por meio da experimentação, o que é diferente de simplesmente comer, já que os sabores se difundem no paladar e a atenção deve ser dada às suas notas introdutórias, às notas altas e à parte final, tudo isso, espera-se, com um só bocado.

TEXTURA DO BOLO, DO RECHEIO E DA COBERTURA

A textura do bolo, do recheio e da cobertura tem um efeito não apenas no paladar dos consumidores, mas também determina sua durabilidade e estabilidade. As texturas dos componentes são determinadas pela sua composição, incluindo a fórmula usada para prepará-las, a seleção dos ingredientes e o método de produção. Enquanto os elementos da textura normalmente referem-se a sabor, a textura também pode ser manipulada por agentes gelificantes.

Macia, crocante, firme, esponjosa, quebradiça, cremosa, leve, densa, aerada, úmida e seca são apenas alguns dos termos usados para descrever a aparência da estrutura do bolo e como ela é percebida pelo paladar. A combinação de texturas pode criar sensações únicas na boca e deve ser considerada intencional, como parte de um planejamento.

Qualidades opostas que se complementam incluem merengue crocante com recheio cremoso, uma musse macia com praline crocante e um bolo umedecido com calda de ganache de chocolate. Entre os ingredientes básicos que criam textura incluem-se o açúcar, o chocolate, a farinha, os ovos, a manteiga, o creme, a gelatina e as nozes. Os elementos que criam textura incluem crostas de tortas, merengues, musses, ganache, creme de manteiga, caldas, cremes variados, *nougatine*, praline, bases de bolo e caldas de açúcar.

PROJETO DE CORES DO BOLO, DO RECHEIO E DA COBERTURA

Como regra, o planejamento de cores de bolos deve estar relacionado com o sabor, a apresentação e o tema da festa. Já que as cores dos componentes do bolo devem combinar entre si para criar um visual atraente, é importante que o profissional tenha um entendimento básico de cores. As questões mais importantes a serem feitas são: há alguma cor que se aplica ao tema do bolo? De onde vêm as cores? Qual é a sutiliza ou intensidade da cor?

De forma geral, os tons pastel são melhores para coberturas mais leves como as de creme de manteiga. As exceções são as frutas frescas naturalmente coloridas, caldas de frutas e chocolate. Essas cores mais ousadas são bem toleradas porque os consumidores esperam as cores vibrantes do morango ou da framboesa e a cor rica do chocolate amargo.

ESTILO DA MONTAGEM

O estilo da montagem refere-se ao modo como o bolo é preparado, assim como a complexidade da sua composição. Os bolos podem ser redondos ou quadrados ou criados de muitas formas especiais. Alguns clássicos consistem em somente um bolo redondo coberto e decorado. A diferença é mais bolo com menos recheio, ou mais recheio e menos bolo. Seria impossível escolher um estilo em vez de outro, porque cada aplicação tem um objetivo e uma clientela diferentes. Os bolos clássicos feitos para distribuição em larga escala têm normalmente cobertura em vez de ser em camadas e recheados. Os bolos de grandes confeitarias podem conter várias camadas de bolo alternadas com recheio.

DECORAÇÃO E GUARNIÇÃO

A decoração e a guarnição são de extrema importância, pois em geral é a primeira impressão que o cliente tem do bolo. Não somente oferecem visibilidade para as habilidades decorativas dos confeiteiros, como também revelam algo sobre o bolo. Cobertura, frutas, castanhas, escultura em chocolate e em açúcar, *fondant* de rolo, marzipã e muito mais podem ser usados para criar ampla variedade de trabalhos visuais. As aplicações podem variar de escrita sobre o bolo com o saco de confeitar até aplicações complexas com pasta americana guarnecida com flores feitas com massa elástica até uma apresentação com frutas frescas com chocolate ou decoração com açúcar.

BOLO CLÁSSICO EM CAMADAS

A maioria desses bolos clássicos está baseada na construção de camadas de bolo intercaladas com camadas de recheio como o creme de manteiga, o ganache ou o creme batido e, então, o bolo é envolvido em uma cobertura e decorado com mais cobertura. A escolha do bolo, do recheio e da decoração pode variar bastante, e muitos tipos diferentes de bolos podem ser feitos a partir de diversas fórmulas de bases de bolos. O estilo da decoração pode variar de rosinhas minimalistas a flores extravagantes de todas as cores, até confeitos complexos no estilo rococó montados sobre camadas finas, intrincadas de glacê real.

MISE EN PLACE DO BOLO CLÁSSICO

Antes de iniciar a preparação para o bolo em camadas, o confeiteiro deve organizar o *mise en place*, com todos os ingredientes, componentes e utensilios e equipamentos prontos para o uso. Para bolos em camadas, geralmente são necessários:

- Bases para bolo.
- Recheios e cobertura.
- Decoração e guarnição.
- Utensilios, equipamentos e placas para bolo.

Bases para bolo

Todos os bolos devem ser assados e esfriados antes de começar o processo de montagem. As confeitarias e padarias que vendem muitos bolos normalmente têm uma "equipe" destinada a misturar a massa e assar bolos. Depois que esfriar adequadamente, o bolo pode ser usado no mesmo dia ou embalado e congelado para uso futuro, e o tempo de armazenagem no freezer depende do tipo de bolo. Consultar o Capítulo 7 para informações adicionais sobre congelamento de bases de bolos.

Recheios e coberturas

Nem todos os bolos requerem recheio. Para aqueles que precisam, o recheio deve estar disponível quando for iniciar o processo de montagem. Assim como ocorre com a preparação da base do bolo, nas grandes padarias e confeitarias normalmente há pessoas responsáveis pela mistura correta e preparação dos recheios e das coberturas para manter a mesma qualidade e tornar a produção mais eficiente.

Antes de começar a montagem do bolo, os recheios e as coberturas devem apresentar sabor correto, consistência e quantidade. É fundamental manter uma montagem eficiente, de forma que haja recheio e cobertura suficientes para compor todos os bolos encomendados.

Decoração e guarnição

A decoração e a guarnição podem incluir frutas frescas, chocolates decorativos, lâminas de amêndoas tostadas, flores de massa elástica e muito mais. Alguns desses itens podem ser comprados prontos (por exemplo, framboesas frescas), outros talvez precisem ser preparados (como as lâmi-

FIGURA 10-1 DIVISÃO

1 Cortar o bolo no nível da superfície e em apenas uma direção, girando-o conforme for cortado.

2 Quando estiver pronto para cortar outras camadas, mantenha o bolo no mesmo lugar para facilitar a operação.

nas de amêndoas tostadas) e ainda outros podem ser totalmente preparados no local (como as flores de massa elástica). Sem considerar a abrangência e a origem da decoração e da guarnição, elas devem complementar o estilo e os sabores do bolo.

Utensílios, equipamentos e placas para bolo

Dependendo do método de montagem, serão necessários diferentes utensílios, equipamentos e placas para bolo para produção, finalização e transporte facilitado do bolo.

Um exemplo de lista de utensílios inclui faca com serra, espátula, espátula angular, faca *paring*,[1] sacos e bicos de confeitar, cones de papel, tesouras e uma seleção de pentes para confeitar. Os equipamentos usados para preparar os componentes podem incluir batedeiras para o creme, rolos para a pasta americana e bailarinas onde o bolo será montado. (Bailarinas ou pratos giratórios facilitam o trabalho do decorador, pois ele não precisa mover demais o corpo, o que pode se tornar cansativo e desconfortável.)

Uma variedade de placas[2] para bolo é necessária para facilitar seu transporte. Essas placas podem ser de formato redondo, quadrado e retangular. Podem ser classificadas como brancas ou douradas (também podem ser prateadas ou de outras cores). As placas brancas normalmente são usadas durante a fase inicial da montagem do bolo, que logo depois é transferido para a placa dourada. Se o bolo for grande e precisar de um suporte extra, as placas brancas podem permanecer sob eles. Nesses casos, devem ser bem aparadas nas bordas do bolo finalizado.

DIVISÃO, RECHEIO E GLAÇAGEM DO BOLO

Divisão, **recheio** e **glaçagem** são termos usados para descrever os procedimentos iniciais da montagem de um bolo. A divisão refere-se ao corte da base do bolo em camadas, o recheio se refere à aplicação do recheio entre as camadas, e a glaçagem se refere à aplicação de uma camada inicial de cobertura sobre o bolo montado.

Divisão

Dependendo do tamanho da base do bolo, do tamanho desejado do produto final e da espessura das camadas, os bolos podem ser cortados de duas a quatro camadas para a montagem (ver Divisão, Figura 10-1).

---

[1] Modelo de faca longa, com serras finas. Pode apresentar formato convexo. (NRT)
[2] Há bases para bolos, normalmente de isopor ou papelão prensado, de 2 mm de espessura, próprias para montagem de bolos. (NRT)

FIGURA 10-2 RECHEIO

1 Sobre a base de bolo giratória, aplicar uma camada fina e uniforme de recheio, tendo o cuidado de espalhar para as bordas.

2 Colocar a camada seguinte de bolo e, depois, outra camada de recheio.

3 Colocar a última camada de bolo, cuidando para que fique bem no centro e nivelada.

Para cortar o bolo ao meio, é necessário uma faca de serra de boa qualidade para não danificá-lo. Algumas facas tendem a despedaçar o bolo, esfarelando-o. Embora não seja necessário, há uma faca especial com uma lâmina longa, de serra fina e com formato levemente convexo, que ajuda a cortar o bolo em camadas sem danificar o miolo.

Os bolos devem ser cortados depois de totalmente frios, pois cortá-los enquanto estiverem quentes vai danificar a estrutura do miolo. O mais importante ao dividir um bolo por igual, e ter resultados consistentes e uniformes, é manter a faca em um nível constante, sem mudar o ângulo da lâmina, caso isso ocorra, o resultado será uma camada desigual. Depois de cortados e prontos para o recheio, devem ser postos à parte e limpos de quaisquer farelos.

Recheio

Depois de separar as camadas, o bolo estará pronto para ser recheado. Esse processo começa por escolher a posição das camadas na montagem do bolo. As camadas mais danificadas devem ser colocadas no meio do bolo, de forma a ser escondidas com a correção da cobertura. A camada mais homogênea, que normalmente é a de baixo, deve ser invertida e reservada para o topo.

A base do bolo deve ser colocada em placas um pouco maior que a camada do bolo. Alguns confeiteiros preferem pincelar a base debaixo do bolo com uma camada de chocolate para facilitar depois sua transferência. Dependendo do tipo e do tamanho do bolo a ser feito, isso pode ser uma boa ideia.

A seguir, o recheio pode ser colocado no centro da camada e espalhado para as bordas usando a espátula (ver Recheio, Figura 10-2, Etapa 1). Esse procedimento pode ser feito com ou sem a bailarina. Entretanto, definitivamente é uma vantagem usar a bailarina quando estiver aprendendo a montagem de bolos. Depois de espalhar o recheio uniformemente em direção das bordas, a próxima camada de bolo é colocada no topo da anterior e o procedimento é repetido (ver Recheio, Figura 10-2, Etapas 2-3).

Algumas medidas adicionais podem ser necessárias durante a fase do recheio. As camadas às vezes são umedecidas com calda ou recebem uma camada fina de geleia antes que o recheio seja adicionado. Se for este o caso, o recheio deve ser aplicado imediatamente após a calda ou a geleia ter sido colocada.

Glaçagem

Depois que o bolo estiver recheado, pode ser glaçado, que é o processo de colocar uma fina camada de cobertura sobre as laterais e sobre o topo do bolo (ver Glaçagem, Figura 10-3). Alguns

FIGURA 10-3 GLAÇAGEM

se referem a essa etapa como **cobertura do miolo**. O objetivo da glaçagem é dar uniformidade ao bolo e evitar que alguma parte se sobressaia na cobertura. Ela também funciona como um estágio intermediário entre o recheio e a cobertura. Se o bolo não estiver nivelado depois do recheio, por exemplo, o nível pode ser corrigido na glaçagem, diminuindo o trabalho durante a cobertura.

Depois que o bolo for glaçado, especialmente os de creme de manteiga, devem ir para o refrigerador por pelo menos 10 minutos, mas pode ficar até um dia, dependendo da cobertura. Para aqueles bolos glaçados com creme batido, é necessário menos tempo, pois o creme batido, na realidade, nunca se firma. Alguns decoradores de bolo eliminam a fase da glaçagem, pois são capazes de rapidamente fazer a cobertura do bolo sem que apareçam farelos ou imperfeições. Não há problemas quanto a isso, desde que os resultados sejam bons.

1 Aplicar uma camada fina da cobertura no topo do bolo, espalhando o excesso para as bordas para cobrir as laterais

2 Colocar cobertura adicional nas laterais do bolo, conforme necessário, até completar a glaçagem.

3 Alisar a cobertura no topo do bolo. Depois que o topo e as laterais estiverem cobertas uniformemente, o bolo deve ser resfriado por pelo menos 10 minutos antes de receber a cobertura final.

COBERTURA E CALDA PARA BOLOS

A **cobertura** e a calda são a etapa final na montagem do bolo. Somente ficam faltando a decoração e a guarnição. Deve ser dada atenção especial a esse processo, pois a qualidade do trabalho ficará evidente durante o consumo do bolo.

Depois de coberto com a cobertura ou a calda, o bolo pode ser congelado para uso futuro, enviado para o cliente ou decorado e vendido. Algumas coberturas e caldas se mantêm de forma diferente no congelador. Por esse motivo, alguns confeiteiros que adotam técnicas de congelamento devem fazer testes para avaliar a durabilidade delas.

Cobertura

Os bolos são cobertos com preparações mais espessas como creme de manteiga, creme batido ou ganache batido. O procedimento é o mesmo que para a glaçagem, embora a cobertura seja mais grossa.

A cobertura deve ser colocada no meio da superfície do bolo e ser espalhada para as bordas com uma espátula e com a bailarina. Depois que uma camada uniforme de cobertura for aplicada na superfície do bolo, a cobertura deve se acumular nas bordas (ver Cobertura, Figura 10-4, Etapa 1). Esse excesso é usado para cobrir as laterais do bolo. Se for necessária mais cobertura, pode ser aplicada diretamente nas laterais (ver Cobertura, Figura 10-4, Etapas 2-3).

Quando uma camada de cobertura for aplicada nas laterais do bolo, o excesso deve ser estendido acima da superfície (ver Cobertura, Figura 10-4, Etapa 4). Esse excesso deve ser alisado em direção à superfície do bolo e removido, conforme a necessidade, usando uma espátula angular ou uma espátula grande, dependendo da preferência do decorador. São feitos movimentos rápidos, em direção ao centro, para corrigir a cobertura nas bordas, removendo qualquer excesso. Esse procedimento é completado em direção ao decorador para que haja controle sobre a quantidade de cobertura removida do bolo. Depois que a superfície e as laterais estiverem uniformes e as bordas definidas, o bolo pode ser decorado ou congelado para uso futuro (ver Cobertura, Figura 10-4, Etapas 5-6).

Caldas

A calda proporciona um acabamento homogêneo e liso nos bolos, sem o mínimo trabalho em relação à cobertura. No entanto, inúmeros cuidados devem ser tomados para se obter uma cobertura bem-feita e com o mínimo de desperdício. A glaçagem, a temperatura do bolo e a calda desempenham um papel importante no sucesso de uma boa cobertura.

Como a cobertura é despejada sobre o bolo, pode revelar qualquer imperfeição na construção e na glaçagem; não preenche rachaduras ou buracos nem pode esconder superfícies irregulares. Por isso, é necessária uma boa glaçagem final para garantir uma superfície homogênea para que a calda cubra o bolo com perfeição.

Quase todas as caldas precisam ser aquecidas antes de cobrir o bolo e deve-se ter o cuidado para que ela não esteja muito quente e não derreta a glaçagem. Uma calda de chocolate aquecida a 27 °C é suficiente para cobrir um bolo glaçado com creme de manteiga retirado do refrigerador. Uma calda quente, entretanto, possivelmente vai derreter a gordura da manteiga e a calda escorrerá do bolo.

Quando estiver pronto para a calda, é importante que o bolo seja colocado em uma grade sobre base forrada com papel-manteiga limpo. Quando a calda estiver com a consistência e temperatura adequadas, o bolo pode ser coberto. A calda deve ser despejada primeiro próximo da borda da superfície para que alcance a base e as laterais (ver Calda, Figura 10-5, Etapa 1); a seguir, o centro deve ser coberto com calda suficiente (ver Calda, Figura 10-5, Etapa 2). Esse procedimento deve ocorrer de forma rápida, especialmente com calda de consolidação instantânea. Qualquer sobra de calda deve ser coada para remover algum farelo antes de ser novamente utilizada. Pode ser usado o maçarico para eliminar bolhas de ar (ver Calda, Figura 10-5, Etapa 3). Deve-se cuidar para que a calda não aqueça demais, pois poderá queimar.

Depois que o bolo for coberto, deve retornar ao refrigerador ou ao freezer para que a calda se consolide. A seguir, o bolo pode ser transferido para o prato definitivo, onde poderá ser decorado conforme desejar.

DECORAÇÃO DE BOLOS CLÁSSICOS EM CAMADAS

A decoração e a guarnição de bolos clássicos em camadas normalmente consistem em cobertura, frutas, castanhas, chocolate e outros itens similares. A escolha da decoração deve estar relacionada ao tema do bolo, do recheio usado e dos sabores presentes. A fruta é um excelente modo de destacar sabores sazonais, que pode ser importante para bolos concebidos para venda em determinadas épocas do ano.

Capítulo 10: Bolo em camadas: clássico e moderno

FIGURA 10-4 COBERTURA

1 Colocar a cobertura no topo do bolo e espalhar na direção das bordas, avançando um pouco mais, criando uma camada nivelada na superfície.

2 Espalhar a cobertura em torno das laterais do bolo para que nenhuma parte dele fique visível.

3 Alisar a cobertura nas laterais para definir a parte vertical do bolo.

4 Um raspador de metal pode ser útil para corrigir as laterais.

5 Corrigir, cuidadosamente, quaisquer elevações da cobertura, removendo os excessos.

6 A cobertura está concluída e o bolo pronto para ser decorado.

FIGURA 10-5 CALDA

1 Com o bolo sobre uma grade, despejar a calda em torno de suas bordas.

2 Despejar a calda no centro.

3 Usar o maçarico para esquentar a superfície do bolo para eliminar quaisquer bolhas de ar.

PARTE 2: PÂTISSERIE

Figura 10-6
Confeitando pitangas, conchas e conchas deitadas.

Técnicas básicas de confeitar

O uso adequado do saco de confeitar e a habilidade de confeitar uma variedade de formas e estilos são fundamentais. A Figura 10-6 mostra exemplos de pitangas, conchas e conchas deitadas confeitadas.

BOLO ESPECIAL EM CAMADA

Os **bolos especiais** diferem dos bolos clássicos em camadas na composição e na apresentação. Muitos dos seus componentes têm origem nos bolos clássicos e são conhecidos há décadas, mas o que os distingue do bolo clássico são o método de montagem e a apresentação. Os bolos especiais muitas vezes são feitos com múltiplos componentes que se baseiam em técnicas diferentes de preparação e apresentam texturas variadas. Por vezes esses bolos apresentam desenhos únicos feitos a partir de formas especiais de metal, plástico ou silicone. Embora muitos bolos modernos apresentem componentes de musses, é também comum a utilização de bases e de outros cremes para os bolos especiais.

Estes bolos são notáveis pela variedade de formatos e de tamanhos. A grande oferta de formas especiais, individualmente desenhadas, torna possíveis apresentações bastante originais desses bolos. Além disso, a mesma sobremesa pode ser vista em múltiplos tamanhos, incluindo *petits fours*, sobremesas individuais e *entremets*.

MISE EN PLACE DOS BOLOS ESPECIAIS

Da mesma forma que nos bolos clássicos, os bolos especiais têm seu conjunto próprio de *mise en place*. Os componentes do bolo, os utensílios, as tiras de acetato e de papel, as folhas de plásticos texturizados, as formas de bolo e as formas de silicone, também podem ser usados no preparo desse bolo. Sua complexidade normalmente se expressa pelo número de componentes usados, bem como pelos procedimentos indicados pela fórmula.

Componentes do bolo

Todos os componentes do bolo especial devem ser preparados antes que a montagem comece. Em algumas confeitarias ou padarias, o fornecimento de componentes básicos fica armazenado no freezer ou é preparado diariamente. Esses componentes são organizados dessa forma para que o profissional, ou o setor do estabelecimento, responsável pelo preparo dos bolos especiais, precise preparar apenas os principais componentes da sobremesa, como a musse. Além disso, dependendo do tamanho da confeitaria, o confeiteiro pode fazer bolos especiais apenas uma vez por semana e guardá-los no freezer, descongelando e decorando conforme necessitar. Essa medida facilita o plano de produção e diminui o desperdício.

Completar toda a atividade com antecedência e organizar o espaço de trabalho aumentam a concentração e a eficiência na produção de bolo. Se for preciso que bolos sejam cortados antes de serem colocados em alguma sobremesa, essa operação deve ser feita antes de iniciada a montagem. Como a musse deve estar a determinada temperatura ao ser depositada nas formas, tudo deve estar preparado e pronto antes dela ser elaborada.

Utensílios

Os mesmos utensílios usados para os bolos clássicos são utilizados para os bolos especiais. Entre eles incluem-se faca de chef, faca com serra, uma seleção de espátulas, raspadores e outros. Cortadores de massa podem ser usados para cortar pedaços redondos do bolo feitos em forma de *biscuit jaconde*, e conchas podem ser usadas muitas vezes para colocar as musses nas formas.

Tiras e folhas de acetato

O plástico se tornou um item indispensável na cozinha de confeitaria. Normalmente é usado para forrar formas com aro para bolos, para forrar musses sem proteção lateral (muro de bolo) e para fazer trabalhos decorativos com chocolate. Pode ser adquirido em diversas medidas, o que faz que o ajuste de altura de bolos se torne mais simples e econômico. Tiras e folhas de acetato podem ser reutilizadas se forem lavadas e bem secas antes de serem guardadas.

Observação: Para trabalhos com chocolate, a reutilização do acetato não é recomendada, porque é muito difícil conseguir um brilho perfeito no produto.

Formas de bolo moldadas

As formas de bolo moldadas podem ser de metal ou de plástico, nas quais as musses são montadas. São excelentes para esse fim, já que garantem resultados eficientes e consistentes em relação a massas mais delicadas. Em geral, essas formas têm a base removível, o que facilita a produção de bolos mais complexos, por tornar mais fácil sua retirada. Estão disponíveis em vários formatos e tamanhos e podem ser forradas com tiras de acetato. A preparação de formas de bolo moldadas pode envolver um trabalho intenso, mas permite uma rápida montagem dos itens que normalmente têm mais demanda do que os bolos clássicos.

Formas de silicone

As formas de silicone são muito utilizadas para sobremesas individuais e são um modo bastante simples de acrescentar textura visual a um bolo ou dar forma a uma musse. Podem ser usadas para criar complementos, sobremesas de tamanho individuais, *entremets*, bases de bolo e muito mais. Depois de congeladas, as preparações podem ser facilmente removidas das formas de silicone, o que as torna ideais para a produção de sobremesas, mesmo para musses bem delicadas. As formas de silicone também podem ser usadas para assar. Esse recurso melhora a eficiência ao eliminar etapas, como o rocambole, que pode ser enrolado com a ajuda da placa de silicone na qual o bolo foi assado.

Cortadores para bolos

Os **cortadores para bolos** são moldes de metal disponíveis no tamanho de assadeiras, ou na metade delas, destinadas à produção de bolos especiais. Cortadores de metal são usados para bolos cortados e vendidos em fatias ou no tamanho desejado.

Os cortadores normalmente são moldes retangulares de bolo. Algumas variedades, que se encaixam, são usadas para produzir camadas uniformes de componentes de sobremesas. Uma musse diferente, por exemplo, pode ser preparada e depositada em três cortadores diferentes da mesma altura. Depois de congeladas, elas podem ser empilhadas para criar camadas perfeitas, lisas e uniformes de musse, ou de outro componente, dependendo da escolha.

FIGURA 10-7 MONTAGEM DE BAIXO PARA CIMA

1 Colocar a tira de bolo na forma que foi forrada com folhas de acetato. A seguir, inserir a base do bolo.

2 Preencher um terço da forma com a musse.

3 Pressionar a inserção congelada sobre a musse.

MONTAGEM DE BOLO MUSSE

As opções para a produção de bolos especiais e musses inclui formas de bolo moldadas, formas de bolo, cortadores para bolos, formas de silicone e tiras de acetato. Alguns dos métodos mais fáceis utilizam formas de bolo moldadas e formas de silicone, às vezes em conjunto com as tiras de acetato. É mais fácil adotar um método de produção de como o bolo é montado do que o que deve ser montado, em razão de os equipamentos poderem ser facilmente trocados.

Há pelo menos duas técnicas para porcionar a musse para a montagem de bolos: a técnica da montagem invertida e a técnica da montagem de baixo para cima. Ambas podem ser usadas dependendo do tipo de forma escolhida, e ambas serão descritas em detalhes. Antes de considerar as técnicas de montagem dos bolos especiais feito em formas moldadas, é necessário analisar a preparação da base do bolo, bem como tratar do manuseio da musse.

Preparação das bases para bolos em formas moldadas

Para preparar o bolo para uso com a forma de aro ou Flexipan®, cortar círculos de bolo que sejam ligeiramente menores que a base da forma. Se for usar um aro, colocá-lo em Silpat® (placa antiaderente) ou folha de acetato e colocar a camada no centro. Se desejar, colocar uma calda leve para umedecer o bolo. Para preparar a Flexipan®, colocá-la sobre uma forma lisa e manter os círculos de bolo prontos para uso futuro.

Considerações especiais para a divisão da musse em porções

Não importa o tipo de bolo especial que esteja sendo feito, as porções de musse devem ser colocadas nas formas da maneira mais rápida e eficiente possível. Assim que o creme batido for adicionado, a temperatura vai diminuir e a gelatina e/ou o chocolate começarão a se consolidar. Se a musse for manipulada de forma inadequada durante esse estágio, a textura e o volume resultarão prejudicados.

É melhor dividir as porções de musse em grandes quantidades com a concha, o que facilita o trabalho e não altera sua integridade. Para *petit four* e bolos de tamanho individual, o melhor é usar saco de confeitar com uma ponteira grande e simples. O saco de confeitar pode ser utilizado para uma musse mais espessa; mas forçar a saída da musse pode diminuir o ar e o volume. Depois que a musse for dividia em porções, o topo deve ser alisado e nivelado.

Com as formas já cheias, a musse deve ser congelada por pelo menos seis horas. Um tempo de congelamento mais curto é possível com o *blast freezer* (ultracongelador), mas um período mais longo assegura que o produto estará totalmente congelado. Nesse estágio, a musse pode ser finalizada ou armazenada no freezer para uso futuro. Alguns bolos com componentes de musse

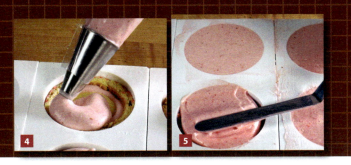

4 Colocar o restante da musse.

5 Alisar a musse de modo que fique nivelada com a borda da forma.

podem não precisar ser congelados, especialmente se o bolo não depender do formato da forma para manter sua estrutura. Os bolos que são armazenados no freezer podem ter as formas removidas para reutilização, devem ser muito bem embalados e consumidos em duas semanas para manter a qualidade.

Montagem de baixo para cima

A **montagem de baixo para cima** refere-se ao método de montagem do bolo começando com a base do bolo embaixo e terminando em cima. O acetato vai ajudar a desenformar a sobremesa, e se for usar a tira de bolo (**cake wall**) em volta, deve ser cortada de maneira que caiba perfeitamente no interior da forma. Se a tira de bolo for cortada muito curta, o espaço deve ser preenchido com mais um pedaço de bolo. O bolo não pode ser amassado na forma porque pode se abrir e expor o recheio depois que o aro for retirado. Para as sobremesas com a tira de bolo em volta, é importante que a base do bolo se encaixe na parte interna dessa tira. Para as sobremesas sem ela, sua base deve ser aparada com um diâmetro menor que o do bolo de maneira que este não apareça.

Depois que a tira de acetato e a base forem colocadas, a musse pode ser despejada no centro. Se forem incluídos alguns componentes adicionais, tal como complementos congelados ou biscoitos, o bolo deve ser parcialmente preenchido e, então, coberto depois dessa inserção. Os **complementos congelados** em geral são um pouco líquidos para serem acrescentados na preparação quando estiverem apenas refrigerados ou em temperatura ambiente. Sua textura normalmente é macia, como um *crémeux*, uma geleia, ou recheio de creme *brûlée* com base em gelatina, mas pode ser crocante como uma camada de praline. A alternância de camadas de musse, ou de cremes especiais, com inserção congelada, pode se repetir várias vezes, dependendo do número de complementos (ver Montagem de baixo para cima, Figura 10-7). Depois que o bolo for recheado com os componentes adequados, deve ser congelado por pelo menos seis horas antes de ser desenformado.

Montagem invertida

Para a **montagem invertida**, é melhor usar as formas de silicone e algumas formas especiais como as utilizadas para o tronco de Natal, de meia cúpula ou piramidais.

Para a montagem invertida, a musse é colocada na forma, os complementos são adicionados e a base do bolo é posta sobre a musse e nivelada com o topo da forma. Assim que a sobremesa for congelada, deve ser invertida de modo que a base do bolo fique para baixo. Depois disso, pode ser armazenada no congelador para uso futuro, ou finalizada para ser consumida em seguida.

O confeiteiro deve trabalhar sempre em superfície lisa e ter certeza de que as formas estão adequadamente cheias. Depois que o complemento for colocado, o restante da musse deve ser

FIGURA 10-8 MONTAGEM INVERTIDA

1. Colocar a musse na forma um pouco abaixo da superfície.
2. Depositar a base do bolo no topo da musse, pressionar para nivelar com a superfície da forma.
3. Limpar as bordas e preencher os vãos.

adicionado, tendo-se o cuidado de deixar aproximadamente 0,5 cm no topo, dependendo do tamanho da camada do bolo. A seguir, a base do bolo é colocada na forma e pressionada de modo que fique nivelada com o topo da forma. Qualquer bolha de ar ou elevação deve ser corrigida com a ajuda de uma espátula angular (ver Montagem invertida, Figura 10-8).

Uso de forma de silicone para montagem invertida Depois de congelados, os bolos podem ser desenformados, mas devem permanecer congelados até quando prontos para a finalização. Não se deve retirar um grande número de sobremesas do congelador para evitar que descongelem. Os bolos congelados retornam ao congelador e são finalizados quando necessário, e as formas estarão prontas para ser reutilizadas.

FINALIZAÇÃO E APRESENTAÇÃO DO BOLO MUSSE

As técnicas de finalização variam para musse e para bolos especiais e, em geral, são mais rápidas do que para uma cobertura de bolo. O processo de finalização do bolo musse não é simplesmente estético. A calda e a geleia também preservam a musse de oxidação e de sabor desagradável ao criar uma barreira entre o bolo, o creme e o ar. Esse recurso limita o trânsito de contaminantes e de oxigênio, retardando o processo de deterioração.

Dependendo da técnica de finalização, o bolo musse congelado é retirado da Flexipan®, Silpat®, ou folha de acetato, e colocado em uma placa para bolo ou forma vazada; deve estar bem congelado quando for removido da Flexipan®. Se todo o bolo tiver de ser coberto, deverá ser colocado diretamente em forma vazada e o aro deve ser removido. No entanto, se a calda for cobrir apenas a superfície, o aro, ou o acetato, fica em torno do bolo para garantir que a calda cubra somente a superfície e não as laterais.

Para retirar o aro do bolo, aqueça-o ligeiramente com uma toalha quente ou com o maçarico, tomando muito cuidado para aquecer somente o aro, e não a musse. O aro deve, então, ser levantado e retirado.

Técnicas de decoração e apresentação

A decoração de bolos especiais deve ser de um padrão melhor que a de bolos clássicos. Isso não significa necessariamente o uso de componentes mais caros ou mais decoração. Os bolos especiais podem ser altamente refinados e esteticamente agradáveis adotando técnicas fáceis, porém interessantes. Eles também podem ser apresentados com decoração sazonal ao dar destaque para sabores locais. O objetivo do confeiteiro deve ser o de usar o melhor que estiver disponível.

Normalmente a clientela é quem determina o tipo de decoração usada e as padarias, as confeitarias, os fornecedores de alimentos de alta qualidade e os atacados, podem ter apresentações diferentes para a mesma sobremesa. Os atacados normalmente utilizam uma quantidade mínima de decoração, já que precisam manter os custos baixos e garantir o transporte estável do produto.

Outras considerações para bolos especiais são a observação da temperatura e as instruções para os clientes de como servir, que são de responsabilidade da equipe de vendas. Muitas padarias oferecem folhetos que descrevem as sugestões de como servir cada um dos produtos.

A escolha do acabamento deve ser feita em relação ao sabor e ao estilo da sobremesa e a aparência de outra sobremesa da mesma linha. As diferenças na aparência e a "autonomia" da sobremesa podem ajudar a linha parecer mais diversificada, mesmo se somente várias técnicas forem usadas para produzir uma dúzia de apresentações.

Normalmente são usadas caldas de frutas e de chocolate nos bolos especiais. São simples de preparar, relativamente fáceis de aplicar e apresentam uma simplicidade elegante. Outras opções incluem caldas claras ou processadas a frio. Uma técnica bastante rápida é usar chocolate em *spray* para um acabamento de chocolate aveludado. Os bolos musse de frutas devem ser sempre apresentados com frutas frescas complementares. Se o bolo não tiver cobertura, as frutas devem cobrir a maior parte da superfície em sequência ou com arranjos mais abstratos. Se o bolo for coberto, as frutas podem ser arranjadas de modo decorativo em torno da borda ou como um pequeno arranjo central. A calda e o açúcar impalpável devem ser colocados sobre a fruta para preservá-la e para acrescentar outro elemento visual.

Um pequeno arranjo de frutas e chocolate ou escultura em açúcar também pode acrescentar um belo elemento visual aos *entremets*. O profissional deve se concentrar no equilíbrio do contraste de cores, no uso de vários elementos (chocolate, frutas frescas, escultura de açúcar) fluidez e altura. Para uma visão mais detalhada sobre decoração, consultar o Capítulo 14.

PRODUÇÃO E DURABILIDADE DOS BOLOS MUSSE

Nas padarias e em estabelecimentos similares, os bolos podem ser produzidos em grandes quantidades e retirados do freezer, finalizados e vendidos, conforme a necessidade. Essa medida reduz custos com mão de obra e desperdícios. Durante o processo de finalização, eles devem permanecer congelados até estarem prontos para ser expostos para venda. Se um bolo for encomendado com antecedência, é melhor ser vendido congelado para eliminar qualquer dano que possa ocorrer durante o transporte.

Se a encomenda de bolos musse for para venda em atacado, os produtos devem ser mantidos em suas caixas no freezer até o momento da entrega. Os métodos de controle de qualidade devem estar funcionando para garantir que a encomenda chegue preservada ao seu destino e para que seja armazenada adequadamente depois da entrega.

Depois de descongelado, o bolo musse em exposição pode ser armazenado sob refrigeração por aproximadamente 48 horas, antes que a qualidade comece a se deteriorar. Grande quantidade de creme fresco e frutas frescas faz que o bolo musse se torne altamente suscetível a deterioração. A musse feita com chocolate e com altas quantidades de açúcar e de acidez pode durar mais, mas muito depende dos elementos e da qualidade dos ingredientes. Depois que os bolos forem finalizados, devem ser sempre armazenados longe de odores desagradáveis, já que o creme absorve imediatamente os odores do ambiente. Esta é uma preocupação que especialmente restaurantes e supermercados devem ter pelo uso de balcões refrigerados para acomodar doces e salgados juntos.

COMPOSIÇÃO, *DESIGN* E EVOLUÇÃO

Para a composição de bolos, os confeiteiros precisam de conhecimento sólido sobre como os ingredientes funcionam, o procedimento das fórmulas e as técnicas de montagem. Além disso, a imaginação e a criatividade quanto ao sabor, à apresentação, à textura e ao elemento surpresa, todos esses aspectos, desempenham um papel muito importante. Outros fatores na composição do bolo incluem novas tendências, o tipo de sabor preferido pelo cliente, oferta de ingredientes e objetivos pessoais.

BOLOS DE NOIVA

O bolo é a grande atração visual de qualquer cerimônia de casamento. Alguns consideram que esse bolo envolva uma das práticas mais elaboradas da arte da *pâtisserie*. Também não há como negar que a produção de bolos de casamento faça parte de um grande e crescente setor da indústria de *pâtisserie*.

Os bolos de casamento expressam o que há de melhor no conhecimento e nas técnicas acumulados por um confeiteiro, além de seu talento e criatividade. Um bolo mais complexo pode levar dias ou mesmo semanas para ficar pronto, e requer uma variedade de técnicas, sabores, cores, *designs* e outros complementos.

Ao criar um bolo de noiva, é muito importante a comunicação com o cliente – para tornar o desejo da noiva uma realidade, para tornar o dia do casamento inesquecível, e, mais importante, fazer a entrega do bolo finalizado conforme planejado, no local e no momento certo. Para que isso ocorra, planejamento e organização feitos com antecedência são absolutamente imprescindíveis para a produção de bolos de casamento.

Esta seção vai explorar o desenvolvimento dos bolos de casamento, incluindo os de casamento tradicionais e contemporâneos, assim como as características dos bolos de culturas diferentes. Vai descrever o procedimento para o planejamento, a produção e a entrega de um bolo de noiva, incluindo recomendações de como tratar com os clientes em cada etapa.

EVOLUÇÃO DOS BOLOS DE NOIVAS

Embora o bolo de noiva tenha sofrido grandes transformações em estilo ao longo dos séculos, seu simbolismo nunca mudou. Representa a união de uma nova família, assim como o desejo de felicidade para o futuro. O costume de celebrar um casamento com um bolo é praticado em todo o mundo.

História do bolo de noiva

Os bolos de casamento remontam à época do Império Romano, em torno de 400 a.C. Inicialmente era usado pão, mas o bolo de noiva evoluiu ao longo do tempo até se tornar doce. Já em torno de 100 a.C., um pedaço de um bolo de frutas denso, ou de pão doce, era comido pelo noivo e o restante era esfarelado sobre a cabeça da noiva para que fosse abençoada com a fertilidade pelos deuses. Essa cerimônia simbólica mudou para o costume de os noivos cortarem o bolo juntos e oferecerem um pedaço um ao outro.

A cobertura de açúcar foi inventada no século XVII, mas permaneceu por muito tempo como um artigo de luxo, acessível apenas para os mais ricos. Os bolos de casamento mais antigos, assim como os vestidos das noivas, eram brancos, simbolizando a pureza.

O bolo de noiva, no estilo semelhante ao que conhecemos hoje, desenvolveu-se na Grã-Bretanha, um dos maiores importadores de açúcar com muitas variedades refinadas, que levou à criação do glacê real, da pastilhagem e da pasta americana. Durante esse período também foram criados os bicos de confeitar e outros instrumentos decorativos, e a técnica para decoração de bolos cresceu rapidamente.

No século XIX, o bolo de casamento da rainha Vitória criou as bases fundamentais que vemos ainda hoje. Decorado com glacê real, media 36 cm de profundidade, 2,8 m de extensão, e mais 2,2 m de altura. Embora consistisse em vários andares, apenas a camada de baixo era realmente bolo. Os andares de cima não passavam de pastilhagem e glacê real.

Por volta do final do século XIX, a decoração de bolos de casamento tornou-se mais artística. A qualidade do bolo melhorou em razão da invenção do fermento químico e do desenvolvimento de utensílios e equipamentos mais avançados. Por volta do início do século XX, o bolo com vários andares estava se tornando bastante comum. Outras cores além do branco começaram a ser usadas, assim como formatos e sabores diversos de bolos e recheios. Atualmente, a produção comercial de bolos de noivas cresceu, alcançando altas somas e continua a crescer.

Bolos de noivas de diversas culturas

Como peça central das cerimônias de casamento em todo o mundo, os bolos de noivas variam no seu formato e na sua função, mas muitos estão fortemente ligados às tradições britânicas.

Grã-Bretanha Os bolos de noivas da atualidade na Grã-Bretanha são semelhantes aos bolos do século XIX. O bolo tradicional é um bolo de frutas denso, mergulhado em licor e coberto com marzipã branco ou pasta americana. Em camadas ou com andares, é decorado com camadas de confeitos sofisticados feitos de glacê real e pastilhagem. O sabor desse tipo de bolo amadurece com o tempo: não requer refrigeração e tem longa durabilidade.

França A tradição francesa para bolos de noiva é bastante diferente. O estilo de doce mais tradicional para casamentos é o *croque en bouche*, que são pequenos profiteroles recheados com creme *pâtissière* ou creme *chiboust*, mergulhados em calda de caramelo quente e empilhados para formar um cone. Os profiteroles normalmente são colocados sobre uma base de *nougatine* e decorados com flores de açúcar, fitas de açúcar "puxado" e frutas de marzipã. A montagem deve ser feita um pouco antes da cerimônia, já que o *croque en bouche* é bastante sensível a umidade.

As decorações devem ser retiradas quando o bolo for servido e os profiteroles são destacados individualmente e servidos aos convidados, sendo o número de profiteroles por pessoa determinado pelo tamanho do *croque en bouche*. Atualmente, um número crescente de casais franceses está rompendo com essa tradição e optando por bolo em camadas, e alguns escolhendo a combinação de uma camada de bolo com o *croque en bouche* no topo.

Austrália e Nova Zelândia A forte influência britânica na Austrália e na Nova Zelândia inclui também o estilo de bolos de noiva. Na Austrália, a pasta americana é normalmente usada para cobrir bolos de frutas produzindo uma borda mais macia. O branco é a cor tradicional, mas as cores pastel podem ser usadas também. Os bolos são, então, enfeitados com um vasto *décor* de glacê real, incluindo ornamentos, bordados, trabalhos com laços e linhas. Trabalhos sofisticados de açúcar e massa elástica, como fitas e flores, são frequentemente usados. Os bolos de noiva na Nova Zelândia são muito semelhantes aos da Austrália; mas a pasta americana é muito mais utilizada na Nova Zelândia, e há muito menos glacê real no *décor*. As flores feitas com massa elástica, contudo, são os principais ornamentos para decoração.

Brasil A composição de sabor dos bolos de noiva brasileiros é especialmente influenciada pela doçaria portuguesa, com seus recheios úmidos e bastante doces. Bolos cheios de recheio, com massas macias e embebidas em caldas são preferência e, por vezes, influenciam a escolha da decoração dos bolos.

Até a década de 1970, os bolos no Brasil eram cobertos com glacê mármore e decorados com glacê real, sempre com vários andares e com o uso de muitos arabescos em tonalidades suaves. Em meados dessa mesma década a pasta americana, na ocasião já difundida na Argentina, chega até nós e rapidamente se torna preferência para decoração de bolos especiais, principalmente para os de casamento.

O clima tropical e o gosto pelo uso excessivo de recheios, no entanto, dificulta muito a seleção de decorações com pasta americana, pois bolos com esse acabamento por vezes demoram dias para serem finalizados sem que possam ser guardados em geladeira. Por não abrir mão nem da decoração impecável obtida pelo uso da pasta americana nem dos opulentos recheios e caldas, é hábito no mercado brasileiro a confecção do bolo "falso", com pasta americana, montado sobre isopor que fica exposto na mesa da festa e do outro bolo, o "verdadeiro", de camadas fartas de recheios e cobertura úmida, como *chantily* ou ganaches, que fica guardado na cozinha até ser servido aos convidados.

As decorações dos bolos de noivas no Brasil seguem hoje diversas tendências, como montagens em estilos, cores e formas inusitados. No entanto, ainda são preferidos nos casamentos os bolos de vários andares, em tons pastel, e o uso da pasta americana como acabamento e decorações delicadas, como laços e flores. Não é comum o uso de decorações em chocolate ou marzipã e o glacê real atualmente é menos utilizado.

África do Sul Os bolos de noiva da África do Sul se assemelham muito aos da Grã-Bretanha e aos da Austrália. Normalmente têm muitos andares e são cobertos com pasta americana. Sua diferença característica são as "asas" feitas com glacê real, aplicadas com o saco de confeitar em papel-manteiga, são soltas quando secas e coladas no bolo. Este é um procedimento longo e que exige trabalho intenso, mas acrescenta uma dimensão bastante elaborada e delicada ao bolo.

Estados Unidos Os bolos de noiva norte-americanos também são influenciados pelo estilo britânico; no entanto, bolo de creme azedo, espumoso ou bolos de manteiga substituem o bolo de frutas. Os bolos de noiva norte-americanos normalmente consistem em múltiplas camadas ou de andares, e cores e formatos diversos são frequentemente usados. Os bolos clássicos são cobertos com creme de manteiga e decorados com rosas feitas desse mesmo creme, confeitados com decorações de plástico e pérolas; as ponteiras de bolo normalmente trazem as figuras dos noivos.

Os bolos de noiva contemporâneos não são restritos aos estilos tradicionais. Formatos incomuns muitas vezes são criados para expressar os gostos, os *hobbies* e as personalidades do casal; no entanto, os bolos de andares são ainda os mais comuns em razão do suporte estrutural que apresentam. Os estilos estão constantemente evoluindo e muitos dos bolos desenhados artisticamente aparecem com frequência em revistas de casamento e publicações profissionais especializadas em decoração de bolo.

Quando se trata de ingredientes, qualquer tipo de bolo e de cobertura pode ser usado, incluindo componentes mais frágeis como creme batido, musse de chocolate ou de fruta e frutas frescas. Ingredientes frescos ou sazonais são, em geral, os escolhidos, e a preferência é por uma aparência definida e leve. Para a decoração, recortes de pastilhagem e enfeites de chocolate também são bastante utilizados, assim como flores feitas de massa elástica, figuras de marzipã além de flores e frutas frescas.

Um costume popular no sudeste dos Estados Unidos é o bolo do noivo. Normalmente é feito com chocolate e é menor do que o de casamento, mas com uma decoração mais original. Não há um único estilo ou formato. Alguns escolhem um bolo clássico de chocolate com cobertura, enquanto outros preferem algo mais divertido que reflita a sua personalidade, como um bolo no formato de guitarra, ou de um estádio de futebol. O bolo de noivo pode ser servido durante o jantar de ensaio, ou próximo ao bolo de noiva durante a recepção.

COORDENAÇÃO DA PRODUÇÃO DE BOLO DE NOIVA

Um esquema bem planejado para a produção de bolos de noiva é a garantia de um negócio bem-sucedido. Como é uma atividade bastante sazonal, muitas vezes é necessário um trabalho simultâneo para inúmeros bolos. É importante estabelecer uma boa comunicação com o cliente e planejar tudo de comum acordo, deixando bem claro que as duas partes precisam ser informadas imediatamente caso haja alguma alteração nos planos iniciais.

Design

Há inúmeras possibilidades para a concepção de um bolo de noiva. Muitas técnicas e materiais podem ser incorporados, tornando o produto uma grande vitrine das habilidades do confeiteiro. Esta seção é dividida em duas partes: a primeira explica os tipos de suportes estruturais usados para bolos de noiva, e a segunda inclui uma lista de materiais utilizados para decorar esses bolos, explicando como são usados.

Estrutura Há dois tipos básicos de estrutura para construir um bolo com vários andares: o do tipo torre, com camadas sobrepostas, e o de colunas. A estabilidade da estrutura deve ser considerada ao se escolher o estilo do bolo.

Há uma variedade de bases para bolos disponíveis em diversos *designs* e muitas delas podem ser alugadas. Normalmente feitas de plástico ou metal, as bases para bolos apresentam múltiplas plataformas horizontais para cada bolo, com a mais larga normalmente na base e as menores em direção ao topo. Durante a montagem os bolos decorados são simplesmente colocados nas plataformas correspondentes. As vantagens de usar as bases é a facilidade na montagem e adequação para bolos mais frágeis como *tiramisu* e *charlotte*. A maior desvantagem está na compra da estrutura ou nos custos de aluguel.

Quando os bolos são montados, normalmente não há suporte visível. Os bolos são colocados diretamente um sobre o outro, alinhados ou em níveis diferentes. O suporte vem das colunas ou dos pilares inseridos dentro do bolo. Essas colunas são da mesma altura que o bolo e oferecem suporte para as camadas adicionais acima.

O estilo de camadas sobrepostas tem uma aparência mais elegante e elaborada, com um suporte de colunas visível entre cada bolo. Essas colunas, que normalmente são feitas com plástico resistente, são estendidas ao longo do bolo até alcançar a base de papelão. Esse estilo é adequado para qualquer tipo de bolo, mas os andares devem ser construídos com um equilíbrio perfeito. Ao usar colunas, o confeiteiro deve observar se são confeccionadas com material adequado para alimentos ou usar aquelas feitas especialmente para bolos.

Materiais Esta seção explora os diversos materiais que normalmente são usados na composição de bolos de noiva. Deve-se ter atenção em usar elementos que sejam da preferência dos noivos e, ao mesmo tempo, escolher algo que seja estruturalmente possível no ambiente da cerimônia. É importante conhecer as características de cada material ao determinar a composição do bolo de noiva.

Creme de manteiga O creme de manteiga é o material mais básico para cobrir e para rechear bolos de noiva. Normalmente tem uma coloração amarela natural da manteiga, mas pode ser colorida conforme desejar. Na superfície do bolo, o creme de manteiga pode ser espalhado e deixado liso ou confeitado com determinado desenho, como um trançado de cestas. Pode servir também para confeitar pitangas, conchas, desenhos decorativos, rosas e outras flores.

Por causa da consistência firme e de sua durabilidade, o creme de manteiga básico é adequado para a decoração de bolos de noiva em ambientes que não tenham ar-condicionado. O creme de manteiga italiano tem o melhor paladar, mas não apresenta a melhor estabilidade e não deve ficar fora de refrigeração por um período muito longo em climas mais quentes. Para uma informação mais completa sobre o creme de manteiga, consultar o Capítulo 8.

Pasta americana A pasta americana é usada para cobrir bolos que já receberam uma camada fina de creme de manteiga. Apresenta uma camada lisa com uma aparência definida e elegante. Ao contrário do creme de manteiga, a pasta americana pode ser usada em inúmeras aplicações. Pode cobrir um bolo delineando seu formato ou de maneira decorativa para criar uma aparência mais suave. Cores podem ser amalgamadas à pasta antes de ser aplicada ao bolo, ou podem ser aerografadas[3] depois com desenhos, variando de simples graduações de cores até desenhos sofisticados. A pasta americana permite também ser texturizada e formar desenhos em alto relevo. Para mais informações sobre a pasta americana, consultar o Capítulo 14.

Pastilhagem A pastilhagem é adequada para fazer pequenas peças decorativas ou decorações destinadas ao topo do bolo. Como a pastilhagem resseca muito rapidamente e se torna muito dura quando completamente seca, é também usada para fazer peças de suporte para açúcar puxado e soprado. A pastilhagem é muito branca, o que a torna uma excelente tela para pintura ou aerografia. É feita com ingredientes comestíveis, mas não é destinada ao consumo, de forma que cada peça da pastilhagem deve ser removida quando o bolo for servido. Mais informações sobre a pastilhagem são encontradas no Capítulo 14.

Massa elástica A massa elástica é normalmente usada para fazer flores e folhas. É um procedimento que consome tempo e trabalho intenso, mas o resultado final é surpreendente: flores feitas por artesãos muito experientes parecem incrivelmente reais. Depois de ressecadas, as flores de massa elástica não são sensíveis à umidade e podem durar indefinidamente se adequadamente armazenadas. Informações mais detalhadas sobre a massa elástica estão no Capítulo 14.

---

[3] O aerógrafo é um tipo de equipamento que dispersa a anilina em *spray* sobre o bolo, tonalizando-o. (NRT)

Marzipã O marzipã pode ser usado para cobrir bolos ou para criar pequenas figuras como flores, frutas e animais. As cores também podem ser amalgamadas ao marzipã, ou as figuras podem ser pintadas e/ou aerografadas. É um material muito fácil de trabalhar, já que não resseca rapidamente, permanecendo maleável por um longo período. Flores mais delicadas como as confeccionadas com a massa elástica não podem ser feitas com marzipã em razão de sua textura ser muito granulada.

Açúcar puxado São necessárias habilidade e experiência para criar peças com o açúcar puxado, que podem incluir fitas elaboradas e coloridas e flores brilhantes. As peças de açúcar puxado são muito sensíveis a umidade, portanto devem ser armazenadas em caixas bem vedadas com umectantes e colocadas no bolo no último minuto. Para mais informações sobre açúcar puxado, consultar o Capítulo 14.

Açúcar soprado Cisnes elegantes e figuras representando os noivos são exemplos das peças que podem ser criadas com açúcar soprado. Embora o açúcar soprado exija alto nível de profissionalização e equipamentos especializados, essas peças criam um trabalho artístico muito bonito e elegante. Assim como ocorre com o açúcar puxado, as peças de açúcar soprado devem ser guardadas longe da umidade. Mais informações sobre o açúcar soprado podem ser encontradas no Capítulo 14.

Glacê real Embora o glacê real fosse usado para cobrir bolos há centenas de anos, hoje não é mais usado para esse fim. Atualmente, o glacê real é muito usado para fazer decorações sofisticadas confeitadas, conforme vemos em exemplos dos bolos de noiva da Austrália e da África do Sul. Mais informações sobre o glacê real podem ser encontradas no Capítulo 8.

Chocolate para moldar O **chocolate para moldar** é uma combinação de cobertura de chocolate e açúcar invertido, como calda de milho, glicose ou calda simples. O açúcar invertido apresenta uma consistência flexível e fácil de trabalhar que se consolida na medida em que o chocolate esfria. O chocolate para moldar pode ser feito com chocolate amargo, ao leite ou branco, com a proporção de chocolate em relação ao açúcar invertido variando dependendo do teor de manteiga de cacau e da massa de cacau específica em cada chocolate.

O chocolate para moldar pode ser texturizado (incluindo uma textura como a de um tecido) ou moldado como fitas e laços, ou flores e folhas. Chocolate comum para coberturas não pode ser substituído por *couverture* de chocolate na mesma proporção, pois o teor de manteiga de cacau e de massa de cacau específicos são necessários para a flexibilidade e estabilidade (depois de consolidados).

Fórmula de chocolate para moldar

18,8% de calda simples (proporção 1:1).

31,3% de glicose.

100% de *couverture* de chocolate amargo.

Procedimento para o chocolate para moldar

Levar a calda simples à fervura. Acrescentar a glicose.

Esfriar a mistura até 32 °C.

Acrescentar essa mistura já esfriada à têmpera de chocolate e misturar até combinar bem usando uma espátula de borracha.

Espalhar a mistura em papel-manteiga em uma espessura de 2 a 4 cm.

Cobrir levemente com filme plástico e cuidar para que nenhuma umidade atinja a superfície do chocolate. Manter o chocolate no refrigerador durante a noite antes de usá-lo.

Planejamento

Ao encontrar possíveis clientes, deixar claro os princípios relativos ao trabalho e o que o diferencia dos concorrentes. Se o objetivo for uma combinação bem equilibrada de sabores ou a decoração sofisticada em açúcar, tudo deve ser mencionado nesse momento, de modo que o trabalho seja distinguido dos outros. Solicitar aos possíveis clientes que preencham um pequeno formulário com o máximo de informações possíveis sobre a cerimônia, incluindo cerimonialistas, floristas e serviço de bufê. Esse recurso vai ajudar a determinar a qualidade de todo o evento. É importante também fornecer o custo aproximado do bolo, ou o preço por fatia.

Data, horário e local A primeira informação a ser definida com o cliente refere-se a data, horário e local do evento. Conferir se há espaço disponível no refrigerador do local, no caso de alguns componentes do bolo precisarem de refrigeração. É também importante estabelecer o lugar do bolo, por exemplo: se ficará fora durante o verão, deve ser reservado um lugar à sombra; se a recepção ocorrer tarde da noite, o bolo ficará exposto por longas horas. Nesse caso, o confeiteiro deve verificar se há ar-condicionado na sala de recepção. Todos esses fatores afetam o *design* e os componentes de um bolo bem estruturado.

A seguir, deve ser definido qual profissional vai servir o bolo. Alguns clientes preferem que o responsável pelo bufê o faça, enquanto outros preferem que o confeiteiro sirva o bolo. Por fim, depois de saber a localização, deve-se definir o transporte. A data e o horário podem influir muito no tempo de transporte, por exemplo: se a cerimônia ocorrer durante as férias, o trânsito pode alterar o tempo de entrega do bolo.

Tamanho Para que o profissional possa dar ao cliente uma estimativa real dos custos, o tamanho do bolo deve ser definido. Para isso, é preciso saber quantos convidados são esperados e explicar que é melhor calcular para mais, para que seja possível ser servido a todos na cerimônia, incluindo fotógrafos, músicos e coordenadores da cerimônia. E, embora alguns convidados saiam antes de o bolo ser servido, outros vão comer mais que uma fatia.

A seguir, perguntar se os noivos querem reservar a camada superior do bolo; muitos casais seguem a tradição de reservar essa camada para seu primeiro aniversário de casamento. Se for o caso, a camada de cima não pode ser considerada na estimativa de consumo do bolo na recepção. Deve ser perguntado se há a possibilidade de o número de convidados ser alterado de forma significativa antes do evento e explicar que será muito útil saber de qualquer alteração com antecedência. Se o cliente não tiver certeza de que o número de convidados possa superar 10%, deve ser pedida a confirmação do número definitivo duas semanas antes do casamento.

A Figura 10-9 mostra o número de porções de cada andar do bolo. Estes são cálculos aproximados, já que as porções variam dependendo do bolo escolhido. Os bolos mais enriquecidos rendem mais que os bolos mais leves, uma vez que as porções normalmente são menores.

Figura 10-9
Porções por camadas.

Tamanho da camada, diâmetro	Cálculo do número de porções
13 cm	6
15 cm	8
18 cm	10 a 12
20 cm	12 a 14
23 cm	16 a 20
25 cm	24 a 28
31 cm	36 a 42
36 cm	48 a 64
41 cm	72 a 84
46 cm	92 a 108

Portfolio É de grande valia para os noivos apresentar fotos de bolos produzidos para facilitar a escolha de um modelo para a cerimônia. Por esse motivo, é recomendada a apresentação de um *portfolio* que apresente o trabalho realizado pelo profissional recentemente. Pode também incluir fotografias de livros e de revistas, desde que seja observado que são fotografias extraídas de outras fontes, juntamente com fotografias do mesmo trabalho recriadas, se for o caso.

Quando os clientes têm oportunidade de visualizar ampla variedade de bolos, têm uma ideia mais completa do que preferem quanto a formato (redondo, quadrado ou em forma de coração), se em camadas ou em andares separados, tipo de acabamento (cobertura de creme de manteiga, pasta americana, calda etc.), massa elástica ou flores frescas, e muito mais. Sempre que criar um novo bolo, trazer uma câmera para o evento e fazer o máximo possível de fotos. Alguns fotógrafos de casamento terão prazer em fornecer fotografias do bolo para seu *portfolio*.

Escolha do estilo Ao escolher o sabor, perguntar aos noivos se têm uma preferência. O profissional deve estar preparado para apresentar alguns exemplos de trabalhos anteriores, pois as pessoas querem saber qual foi bem-sucedido. Preparar uma lista de bolos e recheios, além de uma lista dos mais vendidos. Se o cliente não tiver certeza, o confeiteiro tem de estar preparado para fazer algumas recomendações. Incorporar ingredientes sazonais, se for o caso.

É possível ter dois tipos de bolo com sabores diferentes em um mesmo bolo, desde que os sabores se complementem. Evitar sabores semelhantes ou aqueles que não combinem, o ideal é que um sabor mais leve contraste com um mais intenso. Também deve ser observado que a combinação de sabores é uma forma de valorizar o bolo, já que o preço aumenta.

A estrutura do bolo é outra consideração importante. Bolos de noiva normalmente permanecem no *hall* de recepção por horas e, portanto, devem ter uma estrutura suficiente para se sustentar sob quaisquer circunstâncias. Se forem usados uma base e um recheio mais leves, devem ser utilizados pilares separados para os vários andares. Se o bolo ficar em local sem ar-condicionado, evitar o uso de componentes sensíveis à temperatura e à umidade nos componentes, como guarnições de açúcar e recheios com musse.

Se o tempo permitir e os noivos preferirem, é recomendado organizar uma degustação do bolo antes da decisão final. Essa medida vai ajudar especialmente se os noivos tiverem de decidir entre diversos tipos de bolo. Pode ser também uma excelente oportunidade de vender versões mais elaboradas de bolos e de recheios ao introduzir diversos sabores novos.

Para grandes casamentos, o objetivo deve ser a composição do bolo. Mesmo que ele seja feito exclusivamente para os noivos, é a vitrina de um trabalho que levou meses de planejamento e dias e mesmo semanas de produção. Em uma cerimônia de casamento com mais de duzentos convidados, é possível que haja ao menos um cliente potencial.

Por fim, a aparência do bolo deve combinar com o tema do casamento, incluindo cores e flores escolhidas. O *portfolio* deve oferecer exemplos visuais e explicação dos materiais usados, incluindo as características e as diferenças técnicas. O creme de manteiga, por exemplo, tem aplicações limitadas em acabamento de bolos, enquanto a pasta americana pode ser colorida, aerografada, texturizada, moldada e adornada. Além disso, flores de marzipã e de massa elástica duram muito mais que flores frescas, que ficam bonitas apenas por algumas horas. Essa discussão também oferece uma oportunidade de introduzir componentes que podem valorizar o bolo: quanto mais avançadas as técnicas usadas, mais alto será o preço.

Contrato e depósito É muito importante haver um contrato em que constem informações detalhadas. O formulário deve ser preenchido enquanto o profissional fala com o cliente para assegurar que todos os detalhes necessários estejam incluídos e de acordo com as duas partes. Depois do contrato assinado, deve ser feito o depósito inicial. O valor do depósito deve ser baseado na estimativa do número de convidados e no cálculo aproximado do valor do bolo. Deve cobrir o custo dos ingredientes e dos equipamentos, assim como servir de garantia caso haja um cancelamento. O balanço final deve ser calculado depois que o número de convidados for confirmado. O pagamento final deve ser feito antes de a recepção começar.

Montagem e transporte Um dia antes do evento, confirmar o horário que o bolo deve chegar e o tempo necessário para a finalização. Além disso, é importante saber onde o bolo deve ser descarregado e onde pode ser montado.

A primeira sugestão para a entrega do bolo é transportá-lo antes da montagem. Os bolos podem ser recheados e cobertos, e decorações estáveis como confeitos de creme de manteiga podem ser feitas nas camadas de cada andar. No entanto, decorações frágeis como flores de açúcar devem ser colocadas sobre o bolo no local da recepção. Esta é a maneira mais segura de evitar deformação ou danos à decoração. Dependendo da distância do trajeto, do tipo de veículo disponível, do clima e do tamanho do bolo, alguns do tipo torre com camadas sobrepostas podem ser entregues já montados.

Antes de transportar o bolo, cada camada deve ser acondicionada em caixas diferentes, com material antiderrapante na base. Além disso, as caixas com os bolos devem estar presas para evitar que não escorreguem durante o transporte. Após a chegada ao local do evento o bolo pode, então, ser montado e finalizado com as respectivas decorações.

Como regra de segurança, trazer sempre cobertura extra, sacos de confeitar e bicos, além de utensílios para finalizar ou corrigir a montagem caso ocorra algum dano durante o transporte ou a montagem. Levar os próprios utensílios, caso vá cortar e servir o bolo, pois é possível que não haja nenhum disponível no local. Levar um jaleco extra, caso o confeiteiro seja apresentado aos convidados.

Preços

Conforme foi dito anteriormente, o preço de um bolo de noiva deve ser calculado com base no número de convidados. Os fatores que determinam a base do preço por pessoa são os custos com mão de obra, ingredientes e equipamentos.

- Os custos com mão de obra incluem o tempo que o confeiteiro e/ou a equipe trabalhou para produzir o bolo, mais o dia do evento, do momento do transporte até deixar o local da cerimônia. Os custos de mão de obra por hora variam dependendo da localização e do nível de dificuldade do projeto.
- Os custos com ingredientes incluem todos os utilizados, assim como os elementos decorativos do bolo.
- Os custos de equipamento incluem outros instrumentos e equipamentos, tais como papelão, ponteiras de plástico, pilares e pérolas.

Ao calcular a base de preço, começar com o bolo espumoso básico com cobertura de creme de manteiga e calcular o custo por pessoa. O preço base também pode variar dependendo da localização e da fama do fornecedor.

O próximo passo é calcular o custo do bolo depois que o sabor e o *design* estiverem decididos. É importante lembrar que os clientes, muitas vezes, têm um orçamento ao escolher o bolo para a cerimônia. Pode ser decisivo também se o confeiteiro ajudar o casal a obter o melhor bolo possível dentro do orçamento previsto. Acrescentar uma taxa fixa para recheios especiais, licor e frutas frescas, guarnições especiais e flores, conforme a necessidade. Quando o número de convidados for confirmado, calcular o preço final do bolo e apresentar uma nota fiscal.

CONCLUSÃO SOBRE BOLOS DE NOIVA

Os bolos de noiva têm uma história longa e interessante, e atualmente, em diversos países, é um costume bastante disseminado ter um bolo para celebrar o casamento. Ao conhecer quais os materiais mais adequados em determinada situação, e quais não são recomendados, é possível criar um bolo que seja estruturalmente prático e que atenda aos desejos dos noivos. Uma comunicação eficiente com os clientes e um planejamento do produto feito com antecedência garantem uma produção bem organizada do bolo e uma apresentação bem-sucedida. O bolo de casamento pode ser o doce mais inesquecível para os noivos. Seu sucesso está na habilidade e na criatividade do confeiteiro para compor um bolo original para aqueles que estiverem se casando.

FÓRMULA

BOLO DE CREME DE LIMÃO (*LEMON CURD CAKE*)

Este bolo delicioso é uma combinação surpreendente de sabores agridoces, com uma aparência muito atraente. O bolo de creme de limão é feito com um *génoise* leve umedecido com calda de bolo de limão. O recheio é um creme *chantilly* leve, com toques de creme de limão e framboesas frescas. Outras frutas sazonais podem ser usadas conforme desejar. É uma sobremesa leve e refrescante, perfeita para uma noite quente de verão.

Bolo de creme de limão

Mise en place

Componentes	Peso kg
Génoise	1 unidade
Calda para bolo	0,100
Creme de limão	0,200
Creme *chantilly*	0,500
Framboesas e mirtilos frescos	Quanto baste
Açúcar impalpável	Quanto baste

Produção: 1 bolo de 20 cm.

Procedimento

1. Separar a *génoise* em três camadas.
2. Colocar a camada de baixo em uma placa para bolos de 23 cm.
3. Aplicar uma leve camada de calda com pincel.
4. A seguir, aplicar uma fina camada de creme de limão com uma espátula.
5. Espalhar uma camada de creme *chantilly* sobre a camada de creme de limão com 0,5 cm de espessura e colocar framboesas sobre o creme.
6. Repetir o procedimento duas vezes mais até que a última camada seja colocada.
7. Glacear o bolo com uma fina camada de *chantilly* e reservá-lo no refrigerador até quando estiver pronto para terminar.
8. Para finalizar, transferir o bolo para um prato adequado, cobri-lo com uma camada de *chantilly* de 0,5 cm de espessura, e levar ao refrigerador por 1 hora.
9. Aplicar uma camada de creme de limão no topo do bolo, deixando uma borda de aproximadamente 1 cm sem o creme.
10. Polvilhar entre 8 e 12 framboesas com açúcar impalpável e colocar as frutas em torno da borda do creme de limão. Colocar três framboesas no centro do bolo e polvilhar com açúcar impalpável.
11. Armazenar no refrigerador.

Capítulo 10: Bolo em camadas: clássico e moderno

FÓRMULA

BOLO DE CHOCOLATE COM AVELÃS (*CHOCOLATE HAZELNUT CAKE*)

Este bolo apresenta a combinação clássica dos sabores de chocolate e avelãs surpreendendo com uma textura inesperada. A avelã *japonaise* é surpreendentemente crocante, refrescante no palato e equilibra com o rico creme de manteiga com praline. O bolo de chocolate é úmido, e mesmo que a fórmula indique bolo de chocolate com alta proporção, qualquer outro bolo de chocolate pode substituí-lo razoavelmente.

Mise en Place

Componentes	Peso kg
Bolo de chocolate de alta proporção	1 unidade
Disco de avelã *japonaise*[4]	1 unidade
Geleia de damasco	0,150
Creme de manteiga com praline	0,550
Creme de manteiga simples	0,075
Raspas de chocolate	0,100
Avelãs tostadas	8 unidades
Cacau em pó	0,050

Produção: 1 bolo de 20 cm.

Procedimento

1. Aparar o disco de avelã *japonaise* no mesmo diâmetro do bolo. Reservar.
2. Cortar o bolo em três camadas (somente duas serão usadas) e colocar a camada de baixo em uma placa para bolo de 23 cm.
3. Aplicar uma camada bem fina de geleia de damasco ao bolo, pressionando no miolo.
4. Espalhar o creme de manteiga com praline sobre a geleia com 0,5 cm de espessura.
5. Colocar o disco de avelã *japonaise* sobre o creme de manteiga.
6. Espalhar mais creme de manteiga sobre o disco *japonaise* com 0,5 cm de espessura.
7. Colocar a outra camada de bolo por cima e aplicar outra camada fina de geleia.
8. Glaçar o bolo com uma camada fina de creme de manteiga com praline e guardá-lo no refrigerador até quando estiver pronto para finalizar.

---

[4] Discos prontos feitos de lâminas ou farinha de avelãs prensada. Não são comercializados no Brasil. (NRT)

PARTE 2: PÂTISSERIE

9. Para finalizar, transferir o bolo para um prato de 23 cm. Cobri-lo com uma camada de 0,5 cm de creme de manteiga com praline.
10. Confeitar três círculos de conchas com o creme de manteiga simples (2 cm de altura).
11. Confeitar com calda de chocolate entre os círculos de conchas.
12. Colocar avelãs confeitadas no meio das conchas.
13. Armazenar em caixa refrigerada ou em refrigerador.

FÓRMULA

BOLO FLORESTA NEGRA (*BLACK FOREST CAKE*)

Este bolo leve, com camadas alternadas de calda de kirsch, creme de cerejas, creme de chocolate batido, cerejas ácidas e raspas de chocolate, provavelmente se originou no século XVI na região da Floresta Negra (*Der Schwarzwald*) na Alemanha. Essa região é conhecida por suas cerejas ácidas e pelo kirschwasser. Nossa versão é uma homenagem à combinação do chocolate *chiffon*, cerejas banhadas em conhaque e dois sabores de creme batido, que tornaram essa iguaria alemã tradicional um clássico definitivo.

Bolo de chocolate com avelãs

Capítulo 10: Bolo em camadas: clássico e moderno

Mise en place

Componentes	Peso kg
Bolo de chocolate *chiffon*	1 unidade
Calda para bolo com kirsch	0,100
Creme de cerejas	0,400
Creme *chantilly* com chocolate	0,200
Cerejas Morello[5]	16 unidades
Creme *chantilly* (*décor*)	0,075
Cerejas em conhaque, coadas	8 unidades
Raspas de chocolate	Quanto baste

Produção: 1 bolo de 20 cm.

Fórmula para o creme de cereja

Ingredientes	% do padeiro	Peso kg
Creme batido	100,00	1,465
Açúcar impalpável	21,00	0,308
Purê de cerejas	24,00	0,352
Gelatina em folhas	2,20	0,032
Kirsch	6,40	0,094
Total	153,60	2,250

Produção: 5 bolos de 20 cm.

Procedimento para o creme de cereja

1. Bater o creme e o açúcar impalpável até o ponto leve e reservar.
2. Mergulhar a gelatina em água e aquecer o purê. Combinar a gelatina e o purê.
3. Continuar a bater o creme e lentamente acrescentar a mistura de cereja, até alcançar o pico médio.
4. Adicionar o álcool por último e continuar a bater até atingir a consistência adequada para a cobertura.
5. Usar imediatamente.

Fórmula para o creme *chantilly* com chocolate

Ingredientes	% do padeiro	Peso kg
Creme batido	100,00	0,189
Açúcar impalpável	15,00	0,028
Atomized couverture[6]	17,00	0,032
Total	132,00	0,250

---

[5] Variedade de cereja ácida, similar à cereja amarena. (NT)
[6] *Atomized couverture* é feito com chocolate de alta qualidade, mediante procedimento patenteado, no qual a manteiga de cacau é cristalizada e pulverizada, resultando em um produto em pó com um sabor único. (NT)

Procedimento para o creme *chantilly* com chocolate

Bater o creme, o açúcar impalpável e o *atomized couverture* até o pico médio.

Montagem

1. Cortar o bolo em três camadas e pincelar a base com chocolate derretido.
2. Depois de secar, colocar a base sobre uma placa de bolo de 23 cm. Pincelar ligeiramente com calda para bolo.
3. Espalhar o creme de cereja sobre o bolo com 0,5 cm de espessura. Espalhar as cerejas Morello por cima.
4. Colocar a próxima camada de bolo sobre o creme e repetir o procedimento de adicionar a calda, o creme e as cerejas, até que a terceira camada seja colocada sobre o bolo.
5. Glaçar o bolo com uma camada fina de creme de cereja; reservar no refrigerador até quando estiver pronto para finalizar.
6. Para finalizar, transferir o bolo para um prato de 23 cm e cobrir o bolo com uma camada de creme *chantilly* com chocolate de 0,5 cm de espessura.
7. Confeitar oito pitangas de *chantilly* misturadas com creme de cereja (2,5 cm de altura) sobre o bolo. No topo das pitangas colocar uma cereja, banhada em conhaque, devidamente seca.
8. No centro das pitangas, colocar as raspas de chocolate e polvilhar com açúcar impalpável ou com *sucraneige*.[7]
9. Armazenar em caixa refrigerada ou em refrigerador.

FÓRMULA

BOLO MOCHA (MOCHA CAKE)

O extravagante creme de manteiga com café é o acompanhamento deste bolo leve, em camadas, de chocolate *chiffon*, com aparência atraente e apelo clássico. Um discreto aroma de geleia de damasco pressionada sobre o miolo acrescenta uma nota refrescante de acidez para equilibrar com a riqueza do creme de manteiga e da calda de chocolate neste delicioso bolo *mocha*.

Mise en place

Ingredientes	Peso kg
Bolo de chocolate *chiffon*	1 unidade
Calda para bolo	0,100
Geleia de damasco (opcional)	0,150
Creme de manteiga com café	0,500
Calda de chocolate	0,250

Produção: 1 bolo de 23 cm.

---

[7] Açúcar não solúvel em água e, portanto, ideal para finalizações e decorações em que ele é pulverizado sobre o doce. (NRT)

Bolo mocha

Bolo floresta negra

Montagem

1. Cortar o bolo em quatro camadas.
2. Colocar a camada de baixo em placa para bolo de 23 cm.
3. Aplicar uma leve camada de calda de bolo com pincel.
4. A seguir, aplicar uma fina camada de geleia de damasco com a espátula (se for usar).
5. Espalhar uma camada de creme de manteiga com 0,5 cm de espessura.
6. Repetir esse procedimento três vezes até que a última camada seja colocada.
7. Glaçar o bolo com uma leve camada de creme de manteiga e reservar no refrigerador até quando necessário.
8. Cobrir o bolo com uma camada de 0,5 cm de creme de manteiga com café. Criar uma superfície nivelada e, a seguir, nivelar as laterais. Deixar um excesso de creme de manteiga para criar uma borda mais alta que a cobertura.
9. Colocar a calda sobre o bolo, refrigerar e, então, transferir para um prato adequado.
10. Armazenar em caixa refrigerada ou em refrigerador.

FÓRMULA

BOLO *SACHER* (*SACHER CAKE*)

O bolo *Sacher* consiste em duas camadas de chocolate denso com um recheio fino de geleia de damasco, coberto com chocolate na superfície e nas laterais. Tradicionalmente é servido com creme batido e café, já que muitos vienenses consideram a *Sachertorte* muito seca para ser consumida sem acompanhamento.

Ingredientes	% do padeiro	Peso kg
Pasta de amêndoas 50%	333,00	0,768
Açúcar nº 1	125,00	0,288
Ovos	114,00	0,263
Gemas	208,00	0,480
Manteiga derretida	100,00	0,231
Farinha para bolos e doces	100,00	0,231
Cacau em pó	100,00	0,231
Claras	312,00	0,720
Açúcar nº 2	125,00	0,288
Total	1.517,00	3,500

Produção: 5 bolos de 20 cm.

Procedimento

1. Forrar as formas.
2. Aquecer a pasta de amêndoas no micro-ondas.
3. Na batedeira, com o globo, misturar a pasta de amêndoas e o primeiro açúcar.
4. Adicionar as gemas lentamente, misturar bem e, então, acrescentar os ovos cuidadosamente. Bater por aproximadamente 10 minutos.
5. Acrescentar a manteiga derretida fria, a farinha e o cacau em pó.
6. Na batedeira, com o globo, bater as claras com o segundo açúcar até o pico leve.
7. Misturar as claras na massa do bolo.
8. Colocar 700 g de massa em cada forma.
9. Assar em forno de convecção a 168 °C por aproximadamente 30 a 35 minutos.

Montagem

1. Dividir o bolo em duas camadas iguais.
2. Espalhar geleia de damasco entre as duas camadas.
3. Cobrir o bolo com calda de chocolate e confeitar a palavra *Sacher* no topo de maneira decorativa com calda de chocolate fria e engrossada.

Bolo *Sacher*

FÓRMULA

BOLO DE CENOURA (*CARROT CAKE*)

De acordo com historiadores, é possível que o bolo de cenoura[8] contemporâneo tenha suas origens nos bolos feitos durante a Idade Média na Europa, quando o açúcar era escasso e a cenoura era usada como adoçante. Embora já fossem preparados nos Estados Unidos no começo do século XVIII, esse bolo só foi aparecer nos livros de culinária a partir dos anos 1900. Este bolo teve um renascimento nos Estados Unidos no final do século XX, quando foi considerado um "alimento saudável". Em 2005, a Food Network[9] listou o bolo de cenoura, com cobertura de *cream cheese*, em quinto lugar entre os alimentos da moda nos anos 1970. O excelente bolo de cenoura está agora pronto para uma nova redescoberta, como pode ser conferido por esta versão deliciosamente atualizada, integral e deliciosa.

Ingredientes	% do padeiro	Peso kg
Óleo de canola	50,60	0,477
Leite fermentado	57,00	0,537
Açúcar	145,60	1,372
Essência de baunilha	5,10	0,048
Ovos	50,60	0,477
Farinha de rosca	75,90	0,715
Farinha para bolos e doces	24,10	0,227
Bicarbonato de sódio	3,80	0,036
Canela	1,50	0,014
Sal	1,00	0,009
Abacaxi amassado	75,90	0,715
Cenoura ralada	83,50	0,787
Coco laminado	24,10	0,227
Nozes tostadas	38,00	0,358
Total	636,70	6,000

Produção: 5 bolos de 20 cm.

---

[8] O bolo de cenoura à moda brasileira difere consideravelmente deste. Trata-se de um bolo macio, feito com cenoura e apresenta coloração alaranjada. Normalmente leva cobertura de chocolate e costuma ser servido no lanche da tarde. (NE)

[9] Food Network Canadá, ou Food Network, é um Canal de TV canadense com programação sobre comidas e receitas. (NE)

Procedimento

1. Peneirar os ingredientes secos e reservar.
2. Combinar o óleo, o leite fermentado, a essência de baunilha, o açúcar e os ovos.
3. Acrescentar, lentamente, os ingredientes secos a essa mistura.
4. Adicionar o abacaxi, a cenoura, o coco e as nozes. Colocar 600 g da massa em cada forma forrada com papel-manteiga e untada.
5. Assar em forno de convecção a 163 °C por 25 a 30 minutos.

Fórmula da cobertura de *cream cheese*

Ingredientes	% do padeiro	Peso kg
Manteiga sem sal	11,00	0,145
Chocolate branco	16,00	0,212
Cream cheese	100,00	1,323
Açúcar impalpável	51,00	0,675
Creme azedo	11,00	0,145
Total	189,00	2,500

Produção: 5 bolos de 20 cm.

Procedimento para a cobertura de *cream cheese*

1. Derreter a manteiga e o chocolate juntos, tomando o cuidado para não aquecer demais.
2. Misturar o *cream cheese*, em batedeira com a paleta, até ficar homogêneo.
3. Acrescentar o açúcar peneirado e misturar bem.
4. Adicionar a mistura de chocolate e manteiga; misturar somente até combinar.
5. Acrescentar o creme azedo somente até incorporar.

Montagem

1. Colocar o bolo de cenoura em uma placa de bolo. Cortar em duas camadas.
2. Espalhar 250 g da cobertura de *cream cheese* no topo de uma camada do bolo, tomando o cuidado para não deixar cair pelas laterais.
3. Acrescentar a segunda camada do bolo e colocar 250 g da cobertura no topo, somente até a borda do bolo.
4. Se desejar, guarnecer com cenoura confeitada.

FÓRMULA

MIL-FOLHAS (*NAPOLEON*)

Esta nobre sobremesa francesa é construída com várias camadas deliciosas de massa folhada e creme *pâtissière*. No doce mil-folhas tradicional é acrescentado *fondant* branco e, depois, o *fondant* de chocolate é confeitado nas laterais adornando o branco. A versão mais contemporânea usa açúcar impalpável, que é "marcado" com um ferro quente. Outro método moderno é polvilhar a massa folhada com açúcar e então "queimar" com o maçarico, da mesma forma que com o creme *brûlée*, produzindo uma crosta brilhante agradável e crocante.

Uma folha de massa folhada assada

Creme *pâtissière* para mil-folhas (1,5 kg)

Açúcar impalpável, o quanto baste

Produção: 1/3 de forma.

Creme *pâtissière* para mil-folhas

Ingredientes	% do padeiro	Peso kg
Leite integral	100,00	0,920
Fava de baunilha	—	1 unidade
Amido de milho	8,00	0,074
Açúcar	20,00	0,184
Gemas	20,00	0,184
Manteiga	15,00	0,138
Total	163,00	1,500

Procedimento

1. Pôr o leite e a baunilha em uma panela de inox e deixar ferver.
2. Enquanto isso, colocar o açúcar e o amido em um recipiente e misturar.
3. Adicionar as gemas ao açúcar e bater somente até combinar. Não incorporar ar.
4. Depois que o leite ferver, colocar um terço na mistura de ovos e mexer até incorporar bem.
5. Retornar essa mistura à panela e mexer constantemente.
6. Continuar a cozinhar o creme por mais uns 2 minutos, mexendo sempre.
7. Desligar o fogo, acrescentar a manteiga e mexer até misturar completamente.
8. Despejar o creme em recipiente limpo e raso e cobrir com filme plástico.
9. Refrigerar imediatamente até quando for usar.

Montagem

1. Aparar as bordas da massa folhada e reservar.
2. Cortar a folha em três tiras no comprimento, em torno de 10 cm de largura cada uma.
3. Bater o creme *pâtissière* até ficar homogêneo.
4. Colocar a metade do creme *pâtissière* na base da tira folhada e espalhar.
5. Colocar a segunda tira delicadamente sobre o creme.
6. Aplicar uma segunda camada de creme sobre a tira e finalizar com a última tira de massa folhada.

Finalização

1. Polvilhar o topo do doce com açúcar impalpável.
2. Cortar fatias do tamanho desejado de aproximadamente 10 cm × 4 cm.
3. "Marcar" o açúcar confeiteiro com um ferro quente ou guarnecer conforme desejar.

FÓRMULA

PITHIVIER

O *pithivier* é tradicionalmente servido no Dia de Reis, quando é assado com uma fava de baunilha. Esta torta grande e redonda, feita de massa folhada com bordas no formato de conchas, normalmente contém creme de amêndoas, mas tem tido muitas interpretações desde que surgiu na cidade de Pithivier, na região de Orléans, na França. Algumas versões indicam um recheio de frutas cristalizadas e cobertura com *fondant* branco.

Mise en place

Massa folhada com seis dobraduras simples.

Procedimento

1. Abrir a massa folhada até obter uma espessura de 2 mm. Após, deixar a massa descansar.
2. Cortar dois círculos de 20 cm de diâmetro e uma tira de 1 cm, suficientemente longa para circundar o bolo.
3. Refrigerar a massa se aquecer durante o manuseio.
4. Colocar um dos círculos em forma forrada com papel-manteiga. Pincelar ligeiramente as bordas com água e colocar a tira de 1 cm em torno da massa.
5. Com o saco de confeitar, colocar o *frangipane* no centro do círculo, movimentando em direção das bordas para formar uma espiral. Não cobrir a tira lateral. Opcional: colocar frutas sobre o *frangipane*.
6. Pincelar levemente com água a borda da tira.
7. Colocar o segundo círculo de massa folhada; pressionar levemente para ficar firme.
8. Para dobrar as bordas: pressionar firmemente com os dois dedos (é recomendado o indicador e o médio). Usar um objeto não afiado, com borda reta como a haste de um termômetro, pressionar a parte externa da borda com a haste em direção aos dedos. Mover os dedos imediatamente ao lado para repetir a operação. Proceder desse modo em torno de todo o círculo para formar um desenho decorativo do tipo concha.
9. Pincelar com *egg wash* o topo da massa folhada e reservar por pelo menos meia hora no refrigerador.
10. Antes de levar ao forno, aplicar uma segunda pincelada de ovos e fazer cortes leves no padrão tradicional da torta *pithivier* (linhas curvas radiais que se originam no centro e alcançam quase a borda).
11. Ventilar a massa com um furo no centro.
12. Assar em forno de convecção a 177 °C por aproximadamente 30 a 40 minutos ou até dourar nos lados.
13. Pincelar com calda de damasco (opcional).

Pithivier

Mil-folhas (*Napoleons*)

FÓRMULA

JALOUSIE

A *jalousie* consiste em duas longas peças retangulares de massa folhada recheada com creme de amêndoas ou com *frangipane*. A crosta superior é cortada com linhas paralelas, que depois de assada parece uma de janela veneziana. A adição de frutas, como maçã, pera, pêssego ou frutas vermelhas, acrescenta um colorido sazonal, ao serem colocadas sobre o recheio. Depois de assar, o doce é muitas vezes glaceado e guarnecido com um brilho sutil de pérolas de açúcar. Normalmente a *jalousie* é vendida em fatias.

Mise en place

Massa folhada com seis dobraduras simples.

Procedimento

1. Abrir a massa folhada até ficar com 2 mm. Deixar a massa descansar.
2. Cortar duas tiras largas de massa, uma com a largura de 10 cm, que será usada na base, e a outra de 11,5 cm de largura que será utilizada no topo.
3. Além disso, cortar tiras de 1 cm para acompanhar a extensão de cada um dos lados da massa.
4. Se a massa aquecer durante o manuseio, colocá-la no refrigerador para esfriar.
5. Colocar a tira de 10 cm em forma forrada com papel-manteiga.
6. Pincelar ligeiramente as laterais com água.
7. Colocar as tiras de 1 cm ao longo das laterais do retângulo, como se criasse uma moldura.
8. Com o saco de confeitar, colocar o *frangipane* no meio, entre os dois lados das tiras, tendo o cuidado para não cobri-las. Colocar frutas sobre o *frangipane* (opcional).
9. Pincelar levemente o topo das tiras com água.
10. Usar o cortador especial de "veneziana" e cortar a peça larga de 11,5 cm em todo o comprimento.
11. Colocar essa tira sobre a massa com recheio, selando-a bem com as laterais umedecidas.
12. Dobrar as bordas e selar com a haste de um termômetro.
13. Pincelar ligeiramente com *egg wash* e reservar por pelo menos meia hora no refrigerador.
14. Pincelar novamente e assar em forno de convecção a 177 °C por aproximadamente 30 minutos ou até dourar nas laterais.
15. Pincelar com calda de damasco e guarnecer com pérolas de açúcar.

FÓRMULA

BOLO *ST. HONORÉ* (*ST. HONORÉ CAKE*)

O bolo *St. Honoré* é uma homenagem ao santo padroeiro dos padeiros e dos confeiteiros franceses, *St. Honoré*, bispo de Amiens. Esta confecção sofisticada é construida a partir de um *gâteau* consistindo em uma camada de massa folhada, que é depois coroada com *pâte à choux* e decorada com delicadas bolas *choux* carameladas. A apresentação extravagante deste bolo tradicional francês oferece uma visão absolutamente surpreendente, perfeita para ocasiões especiais.

Componentes

Massa folhada tradicional

Pâte à choux

Calda de caramelo

Creme *chantilly*

Produção: 5 bolos de 20 cm.

Procedimento

1. Cortar um círculo de 20 cm de massa folhada para cada bolo; marcar a massa com um *docker* de rolo.
2. Com o saco de confeitar com a ponteira redonda, confeitar um círculo com a *pâte à choux* na parte externa da borda da massa folhada. Confeitar uma espiral aberta que começa de fora e termina no centro, diminuindo de altura conforme muda para o centro.
3. Pincelar com *egg wash* a massa folhada e a *pâte à choux*.
4. Assar em forno de convecção a 177 °C até dourar.
5. Em forma forrada com papel-manteiga, confeitar pequenos *puffs* de *pâte à choux*. Cada bolo vai precisar de 12 a 15 *puffs*.
6. Assar em forno de convecção a 177 °C até dourar.

Fórmula do creme *chiboust*

Ingredientes	% do padeiro	Peso kg
Leite	100,00	1,069
Fava de baunilha	—	1 unidade
Açúcar nº 1	5,00	0,053
Amido de milho	10,00	0,107
Gemas	24,00	0,257
Gelatina	1,75	0,019
Manteiga	10,00	0,107
Rum	10,00	0,107
Água	10,00	0,107
Açúcar nº 2	33,00	0,353
Glicose	6,00	0,064
Claras	24,00	0,257
Total	233,75	2,500

Procedimento para o creme *chiboust*

Fazer o creme *pâtissière*

1. Hidratar a gelatina em água fria e reservar.
2. Combinar o leite, a fava de baunilha e a metade do primeiro açúcar em uma panela inox e levar ao fogo para ferver.
3. Enquanto isso, misturar a outra metade do primeiro açúcar com o amido de milho e misturar.
4. Adicionar as gemas à mistura de amido e açúcar e bater somente até combinar. Não incorporar ar.
5. Depois que o leite ferver, colocar um terço dele na mistura de gemas e misturar até ficar homogênea.
6. Retornar essa mistura à panela. Mexer constantemente.
7. Continuar a cozinhar o creme. Mexer sempre até ferver por 2 minutos.
8. Fora do fogo, acrescentar a manteiga e a gelatina hidratada. Mexer até que a mistura esteja completada. A seguir, acrescentar o rum.
9. Despejar o creme *pâtissière* em um recipiente e cobrir com filme plástico para evitar a formação de película. Reservar e preparar o merengue italiano.

Merengue italiano

1. Aquecer a água, a glicose e o segundo açúcar até chegar ao ponto de fervura.
2. Limpar as laterais da panela com pincel e água.
3. Quando a calda alcançar 116 °C começar a bater as claras em velocidade média.

4. Quando a calda alcançar o estágio de bala mole (119 °C a 121 °C), despejá-la cuidadosamente sobre as claras batidas.
5. Bater até a temperatura baixar para 40 °C.

Finalização do creme *chiboust*

Depois que o merengue chegar à temperatura desejada, acrescentá-lo ao creme *pâtissière* e usar imediatamente.

Fórmula para a calda de caramelo

Ingredientes	% do padeiro	Peso kg
Açúcar	100,00	0,524
Glicose	40,00	0,210
Água	33,00	0,173
Total	173,00	0,907

Procedimento para a calda de caramelo

1. Em uma panela combinar o açúcar, a glicose e a água.
2. Cozinhar em fogo médio até que a calda atinja o estágio de caramelo com a coloração dourada-escura.
3. Remover o caramelo do fogo e por a panela em água fria para interromper o cozimento.

Montagem e finalização

1. Rechear os *puffs* de *pâte à choux* com o creme *chiboust* e reservar.
2. Quando a massa folhada estiver fria, rechear a base com creme *chiboust* usando uma ponteira simples deixando as bordas da *pâte à choux* descoberta.
3. Com a calda de caramelo, selar os *puffs* recheados com creme em volta das bordas da *pâte à choux*.
4. Com o saco de confeitar e com a ponteira de *St. Honoré*, confeitar com creme *chantilly* sobre o creme *chiboust* de forma decorativa.

PARTE 2: PÂTISSERIE

FÓRMULA

PARIS-BREST

O Paris-Brest foi criado em 1891 quando um confeiteiro empreendedor reconheceu uma oportunidade em adquirir uma confeitaria situada ao longo da rota de uma corrida de bicicleta (precursora do Tour de France) de Paris a Brest. Recheado com o creme Paris-Brest e ornado com lâminas de amêndoas e açúcar impalpável, o Paris-Brest é assado no formato de rodas de bicicleta em homenagem aos ciclistas da competição. Atualmente, esta confecção vencedora continua a atrair os clientes nas confeitarias de toda a França.

Componentes

1. *Pâte à choux* (Paris-Brest) com 10 cm de diâmetro
2. Lâminas de amêndoas
3. Açúcar granulado
4. Creme *Paris-Brest*
5. Açúcar impalpável

Procedimento para a *Pâte à choux* (Paris-Brest)

1. Preparar a *pâte à choux* e colocar no saco de confeitar com ponteira pitanga.
2. Confeitar um círculo de 10 cm de diâmetro de *choux*.
3. Pincelar levemente com *egg wash*, guarnecer com amêndoas laminadas e polvilhar com açúcar granulado.
4. Assar conforme a *pâte à choux*.
5. Reservar até quando necessário.

Fórmula para o creme Paris-Brest

Ingredientes	% do padeiro	Peso kg
Creme *pâtissière*	100,00	2,057
Pasta de praline	25,00	0,514
Manteiga	50,00	1,028
Total	175,00	3,600

Produção: 30 Paris-Brest de 10 cm de diâmetro.

Procedimento para o creme *Paris-Brest*

1. Para melhores resultados, o creme *pâtissière*, a pasta de praline e a manteiga devem estar em temperatura ambiente (18 °C e 21 °C).
2. Na batedeira, com a raquete, amaciar a pasta de praline e acrescentar a manteiga amolecida e misturar até ficar homogênea.
3. Misturar o creme *pâtissière* até ficar uniforme e, então, adicionar a mistura de manteiga e praline.

Capítulo 10: Bolo em camadas: clássico e moderno

Montagem

1. Dividir a *pâte à choux* ao meio. Com a ponteira de estrela, confeitar a base com o creme.
2. Colocar a parte de cima sobre o creme e polvilhar com açúcar impalpável.
3. Armazenar em refrigerador.

Paris-Brest

Bolo *St. Honoré*

FÓRMULA

BABA AO RUM (*BABA SAVARIN*)

O *baba savarin* é feito com massa de pão e assado em forma redonda pequena e depois mergulhado em calda de rum. O furo no meio pode conter creme *pâtissière*, creme *chantilly* ou frutas frescas. Pode ter sido inventado por volta de 1600 pelo rei polonês Leszczynski, que mergulhou em rum seu *Kugelhopf* velho e ressecado. O rei chamou sua sobremesa de Baba, lembrando Ali Babá, em homenagem ao herói de seu livro favorito, *As mil e uma noites*. Muitos anos mais tarde, um confeiteiro parisiense decidiu experimentar a fórmula original do baba, mudando o formato do anel e ajustando outros detalhes, como a retirada das uvas-passas. O resultado de seu empreendimento foi o rico e saboroso *baba savarin*. O *baba bouchon* é um doce semelhante, mas com o formato de rolha.

Ingredientes	% do padeiro	Peso kg
Farinha de pão	100,00	1,916
Água	44,00	0,843
Ovos	30,00	0,575
Fermento instantâneo	2,40	0,046
Sal	2,40	0,046
Açúcar	8,00	0,153
Manteiga derretida	30,00	0,575
Uvas-passas maceradas	20,00	0,383
Total	236,80	4,536

1 porção individual, 40 g, 1 porção para *entremet*, 300 g.
Produção: aproximadamente 110 babas individuais.

Procedimento para o baba ao rum

1. Combinar a farinha, a água, os ovos, o fermento, o sal e o açúcar e misturar na batedeira com o gancho.
2. Misturar por 5 a 7 minutos depois da incorporação para homogeneizar, usando a velocidade de média a alta.
3. Depois que a massa se desenvolver, acrescentar a manteiga em velocidade lenta.
4. A seguir, acrescentar as passas.
5. Depois de misturar, dividir e moldar a massa em bolas.
6. Colocar a massa em formas apropriadas até a metade da forma e deixar fermentando por 25 a 30 minutos.
7. Quando a massa atingir o topo da forma, estará pronta para assar.
8. Assar em forno de convecção a 205 °C até dourar.

Fórmula da calda de rum

Ingredientes	% do padeiro	Peso kg
Água	100,00	3,024
Açúcar	50,00	1,512
Fava de baunilha	—	6 unidades
Raspa de limão	—	3 unidades
Rum envelhecido	—	A gosto
Total	75,00	4,536

Procedimento para a calda de rum

1. Ferver a água, o açúcar, a baunilha e a raspa de limão.
2. Adicionar o rum quando estiver levemente aquecido.

Montagem

1. Mergulhar os bolinhos até umedecerem.
2. Guarnecer com creme *chantilly* e frutas.

Baba ao rum

FÓRMULA

BOLO CONCORD (CONCORD CAKE)

Camadas de merengue de chocolate e creme batido com chocolate amargo são os elementos harmoniosos deste bolo original, notável por sua decoração de miniaturas de "troncos" feitos de merengue de chocolate.

Componentes

Merengue de chocolate
Creme *concord*
Açúcar impalpável

Fórmula de merengue de chocolate

Ingredientes	% do padeiro	Peso kg
Claras	100,00	0,933
Açúcar	100,00	0,933
Açúcar impalpável	100,00	0,933
Cacau escuro em pó	12,00	0,112
Cacau em pó	8,80	0,082
Total	320,80	2,995

Produção: 5 bolos de 20 cm.

Procedimento para o merengue de chocolate

1. Pré-aquecer o forno a 122 °C.
2. Peneirar juntos o açúcar impalpável e os dois tipos de cacau. Reservar.
3. Na batedeira, com o batedor globo, bater as claras e o açúcar granulado até o pico firme.
4. Adicionar o açúcar e o cacau peneirados.
5. Com o saco de confeitar, usando a ponteira redonda mais larga, confeitar o merengue sobre os discos de 18 cm, e confeitar os troncos para o topo e para as laterais do bolo.
6. Assar até o merengue ficar seco ao toque.

Fórmula do creme *concord*

Ingredientes	% do padeiro	Peso kg
Creme	100,00	2,952
Chocolate 64%	35,00	1,033
Gelatina em folhas	0,50	0,015
Total	135,50	4,000

Produção: 5 bolos de 20 cm.

Procedimento para o creme *concord*

1. Hidratar a gelatina em água fria. Reservar.
2. Levar o creme à fervura e, então, esfriar a 83 °C. Acrescentar a gelatina.
3. A seguir, colocar o creme sobre o chocolate para formar uma emulsão.
4. Deixar a mistura esfriar completamente e levar ao refrigerador por pelo menos 12 horas.

Montagem

1. Antes de começar a montagem, bater o creme *concord* até o ponto macio.
2. Em um aro para bolo de 20 cm, colocar o disco de merengue de chocolate.
3. Com o saco de confeitar, com bico perlê, preencher o aro, ou a forma, com uma fina camada de creme *concord*.
4. Colocar a próxima camada de merengue de chocolate sobre o creme. Acrescentar creme *concord* suficiente para encher o aro ou a forma.
5. Alisar e nivelar o creme com a espátula.
6. Refrigerar o bolo por pelo menos 2 horas.
7. Para desenformar, aqueça o aro com o maçarico e levante-o para retirar.
8. Para finalizar, quebrar os troncos de merengue em peças ligeiramente mais altas que o bolo. Arranje os troncos verticalmente nas laterais do bolo, pressionando-os levemente em direção ao creme de chocolate.
9. Cobrir o topo do bolo com peças quebradas do merengue, amontoando-os no centro.
10. Polvilhar o topo do bolo com açúcar impalpável.

Bolo *concord*

PARTE 2: PÂTISSERIE

FÓRMULA

TIRAMISU

Sobremesas semelhantes ao tiramisu já eram registradas desde o Renascimento e a tradição relata contos fantasiosos sobre o tiramisu como a sobremesa favorita das cortesãs venezianas, que consumiam uma iguaria com muito café para se "elevar" (tradução de *tirami su*), para se restabelecer entre os encontros amorosos. Mas a versão do tiramisu como é conhecida hoje originou-se recentemente em um restaurante chamado Le Beccherie, em Treviso, no noroeste de Veneza. Nos anos 1970, Le Beccherie introduziu a sobremesa, com o biscoito tipo champanhe mergulhado em café expresso, creme mascarpone-zabaglione e cacau em pó. A sobremesa tornou-se imediatamente popular e foi copiada por muitos restaurantes da Itália. Nos Estados Unidos, a moda do tiramisu começou em São Francisco e logo se espalhou por restaurantes de todo o país.

Componentes

Massa espumosa, tipo biscoito champanhe
Calda de bolo com rum e café
Creme tiramisu
Cacau em pó
Açúcar impalpável
Chocolate *décor*

Fórmula para bolo espumoso tipo biscoito champanhe

Ingredientes	% do padeiro	Peso kg
Claras	142,00	0,511
Claras em pó	0,70	0,003
Açúcar	89,00	0,320
Açúcar invertido	7,00	0,025
Gemas	78,00	0,281
Farinha para bolos	50,00	0,180
Fécula de batata	50,00	0,180
Total	416,70	1,500

Observação
A farinha e a fécula de batata combinadas somam 100%.
Produção: 5 bolos de 20 cm.
Cada bolo requer três discos de 19 cm de massa espumosa.

Procedimento para o bolo espumoso

1. Pré-aquecer o forno a 83 °C.
2. Peneirar a farinha e a fécula juntas.
3. Bater as claras e as claras em pó com o açúcar na batedeira com o globo, até o pico firme.
4. Combinar o açúcar invertido e as gemas e acrescentá-las ao merengue mexendo em baixa velocidade.
5. Adicionar a farinha e a fécula. Com o saco de confeitar, fazer círculos de 19 cm de diâmetro.
6. Polvilhar com açúcar impalpável e assar até ficar dourado, cerca de 10 minutos.

Fórmula para a calda de rum e café

Ingredientes	% do padeiro	Peso kg
Café forte e quente	100,00	0,909
Açúcar	50,00	0,454
Rum envelhecido	15,00	0,136
Total	165,00	1,500

Procedimento para a calda de rum e café

1. Acrescentar o açúcar ao café e mexer para dissolvê-lo.
2. A seguir, adicionar o rum.

Fórmula para o creme de tiramisu

Ingredientes	% do padeiro	Peso kg
Queijo mascarpone	71,00	1,402
Essência de café	7,00	0,138
Açúcar impalpável, peneirado	19,00	0,375
Rum envelhecido	4,40	0,087
Creme de leite integral	100,00	1,975
Gelatina em folha	1,10	0,022
Total	202,50	4,000

Procedimento para o creme tiramisu

1. Hidratar a gelatina em água fria.
2. Misturar a gelatina no creme de leite
3. Bater o creme, o açúcar e o mascarpone em velocidade média até o ponto leve.
4. Adicionar a essência de café e o rum e misturar somente até incorporar. Não misturar em excesso.

Montagem

1. Colocar o disco de bolo espumoso de 19 cm de diâmetro em um aro de bolo de 20 cm forrado com tira de acetato.
2. Pincelar a base do bolo espumoso com calda de bolo.
3. Depositar um pouco do creme tiramisu e colocar outra camada de bolo espumoso sobre o creme. Umedecê-lo com calda.
4. A seguir, colocar mais creme tiramisu sobre o bolo.
5. Acrescentar o outro disco e umedecer com a calda de café.
6. Preencher o bolo com o restante do creme até a borda do aro. Alisar o creme com a espátula.
7. Reservar no freezer por pelo menos 2 horas.
8. Depois de bem resfriado, guarnecer o bolo com cacau em pó e açúcar impalpável.
9. A seguir, transferir o tiramisu para um prato maior, remover o aro e guarnecer com uma tira de chocolate em volta.

Tiramisu

FÓRMULA

BOLO ÓPERA (OPERA CAKE)

O elegante bolo Ópera foi apresentado por Louis Clichy, com seu nome escrito ao longo da cobertura, durante a Exposição Culinária de Paris, em 1903. Anos mais tarde, a renomada confeitaria parisiense Dallayau reintroduziu e popularizou este bolo como *L'Opéra*. Este *gâteau* clássico é composto por finas camadas elaboradas de *biscuit viennois* umedecido em calda de café e intercalado com creme de manteiga aromatizado com café e ganache de chocolate meio amargo. O topo do bolo é coberto com uma fina camada de calda de chocolate, criando uma textura firme e agradável. Este bolo é tradicionalmente quadrado ou retangular com as laterais expostas revelando as suas atraentes camadas.

Bolo ópera

Componentes

Biscuit viennois (para cada forma cheia de bolo ópera, são necessárias três formas de *biscuit viennois*)

Creme de manteiga com café   Calda de café

Ganache de chocolate   Glaçagem ópera

Cobertura de chocolate

Produção: uma forma cheia com bolo ópera.

Fórmula de creme de manteiga de café

Ingredientes	% do padeiro	Peso kg
Creme de manteiga italiano	100,00	1,443
Essência de café (*Trablit*[10])	3,93	0,057
Total	103,93	1,500

Procedimento

Acrescentar o *Trablit* (ou essência de café) ao creme de manteiga e bater até se tornar homogêneo e leve.

Fórmula para a calda de café

Ingredientes	% do padeiro	Peso kg
Café forte	100,00	1,000
Açúcar	35,00	0,350
Essência de café (*Trablit*)	3,00	0,030
Total	138,00	1,380

---

[10] *Trablit* é uma essência de café de excelência muito usada para acrescentar sabor em pâtisserie. (NT)

Procedimento para a calda de café

Dissolver o açúcar no café quente e, então, acrescentar a essência de café.

Fórmula de ganache de chocolate

Ingredientes	% do padeiro	Peso kg
Creme	100,00	0,500
Chocolate 64%	100,00	0,500
Total	200,00	1,000

Procedimento para o ganache de chocolate

1. Ferver o creme e despejar sobre o chocolate.
2. Formar uma emulsão e cobrir a superfície até ficar pronto para o uso.
3. O ganache deve ficar suficientemente macio para ser espalhado, mas não tão macio.

Glaçagem ópera

Ingredientes	% do padeiro	Peso kg
Chocolate amargo para cobertura	100,00	1,298
Chocolate 64%	40,00	0,519
Óleo	14,00	0,182
Total	154,00	1,998

Procedimento para a glaçagem ópera

1. Derreter os dois chocolates juntos em temperatura de 49 °C e acrescentar óleo.
2. Reservar até quando for usar. Ao ser utilizado deve estar em 37 °C.

Montagem (para uma forma inteira)

1. Espalhar uma camada fina de chocolate para cobertura sobre a forma com o *biscuit viennois*.
2. Depois que a camada secar, desenformar o *biscuit* sobre papel-manteiga na parte externa de uma forma.
3. Banhar o bolo todo com a calda de café.
4. Colocar 900 g de creme de manteiga sobre o bolo, cobrindo toda a superfície.
5. Colocar a próxima camada de bolo sobre o creme de manteiga e banhar com a calda de café.
6. Colocar 1 kg de ganache sobre a segunda camada de bolo uniformemente.
7. Colocar a última camada de bolo sobre o ganache e banhar com a calda de café.
8. Colocar 550 g de creme de manteiga no topo do bolo, tomando o cuidado de espalhar uniformemente.
9. Congelar o bolo até quando for necessário.
10. Cobrir o bolo com a glaçagem ópera, aparar as laterais, se for necessário, e cortar do tamanho desejado usando uma faca quente e seca.
11. Se desejar, confeitar o nome Ópera no topo do bolo ou nas fatias.

Capítulo 10: Bolo em camadas: clássico e moderno

FÓRMULA

LE FRAISIER

O *Le fraisier* é uma composição clássica de creme musseline, bolo espumoso e morangos frescos. Os morangos coroam uma camada de bolo espumoso, com o creme confeitado no meio e com outra camada de bolo por cima. A versão apresentada aqui é finalizada com marzipã cortado em três pequenos círculos de tamanhos diferentes. O topo do bolo é pulverizado com chocolate branco colorido de verde para criar um acabamento aveludado. Os furos de marzipã são preenchidos com geleia de morango para uma combinação deliciosa de sabores e cores.

Componentes

Uma camada de *génoise* de 15 cm de diâmetro, de 0,6 cm de espessura, duas para cada bolo.

Calda para bolo *grand marnier*   Creme musseline
Morangos frescos   Marzipã
Chocolate em *spray* de cor verde   *Coulis* de morangos

Produção: 5 bolos de 15 cm × 6,5 cm.

Fórmula da calda para bolo *grand marnier*

Ingredientes	% do padeiro	Peso kg
Água	100,00	0,310
Açúcar	84,08	0,260
Grand marnier	9,55	0,030
Total	193,63	0,600

Procedimento para a calda de *grand marnier*

1. Em uma panela, ferver a água e o açúcar. Retirar do fogo e deixar esfriar em temperatura ambiente.
2. Adicionar o *grand marnier*.

Fórmula para o creme musseline

Ingredientes	% do padeiro	Peso kg
Leite	100,00	0,784
Fava de baunilha	—	1 unidade
Açúcar	34,00	0,266
Amido de milho	8,00	0,063
Gemas	28,00	0,219
Manteiga	85,00	0,666
Total	255,00	1,998

Procedimento para o creme musseline

1. Em uma panela, aquecer o leite e a fava de baunilha em fogo médio. Quando alcançar a temperatura de 32 °C, adicionar a metade do açúcar. Deixar o leite ferver.
2. Na batedeira, combinar o restante do açúcar com o amido e adicionar as gemas a essa mistura para combinar todos os ingredientes.
4. Adicionar aproximadamente um terço do leite na mistura das gemas e, então, juntar essa mistura ao restante do leite. Retornar a panela ao fogo. Ferver por dois minutos, mexendo sempre com o *fouet*.
5. Depois de cozido, acrescentar a metade da manteiga ao creme, misturar completamente e refrigerar por 30 minutos.
6. Na batedeira, com raquete, misturar o creme frio e adicionar a outra metade da manteiga.
7. Misturar o creme por cinco minutos, ou até se tornar leve e fofo.

Fórmula do *coulis* de morango

Ingredientes	% do padeiro	Peso kg
Purê de morango	100,00	0,397
Açúcar	20,00	0,079
Gelatina	5,85	0,023
Total	125,85	0,500

Procedimento para o *coulis* de morango

1. Hidratar a gelatina em água fria.
2. Combinar o purê de morango com o açúcar e aquecer a mistura até 49 °C.
3. Dissolver a gelatina no purê e mexer completamente.
4. Usar imediatamente, ou manter sob refrigeração.

Fórmula para o chocolate *spray* verde

Ingredientes	% do padeiro	Peso kg
Couverture branca	100,00	0,833
Manteiga de cacau	20,00	0,167
Corante verde lipossolúvel	—	Quanto baste
Total	120,00	1,000

Procedimento para o chocolate *spray* verde

1. Derreter o chocolate branco, a manteiga de cacau e o corante. Emulsificar bem.
2. Pulverizar quando alcançar 49 °C.

Montagem

1. Cortar o bolo *génoise* em três camadas. Reservar uma delas para outro uso.
2. Forrar uma forma de aro de 16 cm × 5 cm de altura com uma tira de acetato de 6,5 cm de altura e colocar sobre a placa de bolo.
3. Colocar a camada de bolo dentro do aro, e com um pincel, banhá-la com a calda de *grand marnier*.
4. Com o saco de confeitar, colocar uma pequena camada uniforme de creme musseline por todo o bolo, deixando 1 cm da borda sem o creme.
5. Colocar morangos cortados ao meio em torno do perímetro do bolo com a face para fora.
6. A seguir, cobrir toda a superfície do bolo com morangos inteiros, sem o topo.
7. Com o saco de confeitar, cobrir os morangos com o creme musseline. Preencher a área acima dos morangos ao espalhar o creme de maneira uniforme por toda a superfície do bolo.
8. Colocar a outra camada de bolo no topo do creme de musseline e pressionar para aderir ao creme.
9. Com uma espátula, aplicar uma camada bem fina de creme musseline sobre a camada de bolo.
10. Refrigerar o bolo por pelo menos 1 hora.
11. Para a decoração final, abrir o marzipã e cobrir o topo do bolo. Com o cortador, fazer três círculos pequenos na superfície do marzipã. Reservar o bolo no freezer por pelo menos 30 minutos para a preparação do *spray* de chocolate.
12. Pulverizar o marzipã com o chocolate *spray*. Colocar o *coulis* de morango nas três cavidades do bolo.

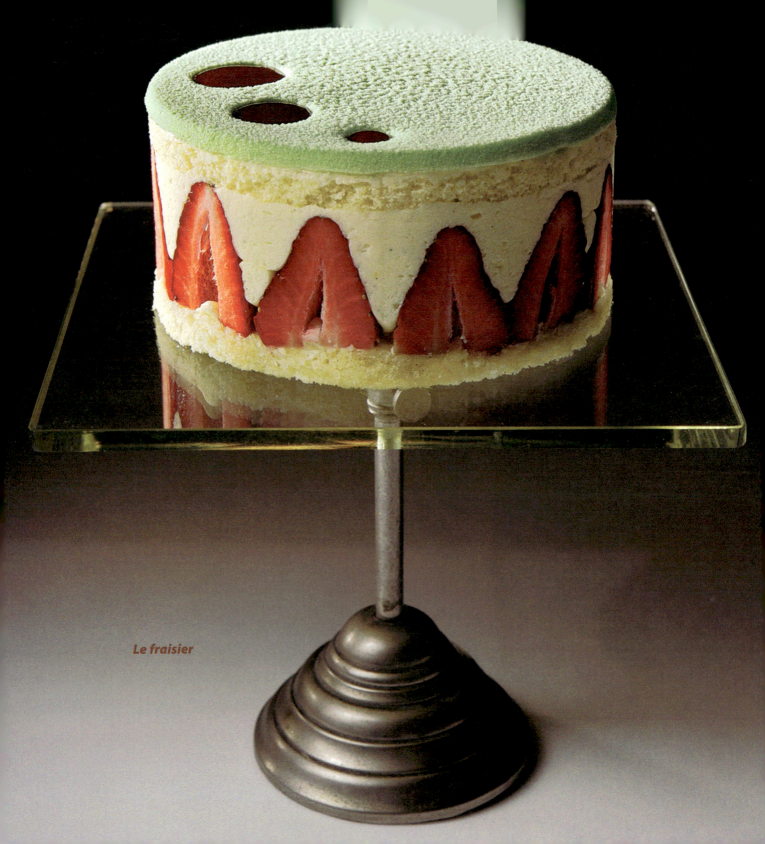

Le fraisier

Capítulo 10: Bolo em camadas: clássico e moderno

FÓRMULA

CHARLOTTE DE FRUTAS FRESCAS (FRESH FRUIT CHARLOTTE)

O *charlotte* é um bolo clássico francês, composto por um creme leve, como o creme bávaro ou o diplomata, colocado em forma forrada com biscoito tipo champanhe. Esta versão é recheada com creme diplomata, camadas de frutas vermelhas em compota e *crémeux* de limão. Frutas sazonais frescas e um pouco de açúcar impalpável é tudo o que é preciso para este *charlotte* intensamente tentador.

Componentes

Biscoitos do tipo champanhe
Calda simples de Kirschwasser
Compota de frutas vermelhas
Crémeux de limão

Creme diplomata
Frutas frescas
Açúcar impalpável

Produção: 5 bolos de 20 cm.

Fórmula para o biscoito tipo champanhe

Ingredientes	% do padeiro	Peso kg
Claras	142,00	0,375
Claras em pó	0,70	0,002
Açúcar	89,00	0,235
Gemas	78,00	0,206
Açúcar invertido	7,00	0,018
Farinha para bolo	50,00	0,132
Fécula de batata	50,00	0,132
Total	416,70	1,100

Cada bolo vai precisar de aproximadamente 160 g para duas bases (18 cm) de biscoito e 100 g para 1 (61 cm x 6 cm) base de biscoito.

Procedimento para a espuma de biscoito champanhe

1. Pré-aquecer o forno a 175 °C.
2. Peneirar juntas a farinha e a fécula de batata.
3. Bater as claras, as claras em pó e o açúcar na batedeira com o globo até o pico firme.
4. Combinar o açúcar invertido e as gemas e acrescentar ao merengue.
5. Adicionar a farinha e a fécula peneiradas à mistura e confeitar da forma desejada.
6. Polvilhar com açúcar impalpável e assar até que fique dourado, aproximadamente de 7 a 10 minutos.

Fórmula da calda de Kirschwasser

Ingredientes	% do padeiro	Peso kg
Água	100,00	0,258
Açúcar	84,08	0,217
Kirschwasser	9,55	0,025
Total	193,63	0,500

Procedimento

Ferver a água e o açúcar e deixar esfriar. Depois, acrescentar o Kirschwasser.

Fórmula de compota de frutas vermelhas

Ingredientes	% do padeiro	Peso kg
Framboesa	40,00	0,226
Amora	20,00	0,113
Mirtilo	40,00	0,226
Purê de framboesa	40,00	0,226
Purê de amora	40,00	0,226
Fava de baunilha	—	1 unidade
Açúcar	38,00	0,214
Gelatina	3,00	0,017
Total	221,00	1,247

Procedimento para a compota de frutas vermelhas

1. Hidratar a gelatina em água fria.
2. Misturar e aquecer as frutas e fazer um purê. Acrescentar a fava de baunilha e o açúcar.
3. Cozinhar essa mistura por mais 1 minuto. Retirar a fava de baunilha.
4. Deixar esfriar um pouco e acrescentar a gelatina dissolvida.
5. Mexer bem e colocar em forma de silicone (FlexiMold™) de 15 cm de diâmetro e congelar.

Fórmula do *crémeux* de limão

Ingredientes	% do padeiro	Peso kg
Suco de limão	100,00	0,367
Açúcar	60,00	0,220
Gemas	56,00	0,205
Ovos	64,00	0,235
Manteiga	60,00	0,220
Total	340,00	1,247

Procedimento para o *crémeux* de limão

1. Com a metade do açúcar, levar o suco de limão quase até a fervura.
2. Combinar as gemas, os ovos e o restante do açúcar.
3. Pôr um terço do suco de limão sobre a mistura de ovos e mexer com a espátula. Não usar o globo para não incorporar ar.
4. Retornar a mistura de ovos para a panela e continuar a mexer constantemente, agitando o fundo da panela.
5. Cozinhar até a mistura alcançar 82 °C e engrossar. Não cozinhar em excesso.
6. Coar a mistura em *chinois* fino e colocar em recipiente limpo e seco.
7. Quando a mistura estiver a 35 °C, acrescentar a manteiga macia usando um misturador de imersão.
8. Colocar a mistura em uma forma de silicone FlexiMold™ de 15 cm de diâmetro e congelar.

Fórmula de creme *pâtissière* para o creme diplomata

Ingredientes	% do padeiro	Peso kg
Leite integral	100,00	0,856
Açúcar nº 1	12,50	0,107
Fava de baunilha	—	1 unidade
Amido de milho	7,50	0,064
Açúcar nº 2	25,00	0,214
Gemas	16,25	0,139
Manteiga	12,50	0,107
Raspa de limão	—	1,25 unidade
Total	173,75	1,488

Procedimento para o creme *pâtissière* para o creme diplomata

1. Combinar o leite, o primeiro açúcar e a fava de baunilha em uma panela de inox e levar à fervura.
2. Enquanto isso, combinar o segundo açúcar e o amido de milho.
3. Misturar as gemas com o açúcar e o amido de milho e bater até combinar.
4. Quando o leite ferver, despejar um terço sobre a mistura de ovos e mexer até incorporar bem.
5. Retornar essa mistura à panela, mexendo constantemente.
6. Continuar a cozinhar o creme e mexer por mais 2 minutos, depois de ferver.
7. Retirar do fogo e acrescentar a manteiga e a raspa de limão. Mexer até completar a mistura.
8. Colocar o creme *pâtissière* em forma forrada com papel-manteiga e cobrir a superfície com filme.
9. Refrigerar imediatamente até quando for usar.

Fórmula para o creme diplomata

Ingredientes	% do padeiro	Peso kg
Creme *pâtissière*	100,00	1,488
Creme batido	100,00	1,488
Gelatina	1,60	0,024
Total	201,60	3,000

Procedimento

1. Bater o creme até o pico leve e reservar no refrigerador.
2. Enquanto isso, hidratar a gelatina em água fria.
3. Levar uma parte do creme *pâtissière* (cinco vezes o peso da gelatina) para aquecer no micro-ondas a 49 °C.
4. Dissolver a gelatina no micro-ondas e acrescentar ao creme *pâtissière* morno.
5. Bater o creme *pâtissière* que estiver reservado até ficar homogêneo e, então, combinar com a mistura de gelatina e creme.
6. Acrescentar o creme batido em pico leve.

Montagem

1. Com os biscoitos, formar uma base com diâmetro de 18 cm em forma com aro (20 cm) forrada com tira de acetato e criar um círculo com os biscoitos.
2. Pincelar a base do bolo com a calda.
3. Colocar 230 g de creme diplomata sobre a base.
4. Colocar o disco congelado de compota de frutas sobre o creme.
5. Colocar 230 g de creme diplomata por cima.
6. Colocar um disco de *crémeux* de limão sobre o creme.
7. Rechear o bolo com o creme diplomata deixando 0,6 cm abaixo do topo dos biscoitos e alisar a superfície com a espátula.
8. Reservar no refrigerador por pelo menos 6 horas.

Finalização

1. Transferir o bolo para um prato e remover o aro de metal.
2. Para finalizar, guarnecer o bolo abundantemente com frutas frescas e aplicar calda de damasco e açúcar impalpável na superfície.

Charlotte de frutas frescas

- Frutas frescas
- _Crémeux_ de limão
- Biscoito tipo champanhe
- Compota de frutas
- Creme diplomata
- Biscoito tipo champanhe

FÓRMULA

BAVAROIS COM FAVA DE BAUNILHA (VANILLA BEAN BAVAROIS)

O *bavarois*, o nome francês para creme bávaro, é baseado no creme *anglaise*. Pode ser apreciado como uma sobremesa por si só, ou pode ser usado como recheio para bolos, tortas e doces. Esta versão enriquecida se torna mais fragrante com fava de baunilha, mas o *bavarois* pode ser combinado com grande variedade de sabores, como chocolate, café ou licores. O *bavarois* se adapta bem no freezer, antes de ser finalizado e pode ser mantido por até uma semana. Depois de descongelado deve ser mantido por somente 48 horas.

Componentes

Chiffon dourado com 18 cm de diâmetro
Calda de baunilha e rum
Sablé breton com açúcar mascavo
Creme bávaro
Calda de baunilha
Framboesas frescas
Chocolate *décor*
Produção: 5 bolos de 20 cm

Mise en place

Preparar o *chiffon* dourado ao dividir em quatro camadas. Um quarto será usado para cada fórmula de bolo bávaro.

Fórmula de calda de baunilha e rum

Ingredientes	% do padeiro	Peso kg
Água	125,00	0,094
Açúcar	100,00	0,075
Rum	40,00	0,030
Fava de baunilha	—	1 unidade
Total	265,00	0,200

Procedimento para a calda de baunilha e rum

1. Ferver a água, o açúcar e a baunilha.
2. Retirar do fogo e deixar esfriar. Adicionar o rum quando estiver completamente frio.

Fórmula do *sablé breton* com açúcar mascavo

Ingredientes	% do padeiro	Peso kg
Manteiga	92,00	0,404
Açúcar mascavo	31,00	0,136
Flor de sal	2,00	0,009
Gemas cozidas	3,00	0,013
Farinha para bolos	83,00	0,364
Fécula de batata	17,00	0,075
Total	228,00	1,000

Procedimento para o *sablé breton* com açúcar mascavo

1. Peneirar a farinha e a fécula juntas e reservar.
2. Colocar na batedeira manteiga macia, açúcar mascavo e flor de sal. A manteiga deve estar bem macia.
3. Misturar em velocidade baixa por 30 segundos, apenas para incorporar os ingredientes.
4. Passar as gemas por uma peneira bem fina. Acrescentar à batedeira e misturar até combinar.
5. Adicionar os ingredientes secos peneirados e misturar até incorporar.
6. Enrolar a massa em filme plástico e refrigerar por pelo menos quatro horas.
7. Abrir a massa até 1 cm de espessura × 18 cm de diâmetro e assar em forma de aro (18 cm) forrada com silicone. Assar em forno a 180 °C por 12 minutos ou até a borda da massa começar a dourar.
8. Esfriar e cobrir com filme plástico até quando for usar.

Fórmula do creme bávaro com baunilha

Ingredientes	% do padeiro	Peso kg
Creme	50,00	1,134
Leite	50,00	1,134
Fava de baunilha	—	3 unidades
Açúcar	20,70	0,470
Gemas	24,30	0,551
Gelatina em folha	2,40	0,054
Creme de leite integral	73,00	1,656
Total	220,40	5,000

Observação
O peso combinado do leite e creme é de 100%.

Procedimento para o creme bávaro com baunilha

1. Hidratar a gelatina em água bem fria e reservar.
2. Bater o creme de leite até o pico leve e reservar.
3. Ferver o leite, o creme e a baunilha. Cobrir e deixar em infusão por no mínimo 15 minutos.
4. Retornar o líquido ao fogo para ferver e proceder com a mesma preparação básica do creme *anglaise* usando o açúcar e as gemas. Cozinhar até 82 °C.
5. Coar o creme sobre um recipiente limpo e adicionar a gelatina hidratada e dissolvida. Misturar até incorporar.
6. Quando a mistura base chegar entre 24 °C e 30 °C, adicionar o creme batido.
7. Ver as instruções para a montagem para completar o bolo.

Fórmula para a calda de baunilha

Ingredientes	% do padeiro	Peso kg
Calda neutra	100,00	0,500
Fava de baunilha	—	1 unidade
Total	100,00	0,500

Procedimento para a calda de baunilha

1. Misturar a calda neutra e a fava de baunilha.
2. Reservar até quando for usar.

Montagem

1. Em uma placa de bolo, colocar o disco de *sablé breton*. Colocar um aro de 20 cm × 5 cm em volta e forrar com tira de acetato.
2. Despejar o creme bávaro até a metade e colocar um círculo do *chiffon* dourado já preparado. Colocar no freezer por 10 minutos para firmar o bolo.
3. Umedecer o bolo com a calda de baunilha e rum. Despejar o creme bávaro até o topo. Alisar a superfície e mantê-lo no freezer.

Finalização

Desenformar o bolo e transferi-lo para um prato adequado. Decorar um círculo de framboesas frescas e colocar um anel de chocolate texturizado sobre as framboesas e, nas laterais, colocar as tramas de chocolate *décor*.

Bavarois com fava de baunilha

- Calda de baunilha
- *Chiffon* dourado
- Creme bávaro com baunilha
- *Sablé breton* com mascavo

FÓRMULA

MACARON COM CREME *BRÛLÉE* E FRAMBOESAS (*RASPBERRY CRÈME BRÛLÉE MACARON*)

Essa é uma versão maior do *macaron*, recheada com creme e decorada com framboesas frescas e menta. Após montagem, deixar o *entremet* "amadurecer" por várias horas, a fim de amaciar os discos de *macaron* para se obter a textura ideal e permitir que o sabor penetre apropriadamente.

Componentes

Creme *brûlée* de baunilha
Macaron especial
Framboesas e hortelã frescas
Frutas, chocolate e fava de baunilha para decoração
Açúcar impalpável

Produção: 5 bolos de 18 cm.

Fórmula de creme *brûlée* com baunilha

Ingredientes	% do padeiro	Peso kg
Creme de leite fresco 35%	85,00	0,736
Leite integral	15,00	0,130
Fava de baunilha	—	1,25 unidade
Açúcar	22,00	0,191
Gemas	20,00	0,173
Gelatina em folha	2,30	0,020
Total	144,30	1,250

Procedimento para o creme *brûlée* de baunilha

1. Ferver o creme, o leite e a fava de baunilha.
2. Misturar o açúcar com as gemas.
3. Adicionar uma parte da mistura do creme às gemas e mexer.
4. Retornar essa mistura à panela e aquecer a 82 °C usando uma espátula para mexer continuamente a base.
5. Coar em *chinois* sobre recipiente limpo e adicionar a gelatina hidratada.
6. Deixar esfriar até 29 °C e, então, colocar 250 g em cada forma de 16 cm de diâmetro. Congelar.

Fórmula de macaron especial

Ingredientes	% do padeiro	Peso kg
Claras	100,00	0,505
Açúcar	100,00	0,505
Açúcar impalpável	100,00	0,505
Farinha para bolos	22,67	0,114
Farinha de amêndoas	73,33	0,370
Corante conforme desejar		
Total	396,00	2,000

Procedimento para *macaron* especial

1. Peneirar juntos o açúcar impalpável, a farinha e a farinha de amêndoas. Reservar.
2. Bater as claras com um terço do açúcar até atingir o pico firme. Adicionar o corante para obter um tom rosa pastel. Misturar até não haver mais traços de branco. Adicionar o restante do açúcar e misturar somente até incorporar.
3. Acrescentar, cuidadosamente, os ingredientes secos.
4. Em seguida, com o saco de confeitar, formar discos de 18 cm em forma perfurada forrada com placa de silicone.
5. Assar em forno a 163 °C por 5 minutos e, então, a 149 °C por 30 a 35 minutos, ou até assar completamente. O produto deve manter a cor rosa.
6. Reservar no freezer coberto até quando necessário.

Montagem

1. Colocar um dos discos de *macaron* sobre um prato de bolo.
2. Desenformar o creme *brûlée* e colocar um sobre a base do *macaron* e deixar descongelar ligeiramente.
3. Forrar as laterais do creme *brûlée* com framboesas frescas.
4. Colocar uma pequena porção de hortelã fresca e picada na superfície do creme *brûlée* e adicionar pedaços de framboesas no topo.
5. Colocar o segundo disco de *macaron* no topo da preparação.

Finalização

Com um gabarito, polvilhar uma linha com açúcar impalpável de 2,5 cm de largura em um lado do *macaron*. Usar essa linha como guia para colocar o *décor*. Conforme o *décor* se aproxime da frente do *entremet*, ir em direção ao centro do bolo.

Macaron com creme *brûlée* e framboesas

— *Macaron*
— Creme *brûlée*
— Framboesas frescas

FÓRMULA

BOLO MUSSE DE FRAMBOESAS (*RASPBERRY MOUSSE CAKE*)

Este lindo bolo musse inspira sonhos de verão com suas camadas irresistíveis de bolo de chocolate, recheado com creme de chocolate, framboesas frescas, musse leve de framboesa e geleia de framboesas.

Componentes

Chiffon de chocolate, metade da forma, dividido em três (um terço do bolo para cada bolo musse de framboesas)

Pasta de chocolate

Framboesas frescas

Musse de framboesas

Geleia de framboesas

Produção: 5 bolos de 28 cm × 41 cm.

Mise en place

Preparar o *chiffon* de chocolate aparando na medida de 28 cm × 41 cm e dividir em três partes.

Fórmula de pasta de chocolate

Ingredientes	% do padeiro	Peso kg
Creme de leite integral	100,00	1,644
Glicose	2,39	0,039
Couverture de chocolate ao leite	67,16	1,104
Couverture 58%	17,91	0,295
Chocolate amargo	25,37	0,417
Total	212,83	3,500

Procedimento para a pasta de chocolate

1. Ferver o creme e a glicose.
2. Acrescentar os chocolates combinados e deixar por 1 minuto.
3. Formar uma emulsão e cobrir a superfície com filme plástico. Reservar por pelo menos 12 horas ou até firmar. A textura deve ser macia, mas flexível.

Fórmula do musse de framboesas

Ingredientes	% do padeiro	Peso kg
Purê de framboesas	100,00	4,368
Gelatina	2,39	0,104
Creme batido	67,16	2,933
Claras	17,91	0,782
Açúcar	25,37	1,108
Água	7,46	0,326
Total	220,29	9,621

Procedimento para a musse de framboesas

1. Bater o creme até o pico leve e refrigerar.
2. Hidratar a gelatina em água fria e reservar.
3. Combinar o açúcar com a água e cozinhar para preparar o merengue italiano. Preparar as claras.
4. Aquecer o purê de frutas a 38 °C.
5. Retirar uma pequena porção do purê de frutas e aquecer até 49 °C. Adicionar a gelatina hidratada e dissolvida e mexer para misturar. Adicionar esta mistura ao restante do purê.
6. Quando o merengue italiano estiver em temperatura ambiente, misturá-lo ao purê de fruta.
7. Por último, em temperatura entre 27 °C e 19 °C, adicionar o creme batido em ponto leve e colocar nas formas conforme indicado.

Fórmula de geleia de framboesas

Ingredientes	% do padeiro	Peso kg
Calda simples	100,00	0,968
Gelatina	6,50	0,063
Purê de framboesas	100,00	0,968
Total	206,50	2,000

Procedimento para a geleia de framboesas

1. Hidratar a gelatina e reservar.
2. Aquecer a calda simples, dissolver a gelatina e adicioná-la à calda morna. Misturar bem.
3. Adicionar a calda ao purê de frutas e emulsificar com o misturador de imersão.
4. Usar em temperatura de 33 °C.

Montagem

1. Sobre uma placa de bolo, preparar uma forma sem fundo de 28 cm × 41 cm e forrar as laterais com tiras de acetato. Colocar o bolo *chiffon* (1,5 cm de espessura e 28 cm × 41 cm) dentro da forma sobre a placa. Espalhar 700 g de pasta de chocolate sobre o bolo.
2. Colocar, alinhadas, as framboesas frescas sobre a pasta de chocolate.
3. Colocar a musse de framboesas sobre as frutas e nivelar a superfície.
4. Colocar o bolo no freezer.

Finalização

1. Preparar a geleia e cobrir o bolo. Retornar ao freezer para firmar a geleia.
2. Desenformar a musse, cortar nos tamanhos desejados e transferir para os pratos.
3. Decorar com framboesas frescas.

Observação
Ao preparar um bolo de 20 cm, os componentes e os pesos necessários para um bolo são:
Bolo *chiffon* de chocolate de 20 cm, cortado em quatro.
Pasta de chocolate, 291 g.
Geleia de framboesas, 166 g.
Framboesas frescas.
Musse de framboesas, 800 g.

Bolo musse de framboesas

FÓRMULA

BOLO MUSSE DE LIMÃO COM AMORAS (*LEMON MOUSSE CAKE WITH BLACKBERRY*)

A combinação do limão com a amora é perfeita neste bolo musse sublime. A musse de limão é baseada na *pâte à bombe* feita com suco de limão fresco para obter um sabor intenso, rico e puro que dá originalidade a esta sobremesa. Para obter uma qualidade melhor, é recomendado usar suco fresco de limão, ou um purê da frutas, em vez de sucos concentrados. Ao preparar a musse, é importante que a manteiga esteja bem macia ao ser acrescentada à *pâte à bombe* fria. Além disso, tudo deve ser misturado muito rapidamente para reter a textura leve necessária para um bolo musse realmente sensacional.

Componentes

Biscuit jaconde com tiras de cor púrpura

Inserção de amoras

Dacquoise

Musse de limão

Calda de amoras

Décor de frutas frescas

Décor de chocolate branco

Produção: 5 bolos de 20 cm.

Procedimento para o *biscuit jaconde* com tiras de cor púrpura

1. Preparar o *jaconde* com tiras de cor púrpura.
2. Fazer linhas diagonais de *décor* em placa de silicone e congelar.
3. Preparar o *biscuit viennois* e colocar sobre a *pâte décor* congelada.
4. Assar e armazenar como de costume.

Mise en place para a montagem do bolo

1. Cortar tiras do *biscuit jaconde* medindo três quartos da altura do aro, em quantidade suficiente para fazer a volta na forma.
2. Forrar o aro com tira de acetato.

Observação

Isso pode ser feito depois de preparar a inserção de amoras e a *dacquoise*.

Fórmula da inserção de amoras

Ingredientes	% do padeiro	Peso kg
Purê de amoras	100,00	0,940
Açúcar	30,00	0,282
Gelatina	3,00	0,028
Total	133,00	1,250

Procedimento para a inserção de amoras

1. Hidratar a gelatina em água fria e reservar.
2. Aquecer o purê a 82 °C com o açúcar.
3. Dissolver a gelatina hidratada, adicionar ao purê aquecido e emulsificar bem.
4. Colocar em forma de silicone Flexipan® de 15 cm de diâmetro e congelar até quando for usar.

Fórmula de *dacquoise*

Ingredientes	% do padeiro	Peso kg
Farinha de amêndoas	80,00	0,370
Açúcar impalpável	80,00	0,370
Claras	100,00	0,462
Açúcar	32,00	0,148
Total	292,00	1,350

Procedimento para a *dacquoise*

1. Peneirar juntos a farinha de amêndoas e o açúcar impalpável.
2. Bater as claras e o açúcar até o pico firme.
3. Acrescentar, cuidadosamente, os ingredientes secos.
4. Confeitar círculos de 18 cm; assar a 149 °C com a ventilação do forno aberta por 30 a 35 minutos.

Fórmula da musse de limão

Ingredientes	% do padeiro	Peso kg
Suco de limão	27,00	0,349
Açúcar, dividido	46,00	0,595
Gemas	33,00	0,427
Manteiga	26,00	0,336
Raspa de limão	—	7 unidades
Creme batido	100,00	1,293
Total	232,00	3,000

Procedimento para a musse de limão

1. Bater o creme até o pico leve e reservar.
2. Ferver o suco de limão e metade do açúcar. Combinar o restante do açúcar com as gemas e, então, adicionar ao suco de limão fervente.
3. Bater constantemente e deixar ferver. Rapidamente, transferir para a batedeira com o globo, e bater em velocidade de média a alta até esfriar.
4. Adicionar a manteiga macia e a raspa de limão. Parar de misturar assim que completar a incorporação (15 segundos, no máximo).
5. Adicionar o creme batido em pico leve.

Fórmula da calda de amoras

Ingredientes	% do padeiro	Peso kg
Purê de amoras	100,00	0,286
Calda simples	100,00	0,286
Gelatina	10,00	0,029
Total	210,00	0,600

Procedimento para a calda de amoras

1. Hidratar a gelatina em água fria e reservar.
2. Aquecer o purê a 82 °C com o açúcar.
3. Dissolver a gelatina, adicioná-la ao purê aquecido e emulsificar bem. Reservar no refrigerador.
4. Usar com a temperatura entre 29 °C e 32 °C.

Montagem

1. Colocar a tira do *biscuit jaconde* com linhas no perímetro interno da forma.
2. Colocar um disco de *dacquoise* na base da forma.
3. Depois que a musse estiver pronta, com o saco de confeitar ou com a concha, colocar a mistura nas formas já preparadas enchendo somente até a metade.
4. Colocar a inserção de amoras sobre a musse e preencher com a musse de limão até o topo.
5. Nivelar a superfície da musse para que fique uniforme e congelar até que esteja firme.

Finalização

1. Para finalizar, remover o aro, tendo o cuidado de não retirar o acetato. Aplicar a calda de amoras e então retirar o acetato e colocar o bolo em um prato apropriado.
2. Guarnecer com frutas frescas e arranjos de chocolate.

Bolo musse de limão com amoras

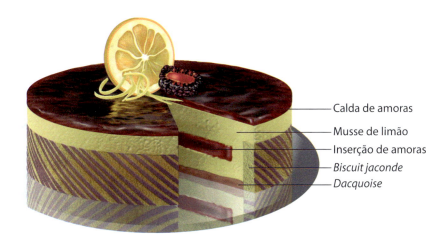

Calda de amoras
Musse de limão
Inserção de amoras
Biscuit jaconde
Dacquoise

PARTE 2: PÂTISSERIE

FÓRMULA

MUSSE DE CHOCOLATE COM RISOTO DOCE (*CHOCOLATE MOUSSE WITH SWEET RISOTTO*)

Um risoto cremoso, levemente adocicado e uma camada de chocolate ao leite com praline crocante são os elementos atraentes deste nutritivo bolo musse de chocolate. A adição inesperada do risoto equilibra maravilhosamente bem com o sabor familiar da combinação de chocolate e avelã.

Componentes

Bolo de chocolate com 18 cm de diâmetro
Risoto doce
Camada de praline crocante
Musse de chocolate
Calda de chocolate

Laranja cristalizada
Avelã glaceada
Fava de baunilha desidratada
Chocolate *décor*

Produção: 5 bolos de 20 cm.

Mise en place

Arranjar formas de aro de 20 cm de diâmetro e 5 cm de altura. Colocar o bolo de chocolate como base. Reservar.

Fórmula do risoto doce

Ingredientes	% do padeiro	Peso kg
Azeite	7,00	0,029
Arroz arbório	100,00	0,408
Leite	439,00	1,793
Fava de baunilha	—	2 unidades
Açúcar	15,00	0,061
Raspa de limão	—	1 unidade
Raspa de laranja	—	1 unidade
Total	561,00	2,291

Procedimento para o risoto doce

1. Aquecer o óleo em frigideira.
2. Adicionar o arroz e saltear até que se torne fragrante.
3. Enquanto isso, cozinhar o leite, a fava de baunilha e o açúcar.
4. Acrescentar uma pequena quantidade do leite ao arroz. Mexer continuamente. Depois que o arroz absorveu todo o líquido, adicionar mais leite. Continuar esse procedimento até que ele esteja macio. *Observação*: Algumas variedades de arroz requerem maior ou menor quantidade de líquido.

5. Depois de cozido, retirar a panela do fogo. Deixar esfriar ligeiramente e adicionar as raspas dos cítricos.

6. Colocar 450 g de risoto em cada forma de silicone, ou Fleximold™, de 15 cm de diâmetro e levar ao congelador.

Fórmula de camada de praline crocante

Ingredientes	% do padeiro	Peso kg
Chocolate ao leite	20,63	0,197
Pasta de praline de avelã	100,00	0,957
Pailleté feuilletine[11]	47,62	0,456
Total	168,25	1,610

Procedimento para a camada de praline crocante

1. Derreter o chocolate ao leite em banho-maria ou no micro-ondas.
2. Acrescentar a pasta de praline e misturar para incorporar.
3. Adicionar a *pailleté feuilletine*.
4. Colocar 300 g da mistura em cada forma de aro de 18 cm de diâmetro e congelar.

Fórmula da musse de chocolate

Ingredientes	% do padeiro	Peso kg
Creme de leite fresco 35%	100,00	1,013
Couverture 64%	100,00	1,013
Gemas	30,00	0,304
Açúcar	30,00	0,304
Água	10,00	0,101
Creme 40%	100,00	1,013
Total	370,00	3,750

Procedimento para a musse de chocolate

1. Preparar o ganache com o creme 35% e o chocolate
2. Fazer a *pâte à bombe* com as gemas, o açúcar e a água.
3. Bater o creme 40% até o pico leve e reservar no refrigerador.
4. Quando a *pâte à bombe* estiver entre 38 °C e 40 °C, adicioná-la ao ganache, que deve estar na mesma temperatura.
5. Por último, adicionar o creme batido em dois estágios.
6. Colocar em formas e congelar.

Montagem

1. Em placa de bolo de 23 cm, colocar um disco de bolo de chocolate com 18 cm de diâmetro. Colocar um aro de 20 cm em torno do bolo. Acrescentar uma tira de acetato de 5 cm de altura dentro do aro.

---

[11] Massa fina como a de *waffers* ou crepes torrada e crocante. Comercializada em farelos graúdos. (NRT)

Musse de chocolate com risoto doce

Capítulo 10: Bolo em camadas: clássico e moderno

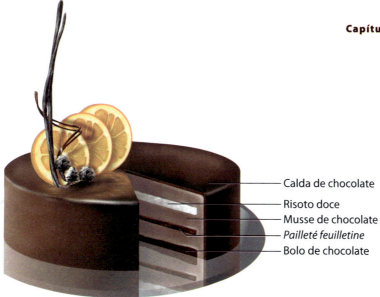

- Calda de chocolate
- Risoto doce
- Musse de chocolate
- *Pailleté feuilletine*
- Bolo de chocolate

2. Despejar uma camada de 1,5 cm de musse de chocolate sobre o bolo pressionando a musse entre o bolo e a forma.
3. Colocar um disco de praline crocante sobre a musse.
4. Depositar a musse de chocolate sobre a praline.
5. A seguir, colocar a camada do risoto sobre a praline.
6. Colocar a musse de chocolate acima da borda e nivelar com a espátula. Levar ao freezer.

Finalização

1. Quando estiver completamente congelado, remover o aro e o acetato.
2. Transferir o bolo para uma grade e preparar a calda de chocolate.
3. Cobrir o bolo e retornar ao freezer.
4. Transferir o bolo para um prato adequado e guarnecer com fatias de laranja cristalizada, avelãs glaceadas, fava de baunilha desidratada e chocolate *décor*.

FÓRMULA

BOLO MUSSE DE CHOCOLATE E MENTA (*CHOCOLATE MINT MOUSSE CAKE*)

O chocolate e a menta são combinações de sabores tradicionalmente muito apreciadas que encontram uma expressão perfeita neste bolo, a combinação de musse de chocolate ao leite e amargo com a inserção de creme *brûlée* de menta. O preparo da infusão de menta adicionada ao creme *brûlée* resulta em uma sensação surpreendente de sabores bem-definidos.

Componentes

Biscuit de chocolate

Inserção de creme *brûlée* de menta

Spray de chocolate amargo

Calda de menta para bolo

Musse de chocolate

Produção: 5 bolos de 20 cm.

| 413 |

Mise en place

Cortar um círculo do *biscuit* de chocolate de 18 cm de diâmetro, um para cada bolo. Colocar no meio de uma forma com aro de 20 cm × 5 cm forrada com silicone.

Fórmula de calda de menta para bolo

Ingredientes	% do padeiro	Peso kg
Folhas frescas de menta	13,00	0,032
Açúcar	70,00	0,174
Água	100,00	0,248
Total	183,00	0,454

Procedimento para a calda de menta para bolo

1. Remover os talos da menta e pesar apenas as folhas. Lavar bem e depois secá-las em secador para verduras. Cortar e reservar a menta.
2. Preparar uma calda simples e então adicionar a menta. Fazer uma infusão por 15 minutos e depois coar.

Fórmula para a inserção de creme *brûlée* com menta

Ingredientes	% do padeiro	Peso kg
Menta fresca	29,00	0,225
Leite integral	12,00	0,093
Creme 35%	88,00	0,683
Açúcar	32,00	0,248
Gemas	23,00	0,178
Gelatina em folhas	2,30	0,018
Total	186,30	1,445

Observação:
O peso final da mistura do creme *brûlée* deve ser de 1.250 g devido ao descarte da menta.

Procedimento para a inserção do creme *brûlée* de menta

1. Remover os talos da menta e pesar apenas as folhas. Lavar bem as folhas e secá-las no secador de verduras. Cortar as folhas e reservar.
2. Ferver o creme e o leite e, então, adicionar a menta.
3. Cobrir a panela e deixar em infusão por 30 minutos.
4. Coar a mistura em um *chinois* e pesar novamente o líquido para alcançar a quantidade original adicionando mais creme.
5. Adicionar a metade do açúcar a esta mistura e retornar ao fogo para ferver.
6. Misturar o restante do açúcar com as gemas.
7. Colocar uma parte da mistura do creme sobre as gemas e mexer.
8. Retornar esta mistura à panela e aquecer o líquido até 82 °C, cozinhando da mesma forma que o creme *anglaise*.

9. Depois de pronto, coar usando o *chinois*.
10. Acrescentar a gelatina hidratada, fora do fogo e mexer para completar a incorporação.
11. Colocar 250 g do creme em cada forma Flexipan® e congelar.

Fórmula da musse de chocolate ao leite e amargo

Ingredientes	% do padeiro	Peso kg
Creme 35%	94,00	1,014
Couverture 64%	47,00	0,507
Chocolate ao leite 38%	53,00	0,572
Açúcar	28,00	0,302
Água	14,00	0,151
Gemas	28,00	0,302
Gelatina em folhas	0,95	0,010
Creme 40%, ponto leve	94,00	1,014
Total	358,95	3,874

Observação
O peso total do chocolate é 100%.

Procedimento para a musse de chocolate ao leite e amargo

1. Preparar um ganache com creme 35% e os chocolates.
2. Preparar a *pâte à bombe* com o açúcar, a água e as gemas.
3. Bater o creme 40% até o pico leve e reservar no refrigerador.
4. Depois que a *pâte à bombe* estiver em 27 °C, adicioná-la ao ganache a 27 °C.
5. Por último, adicionar o creme batido em dois estágios.
6. Ver a montagem para as observações sobre como preparar.

Montagem

1. Colocar um disco de *biscuit* de chocolate de 18 cm de diâmetro em placa de silicone e adicionar um aro de 20 cm × 5 cm em torno do bolo. Pincelar com a calda de menta.
2. Colocar a musse até a metade do aro sobre a base do bolo de chocolate.
3. Retirar o creme *brûlée* de menta do congelador e inserir na musse pressionando-o para ficar firme.
4. Completar com a musse até atingir o topo, nivelando com a paleta. Retornar ao freezer.

Finalização

1. Aquecer o *spray* de chocolate, montar o equipamento para aplicá-lo e reservar.
2. Retirar o aro do bolo e colocá-lo em forma forrada com papel-manteiga para ser pulverizado com chocolate.

3. Enquanto o bolo estiver ainda congelado, pulverizar o chocolate e retornar ao congelador.
4. Aquecer a calda de chocolate com a consistência certa para confeitar, com temperatura entre 29 °C e 35 °C. Reservar.
5. Colocar uma placa branca com um gabarito (*template*) sobre o bolo com um recorte de 3 cm de largura fora do centro. O recorte não deve se estender para fora da placa (ver a seção sobre gabarito na página deste livro, no site www.cengage.com.br, para exemplo).
6. Usando luva, respingar um pouco da calda rapidamente sobre o bolo. Remover o *template*, transferir o bolo para um prato adequado e guarnecer com uma folha de menta.

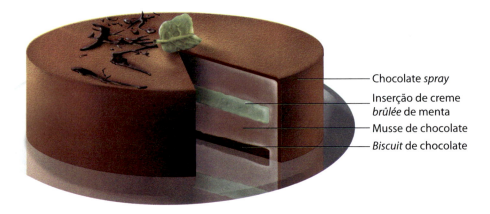

- Chocolate *spray*
- Inserção de creme *brûlée* de menta
- Musse de chocolate
- *Biscuit* de chocolate

Bolo musse de chocolate e menta

Capítulo 10: Bolo em camadas: clássico e moderno

FÓRMULA

BOLO MUSSE DE CHOCOLATE BRANCO COM FRAMBOESAS (*WHITE CHOCOLATE MOUSSE CAKE WITH RASPBERRY*)

O bolo musse de chocolate branco com framboesa não contém espuma de ovos entre seus componentes, o que resulta uma musse bastante cremosa, realçado por uma base de ganache de chocolate branco de sabor intenso, elaborado com creme com infusão de fava de baunilha. A inserção de framboesa acrescenta uma dimensão visual surpreendente da fruta vermelha contrastando com a musse branca. A base de bolo espumoso Emmanuel é umedecida e tenra, recheada com framboesas e pistaches glaceados. Todos esses elementos memoráveis combinam para formar uma sobremesa espetacular e deliciosa.

Componentes

Biscuit jaconde com linhas vermelhas verticais nas laterais (*cake wall*)
Bolo espumoso Emmanuel com framboesas e pistaches (base do bolo)
Inserção de framboesas
Musse de chocolate branco
Geleia de framboesas
Chocolate branco *décor*
Framboesas frescas

Produção: 5 bolos de 20 cm.

Mise en place

Antes de fazer a musse, preparar as formas de 20 cm × 5 cm com a tira de acetato; colocar o *cake wall* nas laterais com o *biscuit jaconde* e, então, as bases de 18 cm de diâmetro feitas com o bolo Emmanuel. A altura do *cake wall* deve ser de aproximadamente três quartos da altura do aro.

Fórmula da inserção de framboesas

Ingredientes	% do padeiro	Peso kg
Purê de framboesas	100,00	0,940
Açúcar	30,00	0,282
Gelatina em folhas	3,00	0,028
Total	133,00	1,250

Procedimento para a inserção de framboesa

1. Hidratar a gelatina e aquecer o purê e o açúcar a 49 °C.
2. Dissolver a gelatina e misturar ao purê e depois emulsificar. Colocar o creme em forma de silicone Flexipan® de 15 cm e congelar.

Fórmula de musse de chocolate branco

Ingredientes	% do padeiro	Peso kg
Leite	52,40	0,610
Fava de baunilha	—	2 unidades
Açúcar	3,20	0,037
Gemas	12,00	0,140
Gelatina	1,40	0,016
Chocolate branco	100,00	1,164
Creme de leite integral	153,00	1,782
Total	322,00	3,749

Procedimento para a musse de chocolate branco

1. Hidratar a gelatina em água bem fria e reservar.
2. Derreter o chocolate branco e reservar.
3. Bater o creme até o pico leve e reservar.
4. Fazer um creme *anglaise* com o leite, a baunilha, o açúcar e as gemas.
5. Coar o creme *anglaise* com um *chinois* fino em recipiente limpo e seco e acrescentar a gelatina hidratada e dissolvida. Mexer para emulsificar.
6. Acrescentar o chocolate branco derretido ao creme *anglaise* e formar uma emulsão.
7. Quando esta mistura atingir 27 °C, adicionar o creme batido em ponto fluido.

Geleia de framboesas

Ingredientes	% do padeiro	Peso kg
Purê de framboesas	100,00	0,422
Calda simples	100,00	0,422
Gelatina	6,50	0,027
Total	206,50	0,871

Procedimento para a geleia de framboesas

1. Hidratar a gelatina e reservar.
2. Aquecer a calda simples; derreter a gelatina, adicioná-la à calda simples e misturar bem.
3. Acrescentar a calda simples ao purê e emulsificar com a batedeira de imersão.
4. Usar a 33 °C.

Montagem

1. Depois que estiver pronto, com o saco de confeitar ou com a concha, colocar a musse nas formas e encher somente até a metade.
2. Colocar a inserção de framboesas sobre a musse e, então, completar as formas até o topo com a musse. Alisar a superfície com a espátula e levar ao freezer até se consolidar.

Capítulo 10: Bolo em camadas: clássico e moderno

Finalização

1. Para finalizar, remover o aro da musse tendo o cuidado de não retirar o acetato.
2. Aplicar a geleia de framboesas, retirar o plástico e colocar o bolo em prato apropriado.
3. Guarnecer com framboesas frescas e decorações em grade de chocolate branco.

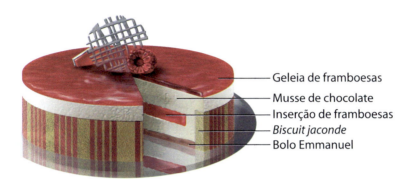

- Geleia de framboesas
- Musse de chocolate
- Inserção de framboesas
- *Biscuit jaconde*
- Bolo Emmanuel

Bolo musse de chocolate branco com framboesas

FÓRMULA

MUSSE DE AVELÃS E UÍSQUE (*WHISKEY HAZELNUT MOUSSE*)

Esta musse de chocolate, embora tenha um sabor intenso, apresenta uma textura muito leve. É feita com o chocolate ao leite e amargo e é uma iguaria sofisticada aromatizada com pasta de praline e uísque escocês. A musse é intercalada com camadas finas de chocolate, polvilhada com flor de sal de Guérande, um sal marinho muito saboroso do noroeste da França. O bolo é coberto com uma atraente calda escura e guarnecido com placas de chocolate e um cacho de avelãs carameladas para uma apresentação inebriante.

Componentes

Biscuit de chocolate

Camada crocante de praline

Discos de chocolate amargo para o *décor*

Musse de avelãs e uísque

Calda negra

Produção: 5 cúpulas de 18 cm × 9 cm.

Fórmula de camada crocante de praline

Ingredientes	% do padeiro	Peso kg
Chocolate ao leite	20,63	0,074
Pasta de praline	100,00	0,357
Pailleté feuilletine	47,62	0,170
Total	168,25	0,600

Produção: 1 forma cheia

Procedimento para a camada crocante de praline

1. Derreter o chocolate ao leite em banho-maria ou no micro-ondas.
2. Adicionar a pasta de praline e mexer para incorporar.
3. Acrescentar a *pailleté feuilletine*.
4. Espalhar uma camada fina sobre o *biscuit* de chocolate.
5. Depois que a camada de praline se consolidar, cortar círculos medindo 16,6 cm de diâmetro e reservar no freezer até quando necessário.

Capítulo 10: Bolo em camadas: clássico e moderno

Procedimento para os discos de chocolate amargo para o *décor*

Espalhar o chocolate amargo sobre uma folha de acetato. Antes que o chocolate se consolide, polvilhar flor de sal de Guérande e cortar discos de 14 cm, de 11,5 cm e de 9 cm. Cada disco será usado para cada bolo. Depois de cortados, cobrir o chocolate com papel-manteiga e colocar um peso por cima para evitar que fiquem desnivelados.

Procedimento para as camadas de chocolate amargo para *décor*

Espalhar uma fina camada de chocolate amargo sobre uma placa de acetato do tamanho de uma assadeira. Antes de se consolidar, cobrir com outra placa de acetato. Colocar um peso por cima durante a cristalização e reservar até quando for necessário.

Fórmula da musse de avelãs e uísque

Ingredientes	% do padeiro	Peso kg
Leite	45,00	0,441
Creme 35%	45,00	0,441
Fava de baunilha	—	1,5 unidade
Açúcar	5,00	0,049
Gemas	21,00	0,206
Chocolate ao leite 38%	86,00	0,843
Chocolate amargo 64%	14,00	0,137
Gelatina em folhas	2,90	0,028
Pasta de praline 60%	32,00	0,314
Uísque escocês	25,00	0,245
Creme de leite fresco	173,00	1,696
Total	448,90	4,400

Procedimento para a musse de avelãs e uísque

1. Hidratar a gelatina em água bem fria.
2. Bater o creme 40% a pico médio. Reservar.
3. Em uma panela de inox, ferver o leite, o creme 35%, a fava de baunilha e a metade do açúcar.
4. Combinar as gemas com a outra metade do açúcar.
5. Depois que o leite ferver, adicionar um terço à mistura das gemas.
6. Retornar a mistura à panela e cozinhar a 82 °C, como para o creme *anglaise*.
7. Coar o creme sobre os chocolates parcialmente derretidos e formar uma emulsão.
8. Dissolver a gelatina e misturá-la ao ganache antes que esfrie a 46 °C.
9. Acrescentar a pasta de praline e, então, o uísque.
10. Quando a mistura atingir 27 °C, adicionar o creme batido a pico médio.

Montagem

1. Com uma concha, colocar o musse em formas do tipo cúpula, fixadas em formas de torta para que não caiam. Ao colocar a musse, introduzir os discos de chocolate entre camadas de musse para criar quatro camadas de chocolate e cinco de musse.
2. Colocar um pedaço de *biscuit* de chocolate com uma camada de praline crocante como base, tendo o cuidado de nivelar com a forma.
3. Levar o bolo para o freezer até quando for necessário.

Procedimento para os cachos de avelãs carameladas

Preparar a fórmula para as *dragées*; entretanto, substituir as amêndoas por avelãs inteiras e sem pele. Cozinhar até o açúcar caramelar e, então, adicionar a manteiga, em 10% do peso das avelãs, para não grudar na panela. Colocar as avelãs carameladas em placa de silicone ou em granito ligeiramente untado com óleo e separar em cachos horizontais. Deixar esfriar e reservar até quando necessário.

Finalização

1. Quando o bolo estiver congelado, desenformar e colocá-lo em forma perfurada.
2. Aquecer a calda negra até atingir a consistência de calda e cobrir o bolo.
3. Retirar o excesso de calda e retornar o bolo ao freezer.
4. Depois que a calda estiver firme, retirar o bolo da forma perfurada e colocá-lo em prato adequado.
5. Decorar com pedaços da camada fina de chocolate quebrados em formatos geométricos.
6. Deixar um espaço sem os pedaços de chocolate e guarnecer com o cacho de avelãs carameladas.

Musse de avelãs e uísque

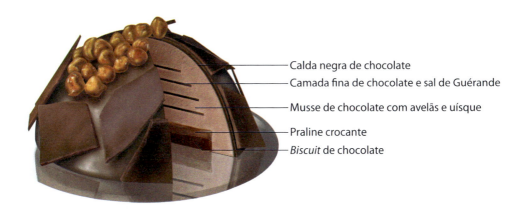

- Calda negra de chocolate
- Camada fina de chocolate e sal de Guérande
- Musse de chocolate com avelãs e uísque
- Praline crocante
- *Biscuit* de chocolate

TRONCO DE NATAL (BÛCHE DE NOËL)

A origem deste famoso bolo comemorativo francês pode ser traçada desde os tempos pagãos, quando a tradição céltica praticava a queima de troncos para o solstício de inverno, como símbolo do renascimento do Sol. Durante a Idade Média, a cerimônia de queimar troncos tornou-se mais elaborada e os troncos passaram a ser enfeitados com fitas e folhas antes de serem queimados em fogo de chão. A tradição de queimar troncos, na verdade, começou a desaparecer com a chegada de pequenos fogões e o subsequente desaparecimento dos fogos de chão. O tronco foi substituído por pequenos galhos, colocados no centro da mesa e cercados por *friandises* (doces e tira-gostos) oferecidos como aperitivos aos convidados. Essa tradição acabou se transformando no bolo que conhecemos hoje como *bûche de Noël* ou tronco de Natal. O *bûche* é normalmente servido com um pedaço cortado e colocado no topo do bolo para que se pareça com uma parte do tronco cortado, para imitar sua textura é usado o creme de manteiga. Para criar a ilusão de maior realismo, os *bûches* são, às vezes, decorados com açúcar impalpável para imitar neve, além de representações de galhos, frutas frescas e cogumelos feitos de merengue.

FÓRMULA

TRONCO DE NATAL DE LIMÃO E FRUTAS VERMELHAS (LEMON AND RED FRUIT BÛCHE DE NOËL)

O *Bûche de Noël* de limão e frutas vermelhas é preparado de maneira tradicional, usando pão de ló para a *roulade* (rocambole) e creme de manteiga como recheio e cobertura. A adição incomum de cítricos atua como uma nota refrescante em uma época do ano em que as pessoas tendem a comer em excesso antes que a sobremesa chegue à mesa. As frutas vermelhas em compota espalhadas sobre a metade do bolo antes de a massa ser enrolada é uma homenagem ao antigo costume de preservar as frutas de verão. Atualmente, com a oferta de frutas de alta qualidade durante o ano inteiro, as conservas de frutas não são mais necessárias. Com o uso do limão e das frutas vermelhas este *bûche*, embora tradicionalmente preparado para o Natal, também é muito apetitoso em qualquer época do ano.

Componentes

Roulade, uma forma inteira
Calda de limão
Compota de frutas vermelhas

Creme de manteiga de limão
Frutas e merengue para decoração

Produção: 3 bolos de 18 cm.

Fórmula de calda de limão

Ingredientes	% do padeiro	Peso kg
Calda simples	100,00	0,129
Suco de limão	16,67	0,021
Raspa de limão	—	1,5 unidade
Total	116,67	0,150

Procedimento para a calda de limão

Acrescentar o suco e a raspa de limão à calda simples. Reservar.

Fórmula para a compota de frutas vermelhas

Ingredientes	% do padeiro	Peso kg
Cerejas congeladas	33,33	0,062
Framboesas congeladas	33,33	0,062
Amoras congeladas	33,33	0,062
Suco de limão	8,33	0,016
Açúcar nº 1	16,67	0,031
Fava de baunilha	—	1 unidade
Açúcar nº 2	6,67	0,013
Pectina NH	1,67	0,003
Total	133,33	0,250

Procedimento para a compota de frutas vermelhas

1. Combinar e aquecer as frutas congeladas, o suco de limão, o primeiro açúcar e a Fava de baunilha.
2. Quando a mistura alcançar 65 °C, adicionar o segundo açúcar bem misturado com a pectina.
3. Cozinhar a mistura até ferver por um minuto, então transferir para um recipiente limpo e armazenar coberto no refrigerador.

Creme de manteiga com limão

Creme base para a fórmula de creme de manteiga

Ingredientes	% do padeiro	Peso kg
Suco de limão	100,00	0,118
Gemas	77,00	0,091
Açúcar	100,00	0,118
Total	277,00	0,327

Procedimento para o creme base do creme de manteiga

1. Em uma frigideira, aquecer o suco de limão.
2. Na batedeira, combinar as gemas e o açúcar.
3. Quando o suco de limão ferver, adicionar à mistura de gemas e açúcar.
4. Retornar ao fogo e cozinhar até 82 °C como para o creme *anglaise*.
5. Coar em *chinois* e levar à batedeira com o globo e misturar em velocidade média até a mistura alcançar 27 °C.
6. Ver o procedimento final do creme de manteiga para as instruções de finalização.

Fórmula de merengue italiano

Ingredientes	% do padeiro	Peso kg
Água	30,00	0,037
Açúcar nº 1	100,00	0,122
Claras	50,00	0,061
Açúcar nº 2	6,00	0,007
Total	186,00	0,227

Procedimento para o merengue italiano

1. Em uma panela, colocar o primeiro açúcar e a água para o merengue italiano.
2. Assim que a calda do primeiro açúcar atingir o estágio de fio (116 °C), começar a bater as claras com o segundo açúcar, na batedeira com o globo.
3. Quando a calda alcançar o estágio de bala dura, 121 °C, colocar a calda lentamente sobre as claras pelas laterais da cuba.
4. Bater até esfriar.
5. Ver o procedimento final do creme de manteiga para as instruções de finalização.

Fórmula final para o creme de manteiga

Ingredientes	% do padeiro	Peso kg
Creme base	66,00	0,326
Manteiga macia	100,00	0,494
Raspa de limão	2,60	0,01
Merengue italiano	46,00	0,22
Total	212,00	1,048

Procedimento final para o creme de manteiga

1. Adicionar a manteiga, em pequenas porções de cada vez, ao creme base batido e frio.
2. Continuar a bater até que a mistura se torne homogênea e bem emulsificada e, então, acrescentar a raspa de limão.
3. Acrescentar o merengue italiano e misturar para incorporar.

Montagem final

1. Desprender a *roulade* da placa de silicone e pincelar 150 g de calda de limão sobre ela.
2. Na metade da *roulade*, aplicar uma camada de compota de frutas vermelhas (200 g).
3. Na outra metade da *roulade*, aplicar uma camada de creme de manteiga de limão (300 g).
4. Enrolar o bolo e firmar o rolo com papel-manteiga.
5. Cobrir o bolo com 375 g de creme de manteiga de limão e decorar como para a *Bûche de Noël*.

Finalização

Transferir para um prato adequado e decorar com *décor* de merengue francês, chocolate *décor* e frutas carameladas.

FÓRMULA

TRONCO DE NATAL DE CHOCOLATE COM PRALINE (*CHOCOLATE PRALINE BÛCHE DE NOËL*)

Para comemorar o sabor típico do período de Natal, em uma combinação de chocolate e avelãs, este tronco de Natal é preparado com um formato mais contemporâneo. Uma musse de chocolate densa está presente na maior parte do bolo, com camadas de praline crocante e de praline creme *brûlée*, com uma base de *biscuit* de chocolate. A calda negra produz um acabamento extravagante, guarnecido com um adorno caprichoso de nozes carameladas, chocolate *décor* e framboesas frescas.

Componentes

Biscuit de chocolate

Inserção de praline creme *brûlée*

Camada de praline crocante

Musse de chocolate

Calda negra de chocolate

Chocolate *décor*

Nozes carameladas

Produção: 2 troncos de 49 cm de comprimento × 8 cm largura e 8 cm de altura.

Mise en place

Cortar o *biscuit* de chocolate em 7 cm de largura × 49 cm de comprimento.

Fórmula da inserção de praline creme *brûlée*

Ingredientes	% do padeiro	Peso kg
Leite integral	11,70	0,060
Creme 35%	88,30	0,455
Fava de baunilha	—	1 unidade
Açúcar	32,30	0,167
Gemas	20,00	0,103
Gelatina em folhas	2,30	0,012
Pasta de praline	20,00	0,103
Total	174,60	0,900

Procedimento para a inserção de praline creme *brûlée*

1. Hidratar a gelatina e reservar.
2. Ferver o leite, o creme e a fava de baunilha.
3. Misturar o açúcar com as gemas.
4. Adicionar uma parte do creme à mistura de gemas e açúcar e mexer bem.
5. Combinar essa mistura ao restante do creme e aquecer até 82 °C usando uma espátula para mexer continuamente o fundo da panela.
6. Coar com um *chinois* fino sobre recipiente limpo e acrescentar a gelatina hidratada e dissolvida.
7. Adicionar a pasta de praline, misturando até incorporar. Colocar em um quarto de forma forrada com filme plástico. Congelar.

Fórmula para a camada crocante de praline

Ingredientes	% do padeiro	Peso kg
Chocolate ao leite	20,63	0,065
Pasta de praline	100,00	0,315
Pailleté feuilletine	47,62	0,150
Total	168,25	0,530

Procedimento para a camada crocante de praline

1. Derreter o chocolate ao leite em banho-maria ou em micro-ondas.
2. Adicionar a pasta de praline e mexer para incorporar.
3. Acrescentar a *pailleté feuilletine*.
4. Espalhar o chocolate sobre placa de silicone ou papel-manteiga, do tamanho de meia forma e armazenar no freezer até que esteja pronto para uso.

Fórmula para a musse de chocolate

Ingredientes	% do padeiro	Peso kg
Creme 35%	100,00	0,811
Couverture 64%	100,00	0,811
Gemas	30,00	0,243
Açúcar	30,00	0,243
Água	10,00	0,081
Creme 40%	100,00	0,811
Total	370,00	3,000

Procedimento para a musse de chocolate

1. Fazer um ganache com o creme 35% e o chocolate.
2. Preparar a *pâte à bombe* com as gemas, o açúcar e a água.
3. Bater o creme 40% até o pico leve e reservar no refrigerador.
4. Depois que a *pâte à bombe* estiver entre 38 °C e 40 °C, adicionar o ganache, que deve estar na mesma temperatura.
5. Por fim, adicionar o creme batido em pico leve em dois estágios.

Montagem

1. Colocar apenas um terço da musse no molde de *bûche* e espalhar um pouco dela nas laterais da forma.
2. Cortar uma tira da praline creme *brûlée* congelada em 4 cm de largura × 49 cm de comprimento e pressionar levemente sobre a musse.
3. Colocar uma camada de musse sobre a praline e, então, pôr uma tira de 7 cm de largura × 49 cm de comprimento da camada crocante de praline. *Observação*: Para conseguir uma extensão de 49 cm, é necessário unir duas partes.
4. Colocar a musse um pouco abaixo da superfície da forma e colocar a base de *biscuit* de chocolate.
5. Reservar no freezer até quando necessário.

Finalização

Remover o bolo da forma e colocá-lo em base perfurada. Aquecer a calda negra até a consistência adequada e despejar sobre o bolo. Retornar o bolo ao freezer para firmar a calda. Guarnecer com decoração de chocolate, nozes carameladas, decorações de merengue e framboesas frescas.

Tronco de Natal de chocolate com praline

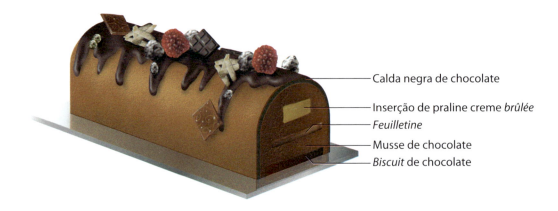

Capítulo 10: Bolo em camadas: clássico e moderno

RESUMO DO CAPÍTULO

Para obter sucesso na montagem de bolos, o confeiteiro deve estar preparado com a *mise en place* adequada e ter conhecimento sólido do funcionamento de todos os componentes e equipamentos, seja o produto um bolo em camadas, um bolo musse ou um bolo de noiva. Pode-se dizer que todo o conhecimento do mundo sobre divisão, recheio e glaçagem de um bolo, além das técnicas de montagem associadas ao uso de formas de aros ou de silicone é totalmente subjetivo, até que o confeiteiro pratique inúmeras vezes. Somente depois de muita prática um profissional pode dizer o que pode dar errado. Seguir as orientações apresentadas neste capítulo pode ajudá-lo a escolher a direção certa; entretanto, ele deve estar ciente de que, para cobrir corretamente um bolo, é necessário ter prática e determinação. A experiência e o aprendizado com outros são extremamente valiosos para captar as sutilezas das técnicas que podem fazer a diferença entre um bom produto e um grande produto.

PALAVRAS-CHAVE

- bolo em camadas
- bolos especiais
- chocolate para moldar
- cobertura
- cobertura do miolo
- complementos congelados
- cortadores para bolo
- divisão
- *entremets*
- glaçagem
- inserções congeladas
- montagem de baixo para cima
- montagem invertida
- pasta de chocolate
- recheio
- tiras de bolo (*cake wall*)

QUESTÕES PARA REVISÃO

1. Qual é a diferença entre o bolo clássico em camadas e o bolo especial?
2. Por que é fundamental ter todo o *mise en place* preparado ao iniciar a produção de um bolo?
3. Por que o tempo certo de execução e a preparação são essenciais na produção de bolos musse especiais?
4. O que são as tiras de bolo (*cake wall*)? Como são usadas?
5. Por que a data, o horário e o local são as primeiras informações a ser definidas na produção de um bolo de noiva?

| 431 |

capítulo 11

PETITS FOURS E CONFEITOS

OBJETIVOS

Depois de ler este capítulo, você será capaz de:

- Definir as categorias clássicas de *petits fours* e suas características.
- Descrever as categorias contemporâneas de *petits fours* e ser capaz de preparar uma seleção deles.
- Definir as propriedades das caldas de açúcar saturadas e supersaturadas e ser capaz de prepará-las com sucesso.
- Preparar uma seleção de confeitos de açúcar, incluindo cristalizados, não cristalizados, aerados e geleias.

HISTÓRIA E EVOLUÇÃO DOS *PETITS FOURS*

A expressão **petits fours** é empregada tradicionalmente para descrever biscoitos em miniatura, tortinhas e bolos, que normalmente acompanham um café ou chá da tarde, ou que são servidos depois de uma refeição. Os *petits fours* têm inúmeras características, incluindo leveza, delicadeza, crocância e frescor. Uma das características que, geralmente, definem os *petits fours* é que podem ser consumidos em um ou dois bocados. O nome dessas pequenas iguarias, que literalmente significa "pequenos fornos", refere-se à tradição de assar pâtisseries em miniatura em forno com a temperatura bem baixa, depois que produtos maiores tivessem sido retirados do forno e a temperatura fosse reduzida.

Os *petits fours*, em geral, são inspirados nas versões maiores de pâtisseries tradicionais e são preparados com os diversos tipos de bases encontradas nas confeitarias: massa de pão e de bolo, cremes, recheios e coberturas. Na maioria das vezes, os *petits fours* envolvem o conceito de tamanho e delicadeza e podem ser adaptados a partir de muitos produtos tradicionais de tamanho grande. Alguns ajustes podem ser necessários no manuseio da massa, no cozimento e na montagem. Exemplos de *petits fours* adaptados de produtos tradicionais incluem bolo ópera, *tarte Tatin*, tortas de *crémeux* de frutas, *madeleine* e baba ao rum.

Há dois estilos de *petits fours* doces, o tradicional e o contemporâneo, e ambos serão analisados neste capítulo. Os *petits fours* tradicionais incluem os *petits fours sec*, *petits fours glacés*, *petits fours frais* e *petits fours déguisés*. Os *petits fours* contemporâneos incluem os *petits fours prestige*, além dos *petits fours* tradicionais.

A apresentação e a qualidade do conjunto dos *petits fours* representam um papel importante na percepção desses doces. Toda a atenção deve ser dada na preparação dos *petits fours* para que seja o mais perfeito possível, uma vez que essas criações são pequenas e destinadas a paladares exigentes. Os *petits fours* são, às vezes, chamados **mignardise**, essencialmente pequenos e delicados, e **friandise**, que se refere a iguarias normalmente apreciadas com o café ou o chá, ou depois de uma sobremesa. Normalmente encontrados em jantares elegantes de restaurantes e hotéis, são as versões da pâtisserie dos salgados **amuses bouche**, ou tira-gosto.

CATEGORIAS DE *PETITS FOURS*

PETITS FOURS SEC

Petits fours sec normalmente são biscoitos sem recheio. Sua marca é a textura seca e crocante, por ter sido assado em baixa temperatura por longo período. A natureza simples dessa categoria torna a atenção aos detalhes um objetivo crucial para garantir boa qualidade e apresentação. Esses biscoitos normalmente incluem vários formatos e processos específicos para a montagem, que podem incluir os seguintes procedimentos: biscoitos de massas congeladas, moldados, confeitados e feitos com a massa aberta. As massas mais comuns usadas para *petits fours sec* incluem a massa de torta (*shortbread*), *sablé breton* e massa folhada para preparar *duchesses*, *sablé beurre*, *spritz*, *speculos*, *palmiers*, *allumettes glacées*, *tuiles* e lingua de gato.

Um *petit four sec* bastante conhecido é o **macaron parisiense**, um biscoito delicado feito com açúcar, claras e farinha de amêndoas. A variedade parisiense desse *macaron* está se tornando cada vez mais popular e é caracterizada por dois biscoitos recheados com algum sabor. Os *macarons* devem ser brilhantes e macios por fora com a cor representando o recheio interno. O interior do biscoito deve ser macio e úmido, nunca elástico ou duro. É comum que esses biscoitos sejam "curados" no refrigerador para amaciar e para intensificar o sabor do recheio. Com umidade relativa do ar a 70%, os *macarons* podem permanecer no refrigerador descobertos por até três dias. Caso a umidade seja muito alta, o biscoito pode ficar muito mole e ter sua textura comprometida. Normalmente os *macarons* são aromatizados com creme de manteiga ou ganache, que pode ser aromatizado com baunilha, pistache, chocolate, praline, limão e framboesa, entre outros.

PETITS FOURS GLACÉS

Petits fours glacés são bolos pequenos, do tamanho de um bocado, com cobertura de calda, normalmente *fondant*, que é aplicada no final do processo de produção. Montados em grandes assadeiras e cortados depois de firmes, os *petits fours glacês* contêm camadas finas de bolo alternadas com geleia e/ou creme de manteiga. O topo do bolo é adornado com uma camada fina de **marzipã** para adicionar sabor e também para tornar a superfície uniforme para assentar a calda. O marzipã é feito com pasta de amêndoas, com a adição de açúcar, calda de açúcar e, às vezes, glicose e/ou clara de ovos. Depois que o bolo for cortado, pode ser envolvido em *fondant*, ou, às vezes, em chocolate. Os *petits fours glacés*, geralmente, são finalizados com confeitos elaborados e estilizados.

Esse tipo de *petit four* não é tão comum como costumava ser, já os *petits fours frais* e os *petits fours prestige* têm se tornado cada vez mais populares.

PETITS FOURS FRAIS

Petits fours frais se caracterizam por ser preparados no dia em que serão servidos, já que na sua composição há itens que se deterioram rapidamente. Nesse grupo incluem-se os itens recheados com creme, tais como os *éclairs*, tortinhas (fruta, *crémeux*, ganache) e alguns *petits four déguisés*. Os *macarons* parisienses podem ser classificados como *petits fours frais* quando forem recheados com frutas frescas e uma musse ou um creme similar de textura leve. Os *petits fours frais* podem incluir *petits fours* "espumas", como bolos de amêndoas, *madeleines* e *financiers*.

PETITS FOURS DÉGUISÉS

Petits fours déguisés são feitos com frutas frescas, secas ou glaceadas mergulhadas em calda de açúcar, *fondant*, chocolate ou qualquer combinação dos três. As frutas que normalmente levam caldas incluem groselha, laranjinha japonesa (*kinkan*), cerejas, uvas e frutas glaceadas como abacaxi ou manga. A fruta é simplesmente mergulhada na calda de açúcar e transferida para uma placa de silicone ou superfície de granito ligeiramente untada. Algumas frutas, como a laranjinha, ficam melhores quando levemente ressecadas antes de receber a calda. Qualquer fruta mergulhada em calda deve ser usada na hora ou armazenada com umectantes para evitar o derretimento do açúcar.

A calda-padrão para banhar frutas inclui

100% de açúcar
35% de água
35% de glicose
5 gotas de solução de ácido tartárico por quilo de açúcar

A calda deve ser preparada como qualquer outra calda supersaturada: ferver a água com o açúcar, limpar as laterais da panela com pincel e água e depois adicionar a glicose. A calda precisa atingir a temperatura de 160 °C. A seguir, deve ser removida do fogo e o processo de cozimento deve ser interrompido com água fria. Depois que as bolhas tiverem diminuído, a fruta pode ser mergulhada na calda, que pode ser colorida para destacar a apresentação dos *petits fours*.

Os *petits fours déguisés* tradicionais de frutas normalmente são cobertos com marzipã e depois banhados em calda. O marzipã para decoração (20% do conteúdo da amêndoas) em geral é usado como um recheio para repor o caroço de algumas frutas e para formar uma fina camada externa para cobrir alguma fruta seca antes de passar na calda. Sempre que o marzipã for usado para cobrir uma fruta a ser banhada em calda, deve-se aguardar que seque por uns dois dias. Depois que o marzipã estiver seco, pode ser banhado em calda. Se a fruta for coberta com *fondant*, este deve estar seco e levemente endurecido antes de ser banhado em outro ingrediente, como o chocolate.

Os produtos que forem cobertos com *fondant* devem ser cristalizados ou ter um pouco de umidade para que fiquem firme. Para cobrir parcialmente os *petits fours déguisés* que tenham sido cobertos com *fondant* e chocolate, o *fondant* deve antes estar consolidado. As frutas mais usadas com essa técnica incluem morangos, fatias de laranjas e cascas de cítricos cristalizadas.

Considerações para banhar frutas em calda

Dois fatores devem ser considerados ao banhar frutas inteiras ou em fatias em calda de açúcar. Primeiro, as frutas devem ser corretamente limpas e secas por completo antes de serem banhadas na calda para evitar a cristalização do açúcar, além de evitar que a água dissolva o *fondant*, retenha o chocolate ou deteriore pedaços da fruta. Segundo, as frutas com altas quantidades de líquido na superfície devem ser cobertas com marzipã para evitar que o açúcar cristalize pela presença natural de líquidos e de umidade. Além disso, a calda para banhar frutas pode variar de crosta dura para caramelo, dependendo do sabor e da cor desejada. Consultar o Capítulo 14 para as orientações sobre calda de açúcar para produzir uma cobertura de melhor qualidade.

PETITS FOURS PRESTIGE

Os **petits fours prestige**, compostos por preparações mais elaboradas, refletem as tendências atuais da pâtisserie. Podem ser versões menores dos *entremets* contemporâneos ou de outras sobremesas. Os componentes usados para os *petits fours prestige* podem incluir bases de bolo, como o *biscuit* ou *dacquoise*, cremes como o musseline ou *crémeux*, espuma de ovos, como o merengue italiano, e frutas frescas. Além disso, muitas das técnicas de finalização empregadas para a produção de bolos elaborados podem ser usadas para os *petits fours prestige*, como caldas e chocolate *spray*. Muitas vezes, esses pequenos confeitos poderão incluir chocolate decorativo em miniatura ou elementos de açúcar. A produção desses itens envolve um trabalho intensivo; entretanto, com o uso de moldes especiais e com a ajuda do freezer, os *petits fours prestige* podem ter uma aparência uniforme e bem-definida e ser produzidos de maneira eficiente.

ARMAZENAMENTO E SERVIÇO DE *PETITS FOURS*

O armazenamento tem um papel essencial na produção e na oferta de *petits fours*. Deve ser dada atenção tanto ao ambiente de trabalho como às características individuais de cada item. Se o produto é sensível à umidade, deve ser acondicionado em embalagens herméticas, embaladas a vácuo quando possível, e com antiumectantes.

Muitos *petits fours* são produzidos o mais próximo possível do momento de servir, por causa do elemento de frescor que é sua característica. Os *petits fours sec* podem ter durabilidade aproximada de uma a duas semanas. Os *petits fours sec*, *déguisés* e o *prestige* mantêm o frescor por um período mais curto, que varia para cada produto. O congelamento é uma boa opção para muitas das bases e das massas que podem ser preparadas com antecedência e mantidas armazenadas até quando forem necessárias para assar ou para a montagem.

INTRODUÇÃO AOS CONFEITOS DE AÇÚCAR

Os **confeitos** podem ser divididos em três diferentes categorias: chocolate, farinha e açúcar. Os **confeitos de chocolate** são descritos em detalhes no Capítulo 15. Os **confeitos de farinha** representam ampla variedade de produtos, incluindo biscoitos, bolos e doces. O objetivo desta parte do capítulo, os **confeitos de açúcar** incluem produtos como caramelos, *cordials*, *fondants*, balas de marzipã, *patês de fruits*, *nougat* e *marshmallows*, todos baseados em açúcar (ver Figura 11-1). Os confeitos de açúcar podem ser consumidos como tira-gosto ou servidos após uma refeição como *petits fours*.

CONFEITOS DE AÇÚCAR NA HISTÓRIA

A Índia foi o primeiro país a criar um método de extração do açúcar a partir da cana. Os persas logo adotaram essas técnicas e, finalmente, os árabes introduziram o açúcar na Espanha e nos países do norte da África. O açúcar foi introduzido na Europa no século XII, comercializado junto com as especiarias exóticas. Na época, o açúcar era amplamente tratado como aromatizante usado em medicina, emplastos e pílulas feitas por boticários, cujo adoçante atuava como um agente estabilizante e para maquiar sabores desagradáveis de ingredientes medicinais. Por volta do século XV, foi estabelecida uma separação distinta entre produtos médicos e não médicos.

Figura 11-1
Seleção de confeitos: *pâtes de fruits*, *marshmallows* e pirulitos de *marshmallow chartreuse*.

CALDAS DE AÇÚCAR

O componente comum entre os confeitos de açúcar é a **calda de açúcar** feita com açúcar e água. No nível do mar, e sob condições atmosféricas normais, a água ferve a 100 °C. À medida que a calda de açúcar ferve, a água se transforma em vapor e o açúcar permanece em estado líquido. O açúcar dissolvido na calda permite que ela atinja o ponto de ebulição acima do da água pura; conforme a concentração de açúcar aumenta, também o ponto de ebulição aumenta. A proporção final de açúcar para água determina a densidade da calda (que afeta o ponto de ebulição), assim como o grau de consolidação que ocorre depois de a calda esfriar.

Os pâtissiers já faziam balas muito antes que os termômetros estivessem disponíveis para calcular a temperatura das soluções. O grau de cozimento era calculado ao se colocar algumas gotas da calda fervente em água fria para que fosse possível avaliar sua textura no momento em que esfriava. Essa técnica ainda é muito utilizada hoje. A Figura 11-2 demonstra a relação entre a temperatura da calda, suas propriedades de consolidação e seu uso mais comum.

Figura 11-2
Temperaturas das caldas comuns para confeitos.

Textura do cozimento	Temperatura	Usos
Ponto de fio	102 °C a 113 °C	Calda de frutas
Ponto de bala mole	113 °C a 116 °C	*Fondant, fudge*
Ponto de bala firme	118 °C a 121 °C	Caramelo macio
Ponto de bala dura	121 °C a 129 °C	Marzipã, *marshmallow*
Ponto de crosta mole	132 °C a 143 °C	*Taffy*
Ponto de crosta dura	149 °C a 154 °C	Bala dura, *toffee*, pé de moleque
Ponto de caramelo	160 °C a 177 °C	Caramelo, esculturas de açúcar

Saturação do açúcar

Quando o açúcar é dissolvido na água, a proporção da água para o açúcar e a temperatura da calda vai determinar o ponto de saturação. Em qualquer temperatura, a água pode dissolver apenas certa quantidade de açúcar. A água em temperatura ambiente, por exemplo, dissolve aproximadamente 66% do seu peso em açúcar. Para dissolver maior quantidade de açúcar, a temperatura da calda deve ser aumentada. Uma **calda saturada** é obtida quando a quantidade máxima de açúcar é dissolvida na água.

As **caldas supersaturadas** contêm açúcar dissolvido em quantidades mais altas do que normalmente é possível a certa temperatura. Isso é obtido quando uma calda de açúcar saturado é fervida para evaporar parte da água e, então, esfriada. É importante esfriar as caldas supersaturadas em um ambiente controlado para evitar a formação de cristais. A agitação ou a introdução de poeira, açúcar granulado ou qualquer outro material estranho na calda pode criar **caroços**. A agitação ou os caroços podem começar uma reação em cadeia de cristalização.

Cristalização

É fundamental entender e controlar a cristalização do açúcar na produção de confeitos. Se o açúcar foi ou não cristalizado define a subcategoria a que os confeitos pertencem. Por exemplo, o açúcar é intencionalmente cristalizado durante seu cozimento para **confeitos cristalizados** como *fondants* e *fudge*, já que a cristalização controlada forma milhares de cristais de açúcar microscópicos que criam características uniformes e cremosas.

Por sua vez, a cristalização deve ser evitada durante a produção de **confeitos não cristalizados**, como caramelos, balas duras e *toffees*. As características dos confeitos não cristalizados variam de duras e quebradiças até macias e "puxas", dependendo do grau em que a calda foi cozida e da quantidade de glicose ou açúcar invertido indicado na fórmula.

Ao cozinhar caldas saturadas, é importante acompanhar as seguintes orientações para evitar a cristalização.

- *Evitar impurezas*: Usar sempre utensílios, equipamentos e ingredientes limpos. Deve-se ter o cuidado para não utilizar açúcar que possa estar misturado com farinha, assim é recomendado usar um açúcar de boa procedência.
- *Temperatura*: Começar a cozinhar com temperatura de média a alta, pois uma temperatura muito alta no início pode promover a cristalização. Depois que a calda ferver, é possível aumentar a temperatura. Se usar fogão a gás, cuidar para que as chamas não alcancem as laterais da panela, pois pode provocar um cozimento desigual e resultar em um escurecimento prematuro.
- *Granulações de açúcar*: Antes de a calda ferver, observar se o açúcar está completamente dissolvido. Pincelar com água as laterais da panela para que não fique nenhuma partícula de açúcar sem se dissolver. Esse procedimento deve ser iniciado assim que comece o cozimento, quando a calda ferver e sempre que necessário. Deve-se observar que pincelar excessivamente com água vai introduzir mais líquido na solução, o que vai aumentar o tempo necessário para alcançar a temperatura desejada.
- *Agitação*: A menos que seja indicado na fórmula, as caldas não devem ser mexidas depois que ferver, uma vez que isso promove cristalização.

Ingredientes adicionais, chamados **anticristalizantes** pelos pâtissiers, podem ser acrescentados às caldas para ajudar a evitar a cristalização. Os anticristalizantes mais usados são glicose (a favorita), açúcar invertido e ácidos, como o tartárico. Eles devem ser adicionados à calda após a fervura, já que é mais fácil para o açúcar se dissolver sem a presença da glicose ou do açúcar invertido. As estruturas moleculares da glicose e do açúcar invertido, que são mais longas que as do açúcar (sacarose), podem inibir a ligação das moléculas de sacarose. A solução de ácido tartárico pode ajudar a prevenir a cristalização da calda ao inverter parcialmente a solução por meio da hidrólise.

A caramelização e a reação Maillard

A **caramelização** ocorre quando o açúcar é aquecido acima de 160 °C. O açúcar muda de uma cor clara para amarelo-leve, apresentando tons mais escuros de marrom. A caramelização desenvolve os sabores doces iniciais até os sabores mais densos, de nozes e levemente amargo. Quanto mais escura a calda se tornar, mais intenso será o sabor amargo.

A reação Maillard ocorre quando os aminoácidos da proteína e os monossacarídeos (glicose e frutose) são combinados em presença do calor. A reação é complexa, mas é muito importante que o confeiteiro e o padeiro entendam esse processo. Essa reação ocorre durante a preparação de muitos alimentos e resulta em sabores bem conhecidos, como os dos caramelos, dos pães, dos grãos de café, do chocolate, das cervejas escuras e das carnes grelhadas, para citar apenas alguns.

Na produção de confeitos, essa reação pode ser observada na preparação de *toffees* e de caramelos. Na teoria, quanto mais proteínas de aminoácidos houver nos laticínios que estiverem sendo cozidos, maior será o desenvolvimento da coloração escura e do sabor. Além disso, se o processo de cozimento ocorrer mais lentamente, o grau de escurecimento e o desenvolvimento do sabor será aumentado.

CATEGORIAS DOS CONFEITOS DE AÇÚCAR

Os confeitos de açúcar podem ser divididos em quatro categorias principais: cristalizados, não cristalizados, aerados e geleias. As texturas dos confeitos de açúcar (dura, macia, densa, gelatinosa e viscosa) são bem determinadas pela concentração da calda, dos ingredientes, pela fórmula e pelo processo de produção.

CONFEITOS CRISTALIZADOS

Esse grupo de confeitos é definido pela formação de cristais de açúcar durante o cozimento. Entre estes incluem-se o *fondant*, o *fudge*, as pralines, as *dragées* e os *liqueur pralines*. A maioria dos confeitos cristalizados é baseada em caldas de açúcar supersaturadas que são agitadas para criar uma fina camada de cristais. O confeiteiro pode controlar todos esses fatores (temperatura, saturação e agitação) para criar resultados específicos.

O tamanho dos cristais, por exemplo, é determinado pelo nível em que a temperatura da calda é diminuído; o número de cristais depende da agitação durante o processo de resfriamento. A calda quente que é mexida ocasionalmente enquanto esfria terá poucos cristais grandes, e a calda que não for agitada até que esfrie a 43 °C terá mais cristais com uma textura mais fina. A saturação, ou a quantidade de água que restou em uma solução depois de cozida, terá também uma influência

Figura 11-3
Temperatura de calda para *fondant*.

Temperatura	Textura	Usos
113 °C	Macia	Doces, cobertura
117 °C	Média	Várias aplicações
125 °C	Firme	Confeitos, recheios

no conjunto da cristalização. Se uma calda não for suficientemente cozida, a solução vai se cristalizar, mas se manterá mais líquida. Se for cozida em excesso, se tornará seca e quebradiça.

Fondant

O *fondant* tem utilidade tanto para a pâtisserie como para os confeitos. Conforme apresentado no Capítulo 8, o *fondant* é uma cobertura frequentemente usada em produtos como mil-folhas, *éclairs* e *danish*. Essa pasta de açúcar doce, consistente, opaca e finamente cristalizada não deve ser confundida com o *fondant* de rolo usado em decoração de bolos. Há dois tipos principais de *fondant*: o **fondant para pâtisserie** e o **fondant para confeitos**.

O *fondant* para pâtisserie é usado como cobertura, pois é cozido em baixa temperatura, tem mais água livre e é menos viscoso. No *fondant* para confeitos, uma vez que a calda é cozida em altas temperaturas, a estrutura de cristais é mais fina e a viscosidade, maior. A temperatura mais alta cria uma textura mais firme e permite ao confeiteiro afinar o *fondant* para adicionar sabores na forma de alcoóis e óleos. Também podem ser adicionadas ervas e especiarias.

A Figura 11-3 apresenta orientações sobre temperatura de caldas para *fondant*, juntamente com as respectivas texturas.

Os confeitos de *fondant* podem ser preparados à mão, ou aquecidos e colocados em **moldes de amido** até ficarem firmes. O molde de amido é feito com uma grossa camada compacta de amido seco, cuidadosamente moldada com cavidades, nos quais é colocado recheio. Algumas preparações para *fondant* incluem a invertase, uma enzima que quebra os açúcares contidos no *fondant* para produzir um recheio mais líquido. A invertase permite que o confeiteiro produza *fondants* bem macios, facilitando seu manuseio. Seu uso, no entanto, deve ser monitorado com atenção, porque a quantidade (0,5% a 1,5% do peso total do *fondant*) vai afetar o tempo (de dias a semanas) que leva para a conversão do açúcar. É muito comum, embora não necessário, finalizar o *fondant* com cobertura de chocolate.

Procedimento para o **Fondant**

- Combinar os açúcares, invertido e líquido. Cozinhar conforme a temperatura indicada, dependendo do uso final.
- Se a fórmula indicar sal, adicioná-lo no final do procedimento.
- Despejar a mistura quente sobre superfície de granito que tenha sido lavada com água gelada e deixar esfriar até aproximadamente 50 °C.
- Caso acrescente algum ingrediente ao *fondant*, que seja em torno de 10% do peso total e deve ser acrescido à calda.
- Mexer a mistura usando um raspador até que atinja o nível desejado de cristalização.
- Manter em recipiente bem vedado e deixar descansar durante a noite.

Moldes de amido para recheios de **fondant**

Os moldes de amido podem ser usados para formar uma crosta fina sobre o *fondant* macio, que depois é banhado em chocolate para finalizar. Para fazer o interior em *fondant*, este deve ser aquecido até aproximadamente 66 °C e o licor ou aromatizante, adicionado. Usando um funil aquecido, colocar o *fondant* nos moldes de amido e deixar por 3 a 5 horas para formar a crosta. Então, é removido do amido, o excesso é retirado com um pincel seco e o *fondant* é envolvido em chocolate temperado (derretido).

Fudge

O **fudge** é baseado na fórmula do *fondant* (cristais finos de açúcar envolvidos por uma calda de açúcar supersaturada) com ingredientes adicionais como laticínios, gordura, castanhas e chocolate. Considerando que cada ingrediente adicional afeta a estabilidade da massa ao alterar a textura, a aparência e a durabilidade, a fórmula do *fudge* requer um equilíbrio preciso de todos os ingredientes. O *fudge* não tem uma propriedade higroscópica extrema, mas pode ressecar se exposto ao ar por muito tempo. Portanto, o *fudge* deve ser coberto ou embrulhado imediatamente depois de cortado.

Procedimento para o fudge

- Combinar os açúcares, invertido e líquido. Cozinhar na temperatura indicada.
- Se a fórmula indicar sal, adicioná-lo ao fim do processo de cozimento.
- Despejar a mistura, sem agitar, sobre superfície de granito levemente untada e deixar esfriar até a temperatura desejada.
- Colocar aromatizantes e ingredientes adicionais como chocolate ou castanhas no topo da mistura.
- Agitar a mistura usando um raspador, primeiro para incorporar os ingredientes adicionados e depois para alcançar o nível desejado de cristalização.
- Colocar em forma para cristalizar.
- Depois que o *fudge* se consolidar por aproximadamente uma hora, estará pronto para ser cortado em porções e embalado para armazenagem.

Bombom de licor

Os **bombons de licor** são confeitos cristalizados recheados com licor aromatizado e calda de açúcar supersaturada. Quando essa calda é colocada no molde de amido, forma-se uma concha muito fina por meio de uma cristalização bastante controlada. O uso do molde de amido é a escolha tradicional para o bombom de licor; entretanto, esses confeitos também podem ser moldados em moldes de chocolate. Caso seja usado o molde de amido, este deve estar bem seco para que o processo de cristalização possa ser iniciado. Se estiver muito úmido, ou se houver muita umidade no ar, o licor pode ser absorvido pelo amido e comprometer o resultado do produto. O que caracteriza esses pequenos confeitos é uma fina camada de açúcar que retém a calda de licor aromatizado. Quando a crosta é quebrada, o licor é liberado de uma vez.

A temperatura desejada de cozimento da calda dos bombons varia conforme a fórmula, já que o tipo de álcool usado influencia o nível de cristalização. Para uma calda que use álcool a 45%, a solução deve ser cozida a 116 °C. É importante não empregar anticristalizante, o que vai impedir a parte mais essencial do procedimento – a formação de cristais finos de açúcar. As técnicas adequadas de preparação de caldas devem ser realizadas com bastante atenção, incluindo pincelar as laterais da panela com água para evitar a cristalização e observar cuidadosamente a temperatura. A calda para bombom que não tenha sido cozida em temperatura suficientemente alta não será adequadamente saturada para iniciar o processo de cristalização.

Por sua vez, aquela que for excessivamente cozida vai se tornar muito cristalizada, possivelmente ao ponto de cristalização total.

Depois que a calda esfriar um pouco, o licor morno é adicionado e a calda esfriada abaixo de 49 °C com agitação mínima. O tipo de licor não deve ser muito ácido, pois poderá evitar a formação de cristais adequadamente. A calda é, então, depositada no molde de amido ou em outro molde especial. A seguir, o amido morno deve ser peneirado sobre a calda e os bombons deixados para cristalizar por pelo menos quatro horas. Colocar uma tampa sobre a caixa de amido e invertê-la por ao menos 10 horas. Nesse estágio, os bombons podem ser removidos do amido, o excesso retirado com pincel limpo, cobertos com chocolate ou embalado em plástico. Se a calda tiver de ser colocada nas conchas de chocolate, deve antes ser esfriada a 26 °C. A técnica para esses confeitos é bastante detalhada e deve ser seguida cuidadosamente para garantir a qualidade do produto final.

Para determinar a quantidade de açúcar, água e álcool em um bombom de licor, deve-se primeiro saber a porcentagem de álcool presente no licor. Em cada litro de álcool, baseado na graduação alcoólica, é necessário 50 g de açúcar por ponto porcentual de álcool. Para um litro de Calvados (45%), por exemplo, pode ser usada a seguinte fórmula para determinar a quantidade de açúcar necessária: 45 × 50 = 2.250. A quantidade de álcool na calda deve ser sempre 50% do peso do açúcar. Pode ser calculado como 2.250 × 50% = 1.125. A seguir, é necessário calcular o peso da água, que deve ser de 45% do peso do açúcar. (A porcentagem da água não está conectada com a porcentagem do álcool; são, por coincidência, os mesmos neste exemplo.) Para obter o peso da água, multiplicar a porcentagem da água pelo peso do açúcar: 2.250 × 45% = 1.012,5. Os resultados desse cálculo são:

Açúcar: 2,250 kg
Água: 1,012 kg
Calvados (45%): 1,125 kg

Procedimento para o bombom de licor

- Colocar o amido seco peneirado em molde de metal.
- Fazer depressões no amido.
- Colocar a caixa de amido em local aquecido e seco, ou em forno com temperatura muito baixa para "secar" antes de colocar a calda.
- Com a ajuda de um funil para *fondant*, colocar a calda nas depressões e, então, peneirar mais amido seco sobre a solução de açúcar para garantir uma cristalização homogênea.
- Depois de 4 a 6 horas, uma fina camada de cristalização deve se desenvolver. Nesse ponto, os bombons devem ser invertidos para um endurecimento homogêneo da "crosta". Essa etapa é opcional, mas aprimora a qualidade do bombom.
- Colocar uma tampa na caixa de amido e inverter a posição.
- Depois de 10 a 12 horas, a crosta do bombom deve se apresentar completamente estável e pronta para o manuseio. Remover o excesso de amido com um pincel seco e limpo. Se os bombons ficarem mais tempo, a crosta se tornará mais grossa, o que não é desejado.
- Se desejar, banhar os bombons em chocolate temperado para fornecer uma cobertura protetora e evitar que a camada fina se quebre.

Dragées

As *dragées* representam uma categoria de confeitos cristalizados feitos com castanhas assadas em fogo baixo que passaram por dois processos distintos: cristalização e cobertura. O primeiro passo envolve a cobertura das castanhas em calda, mediante cozimento e agitação. A seguir, as castanhas são cobertas com uma camada leve de calda de açúcar ou de chocolate. Esse último procedimento é conhecido como empanar (*panning*).

A calda de açúcar para as *dragées* é cozida até o ponto de fio (116 °C), normalmente em panela de cobre de fundo arredondado. A panela de cobre é útil por ser um condutor de calor eficiente, além do que as laterais curvas ajudam a misturar as castanhas e promover a cristalização. Se não tiver uma panela de fundo arredondado, as *dragées* devem ser feitas em quantidades menores em panela de inox, se possível. Depois que a calda estiver pronta, as castanhas assadas podem ser adicionadas e misturadas para uma cobertura completa. Mexer constantemente desencadeia a cristalização do açúcar, que parecerá opaco e líquido conforme comece a cristalizar. A agitação deve continuar se tornando mais esbranquiçada e seca até parecer arenosa.

O processo de cozimento pode parar quando o açúcar apresentar uma cristalização de aspecto branco e arenoso, ou pode continuar se a caramelização for desejada. Se for este o caso, as castanhas devem ser mexidas constantemente para uma cobertura e caramelização uniformes. Pode ser necessário diminuir o fogo para evitar que se queimem.

Depois que a calda de açúcar com as castanhas caramelar, deve ser adicionada uma pequena porção de manteiga ou de manteiga de cacau, mexer para misturar bem. Essa medida evitará que as castanhas colem umas nas outras. No entanto, se for adicionada muita gordura, o produto final ficará oleoso e engordurado. É comum adicionar uma pitada de sal para misturar os sabores do caramelo e da manteiga. As castanhas podem, então, ser despejadas em placa não aderente ou em superfície de granito levemente untada. Podem ser separadas à mão para que não se colem, ou podem ser deixadas em cachos. Se o açúcar não for caramelado, não é necessário usar a manteiga. As *dragées* podem ser servidas assim, cristalizadas ou carameladas, ou podem ser cobertas com uma camada de chocolate.

Procedimento para as dragées

- Assar as castanhas em forno baixo para dourá-las até o interior. Reservar.
- Em panela de cobre de fundo arredondado, combinar o açúcar, a água e a fava de baunilha e cozinhar até o ponto de fio.
- Acrescentar as castanhas e mexer constantemente para cristalizar o açúcar até ao menos atingir o ponto em que fica esbranquiçado, seco e arenoso. Se parar nesse estágio, despejar a mistura em superfície limpa e deixar esfriar em temperatura ambiente antes de armazenar.
- Se for preparar as *dragées* em ponto caramelo, continuar mexendo as castanhas. O fogo talvez precise ser diminuído para evitar o cozimento desigual.
- Quando as castanhas se tornarem da cor de caramelo, retirar a panela do fogo e acrescentar manteiga ou manteiga de cacau e mexer para incorporar. Despejar as castanhas em placa de silicone ou em superfície de granito levemente untada e separá-las se desejar. Deixar esfriar.
- Armazenar as *dragées* frias em recipiente bem vedado e reservar até usá-las com ou sem cobertura (*panning*).

Empanar confeitos (*panning*)

O método para cobrir castanhas em geral ou outros confeitos é chamado **panning**, ou **empanar confeitos**. Há três tipos de *panning*: o de calda macia, o de calda dura e o **chocolate** *panning*. Dado que o processo de cobertura com calda macia e calda dura é altamente técnico e requer equipamentos especializados, somente a cobertura de chocolate será apresentada aqui em detalhes.

A definição clássica de *dragée* refere-se ao processo de banhar castanhas, em geral, em calda para uma cobertura. A cobertura mais tradicional é a de açúcar, mas a de chocolate se tornou a favorita, desde que foi descoberta e produzida em grande escala. Há dois métodos possíveis para cobrir confeitos com chocolate: adotar os sistemas mecanizados e mexer o chocolate e as castanhas à mão. O processo mecanizado merece atenção especial, pois é necessário um controle específico da temperatura e do movimento para obter os resultados desejados.

Para cobrir castanhas e frutas secas com chocolate de maneira homogênea, é importante começar com peças uniformes. Para grandes produções comerciais, as castanhas normalmente são despejadas em uma mistura de solução de goma e amido, ou de cacau em pó (dependendo das técnicas de finalização empregadas). Isso cria uma fina camada em torno do centro, o que torna a peça mais simétrica, ajuda o chocolate a aderir ao centro e a limitar a migração de gordura do centro para o restante do chocolate.

A temperatura tanto do ambiente como do chocolate é muito importante para o *panning*. A temperatura ideal para o chocolate é entre 32 °C e 35 °C, um pouco acima e vários graus acima do ponto no qual o chocolate pode ser temperado. Para uma descrição detalhada da têmpera e das propriedades da manteiga de cacau na cristalização do chocolate, consultar o Capítulo 15. A temperatura do ambiente de trabalho deve ser entre 13 °C e 16 °C. Essa temperatura mais fria ajuda a iniciar o processo de cristalização da manteiga de cacau no interior do chocolate, que resulta na formação de camadas de chocolate.

O processo é bastante simples. Para uma pequena confeitaria ou para uma cozinha de testes, podem ser encontrados tambores para cobertura de chocolate que podem ser adaptados às batedeiras KitchenAid; entretanto, para grandes produções, existem equipamentos altamente especializados. Para começar, um tambor é programado para girar a aproximadamente 25 rpm, quando são adicionadas as castanhas. A quantidade de castanhas não deve alcançar mais que a metade da forma. É necessário espaço suficiente para garantir uma cobertura completa, que requer que elas tenham lugar suficiente para se mesclar. Conforme as castanhas giram, o chocolate é colocado com conchas dentro do tambor.

O lugar onde o chocolate cai é fundamental, pois determina como ele vai cobrir o centro. Para produzir uma cobertura uniforme, o chocolate deve ser lançado da concha com um fluxo lento e constante à frente de onde as castanhas estão girando. Na medida em que elas giram, vão se agrupando e formando cachos. É fundamental separá-los o mais cedo possível, pois seu tamanho tende a crescer consideravelmente com mais adição de chocolate.

Depois que a cobertura do chocolate inicial estiver consolidada, pode ser acrescentado mais chocolate, repetindo o mesmo método. Esse procedimento de ajustar e de colocar mais chocolate continua até alcançar o ponto desejado de espessura, uma quantidade normal de chocolate é de duas a três vezes o peso das castanhas. Os confeitos cobertos normalmente são finalizados com açúcar impalpável ou cacau em pó, mas também podem ser liso e brilhante. Embora a técnica de cobrir castanhas e frutas secas por meio do *panning* de chocolate requeira prática e qualificação, é fácil obter resultados bastante consistentes e satisfatórios se o confeiteiro definir uma técnica possível de trabalhar.

CONFEITOS NÃO CRISTALIZADOS

Os confeitos não cristalizados são caracterizados pela ausência de formação de cristais durante o cozimento. Não importa se dura e densa ou suave e macia, a textura é definida pelo controle da quantidade de água evaporada durante o cozimento e pelos ingredientes indicados na fórmula. Dois dos ingredientes mais comumente adicionados são creme e manteiga, que causam um escurecimento mediante a reação de Maillard e que produzem os sabores característicos de caramelo e *toffee*. Para prevenir a formação de cristais, é muito importante seguir atentamente diversas orientações ao preparar esses confeitos:

- Combinar todos os ingredientes indicados em um recipiente e dissolver o açúcar.
- Para prevenir "granulações", limpar as laterais da panela com um pincel limpo e umedecido, durante o cozimento, para garantir que nenhuma cristalização vai se formar.
- Para preparações sem laticínios, não mexer depois de ferver, já que a agitação levará à cristalização. Para preparações que contenham laticínios, como a do caramelo e a do *toffee* é necessário mexer para evitar que queime o fundo da panela.
- Escumar as impurezas residuais do açúcar que aparecerem na superfície durante a fervura.
- Adicionar açúcar invertido como glicose, calda de milho ou mel. Um ácido como suco de limão, ácido tartárico ou cremor de tártaro também vão ajudar a bloquear a formação de cristais.

Balas

Uma das formas mais antigas de confeitos, as **balas** foram no passado amplamente associadas aos farmacêuticos. Atualmente, em razão do apelo de um mercado imenso, normalmente são produzidas em escala industrial com equipamentos altamente especializados. Para produções em pequena escala, como as de restaurantes ou de hotéis, diversos estilos de balas são mais comuns do que outros. As balas obtêm sua textura por causa da quantidade mínima de água no produto final. Muitas dessas balas não atingem o ponto que desencadeie a reação Maillard, já que a temperatura da calda não passa de 160 °C.

Os ingredientes para as balas sempre incluem açúcar, bem como glicose e aromatizantes. Para produções em pequena escala, a proporção mais comum de açúcar para glicose é de 7:3. A glicose é necessária para estabilizar o açúcar prevenindo a cristalização e para facilitar a moldagem e o formato. Até certo ponto, a glicose auxilia a retardar a degradação da bala, já que dificulta a absorção de água do ambiente. Entretanto, se uma quantidade muito grande de açúcar invertido for indicada na fórmula – tanto por meio da inversão durante o processo de cozimento quanto do uso de açúcar invertido ou do uso excessivo de glicose –, as balas vão atrair mais umidade.

Se algum elemento ácido for adicionado enquanto a calda estiver cozinhando, pode ocorrer a hidrólise e tornar o açúcar muito macio, o que vai estimular a atração de umidade. Os ingredientes ácidos como os cítricos e tartáricos, às vezes, são acrescentados à calda depois que começar a esfriar para complementar os aromatizantes com alguns tons ácidos.

Em níveis de produção artesanal, os procedimentos são na maioria feitos à mão, usando equipamentos especiais de baixa tecnologia que dão forma e moldam as balas. Se o trabalho envolver mais do que simplesmente colocar a calda nos moldes, uma revisão sobre o açúcar puxado (encontrada no Capítulo 14) será bastante útil. Da mesma forma que com o açúcar puxado, as balas apresentam questões relacionadas ao trabalho com meios muito quentes. Quando forem necessários cores e sabores múltiplos, pode-se dividir um grande lote de calda, deixar resfriar e depois aromatizar e colorir conforme desejar. Esticar, dobrar, contrair e moldar balas exige muita prática até que a habilidade do confeiteiro possa ser demonstrada.

Procedimento para balas

- Dissolver o açúcar com a água e deixar ferver.
- Adicionar a glicose, dissolver e cozinhar a calda até a temperatura desejada.
- Adicionar o corante conforme a necessidade.
- Esfriar a massa em placa de silicone, e adicionar os sabores, os ácidos ou cores conforme desejar.
- Acetinar a massa conforme necessário.
- Moldar o produto conforme necessário.
- Envolver em filme plástico para preservar contra a umidade.

Pé de moleque[1]

Pé de moleque é um confeito crocante baseado em calda de açúcar em que foram adicionadas castanhas ou sementes. Esse confeito pode ser considerado uma extensão das balas, porque é baseado em calda de açúcar cozida em altas temperaturas com ingredientes adicionados a ela. A fórmula básica de açúcar, água e glicose, que é similar à da bala, é cozida em alta temperatura para evaporar uma quantidade máxima de líquido. Quando castanhas ou sementes são adicionadas, o confeito apresenta um sabor e cor caramelados, devido à reação Maillard. Depois que as castanhas são acrescentadas à calda, deve-se mexer para garantir que elas não fiquem no fundo da panela e queimem.

Podem ser acrescentados ingredientes adicionais como sal, bicarbonato de sódio e manteiga, bem como aromatizantes como a baunilha. O bicarbonato de sódio é acrescentado depois do cozimento para dar leveza à textura e permitir que as camadas da crosta sejam mais grossas, embora comestíveis. Caso seja usado, o bicarbonato de sódio deve ser acrescentado no final do processo de cozimento, um pouco antes de despejar a mistura na base, para garantir que o dióxido de carbono seja retido pela massa. Há também a técnica que estica e dobra a crosta para criar camadas finas.

Procedimento para o pé de moleque

- Combinar o açúcar com a água e deixar ferver.
- Depois de ferver, acrescentar a glicose e mexer para dissolver.
- Cozinhar a calda até 110 °C e então adicionar as castanhas ou sementes.
- Continuar a cozinhar, mexendo a mistura até que alcance 155 °C.
- Remover a panela do fogo e acrescentar os ingredientes adicionais (sal, aromatizantes, bicarbonato de sódio e manteiga).
- Despejar em superfície de granito levemente untada ou em placa de silicone para esfriar e espalhar para formar uma camada fina.
- Se desejar, esticar o pé de moleque para formar camadas mais finas quando esfriar.
- Armazenar em área coberta com umectantes para evitar a absorção de umidade.

---

[1] O pé de moleque é um doce típico da culinária brasileira, feito a partir da mistura de amendoim torrado com rapadura. A fabricação tradicional do doce se dá pela mistura de amendoins torrados e moídos que são posteriormente misturados a uma rapadura previamente derretida. A mistura é lentamente mexida em fogo brando até atingir o ponto prévio à cristalização e rapidamente deve ser distribuída sobre uma superfície lisa e fria de pedra. A utilização de um tacho de cobre é desejável. Depois de resfriado, o doce adquire a consistência macia que é característica do processo tradicional por incorporar o óleo do próprio amendoim macerado. (Fonte: Siqueira, I. "Pede, moleque". *Menu*, p. 65 – Wikipedia.) (NE)

Caramelo e *toffee*

A diferença entre **caramelo** e *toffee* pode ser medida pela diferença no teor de umidade ao final do processo de cozimento. A temperatura que promove a caramelização do açúcar não chega a atingir esses itens; ao contrário, os sabores e as colorações que imitam o caramelo são produzidos quando as proteínas lácticas passam pela reação Maillard. Os dois produtos são muito saborosos, com notas de caramelo amanteigado, mas a textura é muito diferente: o caramelo varia da textura macia e cremosa a firme e "puxa", enquanto o *toffee* é caracterizado por uma textura mais dura e sólida. Tanto o caramelo como o *toffee* se baseiam no controle do cozimento da calda, no anticristalizante e no lacticínio. Diversos tipos de lacticínios podem ser usados, incluindo creme, leite, leite evaporado ou leite condensado.

Procedimento para caramelo e toffee

- Combinar o açúcar e os ingredientes líquidos e deixar ferver mexendo sempre.
- Acrescentar a glicose, o açúcar invertido, ou o mel e continuar a cozinhar e a mexer em fogo médio.
- Controlar a temperatura para garantir o teor de umidade no produto final.
- Depois de pronto, adicionar o sal e outros aromatizantes se for o caso.
- Despejar a mistura em molduras de metal, ou conforme desejar.
- Para o caramelo, cortar quando estiver frio e embalar em material adequado ou cobrir com chocolate.
- Para o *toffee*, cortar enquanto estiver maleável e embalar para evitar a absorção de umidade.

CONFEITOS AERADOS

Os **confeitos aerados**, que consistem em uma espuma estável, são produzidos tanto pela fórmula como pelos ingredientes batidos. Os dois exemplos mais comuns de confeitos aerados são o *marshmallow*, leve e macio, e o *nougat*, firme e consistente. Os dois métodos mais comuns na preparação dos confeitos aerados são a adição de um agente gelificante ao merengue enquanto estiver sendo batido, e adição de um agente gelificante à calda de açúcar, batendo-a até o estágio desejado.

Quando é criada uma espuma estável com claras batidas ou com um agente gelificante (normalmente gelatina), o ar incorporado produz uma textura leve. Depois que a espuma estável é criada, deve ser estabilizada para que o produto final retenha suas características. Os ingredientes usados para elaborar a espuma em geral são os mesmos responsáveis por sua estabilização. A coagulação da proteína das claras, por exemplo, estabiliza a espuma conforme esfria e não é termorreversível, enquanto a gelatina batida com a calda cria uma espuma que gelatiniza e se torna estável depois de consolidada.

Marshmallow

O **marshmallow** já era conhecido no Egito antigo onde era feito com seiva de alteia (*Althaea Officinalis*) e mel. Destinado às altas classes, era valorizado pelas suas propriedades medicinais, atuando como remédio contra a tosse. Atualmente, o *marshmallow* é feito adotando-se ao menos dois métodos: um com claras e um sem claras. Nos dois métodos, utilizam-se açúcar, glicose, gelatina e aromatizantes opcionais.

A gelatina, ou uma combinação de claras e gelatina, pode ser usada para criar a espuma para o *marshmallow*. Os *marshmallows* à base de gelatina são mais comuns; entretanto, o sabor adicional e a textura leve do *marshmallow* preparado com claras e gelatina são mais apropriados para as produções artesanais.

Os *marshmallows* produzidos industrialmente são preparados com máquina extrusora do tipo cilindro e cortados em segmentos. Os preparados artesanalmente são, em geral, colocados em moldes, cortados em quadrados ou em outros formatos e, então, colocados em uma mistura 50/50 de fécula de batata e açúcar impalpável. (Ao cortar o *marshmallow*, é melhor usar uma faca ligeiramente untada com óleo para evitar que o açúcar cole na faca.) Além disso, ele pode ser moldado em formas de silicone como a Flexipan® para produzir formatos originais.

Procedimento para o marshmallow *com claras e gelatina*

- Hidratar a gelatina em água fria cinco vezes o seu peso.
- Aquecer as claras entre 18 °C e 21 °C e colocá-las na batedeira adaptada com o batedor.
- Começar a preparar a calda de açúcar a 140 °C.
- Começar a bater as claras quando a calda atingir 120 °C.
- Quando a calda atingir 140 °C, removê-la do fogo, acrescentar a gelatina hidratada e dissolvida e incorporar completamente.
- Ligar a batedeira em velocidade alta.
- Colocar a mistura da calda e gelatina na batedeira, despejando sobre as claras batidas pela lateral da cuba e misturar em velocidade alta até atingir o volume pleno e quando estiver morna (45 °C).
- Colocar em moldes ou em molduras enquanto a mistura estiver morna, deixar se consolidar e, então, cortar e finalizar conforme desejar.

Procedimento para o marshmallow *com gelatina*

- Hidratar a gelatina em água fria cinco vezes o seu peso.
- Cozinhar a calda conforme a temperatura indicada na fórmula.
- Deixar esfriar a 100 °C sem agitar.
- Acrescentar a gelatina hidratada e dissolvida à mistura e incorporar completamente.
- Na batedeira com globo, misturar em velocidade alta até atingir o volume pleno ou quando estiver morna (45 °C).
- Colocar em moldes ou em molduras enquanto a mistura estiver morna, deixar se consolidar e, então, cortar e finalizar conforme desejar.

Nougat

O **nougat** é um confeito aerado e denso com texturas que variam de macia e "puxa" a firme, dependendo do grau de cozimento da calda, assim como dos ingredientes usados. Embora a textura seja muito mais densa que o *marshmallow*, a base do *nougat* é a espuma de claras para formar suas características. O *nougat* europeu é branco e firme, enquanto o estilo da maioria do *nougat* norte-americano usado em torrones é muito mais macia e leve.

O *nougat* é apresentado em vários estilos, com inúmeras combinações de inclusões e aromatizantes. Os ingredientes mais comuns incluem avelãs, pistaches e amêndoas inteiras sem pele. Com exceção dos pistaches, é melhor tostar as castanhas e mantê-las em ambiente aquecido até que sejam usadas, de maneira que o *nougat* não esfrie muito rapidamente, tornando fácil de moldar e de enrolar. O *nougat* também pode ser aromatizado com café, chocolate ou outro sabor, como o de pasta de pistache. Quando a mistura for completada, ele é colocado em placa de silicone com moldura ou entre barras de metal para pâtisserie. Alguns confeiteiros colocam o *nougat* sobre papel de arroz, pois ajuda a firmar o doce.

Um dos tipos mais populares de *nougat* é o de Montélimar, em uma referência à cidade francesa do Vale do Rhone. A fórmula consiste em um merengue feito com mel cozido e calda de açúcar. A técnica comum, que pode variar ligeiramente de fórmula para fórmula, é cozinhar o mel a uma temperatura específica e, então, adicioná-lo ao merengue batido até o pico leve. Quando a mistura merengue–mel alcançar o volume pleno, adicionar a calda, que deve ser cozida a uma temperatura determinada. Como há um baixo teor de água no merengue, é melhor trocar o globo pela raquete na batedeira, antes de adicionar a calda. É muito importante que a calda não escureça, ou fará que o *nougat* apresente uma coloração indesejável e não característica.

Deve-se continuar a bater a mistura até que esfrie, mas ainda se mantenha morna. Quando o merengue estiver com a temperatura em torno de 55 °C podem ser acrescentados os ingredientes adicionais. Os mais usados incluem açúcar impalpável, manteiga de cacau e castanhas tostadas. O açúcar impalpável é adicionado para induzir a cristalização alterando a textura do confeito, enquanto a manteiga de cacau é muitas vezes adicionada para tornar a textura mais compacta e macia.

No caso de acrescentar manteiga de cacau e/ou castanhas, a temperatura dos ingredientes adicionados deve ser similar à do *nougat*. Do contrário, vai provocar a separação e as porções de *nougat* vão se consolidar prematuramente na cuba. Se isso ocorrer, a cuba pode ser aquecida com o maçarico para amaciar o *nougat* e amornar a mistura.

Depois que o *nougat* se consolidar, pode ser cortado no tamanho desejado, usando-se uma faca de serra (isto vai assegurar que o formato seja mantido). Depois de cortado, pode ser embalado ou, então, parcial ou totalmente banhado em chocolate. Se for parcialmente coberto em chocolate, pincelar com manteiga de cacau a parte exposta para evitar que absorva umidade.

Procedimento para o nougat

- Antes de iniciar o *nougat*, tostar as castanhas. A seguir, combinar os pistaches (se for usá-los) e mantê-los em forno aquecido a 66 °C até quando for utilizar.
- Ferver o mel até a temperatura indicada.
- Ferver a água e o açúcar. Logo que atinja a fervura, adicionar a glicose e cozinhar a calda até a temperatura especificada.
- Começar a bater as claras, o açúcar e o sal quando o mel atingir 100 °C.
- Despejar o mel sobre as claras e usar o batedor acoplado à batedeira. Quando a calda atingir a temperatura desejada, trocar o batedor pela paleta antes de adicionar a calda.
- Continuar a bater com a paleta em velocidade média.
- Quando atingir a temperatura de 50 °C, acrescentar o açúcar impalpável e misturar até incorporar totalmente.
- A seguir, acrescentar a manteiga de cacau derretida e misturar até incorporar totalmente.
- Por último, adicionar as castanhas amornadas e as frutas secas (se for o caso) e misturar somente até incorporar.
- Colocar a mistura em placa de silicone e abrir a mistura entre as barras de metal. Se desejar, colocar uma camada uniforme sobre uma folha de papel de arroz e finalizar com outra.
- Deixar se consolidar e cortar no tamanho desejado.
- Banhar as laterais ou todo o confeito em *couverture* amarga temperada.
- Caso não usar a *couverture* temperada, embalar o *nougat* em plástico depois de cortado.

BALAS DE GOMA

As jujubas, ou **balas de goma**, são confeitos de açúcar muito populares e muitas das variedades industrializadas podem apresentar formatos bastante curiosos, incluindo minhocas, palitos, peixinhos e feijõezinhos (jujubas). Em produção artesanal, o confeiteiro pode produzir itens como a bala de goma árabe (*lokum*) e *pâtes de fruits*.

Em geral, os produtos de goma sempre contêm calda de açúcar supersaturada, aromatizantes e agentes estabilizantes. As quatro categorias de goma – gelatina, pectina, ágar e amido – são classificadas pelo tipo de agente gelificante usado. Esta seção aborda a gelatina, a pectina e o ágar, pois são os mais utilizados pelos confeiteiros artesanais.

Tecnologia dos ingredientes de gelificação

Todas as fórmulas para as gomas são baseadas em calda de açúcar supersaturada, que fornece textura, doçura e durabilidade. A presença de água na solução de açúcar afeta o grau de maciez ou de firmeza das propriedades gelificantes da solução. As atividades da água e a quantidade dos sólidos também afetam a estabilidade microbiológica do confeito. Para que se torne estável, a contagem dos sólidos da calda deve ser ao menos de 75%.

Aromatizantes Os aromatizantes para as gomas variam de suco natural de frutas ou purês, a ácidos em pó, como o ácido tartárico ou o cítrico, até sabores artificiais e naturais produzidos industrialmente. Os aromatizantes tornam as gomas mais saborosas. Há vários sabores clássicos como o de alcaçuz ou uma seleção de sabores de frutas (banana, cereja, maçã verde, melancia), bem como sabores contemporâneos que podem ser bastante grosseiros, como vômito, sardinhas e ovo podre. A pâtisserie artesanal está bem distante desses sabores de mau gosto e pode se dedicar aos aromas das frutas, das ervas, das especiarias e dos ingredientes ácidos. Os ingredientes ácidos não apenas destacam os sabores das frutas, como também são necessários para iniciar a gelatinização das gomas baseadas em pectina.

Agentes estabilizantes Os **agentes estabilizantes** como gelatina, ágar, amido modificado e pectina ajudam a estabilizar e consolidar a fórmula, o que permite ao produto adquirir o formato do molde, podendo, assim, ser cortado e embalado. Usando agentes gelatinizantes, do amido e as fontes de proteínas, o confeiteiro será capaz de gelatinizar caldas supersaturadas e torná-las sólidas. A escolha do produto gelatinizante terá um efeito na fórmula, no procedimento e, certamente, na textura da goma final.

Gelatina A gelatina é o agente gelificante mais comum na indústria de confeitos. Ela é capaz de formar um gel elástico, termorreversível, que tem um efeito de derreter na boca, embora mantenha ainda uma textura densa quando está presente em níveis aproximados de 4,5% a 7,5% do peso total do doce. Pode ser utilizada em folha ou em pó.

A proteína da gelatina se desfaz quando mantida por longo período em temperaturas acima de 80 °C. O uso da gelatina em líquidos quentes é bastante comum em confeitos (*marshmallows*, por exemplo), e o grau a que a degradação ocorre aumenta juntamente com a temperatura. Além do mais, ambientes ácidos e certas enzimas naturais em algumas frutas podem desfazer a gelatina. Quando ingredientes ácidos são necessários para adicionar sabor, devem ser acrescentados no último momento, antes de colocar a gelatina nos moldes. Ao usar papaia, kiwi, manga ou abacaxi, o purê deve ser fervido antes para destruir as enzimas que desfazem a gelatina.

Ágar em pó (ou ágar-ágar). Quando não é possível usar produtos animais, o ágar em pó pode, às vezes, substituir a gelatina. Extraído de várias algas marinhas e da alga vermelha, o ágar é um poderoso agente estabilizante termorreversível que requer somente de 0,5% a 1,5% do peso do confeito final para formar um gel estável.

Como o ágar é colhido em muitas partes do mundo, se apresenta de várias formas e não há padrões de identidade como há para a pectina, para a gelatina e para o amido. Como resultado, a qualidade e a força da gelatinização podem variar consideravelmente. Depois de estabelecer um fornecedor confiável e as fórmulas adaptadas, o confeiteiro deve tentar permanecer com o mesmo fornecedor para manter a consistência do produto.

As propriedades de um confeito preparado com ágar são bem diferentes daqueles confeccionados com gelatina ou pectina. A textura tende a ser compacta e levemente emborrachada, e os produtos feitos com ágar não apresentam as qualidades de maciez possíveis com a gelatina. Uma razão para isso refere-se ao ponto de ebulição dos géis formados com o ágar.

O ágar não se dissolve até alcançar entre 85 °C a 90 °C, e as soluções de ágar se consolidam em aproximadamente 32 °C a 40 °C. Esse amplo período entre quando o ágar é ativado e quando ele se solidifica – também chamado **histerese** – é benéfico ao confeiteiro, já que permite um longo tempo até colocar o doce nos moldes. Alguns géis, como os feitos com pectina, são muito menos tolerantes em suas propriedades de manuseio e começam a gelificação assim que para o cozimento.

Pectina A **pectina**, um polissacarídeo, é obtida de plantas, especialmente de maçãs e frutas cítricas. Apresenta textura gelatinosa macia, mas densa, que produz sabores bem-definidos na boca. Há três tipos de pectinas normalmente usados em pâtisserie: a **pectina amarela** (também chamada **pectina de maçã**), a **pectina NH** e a **pectina de gelificação rápida**. São usadas para aplicações diferentes, dependendo do resultado desejado e não são intercambiáveis (ver Figura 11-4).

Independentemente do tipo de pectina que for usado, o calor e a acidez são necessários para desencadear as propriedades gelificantes. Além disso, a quantidade de sólidos deve ser bastante alta (acima de 60% para a pectina de maçã) para produzir um doce estável. O cálculo dos sólidos para as *pâte de fruits* são sempre acima de 75% porque um baixo teor de água é necessário para longa estabilidade.

A acidez da mistura para a pectina de maçã deve ser em torno de 3,0 a 3,6 para garantir que haja uma função catalisadora suficiente para gelificação. Se houver muita acidez e o processo de cozimento ocorrer lentamente, a pectina pode se desfazer e perder suas propriedades gelificantes. Por essa razão, produtos com pectina devem ser cozidos sempre o mais rápido possível, e os procedimentos das fórmulas devem ser seguidos cuidadosamente.

Tipos de pectina	Usos	Termorreversibilidade
Pectina amarela (de maçã)	*Pâtes de fruits*	Irreversível
Pectina NH	*Nappage*, caldas	Reversível
Pectina de gelificação rápida	*Confiture*, geleias	Mistura de reversível com irreversível

Figura 11-4
Tipos e usos da pectina.

Pâtes de fruits

As **pâtes de fruits** são uma especialidade na França. São feitas de suco de frutas ou de purê, açúcar, glicose, pectina amarela e um ácido. Algumas fórmulas indicam gelatina; entretanto, isso torna os confeitos menos estáveis, com uma textura bastante macia e muito tenra. Devem ter uma textura ligeiramente firme, embora ainda apresentem as qualidades de maciez.

Pâtes de fruits são docinhos que contêm os sabores do pomar, do campo ou do jardim. Dependendo da fruta, podem variar de opaco a translúcido. Devem apresentar sempre um leve brilho e nunca parecer desinteressantes ou apagados, que são sinais de cozimento em excesso. A parte externa do confeito deve apresentar uma leve crosta coberta com açúcar granulado. Há algumas variações para *pâtes de fruits*, incluindo camadas de sabores múltiplos ou camadas sobre ganache ou praline. Se for feito em camada sobre o ganache, a cobertura em chocolate é essencial.

As fórmulas para *pâtes de fruits* normalmente são vendidas por fornecedores de purês de frutas congelados de qualidade. Frequentemente esses purês têm 10% de açúcar adicionado, o que deve se levar em conta se forem feitas substituições nas fórmulas de *pâtes de fruits* deste livro. Na seção de fórmulas, há exemplos de *pâtes de fruits* que usam os purês de frutas congelados vendidos comercialmente.

O procedimento para as *pâtes de fruits* é muito simples. No entanto, se não forem seguidas as orientações com cuidado e não for dada atenção à temperatura, a concentração da calda pode ficar inutilizada. Isso poderá resultar em um produto final muito duro ou não consolidado suficientemente. Depois que a pectina for adicionada, a mistura deve ser batida constantemente para estimular a evaporação do líquido. Ao preparar as *pâtes de fruits*, o objetivo deve ser cozinhar rápido, em vez de mais lentamente.

Para iniciar as *pâtes de fruits*, o purê deve ser aquecido e fervido. A seguir, a pectina deve ser combinada com um quarto do peso do açúcar da fórmula. Este é um ponto crucial: caso não seja feito dessa maneira, a pectina vai formar caroços irreversíveis ao entrar em contato com o calor e com a umidade. Depois que o purê alcançar 50 °C, a combinação de açúcar e pectina deve ser adicionada a ele lenta e constantemente, enquanto a mistura deve continuar a ser batida sem parar e, então, levada à fervura.

Depois que o purê ferver, o restante do açúcar deve ser acrescentado em três estágios. É fundamental que o açúcar seja despejado de forma lenta e constante, enquanto continuar a mexer, e que a temperatura aumente antes da nova adição de açúcar. Depois que todo o açúcar for adicionado, a glicose deve ser acrescentada, e a mistura deve continuar a ser batida e cozida até alcançar a temperatura indicada. Nesse ponto, o elemento ácido deve ser adicionado e misturado completamente. A mistura deve ser colocada em formas imediatamente.

A colocação nas formas deve ser feita de modo rápido e eficiente, já que o ácido e a queda de temperatura vão iniciar o processo de gelificação. Para facilitar o trabalho, moldes de silicone com laterais rasas são ideais; entretanto, uma placa de metal com barras de metal ou molduras também funciona bem. A colocação de *pâtes de fruits* deve ser feita em superfícies planas e sólidas, idealmente em granito. O calor da mistura cozida pode entortar as mesas de metal, resultando em um produto em camadas desnivelado.

As *pâtes de fruits* devem ser firmes, mesmo que ainda mornas, 20 minutos depois de ser colocadas nas formas. É recomendado cobri-las com filme plástico por dois motivos: primeiro, para garantir que não ressequem e, segundo, para fornecer ao açúcar uma superfície para aderir. Caso faça *pâte de fruit* em camadas, é fundamental cobrir a primeira camada, que deve estar ligeiramente aderente e ainda morna, quando a segunda camada for colocada sobre a primeira.

É muito importante cozinhar *pâtes de fruits* na temperatura indicada na fórmula para garantir uma concentração específica de sólidos e de líquidos. Se o confeito for cozido em excesso, se tornará seco e duro e sem brilho. Se não for cozido o suficiente, haverá muita água livre e o confeito pode não se consolidar, ou poderá verter água.

Considerando que a temperatura está relacionada ao grau de evaporação da água, a densidade dos sólidos do açúcar também pode ser determinada. Muitas das fórmulas de *pâtes de fruits* têm uma coluna com um número relacionado à escala Brix, que corresponde à densidade do açúcar. Se tiver de ser medida, deve ser usado um instrumento chamado refratômetro, e a solução de *pâte de fruit* deve estar suficientemente fria para que a concentração de açúcar possa ser medida adequadamente.

Depois que a *pâte de fruit* esfriar e se consolidar pode ser armazenada no freezer, e usada como parte da *mise en place*, ou cortada e finalizada. O processo de finalização tem um impacto determinante na qualidade do produto final e não deve ser apressado. Devem tradicionalmente ser cortadas em quadrados. O modo mais eficiente de cortar é usando uma **guitarra**. A guitarra é um utensílio utilizado para uniformizar o corte de uma variedade de confeitos incluindo *pâtes de fruits*, ganache, pralines e bolos. Para garantir facilidade no manuseio e cortes definidos, o produto deve ser coberto de açúcar nos dois lados, e os fios da guitarra devem ser mantidos limpos entre cada corte.

Pâtes de fruits cortadas devem estar inteiramente cobertas com açúcar granulado e ficar cobertas por pelo menos um dia. A seguir, são tiradas do açúcar, o excesso é retirado e os doces são colocados em forma forrada com papel-manteiga polvilhado com um pouco de açúcar (para que as *pâtes de fruits* não fiquem diretamente sobre o papel). As balas devem ser deixadas a "secar" por pelo menos 24 horas em área bem ventilada. Depois de 24 horas, devem ser invertidas para secar do outro lado. Não se deve apressar esse processo, porque a formação de uma leve crosta é importante para preservar o confeito. A partir desse ponto, os doces podem ser embalados ou envolvidos em filme plástico e armazenado para uso futuro.

Procedimento para pâte de fruit

- Pesar todos os ingredientes, aquecer o purê e combinar um quarto do açúcar com a pectina.
- Quando o purê alcançar 50 °C, adicionar o açúcar e a pectina mexendo constantemente.
- Quando a mistura ferver, adicionar o restante do açúcar em três estágios, cuidando para que a temperatura não abaixe muito.
- Depois que todo o açúcar for adicionado e a mistura voltar a ferver, acrescentar a glicose e continuar mexendo até que a temperatura desejada seja alcançada.
- Acrescentar o ácido, mexer bem para incorporar e despejar a mistura nas molduras adequadas.
- Depois que o produto estiver consolidado, polvilhar o açúcar e cortar conforme desejar.
- Colocar as peças cortadas em açúcar e deixar por pelo menos 24 horas.
- Retirar os doces do açúcar e sacudi-los para tirar o excesso.
- Colocar os doces em forma forrada com papel-manteiga e polvilhar com açúcar granulado para secar por 24 horas.
- Inverter os doces para secar o outro lado por 24 horas.
- Embrulhar conforme desejar, ou cobrir com filme plástico para uso futuro.

CONCLUSÃO SOBRE OS CONFEITOS DE AÇÚCAR

Os confeitos de açúcar abrangem uma grande variedade de produtos especiais, incluindo clássicos como balas, *toffees*, caramelos, *nougat*, *pâtes des fruits* e *marshmallows*. O elemento comum entre eles é que são todos baseados em calda de açúcar supersaturada. Essas caldas podem ser cristalizadas ou não cristalizadas, aeradas ou gelificadas. Além disso, muitos ingredientes podem ser adicionados como inclusões ou para criar reações químicas originais. Um exemplo claro disso é a presença de proteína em caldas de açúcar, que desencadeia a reação Maillard para criar a cor e o sabor típicos do caramelo.

Para praticar e se tornar um profissional em confeitos de açúcar, o confeiteiro deve entender as propriedades das caldas de açúcar, entender o processo de cristalização e ter habilidade técnica necessária para trabalhar com caldas, incluindo o manuseio rápido para criar os formatos desejados.

FÓRMULA

TORTA DE FRUTAS EM *PETIT FOUR* (*PETIT FOUR FRUIT TARTS*)

Estas pequenas versões da clássica *fruit tart* consistem em uma base de *pâte sucrée* crocante recheada com creme *pâtissière*, finalizada com frutas da estação e coberta com calda.

Mise en place

Pâte sucrée, 500 g

Chocolate branco ou manteiga de cacau

Creme *pâtissière*, 300 g

Frutas frescas

Nappage

Produção: 50 unidades.

Montagem

1. Abrir a massa em cilindro em 2 mm.
2. Perfurar a massa e cortar em círculos que se ajustem às formas.
3. Colocar a massa nas forminhas e assar até dourar.
4. Pincelar com chocolate branco ou manteiga de cacau para impermeabilizar a massa (opcional).

Finalização

1. Bater o creme *pâtissière* com cuidado para ficar homogêneo e rechear as tortinhas com a ajuda do saco de confeitar até abaixo da superfície.
2. Guarnecer com frutas frescas e glacear com *nappage*.
3. Armazenar em caixa refrigerada até servir.

FÓRMULA

SABLÉ DE AMÊNDOAS COM MUSSE DE CHOCOLATE E FRAMBOESAS (ALMOND SABLÉ WITH CHOCOLATE MOUSSE AND RASPBERRIES)

Apresentamos aqui uma musse de chocolate recheada com geleia de framboesa sobre um biscoito tenro de amêndoas nesse *petit four* saboroso, finalizado com *spray* de chocolate, fruta e um *décor* simples.

Mise en place

Geleia de framboesa, 250 g
(Flexipan® meia-esfera: 23 mm × 11 mm, ref. 1242)
Musse de chocolate, 750 g
(Flexipan® *petit four*: 40 mm × 20 mm de profundidade, ref. 1129)
Sablé de amêndoas, 2 kg
Spray de chocolate
Décor de chocolate
Framboesas frescas

Produção: 50 unidades.

Montagem

1. Preparar a geleia de framboesa e colocá-la em pequenos moldes de meia-esfera e congelar.
2. Preparar a musse de chocolate e, com o saco de confeitar, pôr nas formas Flexipan® para *petit four*, colocando a inserção de framboesa no meio da musse, adicionando o restante até alcançar a superfície da forma. Congelar.
3. Abrir o *pâte sablée* de amêndoas entre duas placas de silicone até 3 mm de espessura. Assar a 163 °C entre as duas placas de silicone até quase se firmar. Cortar os círculos com o cortador de 50 mm de diâmetro.
4. Retornar o *pâte sablée* ao forno para finalizar o cozimento até dourar.
5. Reservar até quando for necessário.

Finalização

1. Retirar a musse de chocolate da geladeira e colocar em uma forma. Aplicar o *spray* de chocolate amargo e então transferir para a base de *sablé* de amêndoas.
2. Guarnecer com o *décor* de chocolate e uma framboesa fresca.

Capítulo 11: *Petits fours* e confeitos

FÓRMULA

BOLO MUSSE DE CHOCOLATE BRANCO COM FRUTAS (*WHITE CHOCOLATE MOUSSE CAKES WITH FRUITS*)

O bolo tenro, a musse de chocolate e as frutas da estação, todos combinados neste saboroso *petit four prestige*.

Componentes

Biscuit viennois, simples, 1,25 de forma

Musse de chocolate branco, 1,1 kg

Chocolate branco para o *décor lattice*

Seleção de frutas frescas

Nappage

Produção: 50 unidades.

Montagem

1. Cortar o *biscuit viennois* para formar a tira de bolo (*cake wall*) na altura da forma.
2. Colocar a tira do *biscuit* no perímetro interior da forma forrada com acetato.
3. Colocar o disco do *biscuit* no fundo da forma.
4. Depois que a musse foi feita, com o saco de confeitar colocá-la no interior da forma até um pouco abaixo da superfície

Finalização

1. Para finalizar, remover o aro, retirar a tira de acetato e colocar em um prato adequado.
2. Decorar o topo do doce com uma seleção de frutas frescas.
3. Colocar o *nappage* sobre as frutas e guarnecer o *petit four* com o *décor* de chocolate branco.

PARTE 2: PÂTISSERIE

FÓRMULA

SELEÇÃO DE *PETITS FOURS CHOUX*: *ÉCLAIR*, PARIS-BREST (*ASSORT PETITS FOURS CHOUX: ÉCLAIR, PARIS-BREST*)

A versátil *pâte à choux* é uma escolha perfeita para *petits fours*, já que se adaptam bem para versões menores. *Éclair*, Paris-Brest e *choquette* podem todos ser criados em versões miniatura.

Mise en place do *éclair*

Creme pâtissier: baunilha, chocolate, pistache, praline, entre outros

Bases de *éclairs*, 38 mm a 50 mm de comprimento

Fondant, couverture

Montagem do *éclair*

1. Assar a *pâte choux* e reservar até esfriar.
2. Com o saco de confeitar adaptado com ponteira simples e pequena, colocar o creme *pâtissière* nas bases de *choux*.
3. Colocar *fondant* ou *couverture* no topo.

Mise en place para o Paris-Brest

Bases para o Paris-Brest de 38 mm de diâmetro

Creme Paris-Brest

Açúcar impalpável

Montagem do Paris-Brest

1. Para as bases do Paris-Brest, confeitar círculos de 38 mm de diâmetro em forma forrada com papel-manteiga, usando um bico estrela de tamanho médio.
2. Pincelar ligeiramente com ovos, guarnecer com amêndoas laminadas e polvilhar com açúcar.
3. Assar a *pâte choux* e reservar até esfriar.
4. Cortar o Paris-Brest assado pelo meio.
5. Preparar o creme Paris-Brest e colocar no saco de confeitar com o bico estrela de tamanho médio.
6. Confeitar as bases com o recheio e tampar.
7. Polvilhar com açúcar impalpável.

> **Seleção de *petits fours***
>
> (lado oposto, da esquerda para a direita) Torta *crémeux* de maracujá, bolo musse de chocolate branco com frutas, *sablé* de amêndoas com musse de chocolate e framboesas, torta de frutas frescas, torta *crémeux* de chocolate.

PARTE 2: PÂTISSERIE

FÓRMULA

MACARON E MUSSE DE CHOCOLATE COM FRAMBOESA (*CHOCOLATE MOUSSE AND RASPBERRY MACARON*)

O sabor extravagante da musse de chocolate e framboesas frescas compõe uma feliz combinação nesta iguaria francesa, um *macaron* que se sobressai pelo sabor, pela textura e pela cor excepcionais.

Mise en place

Base de *macaron* de chocolate confeitado em círculos de 38 mm de diâmetro, aproximadamente 1,2 kg de massa

Musse de chocolate: aproximadamente 1,3 kg

Framboesas: 6 a 7 por *petit four*

Produção: 50 unidades.

Montagem e finalização

1. Confeitar a musse de chocolate no centro da base do *macaron*.
2. Colocar a framboesa em torno do perímetro da base do *macaron*, fixada pela musse. O centro da musse deve ser ligeiramente mais alto do que a framboesa para garantir que o topo do *macaron* possa ser colocado no lugar.
3. Finalizar com a segunda base do *macaron*.

FÓRMULA

MACARON COM TORANJA E CREME DE BAUNILHA (*GRAPEFRUIT AND VANILLA CREAM MACARON*)

O sabor único ligeiramente ácido da toranja fresca combinado com o intenso creme musseline de baunilha se alinha com perfeição neste refrescante e cremoso *macaron*. Uma nota picante é introduzida com as delicadas fatias de *confit* de gengibre. Em razão do frescor da fruta e da umidade do creme musselina, a durabilidade deve ser limitada a 24 horas.

Mise en place

Base de *macaron* simples com a variação de fava de baunilha, 1 kg de base de *macaron* confeitada em diâmetro de 3,8 cm

Creme musseline de baunilha, 0,75 kg

Toranja fresca

Confit de gengibre

Produção: 50 unidades.

Procedimento para a toranja fresca

1. Descascar e partir em gomos.
2. Cortar os gomos ao meio para obter fatias finas.
3. Cortar as fatias em três partes para obter pedaços pequenos da polpa.
4. Colocar a polpa entre papel-toalha por várias horas para retirar o excesso de umidade.

Montagem e finalização

1. Com o saco de confeitar, colocar o creme musseline sobre as bases do *macaron* de baunilha e finalizar com fatias finas do *confit* de gengibre.
2. Colocar dois segmentos da polpa de toranja sobre a musseline.
3. Confeitar um ponto pequeno da musseline sobre a toranja para fixar o topo do *macaron*.
4. Colocar a outra base do *macaron* no topo da musseline. Guarnecer com uma fina fatia de *confit* de gengibre.

FÓRMULA

MACARON COM CREME PRALINE E CARAMELO SALGADO (*PRALINE CREAM WITH SALTED CARAMEL MACARON*)

As avelãs e o caramelo salgado se sobressaem naturalmente neste creme baseado no creme Paris-Brest. O caramelo salgado é coberto com manteiga de cacau, ajudando a manter a crocância por um longo período. Em razão do creme usado nesta fórmula, a durabilidade deve ser limitada a 24 horas.

Mise en place

Base de *macaron* parisiense

Creme praline com caramelo salgado

Produção: 50 unidades.

Fórmula para o caramelo salgado

Ingredientes	% do padeiro	Peso kg
Açúcar invertido	100,00	0,080
Açúcar	100,00	0,080
Manteiga com sal	35,00	0,028
Manteiga sem sal	60,00	0,048
Manteiga de cacau	15,00	0,012
Total	313,88	0,250

Procedimento para o caramelo salgado

1. Aquecer o açúcar invertido e adicionar o açúcar para formar o caramelo.
2. Depois que o açúcar atingir o estágio de caramelo, adicionar a manteiga com sal e a manteiga sem sal para redução.
3. Cozinhar essa mistura, mexendo constantemente.
4. Colocar umas gotas de água fria. Quando estiver pronto, vai se consolidar no estágio de crosta dura.
5. Despejar a mistura em placa de silicone, colocar outra placa de silicone por cima e passar o rolo para formar uma camada fina. Deixar esfriar.
6. Quando estiver frio, quebrar o caramelo para formar pedacinhos.
7. Derreter a manteiga de cacau e misturá-la ao caramelo para envolvê-lo na manteiga.
8. Colocar esta mistura no freezer por 20 minutos para firmar a manteiga de cacau. Reservar até quando necessário.

Capítulo 11: *Petits fours* e confeitos

Fórmula do creme de praline com o caramelo salgado

Ingredientes	% do padeiro	Peso kg
Pasta de praline	38,00	0,232
Manteiga	52,00	0,317
Creme *pâtissière*	100,00	0,610
Caramelo salgado	15,00	0,091
Total	205,00	1,250

Procedimento para o creme de praline com o caramelo salgado

1. Na batedeira com a raquete, amaciar a pasta de praline, adicionar a manteiga e misturar até incorporar.
2. Misturar o creme *pâtissière* até ficar homogêneo e, então, adicionar a mistura de manteiga e praline.
3. Adicionar o caramelo salgado.

Montagem

Com o saco de confeitar, colocar o creme de praline com o caramelo sobre a base do *macaron*. Colocar o topo e reservar até quando necessário.

Seleção de *macarons*
(de cima para baixo) *Macaron* e musse de chocolate com framboesa, *macaron* com toranja e creme de baunilha, *macaron* com creme praline e caramelo salgado.

FÓRMULA

TORTA *CRÉMEUX* EM *PETIT FOUR* (*PETIT FOUR CRÈMEUX TART*)

Uma pequena versão da torta tradicional, este *petit four* é baseado na *pâte sucrée* e no *crémeux* de maracujá. A base da torta é assada até dourar e ficar crocante. Depois, pincelar com uma fina camada de chocolate branco ou com manteiga de cacau e guarnecer com um circulo de chocolate branco *lattice*. Armazenar no freezer por até uma semana com o *crémeux* já acrescentado no doce.

Montagem

Tortinhas de *pâte sucrée*, 2,5 kg para o lote completo, 1 kg para teste

Seleção de *crémeux*: framboesa, limão, maracujá, chocolate 64%

Calda de chocolate

Calda neutra

Produção: 200 a 250 tortinhas por fórmula de 2,6 cm.
Flexipan® para as tortinhas (42 mm × 10 mm, Ref. 1413).

Fórmula de *crémeux* de framboesa

Ingredientes	% do padeiro	Peso kg
Polpa de framboesa	100,00	0,528
Gelatina em folhas	1,50	0,008
Gemas	30,00	0,159
Ovos	37,50	0,198
Açúcar	30,00	0,159
Manteiga	37,50	0,198
Total	236,50	1,250

Fórmula de *crémeux* de limão

Ingredientes	% do padeiro	Peso kg
Suco de limão	100,00	0,368
Gemas	56,00	0,206
Ovos	64,00	0,235
Açúcar	60,00	0,221
Manteiga	60,00	0,221
Total	340,00	1,250

Procedimento para o *crémeux* de framboesa e limão

1. Levar quase à fervura o suco de limão ou o purê de framboesa com metade do açúcar.
2. Combinar as gemas, os ovos e o restante do açúcar.
3. Colocar um terço do purê sobre a mistura de ovos e mexer com a espátula. Não usar o globo para que não incorpore ar.
4. Retornar a mistura de ovos à panela e continuar a mexer continuamente, agitando o fundo da panela.
5. Cozinhar até que a mistura atinja 82 °C e tenha engrossado. Não cozinhar em excesso.
6. Coar com *chinois* fino em um recipiente limpo e seco.
7. Quando a mistura estiver a 35 °C, adicionar a manteiga amolecida com auxílio de um mixer.
8. Colocar a mistura nas tortinhas assadas e armazenar coberta no refrigerador até quando for servir.

Fórmula de *crémeux* de chocolate

Ingredientes	% do padeiro	Peso kg
Creme	100,00	0,741
Gelatina em folhas	0,60	0,004
Gemas	24,00	0,178
Chocolate 64%	44,00	0,326
Total	168,60	1,250

Procedimento para o crémeux de chocolate

1. Ferver o creme.
2. Temperar a mistura de gema e açúcar (como o creme *anglaise*).
3. Cozinhar (como o creme *anglaise*) utilizando uma espátula a 82 °C, tendo o cuidado de não cozinhar em excesso.
4. Coar em um *chinois* fino e adicionar a gelatina hidratada e dissolvida.
5. Acrescentar o chocolate e formar uma emulsão com a espátula de borracha. Aprimorar a emulsão com um mixer, tendo cuidado para não formar bolhas de ar na mistura. Deixar esfriar a 35 °C e, então, colocar nas formas.

Montagem

1. Cobrir as tortinhas com uma fina camada de manteiga de cacau ou chocolate. Para o *crémeux* de fruta, usar chocolate branco; para o *crémeux* de chocolate usar o mesmo chocolate do *crémeux*.
2. Colocar o *crémeux* nas tortinhas, um pouco abaixo da superfície. Observar se ele está suficientemente morno para relaxar na base. Se estiver muito frio, não vai produzir uma superfície lisa. Deixar se consolidar no refrigerador ou no freezer.

Finalização

Aplicar uma camada fina de calda neutra sobre as tortinhas de *crémeux* de fruta e uma fina camada de calda de chocolate amargo sobre o *crémeux* de chocolate. Guarnecer com as frutas frescas conforme desejar ou com o chocolate *décor*.

FÓRMULA

MARZIPÃ (MARZIPAN)

Ao contrário de outros itens decorativos comestíveis, o marzipã, na verdade, tem sabor e textura agradáveis. Composto especialmente por amêndoas e açúcar, pode ser enrolado em fina camada para cobrir bolos, usado como camada para doces, como recheio para chocolates ou moldado em vários formatos, como frutas, animais ou outras figuras.

Ingredientes	% do padeiro	Peso kg
Pasta de amêndoas	100,00	1,249
Açúcar impalpável	100,00	1,249
Kirsch	0,25	0,003
Total	200,25	2,500

Procedimento

1. Misturar a pasta de amêndoas com o açúcar impalpável na cuba da batedeira com raquete em velocidade baixa.
2. Misturar apenas até a massa se tornar homogênea, adicionando o *kirsch*, se desejar.
3. Transferir para uma superfície limpa e sovar até formar uma massa uniforme.
4. Embalar bem em filme plástico e deixar descansando por 12 horas antes de usar.

Observação
Adicionar açúcar impalpável não corrige a umidade do marzipã.
Usar menos líquido se for adicionar cor (usar somente *gel color*).
Se misturar por muito tempo, o óleo das amêndoas é liberado e o marzipã se tornará gorduroso.

FÓRMULA

PÂTE DE FRUIT

A *pâte de fruit*, ou pasta de frutas, é um confeito francês clássico. Ela pode ser elaborada com qualquer purê de frutas, mas normalmente é feita com purês congelados de alta qualidade. O procedimento deve ser seguido cuidadosamente (consultar o texto para informações mais detalhadas). As temperaturas são itens muito importantes a ser considerados, pois determinam a quantidade da água no purê de frutas, que afeta a capacidade gelificante da pectina. As fórmulas apresentadas aqui são da Ravi Fruit e muitos produtores de purês de frutas de alta qualidade vão fornecer a seus clientes formulários similares.

Quadro de proporção para a *pâte de fruit*

Fruta	Pectina (g)	Açúcar (g)	Glicose em pó (g)	Ácido cítrico diluído a 50% (g)	Peso total	Temperatura de cozimento (°C)	Grau Brix
Damasco	24	1,140	350	14	2,528	105	72
Banana	24	900	120	16	2,060	105	73
Amora	24	1,260	170	16	2,470	106	73
Groselha escura	25	1,170	200	14	2,409	107	75
Mirtilo	22	1,050	70	14	2,156	107	74
Amora	20	1,150	150	16	2,036	106	74
Figo	25	850	150	16	2,041	105	73
Frutas vermelhas	22	1,100	150	14	2,286	105	73
Maça verde	18	950	80	14	2,062	106	74
Graviola	26	1,100	120	16	2,262	105	73
Goiaba	24	1,350	200	16	2,590	105	73
Kiwi	24	1,050	60	16	2,150	105	73
Limão	28	1,350	200	8	2,586	108	73
Limão-taiti	26	1,450	150	8	2,634	107	73
Lichia	30	1,050	200	16	2,296	106	74
Tangerina	26	1,150	70	14	2,260	106	73
Manga	25	1,150	200	16	2,391	105	73
Melão	25	1,050	100	16	2,191	106	75
Ameixa mirabela	25	800	200	16	2,041	106	74
Cereja morello (ácida)	24	950	20	16	2,010	106	73

(continua)

Quadro de proporção para a *pâte de fruit (continuação)*

Fruta	Pectina (g)	Açúcar (g)	Glicose em pó (g)	Ácido cítrico diluído a 50% (g)	Peso total	Temperatura de cozimento (°C)	Grau Brix
Laranja	24	1,100	200	12	2,336	106	75
Coquetel de Pabana[2]	25	800	120	14	1,959	105	74
Papaia	26	800	20	16	1,862	106	74
Maracujá	21	1,150	250	10	2,431	107	74
Pêssego-rubi	24	900	160	16	2,100	105	73
Pêssego branco	25	900	200	12	2,137	105	72
Abacaxi	30	1,100	100	14	2,244	106	75
Groselha vermelha	20	1,000	150	14	2,184	107	73
Framboesa	20	1,140	200	16	2,376	105	73
Morango	24	1,100	100	16	2,240	105	74
Morango-mara-do-bosque	24	1,100	140	16	2,280	105	74
Morango-silvestre	22	1,150	150	14	2,336	105	74

Para 1 kg de purê de frutas.

Procedimento

1. Pesar todos os ingredientes, aquecer o purê. Combinar um quarto do açúcar com a pectina.
2. Quando o purê alcançar 50 °C, colocar o açúcar e a pectina, mexendo constantemente.
3. Quando a mistura ferver, começar a adicionar o restante do açúcar em três estágios, cuidando para que a temperatura não abaixe muito.
4. Depois que todo o açúcar for adicionado e a mistura voltar a ferver, acrescentar a glicose em pó e continuar mexendo até que a temperatura desejada seja alcançada.
5. Adicionar o ácido, mexer bem para incorporar e despejar a mistura nas molduras adequadas.
6. Depois que o produto estiver consolidado, polvilhar o açúcar e cortar conforme desejar.
7. Colocar as peças cortadas em açúcar por pelo menos 24 horas.
8. Retirar os doces do açúcar, e sacudi-los para tirar o excesso.
9. Colocar os doces em forma forrada com papel-manteiga e polvilhar com açúcar granulado para secar por 24 horas.
10. Inverter os doces para secar do outro lado por 24 horas.
11. Embrulhar conforme desejar, ou cobrir com filme plástico para uso futuro.

---

[2] *Pabana* é um purê de três frutas diferentes: maracujá, banana e manga. (NT)

FÓRMULA

MARSHMALLOW EM QUADRADOS (*MARSHMALLOW SQUARES*)

O *marshmallow* vem de tempos muito antigos, derivado da planta chamada alteia (*Althaea officinalis*), originária da Europa e da Ásia. O confeito branco e macio que conhecemos hoje teve origem na França durante o século XIX, mas sua produção era cara e demorada, já que envolvia criar e moldar cada peça. Quando a produção em massa foi introduzida em 1948, os *marshmallows* tornaram-se mais fáceis de preparar e sua popularidade foi às alturas. Esses quadrados de *marshmallow* apresentam suas melhores propriedades com textura e doçura muito apetitosas.

Ingredientes	% do padeiro	Peso kg
Gelatina	13,30	0,178
Açúcar	250,00	3,339
Água	83,40	1,114
Glicose	62,50	0,835
Claras	100,00	1,335
Total	509,20	6,800

Produção: 2 formas cheias.

Procedimento

1. Hidratar a gelatina em água fria.
2. Aquecer o açúcar, a água e a glicose a 140 °C.
3. Começar a bater as claras em velocidade média quando a calda alcançar 120 °C.
4. Quando a calda atingir 130 °C começar a bater as claras em velocidade alta.
5. Quando chegar a 140 °C, colocar a gelatina hidratada e dissolvida na calda e despejar sobre a espuma de ovos.
6. Depois que a espuma atingir o volume pleno e estiver estabilizada, despejar sobre uma forma forrada com placa de silicone.
7. Deixar esfriar em temperatura ambiente.
8. Quando estiver em temperatura ambiente, cobrir com uma mistura 1:1 de fécula de batata e açúcar impalpável.
9. Cortar no tamanho desejado. Passar os quadrados sobre a mistura de fécula e açúcar impalpável para cobrir as laterais.

FÓRMULA

PIRULITOS DE *MARSHMALLOW* CHARTREUSE (*CHARTREUSE MARSHMALLOW LOLLIPOP*)

A *chartreuse* é uma cor entre o amarelo e o verde, e chamada assim pela semelhança com a cor do licor francês, o verde *chartreuse*, em referência ao mosteiro Grand Chartreuse onde é produzido. Este divertido pirulito de *marshmallow* certamente vai alegrar a todos sempre que for servido.

Ingredientes	% do padeiro	Peso kg
Gelatina	5,00	0,009
Chartreuse	41,70	0,076
Açúcar	416,70	0,756
Água	125,00	0,227
Claras	100,00	0,182
Corante verde pastel	—	Quanto baste
Total	688,40	1,250

Produção: variável, dependendo do molde.

Procedimento

1. Hidratar a gelatina no licor Chartreuse.
2. Cozinhar o açúcar e a água a 127 °C e despejar sobre as claras depois de batidas até a metade do volume. Adicionar o corante verde.
3. Bater até atingir o volume pleno e ligeiramente morno.
4. Despejar sobre a Flexipan® meio-círculo pequeno.
5. Depois de firme, remover o *marshmallow*, misturar com a fécula de batata, colocar no palito com um pouco de chocolate derretido.
6. Banhar em *couverture* amarga temperada.

FÓRMULA

MARSHMALLOW SEM CLARAS (MARSHMALLOW WITHOUT EGG WHITES)

A ausência de claras na fórmula não é um erro. Esta fórmula e este procedimento representam a maioria da produção atual de *marshmallows*.

Ingredientes	% do padeiro	Peso kg
Gelatina em folha	8,34	0,195
Açúcar	100,00	2,341
Água	41,66	0,975
Mel	37,50	0,878
Glicose	62,50	1,463
Água	37,50	0,878
Essência de baunilha	2,92	0,068
Total	290,42	6,800

Procedimento

1. Hidratar a gelatina em água fria. Reservar.
2. Combinar o açúcar, a água, o mel e a glicose e cozinhar até 118 °C.
3. Deixar a mistura esfriar até 102 °C e, então, misturar com a gelatina.
4. Bater em alta velocidade até formar um ponto leve. Acrescentar a baunilha.
5. Colocar a mistura em uma forma forrada com placa de silicone e deixar esfriar.
6. Quando atingir a temperatura ambiente, cobrir com uma mistura de 1:1 de fécula de batata e açúcar impalpável.
7. Cortar em tamanho desejado. Passar na mistura de fécula-açúcar para cobrir as laterais depois do corte.

Marshmallows

Pirulitos de *marshmallow chartreuse*

Pâtes de fruits

Seleção de confeitos

FÓRMULA

NOUGAT DE MONTÉLIMAR (*NOUGAT DE MONTÉLIMAR*)

A região da Provença de Montélimar, com sua proliferação de amendoeiras, há centenas de anos vem produzindo *nougat*, tornando-se sua especialidade. Este confeito muito apreciado é baseado em um merengue feito com calda e mel e com a adição de amêndoas ou pistaches. Alguns insistem que, para classificar o *nougat* como *nougat* de Montélimar, precisa conter o mel de lavanda.

Ingredientes	% do padeiro	Peso kg
Mel de flor de laranjeira	500,37	0,978
Açúcar nº 1	620,77	1,214
Água	250,47	0,490
Glicose	100,00	0,196
Claras	100,00	0,196
Açúcar nº 2	24,02	0,047
Sal	0,62	0,001
Açúcar impalpável	214,60	0,420
Manteiga de cacau	214,60	0,420
Amêndoas	623,83	1,220
Pistaches	623,83	1,220
Total	3.273,11	6,400

Produção: 4 formas de 20 cm × 28 cm.

Procedimento

1. Tostar as amêndoas. Combinar as amêndoas com os pistaches e manter em forno aquecido 100 °C até quando necessário.
2. Ferver o mel até 120 °C.
3. Ferver a 150 °C o primeiro açúcar, a água e a glicose.
4. Começar a bater as claras, o segundo açúcar e o sal assim que o mel atingir 100 °C.
5. Colocar o mel fervente sobre as claras e bater com o batedor adaptado.
6. Trocar o batedor pela paleta antes de adicionar a calda.
7. Continuar a bater com a paleta em velocidade média.
8. Quando estiver a 50 °C adicionar o açúcar impalpável, a manteiga de cacau, as amêndoas e os pistaches.

9. Despejar o *nougat* sobre placa de silicone e espalhar entre barras de metal. Opcional: cobrir a superfície do *nougat* com papel de arroz.
10. Cortar em retângulos de 21 mm × 28 mm, ou do tamanho desejado.
11. Passar as laterais em *couverture* amarga de 70%
12. Embrulhar em plástico depois de frio.

FÓRMULA

NOUGAT DE CHOCOLATE (CHOCOLATE NOUGAT)

Historiadores franceses acreditam que o *nougat* tenha origem em um confeito grego conhecido como *nux gatum* ou *mougo*, que antigamente era feito com castanhas. No século XVII, Olivier de Serres plantou amendoeiras em área próxima a Montélimar. Acredita-se que as amêndoas substituíram as castanhas na fórmula grega se tornando o contemporâneo *nougat*. Atualmente, o *nougat* é o centro da história da cidade de Montélimar e das tradições da Provença. Este *nougat* realça a riqueza do chocolate juntamente com suas amêndoas.

Ingredientes	% do padeiro	Peso kg
Açúcar nº 1	830,00	1,880
Glicose	180,00	0,408
Água	250,00	0,566
Mel	500,00	1,133
Claras	100,00	0,227
Açúcar nº 2	40,00	0,091
Chocolate (líquor[3])	170,00	0,385
Avelãs	275,00	0,623
Amêndoas inteiras	350,00	0,793
Pistaches	130,00	0,295
Total	2.825,00	6,400

Produção: 4 formas de 20 cm × 28 cm.

---

[3] O liquor de chocolate é uma pasta obtida da prensagem da semente de cacau antes da separação da manteiga. Pode ser substituído por chocolate que contenha 60% cacau e 40% manteiga de cacau, usado derretido. (NRT)

Procedimento

1. Tostar as avelãs e as amêndoas até dourar no centro. Adicionar os pistaches e manter a mistura de castanhas aquecida.
2. Cozinhar o primeiro açúcar, a glicose e a água a 150 °C.
3. Quando a calda alcançar 120 °C, começar a cozinhar o mel.
4. Cozinhar o mel a 130 °C. O objetivo é ter as duas misturas prontas quase ao mesmo tempo.
5. Usando o globo, bater as claras com o segundo açúcar.
6. Fazer um merengue ao adicionar, lentamente, o mel quente sobre as claras batidas.
7. Trocar o batedor pela raquete e adicionar a calda.
8. Quando seu volume pleno for alcançado, acrescentar o chocolate derretido e misturar até homogeneizar.
9. A seguir, acrescentar as castanhas amornadas e misturar até incorporar.
10. Despejar sobre papel de arroz emoldurado por barras de metal. Pressionar uma folha de papel de arroz sobre o *nougat*.
11. Deixar esfriar. Quando estiver frio, cortar nos tamanhos desejados.

FÓRMULA

CARAMELOS (CARAMELS)

De acordo com o *New Larousse Gastronomique*, o nome *caramelo* vem do latim *Cannmella* (cana-de-açúcar) e em francês significa "açúcar queimado". Historiadores mencionam os primeiros registros de caramelização no século XVII na França. Conhecido pela sua incrível textura "puxa", e exigindo uma boa dentição, o caramelo perfeito deve derreter na boca, dando tempo ao paladar para degustar cada momento doce.

Fórmula para o caramelo cremoso

Ingredientes	% do padeiro	Peso kg
Creme de leite integral	29,70	0,215
½ leite / ½ creme	29,70	0,215
Açúcar	100,00	0,725
Sal	3,70	0,027
Glicose	112,80	0,818
Fava de baunilha	—	2 unidades
Total	275,90	2,000

Procedimento para o caramelo cremoso

1. Ferver todos os ingredientes em panela de inox ou de cobre.
2. Mexer constantemente e cozinhar até a temperatura desejada (ver a lista de temperaturas).
3. Após as bolhas diminuírem, despejar o caramelo, com 1 cm de espessura, em placa de silicone entre barras de metal.
4. Depois de frio, cortar do tamanho desejado e enrolar em papel, ou cobrir com chocolate.

Temperatura final	Textura
121 °C	Macia
124 °C	"Puxa"
130 °C	Dura

Observação

A textura final do caramelo será determinada pela temperatura máxima alcançada no cozimento. A umidade também tem influência. Ao trabalhar em ambiente úmido, é recomendável adicionar alguns graus a mais na temperatura escolhida.

Fórmula de caramelo de baunilha

Ingredientes	% do padeiro	Peso kg
Creme de leite integral	47,60	0,544
Mel	21,80	0,249
Açúcar	100,00	1,144
Fava de baunilha	—	4 unidades
Manteiga	5,50	0,063
Total	174,90	2,000

Procedimento para o caramelo de baunilha

1. Ferver todos os ingredientes, menos a manteiga, em panela de inox ou de cobre.
2. Mexer constantemente e cozinhar até a temperatura desejada (ver a lista de temperaturas).
3. Depois de alcançar a temperatura desejada, adicionar a manteiga.
4. Depois que as bolhas de ar desaparecerem, despejar o caramelo sobre placa de silicone cercada por barras de metal. Espessura do caramelo, 1 cm.
5. Depois de frio, cortar do tamanho desejado e enrolar em papel ou cobrir com chocolate.

Temperatura final	Textura
121 °C	Macia
124 °C	"Puxa"
130 °C	Dura

Observação

A textura final do caramelo será determinada pela temperatura máxima alcançada no cozimento. A umidade também tem influência. Ao trabalhar em ambiente úmido, é recomendável adicionar alguns graus a mais na temperatura escolhida.

Fórmula de caramelo de café

Ingredientes	% do padeiro	Peso kg
Creme de leite integral	47,60	0,473
Mel	45,60	0,453
Açúcar	100,00	0,994
Essência de café	2,50	0,025
Manteiga	5,50	0,055
Total	201,20	2,000

Procedimento para o caramelo de café

1. Ferver todos os ingredientes, menos a manteiga, em panela de inox ou de cobre.
2. Mexer constantemente e cozinhar até a temperatura desejada (ver a lista de temperaturas).

Nougat de chocolate

Caramelo de baunilha

3. Após alcançar a temperatura desejada, adicionar a manteiga.
4. Depois que as bolhas de ar desaparecerem, despejar o caramelo sobre placa de silicone cercada por barras de metal. Espessura do caramelo, 1 cm.
5. Depois de frio, cortar do tamanho desejado e enrolar em papel ou cobrir com chocolate.

Temperatura final	Textura
121 °C	Macia
124 °C	"Puxa"
130 °C	Dura

Observação

A textura final do caramelo será determinada pela temperatura máxima alcançada no cozimento. A umidade também tem influência. Ao trabalhar em ambiente úmido, é recomendável adicionar alguns graus a mais na temperatura escolhida.

FÓRMULA

ROCHER SUÍÇO (SWISS ROCHER)

Estes doces delicados de amêndoas são excelentes por si só, mas também podem ser cobertos por chocolate ao leite ou amargo.

Ingredientes	% do padeiro	Peso kg
Açúcar	36,67	0,367
Água	11,67	0,117
Fava de baunilha	—	1 unidade
Amêndoas tostadas	100,00	1,000
Total	148,34	1,483

Procedimento

1. Ferver o açúcar, a água e a baunilha até 116 °C.
2. Acrescentar as amêndoas tostadas e mexer, criando uma agitação constante.
3. Quando as amêndoas se tornarem esbranquiçadas e arenosas, transferir para uma forma forrada com papel-manteiga.
4. Depois que estiver frio, armazenar em recipiente coberto e bem vedado.

FÓRMULA

DRAGÉE

A *dragée*, do grego *tragêmata* (doces, guloseimas), é usada especialmente como elemento decorativo. A cidade de Verdun, na França, é reconhecida por estes confeitos tão antigos que datam do século XIII. As *dragées* tradicionais, chamadas *confetti* em italiano e amêndoas jordan em inglês, são amêndoas inteiras cobertas com açúcar de cor pastel. Tradicionalmente associadas a casamentos e cerimônias especiais, jogar *dragées* ou confetes tem sido uma tradição simbólica por séculos para desejar prosperidade, fertilidade, alegria e boa sorte. As *dragées* se transformaram, incluindo versões com chocolate e variedades com cobertura metálica não comestíveis.

Mise en place

Amêndoas cristalizadas, o quanto baste

Chocolate *couverture* com temperatura entre 34 °C e 35 °C, o quanto baste

Cacau em pó, o quanto baste

Açúcar impalpável, o quanto baste

Sala de trabalho fria (18 °C)

Observação

Se não for possível um ambiente de trabalho frio, usar chocolate temperado.

Procedimento

1. Em um tambor giratório, movimentar as amêndoas e, no momento de se partir, acrescentar o chocolate derretido de maneira firme e lenta como por um fio. Cuidado para não cobrir o tambor.

2. Depois que as amêndoas foram cobertas uma vez, separar as peças usando uma espátula. Deixá-las no tambor por alguns minutos para cristalizar o chocolate. Continuar esse procedimento até que elas estejam suficientemente cobertas (de três a quatro vezes).

3. Depois da última adição de chocolate, e antes que este tenha se cristalizado, acrescentar o cacau em pó ou o açúcar impalpável para cobrir as amêndoas.

4. Retirar as amêndoas do tambor e repetir o procedimento se necessário.

Seleção de *dragées* (acabamento de chocolate e de açúcar impalpável)

Caramelos e *nougat*

Rocher suíço

Seleção de confeitos

FÓRMULA

BALAS (*HARD CANDY*)

As balas são um dos confeitos mais antigos. O segredo de preparar balas de qualidade está no cozimento da calda. É essencial evitar a cristalização nesses confeitos. Aromatizantes e corantes podem variar de acordo com a preferência. Óleos aromáticos fornecem os melhores sabores e devem ser adicionados para aprimorar o paladar.

Ingredientes	% do padeiro	Peso kg
Açúcar	100,00	0,804
Glicose	33,33	0,268
Água	22,26	0,179
Aromatizante	—	Quanto baste
Corante	—	Quanto baste
Total	155,59	1,250

Observação
Alguns exemplos de aromatizantes são os óleos de laranja e o de canela.

Procedimento

1. Cozinhar o açúcar e a glicose com a água a 140 °C.
2. Adicionar o corante.
3. Continuar cozinhando a calda até 155 °C e, então, acrescentar o aromatizante.
4. Despejar a calda sobre placa de silicone para esfriar.
5. Acetinar a massa conforme necessário.
6. Cortar no formato desejado ou do tipo travesseiro. Embrulhar assim que as balas estiverem em temperatura ambiente.
7. Como alternativa, depois de pronta a calda, despejá-la em moldes para balas em outros formatos que não o de travesseiro.

FÓRMULA

TOFFEE INGLÊS (ENGLISH TOFEE)

O tradicional *toffee* inglês é ligeiramente salgado e muito rico em manteiga; seu sabor caramelo intenso é o resultado da reação Maillard. Para uma versão norte-americana do *toffee*, cobrir com chocolate amargo e passar em amêndoas tostadas e picadas.

Ingredientes	% do padeiro	Peso kg
Manteiga com sal	80,00	0,446
Água	22,00	0,123
Açúcar	100,00	0,558
Sal	0,50	0,003
Lecitina em pó	0,20	0,001
Amêndoas cruas picadas	21,50	0,120
Total	224,20	1,250

Procedimento

1. Colocar a manteiga em uma panela grande e derretê-la em fogo médio.
2. Acrescentar a água, o açúcar, o sal e a lecitina e continuar a cozinhar em forno médio, mexendo constantemente.
3. Quando a mistura alcançar 127 °C, acrescentar as amêndoas.
4. Continuar cozinhando até que a mistura se torne dourada. A temperatura deve estar entre 152 °C e 154 °C.
5. Despejar a calda sobre superfície de granito ou em placa de silicone. Espalhar rapidamente formando uma camada o mais fina possível. Ter o cuidado de não manipular o *toffee* em demasia.
6. Enquanto o *toffee* ainda estiver maleável, marcar no tamanho desejado com a faca ou com cortador de confeitaria.
7. Cortar ou quebrar o *toffee* em pedaços.
8. Guardar o *toffee* em recipiente bem vedado até que esteja pronto para ser banhado em chocolate.
9. Para finalizar, banhar os pedaços de *toffee* em chocolate temperado para cobertura.

FÓRMULA

TOFFEE EM QUADRADOS (*TOFEE SQUARES*)

Este *toffee* é feito sem castanhas e aromatizado com baunilha.

Ingredientes	% do padeiro	Peso kg
Açúcar	100,00	0,619
Glicose	13,73	0,085
Água	29,73	0,184
Manteiga	57,19	0,354
Sal	0,81	0,005
Baunilha	0,65	0,004
Total	202,11	1,250

Procedimento

1. Combinar o açúcar, a glicose e a água e cozinhar até 135 °C.
2. Adicionar a manteiga e continuar a cozinhar até 157 °C. Acrescentar o sal.
3. Cozinhar a mistura até alcançar 160 °C. Adicionar a baunilha.
4. Preparar as barras de confeitaria sobre placas de silicone no tamanho desejado e ajustar as barras para conter o *toffee* formando uma camada uniforme. Despejar o *toffee* entre as barras.
5. O *toffee* deve ser marcado com uma faca untada em óleo enquanto ainda estiver morno, isto permitirá que depois ele seja cortado facilmente.
6. Quebrar nas linhas marcadas e banhar o *toffee* em chocolate temperado para a cobertura.

FÓRMULA

FUDGE DE CHOCOLATE E NOZES (*CHOCOLATE NUT FUDGE*)

Este *fudge* apresenta um sabor intenso de chocolate combinado com a crocância das nozes. A fórmula deve ser seguida atentamente; a temperatura específica e a agitação adequada são necessárias para atingir a cristalização do açúcar.

Ingredientes	% do padeiro	Peso kg
Açúcar invertido	10,00	0,032
Leite evaporado	65,00	0,206
Açúcar	100,00	0,317
Glicose	35,40	0,112
Manteiga nº 1 com sal	25,00	0,079
Lecitina em pó	0,20	0,001
Creme	40,00	0,127
Manteiga nº 2 com sal	10,08	0,032
Chocolate (líquor)	36,13	0,115
Nozes	39,50	0,125
Fondant	30,25	0,096
Essência de baunilha	2,40	0,008
Total	393,96	1,250

Procedimento

1. Tostar as nozes ligeiramente.
2. Combinar o açúcar invertido, o leite evaporado, o açúcar, a glicose, a primeira manteiga e a lecitina em uma panela grande. Mexer com a espátula por cinco minutos para dissolver os açúcares.
3. Cozinhar a mistura em fogo médio até 121 °C.
4. Acrescentar o creme e elevar a temperatura para 116 °C.
5. Remover a panela do fogo e adicionar a segunda manteiga.
6. Depois que a manteiga estiver incorporada, adicionar o chocolate e, então, as nozes.
7. Deixar a mistura esfriar até 82 °C e adicionar o *fondant* e a baunilha, mexendo para incorporar.
8. Despejar a mistura sobre placa de silicone com a moldura e deixar cristalizar.
9. Cortar nos formatos desejados e cobrir com chocolate ou embalar em filme plástico para armazenar.

FÓRMULA

PÉ DE MOLEQUE (*PEANUT BRITTLE*)

O pé de moleque é um confeito antigo e popular no sul dos Estados Unidos e em todo o Brasil. O sabor de caramelo e a textura crocante enriquecido com os amendoins tornam o pé de moleque uma eterna tentação.

Ingredientes	% do padeiro	Peso kg
Açúcar	100,00	0,410
Glicose	50,00	0,205
Água	25,12	0,103
Amendoim cru	125,12	0,513
Bicarbonato de sódio	2,20	0,009
Baunilha	0,98	0,004
Manteiga	0,98	0,004
Sal	0,49	0,002
Total	304,89	1,250

Procedimento

1. Cozinhar o açúcar, a glicose e a água até 138 °C.
2. Acrescentar o amendoim e cozinhar até dourar.
3. Remover do fogo e adicionar o bicarbonato de sódio, a baunilha, a manteiga e o sal.
4. Mexer bem e colocar sobre granito ligeiramente untado ou sobre placa de silicone.
5. Espalhar e esticar formando camadas finas.

FÓRMULA

FONDANT

O *fondant* é um confeito versátil e que pode ser usado como cobertura ou como recheio para chocolate.

Ingredientes	% do padeiro	Peso kg
Açúcar	100,00	0,453
Glicose	20,00	0,091
Água	20,00	0,091
Total	140,00	1,250

Procedimento

1. Combinar o açúcar, a glicose e a água em uma panela grande. Cozinhar até 118 °C. Pincelar com água as laterais da panela para evitar a cristalização.
2. Colocar a calda quente sobre mesa de mármore e deixar esfriar até 43 °C.
3. Agitar a mistura ao puxar e contrair usando uma espátula larga de metal. Continuar o movimento até a massa cristalizar completamente.
4. Reservar em recipiente bem vedado por pelo menos 24 horas para "curar" o *fondant* e, então, usar quando desejar.

Fondant para cobertura

Para usar em moldes de amido ou em forma livre.

Procedimento

1. Aquecer o *fondant* até 71 °C.
2. Adicionar aromatizantes e corantes conforme desejar.
3. Despejar em um funil que tenha sido aquecido.
4. Colocar em molde de amido ou em placa de silicone no tamanho desejado.
5. Deixar cristalizar.
6. Se usar o molde, tirar o excesso de amido.
7. Cobrir com chocolate.

FÓRMULA

BOMBOM DE LICOR (*LIQUEUR CORDIAL*)

Esses confeitos são uma surpresa ao paladar quando a crosta delicada de açúcar se rompe e um licor ligeiramente adocicado invade a boca. Pode ser preparado com qualquer tipo de álcool, mas, quando for substituído por alcoóis de diferentes graduações alcoólicas, a quantidade de açúcar da calda deve ser recalculada usando as orientações apresentadas neste capítulo.

Ingredientes	% do padeiro	Peso kg
Açúcar	100,00	0,641
Água	45,00	0,288
Calvados 45%[4]	50,00	0,321
Total	195,00	1,250

Observação
Alguns exemplos de bebidas que podem ser usadas são Pear Brandy ou Armagnac.

---

[4] O Calvados não é um licor, mas uma aguardente feita de maçã, da região da Normandia. (NT)

Procedimento

1. Preparar os moldes de amido ou as conchas de chocolates no formato desejado.
2. Cozinhar o açúcar e a água até 119 °C.
3. Retirar a calda do fogo. Lentamente adicionar o licor, que foi aquecido até 41 °C. Misturar bem o licor tendo o cuidado de não agitar a calda em excesso.
4. Cuidadosamente, despejar a calda nos moldes já preparados, sua temperatura deve estar abaixo de 49 °C para os moldes de amido, e abaixo de 28 °C para as conchas de chocolate.
5. Se usar os moldes de amido, peneirar uma fina camada de amido aquecido para imprimir os moldes.
6. Deixar descansando por 4 a 5 horas.
7. Depois, colocar uma tampa sobre o molde de amido e inverter o molde para uma cristalização mais uniforme. Deixar descansando por pelo menos 10 horas.

Finalização

Quando usar moldes de amido, tirar o excesso de amido com pincel e banhar os doces em *couverture* de chocolate temperado. Cobrir cuidadosamente e decorar conforme desejar.

RESUMO DO CAPÍTULO

É possível apresentar uma variedade de confeitos e de *petits fours* em uma confeitaria. Os *petits fours* podem incluir versões em miniatura de itens já oferecidos. A variedade de itens (que pode ser *petits fours sec, glacês, frais, déguises* e *prestige*) pode acrescentar uma linha de produtos surpreendentes em uma confeitaria, em um hotel ou em uma empresa de alimentos. Confeitos de açúcar mais comuns em confeitarias podem incluir *marshmallow*, caramelos, *nougats* e *fudges*. Embora os *petits fours* demorem mais tempo para ser preparados que os *entremets*, em termos de quantidade, o custo é significativamente menor por peso. É necessária mão de obra especializada para a produção de confeitos que utilizam caldas de açúcar, técnicas de puxar o açúcar e de preparar as espumas de ovos quentes. Os clientes apreciam pequenas iguarias e podem se interessar em consumir algumas à tarde ou encomendar várias dúzias para alguma festa. Nos hotéis, seu consumo varia de amenidades, para receber convidados, até serviços sofisticados de chá, ou como uma gentileza do chef após o jantar. Sempre que se oferece *petits fours* e confeitos, é importante manter o equilíbrio dos produtos na apresentação e na visualização.

PALAVRAS-CHAVE

- agentes estabilizantes
- *amuses bouche*
- anticristalizantes
- balas
- balas de goma
- bombom de licor
- calda de açúcar
- calda saturada
- calda supersaturada
- caramelização
- caramelo
- caroço
- chocolate *panning*
- confeitos
- confeitos aerados
- confeitos cristalizados
- confeitos de açúcar
- confeitos de chocolate
- confeitos de farinha
- confeitos não cristalizados
- *dragées*
- empanar (*panning*)
- *fondant* para confeitos
- *fondant* para pâtisserie
- *friandise*
- *fudge*
- guitarra
- histerese
- *macaron* parisiense
- *marshmallow*
- marzipã
- *mignardise*
- moldes de amido
- *nougat*
- *pâtes de fruits*
- pé de moleque
- pectina
- pectina amarela (pectina de maçã)
- pectina de gelificação rápida
- pectina NH
- *petits fours*
- *petits fours déguisés*
- *petits fours frais*
- *petits fours glacés*
- *petits fours prestige*
- *petits fours sec*
- *toffee*

QUESTÕES PARA REVISÃO

1. O que são *petits fours*?
2. Quais são as principais categorias de *petits fours*? O que os distingue uns dos outros?
3. Qual é a diferença entre uma calda de açúcar saturada e uma supersaturada?
4. Qual é a diferença entre um *marshmallow* produzido com claras e gelatina de um feito com gelatina e sem claras?
5. Ao preparar as *pâtes de fruits*, por que é importante cozinhar a solução o mais rápido possível e adicionar o açúcar em etapas?

capítulo **12**

SOBREMESAS CONGELADAS

OBJETIVOS

Depois de ler este capítulo, você será capaz de:

- Discorrer sobre os ingredientes usados em sobremesas congeladas e sobre o papel de cada um deles na produção de texturas e de sabor.
- Distinguir entre sobremesas congeladas por agitação e sobremesas montadas e congeladas
- Calcular e balancear a fórmula de uma sobremesa congelada por agitação para sorvete e *sorbet*.
- Discorrer sobre a estrutura física do sorvete e os desafios para manter a qualidade durante seu armazenamento e transporte.
- Fazer uma seleção de sobremesas congeladas por agitação e sobremesas montadas e congeladas.
- Adotar as práticas de higiene, de assepsia e de armazenamento adequadas para as sobremesas congeladas.

SOBREMESAS CONGELADAS

Essa categoria de sobremesas constitui ampla variedade de preparações que são servidas congeladas. A mais popular delas é o sorvete, juntamente com produtos similares como o *sorbet*, o *gelato* e o iogurte congelado. Outros incluem a granita, a musse congelada, o *parfait* e uma longa lista de variações. As texturas leves, delicadas e cremosas desses produtos congelados têm um apelo universal. As bolhas de ar contribuem para a leveza e o açúcar diminui o **ponto de congelamento**, evitando que a mistura se torne rígida nas temperaturas normais de freezers.

As sobremesas congeladas podem ser divididas em duas grandes categorias, com base nos procedimentos para prepará-las: **sobremesas congeladas por agitação** e **sobremesas montadas e congeladas**. As congeladas por agitação são aquelas constantemente agitadas durante o congelamento para quebrar os cristais de gelo que se formam. Cristais minúsculos resultam em uma textura mais macia. Há também incorporação de ar durante o congelamento. Esse processo é feito normalmente com uma máquina de sorvete, mas também pode ser feito à mão, como é o caso da granita. Já as sobremesas montadas e congeladas são preparadas, montadas e deixadas no freezer até atingir certo grau de solidez. São compostas por uma base líquida além de espuma, como claras batidas ou creme. A espuma fornece as bolhas de ar e produz uma textura leve na sobremesa.

ESTRUTURA FÍSICA

As sobremesas congeladas, especialmente os sorvetes, são misturas fisicamente complexas e instáveis. A estabilidade é mantida inicialmente por meio do armazenamento em baixas temperaturas, mas algumas propriedades físicas especiais de ingredientes essenciais também dão o suporte necessário.

O sorvete é uma mistura única dos três estágios da matéria: gasoso, líquido e sólido. Consiste em glóbulos de gordura, de bolhas de ar e de cristais de gelo que são distribuídos de modo uniforme em uma solução líquida. A solução é capaz de se manter líquida em temperaturas de congelamento por causa da alta concentração de açúcar, uma substância que pode diminuir o ponto de congelamento da água. O armazenamento em temperaturas baixas mantém os cristais de gelo e evita que as bolhas de ar retidas escapem. As sobremesas congeladas, que contêm laticínios, se beneficiam da capacidade da gordura em reter as bolhas de ar, mas também introduzem a instabilidade da emulsão de água e gordura. Novamente, as temperaturas de congelamento ajudam a retardar a separação que ocorre naturalmente entre essas duas substâncias. A lecitina, na gema de ovo e nas proteínas do leite e do creme, funciona como **emulsificante**. Suas moléculas são tensoativas, o que significa que promovem a ligação entre a água e a gordura. Essa relação ajuda a manter uma dispersão uniforme de glóbulos de gordura no interior do líquido com base em água.

INGREDIENTES BÁSICOS

Ao preparar qualquer produto comestível, os melhores resultados são obtidos quando usamos ingredientes saborosos e de alta qualidade. Da mesma forma, essa regra serve para a seleção de ingredientes para as sobremesas congeladas. É igualmente importante, no entanto, considerar o papel de cada ingrediente na determinação da textura do produto final. As fórmulas para sobremesas congeladas são o resultado de um delicado equilíbrio entre sabor e textura. Os ingredientes contribuem para o sabor, mas também podem afetar o ponto de ebulição, o paladar e a suavidade. Os ingredientes apresentados nesta seção pertencem especificamente àqueles usados em sobremesas congeladas. As orientações decretadas pelo Departamento de Agricultura dos Estados Unidos (US Department of Agriculture – USDA)[1] para a produção de sorvetes especificam as quantidades mínimas e máximas de alguns ingredientes, que devem ser incluídos na fórmula para que o produto seja classificado como sorvete. Informações gerais sobre esses ingredientes também podem ser encontradas on-line. Para informações sobre os ingredientes desta seção, consulte a página deste livro, no site www.cengage.com.br.

---

[1] No Brasil, as regulamentações existentes na área de alimentos são da Agência Nacional de Vigilância Sanitária (Anvisa) e estabelecem especialmente padrões de manipulação de alimentos. Não temos departamentos como o citado no texto, que trata de padrões da composição do alimento. Para mais informações, verifique a RDC 266/2005 e RDC 267/2003, disponíveis em: www.anvisa.gov.br. (NRT)

LEITE E CREME

Os laticínios formam a base da maioria das sobremesas congeladas. Não somente produzem um alimento rico e com sabor característico nos sorvetes, nos *gelatos*, nas musses congeladas, entre outros produtos de alta qualidade, como as gorduras e as proteínas do leite e do creme também são responsáveis pela textura delicada e cremosa encontrada nessas sobremesas. Da mesma forma que o creme batido, a capacidade única da gordura do leite de formar bolhas de ar produz uma textura agradavelmente leve. As proteínas do leite, a caseína e o soro, auxiliam na estabilização da espuma.

Os laticínios usados em sobremesas congeladas são encontrados em diversas formas. São selecionados com base na qualidade e no tipo de sorvete a ser produzido. Os produtos a seguir estão entre os mais usados:

Leite integral, concentrado e desnatado
Leite desnatado em pó e soro em pó
Leite azedo e leite azedo em pó
Creme
Manteiga

O leite em pó desnatado, ou sem gordura, passa por um processo que retira a água e os componentes de gordura do leite. Consiste em uma mistura de proteínas, lactose e minerais, que também são chamados **sólidos do leite desnatado** (*milk solids non fat* – **MSNF**). Adicionar leite em pó à mistura do sorvete reforça sua estrutura, resultando em textura aprimorada e em melhor incorporação de ar. Os sólidos do leite desnatado (MSNF) ajudam a estabilizar a água presente no leite e em outros ingredientes, mas, em excesso, vai formar cristais de lactose. Esses cristais de lactose triangulares são percebidos pela língua como uma textura arenosa. O soro, um subproduto na fabricação de queijos, é às vezes usado na fabricação de sorvete de baixo custo. O leite azedo pode ser usado para substituir o leite desnatado. Em geral, a seleção de matérias-primas depende da disponibilidade, do custo e da qualidade do produto final.

A gordura do leite é um dos ingredientes mais caros usados no sorvete. Por essa razão, produtos de baixa qualidade contêm menos desse tipo de gordura que os sorvetes de alta qualidade. A média do teor de gordura em sorvetes está entre 7% e 20%, sendo mais comum ficar entre 7% e 12%. A combinação de sólidos do leite desnatado e a gordura do leite variam de 16% a 22%. A regulamentação do USDA especifica uma quantidade mínima de gordura necessária para cada classificação de sorvete. Variam do sorvete padronizado com 10% de gordura do leite por peso, até o super Premium, com 20% (ver Figura 12-1 para mais detalhes).

É possível recombinar os sólidos do leite com a gordura para obter o leite integral. Com a combinação de água, dos sólidos do leite e da manteiga, os produtores de sorvetes podem obter leite integral por um custo menor que o do leite integral fresco. A Figura 12-2 apresenta as fórmulas para preparar um litro de leite integral usando 26% de leite integral e leite em pó desnatado.

Nas fórmulas de sorvete, o leite integral, o creme e a manteiga são as fontes mais comuns de gordura. Outros produtos congelados são, às vezes, feitos com óleos vegetais ou com uma combinação de gordura de leite e óleo vegetal. Qualquer que seja a gordura usada é importante que o ponto de fusão esteja dentro de uma variação específica de temperatura: suficientemente alta para produzir uma espuma estável, e suficientemente baixa para derreter na temperatura corporal. As gorduras que tiverem o ponto de fusão mais alto que a temperatura do corpo humano,

PARTE 2: PÂTISSERIE

Figura 12-1 Especificações para os produtos de lacticínios.

Produto	% da água	% de sólidos	% de gordura	% de MSNF	Peso por quarto (kg)	% de lactose
Leite integral	88	12	3,60	8,40	1,036	
Leite desnatado	91	9,30	0,06	9,24	1,035	
Leite condensado	66	34	10	24,00		
Leite desnatado condensado	68,50	31,50	0,50	31		
Condensado doce	26	74	9	23		
Leite em pó com gordura 26%	4	94	26	71		37
Leite desnatado em pó	3	97	0	97		50
Creme com gordura 18%	74,46	25,54	18,00	7,54	1,015	
Creme com gordura 20%	72,46	27,36	20	7,36	1,000	
Creme com gordura 25%	68,10	31,90	25	6,90	1,005	
Creme com gordura 30%	63,56	36,44	30	6,44	1,000	
Creme com gordura 35%	59,02	40,98	35	5,98	0,998	
Creme com gordura 40%	54,48	45,52	40	5,52	0,993	
Manteiga*	16	84	82	2,00		
Manteiga concentrada	0,10	99,90	99,90	0,00		

* O teor de água na manteiga varia. A manteiga indicada aqui é considerada com alto teor de gordura.

quando consumidas, deixam na boca um sabor residual desagradável, engordurado e oleoso. O óleo de palma e a gordura de coco são duas gorduras alternativas com pontos de fusão bastante similares aos das gorduras lácteas, podendo criar um produto razoável.

OVOS

Muitas das fórmulas de sorvetes incluem gemas ou, ocasionalmente, ovos inteiros. Esse tipo é chamado **sorvete com base de creme** ou **sorvete de creme francês**, já que a preparação da base do sorvete é semelhante ao creme (ou seja, os ovos são cozidos com leite, creme, açúcar e aro-

Figura 12-2 Fórmulas para preparar leite integral.

Recombinação	Com leite em pó 26% de gordura	Com leite desnatada em pó
Água*	914 g	908 g
Leite em pó 26% de gordura	114 g	Não se aplica
Leite desnatado em pó	Não se aplica	84 g
Manteiga	8 g	44 g

* A água é reduzida para compensar a água contida na manteiga.

matizantes). Os ovos enriquecem o sorvete e a lecitina da gema atua como emulsificante, estabilizando a dispersão da água e da gordura na mistura. As gemas contêm aproximadamente 30% de gordura e 10% de lecitina. Mais informações sobre a composição da gema estão detalhadas na Figura 12-3.

AÇÚCAR

O açúcar tem um papel fundamental no sabor e na textura de sobremesas congeladas. Ele promove a doçura em um nível agradável e equilibra os sabores amargos e ácidos das frutas, do café ou do chocolate. Além disso, o açúcar é o ingrediente principal responsável pela textura firme, o que permite servir o sorvete em "bolas" com a ajuda da colher. Isso significa que a textura do sorvete é macia o suficiente para ele ser servido com colher, mas firme o bastante para manter o seu formato depois de servido. Conforme aumenta a quantidade de açúcar na calda, diminui o ponto de congelamento. Essa característica evita que ele se torne endurecido nas temperaturas baixas do freezer. Nas temperaturas em que normalmente o sorvete é servido de −15 °C a −12 °C, aproximadamente 28% da água presente permanece em estado líquido.

A sacarose é o principal adoçante para as sobremesas congeladas, embora vários outros tipos de açúcares sejam normalmente usados em combinação com ela. Açúcares invertidos como a glicose, a dextrose e a calda de milho são frequentemente incluídos por sua capacidade de evitar a cristalização e aumentar a durabilidade de um produto. Esses açúcares são encontrados na forma de líquido ou em pó com níveis variados de doçura. Os níveis de doçura são medidos em relação à sacarose, a que é atribuída o valor 100. Esse sistema oferece uma forma fácil de identificar o poder de adoçante de determinado açúcar e o efeito correspondente que terá no ponto de congelamento de uma mistura. A combinação dos níveis de doçura de uma mistura tem efeito decisivo na textura final. Para mais informações sobre os diferentes açúcares e suas capacidades adoçantes, consultar a Figura 12-4.

Composição da gema

	Água	Lecitina	Proteína	Outras gorduras	Minerais
Gema	50%	9%	16%	23%	2%

Figura 12-3
Composição da gema e conversão de ovos e equivalência em lecitina.

Conversão de ovos e equivalência em lecitina

1 kg de ovos inteiros	20 ovos inteiros
1 kg de claras	30 claras
1 kg de gemas	56 gemas
1 gema	18 g
1 gema	2 g de lecitina
10 g de lecitina	90 g de gemas

Observação
As gemas congeladas contêm uma média de 10% de açúcar para minimizar os danos do congelamento. Essa quantidade de açúcar deve ser considerada no cálculo da fórmula final.

Figura 12-4
Composição do açúcar e o potencial adoçante.

Produto	% de água	% de sólidos	Potencial adoçante
Açúcar	1 a 5	95	100
Açúcar invertido	22	78	125
Mel*	20	80	130
Glicose ED 38	30	70	45
Glicose ED 60	30	70	60
Glicose em pó ED 38	1 a 5	95	45
Dextrose	1 a 5	95	70
Frutose	1 a 5	95	130
Sorbitol	1 a 5	95	55
Lactose	1 a 5	95	15 a 20
Lactose em pó	1 a 5	95	65 a 85
Maltose	1 a 5	95	33
Isomalt	1 a 5	95	40

* Em produtos naturais como o mel, o teor de água e de sólidos pode variar.

Observação
Este quadro apresenta o açúcar no topo, porque o potencial de todos os outros produtos está baseado nele. A apresentação dos ingredientes está baseada em uma aproximação de como são usados na indústria.

Outro sistema para medir a capacidade adoçante se destina exclusivamente a produtos que são obtidos através da **hidrólise**, um processo que converte o amido em glicose (dextrose) pela aplicação de calor e de um ácido ou de enzimas. A hidrólise pode ser completa ou parcial. O cálculo da conversão é expresso pelo seu **equivalente em dextrose (ED)**. Um ED mais alto indica um alto nível de doçura. O amido tem um ED de 0, já que não foi convertido. A dextrose é obtida pela conversão completa que tem o ED de 100. As caldas de milho industrializadas têm um ED que varia entre 35 e 65.

Há certa confusão em relação à terminologia desses produtos. Tecnicamente, a dextrose é uma forma específica da glicose. Na indústria de alimentos, os dois termos são muitas vezes usados no mesmo sentido, mas os produtos comerciais rotulados como glicose e como dextrose podem ser bastante diferentes. Em geral, a calda de glicose ou a glicose em pó referem-se ao adoçante baseado em amido obtido por meio da hidrólise parcial. Ao menos 20% do amido foram transformados em dextrose. Produtos vendidos como dextrose significam que passaram por uma conversão completa e têm um ED consideravelmente alto. É importante observar que dois dos adoçantes em pó mais usados na produção de sorvetes, a glicose e a dextrose em pó, podem ter a composição e os níveis de doçura diferentes.

A seleção de vários açúcares fornece os meios de modificar a doçura, a textura e a **retenção de ar** do produto. A retenção de ar é incorporada durante a fase de congelamento da produção de sorvetes. A quantidade recomendada, no caso de usar glicose em pó, é de 6%, e 10% é o máximo da quantidade sugerida. A glicose com ED 50 é conhecida por apresentar a melhor incorporação de ar. A dextrose com ED 75 vai reduzir o ponto de congelamento em 0,5 °C para cada ponto porcentual adicionado, também é conhecida como redutor da incorporação de ar. A quantidade máxima de dextrose não deve ultrapassar 2%. Um excesso tanto da glicose como da dextrose vai produzir um sorvete com uma textura "emborrachada". O açúcar invertido é, às vezes, usado para sorvetes que tenham alto teor de gordura. Contém um emulsificante e um ED alto de 127, o que vai amaciar a textura. O açúcar impalpável nunca é usado em sorvete, pois contém amido, uma fonte potencial de deterioração se não for completamente cozido.

A quantidade de açúcar de uma mistura para sorvete pode ser medida com um **refratômetro**, um instrumento óptico capaz de determinar a concentração de açúcar na maioria das substâncias. É um instrumento bastante acurado, mas, para obter uma leitura precisa, é necessário seguir as instruções indicadas. Inicialmente, a lente deve ser limpa com água destilada e, então, uma gota da mistura do sorvete é colocada sobre ela e a tampa é fechada. Com o refratômetro nivelado e apontando para uma fonte de luz, o observador olha através do visor. A leitura corresponderá à porcentagem de açúcar na calda. Essa porcentagem é chamada também de **Brix**.

Um método alternativo de determinar a porcentagem de açúcar é consultar o quadro com todos os ingredientes e calcular o total de açúcar comparado com o total de peso da mistura. Tudo deve ser considerado, incluindo a lactose no leite, que tem poder adoçante de 16.

EMULSIFICANTES E ESTABILIZANTES

Para evitar as flutuações de temperatura possíveis de ocorrer durante o transporte e armazenamento, muitos fabricantes de sorvete empregam o uso de emulsificantes e/ou **estabilizantes**. Quando os cristais de gelo de um produto derretem, tendem a migrar e a se juntar com outras gotículas de água. Depois de congelados novamente, os cristais formados são maiores e a textura do sorvete se torna granulada e endurecida pelo gelo. Isso explica a textura normalmente encontrada em recipientes mais velhos de sorvete que ficaram muito tempo no freezer ou, então, em sorvete que tenha derretido e congelado novamente.

Um sorvete com uma textura delicada e homogênea é composto por minúsculos cristais de gelo uniformemente distribuídos. Esses cristais são tão pequenos que não chegam a ser detectados pela língua. Quando o sorvete sofre variações de temperaturas, passa por uma sequência de derretimentos e de congelamentos chamada **choque térmico**. Este é o processo que ocorre quando os minúsculos cristais de gelo derretem e as gotículas de água se juntam na solução. Quando a mistura é congelada novamente, as gotas de água maiores formarão cristais de gelo maiores, criando uma textura desagradável, com os cristais muitas vezes visíveis na superfície. O choque térmico, que danifica tanto a textura como o sabor do produto, é uma das maiores preocupações dos fabricantes.

Os emulsificantes mantêm a mistura de água e gordura homogênea e atuam para evitar que as duas substâncias opostas se separem. As gemas tradicionalmente cumprem essa função no sorvete e ainda o fazem em muitos produtos naturais; no entanto, alguns fabricantes de sorvete preferem incluir outros emulsificantes produzidos comercialmente como os polissorbatos e mono- e diglicerídios pela sua força crescente e relativo preço baixo.

Os estabilizantes também são usados para evitar que a água escape, aumentando a viscosidade da solução. Quando os cristais de gelo derretem, são mantidos isolados e, depois de congelados novamente, o tamanho dos cristais e seu número são mantidos, causando poucos danos ao produto. Uma vantagem adicional da textura viscosa é que ajuda a esconder o aparecimento de cristais maiores quando eles se formam. No entanto, um excesso de estabilizantes em uma mistura vai produzir consistência emborrachada desagradável. Os estabilizantes mais conhecidos são alginato de sódio, carragena, goma de alfarroba, goma guar, goma xantana, pectina e gelatina.

Figura 12-5
Estabilizantes e sugestões de uso em porcentagens.

Produto	Sugestões de uso em porcentagens
Alginato de sódio	0,20 a 0,30
Ágar	0,30 a 0,35
Carragena	0,15 a 0,25
Farinha de alfarroba	0,15 a 0,30
Farinha de guar	0,15 a 0,30
Pectina	0,30 a 0,50
Gelatina	0,25 a 0,50

Os melhores resultados são obtidos usando uma combinação de estabilizantes para conseguir o melhor das características de cada um deles. Algumas diferenças a ser consideradas são: como uma substância específica reage aos ácidos, ao calor ou às proteínas lácteas e como dissolvem mais facilmente. Fórmulas criadas especificamente para *sorbets* e sorvetes podem ser compradas. Componentes emulsificantes e estabilizantes também oferecem uma alternativa fácil para pequenos produtores.

A escolha de uma combinação adequada de estabilizantes é importante para obter os melhores resultados. Comentários sobre alguns dos mais conhecidos são apresentados a seguir. Ver a Figura 12-5 para as recomendações de uso.

- *Alginato* é extraído de algas marinhas. Dissolve-se facilmente na água. As propriedades gelificantes do alginato diminuem em misturas altamente ácidas (pH 3,4). Em uma mistura bem equilibrada, o alginato produz uma viscosidade muito boa.
- *Ágar* é uma substância gelatinosa extraída de certas espécies de algas e de algas vermelhas originárias dos oceanos Pacífico e Índico. Não é muito frequente seu uso na produção de sorvetes. Para dissolver completamente, é necessário ferver o líquido em temperaturas mais altas do que a normalmente empregada para os sorvetes.
- *Carragena* é também uma alga. Reage muito bem com as proteínas lácteas e protege a caseína em misturas altamente ácidas.
- *Farinha de guar*, assim como a goma, é produzida com as sementes de guar. A farinha se dissolve mais facilmente que a goma. É solúvel em água fria e reage muito bem em mistura com pH neutro.
- *Farinha de alfarroba* é extraída da fruta da alfarrobeira. Tem propriedades similares às da farinha de guar, mas produz um sorvete com textura menos elástica.
- *Pectina* é extraída da casca de cítricos, maçãs e beterrabas. Há dois tipos de pectinas: a de baixa metóxi (BM) e a de alta metóxi (AM). A pectina AM proporciona um resultado melhor nas soluções ácidas e tem alta concentração de açúcar. A pectina tem excelentes propriedades gelificantes e é frequentemente usada por vegetarianos ou na produção kosher.
- *Gelatina* é um produto de proteína animal produzido a partir de ossos, cartilagem, pele e tecidos conjuntivos, especialmente de porcos e de bois. É muitas vezes usada como estabilizante, pois não tem gosto, odor ou cor. A gelatina produz uma ótima viscosidade, textura suave e retarda o descongelamento.
- *Claras* não são normalmente utilizadas porque o calor diminui suas propriedades estabilizantes. Claras em pó, às vezes, são usadas em misturas frias para *sorbet*.

Produto	Sugestões de uso em %
Mono- e diglicerídios	0,10 a 0,30
Polissorbato	0,10 a 0,20

Figura 12-6
Emulsificantes e sugestões de uso em porcentagem.

Os emulsificantes aumentam a capacidade da mistura de manter as bolhas de ar e manter seu volume. Os mono- e os diglicerídios são emulsificantes químicos feitos a partir de gorduras vegetais parcialmente hidrolizadas, como as de soja e de óleo de palma. Ver a Figura 12-6 para sugestões de usos dos emulsificantes.

AROMATIZANTES

São inúmeras as possibilidades de aromatizantes para os sorvetes, limitadas apenas pela imaginação e por poucos fatores que possam afetar a textura e o sabor. Quando incluir ingredientes com alto teor de gordura, açúcar ou álcool, por exemplo, é importante considerar seu impacto na textura final. Tal como o açúcar, o álcool também diminui o ponto de congelamento e, dessa forma, produzirá um sorvete com uma textura mais macia.

Geralmente os ingredientes aromatizantes são acrescentados à mistura base. Outros podem ser adicionados ao final do procedimento, dependendo do resultado desejado. Aromatizantes bases na forma de líquidos, em pó ou em pasta podem facilmente ser acrescentados à mistura. Sabores mais robustos como o de ervas ou de especiarias são mais adequados se forem usados por infusão. Nesse caso, a base é cozida como de costume, mas com o aromatizante adicionado. O calor auxilia na extração de sabores, mas as notas mais ásperas e amargas podem ser evitadas quando as substâncias são coadas antes que o produto seja congelado. Para manter seu tamanho e sua textura, os pedaços sólidos, chamados **complementos** ou saborizantes, são acrescentados mais tarde, depois de congelar o produto. Exemplos de complementos mais populares são pedaços de frutas, castanhas, doces e produtos assados. É importante considerar que os complementos sólidos vão absorver umidade da mistura do sorvete. Para evitar texturas pesadas, as castanhas podem ser tostadas, as partes cozidas podem ser desidratadas e alguns itens podem ser impermeabilizados com camadas de chocolate ou de manteiga de cacau. As caldas e as frutas também podem ser acrescentadas no estágio entre a agitação e o congelamento. As caldas devem conter um nível de açúcar ou de álcool adequado para produzir uma textura delicada que esteja em harmonia com a base depois de congelada.

FRUTAS

As frutas são aromatizantes muito apreciados em sobremesas congeladas. Podem ser adicionadas na forma de purê para dar sabor à base, misturadas em pedaços ou inserida na forma de caracol (*swirl*) no sorvete. A Figura 12-7 sugere a porcentagem de frutas a ser adicionada em *sorbet*. Ao usar frutas frescas é importante escolher produtos maduros e com sabor. A melhor maneira de se conseguir frutas de boa qualidade e a preços mais baixos é utilizar as frutas da estação. Elas devem ser bem limpas, somente as melhores partes devem ser usadas e sementes e cascas devem ser removidas. As frutas mistas que têm a tendência de oxidar devem ser regadas com suco de limão ou com ácido cítrico para evitar a descoloração.

Figura 12-7
Porcentual recomendado de frutas no *sorbet*.

Fruta	Porcentagem	Fruta	Porcentagem
Damasco	50 a 60	Tangerina	45 a 55
Abacaxi	45 a 60	Manga	50 a 60
Banana	35 a 40	Melão	60 a 80
Groselha escura	30 a 35	Ameixa mirabela	50 a 60
Limão-taiti	15 a 20	Amora	45 a 5
Limão-siciliano	20 a 30	Amora silvestre	40 a 50
Coco	50	Mirtilo	45 a 55
Morango	47 a 70	Laranja	55 a 70
Framboesa	45 a 55	Pêssego	50 a 70
Maracujá	30 a 35	Pera	50 a 70
Cereja morello	40 a 50	Toranja	35 a 50
Groselha	35 a 45	Ameixa	50 a 60
Kiwi	50 a 60	Lichia	50

Observação
Teor de açúcar adicionado aos purês de frutas, 10%; conteúdo sólido recomendado para *sorbets*, 31% a 33%; conteúdo sólido recomendado para álcool, 22% a 28%; teor de açúcar com álcool recomendado, 14% a 16%; açúcar recomendado, 20% a 33%; glicose recomendada, no máximo 10%; gordura recomendada, no máximo 2%; sólidos do leite desnatado, no máximo 3%; frutas frescas recomendadas, 1,25.

A maioria das frutas contém alta porcentagem de água que, quando incorporada a uma sobremesa congelada, pode prejudicar o sabor e a textura. Excesso de água pode verter da fruta, formar cristais grandes e resultar em uma textura endurecida. Igualmente desagradáveis são os complementos de frutas que se tornam duros como pedras de gelo depois de congelados. Esses dois problemas podem ser facilmente evitados.

Para remover o excesso de água do purê, ou dos pedaços de frutas misturar 25% de açúcar do peso total do purê e refrigerar por 12 a 24 horas para extrair os sucos naturais. A polpa ficará no fundo do recipiente e o líquido poderá ser facilmente drenado. Como alternativa, a fruta pode ser cozida ou assada para retirar o excesso de líquido e intensificar seu sabor. A mudança na textura que ocorre, especialmente nas frutas com alto teor de pectina, tem a vantagem de produzir uma base mais cremosa para o *sorbet* ou para a granita. A fruta cozida tem um sabor muito diferente do da fruta fresca, o que pode ou não ser desejado.

Ingredientes como o açúcar e o álcool diminuem o ponto de congelamento da água. Essa característica é usada para dar uma textura mais macia às sobremesas congeladas, mas também podem ser aplicadas aos saborizantes de frutas para dar a eles a maciez típica das temperaturas do freezer. Pedaços de frutas maceradas em calda ou em álcool drenam e acrescentam sabor às misturas antes da fase do congelamento. As frutas secas também podem ser beneficiadas ao ser reidratadas dessa maneira. Frutas cristalizadas ou em calda como cerejas, abacaxis e cítricos cristalizados não necessitam desse recurso adicional porque possuem bastante açúcar.

O uso de purê de frutas pré-preparado tem suas vantagens. O fabricante geralmente tem alguma facilidade na compra direta com os produtores, permitindo que as frutas tenham um monitoramento completo e sejam colhidas no momento de maturação correto. Esses acordos permitem a compra de frutas da melhor qualidade em termos de sabor e de doçura. Imediatamente após a colheita, a fruta é processada para remover as sementes ou caroços, peneiradas para tirar o excesso de cascas e partículas estranhas e, então, congeladas em temperatura baixa. As frutas também podem ser analisadas para checagem dos níveis de acidez e de doçura para manter a regularidade do produto e para monitorar o potencial de contaminação. A sacarose geralmente adicionada em um nível de 10% aumenta o sabor e ajuda a diminuir o tempo de descongelamento.

CASTANHAS

As castanhas, valorizadas tanto pela sua contribuição ao sabor como pelos contrastes de textura são deliciosos ingredientes acrescentados ao sorvete e às sobremesas congeladas. As castanhas inteiras ou picadas podem ser adicionadas como complementos crocantes ou podem ser trituradas e usadas como um ingrediente de base. Tostá-las antes do uso na sobremesa realça seu sabor e aumenta a crocância. Uma forma de prevenir que a sobremesa derreta é caramelar as castanhas ou cobri-las com chocolate ou com manteiga de cacau antes de adicioná-las a uma sobremesa cremosa.

CHOCOLATE

O chocolate é um dos mais conhecidos e apreciados aromatizantes usados em sorvetes. Pode ser incorporado em uma multiplicidade de formas: como aromatizante para a base, em pedaços, como cobertura para inclusões ou como calda. Ao adicionar chocolate à mistura base, é importante considerar a composição do chocolate a ser usado: o teor de açúcar, os conteúdos sólidos e o de gordura. Esses componentes têm um impacto importante na textura, assim como no sabor do sorvete. As quantidades de cada um desses componentes podem variar entre os diversos tipos de chocolates, assim como entre as diversas marcas. A Figura 12-8 detalha a composição dos chocolates Valrhona. É importante determinar essa informação para uma marca específica e para o tipo de chocolate a ser usado.

SOBREMESAS CONGELADAS POR AGITAÇÃO

As sobremesas congeladas por agitação, geralmente, são produzidas com uma máquina de sorvetes. As exceções são a granita e as sobremesas congeladas similares. Em ambos os casos a mistura é mexida ou agitada durante o congelamento para quebrar o tamanho dos cristais de gelo que se formam. As máquinas de sorvetes são muito eficientes para essa função e produzem sobremesas cremosas com minúsculas partículas de gelo. Os cristais de gelo na granita são periodicamente quebrados manualmente à medida que a mistura congela. Esse método acaba criando uma textura refrescante e crocante.

PRODUÇÃO

Embora a escala de operação e os equipamentos sejam muito diferentes na produção industrial de sorvetes, o procedimento é muito semelhante na produção caseira. A base do sorvete é feita ao se misturar e aquecer leite e/ou creme, açúcar, aromatizante e, opcionalmente, ovos. Depois de alcançar a temperatura adequada para pasteurização, a mistura é refrigerada e posta para

Figura 12-8 Composição do chocolate Valrhona.

Produto	% de cacau	% de açúcar	% de gordura	% de cacau sólido	% de leite em pó
Chocolate amargo					
Caraibe	66,5	33	40,6	26,5	
Caraque	56	43,5	37	19	
Equatoriale noire	55,5	44	37,4	18	
Extra-amer	67	32	38	30	
Extra-amargo	61	38	38	23	
Guanaja	70,5	29	42,5	28	
Manjari	64,5	35	40	24,5	
Noire extra	53	46,5	30	23,5	
Chocolate ao leite					
Equatoriale lait	35	44,5	36,8		20
Guanaja lait	41				
Jivara	40	36	40,4		23,5
Super alpina	39				
Chocolate branco					
Ivoire	30	43,5	37		20

Cacau em pó – pasta

	Sólidos	Água	pH	Gordura
Pasta de cacau	99%	1%		54%
Cacau em pó 22%	98%	2%	8	22%
Cacau em pó com baixo teor de gordura	98%	2%	8	10%

descansar por algumas horas. A seguir é levada para a máquina de sorvetes, onde será submetida a temperaturas de freezer e a constante agitação. Por fim, o líquido se torna um sólido semicongelado e é colocado em um freezer para endurecer.

Preparação da base

Os primeiros passos para uma produção de sorvetes é combinar os ingredientes para a base e aquecer a mistura. O calor ajuda a dissolver os ingredientes secos como o leite em pó e os estabilizantes e estimula a extração de sabores quando a aromatização é feita por infusão. No entanto, o mais importante é a necessidade de pasteurizar a mistura. A **pasteurização** é uma etapa fundamental para garantir um produto seguro do ponto de vista sanitário. O aquecimento a uma temperatura específica por tempo determinado previne o desenvolvimento de micro-organismos perigosos presentes nos ovos e nos laticínios.

Há duas opções de pasteurização para produtos congelados. A pasteurização com **alta temperatura em tempo curto (ATTC)** é o método mais adotado para sorvetes. É necessário que a mistura seja aquecida a 85 °C por 2 a 3 minutos. E para o outro método alternativo de pasteurização, o de **temperatura baixa por longo tempo (TBLT)**, é necessário que a mistura seja aquecida a uma temperatura mínima de 65 °C por 30 minutos. Esse método talvez seja indicado para misturas que contenham ingredientes cujos sabores ou composição possam ser afetados negativamente pela temperatura muito alta.

Preparação do sorvete com pasteurização de ATTC

- Pesar todos os ingredientes e mantê-los em recipientes separados higienizados.
- Misturar o estabilizante com 10 vezes seu peso de açúcar para diluir.
- Em panela de inox, aquecer o leite ou a água se for usado leite em pó.
- Em seguida, acrescentar o leite em pó e misturar com o globo.
- Quando estiver a 25 °C, acrescentar todo o açúcar e as especiarias, sabor de café e de chá se fizer parte da fórmula.
- Quando estiver com 35 °C, acrescentar o creme (35% de gordura láctea), manteiga derretida ou óleo.
- Quando a temperatura alcançar 40 °C, adicionar as gemas já misturadas com um pouco de leite. Mexer constantemente enquanto elas estiverem sendo adicionadas.
- A 45 °C, adicionar a mistura de estabilizante e açúcar. Mexer constantemente para evitar que queime. Manter a temperatura a 85 °C por 2 minutos.
- Remover a panela do fogo e acrescentar o chocolate derretido, manteiga de amendoim, ou qualquer outra pasta de castanhas, se fizer parte da base do sorvete.
- Esfriar o sorvete rapidamente a 4 °C e refrigerar em um recipiente vedado. O refrigerador deve estar entre 2 °C a 6 °C.
- Caso haja alguma dúvida a respeito da qualidade do fornecimento da pasta de castanhas ou sobre a contaminação de algum aromatizante, a adição da pasta deve fazer parte da pasteurização: 85 °C por 2 minutos para ATTC ou 65 °C por 30 minutos no método TBTL.

Maturação

Depois da pasteurização, a mistura deve ser rapidamente esfriada até 4 °C. Essa temperatura deve ser alcançada em 1 hora para minimizar o tempo em que a mistura se mantém entre 10 °C até 60 °C, considerado o período crítico que conduz ao crescimento de bactérias perigosas para o consumo humano. Durante o estágio de envelhecimento ou de maturação, a mistura é mantida no refrigerador em um recipiente higienizado e coberto. A seguir, indicamos tempo e temperatura específicos: um máximo de 24 horas a 6 °C ou um máximo de 48 horas a 2 °C; a maturação pode ser obtida rapidamente em 4 horas a 2 °C com a ajuda de agitação lenta. No entanto, um tempo de descanso prolongado é bastante recomendado, em razão de que esse método permite que a gordura de dentro dos glóbulos comece a se cristalizar, os emulsificantes aderem às gotas de água e os estabilizantes se hidratam completamente. A mistura se tornará mais grossa e cremosa. Todos esses fatores produzem um ambiente melhor e mais estável para que as bolhas de ar sejam incorporadas no estágio seguinte. Ingredientes sensíveis ao calor como os aromatizantes, os corantes ou os purês de frutas podem também ser adicionados nesse estágio. Além disso, a produção em escala pode testar a mistura em relação à viscosidade e à segurança microbiológica antes de ir para o freezer.

Congelamento

Os três componentes fundamentais do sorvete são os glóbulos de gordura, os cristais de gelo e as bolhas de ar. Ao final da fase de maturação, os glóbulos de gordura, parcialmente cristalizados, terão criado uma cadeia que fornece uma estrutura para manter os cristais de gelo e as bolhas de ar, que serão formadas durante o estágio de congelamento. A mistura gelada é colocada em tanques de congelamento de uma máquina de sorvetes onde gira uma paleta central vertical, chamada **misturador**. A ação simultaneamente aera a mistura e raspa continuamente os cristais de gelo que se formam nas laterais, evitando que se tornem muito grandes.

O ar incorporado, também conhecido como *overrun* – confere ao sorvete sua característica leveza. A quantidade pode ser significante, com a incorporação de ar respondendo por metade do volume de alguns sorvetes de menor qualidade. O uso excessivo de emulsificantes é que permite essa alta incorporação de ar. Quando a mistura alcançar a consistência semelhante à dos sorvetes macios, é removida do tanque de congelamento. Nesse estágio, saborizantes como frutas, castanhas e itens assados podem ser cuidadosamente adicionados, e caldas também podem ser acrescentadas. Se for deixado no tanque congelador por muito tempo, o sorvete vai endurecer e o ar será expelido.

Incorporação de ar (*overrun*)

A **incorporação de ar** é a medida do volume adicional que o sorvete adquire durante as fases de batimento e de congelamento (*churning*) em razão das bolhas de ar que se formam atraídas pela gordura. Os emulsificantes estimulam alta incorporação de ar. Normalmente a incorporação de ar em um sorvete é entre 50% e 100% e para o *sorbet* de 30% a 40%. Produtos de alta qualidade têm níveis menores, enquanto os mais econômicos têm índices bastante altos. A incorporação de ar oferece leveza e suavidade ao paladar, embora em excesso dilua o sabor e produza uma textura desagradável e demasiadamente aerada.

Como calcular o overrun Usando o mesmo recipiente, pesar a mistura de sorvete antes e depois de congelar. O recipiente deve estar cheio até a superfície para que não haja bolhas de ar.

Exemplo
Antes de congelar = 1.200 g
Depois de congelar = 750 g

$$\frac{1.200 - 750}{750} \times 100\% = 60\% \text{ overrun}$$

Endurecimento

Depois de remover o sorvete da máquina, aproximadamente metade do líquido se transformou em cristais de gelo, e o sorvete está em um estado bastante instável. É fundamental baixar a temperatura o mais rapidamente possível para evitar a migração da água e a formação de uma textura granulada. Depois que as inclusões forem inseridas, o sorvete é embalado e a temperatura rapidamente baixada. Como temperaturas mais frias produzem um sorvete mais homogêneo, a temperatura ideal varia entre −30 °C e −40 °C. Depois que o produto endurecer, pode ser armazenado indefinidamente a −25 °C ou mais frio. O aumento dos cristais de gelo pode ser evitado nessas baixas temperaturas extremas.

SORVETE

O sorvete mais simples é feito com produtos lácteos, açúcar, vários aromatizantes, e às vezes ovos. Há dois estilos principais: o **sorvete em estilo Filadélfia** e o sorvete com base de creme. O primeiro é feito de uma mistura não cozida de creme, açúcar e aromatizantes. Pode ter uma textura ligeiramente granulada, porque falta a ação emulsificante da gema, podendo se formar cristais de gelo maiores. No entanto, a adição de grande quantidade de ingredientes aromatizantes como chocolate ou purê de fruta pode ajudar a emulsificar a mistura e produzir um sorvete de textura suave. O segundo tem como base uma mistura cozida de leite, creme, ovos, ou gemas, e açúcar, muito semelhante ao creme *anglaise*. Esse método produz um sorvete nutritivo e suave. Para definir o sorvete como francês ou no estilo creme, o USDA exige que contenha um mínimo de 1,4% de sólidos de ovos. O procedimento para ambos os métodos é o mesmo.

GELATO

O *gelato* é uma sobremesa italiana congelada semelhante ao sorvete. Embora os procedimentos para preparar o *gelato* e o sorvete sejam semelhantes, os dois diferem ligeiramente em sabor e textura. Enquanto o sorvete é apreciado por sua leveza, cremosidade e sabor complexo, um bom *gelato* é valorizado pela sua consistência densa e pelo sabor intenso. No *gelato*, a proporção de aromatizantes para a gordura é bem mais alta que a do sorvete. A textura densa é o resultado de uma incorporação de ar mínima.

SORBET

O *sorbet* é composto especialmente por sucos ou purês de frutas ou de legumes, calda e um ácido. Sua característica é ser leve e refrescante. Algumas fórmulas incluem álcool e infusões de chá, café, ervas e especiarias. O *sorbet* é muitas vezes servido entre um prato e outro para limpar o paladar ou como uma sobremesa leve.

Assim como o sorvete, o *sorbet* tem uma textura suave e cremosa resultado de um controle cuidadoso do tamanho dos cristais de gelo. O procedimento para fazer o *sorbet* é basicamente o mesmo do sorvete; no entanto, o *sorbet* não contém nem gordura nem produtos lácteos. O resultado é um nível de incorporação de ar mais baixo, já que a gordura é responsável por reter a maior parte de ar no sorvete. O máximo de incorporação de ar que um *sorbet* pode alcançar é de 30% a 60% em comparação com 100%, ou mais, no sorvete. A alta porcentagem de purê de fruta em algumas fórmulas de *sorbet* produz um volume suficiente capaz de reter ar e apresentar uma textura leve. Os emulsificantes são desnecessários em razão da ausência de gordura, mas os estabilizantes podem ser acrescentados para evitar que a textura se torne granulada, o que pode ocorrer ao longo do tempo pela recristalização da água.

O equilíbrio entre os sólidos e o açúcar é importante para manter a incorporação de ar e sustentar o formato na colher. O teor de sólidos deve ser entre 31% e 33%, e o do açúcar, de 20% e 33%. Até 10% de glicose em pó pode ser adicionada para criar uma textura mais firme. Isso ocorre por causa do baixo poder adoçante da glicose em pó em relação à sacarose e, consequentemente, menos impacto sobre o ponto de congelamento. Alguns *sorbets* podem conter baixos níveis de gordura ou sólidos lácteos desnatados para ajudar na incorporação de ar. Os níveis não devem exceder 2% ou 3%, respectivamente. Os *sorbets* que incluem álcool podem requerer uma redução no teor de açúcar, já que o álcool também diminui o ponto de congelamento.

GRANITA

A **granita**, ou *granité*, é um gelado crocante e refrescante que pode ser feito a partir de ampla variedade de sabores, incluindo purê de frutas, suco de frutas e legumes, vinho, álcool, café ou chá. Pode também ser feito a partir de infusões com ilimitadas variações de raspas de cítricos, ervas e especiarias. Os ingredientes são misturados com calda simples ou água, dependendo dos aromatizantes usados e dos níveis desejados de doçura. A granita muitas vezes é servida como um *intermezzo* ou como uma sobremesa mais leve, embora haja uma tendência crescente de oferecer versões salgadas que apresentam um contraste em textura e temperatura para outros pratos.

A proporção básica para a granita é três partes de suco para uma parte de calda simples. O teor de açúcar ideal para a formação de cristais de gelo é entre 8° e 12° Baumé. Ao fazer uma granita salgada, o açúcar pode ser substituído por sal e álcool para alcançar a textura desejada. Esses ingredientes também diminuem o ponto de congelamento e evitam que a mistura se torne um bloco sólido de gelo. Uma pequena quantidade de sal é recomendada, mesmo para as granitas doces, pois ajuda a equilibrar e realçar os sabores.

SOBREMESAS MONTADAS E CONGELADAS

As sobremesas montadas e congeladas oferecem uma deliciosa alternativa ao tradicional sorvete. Não há necessidade de máquina de sorvete para sua preparação e, portanto, é uma boa opção para cozinhas com equipamentos limitados.

As sobremesas incluídas nessa categoria são na maioria compostas por ingredientes que fazem parte da musse clássica. Espumas feitas com claras ou gemas e creme de leite integral podem ser acrescentadas a uma base aromatizada. Quaisquer saborizantes usados para sorvetes podem ser incorporados à mistura. Há infinitas possibilidades para criar sobremesas sofisticadas com camadas de múltiplos sabores e elementos de texturas contrastantes como bolo, biscoitos crocantes ou merengue.

A seguir, alguns exemplos de sobremesas montadas e congeladas:

- **Musse congelada**, a mais simples dessas preparações é uma combinação de merengue suíço ou italiano, creme batido e uma base aromatizante.
- ***Parfait* congelado** é uma mistura de *pâte à bombe* ou merengue italiano ou suíço, com aromatizante e creme batido adicionado. Nos Estados Unidos, o *parfait* também se refere a uma sobremesa de sorvete intercalado com frutas e creme batido.
- **Suflê congelado** é semelhante à musse congelada. A diferença está na apresentação, preparada para imitar a aparência de um suflê quente. Congelado e servido em ramekins adaptados com um anel, que depois de retirado apresenta uma altura que imita o clássico suflê quente.
- ***Semifreddo***, que significa "semicongelado" em italiano, é uma sobremesa congelada composta de uma base de creme combinado com creme batido ou com merengue para dar leveza. Chocolate, castanhas, frutas ou outras inclusões podem ser incorporadas.

O *semifreddo* é servido congelado, mas o ar incorporado o torna macio dando a sensação de ser menos frio.

- **Bombe** é uma sobremesa congelada moldada. É assim chamada em referência a seu formato clássico de cúpula. É composta tradicionalmente por múltiplas camadas de misturas do tipo *parfait*.

CRIAÇÃO DE FÓRMULAS PARA SORVETE E O CÁLCULO EQUILIBRADO

A criação de fórmulas para sorvete e *sorbet* requer atenção ao equilíbrio das substâncias que afetam tanto o sabor como a textura, especialmente a gordura, o MSNF, os açúcares, os sólidos e a água. Esses componentes são encontrados em alguns ingredientes na mistura, sendo necessário avaliar todos eles para determinar um total preciso. O cálculo da concentração de açúcar, por exemplo, envolve a lactose no leite ou no leite em pó, o açúcar incluído no purê de fruta ou em outros ingredientes, e o de qualquer tipo de açúcar que for adicionado diretamente na base. A planilha do cálculo da fórmula (Figura 12-9), mais adiante neste capítulo, contém os níveis de porcentagem recomendada para cada componente, facilitando a criação de fórmula ou a modificação de alguma já existente. Analisar uma fórmula mediante as porcentagens dos componentes pode ajudar a identificar problemas com a textura ou com o açúcar se comparados com os valores recomendados. Para produção em larga escala há programas disponíveis que fazem análises semelhantes.

Para avaliar uma fórmula, devem ser calculados a gordura, o MSNF, a água e o total de sólidos nos lacticínios e nos outros ingredientes. Para cada componente, adicionar os pesos dos vários ingredientes presentes e dividir pelo total de peso do conjunto para obter a porcentagem. Esses números podem, então, ser comparados com as porcentagens recomendadas indicadas na planilha. Essas orientações ajudam a criar textura e sabor desejados no sorvete ou no *sorbet*. Para grandes produções comerciais, é necessário observar as orientações do USDA para rotular o produto de acordo com a classificação. Produções menores como a de um restaurante ou de uma confeitaria não necessitam de uma adesão tão restrita.

No exemplo do sorvete indicado a seguir, são usadas as medidas do sistema métrico para facilitar o cálculo; no entanto, o sistema decimal dos Estados Unidos também pode ser adotado.

Exemplo do cálculo para sorvete

Orientações para a fórmula

9% de gordura

14% de MSNF (sólidos do leite desnatado)

17% de sacarose

0,2% estabilizante

0,2% emulsificante

Peso total da mistura: 10.000 g

Composição dos ingredientes selecionados

Manteiga, 82% de gordura

Leite em pó desnatado, 97% sólidos

Sacarose

Estabilizante
Emulsificante

Quantidade de manteiga necessária para produzir 9% de gordura na fórmula final usando manteiga com 82% de gordura

Fórmula	Lote	Gordura da manteiga
9% de gordura	10.000	82%

$$\frac{9 \times 10.000}{82} = 1.097 \text{ g de manteiga}$$

Quantidade de leite em pó desnatado para 14% de sólidos ou 1.400 g

Primeiro, determinar o peso dos sólidos na quantidade de manteiga calculada anteriormente. Essa manteiga em particular tem 2% de MSNF.

Peso da manteiga × MSNF na manteiga = 1,097 × 2%

$$\frac{1.097 \text{ g} \times 2}{100} = 21,94 \text{ g de MSNF na manteiga}$$
$$= 22 \text{ g depois de arredondar}$$

Deduzir essa quantidade (22 g) do total de sólidos necessários para o conjunto (1.400 g). Então, determinar a quantidade de leite em pó necessária para completar o restante. O leite em pó desnatado escolhido tem 97% de MSNF.

Objetivo   MSNF na manteiga
14% de 10.000   22 g

1.400 g – 22 g = 1.378 g

$$\frac{1.378 \text{ g} \times 100}{97} = 1.420 \text{ g}$$

Quantidade de sacarose necessária para 17% de 10.000 g do lote

$$\frac{10.000 \times 17}{100} = 1.700 \text{ g}$$

ou

10.000 × 0,17 = 1.700 g

Quantidade de estabilizante necessária para 0,2% de 10.000 do lote

$$\text{Total do lote} = \frac{10.000 \text{ g} \times 0,2\%}{100} = 20 \text{ g}$$

ou

10.000 × 0,002 = 20 g

Quantidade de emulsificante necessária para 0,2% de 10.000 do lote

$$\text{Total do lote} = \frac{10.000 \text{ g} \times 0,2\%}{100} = 20 \text{ g}$$

ou

$$10.000 \text{ g} \times 0,002 = 20 \text{ g}$$

Com o total de todos os ingredientes, podemos determinar a quantidade de água necessária.

Quantidade de água necessária

Lote = 10.000 g − (1.097 g de manteiga + 1.420 g de leite em pó + 1.700 g de açúcar
+ 20 g de emulsificante + 20 g de estabilizante) = 5.743 g

Dessa forma, 5.743 g de água é 57,43% do total de 10.000 g do lote.

Substituição de água por leite fresco integral

Se for usado leite fresco integral em substituição à água, é preciso calcular a composição do leite integral considerando que esse ingrediente contém 3,6% de gordura, 8,4% de MSNF e 88% de água, soma que completa os 100%.

Primeiro, é preciso calcular a quantidade de leite fresco necessária para substituir a água. A seguir, avaliamos a gordura e o MSNF nessa quantidade e ajustamos a manteiga e o leite em pó desnatado para acompanhar a mudança.

Quantidade de leite para substituir a água

Peso da água	Água no leite
5.473	88%

$$\frac{5.473 \text{ g} \times 100}{88} = 6.526 \text{ g de leite}$$

Este é o peso total de leite integral necessário para substituir a água. A seguir, calcular a gordura e o MSNF e deduzir o resultado do cálculo anterior.

Peso da gordura no leite (3,6%)

$$\frac{6.526 \text{ g} \times 3,6}{100} = 235 \text{ g}$$

ou

$$6.526 \text{ g} \times 0,036 = 235 \text{ g}$$

O peso do MSNF no leite integral (8,4%)

$$\frac{6.526 \text{ g} \times 8,4}{100} = 548 \text{ g}$$

ou

$$6.526 \text{ g} \times 0,084 = 548 \text{ g}$$

Esses dois componentes podem ser deduzidos de outros ingredientes.

Comparação com a fórmula final

	Com água	Mudança necessária	Com leite integral
Água	5,743 g		0 g
Leite integral	0 g		6,526 g
Leite em pó desnatado	1,420 g	−548 g	872 g
Açúcar	1,700 g		1,700 g
Manteiga	1,097 g	−235 g	862 g
Emulsificante	20 g		20 g
Estabilizante	20 g		20 g
Total	10,000 kg		10,000 kg

Se o creme fizer parte da mistura do sorvete, é necessário determinar seu teor de gordura, que pode variar de 18% a 40%. A contribuição da água e do MSNF do creme também deve ser calculada.

A composição de cada ingrediente é a parte mais importante a ser considerada. O que for adicionado a um deles deve ser equilibrado com os outros. Para avaliar os sólidos, primeiro devem ser calculados os outros ingredientes, então o MSNF e, finalmente, a água. As informações sobre os lacticínios, os açúcares e as gemas são detalhadas em suas tabelas de composição associadas encontradas na seção "Ingredientes básicos" neste capítulo. Para organizar o cálculo de uma fórmula de sorvete ou de *sorbet*, consultar os valores para cálculo da fórmula na (Figura 12-9).

Uma equação pode ser usada para calcular o MSNF. Acrescentar a outra porcentagem de sólidos e diminuir de 100. O resultado é, então, dividido por 6,9 para uma conservação curta e 6,4 para uma conservação mais longa. A conservação curta se aplica a produtos que serão armazenados por até uma semana. A conservação mais longa refere-se a armazenagem de um mês ou mais. Uma grande quantidade de sólidos ajuda a estabilizar a estrutura do sorvete para armazenagens mais longas.

100% − 19,4% = 80,6%

Conservação curta

80,6 : 6,9 = 11,68% MSNF
Total de sólidos = 11,68% + 19,4% = 30,91% sólidos

Exemplo de cálculo para MSNF

		% de sólidos da mistura
Manteiga	1.097 g	2%
Açúcar	1.700 g	17%
Emulsificante	20 g	0,2%
Estabilizante	20 g	0,2%
		19,4%

Conservação longa

80,6 : 6,4 = 12,6% MSNF

Total de sólidos = 12,6% + 19,4% = 32% sólidos

Os cálculos das porcentagens do MSNF e dos sólidos totais estão dentro dos valores recomendados.

CÁLCULO PARA A FÓRMULA DO *SORBET*

O cálculo do *sorbet* é ligeiramente mais fácil de fazer, já que são poucos os ingredientes usados. Primeiro passo, adicionar a porcentagem dos sólidos nos ingredientes usados. Observar que o purê de fruta geralmente inclui 10% de açúcar para aprimorar o sabor, facilitar o uso e aumentar a durabilidade. Para obter os melhores resultados, seguir essas indicações, que se aplicam à média dos procedimentos.

Orientações para a fórmula de *sorbet*

			% de sólidos*
Açúcar	20% a 33%		100%
MSNF	0,5% a 3%	Se for usar	Variam conforme o produto
Gordura	0,5% a 2%	Se for usar	Variam conforme o produto
Polpas de fruta			Variam
Estabilizantes	0,2% a 0.3%		100%
Emulsificantes	Nenhum		

* Total de sólidos de 31% a 33%.

Exemplo do cálculo do *sorbet*

Fórmula para a mistura total

31% de sólidos (7.000 g de purê de morango com 10% de sacarose incluída)

0,2% de estabilizante

Peso total: 10.000 g

Quantidade atual de purê de morangos: 7.000 g com 10% de sacarose

$$\frac{7.000 \text{ g} \times (10\% \text{ de açúcar})}{100} = 700 \text{ g sacarose}$$

ou

7.000 g × 0,10 = 700 g
7.000 g − 700 g = 6.300 g de purê

Quantidade atual de sólidos considerando que o purê tem 11% de sólidos

Quantidade atual de purê de morangos × sólidos = 6.300 g – 11%

$$\frac{6.300 \times 11}{100} = 693 \text{ g}$$

ou

$$6.300 \times 0,11 = 693 \text{ g}$$

Quantidade atual de estabilizantes: 0,2%

$$\frac{10.000 \times 0,2}{100} = 20 \text{ g}$$

ou

10.000 × 0,0002 = 20 g
Total de sólidos conhecidos = 693 + 20 = 713 g de sólidos

Sólidos selecionados: 31%

Mistura total × Sólidos selecionados = 10.000 × 31%

$$\frac{10.000 \times 31}{100} = 3.100 \text{ g}$$

ou

$$10.000 \times 0,31 = 3.100 \text{ g}$$

Açúcar a ser adicionado para equilibrar os sólidos 3.100 g com 31%

Sólidos selecionados – (Sólidos existentes + mais a sacarose do purê)
= 3.100 g – (713 + 700) = 1.687 g de sacarose

Água a ser adicionada

Mistura total – (sacarose + estabilizante + purê)
= 10.000 – (1.687 + 20 + 7.000) = 1.292 de água

Água mineral pode ser usada para o sorvete e para o *sorbet* para evitar sabores desagradáveis e contaminação.

Calcular a porcentagem do açúcar para comparar com as orientações

Sacarose + sacarose do purê = 1.687 g + 700 g = 2.387 g de açúcar total

$$\frac{2.387 \times 100}{10.000} = 3,87\%$$

ou

2,387 × 0,010 = 23,87%

Ajuste da fórmula final

Sólidos

713 + 2,387 = 3,100 g ou 31% (31% a 33%) recomendado

Açúcar

700 + 1,687 = 2,387 g ou 23,87% (20% a 30%) recomendado

Água

$$\frac{1,293 \times 100}{10.000 \text{ g}} = 12,93 \text{ g}$$

ou

$$1,293 \times 0,010 = 12,93\%$$

Caso a gordura, o MSNF, ou a glicose em pó forem selecionados para esta fórmula, adicionar os sólidos daqueles ingredientes e fazer os ajustes para permanecer nos parâmetros de 31%. Fazer o mesmo cálculo ao adicionar chocolate para o *sorbet* de chocolate. Consultar a Figura 12-9 para exemplo de planilha para um cálculo de fórmula.

PARTE 2: PÂTISSERIE

Figura 12-9 Planilha para cálculo da fórmula.

Produto	Peso	% de gordura	Peso gordura	% MSNF	Extrato seco MSNF	% sólidos	Sólidos	% água
Leite integral		3,6%		8%				88,0%
Leite em pó desnatado				97%				3%
Manteiga		82,0%		2%				16%
Creme								
Sacarose		0,0%		0%		95%		5%
Açúcar invertido		0,0%		0%				22%
Outro adoçante								
Outro adoçante								
Gemas		33,5%		0%				50%
Estabilizante		0,0%		0%				
Emulsificante		0,0%		0%				
Baunilha em pó		0,0%		0%				
Cacau								
Purê de fruta								
Água								
Pesos totais								
% atual								
% sugerida								
% de sorvete		7%–12%		8%–11%		35%–45%		
% do *sorbet*		2%		3%		31%–32%		

* Procedimento para calcular a concentração de açúcares (CA).

Para calcular a CA da caseína, dividir o MSNF por 2 (50%). O resultado será o teor de caseína, já que ela é 16 DE. Multiplicar o resultado por 0,16 e, então, colocar o resultado na coluna CA.
Todos os outros adoçantes são multiplicados pelo número do DE. A sacarose é 100%.
Quando tiver todos os números da concentração de açúcares, somar todos e dividir o resultado por 100 para dar a porcentagem atual.

Capítulo 12: Sobremesas congeladas

Água	Lactose	CA*	% de açúcar	Açúcar	Gema	Estabi-lizante	Emulsi-ficante	Aroma-tizante	Álcool
		16%–23%	**18%–22%***			**0,2%– 0,3%**	**0,25%**		
			20%–33%						

** Porcentagens sugeridas de ingredientes selecionados para *sorbet* e sorvete.

A porcentagem de açúcar para sorvete com álcool 14% a 15%
Sorbet com álcool 22% a 28%
Álcool máximo em *sorbet* 7%
Glicose em pó em *sorbet* 10%
MSNF mais gordura em *sorbet* 16% a 22%

OBSERVAÇÕES PARA A INTERPRETAÇÃO DE UMA FÓRMULA DE SORVETE

- Para facilitar e padronizar, as fórmulas são apresentadas somente em quilograma, assim como o exemplo de como adaptar uma fórmula de sorvete.

- O armazenamento com as temperaturas baixas especificadas nesta seção apresenta as condições ideais para *sorbets* e sorvetes. Conforme explicado neste capítulo, essas temperaturas baixas evitam a migração da água e a formação de cristais grandes, que destroem a textura delicada do produto. Se não for possível usar um ultracongelador (*blast freezer*), as sobremesas congeladas podem ser armazenadas por períodos mais curtos em temperaturas normais de freezer. Observar que a degradação vai ocorrer ao longo do tempo.

- Água mineral é indicada em várias fórmulas em razão de seu sabor neutro e ausência de bactéria. Pode ser substituída por água da torneira nas regiões em que a qualidade da água for boa.

- O monoestearato, um ingrediente presente na maioria das fórmulas de sorvete, é uma gordura emulsificante. É empregado em combinação com um estabilizante de sorvete para melhorar a textura. Marcas de estabilizantes e emulsificantes vendidos comercialmente podem ser substituídas. Seguir as orientações do fabricante para a utilização adequada. A lecitina em pó ou as gemas podem também ser usadas como emulsificantes. Lembrar que esses ingredientes vão afetar o sabor do produto. As gemas adicionais também vão aumentar o teor de gordura e o paladar do sorvete.

- O açúcar invertido vendido comercialmente é um adoçante líquido composto por partes iguais de frutose e de glicose. O poder adoçante é mais alto que o da sacarose. A glicose e a calda de milho não são substitutos adequados.

Capítulo 12: Sobremesas congeladas

FÓRMULA

SORVETE DE BAUNILHA
(VANILLA ICE CREAM)

A versão que apresentamos aqui deste clássico sempre popular é a do sorvete de baunilha com uma quantidade generosa de baunilha em fava, o que confere à sobremesa um sabor definido e refrescante de baunilha. Este sorvete serve como uma excelente base para adições de frutas frescas, licor, biscoitos e muito mais.

Ingredientes	Peso kg
Leite integral	1,129
Leite em pó desnatado	0,080
Açúcar	0,220
Glicose em pó	0,060
Fava de baunilha (1 por kg de mistura)	2 unidades
Açúcar invertido	0,040
Creme 35%	0,400
Gemas	0,060
Estabilizante	0,006
Emulsificante	0,005
Total	2,000

Procedimento

1. Pesar todos os ingredientes e mantê-los em recipientes separados e higienizados.
2. Misturar o estabilizante e o emulsificante com 10 vezes o seu peso conjunto de açúcar (do açúcar da fórmula) para diluir e para melhorar a incorporação.
3. Em panela de inox, aquecer o leite.
4. Em seguida acrescentar o leite em pó e misturar com o batedor globo.
5. Quando estiver a 25 °C, adicionar todo o açúcar, glicose em pó e a fava de baunilha.
6. Quando alcançar 35 °C, acrescentar o creme.
7. Com 40 °C, adicionar as gemas, que devem ter sido misturadas com um pouco de leite. Bater continuamente enquanto as gemas estiverem sendo adicionadas.
8. A 45 °C, acrescentar o monoestearato e o estabilizante misturados com o açúcar e com o açúcar invertido.
9. Mexer continuamente para evitar que a mistura pegue no fundo da panela. Deixar a temperatura chegar aos 85 °C por 2 minutos.

10. Esfriar o sorvete rapidamente até 4 °C, cobrir a superfície com filme plástico e refrigerar entre 6 °C a 2 °C.
11. Deixar o sorvete maturar por pelo menos 4 horas ou durante a noite sob refrigeração.
12. Misturar o sorvete com um misturador de imersão para garantir uma mistura homogênea e a distribuição dos ingredientes, especialmente o emulsificante.
13. Higienizar o tanque de mistura da máquina de sorvete e todos os componentes que serão usados.
14. Colocar a mistura no tanque da máquina de sorvete.
15. Agitar até que o sorvete alcance a consistência desejada.
16. Retirar o sorvete da máquina e transferi-lo para um recipiente limpo e congelado
17. Congelar imediatamente a –35 °C.
18. A temperatura para armazenamento antes de servir deve ser –18 °C a –20 °C.
19. Servir em temperatura de –15 °C a –12 °C.

FÓRMULA

SORVETE DE CHOCOLATE (*CHOCOLATE ICE CREAM*)

O sorvete de chocolate pode ser considerado o grande rival do sorvete de baunilha. Enriquecido com creme e aromatizado com uma *couverture* meio amarga, este sorvete de chocolate vai agradar aos paladares mais exigentes.

Ingredientes	Peso kg
Leite integral	1,165
Leite em pó desnatado	0,050
Açúcar	0,150
Creme 35%	0,280
Estabilizante	0,005
Emulsificante	0,005
Açúcar invertido	0,080
Couverture de chocolate 67%	0,265
Total	2,000

Procedimento

1. Pesar todos os ingredientes e mantê-los em recipientes higienizados e separados.
2. Derreter a *couverture* em micro-ondas a 49 °C e reservar.
3. Misturar o estabilizante e o emulsificante com 10 vezes o seu peso conjunto de açúcar (do açúcar indicado na fórmula) para diluir mais facilmente e melhorar a incorporação.
4. Em panela de inox, aquecer o leite.
5. Em seguida acrescentar o leite em pó e misturar com o batedor globo.
6. Adicionar o açúcar quando chegar a 25 °C.
7. A 35 °C acrescentar o creme.
8. A 45 °C adicionar o estabilizante e o emulsificante misturado com o açúcar e depois o açúcar invertido.
9. A seguir, adicionar o chocolate derretido.
10. Mexer constantemente para evitar que queime no fundo. Ferver até 85 °C por 2 minutos.
11. Esfriar o sorvete muito rapidamente até 4 °C, cobrir a superfície com filme plástico e refrigerar entre 6 °C e 2 °C.
12. Deixar o sorvete maturar por pelo menos 4 horas ou durante a noite sob refrigeração.
13. Misturar o sorvete com um misturador de imersão para produzir uma mistura homogênea e garantir uma distribuição dos ingredientes, especialmente o emulsificante e os estabilizantes.
14. Higienizar o tanque da máquina de sorvete e todos os componentes a serem utilizados.
15. Despejar a mistura no tanque da máquina de sorvete.
16. Agitar até que o sorvete alcance a consistência desejada.
17. Remover o sorvete da máquina e transferir para um recipiente limpo e congelado.
18. Congelar imediatamente a –35 °C.
19. A temperatura do freezer antes de servir o sorvete deve estar entre –18 °C e –20 °C.
20. Servir em temperaturas entre –15 °C e –12 °C.

FÓRMULA

SORVETE DE CAFÉ (*COFFEE ICE CREAM*)

Iguaria perfeita para depois de uma refeição, este sorvete de café é feito com café fresco moído e pó de café expresso para uma intensidade extra.

Ingredientes	Peso kg
Leite integral	1,060
Leite em pó desnatado	0,080
Açúcar	0,230
Café instantâneo	0,020
Café moído	0,040
Creme 35%	0,400
Gemas	0,060
Estabilizante	0,006
Emulsificante	0,005
Glicose	0,060
Açúcar invertido	0,040
Total	2,001

Procedimento

1. Pesar todos os ingredientes e mantê-los em recipientes separados e higienizados.
2. Misturar o estabilizante e o emulsificante com 10 vezes seu peso conjunto de açúcar (do açúcar da fórmula) para diluir e melhorar a incorporação.
3. Em panela de inox, aquecer o leite.
4. Em seguida acrescentar o leite em pó e misturar com o batedor globo.
5. Quando estiver a 25 °C, adicionar todo o açúcar, o café e o café moído.
6. Quando alcançar 35 °C, acrescentar o creme.
7. Com 40 °C, adicionar as gemas, bater continuamente.
8. A 45 °C, acrescentar o emulsificante e o estabilizante misturados com o açúcar e, então, acrescentar a glicose e o açúcar invertido.
9. Mexer continuamente para evitar que a mistura grude no fundo da panela. Deixar a temperatura chegar aos 85 °C por 2 minutos.

10. Coar por um *chinois* fino para extrair o café moído.
11. Esfriar o sorvete rapidamente até 4 °C, cobrir a superfície com filme plástico e refrigerar entre 6 °C e 2 °C.
12. Deixar o sorvete maturar por pelo menos 4 horas ou durante a noite sob refrigeração.
13. Misturar o sorvete com um misturador de imersão para uma mistura homogênea e para a distribuição uniforme dos ingredientes, especialmente do emulsificante.
14. Higienizar o tanque de mistura da máquina de sorvete e todos os componentes que serão usados.
15. Colocar a mistura no tanque da máquina de sorvete.
16. Agitar até que o sorvete alcance a consistência desejada.
17. Retirar o sorvete da máquina e transferi-lo para um recipiente limpo e congelado.
18. Congelar imediatamente a −35 °C.
19. A temperatura para armazenamento antes de servir deve ser −18 °C a −20 °C.
20. Servir em temperatura de −15 °C a −12 °C.

Sorvete de café

Sorvete de chocolate

Sorvete de baunilha

Capítulo 12: Sobremesas congeladas

FÓRMULA

SORVETE DE CHÁ VERDE (*CREEN TEA ICE CREAM*)

No Japão, este sorvete é chamado *matcha*. *Matcha* é um chá verde em pó muito fino. É bastante conhecido nos Estados Unidos, encontrado especialmente nas pequenas sorveterias e nos restaurantes japoneses. No Brasil, pode ser encontrado em alguns bons restaurantes japoneses.

Ingredientes	Peso (kg)
Leite integral	1,130
Creme integral	0,355
Chá verde em pó	0,045
Açúcar	0,240
Leite em pó desnatado	0,110
Glicose em pó	0,110
Estabilizante	0,010
Total	2,000

Procedimento

1. Ferver o leite, o creme e o chá verde em pó. Acrescentar o açúcar, o leite em pó, a glicose em pó e o estabilizante misturado.
2. Cozinhar até 85 °C.
3. Misturar e esfriar até 4 °C.
4. Deixar o sorvete maturar por pelo menos 4 horas ou durante a noite em um recipiente a 2 °C.
5. Misturar o sorvete.
6. Despejar a mistura em um tanque de sorvete.
7. Agitar até que o sorvete alcance a consistência desejada.
8. Remover o sorvete da máquina e transferi-lo para um recipiente limpo.
9. Congelar imediatamente a –35 °C.
10. A temperatura para armazenamento antes de servir deve ser –18 °C a –20 °C.
11. Servir em temperatura de –15 °C a –12 °C.

FÓRMULA

SORVETE DE PRALINE DE AVELÃ (*HAZELNUT PRALINE ICE CREAM*)

O sabor enriquecido de praline de avelã brilha neste sorvete, tornando esta sobremesa perfeita para encerrar com sucesso qualquer refeição ou mesmo para uma deliciosa iguaria à tarde.

Ingredientes	Peso (kg)
Leite integral	1,185
Leite em pó desnatado	0,045
Creme 35%	0,280
Açúcar	0,070
Estabilizante	0,005
Emulsificante	0,005
Açúcar invertido	0,080
Praline de avelã 50%	0,330
Total	2,000

Procedimento

1. Pesar todos os ingredientes e mantê-los em recipientes separados e higienizados.
2. Misturar o estabilizante e o emulsificante com o açúcar para diluir e para melhorar a incorporação.
3. Em panela de inox, aquecer o leite.
4. Em seguida acrescentar o leite em pó e misturar com o batedor globo.
5. Quando alcançar 35 °C, acrescentar o creme.
6. A 45 °C, acrescentar o estabilizante misturado com o açúcar, o açúcar invertido e a praline de avelã.
7. Mexer continuamente para evitar que a mistura grude no fundo da panela. Deixar a temperatura chegar aos 85 °C por 2 minutos.
8. Esfriar o sorvete rapidamente até 4 °C, cobrir a superfície com filme plástico e refrigerar entre 6 °C e 2 °C.
9. Deixar o sorvete maturar por pelo menos 4 horas ou durante a noite sob refrigeração.

10. Misturar o sorvete com um misturador de imersão para uma mistura homogênea e para a distribuição uniforme dos ingredientes, especialmente do emulsificante.
11. Higienizar o tanque de mistura da máquina de sorvete e todos os componentes que serão usados.
12. Colocar a mistura no tanque da máquina de sorvete.
13. Agitar até que o sorvete alcance a consistência desejada.
14. Retirar o sorvete da máquina e transferi-lo para um recipiente limpo e congelado.
15. Congelar imediatamente a –35 °C.
16. A temperatura para armazenamento antes de servir deve ser –18 °C a –20 °C.
17. Servir em temperatura de –15 °C a –12 °C.

FÓRMULA

SORBET DE FRAMBOESAS (RASPBERRY SORBET)

A cor e o sabor deste *sorbet* têm brilho e frescor incomparáveis. Ele pode ser apreciado ao final de uma refeição ou como uma tentação deliciosa em uma tarde quente de verão.

Ingredientes	Peso (kg)
Água	0,490
Açúcar	0,270
Glicose em pó	0,120
Estabilizante	0,010
Purê de framboesas com 10% de açúcar	1,090
Suco de limão	0,020
Total	2,000

Procedimento

1. Combinar o açúcar, a glicose em pó e o estabilizante.
2. Aquecer a água.
3. Quando a água estiver a 45 °C, adicionar a mistura de açúcar.
4. Levar à fervura a 100 °C.
5. Acrescentar o purê de framboesas e o suco de limão e misturar.
6. Esfriar rapidamente a 4 °C e cobrir a superfície com filme plástico.

PARTE 2: PÂTISSERIE

7. Deixar o *sorbet* maturar por pelo menos 4 horas ou durante a noite em recipiente coberto a 2 °C.
8. Misturar o *sorbet* com o misturador de imersão.
9. Higienizar o tanque da máquina de sorvete e todos os seus componentes.
10. Por a mistura do *sorbet* no tanque da máquina.
11. Agitar até que o *sorbet* alcance a consistência desejada.
12. Retirar o sorvete da máquina e transferi-lo para um recipiente limpo e congelado
13. Congelar imediatamente a –35 °C.
14. A temperatura para armazenamento antes de servir deve ser –18 °C a –20 °C.
15. Servir em temperatura de –15 °C a –12 °C.

Sorbet de limão *Sorbet* de manga *Sorbet* de amora-silvestre (*boysenberry*)

PLANILHA PARA SORVETES DE FRUTAS

Usar esta planilha para preparar uma variedade de sorvetes de frutas.

Sorvetes que utilizam purês de frutas

Ingredientes	Damasco	Banana	Morango	Framboesa	Lichia	Castanha-portuguesa	Pabana	Maracujá	Coco
Purê de frutas	800 g	750 g	1.200 g	800 g	700 g	650 g	850 g	700 g	600 g
Leite integral	1.036 g	1.036 g	1.036 g	1.036 g	1.036 g	1.036 g	1.036 g	1.036 g	1.036 g
Leite em pó desnatado	140 g	130 g	240 g	150 g	110 g	120 g	140 g	150 g	120 g
Creme integral 35% de gordura	360 g	600 g	700 g	360 g	330 g	550 g	350 g	450 g	140 g
Manteiga	90 g		100 g	110 g	70 g		110 g	80 g	
Açúcar	300 g	270 g	400 g	320 g	290 g	250 g	240 g	310 g	160 g
Glicose em pó	90 g	120 g	150 g	95 g	110 g		90 g	100 g	40 g
Açúcar invertido						90 g			90 g
Conhaque ou Armagnac						20 g			
Estabilizante e emulsificante	10 g	8 g	20 g	10 g	10 g	8 g	10 g	10 g	7 g
Peso total	2.826 g	2.914 g	3.846 g	2.356 g	2.658 g	2.724 g	2.826 g	2.836 g	2.193 g

Procedimento

1. Aquecer o leite em uma panela de inox.
2. Quando chegar a 25 °C, adicionar o leite em pó desnatado. Mexer constantemente.
3. A 30 °C, acrescentar três quartos do açúcar, que foi misturado com a glicose em pó. A seguir, adicionar o açúcar invertido.
4. Combinar o restante do açúcar com o estabilizante e emulsificante.
5. A 35 °C, adicionar o creme e a manteiga (se necessário).
6. A 45 °C, acrescentar o açúcar, que tenha sido misturado com o estabilizante e emulsificante.
7. Pasteurizar a mistura a 85 °C na máquina ou a 87 °C em uma panela.
8. Deixar maturar de uma a quatro horas.
9. Combinar o purê com a base e colocar tudo na máquina de sorvete.
10. Para as fórmulas que usam álcool, adicionar o álcool na mistura fria.

PARTE 2: PÂTISSERIE

PLANILHA PARA *SORBETS* DE FRUTAS

Utilizar esta planilha para preparar inúmeros *sorbets* de frutas. *Observação*: todas as fórmulas estão baseadas em 1 kg de purê.

Sorbets que usam purê de frutas

Sabor	% de purê de fruta	Açúcar	Glicose em pó	Dextrose	Estabilizante	Água
Damasco	75%	130 g	50 g	25 g	4 g	110 g
Abacaxi	75%	115 g	65 g	25 g	4 g	125 g
Banana	70%	100 g	70 g		4 g	255 g
Amora-silvestre	70%	160 g	70 g		4 g	200 g
Groselha-preta	55%	230 g	70 g		5 g	430 g
Limão-siciliano	40%	510 g	150 g		8 g	830 g
Limão-taiti	40%	510 g	150 g		8 g	830 g
Coco	60%	210 g	50 g	35 g	5 g	370 g
Figo	75%	85 g	55 g	25 g	4 g	170 g
Morango	75%	155 g	80 g		4 g	95 g
Morango-silvestre	55%	215 g	110 g	35 g	5 g	455 g
Morango-mata-de-bois	70%	210 g	85 g		4 g	130 g
Framboesa	70%	130 g	85 g	30 g	5 g	180 g
Frutas vermelhas	70%	145 g	85 g	30 g	5 g	165 g
Goiaba	70%	200 g	55 g	25 g	4 g	145 g
Cereja-morello	70%	115 g	85 g		5 g	225 g
Groselha-vermelha	65%	200 g	90 g		5 g	240 g
Kiwi	70%	185 g	55 g	30 g	4 g	155 g
Lichia	70%	130 g	85 g		4 g	210 g
Tangerina	75%	135 g	55 g	25 g	4 g	115 g
Manga	70%	120 g	70 g	30 g	5 g	205 g
Melão	75%	145 g	55 g	25 g	4 g	105 g
Ameixa mirabela	75%	70 g	50 g	25 g	4 g	180 g
Amora	70%	140 g	85 g		3 g	200 g
Mirtilo	70%	170 g	70 g		5 g	180 g
Laranja	70%	145 g	85 g		4 g	190 g
Laranja vermelha	70%	170 g	85 g		5 g	165 g
Pabana	70%	90 g	85 g		4 g	250 g
Toranja	65%	190 g	90 g		4 g	250 g
Papaia	70%	165 g	70 g		3 g	190 g
Maracujá	45%	335 g	135 g		7 g	745 g
Pêssego branco	75%	150 g	50 g	25 g	4 g	105 g

(continua)

Sorbets que usam purê de frutas (continuação)

Sabor	% de purê de fruta	Açúcar	Glicose em pó	Dextrose	Estabilizante	Água
Pêssego-amarelo	75%	140 g	50 g	25 g	4 g	110 g
Pêssego-vine	70%	145 g	55 g	25 g	3 g	195 g
Pera comice	75%	100 g	55 g	25 g	4 g	150 g
Pera williams	75%	110 g	55 g	25 g	4 g	140 g
Maça verde	70%	145 g	55 g	30 g	4 g	190 g
Ameixa-seca	70%	10 g	55 g	25 g	4 g	330 g
Castanha-portuguesa	70%	70 g	55 g		4 g	240 g

Procedimento para sorbets de frutas com alta porcentagem de purê de frutas

1. Pesar todos os ingredientes.
2. Misturar o estabilizante com um quarto do total do peso do açúcar.
3. Misturar o restante do açúcar com glicose atomizada e com dextrose.
4. Aquecer a água a 25 °C.
5. A 30 °C, adicionar a mistura de açúcar com a glicose atomizada e a dextrose. Misturar.
6. A 45 °C, adicionar a mistura do açúcar e o estabilizante. Misturar.
7. Ferver a mistura.
8. Retirar do fogo e cobrir a superfície com filme plástico. Esfriar a mistura assim que possível (com gelo).
9. Deixar maturar por no mínimo 4 horas.
10. Misturar a calda com o purê descongelado a 8 °C.
11. Colocar na máquina de sorvete.

FÓRMULA

GRANITA DE VINHO TINTO (*RED WINE GRANITÉ*)

Este tipo de sobremesa lentamente misturada é perfeito para quem deseja servir sobremesa congelada, mas não tem o equipamento necessário. Quanto mais a granita for agitada, menores serão os cristais de gelo. Para uma preparação rápida e homogênea, congelar a mistura proporcionada pelo peso (60 g ou 100 g etc.) e, quando necessário, picar a granita rapidamente.

Ingredientes	Peso kg
Açúcar	0,295
Raspas de laranja	2 unidades
Suco de laranja	0,135
Suco de limão	0,051
Canela em pau	2 unidades
Cravos	4 unidades
Água	0,253
Vinho tinto	1,266
Total	2,000

Procedimento

1. Combinar em uma panela o açúcar, as raspas e o suco de laranja, o suco de limão, a canela em pau e os cravos.
2. Acrescentar a água e o vinho tinto e aquecer em fogo baixo para dissolver o açúcar.
3. Depois que o açúcar estiver completamente dissolvido, cozinhar e manter assim por 3 minutos.
4. Coar o líquido, derramar em um recipiente de metal raso e colocar no freezer.
5. Deixar endurecer ao menos 6 horas.
6. Para servir, raspar a superfície do gelo e colocar em prato de vidro que tenha sido mantido no freezer.

Granita de vinho tinto

FÓRMULA

BOMBE GLACÉE DE LIMÃO SICILIANO (*MEYER LEMON BOMBE GLACÉE*)

Um sabor original do limão siciliano acrescenta uma nota floral a esta sobremesa.

Ingredientes	Peso kg
Creme	1,067
Gemas	0,267
Açúcar	0,267
Água	0,133
Suco de limão siciliano	0,267
Raspas de limão	1 unidade
Total	2,000

Procedimento

1. Bater o creme até o ponto firme. Reservar no refrigerador.
2. Combinar as gemas com um terço do açúcar e bater em velocidade média em batedeira fixa até triplicar o volume.
3. Combinar o restante do açúcar com a água e cozinhar até 120 °C.
4. Ligar a batedeira em alta velocidade e adicionar a calda lentamente sobre a mistura das gemas. Cuidar para despejar a calda entre o batedor e as laterais da cuba. Continuar a bater até esfriar.
5. Juntar uma pequena quantidade da mistura das gemas ao suco de limão e, então, adicionar essa mistura ao restante das gemas. Acrescentar as raspas de limão.
6. Adicionar o creme batido na mistura das gemas em três estágios.
7. Colocar nas formas escolhidas e congelar até quando for servir.

Capítulo 12: Sobremesas congeladas

FÓRMULA

NOUGAT GLACÉE

É delicioso sentir os sabores agradáveis deste doce tradicional nas sobremesas congeladas.

Ingredientes	Peso kg
Amêndoas laminadas	0,235
Açúcar	0,235
Claras	0,294
Açúcar	0,118
Mel	0,176
Creme	0,588
Frutas secas e castanhas*	0,353
Total	2,000

* Como casca de laranja ou de limão cristalizada, groselhas, passas, amêndoas tostadas inteiras e pistaches.

Procedimento

1. Bater o creme até o ponto fluido. Reservar no refrigerador
2. Cozinhar a primeira quantidade de açúcar até começar a caramelar e adicionar as amêndoas laminadas, mexendo até ficarem completamente cobertas. Espalhar sobre placa de silicone e deixar esfriar. Depois amassar grosseiramente.
3. Combinar o açúcar e o mel em uma panela. Colocar as claras na batedeira. Quando a mistura do mel alcançar 110 °C começar a bater as claras em velocidade média.
4. Cozinhar a calda até 124 °C, remover do fogo e lentamente despejar sobre as claras batidas; continuar a bater as claras até esfriar.
5. Adicionar as frutas e as nozes ao merengue e então acrescentar o creme.
6. Colocar nas formas desejadas e congelar até quando estiver pronto para servir.

FÓRMULA

SOUFFLÉ GLACÉE DE TANGERINA (MANDARIN ORANGE SOUFFLÉ GLACÉE)

O sabor intenso da tangerina neste *soufflé glacée* é produzido a partir de uma redução do suco de tangerina. Acompanhada de uma textura muito leve pelo uso do merengue italiano, bem como de creme batido, esta é uma sobremesa congelada extremamente refrescante.

Ingredientes	Peso kg
Suco de tangerina	0,507
Açúcar	0,320
Claras	0,159
Creme	1,014
Total	2,000

Procedimento

1. Reduzir o suco de tangerina pela metade e deixar esfriar completamente.
2. Cozinhar o açúcar com um terço do seu peso em água.
3. Quando a calda alcançar 116 °C, bater as claras em segunda velocidade.
4. Quando a calda alcançar entre 119 °C e 121 °C, lentamente despejar pela lateral da cuba ao lado das claras batidas.
5. Bater até alcançar a temperatura ambiente.
6. Misturar uma pequena parte do merengue à redução de tangerina para que a textura fique similar à do merengue.
7. Misturar ao restante do merengue e, a seguir, o creme.
8. Colocar nas formas desejadas e congelar até ficar pronto para servir.

Capítulo 12: Sobremesas congeladas

RESUMO DO CAPÍTULO

Os sorvetes, os *sorbets* e outras sobremesas congeladas são extremamente populares e bastante fáceis de preparar. A variedade de combinações de textura e infinitas possibilidades de sabor podem oferecer ao confeiteiro inspirações muito criativas. Tanto para as sobremesas montadas e congeladas como para as congeladas por agitação, produzidas em máquinas de sorvete ou manualmente, há um procedimento que funciona para cada tipo de cozinha. No entanto, a simplicidade em criar uma sobremesa congelada satisfatória não revela sua estrutura fisicamente complexa e o equilíbrio delicado de seus ingredientes. Conhecimento técnico sobre a estrutura e o papel que cada ingrediente desempenha na formação de textura e de sabor é essencial para modificar e criar fórmulas de sobremesas congeladas, bem como para o armazenamento do produto.

PALAVRAS-CHAVE

- alta temperatura em tempo curto (ATTC)
- *bombe*
- Brix
- choque térmico
- complementos
- emulsificante
- equivalente em dextrose (ED)
- estabilizantes
- granita *(granité)*
- hidrólise
- incorporação de ar *(overrun)*
- misturador
- musse congelada
- *parfait* congelado
- pasteurização
- ponto de congelamento
- refratômetro
- retenção de ar
- *semifreddo*
- sobremesas congeladas por agitação
- sobremesas montadas e congeladas
- sólidos de leite desnatado (*milk solids non fat* – MSNF)
- sorvete com base de creme
- sorvete de creme francês
- sorvete em estilo Filadélfia
- suflê congelado
- temperatura baixa por longo tempo (TBLT)

QUESTÕES PARA REVISÃO

1. Qual é a função da gordura no sorvete?
2. Qual é a função da proteína láctea no sorvete derivado de MSNF?
3. O que é ED? Por que é importante considerar o ED nas fórmulas de sorvete?
4. Por que os emulsificantes e estabilizantes são necessários para os sorvetes?
4. O que é endurecimento? Por que é importante?
6. O que é incorporação de ar *(overrun)*? Qual é a diferença do *overrun* no *sorbet* e no sorvete?

capítulo **13**

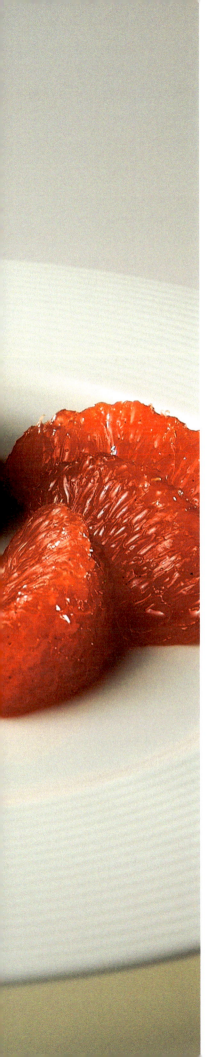

SOBREMESAS COMPOSTAS

OBJETIVOS

Após a leitura deste capítulo, você será capaz de:

- Saber que fatores devem ser considerados ao criar um cardápio para as sobremesas compostas.
- Descrever a importância de representar as estações em um cardápio de sobremesas.
- Planejar a produção de uma seleção de sobremesas compostas usando múltiplos componentes.
- Preparar uma seleção de sobremesas compostas que incluam múltiplos componentes, conforme descritos e apresentados neste capítulo.

INTRODUÇÃO ÀS SOBREMESAS COMPOSTAS

As **sobremesas compostas**, normalmente servidas em restaurantes e hotéis, contêm inúmeros elementos que contribuem para seu sabor e sua apresentação. Elas são diferentes das sobremesas *à la carte*, em geral de um único item, como uma fatia de torta de maçã, por exemplo. O nível de capacitação técnica envolvido nas sobremesas compostas tem crescido muito nos últimos 15 a 20 anos. Os elementos de uma sobremesa composta, como o molho, a *tuile*, a fruta e o chocolate, ou a decoração em açúcar formam uma composição de sabores e de apelo visual. Uma sobremesa composta bem equilibrada vai apresentar diversas texturas, bem como múltiplas temperaturas em um mesmo prato. A sobremesa de modo geral é a última experiência do cliente em um restaurante, e possivelmente deixará a impressão final do jantar em sua memória, por isso é importante que não seja uma sobremesa exagerada.

CATEGORIAS DAS SOBREMESAS COMPOSTAS

Para a criação das sobremesas compostas, assim como para sua montagem, o confeiteiro deve ter conhecimento da variedade de ingredientes base, além dos procedimentos necessários para preparar todo o conjunto de bases: de bolo a merengue, de musse a sorvetes. Entre as categorias mais conhecidas de sobremesas compostas incluem-se: as congeladas, as mornas e quentes, as confeccionadas com base em cremes, frutas, chocolate e queijos.

SOBREMESAS CONGELADAS

As sobremesas congeladas, apresentadas em detalhes no Capítulo 12, podem ser servidas ou arranjadas em muitas das sobremesas compostas. A combinação de sobremesas congeladas com texturas diversas permite infinitas variações e composição de sabores. Sorvetes ou *sorbets*, por exemplo, podem ser envolvidos em crepes ou em camadas com massa folhada ou com massa de torta para mil-folhas. Formatos de bolas, *quenelles* e mesmo quadrados podem ser moldados ou cortados na maioria das sobremesas congeladas, os exemplos mais conhecidos são:

- *Coupe*: sorvete em camadas com molho de frutas e creme batido servido em pote.
- *Bombe glacée*: bases de sorvete, e outras bases, moldadas e cortadas, como *dacquoise* montada com o uso de moldes especiais muito semelhantes aos utilizados em bolos musse.
- *Vacherin*: merengue cozido aerado e crocante servido com sorvete.
- Profiteroles: *puffs de pâte à choux* cortados e recheados com sorvete.
- *Alaska* assado: camadas de sorvete ou de sorvete e *sorbet* que foram cobertos com camadas finas de bolo espumoso, glaçado e decorado com merengue italiano e assado em forno de alta potência até que o merengue fique dourado.

SOBREMESAS MORNAS E QUENTES

Sobremesas servidas mornas ou quentes oferecem amplas possibilidades de interpretação pessoal na sua criação. Essa categoria é criada a partir de técnicas básicas, já que não há regras para os sabores. As sobremesas quentes incluem o clássico suflê e as sobremesas flambadas na frente do cliente, como o crepe Suzette e as bananas Foster. Entre as sobremesas assadas estão os *crumbles*,[1] os *cobblers*,[2] os pastéis de forno e os pastéis de massa filo. Já as sobremesas fritas podem incluir todo tipo de fritura.

SOBREMESAS COM BASE EM CREME

A maioria dos cremes servidos como sobremesa é variação do creme *anglaise* básico. Os cremes podem ser assados, cozidos, colocados em formas e firmados com gelatina, ou batido e servido ao natural. As sobremesas com base em creme podem ser servidas assadas, em ramequins apropriados, ou moldadas, servidas em base de torta ou em taças ou potes. Preparações e considerações sobre cremes podem ser encontradas no Capítulo 8.

    O creme *brûlée* é um dos cremes mais tradicionais e mais conhecidos. É uma combinação de creme, gemas e açúcar assados em forma rasa até ficar ligeiramente firme, quando é polvilhado com um pouco de açúcar e cozido até o açúcar caramelar. O pudim de leite com calda de

---

[1] *Crumble*, sobremesa tipicamente inglesa, geralmente feita com maçãs assadas e cobertas por uma "farofa" de manteiga, farinha e açúcar. (NT)

[2] *Cobbler*, forma com frutas fatiadas cobertas por farelo de biscoito, ou por uma massa, e levada ao forno para assar. (NT)

caramelo é uma versão invertida do creme *brûlée* feita ao colocar a calda de caramelo na base da forma antes de acrescentar o creme. É, então, assado no forno.

SOBREMESAS COM BASE EM FRUTAS

As frutas acabam sempre encontrando espaço nas sobremesas compostas como um item secundário ou como guarnição, embora também possam ser o componente principal. No entanto, ao escolher uma fruta como principal componente, muitos métodos de preparação podem ser usados. As diversas formas de utilização de frutas em uma sobremesa incluem as frescas, grelhadas, assadas, secas e cozidas.

- *Fruta fresca*: a fruta fresca e madura pode ser cortada, fatiada, disposta em leque, macerada ou moldada sobre geleia. Normalmente é colocada em camadas sobre bases de massas para preparar mil-folhas frescos e bases de bolos. Ao cortar as frutas é importante lembrar que o formato e o tamanho do produto final vão influir na textura da sobremesa.
- *Fruta grelhada*: grelhar frutas cria um sabor defumado e uma apresentação original. Normalmente a fruta é fatiada e colocada em espetos antes de ser grelhada.
- *Fruta assada*: a fruta pode ser assada inteira ou usada como recheio para tortas, *crumbles* e *cobblers*. Também pode ser assada em creme ou envolvida em pacotes ou com massa, como no caso dos bolos invertidos. Outro exemplo, a *tarte Tatin*, é uma fruta caramelada e assada com massa folhada ou *pâte brisée*.
- *Fruta seca*: a fruta seca pode adicionar sabor e textura de muitas formas. Pode ser usada como recheio, cristalizada para compota, assada com massa e adicionada a cremes ou musses.
- *Fruta cozida*: utiliza-se uma base liquida para cozinhar o alimento. É mais indicado para frutas que estejam mais firmes. Podem ser cozidas inteiras ou em pedaços, dependendo da apresentação final da fruta. Incluem-se as compotas.

SOBREMESAS COM BASE EM CHOCOLATE

Sobremesas de chocolate quase sempre são as mais vendidas de um cardápio e também as mais caras de produzir. O chocolate é usado como componente principal de sobremesas de diversas maneiras. Entre essas incluem-se:

- Musse, que normalmente se encontram em potes de sobremesa, moldadas e formatadas de muitas maneiras, ou em camadas com bolos ou biscoitos.
- *Gateau* clássico e bolo em camadas.
- Bolo assado com chocolate derretido no centro.
- Tortas recheadas com trufas e servidas quentes e pastosas ou macias e densas.
- Inúmeros cremes com base em chocolate, cremes e *parfaits*.

SOBREMESAS COM BASE EM QUEIJO

Muitos cardápios de sobremesas incluem um prato de queijo ou um doce com um tipo de queijo como ingrediente. No caso de sobremesas com queijo podem ser usados o *cream cheese*, a ricota, o *cottage*, o tipo minas, o *fromage frais*, o mascarpone e o queijo de cabra, pois são todos uma boa escolha. A mais popular e conhecida sobremesa com queijo é o *cheesecake*; no entanto, outras incluem crepes, pastéis de massa filo, pastéis de massa folhada, suflês, ricota e queijo de cabra fritos.

O CARDÁPIO

Antes de criar as sobremesas compostas, deve-se desenvolver um cardápio de sobremesas. Este deve complementar o cardápio do prato principal em estilo, tema e apresentação, para garantir que a experiência do cliente seja guiada por uma linha de continuidade harmônica. Muitos fatores devem ser considerados para criar um cardápio de sobremesas bem equilibrado, incluindo o espaço físico, a estação do ano, o estilo da apresentação, as tendências do momento, a facilidade na produção e a execução do serviço. Somente depois de considerados esses fatores é que o componente principal da sobremesa e a construção dos sabores podem ser escolhidos e a apresentação do prato, iniciada.

Ao desenvolver um cardápio, o confeiteiro deve estabelecer uma variedade de itens cujas texturas e temperaturas sejam diversas para ter certeza de que há escolha para todos. A inclusão de sobremesas com baixo teor de gordura, ou totalmente sem gordura, é muito apreciada por clientes que preferem alimentos saudáveis. As sobremesas especiais sem laticínios ou sem glúten também podem ser apreciadas e podem criar um desafio profissional positivo para o confeiteiro. Porções moderadas também são importantes: as sobremesas devem complementar o prato principal, e não ser a atração principal. Não mais do que sete ou oito tipos de sobremesas devem ser oferecidas para que a escolha seja simplificada. Um cardápio bem planejado pode incluir sobremesas congeladas (seleção de sorvetes ou *sorbets*), sobremesas mornas ou quentes, sobremesas de chocolate, sobremesas de frutas, de creme, pratos de queijo, ou doces que têm o queijo como base. Restaurantes ou hotéis elegantes também incluem pratos de *petits fours* compostos (Capítulo 11). O confeiteiro deve considerar as sobremesas compostas um caminho para infinitas formas de criatividade com o objetivo de oferecer uma fonte de alegria e de prazer a seus convidados.

O LOCAL E O MERCADO

O espaço físico do restaurante ou o do hotel e o público a que se destinam têm um efeito direto nos tipos de sobremesas oferecidos. Os clientes de restaurantes refinados têm expectativas diferentes dos clientes de restaurantes mais populares. Os clientes de restaurantes mais elegantes normalmente esperam encontrar sobremesas mais elaboradas e sofisticadas, e a especialização que essas preparações requerem é claramente mais complexa e trabalhosa do que as sobremesas colocadas em um prato no serviço *à la carte*. A elaboração de uma sobremesa composta com diversos elementos exige habilidade e dedicação, o que somente pode ocorrer se há público para isso e que esteja disposto a pagar por esse serviço.

Quando pensamos no local, o volume e os recursos devem ser calculados. Um cardápio de sobremesas para um restaurante que sirva cem mesas por noite vai diferir muito de um serviço para mil em algum evento em um hotel. É possível que os dois requeiram sobremesas compostas espetaculares; no entanto, a proposta deve espelhar os recursos disponíveis ao confeiteiro.

AS ESTAÇÕES DO ANO

As estações ao longo do ano têm um papel importante na determinação dos ingredientes e dos tipos de sobremesas que vão se destacar no cardápio. Cada estação tem os feriados característicos, as tradições, os sabores típicos e as frutas que merecem preparações especiais. A preparação de sobremesas sazonais permite ao confeiteiro ter uma seleção de itens do cardápio em rodízio, o que faz que tanto a equipe de funcionários como os convidados se mantenham envolvidos com as novidades.

Produtos sazonais, sem contar com as frutas, podem incluir chocolate, castanhas e alcoóis. Também os meses quentes requerem sobremesas e sabores mais refrescantes (hortelã, limão); já nos meses frios, apetecem os pratos mais reconfortantes e com componentes quentes e mais intensos.

As frutas sazonais (e, se possível, frutas com as características preservadas) são um dos ingredientes mais importantes para o confeiteiro. As frutas permitem a ele destacar o que há de melhor na produção local quando estão no seu auge. Feiras de produtores são locais ideais para se comprar frutas e, em geral, elas são colhidas no momento certo e podem até ser orgânicas.

A seguir, uma lista sazonal[3] de frutas e de outros ingredientes especiais frequentemente oferecidos durante os períodos de:

- *Inverno*: Embora o inverno seja uma das estações mais movimentadas para os confeiteiros, oferece uma variedade menor de frutas. A seleção inclui muitas variedades de maçãs e peras, além de romãs, frutas cítricas e frutas tropicais importadas, como abacaxi, lichia, manga, papaia e maracujá. Durante o inverno, normalmente são usadas as frutas secas e as compotas, juntamente com nozes, especiarias, vinho e licor que são adicionados para oferecer variedade e sabor mais intenso.
- *Primavera*: As verdadeiras frutas da primavera (onde elas ocorrem) incluem morangos, ruibarbo e, um pouco mais tarde, cerejas. E assim como as flores, as ervas frescas, como as hortelãs, começam a florescer e podem ser utilizadas como infusões ou guarnições. A característica geral das frutas da primavera são os sabores refrescantes que são mais ácidos que adocicados.
- *Verão*: Esta é, sem dúvida, a estação mais estimulante para os confeiteiros. Entre as frutas que aparecem no verão estão as vermelhas, como morangos, amoras, amoras do campo, mirtilos e framboesas; as frutas com caroço, como pêssegos, ameixas, nectarinas e damascos; e os melões, como gália e cantaloupe, e melancia. Além disso, as ervas frescas, como hortelã, verbena, tomilho e lavanda, também podem ser encontradas nessa época. Podem ser acrescentadas às sobremesas na forma de infusões ou usadas frescas.

---

[3] Apesar de no Brasil termos uma variedade muito rica de frutas, é importante observar a sazonalidade delas. Algumas estão disponíveis em mais de uma estação, pois possuem mais de uma safra. *Verão*: ameixa, banana, carambola, figo, framboesa, goiaba, jaca, pinha, mamão havai, maracujá, marmelo, melão amarelo, uva rubi, cereja, damasco importado, lichia, kiwi, melancia, limão, romã, uva niágara e nectarina. *Outono*: abacate, ameixa importada, atemoia, banana maçã, caqui, kiwi nacional, maçã nacional, maçã gala, mamão formosa, mangostão, pêssego, ceriguela, tangerina cravo, uva itália. *Inverno*: acerola, atemoia, banana nanica, caju, carambola, *greap fruit* (toranja), laranja, lima-da-pérsia, mexerica, morango, nêspera, tamarindo, tangerina murcote. *Primavera*: abacaxi, acerola, banana, graviola, jabuticaba, jaca, laranja, maçã, mamão havai, manga, maracujá, melancia, melão, nectarina, pêssego, tangerina. Para mais detalhes veja o site do Ceagesp: http://www.ceagesp.gov.br/produtos/epoca/produtos_epoca. pdf. (NRT)

> *Outono*: Períodos mais frios sugerem sobremesas ligeiramente mais densas que utilizam maçãs, peras, lima-da-pérsia, marmelo, abóbora, figos, laranjinha japonesa (*kinkans*) e uvas. Especiarias, vinhos e licores são ingredientes muito usados nessa época do ano, bem como as frutas secas e as castanhas, indicando um retorno ao inverno.

SERVIÇO PARA AS SOBREMESAS

As considerações adicionais na montagem de um cardápio incluem questões sobre como cada sobremesa será servida, quem vai preparar o prato e quem vai servi-la. Um bom cardápio de sobremesas somente será completo se a equipe envolvida na produção e no serviço estiver bem preparada. Se no restaurante faltar pessoal, equipamento adequado ou tempo necessário para que o confeiteiro execute e apresente a sobremesa, o cardápio deverá apresentar itens mais fáceis de serem produzidos. Se um confeiteiro, por exemplo, deseja preparar decorações em chocolate ou em açúcar para guarnecer os pratos, a cozinha não pode ser muito úmida ou muito quente. Além disso, se o local não possuir equipamentos necessários, poderá ser difícil, ou impossível criar determinados produtos. Para servir sobremesas congeladas, por exemplo, é preciso ter uma máquina de sorvete, bem como espaço suficiente no freezer para armazenar sorvetes, *sorbets* e granitas.

Conforme o cardápio for sendo criado, o confeiteiro deve saber como cada sobremesa será feita, quem será o responsável por fazê-la (se não for feita no local), como será "obtida" durante o serviço, e como essas variáveis vão afetar o restante do cardápio, a equipe e a regularidade das sobremesas.

CONSIDERAÇÕES SOBRE AS SOBREMESAS COMPOSTAS

O prato e sua apresentação podem ser criados depois de determinados o tipo de público, o estilo e a estação. O número de componentes de cada prato de sobremesa é de dois a cinco itens, dependendo do estilo. O componente principal, geralmente, é escolhido primeiro e o restante do prato é concebido em torno dele, incluindo molhos e guarnições que acrescentem sabor, textura, formato, cor e estilo. Quaisquer que forem os elementos escolhidos, devem ser complementares e estar em harmonia com o conjunto do prato.

O sabor é considerado muito mais importante que a apresentação. A obtenção dos melhores sabores em um prato de sobremesa deve ser o objetivo principal do confeiteiro, e esses sabores devem combinar com a descrição da sobremesa no cardápio. Ao criar novos pratos, os componentes devem ser experimentados isoladamente e com os outros para avaliar a qualidade do conjunto e para determinar a composição final do sabor. Os componentes mais doces da sobremesa podem ser realçados ao adicionar um pouco de sal ou um ingrediente ácido. Os elementos amargos ou ácidos podem ser complementados pela adição de vários níveis de doçura. Muitos sabores complementam uns aos outros naturalmente e, em geral, são encontrados juntos; entretanto, é um desafio estimulante ir um pouco mais além daquilo que acreditamos combinar para encontrar sabores inesperados.

A textura dos componentes, individualmente e no conjunto, é uma das considerações mais importantes de uma sobremesa. O paladar pode variar do monótono ao surpreendente. Qualidades opostas de textura complementam uma à outra na boca: cremosa e crocante, homogênea e texturizada, úmida e quebradiça, firme e macia. O elemento surpresa pode ser um componente crocante, como pedaços de caramelo em crosta espalhados pela musse. E para surpreender mais o paladar o caramelo pode ser ligeiramente salgado. A habilidade do confeiteiro em combinar textura e sabor é uma das mais importantes conquistas na criação de sobremesas.

O formato e o material do prato, os componentes da sobremesa e as guarnições criam uma percepção de conjunto que se soma à qualidade da sobremesa. O formato e o tamanho dos componentes da sobremesa também produzem um apelo visual. Para conseguir uma harmonia visual, itens arredondados e circulares são muitas vezes combinados com guarnições lineares ou angulares. Juntamente com a altura e o tamanho, esses elementos diversos são usados para produzir um efeito agradável.

Em composições mais complexas, várias temperaturas são criadas para surpreender o palato. As sobremesas mornas ou quentes muitas vezes são servidas com um elemento frio, ou congelado; já as sobremesas frias se completam ao ser servidas com elementos quentes. Uma porção de sorvete ou de *sorbet* ao lado de uma torta quente vai realçar o calor do componente principal. Para as sobremesas servidas quentes, as texturas podem ser alteradas. Um risoto doce de baunilha, por exemplo, decorado com ganache em massa filo (feito por encomenda), acrescenta o elemento surpresa aos convidados que, ao partir o ornamento, têm o ganache quente escorrendo sobre o risoto dando uma nova dimensão ao prato.

A combinação de cores oferece uma das primeiras impressões a respeito da sobremesa. No entanto, isso não significa que deva haver uma ou mais cores acentuadas no prato. A melhor maneira de o confeiteiro manter a sobremesa em uma atmosfera mais natural, enquanto busca cores frescas, é inspirar-se nas cores dos ingredientes e dos componentes. A introdução de frutas, molhos, *tuiles*, sorvetes, chocolate e decorações de açúcar acrescenta cores agradáveis e prazerosas.

O COMPONENTE PRINCIPAL

O componente principal de uma sobremesa é a atração máxima do prato e normalmente é o que leva o cliente a escolher a sobremesa. O sabor do componente principal deve ter um tema para destacar o ingrediente, ou os ingredientes predominantes. Essas criações inspiradas em um tema, baseadas no sabor, podem ser elaboradas a partir de todas as preparações que o confeiteiro conheça. O produto final só será limitado pela imaginação (e pelos ingredientes e equipamentos disponíveis). Depois que o componente principal for escolhido, será completado com outros componentes (molho, compota, sorvete, *tuile*, *décor*, entre outros) para finalizar a criação. Às vezes, pode não ter um componente principal, mas apenas uma sobremesa como base que é elaborada com diversos componentes principais menores.

As sobremesas compostas podem ser criadas a partir de linhas de produtos já existentes e usadas como bases para sobremesas. Essas bases são itens que podem complementar outras preparações e se transformar em sobremesas compostas; podem ser servidos ou preparados *à la carte* ou combinados com outros componentes. Embora a base para sobremesa possa ser servida normalmente para muitas pessoas, as preparações para sobremesas mais sofisticadas podem ser montadas individualmente. A seguir, as bases para sobremesas mais usadas que podem ser servidas individualmente ou montadas usando outros componentes distribuídos pelo prato.

- *Tortas rústicas*: crosta simples, crosta dupla (coberta), assada com ou sem recheio.
- *Tortas*: seleção de cremes, cremes cozidos, frutas, chocolate, nozes.
- *Bolos*: rocambole, *gateaux*, bolo em camadas, *pain de genes*, bolo invertido.

PARTE 2: PÂTISSERIE

- *Cremes cozidos*: pot de crème, creme *brûlée*, pudim de pão.
- *Pâte à choux*: profiteroles, Paris-Brest, *éclair*, St. Honoré, empanados para frituras.
- *Massa folhada*: mil-folhas, pastéis de forno, biscoitos (*palmier*).
- *Sobremesas congeladas*: sorvetes, *sorbets*, granitas, *parfait* congelado.
- *Massa de pão*: baba, sonho.
- *Massas diversas*: filo (usada para camadas, enrolados, bases para sobremesas, trouxinhas crocantes e pastéis) e massa de *strudel*.

COMPONENTES ADICIONAIS PARA SOBREMESAS COMPOSTAS

Os componentes para sobremesas compostas podem variar de simples a complexos. Não importa qual estilo é usado, o objetivo é acrescentar sabor, textura, dimensão espacial e cor para destacar o componente principal. Os componentes mais usados para guarnição e decoração incluem vários molhos, espumas, *tuiles*, frutas, flores e ervas, além de esculturas decorativas de chocolate e açúcar.

Molhos

Os molhos acrescentam textura, sabor, cor e desenho às sobremesas. As inúmeras variedades incluem o creme base (que pode ter chocolate e caramelo), fruta base, geleia e calda ou óleo. As texturas podem ser homogêneas e cremosas, densas e enriquecidas, ou leves e delicadas, com cores que variam do vibrante ao neutro. Ver a Figura 13-1 para exemplos de cada estilo de molho.

Figura 13-1
Prato com exemplos de diferentes estilos de molhos: (de cima para baixo) caramelo, *coulis* de fruta, molho de fruta, óleo.

Molhos com creme base Os molhos, ou caldas, com creme base podem ser engrossados com ovos, caramelo, amido e/ou chocolate. Muitos dos molhos para sobremesa têm como base o creme *anglaise*, o "mestre dos cremes" da confeitaria, que, para acrescentar sabor, pode ser enriquecido com infusões de ervas, especiarias, café, pasta de castanhas, chá ou álcool. Além disso, é suficientemente espesso para combinar com outros molhos criando desenhos decorativos e cores no prato. Outros molhos que usam o creme como ingrediente principal são os de chocolate e caramelo.

- *Calda de chocolate* pode ter muitas variações em cor e consistência. Os chocolates amargo, ao leite ou branco ou cacau em pó também podem ser usados para aromatizar molhos de creme base, incluindo o creme *anglaise*.
- *Calda de caramelo* é feita ao caramelar o açúcar e, então, reduzir com creme, manteiga, ou água. O creme e a manteiga produzem um molho opaco, enquanto a água produz uma calda transparente. Quanto mais líquido for adicionado, mais fina será a calda.

***Molho de frutas* e *coulis* de frutas**   Os molhos de frutas e os *coulis* são usados para conferir sabor e cor às sobremesas compostas. O método de preparação, juntamente com o tipo de fruta usada, vai determinar definitivamente a qualidade do molho. Os **molhos de frutas** são feitos com frutas que ainda contêm um pouco da polpa. O **coulis** é um molho mais claro e não contém polpa. Sempre que frutas frescas forem utilizadas para molhos ou *coulis*, devem ser lavadas e ter os talos retirados.

Esses molhos podem ser preparados com frutas nas suas várias apresentações: frescas, congeladas ou os purês de frutas vendidos comercialmente. Além disso, a fruta ou o purê pode ser cozido para engrossar ou reduzir, poderá ser engrossado com calda neutra (adicionar 10% de calda neutra em relação ao peso do purê) ou poderá ser usado simplesmente em sua forma de purê. Os níveis de doçura nos molhos de frutas precisam ser harmonizados com os sabores das frutas. É preciso cuidado para que o sabor da fruta, e não o açúcar, seja o objetivo. Outro cuidado necessário é não cozinhar o purê de frutas em excesso para não danificar o sabor e as cores. A técnica de cozimento da fruta para molho consiste na escolha da fruta apropriada (como frutas congeladas) ou engrossar purês de frutas com amido ou pectina para obter uma consistência mais espessa.

As frutas mais usadas para molhos e *coulis* são apresentadas a seguir:

- *Frutas vermelhas*: são utilizadas tanto frescas como congeladas ou em purê. Acrescentam sabores e cores surpreendentes à sobremesa. O grau de doçura deve ser controlado e o sabor dessas frutas deve ser bem harmonizado com o poder adoçante. O purê pode combinar com a calda neutra ou com calda de açúcar e engrossado com amido ou pectina para controlar a consistência.
- *Frutas de árvores*: típicas do verão e do outono, as frutas de árvores incluem as frutas de caroço. Essas frutas se beneficiam do cozimento com açúcar e especiarias. O purê pode ser bastante engrossado por causa da grande quantidade de polpa. Quando as frutas de caroço são cozidas com a pele, o purê pode desenvolver uma coloração profunda e rica.
- *Frutas tropicais*: tanto frescas quanto em purê, as frutas tropicais tornam os molhos muito saborosos e coloridos. Se for necessário o pré-cozimento, assar a fruta antes de fazer o purê criará uma qualidade muito excepcional na maioria das frutas tropicais, especialmente o abacaxi.

Geleia   Na sua forma mais simples, a **geleia** é um molho feito de líquido, açúcar e gelatina. Quando feitos com as devidas proporções, os molhos com base em geleia têm uma textura, um paladar e uma aparência muito agradáveis. Qualquer purê adoçado, suco, vinho ou álcool pode ser usado e o molho deve ser deixado para "firmar" durante a noite antes de ser servido. Ao preparar a geleia usando determinado purê de frutas frescas, o confeiteiro deve saber se contém ou não **enzimas proteolíticas**. Essas enzimas transformam as moléculas da gelatina em cadeias menores, impedindo a formação de géis. As frutas que apresentam as enzimas proteolíticas são o abacaxi (**bromelaína**), a manga, a papaia (**papaína**), o figo (**ficina**) e o kiwi (**actinidina**). Para destruir as enzimas proteolíticas o purê deve ser aquecido para desnaturar a proteína. A textura da geleia deve ser como um *coulis* de fruta espesso, em vez da geleia que é usada para dar brilho ao bolo bávaro.

Caldas e óleos   As caldas e os óleos acrescentam sabor e cor a um prato pelo processo de **infusão**. A calda de açúcar consistente cria uma tela para a fava de baunilha, raspas de cítricos, especiarias e ervas combinadas afervantadas são usadas para realçar discretamente o sabor de uma sobremesa. A inclusão de "partículas" de um sabor específico e o brilho natural da calda produzem uma aparência muito agradável. A calda de açúcar é ligeiramente mais fina que os outros molhos, mas se mantém naturalmente no prato.

Os óleos são empregados mais frequentemente em pratos salgados; usados adequadamente, também podem realçar a aparência e o sabor de uma sobremesa composta. Como as caldas de açúcar, os óleos podem passar por infusão de ervas, de raspas de frutas ou de especiarias. Uma variedade de óleos (de avelãs, de nozes, de amêndoas e azeite, são apenas alguns deles) possui um sabor natural que pode ser benéfico para a sobremesa composta.

O molho como um elemento decorativo Ao usar um molho como elemento decorativo, uma das regras mais importantes é garantir que todos os molhos tenham consistência semelhante. Essa medida torna mais fácil arranjá-los e combinar os vários desenhos e estilos do conjunto visual de um prato. As maneiras de colocar um molho em um prato incluem métodos como o de respingar, empoçar, combinação decorativa, delinear e usar bisnagas para desenhar.

- Respingar usando uma colher para aplicar o molho ao prato. É comum a sobreposição de molhos diferentes.
- Empoçar, ou inundar, refere-se à colocação do molho no prato ou permitir que ele "inunde" o prato antes que a sobremesa seja colocada por cima.
- A combinação decorativa é feita ao combinar dois tipos, ou mais, de molhos em várias quantidades e estilos, usando a ponta de uma faca ou um palito para criar lindos efeitos visuais.
- Para delinear pode-se usar um cone de papel recheado de chocolate e criar um contorno que mais tarde será preenchido com um molho. Esses desenhos variam, podendo ser simples ou mais complexos.
- As bisnagas permitem um controle maior que a colher e são ótimas quando usadas para formar linhas e desenhos com controle sobre um prato. São eficientes para desenhar pontos e linhas retas, mas também podem produzir inúmeros efeitos criativos em um prato.

Espumas

As espumas em geral são usadas em confeitaria, especialmente com produtos que levam ovos e creme batido. Há uma tendência de incluir espumas extremamente leves e delicadas como parte das sobremesas compostas. Essas espumas geralmente são preparadas com produtos lácteos; no entanto, podem ser aromatizadas com purê de frutas, pasta de nozes, ou álcool. Por definição, **espuma** é uma dispersão de gás por uma fase sólida contínua (que pode ser líquida). O gás (ar) é produzido quando ocorre a agitação da fase contínua da solução e é esticada até formar camadas finas. O gás se espalha entre essas camadas.

Um exemplo conhecido de espuma usada fora da confeitaria inclui a espuma de leite utilizada para as bebidas de café. As espumas para as sobremesas compostas requerem um procedimento semelhante, embora a agitação não seja por meio da injeção de vapor. O líquido preparado deve permanecer sob refrigeração durante todo o tempo para garantir maior facilidade para as propriedades da espuma. Para produzir a espuma, que deve ser feita no momento, usa-se um misturador manual pequeno. A espuma sobe até a superfície do líquido e pode ser retirada para guarnecer o prato. Ver a fórmula de espuma de morango em sobremesa composta de morango e creme mais adiante neste capítulo.

Tuile

A ***tuile*** (telha em francês) é um biscoito decorativo feito com massa de fórmulas variadas, que pode ser feita com uma camada fina de massa baseada em claras batidas, farinha e açúcar, com xarope de milho e variações com castanhas e sementes. O elemento comum nas massas da *tuile* é a criação de biscoitos muito finos, maleáveis e crocantes. A *tuile* pode ser facilmente colorida e confeitada com desenhos criativos feitos com cones de papel. A massa para a *tuile* pode ser preparada e armazenada em lote grande no refrigerador por vários dias. E depois pode ser aberta com facilidade sobre um molde ou moldada de forma livre sobre papel-manteiga ou placa de silicone. Em seguida, é levada para assar até dourar, quando, então, pode ser moldada em formatos decorativos. A *tuile*, que facilmente absorve a umidade ambiente, deve ser preparada em pequenos lotes. Sua qualidade também precisa ser conferida regularmente. A *tuile* pode ser armazenada em recipientes pequenos para protegê-la da umidade. Em grandes produções, o armazenamento das *tuiles* talvez precise ser feito em prateleiras cobertas e com a utilização de antiumectantes como o calcário ou a sílica.

Frutas

As frutas podem ser usadas de diversas formas para acrescentar frescor e sabor a uma sobremesa composta, além de valorizar a apresentação. Considerando que as frutas, de um modo ou de outro, podem ser obtidas durante o ano inteiro, é muito fácil de incorporá-las às sobremesas durante todo esse período. Uma rápida descrição dos principais tipos de frutas usadas em sobremesas compostas é indicada a seguir:

- *Fruta fresca* Os tipos mais usados de frutas frescas são as vermelhas e as tropicais. Podem ser "marinadas" para criar uma textura mais macia e mais tenra.
- *Fruta seca* Mais comuns no outono e no inverno (no Hemisfério Norte), as frutas secas podem ser usadas para a preparação de compotas. Além disso, podem ser reidratadas em água, chá ou álcool para amaciar a textura e criar um sabor surpreendente.
- *Fruta cozida* O processo de cozimento, que pode incluir o cozimento em água, no forno ou na grelha, produz sabores e texturas únicos tanto das frutas frescas como das secas.
- *Frutas cristalizadas e raspas de frutas* Cozidas em água salgada e depois em calda de açúcar, as frutas cristalizadas e as raspas de frutas podem ser usadas para destacar os sabores dos pratos e produzir guarnições atraentes.
- *Frutas congeladas* As frutas congeladas podem ser partidas em pedaços pequenos no processador, espalhadas em camada fina sobre placa de silicone e secas no forno bem baixo para a preparação de frutas em pó. Estas podem ser obtidas pela trituração em moedor especial e servir de guarnição para pratos, ou serem adicionadas a fórmulas como a de merengue.

Flores e ervas aromáticas

As flores, especialmente as muitas variedades comestíveis encontradas atualmente, acrescentam um elemento simples e elegante às sobremesas. O sabor de certas ervas aromáticas, como o tomilho e o manjericão, pode ser ótimo acompanhamento para o restante da sobremesa. Tanto as flores como as ervas aromáticas podem ser usadas frescas, secas ou como infusão. As flores e as ervas podem ser utilizadas inteiras, ou as folhas podem ser cortadas em tiras (*chiffonade*) e espalhadas em torno do prato. É muito importante saber se as ervas ou as flores são de fato seguras,

Figura 13-2 Flores frescas comestíveis e ervas

Espécies	Gosto	Sugestão de uso
Hissopo anisado	Alfarroba, doce	Erva, melhor usada fresca ou em infusão
Manjericão	Picante e doce; flor agradável	Folhas frescas, em infusão; flor agradável, *décor*
Tangerina	Semelhante ao de chá, fragrante, aromático	Flor mais aromática do que as folhas; infusão
Cerefólio	Cítrico, estragão, como a salsinha	Infusão, flor para guarnição
Coentro	Picante, floral, fragrante	Erva fresca, infusão, *décor*; flor para *décor*
Dente-de-leão	Amargo	Cozido ou em infusão
Endro	Picante, fragrante, rústico	Fresco, cozido, em infusão; flor para guarnição
Fruto do sabugueiro	Floral moderado	Guarnição, intensidade
Funcho	Alfarroba, doce; flor agradável	Cristalizado, cozido, em infusão, guarnição
Alfazema (lavanda)	Perfumado, floral	Infusão, fresco, guarnição
Erva-cidreira	Cítrico adocicado	Erva, infusão
Lilás	Perfumado, floral, amargo	Guarnição, balas
Manjerona	Picante, doce	Erva, infusão, guarnição
Orégano	Picante, pungente	Erva, infusão, fresco, picado
Hortelã	Picante, doce; varia conforme o tipo	Erva, fresca, flores guarnição
Agrião	Estimulante, picante	Flor, guarnição
Flor de laranjeira	Perfumado, cítrico	Balas, guarnição
Flor de ameixeira	Doce, floral	Balas, guarnição
Rosa	Perfumado, agridoce	Guarnição, balas
Alecrim	Picante, floral, delicado	Infusão, flor – não cozinhar para guarnição
Sálvia	Ligeiramente almiscarado, floral	Infusão, balas, flor para guarnição
Sálvia ananás	Levemente almiscarada, nota de abacaxi	Infusão, flor para guarnição
Segurelha	Doce, leve, apimentada	Infusões, flor para guarnição
Segurelha-de-inverno	Doce, leve, picante	Infusões, flor para guarnição
Gerânio	Levemente ácido, amargo	Guarnição
Tomilho	Doce, floral, delicado	Infusão, flor para guarnição
Violeta	Doce, leve, folha verde	Guarnição, bala
Amor-perfeito	Doce, leve, rústico	Guarnição, balas
Combava	Aromático	Infusão
Capim-limão	Cítrico, pungente	Infusão

e é recomendado obtê-las de fornecedores de boa reputação. Ver a Figura 13-2 para uma referência das flores frescas comestíveis e das ervas e seus usos.

Decorações de chocolate e açúcar

As decorações de chocolate e açúcar permitem que o confeiteiro demonstre talento nos dois meios mais difíceis de dominar nas artes da confeitaria. Não é necessário somente habilidade, as condições específicas no ambiente de trabalho também são essenciais. Confeiteiros de restaurantes, geralmente, dividem pequenas áreas de trabalho com outras pessoas e, muitas vezes, estão bem próximos de temperaturas bastante altas (fornos) e de umidade (caldos etc.) fatores que interferem negativamente tanto no chocolate como no açúcar. As decorações em chocolate são apresentadas no Capítulo 15 e as decorações em açúcar no Capítulo 14.

MISE EN PLACE

Mise en place é uma expressão francesa empregada para descrever as preparações de todos os ingredientes e equipamentos necessários para cozinhar. Para as sobremesas compostas, a *mise en place* é fundamental na preparação do serviço. Requer um cardápio bem planejado, disponibilidade imediata de ingredientes preparados e a possibilidade de montar um prato de sobremesa conforme necessário. O conteúdo da *mise en place* vai determinar a produção e o armazenamento necessários para cada um dos elementos da sobremesa composta. Por exemplo, as *tuiles* talvez precisem ser assadas todos os dias; no entanto, a massa se mantém bem por muitos dias sob refrigeração. Outras sobremesas podem ser feitas em grande quantidade, armazenadas no freezer e retiradas conforme a necessidade antes do serviço. Uma das exigências que se faz ao confeiteiro é planejar a produção dos componentes da sobremesa de forma que nem tudo precise ser preparado a cada dia. Mesmo assim, a qualidade de todos os componentes deve ser acompanhada atentamente no que se refere a sabor, textura, cor, entre outras características desejadas.

A preparação e o serviço de sobremesas, conforme descrito neste capítulo, são elementos fundamentais no planejamento, pois o tempo certo, a atenção aos detalhes e a *mise en place* são essenciais para uma execução bem-feita. A preparação dos alimentos no momento que o cliente faz o pedido, também conhecido como **à la minute**, é o método ideal para o serviço de sobremesa. Seu planejamento, sua preparação e execução são todos realizados para que o cliente tenha um sabor e uma apresentação excepcionais. A preparação dos alimentos com antecedência compromete o frescor e a qualidade de qualquer alimento, e o confeiteiro deve se empenhar para ter o controle sobre como a sobremesa será servida. Essa preparação no último momento, utilizando-se de toda a *mise en place*, permite que as texturas estejam corretas, os sabores sejam autênticos, as cores preservadas e as temperaturas conforme desejadas.

FÓRMULA

MORANGOS E CREME (*STRAMBERRIES AND CREAM*)

Este bolo de amêndoas, enriquecido com amêndoas tostadas é servido com morangos maduros e uma porção de espuma de morango. Um toque de Marsala, reduzido, destaca o perfil da fruta com uma nota ácida, enquanto o sorvete light unifica todos os sabores. Um detalhe de pistache no prato acentua a cor brilhante da paleta dessa sobremesa de primavera.

Componentes

Bolo de amêndoas tostadas
Redução de Marsala
Morangos frescos
Sorvete light (com gordura reduzida)
Espuma de morango
Pistache sem pele

Observação
As fórmulas a seguir produzem 15 sobremesas compostas de morango e creme.

Fórmula de bolo de amêndoas tostadas

Ingredientes	% do padeiro	Peso kg
Amêndoas laminadas	250,00	0,125
Pasta de amêndoas	625,00	0,313
Açúcar granulado	75,00	0,038
Sal	10,00	0,005
Ovos	575,00	0,288
Farinha para bolos	50,00	0,025
Fécula de batata	50,00	0,025
Manteiga derretida	175,00	0,088
Total	1810,00	0,907

Procedimento para o bolo de amêndoas tostadas

1. Untar uma forma de pão de 11 cm × 23 cm. Reservar.
2. Espalhar as amêndoas laminadas em camada uniforme sobre uma forma e tostar no forno até que fiquem ligeiramente douradas, mexendo ocasionalmente. Remover e esfriar.
3. Enquanto isso, peneirar a farinha e a fécula juntas. Reservar.

4. Em batedeira fixa adaptada com a paleta, misturar a pasta de amêndoas, o açúcar, o sal e cerca de um quarto dos ovos em velocidade baixa até atingir uma consistência uniforme.

5. Aumentar a velocidade para média e acrescentar o restante dos ovos gradualmente, raspar a cuba vez ou outra para que cada adição seja completamente incorporada à pasta de amêndoas.

6. Em velocidade baixa, acrescentar as farinhas peneiradas, a manteiga e as amêndoas tostadas, misturar somente até incorporar.

7. Despejar a massa nas formas preparadas e niveladas com a espátula.

8. Assar a 163 °C até dourar, por 30 minutos, inserir o testador de bolo até que saia limpo. Desenformar imediatamente e deixar esfriando no *rack*.

Ingredientes para a redução de Marsala

200 g de vinho Marsala

Fórmula de sorvete light

Ingredientes	% do padeiro	Peso kg
Leite integral	71,11	0,503
Creme integral	28,89	0,204
Leite em pó desnatado	6,67	0,047
Açúcar	12,44	0,088
Dextrose	3,11	0,022
Açúcar invertido	5,33	0,038
Estabilizante de sorvete	0,62	0,004
Total	128,17	0,907

Procedimento para o sorvete light

1. Misturar o estabilizante com aproximadamente um quarto do açúcar e reservar.

2. Em uma panela, aquecer o leite, o creme, o leite em pó, a dextrose, o açúcar invertido e o restante do açúcar em fogo médio, mexendo às vezes para evitar que queime o fundo.

3. Quando a mistura alcançar 44 °C, adicionar a mistura do estabilizante com o açúcar. Deixar a mistura chegar a 85 °C, mexendo constantemente com a espátula.

4. Despejar a mistura em um recipiente fundo e mexer com misturador de imersão por um minuto.

5. Esfriar sobre uma bacia com gelo e, então, cobrir o recipiente. Refrigerar, cobrir por pelo menos 12 horas (até 24 horas).

6. Colocar na máquina de sorvete de acordo com as instruções do fabricante. Para melhor conservação, colocar no freezer a –18 °C; antes de servir manter entre –15 °C e –12 °C.

PARTE 2: PÂTISSERIE

Fórmula de espuma de morango

Ingredientes	% do padeiro	Peso kg
Água	100,00	0,204
Açúcar	20,00	0,041
Lecitina em pó	2,00	0,004
Purê de morango	100,00	0,204
Total	222,00	0,454

Procedimento para a espuma de morango

1. Ferver a água e o açúcar e adicionar a lecitina.
2. Remover do fogo e esfriar em temperatura ambiente. Adicionar o purê. Reservar sob refrigeração.

Montagem

1. Pincelar a redução de Marsala no centro do prato.
2. Colocar três triângulos de bolo de amêndoas próximos da pincelada de Marsala.
3. Fatiar os morangos frescos em 2 mm de espessura usando um fatiador de carnes.
4. Espalhar as fatias de morango livremente atrás do bolo de amêndoas.
5. Formar uma linha com os pistaches picados ao lado da pincelada de Marsala.
6. Cortar o morango em cubos de 6 mm e colocá-los no lado direito do prato.
7. Misturar a emulsão de morango com um misturador de imersão, mantendo o recipiente em ângulo; misturar até ficar espumante. Colocar uma colher da espuma em frente ao bolo de amêndoas, formando uma cúpula. Formar uma *quenelle* com o sorvete e colocar sobre os cubos de morangos.

Morangos e creme

FÓRMULA

DONUTS

Uma interpretação mais sofisticada deste doce tão popular nos Estados Unidos é apresentada aqui com dois *donuts* quentes polvilhados com açúcar, com um toque de especiaria, criando, assim, um contraste estimulante entre o macio e o quente, o doce e o picante. Os *donuts* se aninham ao lado de um *parfait* congelado acompanhado de fava de baunilha e de um pequeno trago de chocolate quente. A bebida em miniatura contém um trio de camadas deliciosas: um rico ganache na base, chocolate quente no meio e uma levíssima espuma de leite no topo. As três camadas podem ser apresentadas em forma de caracol, adicionando um elemento interativo a esta interpretação contemporânea de *comfort food* na sua versão mais tentadora.

Componentes

Donuts assados, com especiarias

Donuts de chocolate

Açúcar com especiarias

Chocolate quente em camadas

Parfait de fava de baunilha

Placas de chocolate amargo

Observação
As fórmulas a seguir produzem 15 pratos de sobremesas compostas de *donuts*.

Fórmula de esponja de *donuts* com especiarias

Ingredientes	% do padeiro	Peso kg
Farinha para pão	100,00	0,124
Água	68,75	0,086
Fermento de pão (instantâneo)	3,75	0,005
Total	172,50	0,215

Procedimento para a esponja de *donuts* com especiarias

1. Misturar todos os ingredientes até ficarem bem incorporados à TDM de 21 °C.
2. Deixar crescendo por 1 hora e meia em temperatura ambiente de 18 °C a 21 °C ou até triplicar de tamanho.

Fórmula final da massa de *donuts* com especiarias

Ingredientes	% do padeiro	Peso kg
Farinha para pão	53,33	0,124
Farinha para bolos	46,67	0,109
Ovos	66,70	0,156
Sal	2,70	0,006
Esponja	92,00	0,215
Açúcar	26,70	0,062
Manteiga	33,30	0,078
Total	321,40	0,750

Procedimento final da massa de *donuts* com especiarias

Mistura	Mistura intensiva
TDM	23 °C a 25 °C
Primeira fermentação	20 minutos de 18 °C a 21 °C, depois 1 hora a 4 °C
Moldagem	Abrir a massa com 6 mm de espessura. Cortar círculos de 5 cm de diâmetro com um furo no centro de 2 cm.
Fermentação final	Deixar a massa crescer em filme plástico untado por 15 minutos a 26 °C e 65% UR. Colocar no refrigerador.

1. Misturar as farinhas, os ovos, o sal e a esponja na primeira velocidade por 5 minutos.
2. Aumentar para a segunda velocidade para começar a desenvolver o glúten.
3. Adicionar o açúcar gradualmente depois que a massa começar a se descolar da cuba.
4. Quando o glúten estiver bem desenvolvido, acrescentar a manteiga amaciada de uma só vez.
5. Misturar para incorporar.
6. Colocar a massa em forma polvilhada com farinha; cobrir com filme plástico.
7. Deixar crescendo por 20 minutos em temperatura ambiente de 18 °C a 21 °C, depois 1 hora a 4 °C.
8. Abrir a massa até 1 cm, cortar círculos com 6 cm de diâmetro.
9. Colocar em forma forrada com filme plástico e cobrir com um saco plástico inflado com ar para evitar a formação de película na massa. Deixar fermentando por 15 minutos e, então, manter no refrigerador até quando for usar.
10. Para servir, aquecer óleo de amendoim a 185 °C.
11. Fritar os *donuts* frios no óleo por 1 minuto de cada lado.
12. Ver as instruções para montagem do prato.

Fórmula para esponja de *donuts* de chocolate

Ingredientes	% do padeiro	Peso kg
Farinha para pão	100,00	0,118
Água	68,75	0,081
Fermento de pão (instantâneo)	3,75	0,004
Total	172,50	0,204

Procedimento para a esponja de *donuts* de chocolate

1. Misturar todos os ingredientes até ficarem bem incorporados à TDM de 21 °C.
2. Deixar crescendo por 1 hora e meia em temperatura ambiente de 18 °C a 21 °C ou até triplicar de tamanho.

Fórmula para massa final de *donuts* de chocolate

Ingredientes	% do padeiro	Peso kg
Açúcar	26,70	0,059
Couverture em pó	16,00	0,036
Farinha para pão	90,00	0,200
Farinha para bolos	10,00	0,022
Ovos	66,70	0,148
Sal	2,70	0,006
Fermento de pão (instantâneo)	0,30	0,001
Esponja	92,00	0,204
Manteiga	33,30	0,074
Total	337,70	0,750

Procedimento para massa final de *donuts* de chocolate

Mistura	Mistura intensiva
TDM	23 °C a 25 °C
Primeira fermentação	20 minutos entre 18 °C a 21 °C, após 1 hora a 4 °C
Moldagem	Abrir a massa com 1 cm de espessura. Cortar círculos de 5 cm de diâmetro com furo de 2 cm no centro.
Fermentação final	Deixar a massa crescer em filme plástico untado por 15 minutos a 26 °C e 65% UR. Colocar no refrigerador.

1. Combinar o açúcar e a *couverture* atomizada.
2. Misturar as farinhas, os ovos, o sal, o fermento e a espuma em primeira velocidade por 5 minutos.

3. Aumentar para a segunda velocidade para começar a desenvolver o glúten.
4. Depois que a massa se descolar da cuba, acrescentar o açúcar e a *couverture* atomizada de forma alternada.
5. Depois que o glúten estiver bem desenvolvido, adicionar a manteiga amaciada de uma só vez.
6. Misturar para incorporar.
7. Colocar a massa em forma polvilhada com farinha e cobrir com filme plástico.
8. Deixar crescer por 20 minutos em temperatura ambiente de 18 °C a 21 °C, e depois por 1 hora a 4 °C.
9. Abrir a massa até 1 cm de espessura, cortar círculos de 6 cm de diâmetro.
10. Colocar em forma forrada com plástico e cobrir com um saco plástico inflado com ar para evitar a formação de película na massa. Deixar fermentando por 15 minutos e, então, levar ao refrigerador até quando for usar.
11. Para servir, aquecer óleo de amendoim a 185 °C.
12. Fritar os *donuts* frios no óleo por 1 minuto de cada lado.
13. Ver as instruções para montagem do prato.

Fórmula para o açúcar com especiarias

Ingredientes	% do padeiro	Peso kg
Sementes de coentro	1,00	0,009
Pimenta sichuan	2,00	0,017
Anis-estrelado	1,50	0,013
Açúcar	100,00	0,872
Pimenta-da-jamaica	1,00	0,009
Total	104,00	0,907

Procedimento para o açúcar com especiarias

1. Tostar o coentro, a pimenta sichuan e o anis estrelado em forma até se tornar fragrante, em torno de 15 minutos. Deixar esfriar completamente.
2. Moer o mais fino possível em um moedor de café; peneirar por meio de uma tamis bem fina.
3. Combinar as especiarias com o açúcar e a pimenta-da-jamaica, misturando tudo muito bem. Reservar, em temperatura ambiente, em um recipiente bem vedado.

Fórmula da primeira camada do chocolate quente

Ingredientes	% do padeiro	Peso kg
Creme	150,00	0,218
Chocolate 58%	75,00	0,109
Chocolate sem açúcar	25,00	0,036
Total	250,00	0,363

Procedimento para a primeira camada do chocolate quente

1. Ferver o creme.
2. Despejar sobre os chocolates e deixar por 1 minuto.
3. Misturar bem com o batedor globo até formar uma emulsão homogênea.
4. Cobrir a superfície com filme plástico. Deixar esfriar. Manter em temperatura ambiente até o momento de servir.

Fórmula da segunda camada do chocolate quente

Ingredientes	% do padeiro	Peso kg
Leite	100,00	0,544
Primeira camada	25,00	0,136
Total	125,00	0,680

Procedimento para a segunda camada do chocolate quente

1. Ferver o leite.
2. Acrescentar a primeira camada e bater para dissolver. Reservar.
3. Ver as instruções para a montagem da sobremesa.

Fórmula do *parfait* com fava de baunilha

Ingredientes	% do padeiro	Peso kg
Leite	100,00	0,239
Fava de baunilha	—	1 unidade
Gemas	40,00	0,095
Açúcar	40,00	0,095
Creme	200,00	0,477
Total	380,00	0,907

Procedimento para o *parfait* com fava de baunilha

1. Ferver o leite e a fava de baunilha raspada. Retirar do fogo, cobrir com filme plástico e deixar em infusão em temperatura ambiente por 10 minutos. Coar com o *chinois*.
2. Combinar as gemas com o açúcar. Adicionar gradualmente ao leite morno mexendo sempre.
3. Colocar a mistura de volta à panela e cozinhar até engrossar. Mexer continuamente com uma espátula de borracha resistente ao calor para evitar que talhe. Coar com o *chinois* e deixar esfriar no refrigerador.
4. Bater o creme até o ponto macio. Combinar com a mistura fria e despejar em forma de bolo (11 cm × 23 cm) forrada com filme plástico.
5. Congelar por pelo menos seis horas até firmar. Depois de firme, remover da forma ao retirar o plástico. Cortar rapidamente com uma faca quente formando cubos de 3 cm, e retornar ao freezer em recipiente bem vedado.

Procedimento para as placas de chocolate amargo

1. Temperar a *couverture* de chocolate amargo.
2. Espalhar o chocolate formando uma camada de 1 mm sobre uma folha de acetato.
3. Quando o chocolate começar a se firmar, usar dois cortadores ovais para fazer o anel oval.
4. Depois de cortar os anéis de chocolate, colocar uma folha de papel-manteiga sobre o chocolate *décor* e colocar um peso sobre o papel para evitar que o chocolate entorte.

Montagem

1. Fritar dois *donuts* (um comum e o outro de chocolate) em óleo de amendoim a 185 °C por aproximadamente 1 minuto. Escorrer bem.
2. Fazer um corte em um dos *donuts* e entrelaçar os dois.
3. Polvilhar os *donuts* com o açúcar com especiarias e colocá-los no centro do prato.

Capítulo 13: Sobremesas compostas

4. Reaquecer a segunda camada para o chocolate quente.
5. Cuidadosamente colocar a primeira camada até aproximadamente um quinto do copo.
6. Delicadamente colocar a segunda camada aquecida em cima, deixando uns 6 mm para a finalização.
7. Aquecer um pouco de leite para produzir espuma, como para o *cappuccino*. Colocar a espuma no topo do copo, formando uma bela cúpula no final.
8. Colocar o copo no lado direito dos *donuts*. Colocar a placa de chocolate oval no lado esquerdo dos *donuts*. Pôr o cubo de *parfait* sobre o chocolate e cobrir com outra placa de chocolate oval.

Donuts

PARTE 2: PÂTISSERIE

FÓRMULA

PERA ASSADA COM CAMOMILA (*ROASTED PEAR WITH CHAMOMILE*)

A camomila e a pera criam uma harmonia deliciosa de sabores nesta sobremesa de clima frio. As peras são assadas com a camomila até ficarem macias e são servidas aquecidas sobre um *financier* amanteigado de avelãs. Uma fatia crocante de pera e o *décor* de caramelo acrescentam uma crocância delicada e de aparência elegante, enquanto a camomila cítrica harmoniza o conjunto da sobremesa. O *sorbet* de pera ao final serve como um contraponto refrescante ao calor e à intensidade dos outros elementos.

Componentes

Jus de camomila
Sorbet de pera
Fatia de pera caramelada
Guarnição de açúcar
Camomila em açúcar
Pera assada com camomila

Observação
As fórmulas a seguir produzem 10 sobremesas compostas de pera assada com camomila.

Fórmula para *jus* de camomila

Ingredientes	% do padeiro	Peso kg
Água	100,00	0,166
Flores secas de camomila	3,00	0,005
Açúcar	62,50	0,104
Suco de limão	15,00	0,025
Total	180,50	0,299

Procedimento para o *jus* de camomila

1. Ferver a água e colocar em recipiente refratário sobre a camomila. Cobrir e deixar em infusão por 5 minutos. Coar em filtro de café e dispensar os sólidos.
2. Colocar o líquido em uma panela pequena; manter coberto.
3. Em uma panela de tamanho médio, caramelar o açúcar em fogo médio até dourar ligeiramente, mexendo sempre com uma espátula longa e resistente ao calor.
4. Enquanto isso, ferver novamente a infusão.
5. Remover o açúcar caramelado do fogo e, muito cuidadosamente, adicionar uma pequena quantidade da infusão quente de camomila, mexendo cons-

tantemente. Voltar ao fogo baixo e gradualmente adicionar o restante do líquido, mexendo sempre.

6. Remover do fogo e adicionar o suco de limão. Manter coberto e guardar em temperatura ambiente.

Fórmula do *sorbet* de pera

Ingredientes	% do padeiro	Peso kg
Estabilizante de *sorbet*	0,40	0,003
Açúcar	11,00	0,075
Dextrose	2,50	0,017
Glicose em pó	5,50	0,037
Água	14,00	0,095
Purê de pera	100,00	0,680
Total	133,40	0,907

Procedimento para o *sorbet* de pera

1. Misturar o estabilizante com aproximadamente um quarto do açúcar e reservar. Misturar o restante do açúcar com a dextrose e com a glicose em pó.
2. Aquecer a água em uma panela até 25 °C.
3. A 30 °C acrescentar a mistura do açúcar com a dextrose e a glicose em pó. Mexer bem.
4. A 45 °C, adicionar a mistura do açúcar e o estabilizante. Mexer bem.
5. Deixar a mistura ferver.
6. Remover a panela do fogo, cobrir com filme plástico e esfriar rapidamente em bacia com gelo.
7. Deixar a mistura maturar por pelo menos quatro horas.
8. Combinar a mistura com o purê descongelado a 8 °C.
9. Processar na máquina de sorvete de acordo com as instruções do fabricante. Reservar a –18 °C para melhor conservação; antes de servir manter entre –15 °C e –12 °C.

Fórmula para o *financier* de avelãs

Ingredientes	% do padeiro	Peso kg
Farinha de avelãs	125,00	0,093
Manteiga	234,38	0,174
Açúcar	203,13	0,151
Claras	250,00	0,186
Farinha para bolos	100,00	0,074
Fermento químico	1,56	0,001
Bicarbonato de sódio	1,56	0,001
Total	915,63	0,680

Observação
Usar Demarle Fleximold®, no formato de Savarin, Ref. 2476.

Procedimento para o *financier* de avelãs

1. Tostar a farinha de avelãs no forno até ficar dourada. Deixar esfriar completamente.
2. Dourar a manteiga em uma panela. Deixar esfriar completamente.
3. Misturar a metade do açúcar com as claras; bater até o ponto leve.
4. Adicionar às claras os ingredientes secos peneirados, a outra metade do açúcar e a farinha de avelãs.
5. Incorporar a manteiga dourada.
6. Colocar a mistura na forma; assar a 176 °C em forno de convecção por 15 a 20 minutos.

Ingredientes para a fatia de pera caramelada

Fatias de pera de 2 mm
Calda simples, 30° Baumé

Procedimento para a fatia de pera caramelada

1. Banhar as fatias de pera na calda.
2. Colocar as fatias entre duas placas de silicone e assar a 107 °C até que as peras fiquem crocantes.

Procedimento para a guarnição de açúcar

1. Cozinhar o açúcar granulado até o estágio de caramelo.
2. Com um garfo, espalhar o açúcar sobre uma placa de silicone para criar uma fina trama.
3. Levar a placa de silicone ao forno a 122 °C e aquecer até a superfície do açúcar se tornar pegajosa.
4. Enquanto o açúcar ainda estiver macio, cortar um círculo com um cortador de 105 mm.
5. Colocar os círculos sobre a placa de silicone e levar ao forno para amaciar novamente.
6. Moldar os círculos de açúcar no formato de cones e deixar esfriar.

Fórmula para camomila em açúcar

Ingredientes	% do padeiro	Peso kg
Açúcar	100,00	0,072
Flores secas de camomila	11,00	0,008
Total	111,00	0,080

Procedimento para a camomila em açúcar

1. Bater o açúcar e a camomila no processador. Passar em peneira fina e descartar toda a camomila que não passar na peneira.
2. Reservar o açúcar em um recipiente bem vedado em temperatura ambiente em local fresco e seco.

Capítulo 13: Sobremesas compostas

Pera assada com os ingredientes de camomila

5 peras firmes, descascadas, cortadas ao meio e sem sementes

80 g de açúcar com camomila

35 g de manteiga

Procedimento para pera assada com camomila

1. Misturar as peras cortadas ao meio no açúcar de camomila.
2. Aquecer a manteiga em uma frigideira; tostar a pera, na parte cortada, até dourar bem.
3. Transferir as peras para uma forma forrada com papel-manteiga e levar ao forno a 177 °C por 20 a 25 minutos ou até as peras ficarem macias.

Componentes adicionais

Botões de camomila fresca (se for possível).

Montagem

1. Colocar o *financier* fora do centro do prato.
2. Colocar a metade da pera sobre o *financier*.
3. Cuidadosamente colocar a guarnição de açúcar sobre a pera para dar suporte à fatia caramelada formando um ângulo.
4. Fazer um traço com o *jus* de camomila em torno do *financier* em direção à frente do prato.
5. Fatiar um pedaço de pera e arranjar em forma de leque; colocar uma *quenelle* de *sorbet* de pera por cima.
6. Colocar uma ou duas flores frescas de camomila sobre o *sorbet*.

Pera assada com camomila

PARTE 2: PÂTISSERIE

FÓRMULA

TORTA DE CHOCOLATE COM TORANJA (*CHOCOLATE GRAPEFRUIT TART*)

Apresentamos aqui um ganache de chocolate amargo com infusão de toranja sobre uma base de *sablé breton* amanteigada e tenra com pedaços de cacau. A torta é acompanhada de suculentos e refrescantes gomos de toranja, marinados em calda de caramelo com Campari ligeiramente amarga. Um toque de creme de toranja enriquece a cremosidade do ganache e a textura tenra e crocante da *sablé breton* com cacau. As *tuiles* de toranja conferem volume e um brilho rosa encantador a esta rara e surpreendente sobremesa.

Componentes

Ganache com infusão de toranja
Sablé breton com pedaços de cacau
Creme de toranja
Toranja fresca
Caramelo com Campari
Tuiles de toranja
Chocolate amargo em *spray*

Observação
As fórmulas a seguir produzem 10 sobremesas compostas de torta de chocolate com toranja.

Fórmula de ganache com infusão de toranja

Ingredientes	% do padeiro	Peso kg
Couverture 64%	100,00	0,319
Creme	100,00	0,319
Glicose	25,00	0,080
Sal	1,00	0,003
Manteiga	25,00	0,080
Raspa de toranja	1,00	0,003
Total	252,00	0,804

Procedimento para o ganache com infusão de toranja

1. Colocar o chocolate no processador e acionar a tecla pulsar até que o chocolate fique do tamanho de ervilhas.
2. Ferver o creme, a glicose, o sal e a raspa de toranja mexendo para que a glicose não se prenda no fundo da panela. Remover do fogo, cobrir com filme plástico e deixar em infusão por aproximadamente 15 minutos.

Capítulo 13: Sobremesas compostas

3. Coar o creme com um *chinois*, descartando a raspa de toranja. Reaquecer o creme e, assim que começar a cozinhar, despejar sobre o chocolate em pedaços no processador.

4. Processar a mistura de chocolate e creme até ficar homogênea, parando de vez em quando para raspar as laterais da cuba. Acrescentar a manteiga com temperatura de 35 °C, e misturar até incorporar.

5. Em uma forma forrada com acetato ou com filme plástico, colocar o ganache em aros de metal de 75 mm × 10 mm com tiras de acetato nas laterais.

6. Cobrir toda a superfície com filme plástico sem tocar no ganache, e refrigerar por no mínimo 2 horas.

7. Remover do refrigerador e com uma colher pequena fazer uma impressão no topo de cada ganache.

8. Cobrir e refrigerar até ficar firme, remover os aros e retirar os acetatos. Colocar no freezer por pelo menos 2 horas.

9. Aplicar o *spray* de chocolate sobre o ganache. Cobrir com filme plástico sem tocar no ganache e refrigerar. Deixar em temperatura ambiente antes de servir.

Fórmula da *sablé breton* com cacau

Ingredientes	% do padeiro	Peso kg
Manteiga	88,00	0,121
Açúcar	70,00	0,096
Sal	0,80	0,001
Gemas	34,00	0,047
Farinha para bolos	100,00	0,137
Fermento químico	4,80	0,007
Cacau em pedaços	30,00	0,041
Total	327,60	0,450

Procedimento para a *sablé breton* com cacau

1. No processador, colocar a manteiga, o açúcar e o sal e bater até ficar cremoso. Raspar as laterais da cuba.

2. Adicionar as gemas e aproximadamente um terço da farinha. Processar somente até ficar homogênea por vários segundos. Raspar a cuba e acrescentar o restante da farinha, o fermento e os pedaços de cacau. Processar apenas até a mistura se tornar homogênea, por vários segundos.

3. Sobre filme plástico, abrir a massa formando um retângulo de aproximadamente 12 mm de espessura. Cobrir com filme plástico e refrigerar por pelo menos quatro horas (de preferência durante a noite).

4. Abrir a massa em aproximadamente 4 mm entre duas placas de silicone. Assar a 203 °C com as placas de silicone em contato, por 10 minutos ou até a beirada da massa começar a dourar.

5. Com cortadores redondos cortar a massa em círculos de 75 mm. Finalizar o cozimento até que os biscoitos se tornem dourados.

6. Depois de frio, reservar em um recipiente coberto e bem vedado. Guardar em local seco em temperatura ambiente.

PARTE 2: PÂTISSERIE

Fórmula do creme de toranja

Ingredientes	% do padeiro	Peso kg
Açúcar	119,44	0,108
Ovos	55,55	0,050
Gemas	33,33	0,030
Suco de toranja branca	83,33	0,076
Suco de limão	16,67	0,015
Raspa de toranja	3,00	0,003
Manteiga	44,44	0,040
Total	352,76	0,320

Procedimento para o creme de toranja

1. Em uma cuba de inox, combinar o açúcar, os ovos, as gemas, o suco de toranja, o suco de limão e a raspa de toranja e colocar em banho-maria. Mexer ocasionalmente.
2. A mistura estará pronta quando ficar espessa como mingau.
3. Remover a mistura do fogo, coar sobre um recipiente limpo e, quando a temperatura estiver entre 32 °C e 35 °C, adicionar a manteiga usando o misturador de imersão.
4. Cobrir com filme plástico e reservar no refrigerador.

Fórmula do caramelo com Campari e toranja marinada

Ingredientes	% do padeiro	Peso kg
Água	40,00	0,227
Açúcar	100,00	0,567
Fava de baunilha	—	0,5 unidade
Campari	20,00	0,113
Toranja branca	—	2 unidades
Total	160,00	0,907

Procedimento para o caramelo com Campari e toranja marinada

1. Preparar a toranja ao tirar a pele e separar os gomos. Reservar.
2. Colocar a água em uma panela pequena coberta em fogo baixo.
3. Em uma panela grande, caramelar o açúcar em fogo médio, mexendo constantemente com uma espátula refratária até dourar.
4. Retirar do fogo e, cuidadosamente, despejar um pouco da água quente sobre a calda, mexendo rapidamente.
5. Acrescentar a baunilha, aquecer novamente em fogo médio a baixo e, gradualmente, adicionar o restante da água. Deixar apenas cozinhar um pouco, retirar do fogo e adicionar o Campari.
6. Despejar sobre os gomos de toranja em recipiente refratário, cobrir e refrigerar por 24 horas. Retirar a toranja e reservá-la sobre refrigeração.
7. Reduzir o líquido em fogo médio até engrossar; remover e descartar a fava de baunilha. Reservar a calda coberta em temperatura ambiente.

Ingredientes para as *tuiles* de toranja

Toranja branca
Calda simples, 30° Baumé.

Procedimento para as *tuiles* de toranja

1. Com um cortador de carne, fatiar a toranja o mais fino possível, aproximadamente 2 mm de espessura.
2. Mergulhar as fatias na calda simples, retirar o excesso e colocar em forma forrada com silicone. Levar ao forno a 107 °C para secar, mas mantê-las ainda flexíveis.
3. Enquanto ainda estiverem quentes, removê-las da forma com cuidado e moldá-las em formatos abstratos retorcidos.
4. Reservar em recipiente bem vedado em local seco em temperatura ambiente. Até quando necessário.

Montagem

1. Com o saco de confeitar, depositar uma pequena quantidade do creme de toranja na cavidade do ganache.
2. Colocar o ganache sobre o disco de *sablé breton*.
3. Pôr a torta fora do centro do prato.
4. Ao lado, arranjar vários gomos de toranja formando um leque.
5. Arranjar duas *tuiles* de toranja ao lado.
6. Com uma colher colocar um pouco do molho em torno da toranja marinada.

Torta de chocolate com toranja

FÓRMULA

PANNA COTTA

Esta sobremesa delicada tem um sabor único por causa do *chèvre* (queijo de cabra), que acrescenta uma nota ligeiramente picante ao clássico italiano. Cobrindo a *panna cotta* fatias translúcidas de maçãs verdes em infusão de baunilha, coroadas com um emaranhado crocante de noz-moscada formando uma *tuile*. Os complexos sabores desta *panna cotta* são completados pela doçura e pela textura original de um molho de vinho do Porto com base em ágar, juntamente com um acento surpreendente de ervas vindo da geleia brilhante de tomilho fresco.

Componentes

Panna cotta de queijo de cabra
Molho de vinho do Porto Tawny
Maçãs verdes em infusão de baunilha
Tuiles de noz-moscada
Geleia de tomilho

Observação
As fórmulas a seguir produzem 10 sobremesas compostas de *panna cotta*.

Fórmula de *panna cotta* de queijo de cabra

Ingredientes	% do padeiro	Peso kg
Leite	100,00	0,463
Queijo de cabra fresco	66,67	0,309
Açúcar	15,00	0,069
Gelatina	2,00	0,009
Total	183,67	0,850

Procedimento para a *panna cotta* de queijo de cabra

1. Em fogo baixo, aquecer aproximadamente um terço do leite com o queijo de cabra e o açúcar, usando uma espátula para desmanchar o queijo. Misturar até derreter. Retirar do fogo.
2. Hidratar a gelatina em água fria até que fique completamente dissolvida.
3. Adicionar a gelatina na mistura quente de queijo de cabra em recipiente de metal; adicionar o restante do leite.
4. Colocar o recipiente com a mistura em bacia com gelo e mexer constantemente até esfriar e engrossar ligeiramente.
5. Colocar 85 g da mistura de *panna cotta* nos moldes. Deixá-los cobertos no refrigerador para que fiquem firmes por no mínimo 4 horas.

Fórmula do molho do vinho do Porto Tawny

Ingredientes	% do padeiro	Peso kg
Vinho do Porto Tawny	100,00	0,299
Ágar em pó	1,00	0,003
Total	101,00	0,302

Procedimento para o molho do vinho do Porto Tawny

1. Reduzir o Porto pela metade em fogo baixo.
2. Depois de reduzido, ferver e gradualmente adicionar o ágar, mexendo sempre.
3. Colocar em um recipiente raso refratário e deixar em temperatura ambiente até ficar firme, em torno de 1 a 2 horas.
4. Bater no processador até ficar homogêneo, raspando as laterais com a espátula conforme necessário. Reservar em refrigerador em recipiente coberto.

Fórmula das maçãs verdes com baunilha

Ingredientes	% do padeiro	Peso kg
Calda simples	100,00	0,907
Fava de baunilha	—	1 unidade
Maçãs verdes	—	2 unidades
Total	100,00	0,907

Procedimento para as maçãs verdes com baunilha

1. Cozinhar a calda simples e a fava de baunilha. Baixar o fogo e manter a calda quente.
2. Descascar as maçãs e fatiá-las o mais fino possível. Colocar imediatamente as fatias de maçãs na calda quente.
3. Cozinhar as maçãs em fogo baixo até que fiquem cozidas e semitranslúcidas, em torno de 5 minutos. Armazenar a calda sob refrigeração.
4. Depois que as maçãs esfriarem, remover toda semente visível das fatias com um cortador pequeno.

Fórmula das *tuiles* de noz-moscada

Ingredientes	% do padeiro	Peso kg
Manteiga	133,33	0,239
Açúcar impalpável	133,33	0,239
Claras	140,00	0,251
Farinha para bolos	100,00	0,179
Noz-moscada ralada	2,00	0,004
Essência de café	3,00	0,005
Total	506,66	0,907

Procedimento para as *tuiles* de noz-moscada

1. Peneirar o açúcar e batê-lo junto com a manteiga amaciada até ficar de cor pálida.
2. Adicionar as claras gradualmente; misturar até incorporar.
3. Peneirar a farinha e a noz-moscada juntas. Acrescentar à mistura da manteiga juntamente com a essência de café; misturar até obter uma pasta homogênea. Cobrir e deixar descansar no refrigerador por pelo menos 1 hora.
4. Com o saco de confeitar, formar linhas finas e retas de aproximadamente 25 cm de comprimento sobre placas de silicone.
5. Assar com temperatura de 163 °C até dourar nas bordas, alguns minutos. Com uma espátula em ângulo, remover rapidamente as *tuiles* e, com luvas, torcer e dobrar as *tuiles* formando "ninhos" abstratos.
6. Quando estiverem completamente frias, reservar em recipiente bem vedado em temperatura ambiente até quando for servir.

Fórmula de geleia de tomilho

Ingredientes	% do padeiro	Peso kg
Salsinha ou espinafre	1,67	0,005
Água nº 1	16,67	0,055
Tomilho fresco	6,67	0,022
Água nº 2	100,00	0,329
Açúcar	10,00	0,033
Gelatina	3,00	0,010
Total	138,00	0,454

Procedimento para a geleia de tomilho

1. Branquear[4] a salsinha ou o espinafre na primeira água até ficar com a cor verde brilhante, por aproximadamente 5 segundos.
2. Drenar e mergulhar em água gelada imediatamente. Drenar novamente e colocar no processador com a primeira água até ficar homogênea. Coar em um filtro de café, descartando os sólidos. Reservar o líquido
3. Ferver o tomilho com a segunda água e o açúcar. Remover do fogo, cobrir a panela com filme plástico e deixar em infusão por 20 minutos. Coar, descartando os sólidos. Deixar esfriar em temperatura ambiente.
4. Hidratar a gelatina em água fria. Dissolver no micro-ondas com uma pequena quantidade da infusão de tomilho. Adicionar a mistura no restante da infusão. Acrescentar a infusão de salsinha ou de espinafre.
5. Colocar a mistura em uma panela rasa, cobrir e refrigerar até quando estiver firme, pelo menos por quatro horas.

---

[4] Do francês *blanchir*. Técnica de cozinhar em água fervente por alguns segundos, especialmente os legumes, para manter a cor e as propriedades. (NT)

Montagem

1. Com uma colher, desenhar dois traços em curva com o molho de Porto.
2. Com cuidado, retirar a *panna cotta* do molde ao mergulhá-lo em água quente por alguns segundos. Se não se soltar, inverter o molde até que o vácuo naturalmente rompa e a *panna cotta* se desprenderá. Colocar a *panna cotta* no prato.
3. Envolver a *panna cotta* em 3 ou 4 fatias de maçã com baunilha.
4. Cortar um círculo de 2 cm de geleia de tomilho e colocá-lo próximo à *panna cotta*.
5. Colocar o ninho de *tuiles* no topo da *panna cotta*.

Panna cotta

PARTE 2: PÂTISSERIE

FÓRMULA

BOLO ÓPERA EM VELUDO VERMELHO (*RED VELVET OPERA CAKE*)

Uma homenagem ao famoso bolo ópera francês, esta especialidade clássica do sul dos Estados Unidos recebe aqui uma nova interpretação com muito estilo. O sabor das pecãs, a sutileza picante do ganache de mascavo e o rico creme de manteiga com chocolate são sobrepostos a um surpreendente e colorido *biscuit* de chocolate, de onde o bolo toma seu nome. Como reforço adicional ao sabor, um *sabayon* Bourbon muito leve incorpora a delicada acidez do creme *fraîche* – uma referência ao creme azedo que normalmente estaria presente em uma versão tradicional sulista deste bolo. O *croquant* de pecã acrescenta uma sutil dimensão visual à aparência elegante do inesquecível bolo ópera em veludo vermelho.

Componentes

Bolo de chocolate sem farinha
Dacquoise de pecã
Ganache de açúcar mascavo
Creme de manteiga de chocolate
Sabayon com Bourbon
Croquant de pecã
Pecã cristalizada
Décor de chocolate amargo

Observação
Estas fórmulas produzem metade de uma assadeira com o bolo ópera, o que dá em torno de 30 pratos. Para estabelecimentos que não necessitem de uma produção grande dessa sobremesa, o bolo se mantém muito bem congelado depois de montado.

Fórmula do bolo de chocolate sem farinha

Ingredientes	% do padeiro	Peso kg
Couverture 70%	100,00	0,375
Manteiga derretida	24,00	0,090
Gemas	20,00	0,075
Claras	200,00	0,750
Açúcar	34,00	0,127
Corante vermelho	—	Quanto baste
Total	378,00	1,417

Produção: 1 forma de bolo inteira e meia forma de bolo.

Procedimento para o bolo de chocolate sem farinha

1. Derreter o chocolate no micro-ondas. Combinar com a manteiga e as gemas.
2. Bater as claras com o açúcar até formar um merengue firme.
3. Adicionar o corante ao merengue para produzir uma cor vermelha bem brilhante.
4. Adicionar a mistura de chocolate ao merengue. Colocar a massa em forma forrada com papel-manteiga: 945 g para a forma inteira e 473 g para meia forma. Espalhar a massa de maneira uniforme.
5. Assar em forno de convecção a 171 °C por 10 minutos. Depois de frio, cobrir e armazenar no freezer até quando necessário.

Fórmula de *dacquoise* de pecã

Ingredientes	% do padeiro	Peso kg
Pecãs tostadas	80,00	0,199
Açúcar impalpável	80,00	0,199
Claras	100,00	0,249
Açúcar	32,00	0,080
Cremor de tártaro	1,60	0,004
Total	293,60	0,730

Produção: meia forma.

Procedimento para a *dacquoise* de pecã

1. Colocar as nozes-pecãs e o açúcar impalpável no processador. Peneirar a mistura.
2. Bater o açúcar, as claras e o cremor de tártaro até o ponto firme.
3. Misturar as claras batidas com a mistura de açúcar e espalhar a massa em forma forrada com papel-manteiga.
4. Assar em forno de convecção a 177 °C com a ventilação fechada por 5 minutos. Abrir a ventilação e continuar a assar por mais 25 minutos.

Fórmula de ganache de açúcar mascavo

Ingredientes	% do padeiro	Peso kg
Couverture 64%	100,00	0,137
Leite	100,00	0,137
Açúcar mascavo	125,00	0,171
Manteiga	40,00	0,055
Total	365,00	0,500

Procedimento para o ganache de açúcar mascavo

1. Ferver o leite. Despejar sobre o chocolate e formar uma emulsão.

2. Adicionar o açúcar mascavo, mexendo para incorporar. A seguir, adicionar a manteiga derretida quando a mistura alcançar 35 °C.
3. Cobrir com filme plástico e reservar até quando necessário.

Fórmula de merengue italiano para o creme de manteiga com chocolate

Ingredientes	% do padeiro	Peso kg
Açúcar	200,00	0,067
Água	60,00	0,020
Claras	100,00	0,033
Total	360,00	0,120

Procedimento para o merengue italiano para o creme de manteiga com chocolate

1. Aquecer a água e o açúcar até alcançar o ponto de fervura.
2. Pincelar com água as laterais da panela.
3. Quando a calda alcançar 116 °C começar a bater as claras em velocidade média.
4. Quando atingir o estágio de bala mole de 119 °C a 121 °C, despejar a calda lentamente no merengue.
5. Bater até a temperatura chegar a 40 °C. Ver a fórmula final para o creme de manteiga para as instruções finais.

Fórmula final

Ingredientes	% do padeiro	Peso kg
Leite	40,00	0,161
Gemas	24,00	0,096
Açúcar	5,00	0,020
Manteiga	100,00	0,402
Chocolate ao leite	50,00	0,201
Merengue italiano	30,00	0,121
Total	249,00	1,001

Procedimento final

1. Ferver o leite. Enquanto isso, bater as gemas e o açúcar juntos.
2. Combinar o leite quente com a mistura das gemas. Colocar o leite de volta à panela; cozinhar até que a mistura atinja 82 °C.
3. Colocar a mistura cozida na batedeira e bater em velocidade média até esfriar.
4. Adicionar a manteiga amaciada e misturar até completar a incorporação. Então, adicionar o chocolate derretido e misturar até incorporar completamente.
5. Acrescentar o merengue italiano.

Montagem do bolo ópera veludo vermelho

1. Colocar a *dacquoise* em forma forrada com papel-manteiga.
2. Espalhar 350 g de creme de manteiga uniformemente sobre a *dacquoise*.

3. Colocar a metade da forma do bolo de chocolate sem farinha sobre o creme de manteiga.
4. Espalhar 500 g do ganache de mascavo sobre o bolo e depois colocar a outra metade do bolo sobre o ganache.
5. Espalhar 350 g de creme de manteiga e, então, colocar o último pedaço de bolo sobre o creme de manteiga.
6. A seguir, espalhar 300 g de creme de manteiga sobre a camada de bolo e nivelar para criar uma superfície lisa. Decorar a última camada com um pente para coberturas, criando sulcos que percorrem toda a extensão do bolo.
7. Colocar o bolo no freezer por pelo menos 3 horas.

Fórmula para o *sabayon* de Bourbon

Ingredientes	% do padeiro	Peso kg
Gemas	35,56	0,198
Açúcar	26,67	0,148
Bourbon	17,78	0,099
Creme *fraîche*	100,00	0,556
Total	180,01	1,001

Procedimento para o *sabayon* de Bourbon

1. Preparar o recipiente para o banho-maria.
2. Combinar as gemas, o açúcar e o Bourbon. Cozinhar em banho-maria batendo sempre até que a mistura fique amarelo pálido e bastante espesso.
3. Adicionar o creme *fraîche*. Reservar no refrigerador até quando necessário.

Fórmula para o *croquant* de pecã

Ingredientes	% do padeiro	Peso kg
Farinha de pecã	8,00	0,018
Massa *fondant*	60,00	0,133
Glicose	40,00	0,089
Total	108,00	0,240

Procedimento para o *croquant* de pecã

1. Tostar a farinha de pecã. Esfriar completamente e reservar.
2. Cozinhar o *fondant* e a glicose até o estágio caramelo. Adicionar a farinha de pecã; misturar completamente.
3. Despejar sobre placa de silicone e nivelar.
4. Depois de frio, quebrar o caramelo em pedaços de 8 g. Colocar os pedaços entre duas placas de silicone em forma rasa, com um espaço de 10 cm entre cada pedaço.
5. Aquecer em forno a 177 °C até amaciar. Usando um rolo de massa, abrir o caramelo deixando-o bem fino.

PARTE 2: PÂTISSERIE

6. Colocar a forma de volta ao forno por alguns minutos para amaciar o caramelo novamente. Abrir novamente a massa e, então, retirar a placa de silicone de cima. Esperar esfriar um pouco. Usando luvas, deixar o caramelo em formatos abstratos.
7. Depois de frio, manter o *croquant* em recipiente bem vedado em temperatura ambiente.

Procedimento para as pecãs carameladas

Derreter uma pequena quantidade de açúcar em uma panela e mexer constantemente. Depois que todo o açúcar derreter, acrescentar 30 pedaços de pecãs cortadas ao meio. Continuar a mexer até que o açúcar em torno das nozes começar a caramelar. Reservar até quando necessário.

Procedimento para o chocolate *décor*

1. Espalhar o chocolate amargo derretido sobre folha de acetato de 31 cm de comprimento.
2. Usar um pente para cobertura criando tiras retas no sentido do comprimento.
3. Antes que o chocolate se consolide, curvar a folha de acetato usando um aro de bolo de 15 cm. Esperar até se firmar e reservar até quando necessário.

Montagem

1. Fatiar o bolo ópera em veludo vermelho no sentido do comprimento, com 8 mm de largura. Cortar as laterais em forma de paralelogramo. Colocar o bolo em um prato retangular de forma enviesada e o lado cortado para baixo.
2. Colocar os círculos de chocolate *décor* em um lado do bolo firmando as extremidades sob a fatia.
3. Fazer um pequeno corte no bolo com uma faca para fixar o *croquant* de pecã ao lado do chocolate décor.
4. Colocar um pedaço de pecã caramelada no outro lado do bolo e confeitar uma pequena porção do *sabayon* de Bourbon no outro canto do prato.

Bolo ópera em veludo vermelho

Capítulo 13: Sobremedas compostas

RESUMO DO CAPÍTULO

A sobremesa é a etapa final de uma refeição e tem o propósito de proporcionar ao convidado um momento doce e prazeroso. Esse momento muitas vezes é compartilhado com uma companhia e apreciado com um café, um vinho adocicado ou um licor; pode ser considerado um momento de leve extravagância. O confeiteiro pode e deve criar a sobremesa composta direcionada às necessidades dos convidados e oferecer a eles algo inesquecível que venha a completar os pratos anteriores, bem como a experiência de estar em um restaurante. A sobremesa não significa apenas comer algo doce e dividir com outra pessoa; é também significativo que o poder desse momento propicie sentimentos de satisfação e remeta a uma reflexão sobre o passado, despertando lembranças de sabores, de texturas e de pessoas.

Para produzir sobremesas compostas e planejar um cardápio para um restaurante ou hotel, o confeiteiro deve ter um conhecimento sólido das artes da pâtisserie, bem como capacidade desenvolvida de planejar e apresentar criações de forma artística. A sobremesa composta sempre inclui múltiplos componentes. A organização do espaço de trabalho, a programação da produção e o serviço garantem que a sobremesa chegue ao cliente da forma como ele esperava e da forma como o confeiteiro e o chef a planejaram.

PALAVRAS-CHAVE

- *à la carte*
- *à la minute*
- actinidina
- bromelaína
- *coulis*
- enzimas proteolíticas
- espuma
- ficina
- geleia
- infusão
- *mise en place*
- molhos de frutas
- papaína
- sobremesas compostas
- *tuiles*

QUESTÕES PARA REVISÃO

1. Quais são as principais preocupações do pâtissier ao planejar um cardápio de sobremesas?
2. Qual é o impacto do mercado e do local na apresentação de sobremesas compostas?
3. Quais são as diferentes formas nas quais as frutas podem ser usadas nas sobremesas compostas?
4. Qual é a variedade dos componentes nas sobremesas compostas?

| 577 |

capítulo 14

DECORAÇÃO PROFISSIONAL

OBJETIVOS

Após a leitura deste capítulo, você será capaz de:

- Trabalhar com técnicas avançadas de confeitar usando cones de papel.
- Preparar e usar elementos para decoração, como pastilhagem e massa elástica.
- Preparar caldas de açúcar para trabalhos decorativos.
- Fazer decorações simples como a crosta de açúcar, *rock sugar* (açúcar em pedra) e açúcar em fio.
- Propor trabalhos decorativos mais avançados, como molde em açúcar, açúcar puxado e açúcar soprado.

ELEMENTOS DECORATIVOS NA HISTÓRIA

O uso de açúcar como elemento decorativo pode ser encontrado já no século XVI. O uso da pastilhagem (*pastillage*) e do marzipã era comum. Como elemento de decoração, cresceu em popularidade rapidamente quando a apresentação de alimentos à mesa passou a ser importante. Por volta do século XIX, esse "desenho" da mesa começou a adotar influências da arte paisagística e da arquitetura, o que foi possível pelo uso de pastas de açúcar, massa de *biscuit* e açúcar cristalizado colorido.

A importância dos elementos decorativos tem evoluído ao longo do tempo de forma a apresentar modelos elaborados normalmente encontrados em hotéis de alto padrão e em competições das artes de pâtisserie. Os confeiteiros usam diversas aplicações da arte do açúcar para conferir um toque final aos itens que variam de sobremesas compostas aos bolos especiais. Os desenhos podem variar do clássico, reproduzindo peças de arte finamente detalhadas, a trabalhos surpreendentes e criativos, que incorporam elementos tão diversos como açúcar moldado, assoprado e puxado ou pastilhagem. Os usos mais contemporâneos da arte em açúcar destacam a fragilidade, a leveza e as peças que desafiam a gravidade.

ELEMENTOS DA DECORAÇÃO PROFISSIONAL

Há muitos elementos e técnicas usados para a decoração profissional nas confeitarias. Os elementos apresentados neste capítulo incluem:

- Cones de papel, que são utilizados para confeitar com glacê real ou chocolate. Também são usados para manter caldas de açúcar ou chocolate para montagem de peças decorativas feitas de açúcar, pastilhagem ou chocolate.
- Pastilhagem, que é utilizada para criar centros de mesa. Pode ser moldada ou aberta com espessura fina e cortada em diversos formatos e moldadas.
- Massa elástica, semelhante à pastilhagem e, normalmente, é usada para fazer flores e folhas delicadas.
- Açúcar, que é usado em muitos elementos decorativos, incluindo açúcar em pedra, em fio, soprado e puxado, para citar apenas alguns.

CONES DE PAPEL

Confeitar é uma técnica muito importante em decoração profissional, o que pode ser observado pelos inúmeros tipos de sacos de confeitar, ponteiras, coberturas e técnicas. Os sacos de confeitar são feitos de plástico, acetato, náilon e papel. Os **cones de papel** geralmente são considerados os mais convenientes, baratos, higiênicos e versáteis para decorações mais delicadas. Eles são feitos a partir de triângulos de papel vegetal, que são enrolados na forma de cones. Em geral, quanto mais delicado for o trabalho, menor deve ser o cone para um controle maior do confeito. Ao usar o cone de papel, é importante encher apenas até a metade para evitar que a cobertura transborde do cone. O cone deve ser mantido com as duas mãos. Uma para prender a abertura e a outra para pressionar, com o indicador, o cone.

PROCEDIMENTO PARA FAZER UM CONE DE PAPEL

- Cortar um triângulo de papel vegetal. Quanto menor o triângulo, mais finos serão os detalhes.
- Manter o triângulo com o lado mais longo para cima e longe da pessoa que o prepara. Dobrar a ponta direita para baixo até alcançar a ponta de baixo. Enrolar o restante do papel até que o lado esquerdo possa ser dobrado sobre o cone.
- Unir os três pontos e dobrar as pontas duas vezes para firmar o cone.
- Se for usar a ponteira, cortar 1 cm da ponta para encaixá-la.
- Encher o cone até a metade com o material a ser confeitado.
- Dobrar a abertura, firmando o cone com o conteúdo.
- Se não for usar a ponteira, fazer um corte pequeno na ponta.

MATERIAL PARA CONFEITAR

Diversos produtos podem ser utilizados para confeitar, tais como glacê real, creme de manteiga, *fondant*, chocolate, calda de chocolate e de açúcar. Para confeitar com sucesso, é necessário que o produto tenha consistência uniforme para que a saída não seja bloqueada. Antes de confeitar, a cobertura pode ser colorida com pasta em cores. O conteúdo dos corantes deve ser checado para que seus ingredientes não interfiram no ressecamento. Depois de seco, o glacê real pode ser pintado ou colorido com aerógrafo.

Confeitar chocolate com cone de papel

O chocolate é excelente para trabalhos em filigrana e escrita com os cones de papel. A **filigrana** é a decoração confeitada com linhas muito finas. É confeitada com o cone sem a ponteira, já que a intenção é fazer um traço muito fino. Há dois tipos principais de misturas de chocolate usados com as técnicas de cones de papel. O primeiro é a pasta de chocolate líquido feita ao misturar chocolate com calda simples em uma consistência adequada para confeitar. O segundo tipo é o chocolate com algumas gotas de água para que fique com uma consistência firme, mas própria para confeitar. Somente se deve misturar água na quantidade de chocolate que será usada. Caso haja sobra desse chocolate misturado com água, poderá ser usado em fórmulas de caldas que indiquem *couverture*. Qualquer tipo de chocolate que for usado deve ser homogêneo e sem granulações, tendo sempre o cuidado de não encher demais os cones. Completar o cone somente até a metade evita que o recheio transborde e permite que o trabalho se mantenha limpo.

Glacê real em cone de papel

O glacê real é um dos meios mais versáteis que um confeiteiro pode ter. Essa mistura de açúcar impalpável, claras e suco de limão é discutida em mais detalhes no Capítulo 8. Dependendo do propósito de seu uso, a textura do glacê real pode variar de firme até bem líquida para cobertura de bolos ou para fazer algum trabalho decorativo (*flood work*). Se o glacê real for usado para desenhar contornos ou para preencher esses contornos, deve-se ter o cuidado para não incorporar ar, pois a formação de pequenas bolhas de ar pode quebrar a decoração depois de seca.

Como o glacê real pode se tornar bem duro depois de seco, o confeiteiro pode ser bastante criativo com as filigranas ou com qualquer outro desenho fino, já que podem ser aplicados aos produtos depois que a cobertura secar. Pode ser pintado, usado para criações tridimensionais, com estêncil e secados em forno com temperatura baixa para servir de guarnição para os pratos de sobremesa.

TÉCNICAS DE DECORAÇÃO

Há três técnicas básicas para decoração com cone de papel. Essas técnicas francesas tradicionais são conhecidas como métodos: de deslizar, em linha e aplicado (Buys & Decluzeau, 1996, p. 14). Ao dominá-las, o confeiteiro pode apresentar uma variedade ilimitada de técnicas decorativas. Ao decidir qual técnica utilizar, deve-se considerar vários aspectos sobre o meio a ser usado, incluindo a textura da superfície a ser confeitada, o conteúdo a ser aplicado, o ângulo necessário para aplicar o desenho, a duração do trabalho e o local onde será armazenado.

- **Método de deslizar**: nesse método, a ponta do cone mal toca a superfície do produto, o que permite ao confeiteiro um controle maior; pode ser usado em vários tipos de superfícies, variando de firmes a delicadas e também para fazer bordas, letras e linhas.
- **Método em linha:** ao utilizar esse método, o confeiteiro aplica o recheio acima da superfície do bolo. Essa aplicação pode ser feita a uma distância entre 1 cm e 5 cm, dependendo do caso. Esse método permite maior controle da operação. As aplicações com essa técnica incluem letras e bordas ornamentadas, bem como trabalhos contínuos, como bordas decorativas feitas com glacê real. Da mesma forma que com o método de deslizar, a superfície do produto pode ser dura ou macia.

FIGURA 14-1 CORTAR A PASTILHAGEM

1 Abrir a pastilhagem até 2 mm de espessura.

2 Cortar nos formatos desejados usando estilete bem afiado e de ponta fina.

3 Remover as aparas cuidadosamente.

Método aplicado: Esse método usa o cone para embelezar destacando uma decoração ou desenho já feitos. A superfície pode ser de qualquer textura, já que a ponta do cone normalmente é mantida bem acima dela. Esse estilo oferece mais opções de controle sobre "parar e continuar" e pode ser usado juntamente com outros métodos, como o método de deslizar.

Nesses três métodos, os cones de papel devem ser novos e mantidos limpos e higienizados, e cada cone deve ser usado somente para determinada aplicação. Se a ponta do cone sujar, deve ser cuidadosamente limpa para evitar qualquer tipo de contaminação ou dano ao cone. Manter a abertura limpa é uma boa medida para facilitar o trabalho.

PASTILHAGEM

A **pastilhagem** é um dos elementos decorativos mais antigos usados para peças de exposição. É feita com ingredientes totalmente comestíveis, mas não é destinada ao consumo; a pastilhagem não tem sabor e se torna muito dura depois de seca. Normalmente é usada para criar peças para enfeitar mesas de sobremesas e em competições de confeitaria, bem como para criar cestinhas ou caixas para guardar balas e *petit gateaux*. A pastilhagem normalmente é branca, mas há duas maneiras de colorir as peças: misturar corante à massa ou usá-lo com aerógrafo para pintar a superfície seca.

A pastilhagem é feita de açúcar impalpável, amido de milho, água, cremor de tártaro e gelatina. O açúcar impalpável, ingrediente principal da pastilhagem, dá corpo e cor branca à massa. O amido de milho ajuda a secar mais rápido a peça e não é usado quando é necessária uma secagem mais lenta. O cremor de tártaro ajuda a manter a brancura da massa e a gelatina ajuda a estabilizar a pasta e mantê-la maleável. As proporções desses ingredientes variam de acordo com a consistência desejada da pastilhagem depois da mistura.

A mistura da pastilhagem pode ter um grande impacto na qualidade final da massa. Quando for necessária uma peça forte, a mistura deve ser feita rapidamente para que a peça seque de forma lenta. Se houver limite de tempo ao fazer peças de pastilhagem, a pasta pode

Capítulo 14: Decoração profissional

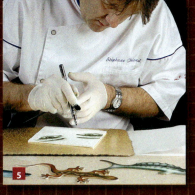

4 Uma seleção de pastilhagem cortada secando em placa de madeira.

5 As pastilhagens cortadas podem ser aerografadas.

ser misturada por um tempo mais longo para incorporar mais ar e assim levar a um ressecamento mais rápido. No entanto, quando for incorporado muito ar na pasta, a peça pode se tornar frágil depois de seca.

A pastilhagem pode ser aberta e cortada ou moldada em diversos formatos de maneira muito fácil (ver Cortar a pastilhagem, Figura 14-1, Etapa 1). É muito importante trabalhar em uma superfície limpa e usar utensílios secos e limpos. Uma bancada de granito é o ideal para trabalhar com pastilhagem, mas uma bancada de inox também é excelente. A superfície onde será feito o trabalho deve ser polvilhada com amido de milho ou com uma mistura de açúcar impalpável e amido de milho para evitar que a massa cole na superfície. A pastilhagem deve ser mantida em recipiente bem vedado, ou em saco plástico, quando não estiver sendo trabalhada, pois tende muito facilmente a formar uma crosta quando exposta ao ar.

Para cortar a pastilhagem é aconselhável usar uma faca Exacto ou uma *paring*[1] afiada para os cortes precisos (ver Cortar a pastilhagem, Figura 14-1, Etapas 2-3). Se a pastilhagem secar muito rapidamente e o corte se tornar difícil, abrir outro rolo de pastilhagem e colocar sobre a massa a ser cortada. Essa medida vai preservar a pastilhagem a ser cortada evitando que se resseque. Se no seu local de trabalho o confeiteiro dispuser de uma sala-estufa, a pastilhagem pode ser cortada ali desde que a umidade não esteja acima de 80%.

Depois de cortadas ou moldadas nos formatos desejados, as peças de pastilhagem são deixadas para secar. Quando secar peças de pastilhagem planas, colocar em forma plana forrada com placas de espuma para que sequem dos dois lados. Placas de madeira também podem ser usadas para secar, pois ajudam a eliminar a umidade da base da pastilhagem. A pastilhagem deve secar em cada lado por pelo menos um dia. Depois do primeiro dia, as peças devem ser viradas e deixadas para secar mais um dia para que a secagem seja uniforme. O tempo de secagem de uma peça de pastilhagem depende do tamanho da peça e do tempo de mistura (ver Cortar a pastilhagem, Figura 14-1, Etapa 4).

Quando as peças estiverem completamente secas, podem ser lixadas com lixa extrafina para obter superfície e contornos lisos. Depois de lixadas, as peças podem ser coladas com glacê real ou com **cola de pastilhagem**, que é uma mistura de gelatina dissolvida e açúcar impalpável (uma mistura simples de açúcar impalpável cinco vezes o peso da gelatina hidratada). As peças

---

[1] Modelo de faca longa, com serras finas. Pode possuir formato convexo. (NRT)

PARTE 2: PÂTISSERIE

Figura 14-2
Centros de mesa de pastilhagem.

precisam de suporte até secar; o glacê real e a cola de pastilhagem não secam tão rapidamente como chocolate derretido ou açúcar. As peças são de um branco puro quando acabadas, mas podem ser pintadas à mão ou aerografadas, antes ou depois de construídas (ver Cortar a pastilhagem, Figura 14-1, Etapa 5).

Depois de terminada, a peça deve ser mantida em temperatura ambiente e em local seco (ver Figura 14-2). Uma peça de pastilhagem bem construída pode durar indefinidamente se for adequadamente guardada.

PROCEDIMENTO PARA A PASTILHAGEM

- Hidratar a gelatina em água.
- Colocar três quartos de açúcar impalpável em batedeira com a raquete.
- No forno de micro-ondas, derreter a gelatina e o vinagre juntos. Mexer para combinar uniformemente.
- Colocar a gelatina na batedeira e misturar até formar uma pasta macia.
- Acrescentar o restante do açúcar impalpável até formar uma massa macia.
- Se a massa se tornar muito seca, acrescentar mais vinagre.
- Depois da massa pronta, colocá-la em recipiente bem vedado até quando for usar.
- Quando estiver pronto para trabalhar com a massa, abri-la rapidamente sobre granito ou superfície não aderente polvilhada com amido de milho, usando régua para garantir uma espessura uniforme.
- Cortar nos formatos desejados e moldar.
- Deixar secar nos dois lados por pelo menos um dia de cada lado.

ESCULTURA EM AÇÚCAR

A escultura em açúcar envolve amplo campo de trabalho e inclui preparações que até um principiante pode realizar, e outras que a maioria dos confeiteiros qualificados pratica incansavelmente para aperfeiçoar. A arte em açúcar é em parte ciência – conhecimento das propriedades do açúcar (incluindo a cristalização e transferência de calor), e em parte arte – conhecimento sobre cor, forma, *design*, apresentação e considerações técnicas como equilíbrio e montagem. Esta seção sobre escultura em açúcar apresenta ingredientes, utensílios e procedimentos para inúmeras preparações de açúcar começando com as mais fáceis, como a crosta de açúcar, *rock sugar*, em fio e confeitado, progredindo para as mais complexas como o moldado, puxado e soprado.

INGREDIENTES

A seleção dos ingredientes usados para escultura em açúcar é básica; no entanto, devem ser tomados cuidados para garantir resultados consistentes. Os ingredientes básicos usados para escultura em açúcar incluem açúcar, água e glicose. Uma alternativa recente para o açúcar é o isomalte, e seu uso merece atenção especial. Ingredientes ácidos são necessários para os trabalhos em açúcar moldado, puxado e soprado, para criar um grau de inversão, e, para isso, é preciso usar o ácido tartárico. Se o objetivo é obter uma qualidade opaca, pode ser adicionado carbonato de cálcio. Também podem ser acrescentados corantes durante o processo de cozimento ou imediatamente após a base de açúcar ser colocada sobre a pedra.

Açúcar

O trabalho com açúcar envolve inúmeros cuidados, a maioria deles em relação à necessidade de trabalhar com um açúcar "limpo". A pureza do açúcar, bem como o tipo de açúcar usado, deve ser levada em conta, já que suas características podem determinar as qualidades do açúcar para moldar, puxar e soprar. Os três tipos principais de açúcar refinado disponíveis são o superfino, o granulado e o em cubos. A qualidade do açúcar é especialmente importante para o açúcar puxado. Para obter um açúcar com boas condições de trabalho é aconselhável usar açúcar de cana, que contém menos impurezas que o de beterraba.

Glicose

A glicose é usada em escultura de açúcar para modificar sua textura e para evitar a cristalização. O uso da glicose em escultura de açúcar permite que a peça final apresente uma qualidade maior, tornando-a mais firme, mais brilhante e mais seca. Além do mais, a adição de glicose acrescenta proteção contra a umidade, levando a uma durabilidade maior. No entanto, se for adicionada glicose em excesso, o açúcar reterá mais calor e será mais difícil manusear a massa, pois poderá apresentar uma textura muito macia. A glicose de boa qualidade é transparente e espessa. Durante o processo de cozimento, ela é adicionada depois que a calda ferver para garantir uma dissolução completa.

Água

O uso de água mineral é preferível ao uso de água clorada da torneira. A água mineral também apresenta resultados melhores e mais consistentes que água da torneira, que contém cal e pode produzir cristais. A função da água é dissolver os grânulos de açúcar pela umidade e contribuir na condução de calor. É importante que o açúcar dissolva lenta e completamente na água antes de começar a cozinhar para minimizar a formação de cristais.

Isomalte

Nos últimos anos, o **isomalte** tem se tornado bastante conhecido como alternativa ao açúcar para trabalhos decorativos. O isomalte é usado mais para açúcar moldado. Sua aparência vitrificada o torna o ingrediente mais indicado para a construção de peças artísticas. Pode ser adquirido em pequenos grânulos ou em pó, dependendo da marca. O isomalte obteve sucesso pela facilidade do seu uso, pois pode ser utilizado sem outros ingredientes, sem água e sem glicose. Também pode ser derretido lentamente em uma panela até se tornar um líquido transparente. O isomalte chega a alcançar temperaturas mais altas que o açúcar comum e ainda reter seu aspecto cristalino. É cozido e usado em temperaturas entre 170 °C e 180 °C sem alteração de cor. As técnicas usadas para obter uma finalização acetinada e coloração são as mesmas das dos açúcares tradicionais. Embora a finalização acetinada seja inferior àquela obtida com o açúcar, o isomalte tem alta resistência à umidade.

Pode-se adicionar água ao isomalte. A adição de 10% de água permite que ele derreta facilmente sem necessidade de mexer muito. Levará mais tempo para cozinhar, mas o cozimento deve ser interrompido quando alcançar 165 °C. Sob essa condição, o isomalte será menos frágil e com menos risco de quebrar do que se fosse cozido sem água. Em ambientes bastante secos, é também aconselhável adicionar 10% de água durante o cozimento para diminuir os riscos de quebrar durante a montagem. Da mesma forma que com os açúcares normais, sempre esperar até que a temperatura do isomalte chegue a 140 °C, e que as bolhas desapareçam, antes de começar a manusear a massa.

Outra vantagem do isomalte é que pode ser dissolvido novamente depois de frio sem que se formem cristais. Pedaços quebrados podem facilmente ser derretidos novamente para serem retrabalhados.

Ácido

O **ácido tartárico** ajuda a prevenir a cristalização do açúcar e faz que este se torne mais elástico quando é puxado ou soprado. Além disso, pode-se manusear a massa por longos períodos sob o calor da lâmpada sem perder o lustro e o brilho. Sem a adição do ácido tartárico o açúcar se tornará difícil de puxar, enquanto, em excesso, pode tornar a massa muito macia impedindo que o açúcar mantenha seu formato. Os sinais de que há excesso de ácido na massa é quando ela se apresenta macia e pegajosa de modo a não se firmar facilmente. O ácido tartárico pode ser encontrado na forma de pequenos cristais brancos em pó. O ácido tartárico precisa ser reconstituído com água fervente antes de ser usado. A proporção é 1:1 de ácido tartárico para água. Essa solução deve ser mantida em uma garrafa pequena com conta-gotas para facilitar a medição.

EQUIPAMENTOS, UTENSÍLIOS E ESPAÇO DE TRABALHO

Os equipamentos necessários para trabalhar com açúcar são os mesmos para todas as técnicas de trabalhos com açúcar. As peças específicas de equipamentos usados podem diferir de acordo com a técnica e de como o açúcar vai ser usado. A seguir, uma lista dos equipamentos mais usados para moldar, puxar e soprar açúcar:

- Bancada de granito
- Panelas de cobre ou de inox
- Bacia para gelo
- Termômetro para calda
- Pincel limpo e água fria
- Placa de silicone
- Lâmpada para aquecer açúcar
- Maçarico
- Tesoura
- Ventilador
- Bombinha para açúcar
- Luvas
- Moldes para corte e moldes de silicone
- Aerógrafo
- Caixas fechadas a vácuo com antiumectante como cloreto de cálcio, calcário ou silica
- Higrômetro
- Forro para forma ou papel vegetal
- Folha de alumínio e filme plástico

Local de trabalho

Caldas e açúcar em geral são muito sensíveis a umidade, o que exige atenção especialmente em relação ao açúcar puxado. Deve-se evitar cozinhar o açúcar muito próximo de uma **lâmpada para aquecer açúcar** e trabalhar em áreas com muito vapor. Sob condições normais de trabalho, evitar puxar o açúcar em áreas com muita ventilação e com temperaturas muito altas. O melhor local para trabalhar com açúcar é em um espaço pequeno equipado com lâmpada para açúcar e um desumidificador. A temperatura ambiente deve estar entre 20 °C e 24 °C com um nível de umidade menor que 50%.

CALDAS DE AÇÚCAR

Ao cozinhar o açúcar, deve-se observar a temperatura da calda com atenção, pois a diferença de alguns graus pode arruinar a calda dependendo do uso a que se destina. Por esse motivo, devem-se seguir cuidadosamente todas as etapas do processo de cozimento da calda. Para assegurar que o açúcar se dissolva facilmente, a água deve ser colocada na panela antes. A seguir, é adicionado o açúcar e a mistura é mexida em fogo médio somente até o açúcar se dissolver. Se continuar a mexer depois desse ponto, pode ocorrer a cristalização. Para evitar a cristalização, a mistura deve ser cozida em fogo médio e o fogo somente deve ser aumentado depois que a calda ferver. Se a calda for cozida em fogo muito lento, também há risco de cristalização. A chama deve ser mantida na base da panela e não deve alcançar as laterais, o que pode causar um cozimento desigual e com uma coloração não desejada.

Durante o cozimento, as laterais da panela devem ser umedecidas com um pincel limpo e molhado em água fria. Esse procedimento vai limpar quaisquer cristais de açúcar que se formarem nas laterais, evitando que passem para a calda. Se qualquer desses cristais cair na solução depois de saturada, pode causar a cristalização da calda. O procedimento de pincelar as laterais deve continuar até que a solução alcance 113 °C, pois a partir desse ponto não há mais cristalização.

Se uma fina camada de resíduos das impurezas surgir quando a calda ferver, deve ser removida e descartada. A glicose deve ser adicionada depois que a calda ferver para que haja uma incorporação mais completa e para evitar que o açúcar se cristalize antes que a mistura se torne suficientemente quente. A seguir, a mistura deve ferver novamente. Nesse estágio, a superfície da calda deve ser limpa mais uma vez se necessário. O grau de cozimento da calda deve ser determinado pela sua aplicação.

Se for necessário o uso de carbonato de cálcio, este deve ser adicionado quando a calda alcançar 127 °C. O **carbonato de cálcio** é um pó usado para tornar a calda opaca. O ácido tartárico é acrescentado na solução a 138 °C. Se for adicionado antes, o açúcar pode se inverter, causando um amolecimento prematuro e extremo do trabalho em açúcar. Qualquer corante também deve ser acrescentado nesse momento.

A calda estará pronta para seus diversos usos entre 157 °C e 166 °C. Se for aquecida acima de 166 °C, pode adquirir cor. Nesse estágio, deve ser removida do fogo. Para evitar que o processo de cozimento continue, a panela com calda pode ser colocada em uma bacia com gelo para que ocorra choque térmico e deve ser posta para esfriar naturalmente por alguns minutos antes de ser usada. Alguns açúcares para trabalhos decorativos podem ser preparados até o ponto de acetinar e, então, são usados ou armazenados em recipientes bem vedados. Essa prática é comum em cozinhas que produzem muitas esculturas em açúcar e desejam diminuir o tempo de trabalho com açúcar decorativo.

Medidas de segurança sempre devem ser tomadas ao se trabalhar com produtos com essa temperatura. Se o profissional não tomar cuidado, é possível ocorrer queimaduras graves. Por esse motivo, costuma-se trabalhar com um recipiente de água com gelo ao lado, caso a calda quente respingue nas mãos, imediatamente elas devem ser mergulhadas na água gelada.

CROSTA DE AÇÚCAR

A **crosta de açúcar** é uma forma simples de acrescentar uma decoração interessante a uma sobremesa ou a um centro de mesa. É o resultado de bolhas de açúcar que se formam livremente quando a calda entra em contato com uma camada de álcool em papel vegetal ou em placas de silicone. Deve-se tomar cuidado especial com esse método, já que a calda quente pode facilmente atingir a pele. Um método muito mais prático de preparar a crosta de açúcar é espalhar ou confeitar glicose sobre placa de silicone e assar em forno baixo até se firmar. A glicose pode ser colorida, com a cor desejada, antes de ir para o forno.

Fórmula de crosta de açúcar com álcool

Açúcar	1.000 kg
Água	0,350 kg
Glicose	0,200 kg

Procedimento para a crosta de açúcar com álcool

- Preparar o papel vegetal, ou as placas de silicone, esfregando uma camada de álcool por cima.
- Ferver o açúcar e a água, acrescentar a glicose e cozinhar até 156 °C. Retirar do fogo.
- Rapidamente, despejar uma camada fina da calda sobre o papel vegetal ou sobre a placa de silicone. Outra maneira é colocar pequenas porções da calda espalhadas para servir de guarnições individuais.

- Cuidadosamente, levantar a folha de papel a partir das pontas e sacudi-la delicadamente. Conforme a calda entra em contato com o álcool vai formar bolhas.
- Quando a camada alcançar a espessura desejada, cuidadosamente colocar de volta na bancada e deixar esfriar por completo. A crosta pode então ser quebrada no tamanho desejado e armazenada com antiumectantes.

Procedimento para a crosta de açúcar com glicose

- Aquecer a glicose e adicionar corantes se desejar.
- Confeitar ou espalhar sobre placa de silicone colocada em forma.
- Assar em forno baixo até ficar crocante, borbulhante e firme.
- Depois que a glicose estiver fria, remover da forma e guardar com os antiumectantes até quando necessário.

ROCK SUGAR

O *rock sugar* (**açúcar em pedra**) é um elemento decorativo amplamente usado na construção de centros de mesas. Combina calda de açúcar, glacê real e agitação. Essa combinação cria uma espuma que torna a calda aerada, gerando milhões de bolhas que se estabilizam depois de "frias". O *rock sugar* é menos suscetível a umidade, se conserva bem e é relativamente fácil de preparar. Ele produz um efeito muito interessante em centros de mesa e serve como excelente base para outros elementos em açúcar. Também apresenta um grande efeito com aerografia ou amalgamado a uma textura mais homogênea.

Fórmula de *rock sugar*

Açúcar	1.000 kg
Água	0,300 kg
Glacê real	0,050 kg

Procedimento para o *rock sugar*

- Forrar um recipiente ou um prato com alumínio e untar com óleo.
- Cozinhar o açúcar e água até 143 °C. Acrescentar cor ao açúcar entre 120 °C e 127 °C.
- Quando chegar a 143 °C, adicionar rapidamente o glacê real. A mistura vai crescer e depois murchar.
- Reaquecer a mistura e deixar crescer novamente antes de despejar nas formas.
- A mistura vai crescer novamente. Quando esfriar, remover da forma e manusear a massa conforme desejar.

AÇÚCAR EM FIO

O **açúcar em fio** normalmente é usado para decorar sobremesas compostas. É um elemento bastante delicado, usado em sobremesas compostas, especialmente as congeladas. A calda para o açúcar em fio deve ser cozida entre 152 °C e 154 °C. A panela deve ser colocada em água fria para interromper o cozimento e depois deixada por alguns minutos em bancada de granito até que a consistência fique semelhante à do melado. Duas barras de metal ligeiramente afastadas são necessárias para prender os fios, já que são movimentados para trás e para a frente. Para criar um "ninho", colocar um garfo ou um batedor na calda esfriada e rapidamente agitá-la entre as barras. Esse movimento acaba formando fios muito finos. Estes, depois de prontos, são reunidos formando uma bola leve ou ninho para guarnecer uma sobremesa ou um doce. Em razão de os fios serem muito finos, o açúcar em fio é mais suscetível a umidade que os outros tipos de açúcar para decoração, e sua durabilidade é muito curta. Por esse motivo, é aconselhável fazê-lo conforme necessitar ou o suficiente para algumas horas e armazenar em recipiente bem vedado com antiumectantes.

Fórmula para o açúcar em fio

Açúcar	1.000 kg
Água	0,350 kg
Glicose	0,200 kg

Procedimento para fazer o açúcar em fio

- Ferver o açúcar e a água.
- Acrescentar a glicose depois que a calda ferver e cozinhar até 160 °C.
- O açúcar pode cozinhar em temperaturas mais altas, mas nesse caso vai adquirir cor.
- Colocar a panela em água com gelo para parar o cozimento.
- Mergulhar o batedor de açúcar (com as pontas cortadas) na calda.
- Sacudir o açúcar sobre as duas barras de metal com as pontas para fora da mesa. Depois de produzir açúcar em fio suficiente nas barras, retirar os fios e formar um ninho ou uma bola.

AÇÚCAR CONFEITADO

A mesma calda para o açúcar em fio também pode ser usada para o **açúcar confeitado**. Para confeitar, a calda é colocada em um cone de papel duplo, ou mesmo triplo e, então, confeitado em vários desenhos em forma não aderente ou em papel vegetal ligeiramente untado. Confeitar com cone de papel com o bico bem fino permite o controle tanto da fluência da calda como da espessura da linha. O açúcar confeitado pode ser usado para filigrana e para desenhos mais detalhados; por exemplo, espirais que são alçadas no centro enquanto esfriam para formar um desenho moderno de uma sobremesa. O açúcar confeitado pode ser perigoso, e deve-se tomar muito cuidado para evitar queimaduras graves, que podem ocorrer se o cone de papel se romper ou transbordar, caso seja colocada calda em excesso. Quando não estiver usando o cone de confeitar, o bico deve ser mantido morno para garantir que a calda não endureça.

AÇÚCAR MOLDADO

O **açúcar moldado** em geral é usado para servir de base para centros de mesa ou para estruturar peças de arte ou comercial (mais resistentes). Esse açúcar é moldado ao se colocar a calda em formas de metal untadas, entre barras de metal, grades moldadas de silicone, ou formas feitas de plasticina, uma massa de modelar usada para gabaritos. O açúcar moldado é rápido e simples de ser preparado de modo que cores diversas, formatos e texturas interessantes possam facilmente ser aplicados a ele. Mesmo considerando as facilidades de se preparar os componentes, deve-se ter muito cuidado na montagem. As mesmas precauções devem ser tomadas para qualquer tra-

Capítulo 14: Decoração profissional

FIGURA 14-3 AÇÚCAR MOLDADO COM ESPAGUETE DE SILICONE

1. Um desenho é feito com o aerógrafo sobre uma figura de pastilhagem para ser moldada no açúcar.

2. Um espaguete de silicone é usado para criar uma peça de açúcar moldado.

3. As bolhas de ar são removidas com o maçarico.

4. Depois que o açúcar ficar firme, o espaguete de silicone pode ser facilmente removido.

FIGURA 14-4 TÉCNICAS ALTERNATIVAS DE AÇÚCAR MOLDADO

1. A pasta de modelagem foi aberta e cortada como gabarito para os componentes do centro de mesa de açúcar moldado.

2. Um espaguete de silicone é usado para criar as bases para o centro de mesa de açúcar.

3. O molde de silicone (*showpeel*) é usado para criar a asa de uma borboleta.

PARTE 2: PÂTISSERIE

FIGURA 14-5 AÇÚCAR MOLDADO

1 O isomalte é moldado em açúcar cristal.

2 Conforme o açúcar esfria, pode ser manipulado em diversos formatos.

3 A peça fria de açúcar moldado é removida do açúcar cristal.

balho com açúcar. Por exemplo, devem ser evitadas marcas de dedos, poeira e montagem com aspecto sujo. É necessária uma montagem limpa e organizada como sinal de qualidade e beleza para que realmente uma boa peça de açúcar seja apresentada.

Fórmula para o açúcar moldado

Açúcar	1.000 g
Água	400 g
Glicose	350 g

Procedimento para preparar o açúcar moldado

O procedimento para essa fórmula é simples. O açúcar é levado a ferver com a água em panela de cobre ou de inox. Retira-se as partículas estranhas da superfície de açúcar e as laterais internas da panela devem ser limpas com pincel umedecido com água. A glicose pode ser adicionada depois que a calda ferver, e se for preciso limpar novamente a superfície da calda. A temperatura deve sempre ser controlada com o termômetro. Cozinhar o açúcar até 160 °C. A seguir, interromper o cozimento ao colocar a panela em água gelada. Deixar a panela ao lado do local de trabalho e esperar o tempo necessário para que as bolhas de ar desapareçam. Por fim, encher as formas cuidadosamente com o açúcar. Para mais detalhes, ver Açúcar moldado com espaguete de silicone, Figura 14-3; Técnicas alternativas de açúcar moldado, Figura 14-4; e Açúcar moldado, Figura 14-5.

Colorir o açúcar moldado

O açúcar moldado pode ser colorido de diferentes formas. Para obter um açúcar com cores vibrantes, o corante deve ser adicionado no final do cozimento, quando a temperatura estiver em torno de 140 °C. Ao adicionar o corante nesse momento, o líquido colorido é absorvido pelo cozimento e não esfria o açúcar. Quando for necessário um açúcar menos colorido e transparente, algumas gotas de corante podem ser acrescentadas depois do cozimento. É importante misturar o corante lentamente para evitar a formação de bolhas de ar. Para obter efeitos do tipo mármore, acrescentar algumas gotas de corante em uma panela ou na superfície do açúcar, sem mexer e, então, fazer movimentos com um palito no corante, espalhando a cor e imitando veios de mármore pelo açúcar antes de despejar a mistura nos moldes.

Moldagem

A arte de trabalhar com açúcar moldado envolve especialmente dois aspectos: formato e cor. Para formatos mais planos, trabalhar sempre em superfície de granito plana e homogênea. O açúcar pode ser despejado em placas de silicone, em réguas metálicas ou em aros de bolo ligeiramente untados para criar formatos geométricos, ou em moldes de silicone – este é o material ideal para esse tipo de calda. O açúcar em calda também pode ser despejado sobre diversos materiais que tenham sido postos sobre granito, como forros para formas, folha de alumínio, placas de silicone ou vinil. Para obter a melhor apresentação final e formatos regulares e precisos, deixar o açúcar esfriar e engrossar ligeiramente na panela antes de colocá-lo nos moldes. Além disso, se for preparar uma peça grande ou detalhada, talvez seja melhor trabalhar em superfície de madeira para que o açúcar não se consolide tão rapidamente quanto sobre o granito.

Materiais como placas de silicone ou vinil (plástico espesso transparente) produzem um efeito de vácuo quando colocados sobre uma superfície de pedra. O ar contido sob o material aquece e se expande depois que a calda quente é colocada sobre ele. Sempre colocar uma base antitérmica sob esses itens para que os moldes de silicone esfriem ao serem deslizados para a base de pedra.

Procedimento para moldagem com massa de modelar

- Sobre placa de silicone ou outra superfície plana, abrir a massa de modelar ou plasticina entre as barras de metal para açúcar na espessura desejada.
- Colocar o gabarito sobre a pasta, cortar em volta do contorno e remover os centros.
- Untar a base e as laterais dos moldes (se for o caso).
- Despejar a calda e encher até o topo do molde.
- Depois de firme, cortar o lado de fora das pastas e remover a peça moldada.
- Se qualquer resquício de pasta estiver colado nas bordas, raspar delicadamente com uma faca.
- Ver Figura 14-6 para o modelo de um centro de mesa feito de açúcar moldado.

Figura 14-6
Centro de mesa de açúcar com pastilhagem e açúcar moldado.

AÇÚCAR PUXADO

O **açúcar puxado** é uma técnica avançada de escultura em açúcar usada para criar decorações delicadas como laços, flores, folhas e espirais. Antes que o trabalho propriamente de puxar comece, o açúcar precisa ser cozido, esfriado, e depois esticado e dobrado sobre si mesmo inúmeras vezes para obter a consistência acetinada. Essa técnica é chamada **acetinar** o açúcar e ajuda a fortalecer a massa. A seguir, o açúcar pode ser puxado para criar objetos muito finos, delicados e brilhantes, que apresentam uma qualidade final vitrificada, mantendo suas formas assim que esfriam.

Entre todos os trabalhos com açúcar, o puxado é o que, sem dúvida, envolve mais técnica e requer muito mais prática e treinamento para alcançar um nível aceitável de qualificação. O açúcar puxado é o meio mais técnico e mais interessante de trabalhar. Certamente, o confeiteiro vai desenvolver sua arte e, aos poucos, descobrir e expressar um estilo pessoal por meio do açúcar puxado. O equilíbrio de cores em uma peça finalizada, o açúcar puxado e moldado e a composição devem todos ser aperfeiçoados para que o artista seja bem-sucedido em seu trabalho.

Muitas fórmulas para açúcar puxado dão bons resultados. É importante manter uma fórmula depois de realizar alguns testes e nunca mudar. Isso permitirá um crescimento e habilidade em concentrar na técnica e na arte.

Fórmula para açúcar puxado

Cubos de açúcar (preferivelmente de cana)	1.000 g
Água	400 g
Glicose	200 g
Solução de ácido tartárico	10 gotas
Cozinhar a 165 °C	

Procedimento para açúcar puxado

Em uma panela bem limpa, deixar o açúcar derreter lentamente com a água, misturando no início com o batedor. Limpar as laterais da panela com pincel umedecido em água fria e deixar ferver. A seguir, adicionar a glicose. Cozinhar em temperatura alta e monitorar o cozimento com o termômetro. Manter limpas as laterais da panela durante o cozimento e escumar as impurezas do açúcar se necessário. O termômetro pode ser usado para mexer lentamente o açúcar e manter um cozimento constante e homogêneo na panela. Deve-se ter o cuidado, no entanto, para não mexer em excesso para não introduzir bolhas de ar ou promover a cristalização. Usando um conta-gotas, deve-se adicionar em torno de dez gotas de ácido tartárico por 1.000 g de açúcar ao final do cozimento, quando estiver em torno de 160 °C.

Quando a calda atingir 165 °C, desligar o fogo e interromper o cozimento ao colocar a panela em água gelada ou deixar descansar sobre o granito. Deixar todas as bolhas dissolver e despejar a calda sobre placa de silicone antes de se tornar acetinada.

Considerações sobre a calda para açúcar puxado

É possível usar um fogão por indução (*cooktop*) para cozinhar o açúcar; no entanto, é necessário o uso de uma panela especial. Como o calor por indução é mais forte que o do gás, é aconselhável não usar a temperatura mais alta. Quando o açúcar é cozido muito rapidamente, corre o risco de cristalizar; torna-se branco, seco e muito difícil ser trabalhado. Se for cozido muito lentamente, pode se tornar amarelado, macio e impossível de manter sua forma durante a montagem. Quanto mais alta for a temperatura de cozimento do açúcar, mais alta será a granulação da cristalização. A granulação é um problema sério para trabalhar com as fitas de açúcar puxado.

Considerando que uma pequena quantidade de açúcar vai cozinhar muito rapidamente, e uma grande quantidade levará um longo tempo, é aconselhável cozinhar ao menos 1 kg de açúcar e não mais que 1,5 kg de cada vez.

Para evitar, ou ao menos limitar a granulação, a calda deve ser preparada na véspera. Ferver a água, o açúcar e a glicose, remover do fogo; cobrir imediatamente com filme plástico para evitar a cristalização da superfície. No dia seguinte, filtrar a calda diretamente na panela e começar a cozinhar. Com esse método há uma grande redução da quantidade de granulações nas fitas de açúcar, especialmente porque os cristais de açúcar vão dissolver completamente na água durante a noite.

Colorir o açúcar puxado

São recomendados os corantes a base de água para o açúcar puxado. O calor do açúcar evapora o álcool, o que vai acrescentar um liquido adicional à calda. O açúcar puxado pode ser colorido de inúmeras maneiras. Quando for usada apenas uma cor, o corante pode ser adicionado durante o cozimento a 140 °C. Para obter diversas cores durante um cozimento, cozinhar a calda normalmente a 165 °C e adicionar algumas gotas de um corante leve. Misturar e colocar a quantidade necessária de calda sobre placa de silicone. Para criar outras cores, acrescentar algumas gotas de outro corante mais forte diretamente na panela. Mexer para incorporar, e despejar na panela novamente. Dessa forma, se terá inúmeras cores de açúcar produzidas com a mesma calda. Esse método é recomendado apenas para pouca coloração, para obter tons pastel.

Outra técnica de coloração envolve tingir o açúcar depois de despejá-lo sobre a placa de silicone. Isso permitirá colorir grande quantidade de açúcar do mesmo cozimento. A vantagem desse método é obter cores que não foram diluídas por outros corantes na panela. Além disso, os pigmentos são menos afetados pelo calor quando colocados na massa que já estiver na placa de silicone. Depois de colorir o açúcar que estiver na placa, juntar as bordas em direção ao centro para formar um bloco, o que vai levar as cores a se misturar e o açúcar a esfriar antes de iniciar o processo para acetiná-lo.

Para acetinar o açúcar, virá-lo para obter um resfriamento mais homogêneo. Sempre juntar as bordas em direção ao centro e, então, virar até que a massa se transforme em uma bola e mantenha sua forma.

Devem-se usar luvas ao acetinar o açúcar para proteger as mãos do calor e o açúcar do suor. Nesse estágio, embora tenha esfriado, o açúcar ainda está bastante quente para ser manuseado sem luvas. É muito importante não iniciar o processo de acetinar antes do tempo. O açúcar deve estar "frio" de modo a não perder sua forma tão rapidamente.

Começar puxando o açúcar e dobrando várias vezes. Repetir esse procedimento para esfriá-lo e torná-lo acetinado. O açúcar puxado fica mais brilhante quando é acetinado em temperaturas mais frias (no entanto, ainda está bastante quente nesse estágio); e está bem acetinado quando "estala", quando fica bem firme ao ser moldado como bola. Nesse ponto, deve ser colocado sob a lâmpada para manter a temperatura, depois disso estará pronto para ser moldado.

Considerações para acetinar o açúcar puxado

Deve-se ter o cuidado para não acetinar em excesso ao puxar o açúcar que esteja muito quente ou ao puxar por mais tempo que o necessário. Esse procedimento acaba produzindo um resultado sem graça e opaco. Nesse caso, a coloração deve ser forte o suficiente para se manter depois de acetinado.

Moldagem do açúcar puxado

Depois que o açúcar for acetinado, estará pronto para ser puxado e moldado na forma de folhas, flores, laços, entre outros formatos. O açúcar deve estar na consistência certa; e mais importante:

não pode estar muito quente quando for puxado. Deve estar "frio" para ser adequadamente acetinado e obter o máximo de brilho. É importante manter sempre uma boa consistência do açúcar sob a lâmpada ao dobrá-lo para manter a temperatura e a consistência da massa. Uma boa consistência do açúcar é obtida quando a massa está macia o suficiente para ser puxada, mas não tão macia que não possa manter seu formato e brilho depois de firme.

A maneira de puxar o açúcar depende dos formatos desejados. Geralmente o confeiteiro começará beliscando as laterais do açúcar cozido usando ambas as mãos com os dedos separados para espalhar a parte central. Depois, com o polegar e o indicador, retirar um pedaço da massa e moldar uma pétala, uma flor ou uma folha.

Saber a diferença entre puxar o açúcar e moldá-lo é muito importante; quando puxado e esfriado ao mesmo tempo, torna-se bonito e brilhante. O momento certo de trabalhá-lo é que dará realce ao açúcar puxado, que depende do movimento preciso, técnico, das mãos, para fazer a diferença. A moldagem deve ser feita muito rapidamente para que a peça pareça viva, natural e "espontânea". Na verdade, o açúcar que foi cozido de maneira correta e bem acetinado esfria e se firma enquanto é puxado.

O açúcar puxado requer mais prática e paciência que as outras técnicas. Começar com grânulos de açúcar e terminar com flores ou laços não é uma tarefa muito fácil. O objetivo principal é, ao mesmo tempo, obter aperfeiçoamento e também um pouco de diversão.

Procedimento para fazer o açúcar puxado

- Despejar a calda sobre a placa de silicone e deixar secar até que possa ser manuseado. Nesse momento, ainda estará muito quente (ver Colorir e acetinar o açúcar, Figura 14-7, Etapas 1-2).
- Se for usar açúcar pré-formado e esfriado, aquecer no micro-ondas, em temperatura baixa, até ficar macio mas não líquido, ou colocar o açúcar sob a lâmpada, movendo delicadamente a massa em torno da lâmpada até derreter e se tornar maleável.
- Segurar nas pontas e puxar o açúcar para longe do centro, dobrando de volta sobre si mesmo até o meio e ligando firmemente as pontas umas nas outras antes de aplainar novamente. Continuar com esse procedimento até alcançar uma temperatura e uma consistência que permitam o manuseio.
- Puxar e torcer o açúcar para incorporar minúsculas moléculas de ar e para fortalecê-lo. Ao final, estará ligeiramente opaco e brilhante por causa da incorporação de ar.
- Esticar o açúcar formando uma serpentina. Enquanto torcer, dobrá-lo sobre si mesmo e eliminar qualquer excesso de ar. Continuar esse procedimento até alcançar uma temperatura mais fria (ver Colorir e acetinar açúcar, Figura 14-7, Etapas 3-5).
- Retornar o açúcar para a lâmpada. Quando se desenvolver alto brilho na superfície, dobrar o açúcar sobre si mesmo para formar uma bola até que todo o produto tenha sido aquecido e se tornado maleável novamente (ver Colorir e acetinar o açúcar, Figura 14-7, Etapa 6).

Flores e folhas

Para criar as pétalas de uma flor, é importante primeiro fazer uma borda fina ao pegar o açúcar com os dedos apertados e puxar. Esse pedaço pode, então, ser cortado e transformado em pétalas de vários tamanhos, manuseadas conforme a espessura desejada. Para moldar uma flor, deve-se dobrar ligeiramente e colar essas pétalas. Depois de completar esse procedimento, as pétalas podem ser pintadas para criar efeito, um pistilo pode ser criado ao fazer fios muito finos de cores entre o amarelo e o dourado. O mesmo método é usado para diversos tipos de folhas. Para efeitos especiais, o açúcar puxado pode ser colocado sobre placa de silicone texturizada com formatos de folhas que apresentam recortes detalhados e realçam o acetinado. As Figuras 14-8 e 14-9 detalham a criação de folhas e rosas a partir do açúcar puxado.

Fitas

Para fazer uma fita simples, quatro peças de açúcar acetinado, de pelo menos duas cores, são enroladas na forma de charuto. São colocadas lado a lado e unidas. Começando por um lado, a peça é presa com uma mão, no ar, e a outra puxa delicadamente para baixo para alongar a tira. A peça é, então, dobrada ao meio, as duas metades são colocadas paralelas e a base é cortada (estará curva). Será, então, invertida e esse processo repetido três vezes. Pode-se usar a lateral da mesa para amaciar a fita e torná-la mais fina. Quando a fita estiver do tamanho desejado, poderá ser cortada e moldada. Se endurecer antes de a moldagem estar completa, pode ser aquecida na lâmpada somente até se tornar maleável novamente. Para cortar a fita em partes, usa-se uma faca quente (ver Figura 14-10 para o passo a passo do procedimento).

AÇÚCAR SOPRADO

O **açúcar soprado** é a arte em açúcar que se assemelha à arte de soprar vidros. Bombas ou foles de metal são usados para inflar as peças de açúcar, e com o manuseio cuidadoso das mãos e da gravidade podem ser criados inúmeros formatos. Artistas habilidosos de açúcar soprado podem criar obras de arte impressionantes. No entanto, como nem tudo pode ser facilmente representado com o açúcar soprado, normalmente é complementado com outros tipos de trabalhos em açúcar. Por esse motivo, é necessário um conhecimento sólido de trabalhos decorativos em açúcar, além do domínio técnico para o procedimento básico de açúcar puxado e de açúcar moldado antes de praticar o açúcar soprado.

Calda de açúcar e açúcar soprado

A fórmula para a calda do açúcar soprado é a mesma utilizada para o açúcar puxado. O soprado deve ser cozido entre 157 °C e 160 °C. O ácido tartárico pode ser adicionado quando a temperatura estiver a 149 °C. Embora possam ser adicionados corantes à base de açúcar, em geral, não são acrescentados nesse estágio. Em vez disso, a peça normalmente é finalizada com aerografia.

Procedimento para o açúcar soprado

- Depois que a calda estiver pronta, despejar sobre a placa de silicone e acetinar a massa da mesma forma que para o açúcar puxado. Reservar e manter morna sob a lâmpada (ver Açúcar soprado, Figura 14-11, Etapas 1-2).
- Ao preparar para soprar, puxar a massa no tamanho indicado, formar uma bola e pressionar com o polegar o centro dela.
- Aquecer com o maçarico a ponta da bomba de açúcar, e prender nela um pouco da massa formando um elemento de ligação para que o açúcar possa ser soprado.
- Inserir a parte final da bomba aquecida pela metade da cavidade e prender bem o açúcar na bomba para funcionar como elemento de ligação e para ter certeza de que está bem

FIGURA 14-7 COLORIR E ACETINAR O AÇÚCAR

Esfriar o açúcar para acetinar e incorporar a cor.

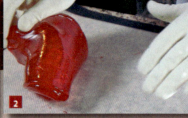
Quando o açúcar se transformar em uma massa e puder ser pinçado, estará pronto para acetinar.

Esticar o açúcar.

Dobrar o açúcar pelo meio e esticar novamente.

Transformar o açúcar em uma massa mais compacta.

O processo de acetinar o açúcar está pronto para ser usado para puxar e soprar.

FIGURA 14-8 FOLHAS

Esticar uma camada fina de massa acetinada e cortá-la em ângulo.

Rapidamente pressionar a massa sobre a prensa de silicone.

Rapidamente pressionar usando a parte de cima.

Remover a folha e moldar conforme desejar.

Uma seleção de folhas está pronta para ser adicionada à criação de açúcar.

FIGURA 14-9 ROSAS

1 Cortar um pedaço arredondado do açúcar acetinado para criar o centro da rosa.

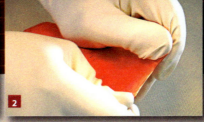

2 Esticar o açúcar acetinado pelas bordas usando as duas mãos para formar uma fina camada de açúcar.

3 Segurar a camada entre o polegar e o indicador para continuar formando a pétala.

4 Ou usar o polegar para formar a pétala.

5 Cortar a pétala fora da massa acetinada e retornar a camada fina de açúcar de volta à massa para reter calor.

6 Firmar a primeira pétala ao botão e, então, colar as pétalas seguintes umas nas outras.

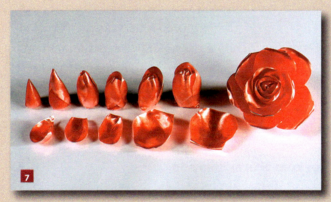

7 Conforme as rosas se tornam maiores, o tamanho das pétalas também aumenta.

FIGURA 14-10 FAZER FITAS

1 Colocar as peças coloridas de açúcar acetinado uma ao lado da outra, realçando com cores mais escuras do açúcar acetinado.

2 Puxar a peça de maneira cuidadosa e uniforme.

3 Depois de obter certa extensão, juntar as duas pontas lado a lado, cortar as pontas enroladas e continuar a esticar a fita, agora com mais linhas.

4 Continuar a alongar a fita.

vedado. O ar natural deixado na cavidade que não estiver ligado à bomba vai permitir o começo da expansão de ar quando começar o sopro.

- Manter a bomba ligeiramente perpendicular ao chão.
- Soprar lenta e delicadamente usando as mãos para guiar a expansão do açúcar e permitir uma distribuição homogênea do ar. A gravidade vai ajudar a formar a peça, uma vez que mantê-la em posições diferentes enquanto soprar criará determinado efeito no formato final (ver Açúcar soprado, Figura 14-11, Etapas 3-4).
- Usar as mãos para proteger a peça, cobrir áreas que precisem permanecer aquecidas.
- Enquanto estiver enchendo a peça, parar frequentemente para checar a consistência no formato (ver Açúcar soprado, Figura 14-11, Etapas 5-6).
- Quando a peça estiver pronta, fazer uma marca entre o limite da bomba e a peça soprada.
- Com a tesoura, cortar a peça na marca e esfriar completamente em frente ao ventilador e finalizar conforme desejar (ver Açúcar soprado, Figura 14-11, Etapas 7-9).

Elementos criados com açúcar soprado

Figuras, moldes, frutas, tigelas de sobremesa, vasos e animais são apenas alguns dos itens que podem ser feitos com o açúcar soprado. É recomendado começar simplesmente se familiarizando com a técnica e depois mudar para produtos mais elaborados.

CENTROS DE MESA DE AÇÚCAR

Fazer centros de mesa com qualidade exige tempo e domínio técnico de todos os componentes que acompanham a peça, o que inclui *rock sugar*, moldado, em crosta, puxado e soprado. Todos os centros de mesa requerem uma base sólida e uma estrutura de sustentação que garanta a estabilidade. A base e a estrutura de suporte devem ser incorporadas ao desenho da peça, apresentando cor e fluência adequadas em relação ao conjunto.

Para qualquer evento, competição ou projeto para exibição em vitrina, é recomendado apresentar um plano detalhado de execução. Esse plano deve incluir caldas de base, plano de

Capítulo 14: Decoração profissional

5 Com uma faca quente cortar a fita no tamanho desejado.

6 Amornar ligeiramente o pedaço da fita sob a lâmpada e, então, criar os formatos desejados.

7 Uma seleção de componentes da fita está pronta para ser adicionada à criação de açúcar.

cores, gabaritos para moldagem e outros detalhes que vão contribuir para a eficiência do procedimento. Antes de começar a peça, é aconselhável fazer uma maquete em papelão. O confeiteiro deve planejar cuidadosamente a base, a estrutura de suporte e todos os componentes. Depois que estes forem feitos, a montagem pode ser iniciada. Após a montagem, a peça finalizada pode ser armazenada em local adequado, normalmente em caixas especiais com calcário triturado sob o pedestal para manter a forma, a altura e a integridade das cores e do brilho.

Base dos centros de mesa

Para garantir a estabilidade do centro de mesa, a espessura da base deve estar diretamente relacionada ao tamanho e ao uso da peça. É importante despejar a calda ligeiramente fora dos limites para evitar que deslize na lateral do molde formando uma borda. O açúcar pode ser marmorizado depois de ser despejado com o uso de corante ou pó brilhante que é adicionado no centro e mexido em círculos na base. Esse método vai produzir um efeito de mármore na peça.

A massa para soprar e puxar em que foi adicionado ácido tartárico deve ser usada apenas para bases até 15 cm de diâmetro e 6 mm de espessura. Em razão dos efeitos amaciantes do ácido, as bases maiores não apresentarão uma estabilidade adequada.

Estrutura de suporte do centro de mesa

Fundamental para a estabilidade, o suporte das peças deve estar em harmonia com o desenho de um centro de mesa. Deve ser dada atenção aos formatos que vão oferecer um suporte mais consistente, bem como quantos serão necessários para um desenho em especial. Para desenhos especiais, alguns profissionais fazem moldes adaptados com pasta de modelagem ou com modelos de silicone e, então, os utilizam para a moldagem.

Colagem das peças de açúcar

Os elementos do centro de mesa são colados à base por meio do aquecimento da pequena área que receberá o detalhe a ser colado. Itens maiores devem ser aquecidos antes de ser anexados, mas podem ser reforçados com calda nas suas nervuras. Os elementos do centro de mesa são

FIGURA 14-11 AÇÚCAR SOPRADO

1 Formar uma bola a partir do açúcar acetinado e fazer uma cavidade no centro.

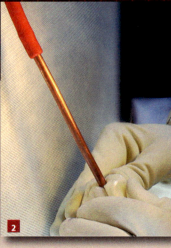

2 Prender a bomba ou o canudo à peça de açúcar.

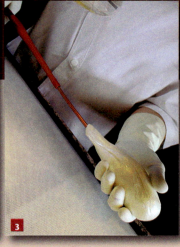

3 Começar a inflar a peça de açúcar, moldando-a conforme aumentar de volume.

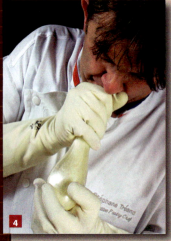

4 Aqui, um método alternativo de açúcar soprado onde apenas um canudo é preso à peça de açúcar.

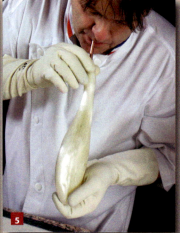

5 Usar a gravidade para ajudar a moldar o formato da peça de açúcar, ao mesmo tempo dar forma à peça com as mãos.

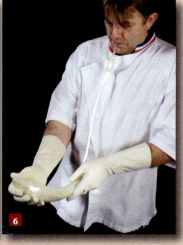

6 Moldar o açúcar soprado na sua forma definitiva.

7 Cortar o restante do açúcar que não for utilizado na peça.

8 Depois que o peixe soprado ficou pronto são acrescentados componentes como as guelras e as nadadeiras.

9 Usar o aerógrafo para finalizar a peça.

anexados uns aos outros, ao uni-los, separá-los ligeiramente unindo-os outra vez. Esse procedimento de colagem produz uma solda muito forte.

Uma peça de açúcar aquecida para anexação passa por três estágios. No primeiro, a superfície parece se tornar líquida. No segundo, aparecem pequenas bolhas de ar na superfície assim que se desprendem do açúcar. Este é o estágio em que a colagem obtém o melhor resultado. No terceiro, as bolhas escurecem e se caramelizam. Se o açúcar for superaquecido durante esse processo, o resultado pode ser uma colagem mais fraca.

MANUSEIO E ARMAZENAGEM DE PEÇAS DE AÇÚCAR FINALIZADAS

O uso de luvas cirúrgicas torna o manuseio de caldas quentes mais fácil e evita marcas de dedos nas peças finalizadas. Considerando que as peças de açúcar são frágeis e as decorações feitas com açúcar podem absorver a umidade do ar, deve-se ter o cuidado ao armazenar essas peças. Um spray com um delicado verniz de açúcar (*sugar lacquer*) ajuda a preservar a qualidade original, especialmente durante a exibição da peça. Além disso, antiumectantes podem ajudar na preservação durante o armazenamento.

As peças acabadas ou os componentes devem ser guardados em caixas bem vedadas, com cloreto de cálcio ou outros antiumectantes para evitar que a umidade afete o açúcar. Dependendo do trabalho realizado, sempre usar caixas bem vedadas de tamanhos diferentes para peças pequenas como flores, folhas ou fitas feitas com açúcar puxado. Uma boa medida para armazenar peças grandes feitas de calda de açúcar é usar um freezer grande, antigo, sem uso ou um refrigerador mesmo que não esteja funcionando, ainda assim será bem vedado. Lembrar sempre de adicionar cloreto de cálcio nas caixas ou nos freezers para evitar a umidade antes de armazenar as peças de açúcar.

As peças devem ser armazenadas imediatamente após ficarem prontas, pois a umidade faz que o acabamento fique irremediavelmente menos brilhante e menos acetinado, mesmo que depois elas sejam armazenadas em caixas secas e bem vedadas. As caixas com peças de açúcar devem ser abertas o mínimo possível para que retenham o aspecto brilhante e a qualidade do trabalho. As peças de açúcar somente podem ficar ao ar livre em climas muito secos.

PARTE 2: PÂTISSERIE

FÓRMULA

CALDAS DE AÇÚCAR (LÍQUIDA, PUXADA E SOPRADA) (*SUGAR SYRUPS (POURED, PULLED, BLOWN)*)

Estas caldas de açúcar são usadas para trabalhos decorativos. O uso de açúcar de cana "limpo" é necessário para criar uma calda com um mínimo de impurezas, e as técnicas para prepará-las devem ser seguidas cuidadosamente.

Fórmula para calda de açúcar líquida

Ingredientes	% do padeiro	Peso kg
Açúcar	100,00	1,000
Água	40,00	0,400
Glicose	35,00	0,350
Total	175,00	1,750

Procedimento para a calda líquida

1. Ferver o açúcar com a água em panela limpa de cobre ou de aço inox.
2. Pincelar as laterais da panela com pincel umedecido com água.
3. Adicionar a glicose e limpar as laterais novamente se for necessário.
4. Monitorar a temperatura com o termômetro.
5. Cozinhar o açúcar até 160 °C.
6. Interromper o cozimento ao colocar a base da panela em água gelada.
7. Esperar o tempo necessário para que as bolhas de ar desapareçam para, então, encher as formas com a calda.

Fórmula de açúcar puxado e açúcar soprado

Ingredientes	% do padeiro	Peso kg
Açúcar	100,00	1,000
Água	40,00	0,400
Glicose	20,00	0,200
Ácido tartárico*	—	10 gotas
Total	160,00	1,600

*10 gotas de ácido tartárico por 1 kg de açúcar.

Procedimento para açúcar puxado e para açúcar soprado

1. Em uma panela bem limpa, deixar o açúcar derreter lentamente com a água, misturando, constantemente, desde o início com o batedor.
2. Limpar as laterais da panela com um pincel umedecido com água e deixar ferver.
3. Adicionar a glicose. Cozinhar em temperatura alta e controlar o cozimento com o termômetro.
4. Manter as laterais da panela limpas e retirar todas as impurezas do açúcar, se necessário.
5. Usar o termômetro para misturar lentamente o açúcar e manter um cozimento constante e homogêneo em toda a panela.
6. Quando a temperatura alcançar 165 °C, desligar o fogo e interromper o cozimento ao colocar a panela em água gelada ou deixá-la esfriar sobre uma bancada de mármore.
7. Deixar todas as bolhas de ar se dissolverem e despejar a calda sobre uma placa de silicone antes que adquira um aspecto acetinado.

FÓRMULA

PASTILHAGEM (*PASTILLAGE*)

A pastilhagem, ou pasta de açúcar, é uma massa baseada em açúcar que pode ser usada para a modelagem de centros de mesa mais complexos. Pode ser deixada no seu surpreendente branco natural, ou ser aerografada. Para um efeito mais espetacular, colocar um pouco de pastilhagem no micro-ondas para criar um *rock sugar* de aspecto moderno, embora muito branco. Esta é uma técnica mais fácil que resulta em uma estrutura aberta.

Ingredientes	% do padeiro	Peso kg
Açúcar impalpável	100,00	2,329
Gelatina em folha	0,67	0,016
Vinagre branco	6,67	0,155
Total	107,34	2,500

Procedimento

1. Hidratar a gelatina em água fria.
2. Aquecer o vinagre no micro-ondas em 49 °C e adicionar à gelatina hidratada para dissolver.
3. Peneirar o açúcar impalpável e colocar na cuba da batedeira adaptada com a paleta. Misturar em velocidade lenta e adicionar a mistura de vinagre continuando a mexer. Desligar a batedeira para acrescentar uma pequena quantidade de líquido.
4. Misturar em velocidade média a baixa até ficar homogênea. Ajustar a consistência acrescentando o restante do líquido caso a pasta pareça muito seca.
5. Colocar a pastilhagem em um saco plástico e selar bem. Reservar em temperatura ambiente até quando necessário.

Centro de mesa com açúcar puxado e açúcar moldado

Centro de mesa com calda de açúcar, pastilhagem e açúcar puxado

FÓRMULA

MASSA ELÁSTICA (GUM PASTE)

Também chamada massa de flores ou massa para tecido, este é outro material usado para decorações delicadas. A massa elástica pode ser enrolada bem fina e, como resultado, adequada para produzir flores e folhas muito realistas. Não é tão forte como a pastilhagem, mas é fácil criar representações florais delicadas.

Ingredientes	% do padeiro	Peso kg
Claras	12,50	0,243
Tylose[2] em pó	3,50	0,068
Açúcar impalpável	100,00	1,946
Gordura hidrogenada	12,50	0,243
Total	128,50	2,500

Procedimento

1. Bater ligeiramente as claras.
2. Acrescentar o açúcar gradualmente, batendo em velocidade média por 2 a 3 minutos.
3. Adicionar o Tylose em pó e misturar por alguns segundos. A mistura vai engrossar rapidamente.
4. Retirar a mistura da cuba com o raspador.
5. Acrescentar a gordura à mistura e sovar até ficar bem homogênea.
6. Enrolar a massa elástica em plástico filme, vedar bem e manter no refrigerador.
7. Deixar a pasta amornar em temperatura ambiente antes de usá-la.

---

[2] Tipo de goma de origem vegetal, hidrossolúvel, classificada com um éster de celulose. No Brasil, é pouco utilizada no manuseio artesanal de alimentos. Pode ser substituída pelo CMC (carboximetilcelulose), porém em menor proporção e com 12 horas de descanso após a finalização da massa elástica. (NRT)

FÓRMULA

PASTA AMERICANA (*ROLLED FONDANT*)

A pasta americana é uma massa de açúcar que não é feita com calda de açúcar cozida, como no caso do *fondant* confeitado ou do *fondant* em doces. É usada especialmente na produção de bolos decorados e é uma das escolhas preferidas para finalização de bolos. Pode ser colorida com gel em cores e também pode ser aerografada.

Ingredientes	% do padeiro	Peso kg
Gelatina	0,78	0,015
Água fria	7,03	0,136
Açúcar impalpável	100,00	1,928
Glicose	17,18	0,331
Glicerina	1,56	0,030
Gordura hidrogenada	3,13	0,060
Total	129,68	2,500

Procedimento

1. Hidratar a gelatina em água fria.
2. Peneirar o açúcar impalpável e colocar na cuba com uma cavidade no centro.
3. Aquecer a gelatina para dissolver completamente.
4. Acrescentar a glicose e a glicerina à gelatina dissolvida.
5. Adicionar a gordura à mistura e aquecer até 43 °C mexendo constantemente.
6. Despejar a mistura imediatamente no centro do açúcar, cuidando para não despejar dos lados. Evitar que a gelatina se consolide, o que pode causar granulações no produto final.
7. Bater em velocidade baixa com a raquete e raspar as laterais conforme necessitar até formar uma massa branca e macia.
8. Remover a massa da batedeira e sovar, polvilhando com uma mistura igual de amido de milho e açúcar impalpável até que forme uma massa homogênea.
9. Embalar firmemente com filme plástico ou usar imediatamente.

Capítulo 14: Decoração profissional

FÓRMULA

AMÊNDOAS CRISTALIZADAS (*CANDIED NUTS*)

Esta fórmula apresenta um procedimento de cobertura das amêndoas com uma fina camada de calda de açúcar, que se cristaliza por meio de agitação, dando um aspecto arenoso e branco a elas. Depois desse estágio, elas podem ser cozidas até que o açúcar se transforme em caramelo. Aqui são indicadas amêndoas, mas qualquer tipo de oleaginosa pode ser utilizado nesta fórmula.

Ingredientes	% do padeiro	Peso kg
Amêndoas tostadas	100,00	1,692
Açúcar	36,67	0,620
Água	11,11	0,188
Fava de baunilha	Unidade	2 unidades
Total	147,78	2,500

Procedimento

1. Tostar as amêndoas em forno baixo até que estejam douradas.
2. Combinar o açúcar, a água e as sementes da fava da baunilha e cozinhar até 116 °C.
3. Acrescentar as amêndoas e mexer constantemente até que o açúcar se cristalize e elas fiquem secas, brancas e arenosas.
4. Transferir para uma forma para esfriar e, então, armazenar em um recipiente bem vedado por até um mês.

> ## FÓRMULA
>
> ## CONFEITO DE CÍTRICOS (*CITRUS CONFIT*)
>
> O cozimento lento de frutas em calda de açúcar ajuda a preservá-las e muda seu sabor e a aparência. As frutas cristalizadas frequentemente são consumidas como um confeito, usadas para decoração ou picadas para ser incluídas como ingredientes em bolos ou biscoitos. As frutas com uma textura mais densa como as cítricas, abacaxis, cerejas e damascos são mais adequadas para esta preparação.

Mise en place

Água para branquear (*blanchir*)
Calda de açúcar (fórmula a seguir)
Frutas cítricas

Fórmula de calda de açúcar

Ingredientes	% do padeiro	Peso kg
Açúcar	100,00	0,546
Glicose	42,73	0,233
Água	86,18	0,471
Total	228,91	1,250

Procedimento para a calda de açúcar

1. Colocar o açúcar, a glicose e a água em uma panela. Aquecer até o açúcar se dissolver completamente.
2. Esfriar e reservar no refrigerador até quando necessário.

Procedimento para o *confit* de cítricos

1. Retirar as cascas das frutas, cortá-las em quatro partes e reservá-las. Branquear (*blanchir*) as cascas em água fervente por três vezes, mudando a água a cada vez.
2. Ferver a calda em uma panela. Colocar as cascas branqueadas na calda, manter o cozimento em fogo baixo por 1 hora a 1 hora e 30 minutos. Atenção para que a calda não ferva e para que as cascas estejam sempre mergulhadas nela.
3. Remover a panela do fogo e deixar que as cascas esfriem na calda.
4. Cobrir bem e reservar no refrigerador até quando necessário.

Capítulo 14: Decoração profissional

RESUMO DO CAPÍTULO

Há inúmeras maneiras de trabalhar com criatividade e design em produtos feitos em uma confeitaria. O repertório de um confeiteiro abrange da confecção complexa de um bolo de aniversário a centros de mesa de pastilhagem até esculturas vibrantes feitas de açúcar. Ao decidir sobre os elementos apropriados para a finalização de um item, o confeiteiro deve sempre perguntar qual é o objetivo do produto, onde será servido e como será apresentado. Com essas informações, o projeto será, com certeza, um sucesso e o cliente ficará satisfeito.

PALAVRAS-CHAVE

- acetinar
- ácido tartárico
- açúcar confeitado
- açúcar em crosta
- açúcar em fio
- açúcar moldado
- açúcar puxado
- açúcar soprado
- carbonato de cálcio
- cola de pastilhagem
- cone de papel
- filigrana
- isomalte
- lâmpada para aquecer açúcar
- método aplicado
- método de deslizar
- método em linha
- pastilhagem
- *rock sugar* (açúcar em pedra)

QUESTÕES PARA REVISÃO

1. Para que é usada a pastilhagem? Como é feita? Há alguma consideração especial?
2. Por que é usado o ácido tartárico em escultura de açúcar? Qual é o resultado se o ácido tartárico for acrescentado à calda antes do tempo certo?
3. Por que é importante acrescentar glicose à calda de açúcar depois de ferver?
4. O que pode ser feito para garantir a integridade das peças de açúcar depois de finalizadas?
5. O que é acetinar? Como é feito esse processo?

capítulo 15

O CHOCOLATE E A ARTE EM CHOCOLATE

OBJETIVOS

Depois de ler este capítulo, você será capaz de:

- Descrever os procedimentos envolvidos no preparo do chocolate e o impacto que esses procedimentos têm no seu sabor e nas suas propriedades.
- Temperar os chocolates branco, ao leite e amargo.
- Preparar um ganache de chocolate.
- Preparar uma seleção de chocolates e de decorações de chocolate.

BREVE HISTÓRIA DO CHOCOLATE

O chocolate é feito a partir das **sementes de cacau**, do fruto ***Theobroma cacao*** (do grego *Theobroma*, "alimento dos deuses"). A história do chocolate data de 200 a.C. Antes de 600 d.C., o povo maia estabeleceu plantações de cacau em Yucatan. Na cultura maia, as sementes de cacau eram usadas entre a elite como meio de troca, para bebidas, e como digestivo.

Em 1502, o cacau foi apresentado a Cristóvão Colombo, que não teria dado importância ao fato. De modo geral, atribui-se a Cortez ter levado para a Espanha, em 1520, o procedimento para o preparo da bebida. Os autores Coe & Coe questionam essa atribuição, já que não há menção ao cacau, ou a qualquer produto relacionado a ele, nas listas de pilhagem dos bens conquistados por Cortez. Foi apenas em 1585 que o primeiro comércio oficial entre Vera Cruz e a Espanha descarregou cacau na Europa (Coe & Coe, 1996, p. 133).

Depois que o cacau foi introduzido na Europa, por cem anos, somente os ricos e os governantes podiam apreciar as bebidas feitas de cacau; que eram nutritivas e espumantes, mas se tornavam granuladas se a temperatura estava muito baixa por causa da alta concentração de gordura na semente de cacau. Para resolver esse problema, foi inventada uma prensa para extrair o excesso de gordura do cacau, tornando a bebida mais suave e menos gordurosa. Um subproduto desse processo de prensar o cacau é a **manteiga de cacau**, a gordura sólida da semente. Os confeiteiros se perguntavam se haveria uso para ela na produção de doces. Como resultado desse esforço para evitar desperdício, o primeiro chocolate comestível foi produzido em 1847. Ao fim do século XIX, as plantações de cacau foram estabelecidas e produziram grande quantidade de cacau para exportação.

A IMPORTÂNCIA DA SEMENTE DE CACAU

A planta *Theobroma cacao* é nativa do nordeste da América do Sul e da América Central, mas os pés de cacau atualmente crescem em muitas regiões do mundo entre as latitudes 20° ao norte e 20° ao sul. As áreas mais adequadas à produção de cacau têm temperaturas médias altas, maior incidência de chuvas, pouco vento e solo rico e denso. As plantas, que crescem até nove metros de altura, são nativas das florestas tropicais onde florescem à sombra de grandes árvores. As plantações se adaptaram a esse ambiente natural ao serem "intercaladas" com outras espécies, como coqueiros, bananeiras e mangueiras para oferecer sombra.

Dependendo da variedade, os pés de cacau começam a produzir frutos após dois ou três anos do crescimento inicial, mas podem levar até seis anos para ter uma produção plena. Os frutos, que podem conter de 30 a 45 sementes, levam em torno de seis meses para se desenvolver e variam bastante em cor, forma e tamanho. A semente de cacau, classificada como **cotiledôneo**, tem aproximadamente 54% de manteiga de cacau e 46% de sólidos de cacau.

VARIEDADES DE CACAU

Três tipos de cacau foram desenvolvidos pelo cruzamento de plantas com o objetivo de obter melhores colheitas, plantas mais resistentes às doenças e para conseguir frutos com um perfil de sabor especial. Esses três tipos são chamados crioulo, forasteiro e trinitário.

O **crioulo** é valorizado por produzir um chocolate de sabor suave, embora denso. Entretanto, essa variedade não tem produção abundante. O tipo crioulo cresce especialmente no México, na Nicarágua, na Venezuela, na Colômbia, em Madagascar e em Comores. A produção do crioulo representa 10% da colheita mundial de cacau.

O **forasteiro** apresenta um sabor mais suave e as árvores têm alta produtividade. O forasteiro é cultivado especialmente na África ocidental, em países como a Costa do Marfim, Gana e Nigéria, e nas Américas é cultivado no Brasil, na Venezuela, na Colômbia, no Equador, na Costa Rica e na República Dominicana. Com 70% do total da produção, a variedade forasteiro é responsável pela maior quantidade da produção mundial.

O **trinitário** é um híbrido do crioulo e do forasteiro e pode ser considerado uma adaptação dos dois. Tem uma produtividade mais alta e mais consistente que o crioulo e mais sabor que o forasteiro. O trinitário cresce especialmente nas regiões nativas do crioulo, como a América Central e a do Sul. O trinitário completa os 20% restantes da produção mundial de cacau.

O desenvolvimento do cacau evoluiu na medida em que o cultivo se espalhou, a demanda cresceu e as doenças e as infestações tornaram-se cada vez mais um problema para os produtores. O sabor e as propriedades funcionais do cacau dependem da variedade da semente, bem como do solo e do clima locais. O termo **terroir** é usado para descrever as propriedades do chocolate desenvolvidas nas regiões onde o cacau cresce, o que inclui índice de chuvas, condições do solo, entre outros fatores. O cacau produzido próximo da linha do Equador tem gordura mais sólida, qualidade que é muito valorizada.

As maiores áreas mundiais produtoras de cacau são a África ocidental, o sudeste da Ásia e a América do Sul (ver Figura 15-1). Os níveis de produção são amplamente influenciados pela economia, pela estabilidade política da região e pelas infestações e doenças locais. A indústria do chocolate é uma das últimas indústrias do mundo moderno a se apoiar vergonhosamente no trabalho escravo. Na Costa do Marfim, onde é produzido aproximadamente 70% do chocolate mundial, o trabalho escravo infantil continua a ser o maior problema. Em resposta a esse desafio, empresas de chocolate de alta qualidade que defendem um comércio mais justo e produtos orgânicos, muitas vezes, negociam diretamente com o produtor ou com cooperativas agrícolas para garantir que a maior parte do dinheiro fique na propriedade.

PREPARAÇÃO DO CACAU

Do solo onde o cacau cresce até o tipo de monte onde as sementes são empilhadas para fermentar (monte ou caixa perfurada) a preparação do cacau faz parte de uma etapa tão importante na produção do chocolate quanto o processamento da semente. Saber o momento certo da colheita, a duração da fermentação e a secagem das sementes requer experiência e conhecimento. Para

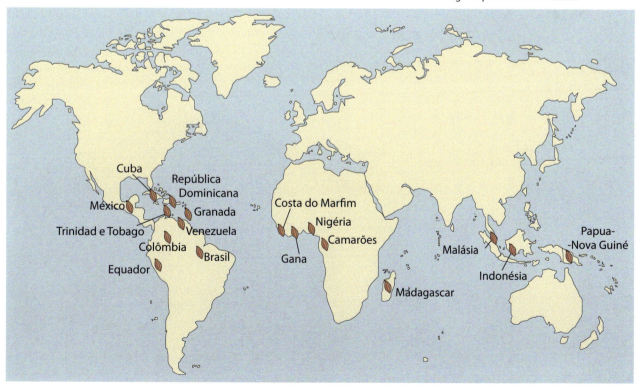

Figura 15-1
Regiões produtoras de cacau.

PARTE 2: PÂTISSERIE

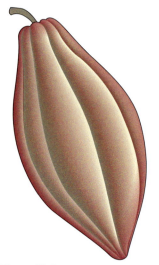

Figura 15-2
Fruto maduro de cacau.

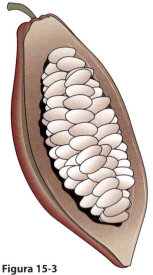

Figura 15-3
Fruto de cacau aberto.

que as sementes de cacau sejam transformadas em chocolate é preciso fazer a colheita, fermentar as sementes, secá-las e empacotá-las. Essas etapas podem parecer simples, mas exigem medidas exatas e controle de qualidade dos pontos críticos.

Colheita

A época da colheita pode durar vários meses. Os frutos são colhidos com um facão conforme vão amadurecendo e somente os frutos maduros são retirados das árvores. Produtores e trabalhadores do campo determinam a melhor época para a colheita. Depois de colhidos, os frutos são abertos e as sementes retiradas de dentro da polpa branca e fibrosa. Nesse estágio do processo, as sementes podem conter em torno de 65% de teor de umidade (ver Figuras 15-2 e 15-3).

Fermentação

Assim que se inicia o processo de fermentação as sementes se transformam em cacau. A fermentação adequada é fundamental para o aprimoramento do sabor da semente, que até esse momento está viva. A fermentação, que normalmente é realizada na propriedade onde é plantado o cacau, mata as sementes em dois a três dias.

As duas principais técnicas de fermentação são a empilhada em montes e a colocada em caixas com perfuração. A primeira, onde as sementes são amontoadas em pilhas de 25 kg a 2.500 kg e cobertas com folhas de bananeiras é mais utilizada na África (Figura 15-4). A fermentação em montes dura de cinco a seis dias, com as sementes normalmente reviradas uma ou duas vezes. A fermentação em caixas é mais comum na Ásia e é conhecida por produzir maior acidez, pelo aumento da ventilação e pela produção de ácidos etanoicos (Figura 15-5). As caixas projetadas para garantir circulação de ar mantêm até

Figura 15-4
Fermentação em montes.

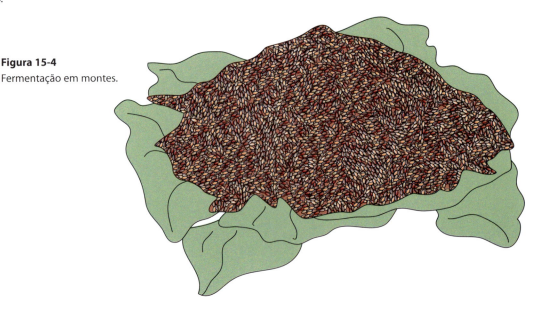

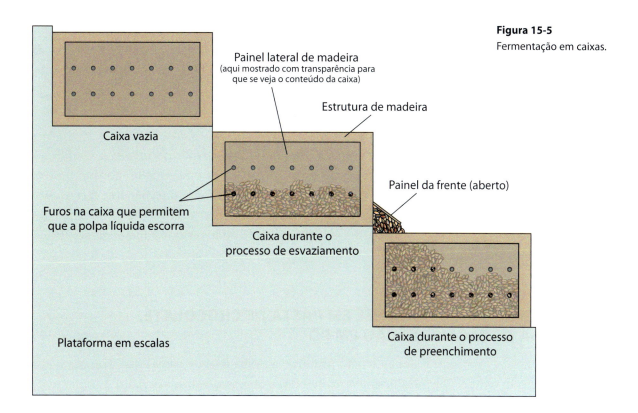

Figura 15-5
Fermentação em caixas.

duas toneladas de sementes; entretanto, caixas mais baixas com menor volume são conhecidas por produzir os melhores sabores. As sementes são transferidas para uma nova caixa a cada dia, um processo que promove fermentação mais uniforme em razão de melhor oxigenação.

Em comparação com o pão onde o fermento se transforma em açúcar para produzir álcool e dióxido de carbono, a fermentação cotiledônea não é propriamente uma fermentação. Aqui, ao contrário, toda a fermentação ocorre fora da semente a partir de micro-organismos naturais do cacau. As enzimas quebram as reservas de energia da semente e criam açúcares e ácidos. Na parte externa das sementes, polpas de açúcares que são fermentadas formam ácidos e etanol. A bactéria ativada pelo etanol acaba produzindo o ácido acético e o ácido láctico, que podem penetrar na casca e afetar o sabor da semente. A bactéria é "refrescada" pela exposição ao oxigênio, aumentando os níveis de fermentação e os perfis de sabores. Depois de fermentarem, as sementes são lavadas para remover quaisquer resquícios de polpa e, então, são secas.

Secagem

Depois de terminada a fermentação, as sementes são secas para diminuir o teor de umidade para 7% a 8%, o que é exigido para transporte por navio e para processamento posterior. Se as sementes estiverem muito umedecidas, podem facilmente criar mofo e o sabor do cacau ficará comprometido. Se ficarem muito secas, com menos de 6% de teor de umidade, podem se quebrar facilmente. As sementes originárias de regiões remotas, com pouco acesso a eletricidade ou a sistemas modernos de secagem, geralmente se tornam muito secas.

O processo de secagem varia muito conforme a região. Em algumas regiões, por exemplo, as sementes são secas em camadas finas espalhadas em grandes bandejas. Em outras, são secas em grandes cobertas colocadas no chão, o que pode ser um problema se uma bactéria como a

Salmonella ou algum vírus atacar a semente. A secagem mecanizada é comum em climas úmidos como o da Ásia, ou em regiões com grande volume de produção concentrados em uma área. O processo mecanizado de secagem foi criado para simular os efeitos do sol secando lentamente, com um calor mais suave, que minimiza a acidez da semente.

Armazenamento e transporte

As sementes secas são armazenadas em sacos de juta de 60 kg, que permitem a ventilação. Depois de ensacadas, devem ser depositadas em local protegido e adequado, porque podem absorver o odor e a umidade, o que diminui a sua qualidade. Durante o transporte, a estrutura dos navios de carga pode produzir condensação, tornando essencial a ventilação e colocação das sementes longe das paredes. Enquanto o excesso de umidade pode produzir mofo nas sementes, a falta pode torná-las muito secas.

TRANSFORMAÇÃO DA SEMENTE EM PASTA DE CHOCOLATE, MANTEIGA DE CACAU E CACAU EM PÓ

O objetivo inicial é processar a semente para produzir a pasta de chocolate (líquor) ou manteiga de cacau e cacau em pó. O procedimento envolve cinco etapas que transformam a semente de sólido em líquido, incluindo limpar, torrar, selecionar, moer e prensar. Para produzir um chocolate de qualidade, cada um desses processos precisa ser realizado de acordo com especificações bem-definidas.

Há duas opções para produzir as bases de cacau. Podem ser produzidas tanto no país de origem como no país em que esse processamento é feito. Em razão da fragilidade das sementes, a melhor opção é que o processamento seja feito no país de origem. Os produtores de chocolate nem sempre consideram esse método benéfico, pois acreditam que não se pode ter controle sobre o procedimento.

LIMPEZA

A prioridade inicial da limpeza é remover os materiais estranhos. Considerando que as sementes podem ter sido secas próximas ao chão, podem conter substâncias contaminantes, variando de pedras a pedaços de metal. Remover esses contaminantes é fundamental para manter a integridade do chocolate e garantir que não haverá danos aos equipamentos. Várias técnicas são usadas com esse objetivo, incluindo agitadores que afundam materiais mais densos e precipitam os grãos, injeção de ar fazem os pedaços mais leves de madeira se separem das sementes, e equipamentos magnéticos para atrair metais que possam estar entre elas.

TORREFAÇÃO

A torrefação é uma etapa fundamental no desenvolvimento do sabor e da cor dos produtos do cacau. É realizada mediante a aplicação de vários níveis de calor (de 140 °C a 150 °C) e da movimentação constante das sementes, um processo que altera os sabores originais e os elementos químicos associados ao sabor do chocolate. O processo de torrefação remove os elementos adstringentes e amargos do cacau e diminui suas propriedades ácidas, o que é essencial para obter um sabor mais definido do chocolate. Durante a torrefação o teor de líquido da semente é reduzido para algo em torno de 3%.

Não existe um método descritivo único para assar as sementes. Dependendo da origem e do tamanho delas, temperaturas diferentes e combinações diversas de temperaturas podem ser usadas para obter características múltiplas em uma mesma variedade de cacau. Diversos tempos de torrefação também desenvolvem perfis de sabores diferentes. Além do mais, as sementes podem ser torradas inteiras, em pedaços, ou na forma de liquor, depois que as cascas forem removidas. Qualquer que seja a forma escolhida, todas as sementes de cacau assadas devem ser do mesmo tamanho. Se forem de tamanhos diversos e torradas no mesmo lote, os pedaços menores queimarão e os maiores ficarão crus.

Altas temperaturas também destroem bactérias como a *Salmonella* e qualquer enzima que tenham sobrevivido ao processo de fermentação. A torrefação é um ponto crítico de controle de tal forma que as sementes serão consideradas saudáveis somente depois de completado esse processo. A torrefação normalmente é realizada em um ambiente controlado, isolado do restante da produção de chocolate, para garantir que não haverá contaminação cruzada.

SELEÇÃO

A **seleção** envolve a separação da casca e do gérmen da semente antes da trituração para garantir pureza ao chocolate. Inúmeras técnicas são usadas para o processo de separação, no qual pedaços (*nibs*) de sementes de diferentes tamanhos são separados antes, para evitar futuras quebras, quando grãos inteiros são projetados em alta velocidade contra as paredes do equipamento causando sua quebra. As cascas são então separadas por meio da vibração, que faz que os *nibs* da semente afundem e as cascas subam à superfície. Pedaços inteiros de sementes são mais fáceis de separar e geram menos perdas. Se alguns *nibs* estiverem colados à casca, normalmente são jogados fora. Depois que os *nibs* forem extraídos das cascas e os germens removidos, o próximo passo será a trituração do cacau.

TRITURAÇÃO

A **trituração** é a fase de produção em que o cacau é transformado de estado sólido para o estado em que apresenta propriedades fluidas, como as do líquido quando aquecido, e propriedades sólidas em temperatura ambiente (chocolate em pasta). É usado um processo em duas etapas para tornar as partículas de cacau suficientemente pequenas para uma futura transformação em chocolate e para extrair a gordura das células da semente para que ela envolva todas as partículas de sólidos não gordurosos. A fricção criada durante esse processo de duas etapas gera calor suficiente para derreter a manteiga de cacau no chocolate em pasta. Reduz os pedaços em 100 vezes o seu tamanho inicial de aproximadamente 0,5 cm para em torno de 25 a 30 microns.

É necessário um processo de dois estágios para a produção do chocolate em pasta. No primeiro, um triturador de impacto é usado para quebrar os pedaços em grãos menores ao bater com martelos sobre telas. A força dos golpes atinge a manteiga de cacau que escorre pela tela com outros sólidos. Esse procedimento é repetido até que todos os *nibs* tenham passado pela peneira. O passo seguinte é reduzir o tamanho da pasta de cacau usando um disco triturador ou um triturador bola que pode refinar a pasta e diminuir o tamanho das partículas, reduzindo bastante o cacau. Depois de concluído esse estágio, o resultado final será o chocolate em pasta.

É possível triturar em excesso o chocolate em pasta. Se toda a gordura for extraída das células, estas começam a se transformar e são encobertas com a gordura, o que pode engrossar a massa, causando um efeito indesejável no chocolate. Depois que o chocolate em pasta for preparado pode ser vendido assim, transformado em manteiga de cacau e cacau em pó ou processado na forma de chocolate.

CHOCOLATE EM PASTA COMPACTO

São usadas prensas hidráulicas para compactar a manteiga de cacau do chocolate em pasta. Considerando que não mais do que a metade da manteiga de cacau é extraída em pasta, o restante dos sólidos forma um bloco compacto de cacau que mais tarde é transformado em cacau em pó. Esses blocos podem conter de 8% a 24% de gordura dependendo do tipo de pressão.

Manteiga de cacau

A manteiga de cacau, a gordura natural do cacau, compõe em torno de 55% do peso total do cotilédôneo. Embora se encontre naturalmente na casca, é de qualidade inferior e poucas vezes aproveitada. A propriedade de derretimento da manteiga de cacau é única, pois é sólida em temperatura ambiente e derrete na temperatura normal do corpo.

Em razão dessas propriedades de derretimento, a manteiga de cacau tem muitas aplicações em várias indústrias, incluindo a farmacêutica e a de cosméticos. Na produção de chocolate, a ela é adicionada o chocolate em pasta para aprimorar a viscosidade e o paladar. É também usada na produção de outros doces e de tortas por se consolidar mais facilmente.

Cacau em pó

O **cacau em pó** é obtido pela trituração do bloco de cacau que sobra depois que a manteiga foi extraída do chocolate em pasta. A média de gordura do cacau em pó está em torno de 20% a 22%, 10% a 12% e 8%. O cacau em pó é usado em enorme variedade de produtos assados, doces e bebidas.

Cacau em pó holandês   O **cacau em pó holandês** é feito pelo processamento do chocolate em pasta, ou de sementes de cacau, que tenham sido tratadas com um álcali, normalmente carbonato de potássio. Esse processo foi inventado na Holanda no século XIX por Conrad van Houten como forma de tornar o cacau em pó menos propenso a se aglutinar ou a afundar quando combinado com líquidos. A adição de um álcali ao cacau em pó intensifica a cor e torna o sabor mais agradável, mas ainda intenso.

PRODUÇÃO DE *COUVERTURE* DE CHOCOLATE

Depois que a base do chocolate em pasta for preparada, pode ser transformada em **couverture** de chocolate. *Couverture* em francês significa "cobertura", e *couverture* de chocolate de qualidade se refere àquele que contém *somente* manteiga de cacau como gordura. Para preparar a *couverture*, o chocolate em pasta, o açúcar, a manteiga de cacau extra e quaisquer outros ingredientes adicionais como leite em pó, fava de baunilha e lecitina são combinados e triturados até que as partículas alcancem pelo menos 30 microns.

TRITURADOR PARA REFINAR

O processo inicial de combinar e de triturar os ingredientes é realizado em sequência em dois equipamentos chamados triturador para refino de dois rolos e triturador de cinco rolos. Esses trituradores utilizam a pressão crescente dos cilindros para diminuir o tamanho das partículas de chocolate. O objetivo desses processos é cobrir com gordura todas as partículas sólidas e obter partículas de tamanho entre 15 e 25 microns para garantir um sabor suave. Uma partícula de tamanho maior que 30 microns é percebida pelo paladar e uma menor que 15 microns produz um chocolate pastoso que cola na boca.

O MÉTODO DE CONCHAGEM

Esse método foi criado por Rudi Lindt, na Suíça, no final do século XIX, para um refino adicional do chocolate. Embora os processos modernos, que adotam os refinadores de rolo, sejam eficientes o bastante para obter partículas de tamanho entre 15 e 25 microns, o processo de refinamento não era tão preciso há cem anos. O método de conchagem foi e ainda é um estágio necessário na produção de chocolate para a obtenção de texturas mais finas nos chocolates de qualidade. Atualmente, esse método é utilizado para aprimorar o sabor, a viscosidade e a suavidade do chocolate.

Durante o processo de **conchagem**, o chocolate ao leite é aquecido entre 60 °C e 85 °C e o chocolate amargo é aquecido até 60 °C. Esse aumento em temperatura, juntamente com a constante agitação, reduz o teor líquido do chocolate de aproximadamente 4% para cerca de 0,5% (Lenôtre, 2000, p. 21). Acredita-se que pela evaporação da água qualquer ácido volátil restante produzido durante a fermentação seja eliminado por meio da ventilação na superfície da concha (Beckett, 2000, p. 57). A ação de pressionar o chocolate contra as laterais do tanque repetidamente cobre as partículas sólidas e cria um chocolate com propriedades mais fluidas. Conforme a mistura continua, quantidades extras de manteiga de cacau e de lecitina são acrescentadas para corrigir a viscosidade. O método de conchagem para o chocolate, dependendo do equipamento, pode demorar entre oito horas a dois dias. Há uma prática equivocada de que, quanto mais tempo esse processo durar melhor será o sabor, na realidade ocorre justamente o contrário.

TEMPERAR E MOLDAR

Depois que o chocolate passou pelo processo de conchagem, deve ser temperado antes de ser moldado. Temperar permite que o chocolate se consolide mais rapidamente e crie uma textura firme e crocante, com um acabamento brilhante. O chocolate que não passa pelo processo de têmpera leva um longo tempo para se consolidar e apresenta um acabamento sem brilho e com filamentos brancos. Em geral, quanto melhor for o processo de temperar, mais fácil será sua moldagem. Embora o processo de moldagem seja muitas vezes pensado em termos de produção comercial de chocolate, ele é igualmente importante para o *chocolatier* ou o confeiteiro.

Temperar refere-se ao processo de pré-cristalização de uma parte de manteiga de cacau do chocolate, de forma que mais tarde pode ser feita a cristalização do restante da gordura e consolidar o chocolate. É realizado um controle cuidadoso sobre a cristalização ao movê-lo, mudando a temperatura e introduzindo cristais de gordura pré-cristalizados no chocolate. A têmpera comercial envolve um processo de aquecimento e resfriamento destinado a pré-cristalizar uma porção da manteiga de cacau para que se consolide na forma. Após ser temperado, o chocolate pode ser moldado imediatamente. Depois que as formas forem cheias, são esfriadas e mais tarde

Figura 15-6
Quadro com as etapas da produção do chocolate da semente até o chocolate em barra (adaptado de Beckett, 2000).

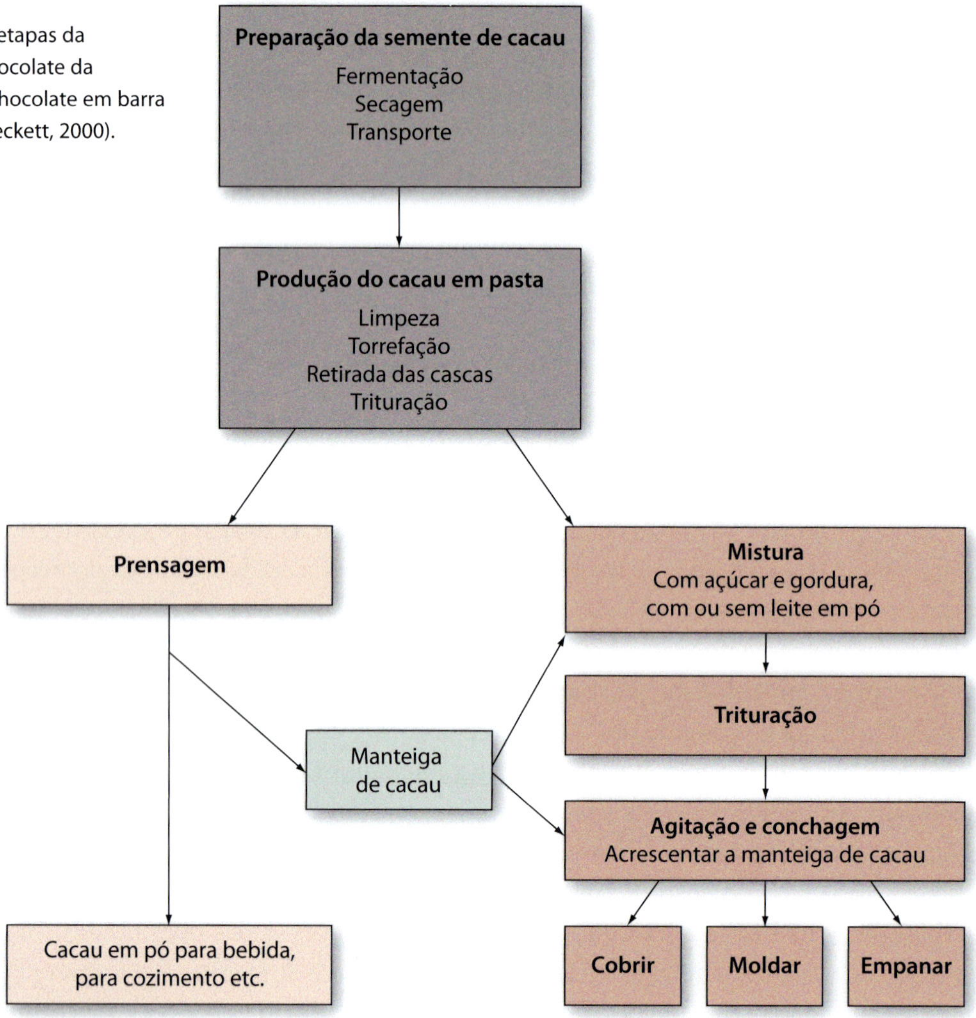

Preparação da semente de cacau
Fermentação
Secagem
Transporte

↓

Produção do cacau em pasta
Limpeza
Torrefação
Retirada das cascas
Trituração

Prensagem

Mistura
Com açúcar e gordura, com ou sem leite em pó

Trituração

Manteiga de cacau

Agitação e conchagem
Acrescentar a manteiga de cacau

Cacau em pó para bebida, para cozimento etc.

Cobrir | Moldar | Empanar

o chocolate é retirado, embalado e transportado. A Figura 15-6 apresenta um fluxograma da produção de chocolate das sementes de cacau até o chocolate em barras. O processo de têmpera do chocolate será abordado com mais profundidade adiante.

PRODUTOS DO CACAU

PADRÕES DE IDENTIDADE: CHOCOLATE

Um grande número de produtos é feito a partir do cacau. Para evitar adulterações e para manter determinados padrões, muitos países adotam os Padrões de Identidade para o chocolate. Esses padrões estipulam os ingredientes e os níveis que devem estar presentes para ser usados nos produtos relacionados ao chocolate (ver Figura 15-7).

PORCENTAGENS DO CHOCOLATE

Os chocolates são muitas vezes classificados de acordo com as porcentagens que indicam ao consumidor o teor dos ingredientes de cacau que apresentam em relação a outros ingredientes. Entre esses ingredientes está o chocolate em pasta, que é aproximadamente 54% de manteiga de cacau e 46% de sólidos de cacau.

Uma barra de chocolate amargo, por exemplo, é feita de 100 partes que inclui cacau, açúcar, baunilha e lecitina. Um chocolate com 70% contém 70 partes de cacau e em torno de 29 partes de açúcar. O restante é combinado e contém aromatizantes como baunilha e lecitina.

Figura 15-7
Quadro dos padrões de identidade de produtos de chocolate para os Estados Unidos e o Canadá.

Decreto do Food and Drug Administration (FDA) dos Estados Unidos – 1º de abril de 2003[1]

	Chocolate em pasta	Chocolate meio amargo	Chocolate doce	Chocolate ao leite	Chocolate branco
Manteiga de cacau	Mínimo 50% Máximo 60%	—	—	—	Mínimo 20%
Chocolate em pasta	100%	Mínimo 35%	Mínimo 15%	Mínimo 10%	—
Sólidos do leite	—	< 12%	< 12%	Mínimo 12%	Mínimo 14%
Gordura láctea	—	—	—	Mínimo 3,39%	Mínimo 3,5%
Açúcar	—	—	—	—	Máximo 55%
Emulsificantes	—	Máximo 1%	Máximo 1%	Máximo 1%	Máximo 1,5%
Antioxidantes	Não	Não	Não	Não	Sim
Derivados do *Whey*	Não	Não	Não	Não	Máximo 5%

Health & Welfare Canadá: Food and Drug Regulations – 11 de junho 1997

	Chocolate em pasta	Chocolate meio amargo	Chocolate doce	Chocolate ao leite	Chocolate branco
Manteiga de cacau	Mínimo 50%	Mínimo 18%	Mínimo 18%	Mínimo 15%	Mínimo 20%
Total de sólidos do cacau	100%	Mínimo 35%	Mínimo 30%	Mínimo 25%	—
Sólidos do cacau sem gordura	—	Mínimo 14%	Mínimo 12%	Mínimo 2,5%	—
Sólidos do leite	—	< 5%	< 12%	Mínimo 12%	Mínimo 14%
Gordura láctea	—	—	—	Mínimo 3,39%	Mínimo 3,5%
Açúcar	—	—	—	—	—
Emulsificantes	—	Máximo 1,5%	Máximo 1,5%	Máximo 1,5%	Máximo 1,5%
Antioxidantes	Sim (através das gorduras)	Sim (através das gorduras)	Sim (através das gorduras)	Sim (através das gorduras)	Sim (através das gorduras)
Derivados do *Whey*	Não	Não	Não	Não	Não

---

[1] No Brasil, não foi elaborada, até o momento, nenhuma legislação específica para classificar os chocolates quanto a seus porcentuais de sólidos de cacau, leite e gordura. Portanto, os chocolates nacionais rotulados como "chocolate ao leite" ou "chocolate meio amargo", entre outros, não terão necessariamente os porcentuais de sólidos de cacau descritos pela FDA. Além disso, as categorias "doce" e "semidoce" do chocolate amargo apresentadas nesta classificação não possuem correspondência no mercado nacional. Para informações sobre a classificação vigente no Brasil, consultar Resolução RDC nº 264, de 22 de setembro de 2005, disponível em: www.anvisa.org.br. (NRT)

As 70 partes dos produtos de cacau são uma combinação do chocolate em pasta e manteiga de cacau adicionada. Todos os produtores de chocolate acrescentam uma quantidade extra de manteiga de cacau durante o processo de conchagem para aprimorar a suavidade e a qualidade do chocolate. No entanto, nem todos os fabricantes de chocolate indicam para os consumidores o teor de sólidos do cacau. Essa quantidade pode ser determinada para a *couverture* de chocolate amargo somente pelo consumidor. Se 100 g de uma barra de chocolate de 70% tem um total de 40 g de gordura, a quantidade total conhecida de gordura pode ser subtraída do total da porcentagem de cacau para determinar que o teor de sólidos de cacau é de 30 g. Essa fórmula não funciona para chocolate ao leite e chocolate branco, que têm teores de gordura adicional dos sólidos do leite.

Quanto mais alta a porcentagem de cacau, mais amargo será o chocolate. Mesmo que a porcentagem de cacau no chocolate tenha um efeito na qualidade, não significa que maior quantidade tornará o chocolate de melhor qualidade.

Chocolate em pasta – líquor

O **chocolate em pasta (líquor)**, que é produzido a partir da semente de cacau inteira depois de passar pelo processo inicial de produção, normalmente tem manteiga de cacau adicionada para melhorar a textura. O chocolate em pasta é um produto base que pode tanto se transformar em cacau em pó ou em manteiga de cacau como pode ser vendido como chocolate sem açúcar, ou processado depois como amargo ou ao leite. Outros nomes para o chocolate em pasta são **massa de cacau** ou **pasta de cacau**.

Cacau em pó

O cacau em pó é feito a partir do chocolate em pasta de onde é extraída uma porção da gordura com uma prensa hidráulica. Dependendo da quantidade de gordura extraída, ele terá um teor de gordura variável oscilando de 8% a 24%. A maior parte do cacau em pó é alcalinizada durante o procedimento para produzir chocolate com sabores e cores mais acentuados.

Chocolate amargo

O **chocolate amargo** é feito com a pasta de chocolate (liquor), manteiga de cacau adicional e açúcar. Podem ser acrescentados ingredientes extras como a baunilha e a lecitina. A quantidade de cacau no chocolate vai determinar a porcentagem de cacau, e a maioria dos chocolates amargos de qualidade contém em torno de 55% a 80% de cacau. Os termos doce, semidoce e meio amargo são usados para diferenciar as categorias conforme a quantidade de açúcar adicionada, já que os porcentuais mudam.

Chocolate doce O **chocolate doce** é feito de uma combinação de pasta de chocolate, manteiga de cacau e açúcar, e deve conter pelo menos 15% de pasta de chocolate. Esse chocolate, que tem uma variação de 15% a 50%, é raro em trabalhos de chocolate de qualidade.

Chocolate semidoce O **chocolate semidoce** é mais saboroso do que o chocolate amargo, porque tem maior porcentual de sólidos de cacau. Esse tipo de chocolate pode ser usado para trabalhos de confeitaria (coberturas, recheios), bem como em doces e *entremets*. A média de porcentagem de cacau é em torno de 50% a 64%.

Chocolate meio amargo O **chocolate meio amargo**, com teor de cacau que varia de 64% a 85%, está se tornando cada vez mais popular, já que o consumo de chocolates de qualidade está crescendo. O chocolate meio amargo pode ser usado para confeitaria, assados e *entremets*.

Chocolate ao Leite

O **chocolate ao leite** é feito com pasta de cacau, açúcar, sólidos do leite, baunilha e lecitina. O teor de cacau pode variar de 10% a 45%. Os chocolates ao leite de estilo europeu são mais escuros que o da maioria daqueles que o paladar norte-americano está acostumado e podem ter sabor de caramelo por causa da alta temperatura durante o processo de conchagem. De acordo com a legislação norte-americana, o chocolate nos Estados Unidos deve conter ao menos 10% de massa de cacau e 12% de sólidos do leite.

Chocolate branco

O **chocolate branco** não é propriamente um chocolate, pois não contém sólidos de cacau. Ao contrário, é feito com manteiga de cacau, sólidos lácteos, açúcar e ingredientes aromatizantes. Em 2002, o FDA reviu os padrões de identidade para o chocolate branco ao determinar que deva conter ao menos 20% de manteiga de cacau e 14% de sólidos lácteos.

Chocolates especiais

Essa categoria inclui produtos como o **gianduia** (chocolate, normalmente ao leite, combinado com pasta de alguma castanha, geralmente avelã) e chocolates aromatizados como *cappuccino*, café ou laranja. Essa última categoria de chocolates especiais está em crescimento, uma vez que os consumidores estão mais atentos à qualidade do cacau e se mostram mais ousados em termo de gosto. Alguns confeiteiros começaram a produzir barras de chocolate com a adição de especiarias, frutas secas e castanhas. Esses itens não são regulamentados, pois o produtor normalmente acrescenta aromatizantes ao chocolate que já está pronto.

Chocolates de origem controlada

Os **chocolates de origem controlada** são feitos com sementes de determinada região. O resultado é um chocolate com aroma típico e com sabores que destacam as variedades de cacau regionais, realçando nuances diferenciadas. Como os vinhos de regiões delimitadas, os chocolates de origem são valorizados por seu sabor único e não adulterado.

Chocolate para cobertura e chocolate compacto

O **chocolate para cobertura**,[2] também chamado chocolate compacto, é feito com **equivalente de manteiga de cacau (CBE)** e é destinado para uso sem têmpera. Óleo de palma, um CBE comum, é processado para imitar as propriedades de cristalização da manteiga de cacau. Os CBE eliminam a necessidade de temperar o chocolate para cobertura ou o compacto depois de derretido.

O sabor do chocolate para cobertura não é tão bom quanto o *couverture* em razão das propriedades únicas de derretimento da manteiga de cacau, que criam uma qualidade superior no paladar e no sabor. Os CBE, que têm um ponto de fusão mais alto, diminuem o sabor do chocolate.

---

[2] Os chocolates hidrogenados e fracionados são fabricados no mercado nacional com gordura "Equivalente de Manteiga de Cacau" (CBE). (NRT)

O chocolate de cobertura tem menos brilho, além disso, é menos saboroso e com menos paladar. No entanto, é um produto conveniente para aplicações quando não há o conhecimento das propriedades da *couverture*, e normalmente é usado em combinação com *couverture* para caldas de chocolate. A temperatura para chocolate de cobertura é de 35 °C.

PROPRIEDADES DA MANTEIGA DE CACAU NO CHOCOLATE

Para um conhecimento completo sobre o chocolate e saber como trabalhar com esse produto é importante entender também sobre a manteiga de cacau. Isso ocorre porque é necessário saber controlar a manteiga de cacau para se ter sucesso com trabalhos com chocolate. A manteiga de cacau é responsável pelas propriedades de derretimento, de consolidação, de brilho e de crocância em um chocolate com boa têmpera. Se o chocolate não for adequadamente pré-cristalizado no processo de temperar, ocorre um fenômeno conhecido como **fat bloom**, ou migração da manteiga de cacau para a superfície e, aparece como uma inócua poeira branca opaca sobre o chocolate. O chocolate com *fat bloom* pode ser usado em confeitaria depois de ser adequadamente temperado.

Assim como qualquer gordura, a manteiga de cacau é um **triglicerídeo** composto por três ácidos graxos conectados a moléculas de glicerol. O triglicerídeo na manteiga de cacau é composto por ácido oleico (35%), ácido esteárico (34%) e ácido palmítico (26%). A composição simples da manteiga de cacau acrescenta uma suavidade única ao chocolate. Seu ponto de fusão é de 36 °C e pode se transformar de estado sólido a líquido sem passar por estado intermediário, como ocorre com a manteiga, que se torna macia antes de se liquefazer.

A manteiga de cacau é uma substância **polimórfica** que pode se cristalizar de seis formas diferentes, todas com propriedades de derretimento e de estabilidades diferentes. A indústria de chocolate identifica essas seis formas usando os números romanos, e a indústria de óleos e de gorduras usam letras do alfabeto grego (Beckett, 2000, p. 89). Neste texto, utilizamos números romanos em relação à estrutura de cristalização.

Os cristais da manteiga de cacau se consolidam dependendo da forma como foram produzidos. A forma I, que é bastante instável, cria uma estrutura de cristais muito difusa e é usada especialmente como cobertura para sorvetes. No entanto, acaba alcançando a forma IV com uma estrutura cristalina mais firme (Beckett, 2000, p. 90). A forma mais valorizada entre estas é a **forma V de cristalização**, pois confeiteiros e produtores de chocolate preferem essa forma para garantir um produto que tenha uma durabilidade estável e que seja resistente ao *fat bloom*. A forma V é caracterizada pela "compactação densa" dos cristais de gordura dentro da estrutura organizado. As seis formas de cristalização são apresentadas na Figura 15-8.

Figura 15-8
Pontos de derretimento da manteiga de cacau (adaptado de Beckett, 2000, p. 90).

			Ponto de derretimento °C
Instável		I	16-18 Compactação leve
		II	22-24
		III	24-26
		IV	26-28
		V	32-34
Estável		VI	34-36 Compactação densa

A existência da forma VI de cristalização tem sido debatida na comunidade científica. A forma VI de cristalização ocorre quando a manteiga de cacau sólida migra pelo chocolate para brotar na superfície depois de longo tempo de armazenamento em condições normais. A manteiga de cacau granular (forma VI) pode ser usada como sementes em chocolate temperado e mesmo na consolidação de musses.

TRABALHANDO COM CHOCOLATE

Há muito tempo que trabalhar com chocolate em uma confeitaria é considerado um privilégio. Há muitas considerações a serem feitas quando trabalhamos com esse ingrediente, pois cada parte do processo, da colheita até a decoração, é realizada por pessoas que entendem as particularidades dos produtos do cacau e sabem também que não podem desperdiçar nada.

ARMAZENAMENTO DO CHOCOLATE

Embora um **chocolatier** (o profissional que trabalha com chocolate) sazonal saiba como armazenar o chocolate, um aprendiz deve saber como fazê-lo, pois é um fator muito importante no controle de qualidade do produto. O chocolate deve ser sempre muito bem embalado e armazenado em local fresco e seco. Nunca deve ser guardado no refrigerador ou no freezer, porque vai causar condensação e transpiração que resultarão no que se chama **sugar bloom**. O *sugar bloom* ocorre quando o chocolate é guardado em áreas de grande umidade formando uma condensação na sua superfície. O açúcar atrai a umidade para a superfície do chocolate, tornando-a úmida e retirando um pouco de seu açúcar. Após a evaporação da umidade, o açúcar permanece na superfície do chocolate na forma cristalizada. Deve ser sempre armazenado longe da luz direta do sol e não deve ser deixado no chão.

DERRETER O CHOCOLATE

O chocolate deve ser derretido antes que seja temperado para uso em decoração ou em confeitaria. A seguir, algumas orientações para derreter chocolate; no entanto, as orientações do produtor, que devem estar impressas na embalagem, devem ser consultadas e seguidas.

- Chocolate amargo deve ser derretido a 49 °C.
- O chocolate ao leite e o chocolate branco devem ser derretidos a 43 °C.

Em razão do alto teor de leite e açúcar, o chocolate branco e o ao leite não devem ser aquecidos tanto quanto o amargo. Se forem aquecidos em excesso os chocolates branco, ao leite e amargo podem rapidamente se tornar muito espessos.

Antes de acrescentar o chocolate em qualquer recipiente para derreter, deve-se primeiro checar se está limpo e seco. Mesmo uma pequena quantidade de água no chocolate pode causar um fenômeno chamado **seizing** (contaminação com água), o que pode transformá-lo em pasta.

Alguns confeiteiros aquecem o chocolate em banho-maria. Essa técnica funciona, mas o vapor produzido pela água é um risco potencial. Além disso, o vapor é um gerador de calor muito eficiente, o que pode causar um superaquecimento. Para esse método, é recomendado usar fogo baixo e o chocolate deve ser agitado seguidamente para garantir um aquecimento uniforme.

Se usado adequadamente, o forno de micro-ondas pode ser utilizado para derreter o chocolate. Se o forno de micro-ondas for grande o suficiente para derreter a quantidade desejada, esta é uma escolha mais econômica. Para evitar superaquecimento ou queima, o chocolate deve ser mexido a cada 30 segundos até que se torne fluido. Quando alcançar o estado fluido, pode ficar mais tempo no forno de micro-ondas sem queimar.

A melhor maneira de derreter o chocolate é fazê-lo lentamente em um ambiente de calor de, aproximadamente, 57 °C para chocolate amargo, e de 52 °C para o ao leite e branco. Embora essas temperaturas possam parecer altas, o chocolate deve derreter nas temperaturas adequadas entre 12 e 18 horas. Quanto mais lentamente o derreter, mais fluido será. Deve-se ter o cuidado para que não fique muito tempo sem ser mexido; pode ocorrer que a manteiga de cacau suba à superfície e os sólidos fiquem no fundo. Além do mais, se a temperatura de armazenamento estiver acima de 45 °C para os chocolates ao leite e branco, o sabor pode ser afetado e as proteínas dos sólidos lácteos podem tornar o produto mais espesso (Beckett, 2000, p. 105).

O chocolate que foi superaquecido dificilmente poderá ser usado em trabalhos de confeitaria mais delicados. Não significa, no entanto, que deva ser descartado. Ele funciona muito bem como centros de mesa, já que chocolates espessos são, muitas vezes, adequados para moldar peças grandes. É possível também acrescentar chocolate fresco (50%) ao chocolate muito espesso para esfriar mais rapidamente e adicionar um elemento com baixa viscosidade ao lote.

TEMPERAR O CHOCOLATE

Temperar o chocolate envolve um procedimento de derreter e pré-cristalizar a manteiga de cacau para dispor desse ingrediente de forma compacta e organizada. Esse método produz brilho atraente, resistência ao *fat bloom* e boa crocância. O chocolate que não foi bem cristalizado, ou foi inadequadamente armazenado e que ficou velho pode formar *fat bloom* ou se tornar não temperado. Embora esse chocolate seja perfeitamente comestível, não tem uma apresentação agradável.

Em razão de a manteiga de cacau ser muito sensível à variação de temperatura, há algumas exigências ideais para temperar o chocolate que podem servir de orientação. A temperatura ambiente ideal para temperar é de 21 °C. É possível temperar o chocolate em um ambiente que não se enquadre nesse grau, mas isso exigirá alguns desafios. Se o confeiteiro, por exemplo, estiver trabalhando em um ambiente com menos de 21 °C, o chocolate vai se consolidar mais rapidamente e o confeiteiro terá de acelerar os procedimentos para acompanhar as transformações do chocolate. Em um ambiente que seja muito quente, é possível que não possa ser temperado, já que não poderá ocorrer uma pré-cristalização adequada em razão das altas temperaturas do ambiente.

Para temperar o chocolate é preciso que seja aquecido, esfriado e, então, amornado a uma temperatura específica. Embora algumas marcas de chocolate indiquem as temperaturas para temperar, sempre é bom saber as orientações gerais. Depois que o chocolate amargo derreter a 49 °C e o chocolate ao leite e o branco derreterem a 43 °C, devem ser esfriados até 28 °C e, então, reaquecidos entre 31 °C e 33 °C, para o chocolate amargo, e de 29 °C a 30 °C, para o branco e o ao leite (ver Figura 15-9).

Os três métodos básicos para temperar chocolate de maneira correta são o caseiro, o de mesa e o mecânico. Ao usar uma dessas três técnicas, qualquer pessoa pode temperar chocolate, desde que o trabalho seja feito nas condições ambientais adequadas. Depois desta seção sobre as

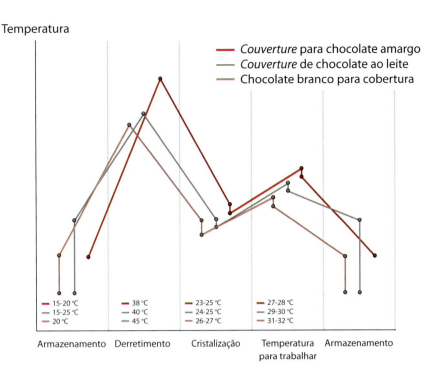

Figura 15-9
Orientações para temperar chocolate.

principais técnicas de temperar o chocolate, será discutido o que fazer com o chocolate e como manter sua têmpera.

Método caseiro

O método caseiro é o mais viável para o pequeno confeiteiro, pois não exige uma máquina ou uma grande pedra de granito. Teoricamente, o chocolate derretido, descristalizado é "semeado" com a manteiga de cacau cristalizada quando adicionamos pedaços ("sementes") de chocolate bem temperado.

Depois que o chocolate derreter, um quarto do peso dele é adicionado com "sementes". Para 2 kg de chocolate derretido, por exemplo, são necessários 500 g de "sementes". Depois que os pedaços de chocolate bem temperado forem adicionados ao derretido, a mistura deve ser mexida rapidamente para completar a incorporação. Conforme os pedaços de chocolate derretem, o descristalizado esfria proporcionando uma forma estável de manteiga de cacau para que a manteiga de cacau instável comece a cristalizar no seu entorno.

Depois de alguns minutos, a mistura deve ser mexida com o auxílio de uma espátula limpa e seca, tomando o cuidado de não incorporar ar. A agitação deve continuar até que todo o chocolate adicionado tenha sido derretido. O movimento da espátula vai ajudar os pedaços de chocolate a derreter e também que a manteiga de cacau pré-cristalizada se torne organizada para atingir a desejada forma V de cristalização.

O próximo passo é checar a temperatura do chocolate e fazer o **teste da tira** para ver se o chocolate está bem temperado. Esse teste é feito ao se aplicar uma fina tira de chocolate sobre um pedaço de papel vegetal e observar suas propriedades de consolidação para determinar se ele está bem temperado ou não. Se estiver bem temperado deve-se checar também a qualidade da têmpera. A temperatura ideal é entre 28 °C e 30 °C para chocolate branco e ao leite, e entre 31 °C e 33 °C para chocolate amargo. Deve-se continuar a mexer enquanto o resultado do teste da tira não estiver pronto.

FIGURA 15-10 TEMPERAR O CHOCOLATE

1 Depois que o chocolate for derretido a 49 °C, despejar três quartos sobre a pedra de granito.

2 Espalhar o chocolate para esfriá-lo.

3 Mover as bordas em direção ao centro e espalhar novamente.

Método da mesa

O método de mesa pode ser um modo rápido e fácil de temperar o chocolate. É também o método mais vistoso porque o chocolate deve ser espalhado sobre uma mesa fria de granito e retornar com sucesso para o recipiente aquecido e separado com o restante do chocolate. Qualquer quantidade entre 1 kg e 10 kg de chocolate pode facilmente ser temperada sobre uma pedra de granito. A única limitação será o tamanho da mesa. Observe a Figura 15-10 para uma visão completa do processo de têmpera usando o método da mesa.

Para esse método, depois que o chocolate for derretido em sua temperatura adequada, três quartos do chocolate são despejados em uma pedra de granito limpa e seca, e o restante do chocolate é reservado. O chocolate no granito é espalhado e virado de trás para a frente periodicamente com o auxílio de uma espátula e de um raspador. Quando a temperatura diminuir para aproximadamente 26 °C e 27 °C para chocolate ao leite, e para 28 °C e 29 °C, para o chocolate amargo, ocorre uma pré-cristalização e o resfriamento deve ser interrompido para evitar que a manteiga de cacau se cristalize em excesso. Para interromper o resfriamento, retornar rapidamente o chocolate para o restante morno que ficou reservado, mexendo por pelo menos um minuto para combinar as duas temperaturas e espalhar a manteiga de cacau pré-cristalizada por toda a massa.

Depois que o chocolate foi mexido por pelo menos um minuto, a temperatura deve ser conferida e o teste da tira deve ser realizado. A temperatura ideal é entre 28 °C e 30 °C, para chocolate branco e ao leite, e entre 31 °C e 33 °C, para o chocolate amargo. Enquanto o teste da tira estiver sendo concluído, o chocolate deve continuar a ser mexido.

Método mecânico

Considerando que é um desafio trabalhar com chocolate, e que muito depende da utilização adequada do calor, da agitação e da duração da agitação, foram desenvolvidas máquinas para auxiliar a todos, de pequenos confeiteiros até os grandes produtores industriais. A capacidade de temperar o chocolate varia muito e pode ser de 1 kg a diversas toneladas em uma hora. Mesmo que tenha sido realizado por uma máquina, os principais objetivos de temperar permanecem os mesmos.

Os dois principais estilos de máquinas são as automáticas e as manuais. As primeiras são capazes de medir a temperatura e de fazer mudanças de acordo com o tipo de chocolate. O operador deve checar atentamente a temperagem do chocolate para o controle de qualidade. As máquinas automáticas de temperar o chocolate normalmente são usadas apenas por grandes

4 Depois que o chocolate esfriar até uma temperatura adequada, retornar ao recipiente com o chocolate morno reservado, misturar os dois e checar a temperatura.

5 Fazer o teste da tira para determinar se o chocolate está propriamente temperado.

6 Os testes das tiras mostram que o chocolate da esquerda está corretamente temperado, pois se consolida em dois minutos, e o chocolate à direita, não está adequadamente temperado, porque ainda está sem se consolidar depois de 30 minutos.

produtores. As máquinas manuais são controladas por um operador e podem ter uma variedade de controles e de operações. Enquanto as unidades de temperagem manual básicas normalmente derretem o chocolate sem movimento, outros modelos manuais derretem o chocolate com agitação, com as mudanças de temperatura controladas pelo operador.

Qualquer um dos tipos de unidade de temperagem pode ser de forma contínua ou processado em lotes. As unidades de temperagem contínua apresentam um abastecimento contínuo, enquanto as unidades de temperagem que funcionam por lotes processam apenas determinada quantidade de chocolate. Qualquer que seja a máquina usada, o operador precisa ter conhecimento completo do funcionamento do equipamento e do processo de temperagem.

Procedimento no início da temperagem Depois de iniciado o processo de temperagem do chocolate, o operador precisa verificar o grau de temperagem e tomar a decisão adequada. Nesse estágio, o chocolate pode estar perfeitamente temperado, **não temperado** ou **supertemperado**. A maneira de determinar o ponto exato é examinando o teste de tira e observando o grau em que o chocolate se consolida, a presença de *fat bloom* e o brilho.

Se estiver perfeitamente temperado, continuar a trabalhar o chocolate para ter certeza de manter a têmpera.

Se não estiver temperado o suficiente, terá uma aparência sem brilho e a manteiga de cacau estará visivelmente na superfície do chocolate. Não vai se consolidar em dois minutos e nunca terá brilho ou características de um chocolate bem temperado. Para o que não estiver temperado o suficiente, será necessário introduzir mais manteiga de cacau pré-cristalizada, mexendo sempre para estimular a organização dos cristais de gordura para obter uma cristalização de forma V. Se for acrescentar mais chocolate, é recomendado o ralado para derreter mais facilmente. Caso sejam acrescentadas pastilhas de chocolate (pequenos "botões" achatados de chocolate), estas podem levar muito tempo para derreter, tornando o chocolate supercristalizado.

O chocolate pode ser facilmente triturado em um processador, usando a tecla pulsar, até se tornar enfarinhado. É importante não misturar muito, pois o aumento de temperatura da fricção pode derretê-lo. Deve ser mexido e observado periodicamente até que atinja a temperagem adequada.

Um sinal de que o chocolate foi supertemperado é quando se consolida muito rapidamente. Se no teste da tira ele se consolidar em 30 segundos, ou se pender muito durante o processo de consolidação, está supertemperado. Se assim estiver, deve ser amornado para evitar a rápida cristalização da manteiga de cacau. Deve-se ter cuidado, no entanto, para não criar um chocolate pouco temperado no processo. Algumas técnicas funcionam bem nesse caso. O chocolate que foi derretido até a descristalização completa pode ser adicionado ao supertemperado para elevar a temperatura e aumentar o número de cristais de gordura descristalizados. Outra opção é aplicar calor direto ao chocolate esfriado no forno de micro-ondas ou pelo soprador térmico.

Depois de corrigidos, o chocolate pouco temperado e o chocolate supertemperado podem ser testados para avaliar a qualidade da têmpera. O chocolate corretamente temperado vai se consolidar em dois minutos (em temperatura ambiente de 21 °C). Além disso, a superfície do chocolate não deve ter nenhuma gordura visível e sua flexibilidade deve ser mínima. Assim que for obtida uma têmpera de boa qualidade, as atividades de confeitaria e de decoração podem ser iniciadas.

Manter a forma V   Para se trabalhar de forma eficiente é preciso manter uma têmpera de boa qualidade. Essa medida vai proporcionar um chocolate fluido que não engrossa rapidamente e que se consolida em dois minutos em temperatura ambiente de 21 °C.

A temperatura ambiente deve ser monitorada constantemente, considerando que a variação de temperatura para o chocolate é bastante restrita. Conforme a temperatura oscila, o chocolate pode se tornar muito frio ou muito quente para o manuseio. Um *chocolatier* experiente pode avaliar a temperatura ideal somente pela visualização, influenciado pelo aspecto do chocolate, bem como pela maneira como cobre os bombons ou sai da forma. Para os principiantes, é recomendado controlar a temperatura com um termômetro digital.

A temperatura pode ser mantida com o soprador térmico, em banho-maria ou ao adicionar chocolate com temperatura de 49 °C. As duas vantagens dessa última técnica são o aumento da temperatura e do volume da *couverture*. Ao usar esse método, o *chocolatier* deve ser capaz de trabalhar com o mesmo lote de chocolate temperado por muitas horas. Deve ocorrer uma cristalização perfeita, e ter o cuidado para evitar cristalização excessiva.

Além de controlar a temperatura, o *chocolatier* deve continuar a mexer o chocolate. Assim como a falta de agitação pode produzir uma supercristalização prematura, uma agitação excessiva pode resultar em um chocolate supercristalizado. Caso use um recipiente em que a temperatura não possa ser controlada, deve-se tomar o cuidado para não raspar as laterais, pois é bem possível que se formem ali crostas de chocolate. Esse chocolate foi cristalizado em razão do contato com a superfície fria e, se for acrescentado ao chocolate fluido, vai introduzir um excesso de cristais que pode provocar uma supercristalização no restante do lote.

USOS DA *COUVERTURE* DE CHOCOLATE

A *couverture* de chocolate não está restrita à confeitaria e aos trabalhos decorativos. As *couvertures* de qualidade podem ser usadas em inúmeros produtos, incluindo biscoitos, bolos rápidos, tortas, cremes variados e bolos musse. A qualidade do chocolate usado nesses produtos nem sempre precisa ser a melhor, como é o caso dos confeitos de chocolates. Um *brownie*, por exemplo, pode muito bem ser feito com uma *couverture* de qualidade média; no entanto, um bolo musse feito em um restaurante ou em uma confeitaria sofisticados requer uma *couverture* de alta qualidade. A seguir, os procedimentos gerais para a aplicação de *couverture* de chocolate que não aparecem em outros capítulos. Também são explicados os procedimentos para confeitos de chocolate e trabalhos decorativos.

GANACHE

Na sua forma mais simples, o ganache é uma emulsão feita de chocolate e um liquido como creme, leite ou purê de fruta. A proporção de chocolate para o liquido varia dependendo do tipo de chocolate usado, da porcentagem de cacau no chocolate e dos resultados desejados. Um ganache pode ser criado para inúmeros usos, como um componente de bolo, como cobertura ou como recheio de um chocolate.

Ingredientes do ganache

O ganache para rechear balas e confeitos é feito com um conjunto de ingredientes básicos que garantem um bom sabor e uma excelente durabilidade sem o uso de conservantes adicionados. Muitas empresas de chocolate obtêm uma longa durabilidade para seus confeitos recheados com ganache, porque se baseiam, especialmente, em açúcares invertidos em vez de creme fresco ou do purê de frutas para preparar a base para o ganache. No entanto, a escolha adequada dos ingredientes é uma medida fundamental para recheios de qualidade para balas e confeitos, e sempre se deve usar os ingredientes mais frescos.

Creme O creme para o ganache deve ser creme fresco com teor de gordura de 35%. Se o teor de gordura for muito alto, pode haver dificuldade para formar uma boa emulsão e, ao contrário, pouca gordura pode criar uma emulsão sem cremosidade.

Chocolate O *chocolatier* ou o confeiteiro tem ampla seleção de chocolate para usar como base para o ganache, bem como infinitas combinações de chocolate. Em qualquer caso, sempre se deve escolher *couverture* de chocolate de qualidade. O chocolate para ganache é selecionado com base no sabor e no teor de cacau, e como o sabor interage com aromatizantes adicionais como café, hortelã ou baunilha. Para obter a melhor combinação, o *chocolatier* deve ter conhecimento sobre equilíbrio de sabores e como degustar chocolate.

Açúcar invertido O açúcar invertido retém umidade e mantém uma textura cremosa no ganache, e deve ser sem sabor. Ao fazer o ganache, o açúcar invertido deve ser adicionado ao creme com aproximadamente 7% a 10% do peso total do recheio.

Manteiga A manteiga, quando adequadamente incorporada à emulsão, acrescenta textura e corpo ao ganache. A manteiga deve ser acrescentada quando sua temperatura estiver a 35 °C e deve estar macia e maleável para facilitar a incorporação. Se for adicionada antes do tempo, vai produzir no paladar uma sensação gordurosa indesejável. Para não desviar o sabor do recheio, é recomendada uma manteiga de sabor neutro, já que uma manteiga com sabor mais complexo vai competir com os sabores do chocolate.

Pastas de castanhas em geral Qualquer tipo de pasta de castanhas pode ser adicionado ao ganache em quantidades variadas, dependendo do sabor desejado. Essa adição pode ser feita no local, para um maior controle sobre o sabor e a textura, ou pode ser comprada de fornecedor especializado, por ser normalmente ser mais homogênea. As pastas devem utilizar castanhas frescas e devem ser acrescentadas ao ganache depois que a emulsão estiver formada.

Álcool O álcool atua como conservante e para dar realce ao sabor do ganache. Pode ser usado qualquer tipo desejado pelo confeiteiro. Geralmente acrescentam-se de 5% a 10% do peso total; entretanto, esse porcentual pode ser aumentado ou diminuído conforme desejar. O álcool é um dos últimos ingredientes a serem adicionados ao ganache depois da emulsão.

Procedimento para o ganache básico

Ao preparar ganache, é importante usar utensílios muito limpos e não colocar as mãos na mistura. Um bom programa de higiene ajuda a prolongar a durabilidade do produto.

O procedimento geral para preparar um ganache brilhante e elástico é simples. Para isso, é necessário o uso adequado dos ingredientes e da adoção de receitas bem balanceadas. Embora haja variações, as orientações básicas são apresentadas aqui. Recomendamos a revisão dos procedimentos na seção de fórmulas para as instruções sobre cuidados especiais.

É importante pesar todos os ingredientes em recipientes de tamanho adequados. O chocolate, por exemplo, deve ser pesado no recipiente em que será preparado. O creme, se possível, deve ser pesado na panela em que será fervido.

Depois que todos os ingredientes forem pesados, o creme e o açúcar invertido podem ser fervidos. Como é importante que o ganache não se torne muito quente, é recomendado esfriar ligeiramente o creme antes de ser derramado sobre o chocolate. (Isso dependerá da temperatura ambiente. Se o ambiente estiver muito frio, usar o creme diretamente depois de ferver.) Uma espátula de borracha é usada para formar uma emulsão no centro da cuba depois que o creme for despejado sobre o chocolate picado ou sobre pedaços de chocolate. Quando se formar um núcleo elástico, o movimento da espátula deve se ampliar para emulsificar o creme e o chocolate.

Assim que a emulsão estiver pronta, a temperatura deve ser medida a 35 °C, a manteiga deve ser adicionada e misturada apenas até incorporar. Se alguma pasta de castanhas tiver de ser adicionada, deve ser feita em seguida. Por fim, é acrescentado o álcool, despejado lentamente por um fio constante e incorporado imediatamente. Quando o ganache estiver pronto, deve ser coberto com filme plástico até quando necessário. Ver Ganache, Figura 15-11 para detalhes, de como fazer o ganache.

Procedimento para o ganache básico

- Ferver o líquido e o açúcar invertido (incluindo fava de baunilha, se for o caso) e deixar a temperatura cair até 88 °C.
- Adicionar o chocolate picado e deixar por um minuto.
- Começar a formar uma emulsão no centro da cuba com a espátula de borracha e mexer em direção às bordas.
- Quando chegar a 35 °C, acrescentar a manteiga.
- Acrescentar a pasta de castanhas, caso opte por usá-la.
- Acrescentar o álcool se for usá-lo.
- Cobrir a superfície com filme plástico e reservar até quando for usar.

FIGURA 15-11 GANACHE

TRUFAS

As **trufas** de chocolate são feitas com um ganache suficientemente firme para manter sua forma quando confeitado ou quando feito em porções. Embora um ganache mais macio possa ser usado, são necessárias conchas especiais prontas para receber o recheio. Esses confeitos de estilo rústico foram tradicionalmente criados para imitar os cogumelos do bosque, as trufas, porém acabou evoluindo para formatos e apresentações muito diferentes.

As trufas são cobertas com uma camada de chocolate e cacau em pó, açúcar impalpável ou quaisquer outros ingredientes como pedaços de cacau, coco tostado e castanhas picadas cristalizadas. Às vezes as trufas são cobertas apenas com chocolate, mas são facilmente identificadas pelo seu formato arredondado.

Trufas enroladas à mão, Figura 15-12, e Enformar o chocolate, Figura 15-13, ilustram os passos necessários para produzir várias trufas e mostrar algumas das técnicas de acabamento.

1 Despejar o líquido fervente sobre o chocolate.

2 Começar a formar a emulsão no centro da cuba.

3 Quando a emulsão começar a se formar, lentamente mexer em direção às bordas da cuba.

4 O ganache pronto deve ser ligeiramente elástico, brilhante e muito macio.

Procedimento para trufas enroladas à mão

- Confeitar o ganache em montinhos sobre forma forrada com papel vegetal usando uma ponteira grande e simples.
- Deixar secar.
- Enrolar o ganache para formar bolas usando luvas ligeiramente polvilhadas com açúcar impalpável (ver Trufas enroladas à mão, Figura 15-12, Etapa 1).
- Com a mão, enrolar e cobrir com *couverture* sem temperar (ver Trufas enroladas à mão Figura 15-12, Etapas 2-3).
- Mergulhar as trufas em *couverture*, passá-las no cacau em pó e retirá-las dali (ver Trufas enroladas à mão, Figura 15-12, Etapas 3-5).

Procedimento para a trufa confeitada

- Com o saco de confeitar, usando uma ponteira larga e simples, fazer linhas curtas de aproximadamente 2,5 cm de extensão, ou conforme desejar, sobre forma forrada com papel vegetal.
- Deixar secar.

FIGURA 15-12 TRUFAS ENROLADAS À MÃO

1 Depois de fazer as trufas com o saco de confeitar e quando ficarem parcialmente cristalizadas, passar ligeiramente em açúcar impalpável.

2 Passar as trufas em *couverture* sem temperar a 32 °C.

3 Depois que as trufas forem passadas em *couverture* estarão prontas para ser banhadas.

- Banhar em *couverture* temperada e, então, passar no cacau em pó e retirar as trufas.

Procedimento para rechear as trufas
- Com o saco de confeitar rechear com ganache as conchas para trufas e deixar cristalizar.
- Confeitar a abertura das conchas com chocolate para selar o ganache.
- Banhar as trufas em *couverture* temperada e depois passar no cacau em pó e retirar.
- Como alternativa, banhar em *couverture* temperada para finalizar.

Procedimento para trufas com cobertura de ingredientes especiais
- Manter as trufas enroladas, confeitadas ou em conchas recheadas na mão.
- Banhar em *couverture* temperada e passar no ingrediente escolhido como cobertura.

Procedimento para trufa empanada (manual)
- Manter as trufas enroladas, confeitadas ou em conchas recheadas na mão.
- Banhar em *couverture* temperada e transferir para o papel vegetal para secar.
- Decorar conforme desejar.

BOMBONS DE CHOCOLATE

Os **bombons de chocolate** exigem tanto técnica como energia para produzi-los manualmente. Há equipamentos automáticos e semiautomáticos para auxiliar no procedimento, mas é perfeitamente possível criar bombons sofisticados sem eles. O procedimento para os bombons envolve mais trabalho que as trufas e os bombons empanados.

São necessários moldes para chocolate feitos com plástico policarbonato para uma moldagem eficiente. Moldes de plásticos frágeis não devem ser considerados, pois entortam e não oferecem uma apresentação atraente. Os moldes devem ser limpos e sem marcas de dedos e restos de chocolate de outros lotes.

Preparar o molde

A primeira medida para fazer bombom de chocolate é preparar os moldes, embora alguns *chocolatiers* prefiram preparar os recheios antes. Os moldes podem ser cobertos com chocolate

Capítulo 15: O chocolate e a arte em chocolate

4. Banhar as trufas em *couverture* temperada e retirar todo o excesso de chocolate.

5. Colocar as trufas em bandeja com uma mistura de cacau em pó e açúcar impalpável peneirados e, com o garfo apropriado, passar as trufas na mistura antes que o chocolate se consolide.

6. Deixar as trufas na mistura de cacau até que o chocolate se consolide.

sem nenhum problema se o ambiente de trabalho não estiver muito frio. Caso esteja muito frio, o recheio deve ser feito antes de preparar os moldes. Isso ocorre porque o chocolate se contrai mais em ambiente frio e pode sair da forma mais facilmente durante a preparação. Os moldes devem ser amornados para evitar uma grande diferença em temperatura entre o molde e o chocolate. Um soprador térmico é uma boa opção para aquecê-los. Se o molde estiver muito frio, o chocolate vai secar mais rapidamente e será mais difícil obter uma concha de casca fina.

Encher os moldes

O trabalho de encher os moldes com chocolate deve ser rápido e preciso. São necessários uma espátula, dois raspadores de chocolate e uma concha de 120 g a 180 g. Alguns confeiteiros usam o saco de confeitar para encher os moldes, mas este é um procedimento que exige muito tempo e que acaba produzindo bombons de baixa qualidade e com conchas muito grossas. Para que a atividade seja rápida e para minimizar perdas, é importante manter o chocolate longe das mãos e dos utensílios o máximo possível. Quanto mais tempo levar para encher os moldes, mais grossa será a concha de chocolate.

Durante a moldagem é importante não tocar em nenhuma das cavidades para evitar que se aqueçam e acabem tirando a têmpera do chocolate. O molde é mantido em uma mão e o chocolate é despejado com a concha uniformemente sobre as cavidades somente até completar (ver Encher os moldes de chocolate, Figura 15-13, Etapa 1). A seguir, o excesso de chocolate é removido da superfície e as laterais do molde são limpas (ver Figura 15-13, Etapa 2). O molde deve ser batido na borda da mesa para remover bolhas de ar e depois virado sobre o recipiente de chocolate e batido com o raspador para remover os excessos (ver Figura 15-13, Etapas 3-5). Ainda com o molde invertido, o chocolate pendente deve ser raspado e o molde deve ser colocado invertido sobre folha de papel vegetal (ver Encher os moldes de chocolate, Figura 15-13, Etapa 6).

Depois de um minuto, sem inverter o molde, raspar a superfície do chocolate para criar uma superfície uniforme que cubra apenas as cavidades. Os moldes devem ser reservados até quando prontos para o recheio.

PARTE 2: PÂTISSERIE

FIGURA 15-13 ENCHER OS MOLDES DE CHOCOLATE

Com uma concha, encher as cavidades do molde com chocolate temperado.

Raspar todo o excesso de chocolate e despejar no reservatório de chocolate.

Bater levemente o molde sobre a mesa para retirar bolhas de ar.

Inverter o molde sobre o reservatório de chocolate e bater delicadamente.

Enquanto o molde estiver invertido, raspar os restos de chocolate que estiverem fora das cavidades.

Colocar o molde sobre uma folha de papel vegetal até que o chocolate esteja parcialmente cristalizado; remover, então, o molde do papel e raspar todo o chocolate que estiver na superfície do molde.

Colocar o recheio

Dependendo do método usado para encher os moldes, o ganache deve ser preparado para ser despejado nos moldes. Deve ser maleável e macio o suficiente para encher as cavidades e apresentar uma superfície homogênea. Se o ganache ficar muito espesso e deixar uma superfície desigual, será difícil fechar as cavidades adequadamente. Se isso ocorrer, vão se formar bolhas de ar entre o recheio e a base facilitando o crescimento de bactérias e de mofo. Se a temperatura do ganache subir acima de 27 °C a 28 °C, a montagem nos moldes pode se descristalizar.

Quando o ganache estiver pronto para ser despejado, deve ser depositado nas cavidades usando um saco de confeitar limpo (de preferência descartável) (Figura 15-14). O ganache deve ser colocado deixando 2 mm acima da superfície do molde. Se houver muito espaço entre o final do recheio e a superfície do molde, a base se tornará excessivamente grossa. Se não houver espaço suficiente entre o recheio e o molde, a base não será suficientemente grossa e talvez não se possa selar o chocolate. Depois de colocado o recheio, deve-se bater delicadamente o molde na mesa para que este se assente bem no molde. Qualquer recheio que fique na superfície do molde deve ser removido.

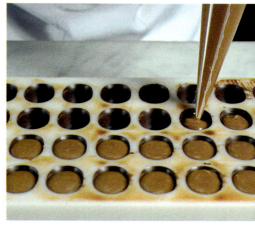

Figura 15-14
Preencher as cavidades com o recheio que deve estar abaixo de 26 °C. Deixas alguns milímetros de espaço entre o topo do recheio e a superfície do molde.

O recheio deve ser deixado no molde para se cristalizar por 24 a 48 horas antes de ser selado. Se não for feito dessa maneira, haverá um excesso de umidade e poderá ocorrer contaminação bacteriana. Se o recheio for deixado para se cristalizar por muito tempo, poderá secar e se descolar do chocolate criando um ambiente perfeito para o crescimento de mofo e de bactéria. O recheio sobre uma base de chocolate branco ou de chocolate ao leite requer um tempo mais longo para cristalizar (acima de 48 horas) em razão da quantidade maior de açúcar e menor de cacau nesses produtos. Os moldes devem ser armazenados em um *rack* coberto em ambiente com temperatura aproximada de 16 C a 18 °C.

Selar os moldes

O ganache pode ser selado depois que estiver adequadamente cristalizado no molde. Esse procedimento requer o mesmo cuidado e precaução que os exigidos para encher os moldes. É importante trabalhar de forma eficiente mantendo tudo muito asseado e na temperatura adequada. Bombons moldados se beneficiam de um leve aquecimento antes da base ser aplicada para promover uma ligação melhor, o que pode ser feito com uma rápida passada de um soprador térmico.

O molde é mantido com uma mão, enquanto a outra despeja o chocolate com a concha sobre as cavidades do molde. A seguir, bater levemente o chocolate na superfície do molde para que preencha bem as cavidades. Remover o excesso de chocolate e bater com o molde na mesa para retirar as bolhas de ar. Se aparecer bolhas, deve-se cobri-las para retirar o ar do centro do chocolate. Depois que as bases estiverem limpas, as laterais do molde devem ser limpas e reservadas até que o chocolate se cristalize (ver Selar os moldes, Figura 15-15).

Retirar os bombons dos moldes

Vinte minutos antes de retirar os bombons do molde, colocá-lo no refrigerador para esfriar. Essa medida facilita a retirada dos bombons e evita marcas dos dedos nos produtos.

PARTE 2: PÂTISSERIE

FIGURA 15-15 SELAR OS MOLDES

1 Despejar o chocolate com a concha sobre as cavidades recheadas.

2 Bater levemente no molde para que o chocolate se assente sobre a superfície do recheio.

3 Raspar o excesso de chocolate.

4 Bater a base do molde para eliminar qualquer bolha de ar enquanto o chocolate ainda estiver fluido. Se houver algum furo, cobrir com a *couverture* e nivelar a superfície conforme necessitar.

Os moldes devem ser invertidos em um movimento rápido sobre uma placa de silicone, que funciona como amortecedor durante a retirada dos bombons. Se alguns bombons permanecerem nos moldes, devem ser batidos em ângulo até que caiam todos. É fundamental não quebrar nenhum doce durante esse processo. Depois de retirados do molde, os bombons devem ser transferidos para recipientes apropriados para armazenagem ou embalados conforme necessitar.

BOMBONS DE CHOCOLATE EMPANADOS

Os **bombons de chocolates empanados** são aqueles com recheio de ganache ou de praline cobertos com uma fina camada de chocolate. Esse procedimento pode ser feito à mão ao banhar os chocolates com o garfo apropriado ou ao usar uma máquina para empanar, se for o caso de grandes produções. Um *chocolatier* experiente pode banhar ao menos 300 unidades por hora, enquanto uma máquina de empanar pode facilmente processar três mil por hora dependendo do modelo e da configuração.

Bombons empanados devem ser trabalhados de forma diferente das trufas e dos bombons moldados. Deve ser dada atenção especial ao manuseio do ganache antes de ser empanado. Se as orientações básicas não forem seguidas, haverá perda de durabilidade do produto.

Em geral o ganache deve ser ligeiramente mais firme para que possa ser transportado. No entanto, não deve ser firme demais, já que é preferível uma textura macia e elástica. O ganache para bombons empanados normalmente é preparado em folhas de acetato e deve ser cortado antes que se consolide. Cortadores especiais chamados de guitarra cortam mais de 200 unidades em dois movimentos da prensa.

O equipamento básico necessário para empanar bombons inclui papel vegetal, um pincel limpo e seco, uma espátula, uma régua, moldura para bombons e uma forma rasa ou placa de metal.

Preparar o ganache

Há quatro etapas igualmente importantes envolvidas na preparação do ganache para bombons empanados. As etapas são as seguintes: preparar a base e dividir em porções, cortar e separar o ganache.

Preparar a base A base do ganache permite que os bombons possam ser facilmente manuseados durante o corte e a separação, mantendo seu formato original, especialmente os cantos. Para preparar a base, uma mistura de chocolate a 32 °C, com 10% de manteiga de cacau adicionada é pincelada em folha de papel vegetal sobre os limites da moldura. A moldura é fixada ao papel com a solução de chocolate e depois é pincelada uma fina camada de chocolate no centro da moldura. Deixar firmar por 10 minutos ou até secar antes de acrescentar o ganache. Se permanecer muito tempo sem ser coberta, a base pode quebrar e se deformar, não podendo mais ser utilizada. Realizar todos os procedimentos no momento certo é fundamental nessa preparação.

Mesmo que esse chocolate não seja temperado, o movimento de pincelar o chocolate vai promover a cristalização da manteiga de cacau e o chocolate vai se consolidar. É fundamental que essa base tenha espessura suficiente apenas para evitar que o ganache cole no papel vegetal e na guitarra.

Ganache em porções O ganache deve ser colocado na moldura em porções por peso para facilitar a produção. O peso é determinado quando o molde estiver cheio e a superfície limpa de qualquer excesso. Depois que o peso for estabelecido e o recheio colocado no molde, deve-se usar a espátula para espalhar o recheio. A seguir, deve ser usada a régua para verificar se ele está nivelado com o topo da moldura.

Depois que o ganache foi dividido em porções, é recomendado colocá-lo no refrigerador por 15 a 20 minutos para estimular a cristalização. O ganache deve, então, ser deixado em temperatura ambiente de 18 °C a 21 °C até que ocorra uma cristalização suficiente.

Cortar e separar o ganache Antes de empanar as unidades, o ganache deve ser primeiro retirado da moldura, cortado e separado para secar ligeiramente a superfície. Essa medida é importante porque se a cobertura de chocolate for aplicada enquanto os bombons estiverem ainda úmidos, vai criar um vão entre o recheio e a concha de chocolate depois que o recheio esfriar. Esse vão é um espaço perfeito para o crescimento de bactérias e de mofo.

O instrumento mais eficiente para cortar as unidades do ganache é a guitarra, mas uma régua e uma faca também funcionam bem. Depois que as unidades forem cortadas no tamanho desejado devem ser separadas e deixadas por pelo menos três horas antes de ser empanadas para que a superfície do ganache seque.

Empanar o ganache

Assim que as unidades do ganache estiverem suficientemente secas, já podem ser empanadas. Não importa se for feito à mão ou à máquina, o chocolate deve ser corretamente temperado, pois se estiver muito temperado vai produzir uma cobertura muito grossa, além de tornar difícil a remoção do excesso. A qualidade da têmpera deve ser atentamente monitorada para que a cobertura de chocolate seja fina e uniforme.

Ao empanar manualmente, inúmeras práticas podem facilitar a tarefa. Os bombons são colocados em forma ou placa coberta com papel vegetal limpo. Os bombons devem ficar em local acessível e a bancada deve estar organizada para que o trabalho flua em uma direção. Depois de banhados em chocolate, os bombons devem ser colocados no canto mais distante da forma, e na medida em que a cobertura continue as linhas em direção ao recipiente com a cobertura devem ser preenchidas de trás para a frente. Essa medida é para evitar algum respingo nos bombons já finalizados (ver Procedimento manual para empanar, Figura 15-16).

FIGURA 15-16 PROCEDIMENTO MANUAL PARA EMPANAR

1 Colocar a unidade na *couverture* temperada com a base para cima.

2 Com o garfo, pressionar a base para inverter a posição do doce.

3 Retirar o doce empanado da cobertura de chocolate.

4 Bater delicadamente o garfo para tirar qualquer excesso de chocolate e, então, colocar o doce em forma forrada com papel vegetal.

A remoção do doce do garfo deve ser feita de forma rápida e sem deixar marcas na base. Embora requeira prática, não é difícil de conseguir fazer da forma correta.

Ao usar máquina para empanar, todos os bombons devem estar prontos para receber a cobertura, já que o chocolate temperado deve ser utilizado assim que estiver pronto. A cobertura deve ser iniciada logo que o chocolate atingir a têmpera correta. O número de empregados necessários para a operação será determinado pelo tamanho do equipamento e pelas técnicas de finalização usadas na produção do doce. Uma operação pequena, por exemplo, que utiliza um túnel de resfriamento, precisará de duas pessoas: uma para abastecer os bombons e outra para apanhá-los. Funcionários extras podem ser ocupados na decoração e para recolher os bombons, dependendo do volume, enquanto em uma unidade pequena, sem o túnel para resfriamento, a operação pode ser feita por apenas um profissional.

A qualidade da têmpera e a qualidade da cobertura devem ser monitoradas ao longo de todo o processo para empanar bombons. Se o chocolate se tornar muito espesso, podem ser feitos ajustes na máquina, como aumentar a temperatura de funcionamento, adicionar chocolate fresco a 49 °C, ou descristalizar e retemperá-lo.

Decoração de bombons

A decoração de bombons é uma apresentação do estilo do *chocolatier*, além de oferecer um produto diferenciado em relação aos outros profissionais. A decoração pode ser complexa ou muito simples, dependendo do volume a ser produzido e da qualidade de vários aspectos do chocolate. Entre eles incluem-se a textura, a manteiga de cacau ou as folhas de transferência caseira; os ingredientes básicos como o *grué*[3] de cacau, o gengibre cristalizado e as castanhas trituradas; o uso do saco de confeitar; o desenho do garfo; e mesmo a refrigeração de ar forçado. Qualquer que seja a decoração escolhida deve ser aplicada de forma eficiente durante a produção.

---

[3] Mesmo que "nibs" de cacau, que são fragmentos da semente de cacau após prensagem. (NRT)

FIGURA 15-17 FOLHAS DE DECALQUE PARA CHOCOLATE

PROCEDIMENTOS ESPECIAIS PARA TRABALHOS DECORATIVOS

Os procedimentos especiais são usados para trabalhos como guarnição de sobremesas, bolos em fatias e bombons, balas de chocolate e peças decorativas.

FOLHAS DE DECALQUE PARA CHOCOLATE

As folhas de decalque para chocolate são folhas de plástico impressas de um lado com manteiga de cacau colorida. São apresentadas em uma variedade de desenhos e podem ser feitas por encomenda com logotipos ou palavras impressas.

Para preparar as folhas de decalque é preciso espalhar uma camada fina e uniforme de chocolate temperado sobre a folha onde há o desenho impresso (ver Folhas de decalque para chocolate, Figura 15-17, Etapas 1-2). Um pouco antes de secar, cortar o chocolate no formato desejado usando a parte sem corte da faca (ver Folhas de decalque para chocolate, Figura 15-17, Etapa 3). Como alternativa, o chocolate pode ser "cortado" com os cortadores de confeitaria para obter os formatos desejados. Depois de cortadas (ver Folhas de decalque para chocolate, Figura 15-17, Etapa 4) as folhas de decalque devem ser colocadas sob um peso plano para evitar deformações até que a manteiga de cacau se cristalize totalmente. O plástico deve ser removido do chocolate somente quando estiver pronto para usar e deve permanecer no chocolate por pelo menos quatro horas.

1 Despejar o chocolate temperado na folha de acetato.

2 Espalhar o chocolate temperado formando uma camada muito fina.

3 Com uma régua, cortar tiras para fazer quadrados ou retângulos.

4 A seguir, colocar a folha de decalque em uma superfície plana e cobrir com um objeto plano. Deixar a manteiga de cacau se cristalizar por pelo menos algumas horas.

FOLHAS COM TEXTURAS

As folhas de plástico com textura são utensílios práticos para criar desenhos com apelo visual em doces e esculturas. São encontradas em uma variedade de texturas, podendo ser facilmente cortadas em tiras ou em outros formatos para trabalhos específicos.

FOLHAS DE DECALQUE CASEIRAS

Folhas de decalque podem facilmente ser feitas sob medida com chocolate branco, ao leite ou amargo combinado com manteiga de cacau. São aplicados desenhos às folhas de plástico e é colo-

FIGURA 5-18 ESPIRAIS DE CHOCOLATE

1. Colocar as tiras de acetato sobre a superfície de granito.

2. Com a concha, despejar um pouco de chocolate sobre as tiras.

3. Arrastar o pente no sentido do comprimento para formar linhas finas de chocolate.

4. Soltar as tiras da mesa.

5. Antes de o chocolate secar, formar as espirais.

FIGURA 15-19 LAÇOS DE CHOCOLATE

1. Soltar as tiras da mesa.

2. Unir as duas pontas das tiras de acetato.

3. Alinhar as linhas de chocolate e juntá-las para formar os laços.

FIGURA 15-20 CANUDOS DE CHOCOLATE

cada uma camada extra de chocolate de cor contrastante para funcionar como "suporte" depois de secar. A partir desse estágio o procedimento para as aplicações é o mesmo.

Alguns exemplos de folhas de decalque preparadas no local incluem desenhos de chocolate amargo e o branco marmorizados ou pinceladas delicadas de chocolate ao leite com um fundo de chocolate branco. Também podem ser usados corantes solúveis em gordura, da mesma forma que ingredientes como sementes de papoula ou de baunilha.

ESPIRAIS E LAÇOS DE CHOCOLATE

Espirais e laços de chocolate são muitas vezes usados para decorar *entremets* e modelos decorativos de chocolate. São rápidos e fáceis de fazer e se mantém bem armazenados por longos períodos. Os utensílios especiais para fazer espirais e laços incluem folhas de acetato, um pente para cobertura, um rodinho e um pano ligeiramente úmido. O procedimento para fazer as espirais é ilustrado em Espirais de chocolate, Figura 15-18, enquanto a técnica para fazer laços é destacada em Laços de chocolate, Figura 15-19.

CANUDOS DE CHOCOLATE

Inúmeras técnicas podem ser usadas para fazer canudos de chocolate, que podem ser de uma ou duas tonalidades. Um chocolate espesso e ligeiramente temperado em excesso funciona bem porque se mantém maleável por um longo período. Os utensílios básicos necessários para preparar os canudos são uma faca de chef, uma espátula, um raspador e um pente de cobertura (ver Canudos de chocolate, Figura 15-20).

MOLDAGEM DE CHOCOLATE

A moldagem de chocolate é uma técnica simples que pode ser aplicada para os componentes das esculturas. O chocolate temperado é simplesmente colocado em moldes ou *templates* e deixado para secar. Considerando que o chocolate se contrai na medida em que esfria, é importante moldar somente o interior dos moldes ou dos *templates* para evitar rachaduras. Para moldagens mais grossas, a peça de chocolate deve ser refrigerada por até 20 minutos para garantir uma cristalização completa e rápida da manteiga de cacau.

---

1 Espalhar uma camada fina de chocolate temperado sobre uma pedra de granito e rapidamente alisar com o raspador assim que estiver "endurecido".

2 Vai formar um canudo clássico.

3 Para um resultado diferente, usar uma faca de chef para empurrar o chocolate para um canudo com formato mais aberto conforme mostrado aqui.

MOLDAR PEÇAS GRANDES

A produção de esculturas normalmente usa grandes moldes pincelados com chocolate até que a superfície esteja suficientemente grossa para sustentar o peso planejado. Um molde de ovo, por exemplo, de 61 cm de altura deve ser moldado com aproximadamente 2 cm de espessura para garantir força de sustentação adequada.

Para pincelar o molde com chocolate, é necessário um método para que a cobertura seja homogênea. Primeiro, o chocolate é aplicado em todo o molde e, então, o trabalho deve ser sistemático para que haja uma cobertura uniforme nas extremidades superiores e também nas cavidades. Os moldes simples funcionam melhor, pois desenformar partes com menos detalhes é mais fácil que as mais detalhadas. É importante também construir uma extremidade plana para criar uma superfície ampla o suficiente para juntar as peças que serão combinadas depois.

PULVERIZAR CHOCOLATE E MANTEIGA DE CACAU

O uso de chocolate em *spray* não está limitado a apenas criar uma textura aveludada com chocolate afinado sobre bolos. A aplicação do *spray* tem muitos usos na preparação de peças de chocolate moldado e no acabamento de esculturas de chocolate. As proporções de chocolate para manteiga de cacau indicadas a seguir devem servir como orientação para criar o chocolate em *spray*. Em geral, na medida em que o teor de sólidos de cacau diminui, menos manteiga de cacau será necessária para afinar a *couverture*. Todas as proporções são de chocolate para manteiga de cacau:

- *Spray* de chocolate amargo: 50:50 para 70:30
- *Spray* de chocolate ao leite: 65:35
- *Spray* de chocolate branco: 80:20

Para sobremesas congeladas, a temperatura do *spray* de chocolate deve estar a 49 °C. Para moldes e esculturas, a solução deve estar com aproximadamente 32 °C. A temperatura real vai variar de acordo com o equipamento usado e com a temperatura do ambiente de trabalho, que se estiver sendo feito em um ambiente frio e se for usado um compressor com pulverizador de pressão, a solução de chocolate precisará ser aquecida, o que não será necessário se for usado um pulverizador pequeno do tipo Wagner.

CENTROS DE MESA E ESCULTURAS DE CHOCOLATE: COMPOSIÇÃO E JUNÇÃO

A experiência máxima de um confeiteiro e de um *chocolatier* é a criação de esculturas decorativas ou de centros de mesa que sirvam para apresentar a qualidade dos trabalhos e a expressão artística desses profissionais. A combinação de muitas técnicas (algumas das quais já foram apresentadas aqui), a visão do artista e a capacidade de construir todos os componentes acabam servindo de base para esculturas e centros de mesa que prendam a atenção de todos.

Inúmeros conceitos básicos relativos à composição e à construção devem ser de domínio do profissional. O tema do projeto, o equilíbrio visual, a integridade estrutural e as técnicas de construção precisam ser muito bem entendidas e planejadas. O projeto pode ser dividido em duas categorias: o planejamento do tema e o equilíbrio visual e a produção e a construção dos componentes.

O tema é importante no começo do projeto porque oferece ao artista uma orientação sobre estilo, incluindo formas, cores e tamanhos para o projeto. Depois que o tema e os componentes forem conhecidos, a peça deve ser desenhada e, se desejar, devem ser feitos os recortes dos componentes em tamanho natural para ajudar o artista a visualizar melhor como ficará a composição no seu conjunto. Esse método também pode ajudar a identificar problemas presentes no desenho.

Depois que o plano final for estabelecido, a produção dos componentes pode começar. A integridade estrutural e a sustentação são aspectos importantes, porque as peças da base precisarão suportar o próprio peso, além do peso acima delas. Depois que os componentes estiverem prontos, a montagem pode ser iniciada. O principal objetivo durante a montagem é unir os elementos sem a aparência de estar "colados".

Antes de juntar dois itens é melhor marcá-los e então aplicar chocolate temperado aos que estiverem sendo unidos. A colagem dos componentes deve ocorrer quando a *couverture* estiver a três quartos de se consolidar. Se ocorrer antes, o chocolate estará muito fino e não se manterá unido. Excesso de chocolate que possa escorrer entre as peças pode ser removido cuidadosamente usando uma faca *paring* ou outro objeto afiado.

Algumas peças são finalizadas com o *spray* de chocolate depois de montadas. Há duas opções para usar o *spray*: o temperado, com *couverture* afinada para um acabamento brilhoso de chocolate, ou o morno, *couverture* afinada sobre um item frio para um acabamento aveludado mais espetacular. No último caso, não é aconselhável deixar o chocolate no freezer por muito tempo, porque o frio extremo pode compactar os cristais de gordura, causando sua quebra. As peças devem ser colocadas no freezer por no máximo 20 a 30 minutos. Ver Figura 15-21 para um modelo de uma escultura simples de chocolate.

A SAÚDE E O CHOCOLATE

Esta seção não pretende substituir as informações fornecidas por profissionais da área médica e recomendamos que sejam feitas pesquisas adicionais, e consultas com profissionais médicos antes de mudar qualquer dieta alimentar.

Recentemente, os benefícios do chocolate amargo têm sido aclamados na imprensa, pois contém flavonoides, um tipo de antioxidante que ocorre naturalmente em plantas como mecanismo de defesa. Entre as plantas e os alimentos que têm altos teores de flavonoides podem ser citados cranberries, maçãs, cebolas, cacau, amendoins e vinho tinto. Dos chocolates, apenas o amargo contém flavonoides, e a sua quantidade depende do quanto o chocolate foi processado, como passa por muitos processos, muitos desses flavonoides naturais são perdidos.

Outra questão a ser examinada é o tipo de chocolate que está sendo consumido. Comer uma barra de cereais recheada com castanhas, com biscoitos e caramelo é muito diferente de comer um pedaço pequeno de chocolate amargo. O tipo de

Figura 15-21
Escultura de chocolate simples com tema de páscoa.

gordura no chocolate também terá um impacto na saúde do consumidor. Os substitutos da manteiga de cacau não são tão saudáveis como a manteiga de cacau, que é uma gordura natural. As pesquisas demonstram que os benefícios das gorduras do cacau são discutíveis. O **ácido oleico**, um componente da manteiga de cacau que forma um terço do seu teor de gordura, é uma gordura monoinsaturada também encontrada no azeite. Os outros dois terços da molécula são compostos de **ácido esteárico** e **ácido palmítico**, que são gorduras saturadas. Estudos mostram que as gorduras saturadas aumentam os riscos de doenças do coração e o colesterol LDL. A boa notícia é que o ácido esteárico tem sido apontado como um fator neutro no aumento do colesterol, o que significa que apenas um terço da gordura do chocolate tem efeito negativo sobre o colesterol (Cleveland Clinic Heart and Vascular Institute).

FÓRMULA

SPRAY DE CHOCOLATE

Esses *sprays* de chocolate — uma combinação de manteiga de cacau e chocolate — são usados para criar um acabamento aveludado rápido e fácil em bolos. Para obter os melhores resultados, é importante que o bolo, ou o item a ser vaporizado, esteja congelado e que o *spray* esteja na temperatura certa.

Fórmula de *spray* de chocolate amargo

Ingredientes	% do padeiro	Peso kg
Chocolate 64%	50,00	0,227
Manteiga de cacau	50,00	0,227
Total	100,00	0,454

Fórmula de *spray* de chocolate ao leite

Ingredientes	% do padeiro	Peso kg
Chocolate ao leite 35%	65,00	0,295
Manteiga de cacau	35,00	0,159
Total	100,00	0,454

Fórmula de *spray* de chocolate branco

Ingredientes	% do padeiro	Peso kg
Couverture branca	80,00	0,363
Manteiga de cacau	20,00	0,091
Total	100,00	0,454

Procedimento

Derreter o chocolate e a manteiga de cacau a 49 °C e pulverizar sobre o item congelado usando uma pistola de *spray*.

FÓRMULA

RECHEIO PARA MACARON (MACARON FILLINGS)

Esses recheios para *macaron* são todos baseados em ganaches. Produzem recheios muito saborosos que apresentam textura delicada e cremosa.

Fórmula de recheio de chocolate amargo para *macaron*

Ingredientes	% do padeiro	Peso kg
Creme 35%	72,00	0,471
Açúcar invertido	9,00	0,059
Couverture 70%	100,00	0,654
Manteiga	10,00	0,065
Total	191,00	1,250

Usos: Recheios para *macaron*, bombons empanados e moldados.

Procedimento para o recheio de chocolate amargo para *macaron*

1. Ferver o creme e o açúcar invertido e formar uma emulsão com o chocolate.
2. A seguir, adicionar a manteiga macia com temperatura de 32 °C e emulsificar bem.
3. Para armazenar, cobrir a superfície com filme plástico.

Fórmula de recheio de framboesa para *macaron*

Ingredientes	% do padeiro	Peso kg
Purê de framboesa	126,00	0,455
Açúcar	63,00	0,228
Glicose	32,00	0,116
Chocolate branco	100,00	0,361
Manteiga de cacau	9,00	0,033
Manteiga	16,00	0,058
Total	346,00	1,250

Usos: Recheios de *macaron*, bombons moldados.

Procedimento para o recheio de framboesa para *macaron*

1. Aquecer o purê e reservar.
2. Cozinhar o açúcar a seco até o estágio de caramelo. Acrescentar a glicose para deglacear.
3. A seguir, acrescentar o purê aquecido.

4. Com o *chinois*, coar o purê sobre o chocolate e a manteiga de cacau e formar uma emulsão.
5. Depois de esfriar a 35 °C, adicionar a manteiga macia.
6. Para armazenar, cobrir a superfície com filme plástico.

Fórmula de recheio de *cappucino* para *macaron*

Ingredientes	% do padeiro	Peso kg
Creme 35%	40,00	0,239
Açúcar invertido	8,00	0,048
Trablit (extrato de café)	13,33	0,080
Chocolate branco	100,00	0,597
Manteiga macia	48,00	0,287
Total	209,33	1,250

Usos: Recheios para *macaron*, bombons empanados ou moldados.

Procedimento para recheio de *cappucino* para *macaron*

1. Derreter o chocolate branco e reservar.
2. Ferver o creme e o açúcar invertido e formar uma emulsão com o chocolate.
3. Acrescentar o extrato de café.
4. A seguir, adicionar a manteiga a 35 °C e emulsificar bem.
5. Para armazenar, cobrir a superfície com filme plástico.

Fórmula de recheio de limão para *macaron*

Ingredientes	% do padeiro	Peso kg
Raspa de limão	2,73	0,016
Suco de limão	29,09	0,172
Gemas	29,09	0,172
Açúcar	18,18	0,107
Manteiga nº 1 macia	5,45	0,032
Chocolate branco	100,00	0,590
Manteiga nº 2 macia	27,27	0,161
Total	211,81	1,250

Usos: Recheio para *macaron*, bombons moldados.

Procedimento para recheio de limão para *macaron*

1. Derreter o chocolate branco e colocar no processador.
2. Cozinhar a raspa de limão, o suco de limão, as gemas e o açúcar a 88 °C, mexendo constantemente.
3. Quando alcançar a temperatura indicada, retirar do fogo, adicionar a primeira manteiga e misturar para estabilizar.

4. Despejar o chocolate branco derretido e formar uma emulsão. Adicionar a segunda manteiga a 35 °C.
5. Para armazenar, cobrir a superfície com filme plástico.

Fórmula de recheio de pistache para *macaron*

Ingredientes	% do padeiro	Peso kg
Creme 35%	47,76	0,304
Canela	0,30	0,002
Açúcar invertido	5,22	0,033
Chocolate branco	100,00	0,636
Pasta de pistache	20,90	0,133
Manteiga	22,39	0,142
Total	196,57	1,250

Usos: Recheios para *macaron*, bombons empanados ou moldados.

Procedimento para o recheio de pistache para *macaron*

1. Derreter o chocolate branco e reservar.
2. Ferver o creme, a canela e o açúcar invertido e formar uma emulsão com o chocolate.
3. Acrescentar a pasta de pistache.
4. A seguir, adicionar a manteiga macia a 35 °C e emulsificar bem.
5. Para armazenar, cobrir a superfície com filme plástico.

Fórmula de recheio de maracujá para *macaron*

Ingredientes	% do padeiro	Peso kg
Purê de maracujá	45,21	0,331
Açúcar invertido	5,48	0,040
Chocolate ao leite	100,00	0,732
Manteiga	20,00	0,146
Total	170,69	1,250

Usos: Recheios para *macaron*, bombons moldados.

Procedimento para o recheio de maracujá para *macaron*

1. Derreter o chocolate sobre banho-maria ou no forno de micro-ondas e reservar.
2. Combinar o purê de maracujá e o açúcar invertido e ferver ligeiramente.
3. Despejar o purê de maracujá sobre o chocolate derretido e formar uma emulsão.
4. Adicionar a manteiga a 35 °C e emulsificar bem.
5. Para armazenar, cobrir a superfície com filme plástico.

Café

Pistache

Bombons empanados

FÓRMULA

BOMBOM DE GANACHE COM PASSAS AO RUM (*RUN RAISIN GANACHE*)

As uvas-passas, o rum envelhecido e a baunilha se sobressaem sobre uma base de ganache cremoso de chocolate branco. Empanado em chocolate ao leite ou amargo, ou como doce moldado, certamente este será um favorito.

Ingredientes	% do padeiro	Peso kg
Creme 35%	43,00	0,302
Fava de baunilha	—	2 unidades
Açúcar invertido	8,00	0,056
Chocolate branco	100,00	0,702
Manteiga	11,00	0,077
Uvas-passas	11,00	0,077
Rum com especiaria	5,00	0,035
Total	178,00	1,250

Usos: Bombons empanados ou moldados.

Procedimento

1. Macerar as uvas-passas em rum por 24 horas.
2. Derreter o chocolate e reservar.
3. Ferver o creme, a baunilha e o açúcar invertido.
4. Despejar o chocolate e formar uma emulsão.
5. Adicionar a manteiga quando a emulsão atingir 35 °C.
6. Formar uma pasta com as uvas-passas e adicionar ao ganache.
7. Para armazenar, cobrir a superfície com filme plástico.

Bombons empanados

FÓRMULA

BOMBOM DE GANACHE COM CHÁ EARL GREY (*EARL GREY GANACHE*)

O chá Earl Grey é uma combinação de chá preto aromatizado com óleo de tangerina. Um forte aroma de tangerina é obtido ao acrescentar a infusão do chá com o creme para preparar o ganache. Empanado ou moldado em chocolate amargo, pode ser guarnecido com algumas folhas do chá.

Ingredientes	% do padeiro	Peso kg
Creme 35%	50,00	0,360
Chá Earl Grey	8,33	0,060
Açúcar invertido	2,10	0,015
Mel	2,10	0,015
Chocolate ao leite 35%	83,00	0,598
Chocolate 58%	17,00	0,122
Manteiga	11,00	0,079
Total	173,53	1,250

Usos: Bombons moldados.

Procedimento

1. Derreter os chocolates juntos e reservar.
2. Ferver o creme e acrescentar o chá.
3. Cobrir a panela com filme plástico e deixar em infusão por 10 minutos.
4. Coar o creme.
5. Pesar novamente o creme e completar com leite integral para obter o peso original.
6. Acrescentar o açúcar invertido e o mel ao creme e ferver outra vez.
7. Despejar o chocolate e formar uma emulsão.
8. Quando a emulsão alcançar 35 °C, acrescentar a manteiga.
9. Para armazenar, cobrir a superfície com filme plástico.

Capítulo 15: O chocolate e a arte em chocolate

FÓRMULA

BOMBOM DE GANACHE COM BAUNILHA DE MADAGASCAR (*MADAGASCAR VANILLA GANACHE*)

A baunilha mais delicada vem de Madagascar, o maior produtor mundial da fava. É apreciada pelo seu sabor intenso e qualidade consistente. Este doce apresenta uma baunilha de sabor denso ao usar uma infusão quente da baunilha no creme.

Ingredientes	% do padeiro	Peso kg
Creme 35%	70,00	0,490
Açúcar invertido	8,57	0,060
Fava de baunilha	—	3 unidades
Chocolate 58%	100,00	0,700
Total	178,57	1,250

Usos: Bombons empanados ou moldados.

Procedimento

1. Derreter parcialmente o chocolate e reservar.
2. Ferver o creme, o açúcar invertido e a fava de baunilha.
3. Cobrir com filme plástico e deixar em infusão por 20 minutos.
4. Ferver novamente o creme.
5. Despejar o creme sobre o chocolate e formar uma emulsão.
6. Para armazenar, cobrir a superfície com filme plástico.

Bombons moldados

Cassis — Baunilha de Madagascar — Café

FÓRMULA

BOMBOM DE GANACHE 70% (*70 PERCENT GANACHE*)

Este bombom rico de chocolate amargo com uma nota de baunilha é perfeito para trufas ou bombons moldados ou empanados. Para uma variação interessante e para destacar o sabor, usar uma *couverture* de qualidade com origem controlada.

Ingredientes	% do padeiro	Peso kg
Creme 35%	81,75	0,466
Açúcar invertido	17,54	0,100
Fava de baunilha	—	1,5 unidade
Couverture 70%	100,00	0,569
Manteiga	20,17	0,115
Total	219,46	1,250

Usos: Bombons empanados ou moldados.

Procedimento

1. Ferver o creme, o açúcar invertido e a fava de baunilha.
2. Cobrir com filme plástico e deixar em infusão por 15 minutos.
3. Ferver novamente o creme.
4. Despejar o creme sobre o chocolate e formar uma emulsão.
5. Adicionar a manteiga quando atingir 35 °C.
6. Para armazenar, cobrir a superfície com filme plástico.

Capítulo 15: O chocolate e a arte em chocolate

FÓRMULA

BOMBOM DE GANACHE E CAFÉ (*COFFEE GANACHE*)

Esta iguaria é uma mistura irresistível de dois sabores favoritos: chocolate e café. Empanados ou moldados em chocolate ao leite ou amargo, este bombom tem o sabor intenso do café e uma textura suave e cremosa.

Ingredientes	% do padeiro	Peso kg
Creme 35%	66,15	0,407
Grãos de café	10,76	0,066
Açúcar invertido	9,23	0,057
Chocolate 58%	100,00	0,615
Manteiga	16,92	0,104
Total	203,06	1,250

Usos: Bombons empanados ou moldados.

Procedimento

1. Derreter o chocolate e reservar.
2. Moer os grãos de café.
3. Ferver o creme e adicionar o pó de café.
4. Cobrir a panela com filme plástico e deixar em infusão por 10 minutos.
5. Coar o creme.
6. Acrescentar o açúcar invertido ao creme e ferver novamente.
7. Despejar o creme sobre o chocolate e formar uma emulsão.
8. Quando a emulsão alcançar 35 °C, acrescentar a manteiga.
9. Para armazenar, cobrir a superfície com filme plástico.

FÓRMULA

BOMBOM DE GANACHE E CASSIS (*CASSIS GANACHE*)

Este suave ganache com chocolate ao leite e amargo é estimulado pelo toque ácido do purê de *cassis*.

Ingredientes	% do padeiro	Peso kg
Purê de cassis	33,00	0,267
Glicose	8,50	0,069
Couverture ao leite	54,00	0,437
Couverture 58%	46,00	0,372
Manteiga	10,00	0,081
Licor de cassis	3,05	0,025
Total	154,55	1,250

Usos: Bombons empanados ou moldados.

Procedimento

1. Derreter os chocolates e reservar.
2. Ferver o purê e a glicose.
3. Despejar o purê sobre o chocolate e formar uma emulsão.
4. Adicionar a manteiga quando estiver a 35 °C e formar uma emulsão.
5. Adicionar o licor de cassis e mexer para incorporar.
6. Para armazenar, cobrir a superfície com filme plástico.

Capítulo 15: O chocolate e a arte em chocolate

FÓRMULA

BOMBOM DE GANACHE COM UÍSQUE (*WHISKEY GANACHE*)

A transformação do sabor, na medida em que saboreamos este bombom, é um prazer para todos os sentidos. A partir de uma base rica e cremosa, o uísque surge para uma experiência intensa e complexa neste chocolate de recheio sofisticado e maduro.

Ingredientes	% do padeiro	Peso kg
Creme 35%	40,00	0,280
Açúcar invertido	11,42	0,080
Couverture ao leite	57,15	0,400
Couverture 58%	42,85	0,300
Manteiga	15,71	0,110
Uísque escocês	11,42	0,080
Total	178,55	1,250

Usos: Bombons empanados ou moldados.

Procedimento

1. Derreter parcialmente os chocolates e reservar.
2. Ferver o creme e o açúcar invertido.
3. Despejar o creme sobre o chocolate e formar uma emul
4. Adicionar a manteiga quando atingir 35 °C e formar un
5. Acrescentar o uísque e mexer para incorporar.
6. Para armazenar, cobrir a superfície com filme plástico

FÓRMULA

BOMBOM DE PRALINE DE AVELÃS E CANELA (*CINNAMON HAZELNUT PRALINE*)

Temperado com canela e aromatizado com duas versões de pasta de avelã, uma adocicada e a outra sem açúcar, este bombom é cheio de texturas e de sabores que, embora rico, se desmancha delicadamente na boca.

Ingredientes	% do padeiro	Peso kg
Pasta de praline com 60% da fruta	38,23	0,260
Pasta de avelãs	40,44	0,275
Canela	1,47	0,010
Açúcar invertido	3,67	0,025
Couverture ao leite	29,41	0,200
Gianduia	70,58	0,480
Total	183,.80	1,250

Usos: Bombons empanados ou moldados.

Procedimento

1. Derreter o chocolate e a gianduia e reservar.
2. Combinar a pasta de praline, a pasta de avelãs e a canela com o açúcar invertido e aquecer a 49 °C.
3. Combinar com o chocolate derretido e formar uma emulsão.
4. Esfriar a 22 °C em pedra de granito higienizada e seca e usar conforme desejar.

Observação

A pasta de avelã não é adoçada. Se não for possível comprar a pasta de avelã, tostar as avelãs em forno com temperatura baixa até dourar. Colocar no processador até obter uma pasta fina.

FÓRMULA

BOMBOM DE PRALINE DE AMENDOIM (*PEANUT BUTTER PRALINE*)

Este bombom é uma versão sofisticada de um dos sabores favoritos das crianças: a combinação de chocolate com pasta de amendoim. Ligeiramente salgada, doce, cremosa e crocante a sensação da pasta de amendoim permanece sutilmente na boca, deixando um desejo de repetir a experiência.

Ingredientes	% do padeiro	Peso kg
Couverture ao leite	100,00	0,165
Manteiga de cacau	42,42	0,070
Açúcar impalpável	60,60	0,100
Pasta de amendoim sem sal	509,00	0,842
Sal	7,27	0,012
Pailleté feuilletine	36,36	0,060
Total	755,65	1,250

Usos: Bombons empanados ou moldados.

Procedimento

1. Derreter o chocolate e a manteiga de cacau a 44 °C e reservar.
2. Peneirar o açúcar impalpável
3. Combinar a pasta de amendoim com a mistura de chocolate.
4. Adicionar o açúcar impalpável e o sal.
5. Adicionar a *pailleté feuilletine*.
6. Esfriar a 22 °C em pedra de granito higienizada e seca e usar conforme desejar.

FÓRMULA

BOMBOM CROCANTE DE PRALINE COM CHOCOLATE AO LEITE (*CRISPY MILK CHOCOLATE PRALINE*)

Este bombom é uma combinação de chocolate ao leite, pasta de praline, manteiga e *pailleté feuilletine*. O resultado é ligeiramente firme, embora derreta na boca deixando a sensação intensa do sabor de avelã destacando o crocante da *pailleté feuilletine*.

Ingredientes	% do padeiro	Peso kg
Couverture ao leite	100,00	0,660
Pasta de praline com 60% da fruta	62,87	0,415
Manteiga macia	21,21	0,140
Pailleté feuilletine	5,30	0,035
Total	189,38	1,250

Usos: Bombons empanados ou moldados.

Procedimento

1. Derreter o chocolate a 49 °C e reservar.
2. Aquecer a praline *noisette* (praline de avelãs) a 49 °C e adicionar ao chocolate.
3. Quando chegar a 35 °C acrescentar a manteiga e emulsificar.
4. Acrescentar a *pailleté feuilletine*.
5. Deixar esfriar até 22 °C sobre pedra de granito higienizada e seca e usar conforme desejar.

Bombom de praline de avelãs e canela

Bombom de praline de amendoim

Bombom crocante de praline com chocolate ao leite

Seleção de bombons de praline

PARTE 2: PÂTISSERIE

FÓRMULA

MENDIANTS

O termo *mendiant* normalmente é atribuído às preparações que incluem uma mistura de frutas secas e castanhas. A combinação simboliza os mendicantes, ou as quatro ordens monásticas da Idade Média, e as cores de suas vestes: uvas-passas para os dominicanos, avelãs para os agostinianos, figos secos para os franciscanos e amêndoas para as carmelitas.

Mise en place

Couverture temperada

Mistura de frutas secas e castanhas:

    Castanhas cristalizadas (amêndoa, pistache e avelã)

    Frutas cristalizadas (casca de laranja, casca de limão)

    Frutas secas (uvas-passas, cereja)

Procedimento

1. Confeitar pontos de chocolate sobre papel vegetal.
2. Antes de o chocolate secar, guarnecer com uma seleção de frutas e castanhas.

Capítulo 15: O chocolate e a arte em chocolate

RESUMO DO CAPÍTULO

O chocolate é um ingrediente dinâmico e é usado em inúmeros tipos de preparos, doces e mesmo em alguns pães e alimentos salgados. Conhecer suas origens e aprimorar os procedimentos sobre o chocolate permite ao profissional compreender suas propriedades e entender as variações de suas características. O processo de têmpera deve ser entendido e praticado para produzir confeitos de chocolate, decorações e esculturas. Ser capaz de trabalhar com os três principais tipos de chocolate (branco, ao leite e amargo) possibilita ao profissional preparar uma grande seleção de confeitos e decorações. Além disso, permite melhor entendimento de como o chocolate reage em preparações como ganache, praline e musse. Ao trabalhar com chocolate, é essencial observar a temperatura, pois está vinculada à cristalização, o que afeta as propriedades do chocolate e, assim, do produto final. Prática, paciência e atenção ao detalhe são necessárias para aprender como controlar o chocolate e obter os resultados desejados.

PALAVRAS-CHAVE

- ácido esteárico
- ácido oleico
- ácido palmítico
- bombom empanado
- bombom moldado
- bombons de chocolate
- bombons de chocolate empanados
- cacau em pó
- cacau em pó holandês
- chocolate amargo
- chocolate ao leite
- chocolate branco
- chocolate de origem controlada
- chocolate doce
- chocolate (líquor) (chocolate em pasta)
- chocolate meio amargo
- chocolate semidoce
- chocolate para cobertura
- *chocolatier*
- conchagem
- cotiledôneo
- *couverture*
- crioulo
- equivalentes de manteiga de cacau (CBE)
- *fat bloom*
- forasteiro
- forma V de cristalização
- gianduia
- manteiga de cacau
- massa de cacau
- não temperado
- pasta de cacau
- polimórfico
- pouco temperado
- *seizing*
- seleção
- sementes de cacau
- *sugar bloom*
- supertemperado
- temperar
- *terroir*
- teste da tira
- *Theobroma cacao*
- triglicerídeo
- trinitário
- trituração
- trufas

QUESTÕES PARA REVISÃO

1. Por que as sementes de cacau são fermentadas? Quais são as duas principais técnicas de fermentação?
2. Qual é a relação entre a porcentagem de cacau e o sabor no chocolate?
3. Por que o chocolate é temperado? Como é feito este processo?
4. O que significa chocolate pouco temperado? E supertemperado?
5. Por que o recheio de ganache, para cristalizar, deve ficar de 24 a 48 horas no molde ou até antes de ser cortado para ser empanado?

APÊNDICE A:
Conversões

Ingredientes básicos para cozimento: peso em gramas		
	1 colher de chá	1 colher de sobremesa
Carbonato de amônia	3,5	10,5
Fermento químico	4	12
Bicarbonato de sódio	4	12
Amido de milho	3	9
Creme tártaro	2	6
Farinha para pão	2,5	7,5
Manteiga	5	15
Canela em pó	1,5	4,5
Especiarias em pó (outras além de canela)	2	6
Cacau em pó sem açúcar	2	6
Açúcar mascavo	4	12
Açúcar granulado	5	15
Açúcar impalpável	3	9
Sal *kosher*	3,5	10,5
Sal de mesa	6	18
Gelatina em pó	3	9
Pectina em pó	3	9
Essência de baunilha	4	12

Equivalentes e Substituições

Fermento de pão

	Substituir...	Com...
Por peso ou volume	Fermento fresco compacto	50% de fermento seco ativo*
	Fermento fresco compacto	33% fermento rápido

*Observação: Deve ser reidratado em água com temperatura entre 41 °C e 43 °C por 5 a 10 minutos.

Um pacote de fermento seco ativo é igual a:

Peso	7 g
Volume	11 ml

Gelatina

	Substituir...	Com...
Por peso	Gelatina em pó	Gelatina em folha

Um pacote de gelatina sem sabor em pó é igual a:

Peso	7 g
Volume	12,5 ml

APÊNDICE A: CONVERSÕES

Conversões de volume
Multiplicar onças líquidas por 30 para converter para mililitros

Medida de volume	Onças líquidas	Milimetros
1 colher de chá	0,15	5
1 colher de sobremesa	0,5	15
2 colheres de sobremesa	1	30
1 xícara	8	240
1 pint	16	480
1 quarto	32	960
1 galão	128	3,84 litros

Conversões de peso
Multiplicar as onças por 28.349 para converter em gramas

Libras	Onças	Gramas
0,016	0,25	7
0,031	0,5	14
0,063	1	28
0,25	4	113
0,5	8	227
1	16	454
1,5	24	680
2	32	907
2,5	40	1,13 kg
3	48	1,13 kg

APÊNDICE B
Porcentagens do padeiro

Por que as porcentagens do padeiro são importantes para os profissionais da área?

- Para manter uma produção consistente.
- Para facilitar a avaliação dos níveis de absorção da farinha.
- Para facilitar o aumento ou a diminuição do tamanho da massa usando a mesma receita.
- Para facilitar a comparação entre as receitas.
- Para avaliar se uma receita está bem balanceada.
- Para corrigir problemas em uma receita.

Quais são as características mais importantes das porcentagens do padeiro?

- As porcentagens do padeiro são sempre baseadas no peso total de toda a farinha na receita.
- A farinha é representada sempre como 100% (todos os outros ingredientes são calculados a partir da farinha). Se houver mais de um tipo de farinha na receita, a soma delas será de 100%.
- A porcentagem do padeiro só pode ser calculada se a quantidade de todos os ingredientes na receita for expressa na mesma unidade de medida, por exemplo, não se pode misturar gramas e onças, ou libras e quilograma, na mesma receita.
- As unidades de medidas devem ser expressas em termos de peso, não de volume (por exemplo, não se podem misturar libras e quartos na mesma receita). Além disso, os pesos apresentados em libras e onças são mais difíceis de serem calculados com o porcentual do padeiro. O sistema de medida mais fácil para se calcular o porcentual do padeiro é o sistema métrico. O sistema decimal dos Estados Unidos também pode ser usado.
- O porcentual do padeiro funciona melhor com o sistema métrico, já que o metro está baseado em unidades decimais, da mesma forma que as porcentagens (exemplo, 100 = 10 × 10).

Porcentagens básicas

$0,01 = 1\%$　　　$0,1 = 10\%$
$1/100 = 1\%$　　$10/100 = 10\%$
$1 \div 100 = 1\%$　　$10 \div 100 = 10\%$

- Se a porcentagem for maior que 100, o número será maior que o número que representa 100%.
- Se a porcentagem for menor que 100, o número será menor que o número que representa 100%.

Cálculos básicos

$a/b = a \div b$
$(23 \times a = b) = (a = b \div 23) = (a = b/23)$

Fórmula para cálculos básicos usando a porcentagem do padeiro

Exemplo 1: Do peso para as porcentagens do padeiro

Neste exemplo, temos uma receita e desejamos expressar as quantidades dos ingredientes nas porcentagens do padeiro.

Farinha : 50 kg
Água : 30 kg
Sal : 1 kg
Fermento : 0,75 kg

1º passo: Determinar a porcentagem do padeiro para a farinha. Sabemos que a farinha é sempre 100%. Nessa receita, 50 kg = 100%.

2º passo: Determinar a porcentagem do padeiro para a água. Precisamos calcular qual é a porcentagem do peso da água em relação ao peso da farinha. Outra maneira de determinar este cálculo é: Quantas partes de água seriam necessárias para obter a mesma quantidade de hidratação se houver 100 partes de farinha?

São possíveis dois métodos de cálculo.

Método de cálculo 1: Multiplicação cruzada (Regra de três)

Para usar esse método, cruzar as linhas para encontrar o valor da água.

Farinha : 50 kg　　100%
Água : 30 kg　　A
(A = a porcentagem de água que queremos encontrar)

O cálculo necessário pode ser expresso como uma equação, seguindo as linhas cruzadas, começando com a farinha:

$$50 \times A = 30 \times 100$$

Aplicar a regra de três para isolar a variável desconhecida:

$A = (30 \times 100) \div 50$
$A = 60$

Nessa fórmula, a porcentagem do padeiro para a água é de 60% (ou seja, o peso da água representa 60% do peso da farinha).

APÊNDICE B: PORCENTAGENS DO PADEIRO

Método de cálculo 2: frações

Ao usar esse método, o cálculo necessário pode ser expresso como uma fração com o peso da água em cima e o peso da farinha embaixo:

$$A = 30/50$$

Para aplicar este cálculo básico sabemos que:

$$A = 30/50 = 30 \div 50 = 0{,}6 = 60\%$$

Passo 3. Determinar a porcentagem do padeiro para o fermento e o sal usando um dos dois métodos de cálculo descritos no Passo 3.

São possíveis dois métodos de cálculo

Método de cálculo 1: Multiplicação cruzada (Regra de três)

Farinha : 50 kg   100%   Farinha : 50 kg   100%
Água : 30 kg   60%   Água :   30 kg   60%
Sal : 1 kg   S   Fermento : 0,75 kg Fer

Como equação:

$50 \times S = 1 \times 100$ $50 \times Fer = 0{,}75 \times 100$
$S = (1 \times 100) \div 50$ $Fer = (0{,}75 \times 100) \div 50$
$S = 2$ $Fer = 1{,}5$

Método de cálculo 2: Frações

$S = 1/50 = 1 \div 50 = 0{,}02 = 2\%$
$Fer = 0{,}75/50 = 0{,}75 \div 50 = 0{,}015 = 1{,}5\%$

A receita completa com as porcentagens do padeiro:

Farinha : 50 kg   100%
Água :   30 kg   60%
Sal :   1   kg   2%
Fermento : 0,75 kg   1,5%

Exemplo 2: Das porcentagens do padeiro ao peso

Nesse exemplo, temos as porcentagens do padeiro e queremos preparar uma massa com 40 kg de farinha e expressar a receita em quantidades para cada um dos ingredientes.

Farinha : 100%
Água : 65%
Sal : 2%
Fermento : 1%

Lembrar que a farinha é sempre 100% e que as outras quantidades são calculadas em relação a ela.

Farinha = 100% = 40 kg
Água = 65% = 40 × 0,65 = 26 kg
Sal   = 2%   = 40 × 0,02 = 0,8 kg = 800 g
Fermento = 1% = 40 × 0,01 = 0,4 kg = 400 g

A receita completa com as porcentagens do padeiro:

Farinha : 40 kg   100%
Água :   26 kg   65%
Sal :   800 g   2%
Fermento : 400 g   1%

Exemplo 3: Das porcentagens do padeiro aos pesos usando a quantidade de produção desejada

Nesse exemplo temos uma ordem de serviço para atender:

50 baguetes com 350 g de massa
40 pães broa com 400 g de massa
300 minipães com 80 g de massa

Todos esses pães serão feitos com a mesma massa. As porcentagens do padeiro para a receita são:

Farinha : 100%
Água : 67%
Sal : 2%
Fermento : 1%

Queremos expressar a receita em quantidades para cada um dos ingredientes.

Passo 1. Determinar a quantidade de massa total necessária.

50×350 g = 17.500 g = 17,5 kg
40×400 g = 16.000 g = 16 kg
300×80 g = 24.000 g = 24 kg
Massa Total = 57.500 g = 57,5 kg

Passo 2. Determinar a quantidade de farinha necessária. A porcentagem do padeiro para todos os ingredientes nessa receita totaliza 170%. Aqui apresentamos outra maneira de determinar isso: sabemos que com 100 partes de farinha podemos produzir 170 partes de massa. Precisamos calcular a quantidade de farinha necessária para fazer 57,5 kg de massa.

São possíveis dois métodos de cálculo.

Método de cálculo 1: Multiplicação cruzada (Regra de três)

Farinha : 100% F
Água : 67%
Sal : 2%
Fermento : 1%
―――――――――――――――
Total : 170% 57,5 kg

| 674 |

Expressa como equação:

$$100 \times 57{,}5 = 170 \times F$$
$$F = (100 \times 57.5) \div 170$$
$$F = 33{,}82$$

Método de cálculo 2: Frações

Inicialmente, precisamos calcular qual a proporção do total da massa na receita é representada pela farinha. O cálculo necessário pode ser expresso como uma fração com a porcentagem do padeiro da farinha no topo e o total das porcentagens do padeiro na base.

$$F\% = 100/170 = 100 \div 170 = 0{,}5882 = 58{,}82\%$$

Sabemos que 58,82% do total da massa na receita é de farinha. Agora precisamos calcular o peso da farinha para a quantidade do total da massa que precisamos fazer.

$$F = 57{,}5 \text{ kg} \times 58{,}82\% = 57{,}5 \text{ kg} \times 0{,}5882 = 33{,}82 \text{ kg}$$

Agora sabemos que 33,82 kg de farinha serão necessários para obter 57,5 kg de massa.

Para simplificar o resto do cálculo e para ter certeza de que teremos massa suficiente, vamos arredondar a quantidade de farinha para o número inteiro seguinte: os 33,82 kg se tornarão 34 kg. No entanto, arredondamos apenas o peso da farinha, não arredondamos os pesos dos outros ingredientes.

Passo 3. Precisamos aplicar as porcentagens do padeiro da receita para o peso da farinha para determinar os pesos desejados do restante dos ingredientes.

Farinha	= 100%	= 34 kg		
Água	= 67%	= 34 × 0,67	= 22,78 kg	
Sal	= 2%	= 34 × 0,02	= 0,68 kg	= 680 g
Fermento	= 1%	= 34 × 0,01	= 0,34 kg	= 340 g

Para verificar nossos cálculos, se somarmos o peso de todos os ingredientes, encontraremos a quantidade de massa necessária para atender esta ordem de serviço:

Fermento :	34 kg	100%
Água :	22,78 kg	67%
Sal :	680 g	2%
Fermento :	340 g	1%
Total :	57,8	kg

Com 57,5 kg de massa necessária essa receita irá produzir 57,8 kg de massa. Temos uma pequena quantidade extra de massa, já que arredondamos para cima a quantidade de farinha.

Porcentagens do padeiro com pré-fermento

Ao usar pré-fermentos, os princípios das porcentagens do padeiro permanecem os mesmos. No entanto, em razão de que o pré-fermento é uma preparação feita de uma porção de uma receita total de farinha, água, fermento e, às vezes, sal e considerando que a proporção desses ingredientes no pré-fermento pode diferir da proporção da receita total, normalmente são necessários cálculos extras.

Exemplo 1: Da receita para massa total às receitas para pré-fermento e massa final

Nesse exemplo temos uma receita com as porcentagens do padeiro. Queremos preparar a massa usando 20% da farinha no pré-fermento (esponja).

Farinha :	10 kg	100%
Água :	6,7 kg	67%
Sal :	200 g	2%
Fermento :	150 g	1,5%

Para esse exemplo, a porcentagem do padeiro para a água na esponja será de 64% e a porcentagem do padeiro para o fermento será de 0,1 %. A esponja não terá sal.

Passo 1. Determinar o peso da farinha a ser utilizada no pré-fermento.

$$10 \text{ kg} \times 20\% = 10 \text{ kg} \times 0{,}2 = 2 \text{ kg}$$

Passo 2. Determinar o peso da água e o do fermento a ser utilizado no pré-fermento.

$$\text{Água} = 64\% = 2 \text{ kg} \times 0{,}64 = 1{,}28 \text{ kg}$$
$$\text{Fermento} = 0{,}1\% = 2 \text{ kg} \times 0{,}001 = 0{,}002 \text{ kg} = 2 \text{ g}$$

Se o pré-fermento contiver sal, o peso do sal será determinado da mesma maneira.

A fórmula completa para o pré-fermento com a porcentagem do padeiro é:

Farinha :	2 kg	100%
Água :	1,28 kg	64%
Fermento :	2 g	0,1%

Passo 3. Determinar o peso dos ingredientes na massa final. Precisamos subtrair a quantidade de cada ingrediente usado no pré-fermento da quantidade da receita final.

Farinha	= 10 kg − 2 kg	= 8 kg
Água	= 6,7 kg − 1,28 kg	= 5,42 kg
Sal	= 200 g − 0	= 200 g
Fermento	= 150 g − 2 g	= 148 g

APÊNDICE B: PORCENTAGENS DO PADEIRO

A receita para a massa final é

Farinha : 8 kg
Água : 5,42 kg
Sal : 200 g
Fermento : 148 g

Passo 4. Determinar as porcentagens do padeiro para todos os ingredientes da massa final. Sabemos que a farinha é sempre 100%. A porcentagem do padeiro para todos os outros ingredientes são calculados usando a regra de três ou o método de frações.
São possíveis dois métodos de cálculo.

Método de cálculo 1: Multiplicação cruzada (Regra de três)

Água

$$8 \times A = 5{,}42 \times 100$$
$$A = (5{,}42 \times 100) \div 8$$
$$A = 67{,}75$$

Sal

$$8 \times S = 0{,}2 \times 100$$
$$S = (0{,}2 \times 100) \div 8$$
$$S = 2{,}5$$

Fermento

$$8 \times Fer = 0{,}148 \times 100$$
$$Fer = (0{,}148 \times 100) \div 8$$
$$Fer = 1{,}85$$

Esponja

$$8 \times E = 3{,}282 \times 100$$
$$E = (3{,}282 \times 100) \div 8$$
$$E = 41{,}02$$

Método de cálculo 2: Frações

$$A = 5{,}42/8 = 5{,}42 \div 8 = 0{,}6775 = 67{,}75\%$$
$$S = 0{,}2/8 = 0{,}2 \div 8 = 0{,}025 = 2{,}5\%$$
$$Fer = 0{,}148/8 = 0{,}148 \div 8 = 0{,}0185 = 1{,}85\%$$
$$E = 3{,}282/8 = 3{,}282 \div 8 = 4102 = 41{,}02\%$$

A receita completa com a porcentagem do padeiro:

Farinha : 8 kg 100%
Água : 5,42 kg 67,75%
Sal : 200 g 2,5%
Fermento : 148 g 1,85%
Pré-fermento : 3,282 kg 41,02%

Observação: Para um pré-fermento *poolish*, o peso da água é determinado no Passo 1 (normalmente 1/3 ou 1/2). O peso da farinha no *poolish* é sempre igual ao peso da água. Portanto, a porcentagem do padeiro para a água no pré-fermento é de 100%.

Exemplo 2: Da porcentagem do padeiro para a massa total e pré-fermento para a receita da massa final usando a quantidade de produção desejada

Neste exemplo, temos uma ordem de serviço para atender, e precisamos de 40 kg de massa *sourdough*. Esse método é importante para planejar a produção usando *sourdough* de forma que esteja disponível para todas as necessidades da produção.

Sabemos a porcentagem do padeiro para a massa total. Temos já uma quantidade de levedura que foi preparada de acordo com uma receita onde as porcentagens do padeiro são conhecidas e queremos incorporar esta levedura para a massa final na proporção de 50% em relação ao peso da farinha da massa final.

A receita para a massa total é

Farinha : 100%
Água : 67%
Sal : 2%

A receita para a preparação da levedura é

Farinha : 100%
Água : 50%
Cultura : 150%

Observação: Neste exemplo, o número de alimentações da cultura não é importante, mas vamos considerar que a mesma receita foi usada para todas as alimentações.

Passo 1: Determinar a porcentagem do padeiro para a massa final. Começando com a farinha, sabemos que a farinha é sempre 100%.

Para calcular a quantidade correta de água e sal na massa final, devemos considerar que a farinha na levedura será adicionada à massa final. Para 100 partes de farinha na massa final, há 50 partes de levedura. Devemos calcular quanto desses 50% corresponde à farinha.

São possíveis dois métodos de cálculo.

Método de cálculo 1: Multiplicação cruzada (Regra de três)

Farinha : 100% F
Água : 50%   A
Total : 150% 50 partes

Expresso como equação:

$$F \times 150 = 50 \times 100$$
$$F = (50 \times 100) \div 150$$
$$F = 33{,}33$$

Método de cálculo 2: frações

Primeiro precisamos calcular qual a proporção das 150 partes é representada pela farinha:

$$F = 100/150 = 100 \div 150 = 0{,}6667 = 66{,}67\%$$

Sabemos que 66,67% das 50 partes é de farinha. Agora precisamos calcular o número de partes.

$$F = 50 \text{ partes} \times 66{,}67\% = 50 \text{ partes} \times 0{,}6667 = 33{,}33 \text{ partes}$$

Agora sabemos que temos que considerar 133,33 partes de farinha ao calcularmos a quantidade de água e de sal na massa final.

A quantidade total de água na massa final será:

$$133{,}33 \text{ partes} \times 67\% = 89{,}33 \text{ partes}$$

Devemos considerar que a água na levedura será adicionada à massa final. Considerando que 33,33 partes das 50 partes de levedura correspondem à farinha, o número de partes correspondente à água é

$$50 \text{ partes} - 33{,}33 \text{ partes} = 16{,}67 \text{ partes}$$

O número de partes correspondente à água na massa final é

$$89{,}33 \text{ partes} - 16{,}67 \text{ partes} = 72{,}66 \text{ partes}$$

A porcentagem do padeiro para a água na massa final é de 72,66%.

A quantidade total de sal na massa final será de

$$133{,}33 \text{ partes} \times 2\% = 2{,}67 \text{ partes}$$

Não há sal na levedura, sendo assim a porcentagem do padeiro para o sal na massa final é de 2,67%.

A porcentagem para a massa final é

Farinha : 100%
Água : 72,66%
Sal : 2,67%
Levedura : 50%

Passo 2. Determinar o peso da farinha na mistura final para fazer 40 kg de massa total.

São possíveis dois métodos de cálculo.

Método de cálculo 1: Multiplicação cruzada (Regra de três)

Farinha :	F	100%
Água :	A	72,66%
Sal :	S	2,67%
Levedura :	L	50%
Total :	40 kg	225,33%

Expressa como equação:

$$F \times 225{,}33 = 400 \times 100$$
$$F = (40 \times 100) \div 225{,}33$$
$$F = 17{,}75$$

Método de cálculo 2: Frações

Primeiro precisamos calcular qual a proporção da massa total é representada pela farinha. O cálculo necessário pode ser expresso como fração com a porcentagem do padeiro da farinha em cima e o total embaixo:

$$F\% = 100/225{,}33 = 100 \div 225{,}33 = 4{,}438 = 44{,}38\%$$

Sabemos que 44,38% da massa total é de farinha. Agora precisamos calcular o peso da farinha.

$$F = 40 \text{ kg} \times 44{,}38\% = 40 \text{ kg} \times 0{,}4438 = 17{,}75$$

Agora sabemos que serão necessários 17,75 kg de farinha para obter os 40 kg de massa.

Para simplificar o resto dos cálculos e para ter certeza de que vamos produzir massa suficiente, vamos arredondar a quantidade de farinha para o número seguinte: de 17,75 kg para 18 kg. No entanto, vamos arredondar apenas o peso da farinha e não o peso dos outros ingredientes.

Passo 3. Precisamos adotar as porcentagens do padeiro da receita para o peso da farinha para determinar os pesos desejados do restante dos ingredientes:

Farinha	= 100%	= 18 kg	
Água	= 72,66%	= 18 × 0,7266	= 13 kg
Sal	= 2,67%	= 18 × 0,0267	= 0,48 kg
Levedura	= 50%	= 18 × 0,5	= 9 kg

Para verificar nossos cálculos se somarmos o peso de todos os ingredientes encontraremos à quantidade de massa necessária para atender essa ordem de serviço:

Farinha :	18 kg	100%
Água :	13 kg	72,66%
Sal :	480 g	2,67%
Levedura :	9 kg	50%
Total :	40,48 kg	225,33%

Com 40 kg de farinha, essa receita irá produzir 40,48 kg de massa. Temos, portanto, uma pequena quantidade extra de massa, já que arredondamos a quantidade da farinha.

APÊNDICE C:
Conversões de temperatura

C°	F°	C°	F°	C°	F°	C°	F°	C°	F°	C°	F°	C°	F°
1	33,8	41	105,8	81	177,8	121	249,8	161	321,8	201	393,8	241	465,8
2	35,6	42	107,6	82	179,6	122	251,6	162	323,6	202	395,6	242	467,6
3	37,4	43	109,4	83	181,4	123	253,4	163	325,4	203	397,4	243	469,4
4	39,2	44	111,2	84	183,2	124	255,2	164	327,2	204	399,2	244	471,2
5	41	45	113	85	185	125	257	165	329	205	401	245	473
6	42,8	46	114,8	86	186,8	126	258,8	166	330,8	206	402,8	246	474,8
7	44,6	47	116,6	87	188,6	127	260,6	167	332,6	207	404,6	247	476,6
8	46,4	48	118,4	88	190,4	128	262,4	168	334,4	208	406,4	248	478,4
9	48,2	49	120,2	89	192,2	129	264,2	169	336,2	209	408,2	249	480,2
10	50	50	122	90	194	130	266	170	338	210	410	250	482
11	51,8	51	123,8	91	195,8	131	267,8	171	339,8	211	411,8	251	483,8
12	53,6	52	125,6	92	197,6	132	269,6	172	341,6	212	413,6	252	485,6
13	55,4	53	127,4	93	199,4	133	271,4	173	343,4	213	415,4	253	487,4
14	57,2	54	129,2	94	201,2	134	273,2	174	345,2	214	417,2	254	489,2
15	59	55	131	95	203	135	275	175	347	215	419	255	491
16	60,8	56	132,8	96	204,8	136	276,8	176	348,8	216	420,8	256	492,8
17	62,6	57	134,6	97	206,6	137	278,6	177	350,6	217	422,6	257	494,6
18	64,4	58	136,4	98	208,4	138	280,4	178	352,4	218	424,4	258	496,4
19	66,2	59	138,2	99	210,2	139	282,2	179	354,2	219	426,2	259	498,2
20	68	60	140	100	212	140	284	180	356	220	428	260	500
21	69,8	61	141,8	101	213,8	141	285,8	181	357,8	221	429,8	261	501,8
22	71,6	62	143,6	102	215,6	142	287,6	182	359,6	222	431,6	262	503,6
23	73,4	63	145,4	103	217,4	143	289,4	183	361,4	223	433,4	263	505,4
24	75,2	64	147,2	104	219,2	144	291,2	184	363,2	224	435,2	264	507,2
25	77	65	149	105	221	145	293	185	365	225	437	265	509
26	78,8	66	150,8	106	222,8	146	294,8	186	366,8	226	438,8	266	510,8
27	80,6	67	152,6	107	224,6	147	296,6	187	368,6	227	440,6	267	512,6
28	82,4	68	154,4	108	226,4	148	298,4	188	370,4	228	442,4	268	514,4
29	84,2	69	156,2	109	228,2	149	300,2	189	372,2	229	444,2	269	516,2
30	86	70	158	110	230	150	302	190	374	230	446	270	518
31	87,8	71	159,8	111	231,8	151	303,8	191	375,8	231	447,8	271	519,8
32	89,6	72	161,6	112	233,6	152	305,6	192	377,6	232	449,6	272	521,6
33	91,4	73	163,4	113	235,4	153	307,4	193	379,4	233	451,4	273	523,4
34	93,2	74	165,2	114	237,2	154	309,2	194	381,2	234	453,2	274	525,2
35	95	75	167	115	239	155	311	195	383	235	455	275	527
36	96,8	76	168,8	116	240,8	156	312,8	196	384,8	236	456,8	276	528,8
37	98,6	77	170,6	117	242,6	157	314,6	197	386,6	237	458,6	277	530,6
38	100,4	78	172,4	118	244,4	158	316,4	198	388,4	238	460,4	278	532,4
39	102,2	79	174,2	119	246,2	159	318,2	199	390,2	239	462,2	279	534,2
40	104	80	176	120	248	160	320	200	392	240	464	280	536

GLOSSÁRIO

A

À la carte Sobremesa servida sem acompanhamento de molhos ou outros componentes, ao contrário de sobremesa composta. *À la carte* também pode se referir a um item que não faça parte de um menu de preço fixo.

À la minute Preparação de prato rápido feito na hora do pedido.

Acetinar Processo no qual o açúcar é cozido e resfriado, esticado e dobrado sobre si mesmo, repetidamente, até atingir uma consistência acetinada.

Ácido esteárico Gordura saturada que compõe um terço da gordura da manteiga de cacau.

Ácido palmítico Um dos ácidos de gordura saturada mais comuns encontrados em animais e plantas. O ácido palmítico compõe 26% dos triglicerídeos da manteiga de cacau.

Ácido tartárico, ou cremor de tártaro, é um fermento ácido; também usado em trabalhos de açúcar para prevenir cristalização e aumentar a elasticidade do açúcar que estiver sendo esticado ou soprado.

Ácidos fermentativos Substâncias ácidas adicionadas com o propósito de reagir com o bicarbonato de sódio e produzir dióxido de carbono.

Ácidos oleicos Gordura monoinsaturada ômega-9 encontrada em várias fontes animais e vegetais. 35% dos triglicerídeos da manteiga de cacau são compostos por ácido oleico.

Actinidina Enzima proteolítica do kiwi.

Açúcar *bloom* Ocorre quando o chocolate é armazenado em área de muita umidade formando condensação em sua superfície. O açúcar atrai a umidade para o chocolate, tornando a sua superfície úmida e extraindo uma parte do açúcar do chocolate. Depois que o conteúdo da água evapora, o açúcar permanece na forma cristalizada.

Açúcar confeitado Açúcar colocado em cones de papel de duas, ou mesmo de três folhas e, então, moldado em vários desenhos em placa não aderente ou em papel levemente untado.

Açúcar em fio Enfeite de açúcar geralmente usado em sobremesas compostas. Para obter fios de açúcar bem sedosos, tipo cabelo de anjo, um batedor de final curvo e cortado, ou os dentes de um garfo, é mergulhado em calda de açúcar quente, e são feitos movimentos de trás para frente com o instrumento, formando fios de açúcar.

Açúcar puxado Açúcar cozido, esticado e dobrado sobre si mesmo repetidas vezes até atingir uma consistência que ajuda a acrescentar força ao açúcar. Depois, é esticado até obter um produto muito fino, delicado e brilhante, que mantém sua forma na medida em que esfria apresentando uma qualidade final translúcida como um vidro.

Açúcar soprado Aplicação decorativa de calda na qual o ar é bombeado ou soprado no açúcar e a peça é moldada para representar a visão do chef pâtissier.

Adulteração Modificação de um produto pela inclusão de materiais mais baratos e inferiores.

Agentes estabilizantes São estabilizantes como gelatina, ágar, amido modificado e pectina; tais agentes ajudam a dar textura à receita, permitindo moldar o produto e facilitando o seu manuseio para corte e empacotamento.

Alta temperatura por tempo curto (ATTC) Processo de pasteurização no qual a mistura deve ser aquecida a 85 °C por dois a três minutos.

Alimentos alergênicos Produto ou ingrediente que contém proteínas que podem causar reações severas e, às vezes, fatais em pessoas que são alérgicas a determinado alimento.

Alume Sulfato de alumínio de sódio. Usado como fermento químico em razão de sua capacidade de reagir com o bicarbonato de sódio diante do calor produzindo dióxido de carbono.

Amuses bouche Pequenos tira-gostos salgados, canapés.

Análise de Perigos e Pontos Críticos de Controle – APPCC (Hazard Analysis Critical Control Point – HACCP) Controle no qual o objetivo inicial era produzir alimentos livres de defeitos e perigos para os astronautas consumirem durante as viagens espaciais.

GLOSSÁRIO

Atualmente, os programas de HACCP são considerados elementos essenciais de segurança alimentar nas padarias e em todas as operações de serviço alimentar no mundo todo.

Anticristalizantes Ingredientes que podem ser acrescentados às caldas para prevenir cristalizações. Os "anticristalizantes" mais comuns são glicose, açúcar invertido e ácido do tipo ácido tartárico.

Assepsia Um passo além da limpeza para tornar as superfícies de contato com alimentos livre de bactérias e outras contaminações.

Aveia Grão bastante adequado para ser cultivado em climas frios e úmidos. A aveia é especialmente popular na Escócia, país de Gales, Alemanha e Escandinávia.

B

Balas Confeitos não cristalizados feitos com calda de açúcar saturada, cozida até uma temperatura específica e, então, esfriada.

Balas de goma e outros confeitos Confeitos de açúcar populares (incluindo *pâtes de fruits* e bala de goma como a *Turkish delight*) contendo uma solução de açúcar supersaturada, sabores e agentes gelificantes.

Base Componente principal de sabor para as musses. As claras ou os cremes batidos são adicionados nessa mistura para acrescentar leveza. A base pode ser um purê de frutas, ganache ou um creme como o *anglaise*.

Baumé Medida usada para quantificar a densidade de açúcar de qualquer líquido.

Bicarbonato de amônia Este fermento químico reage rapidamente na presença de umidade e calor produzindo dióxido de carbono e amônia, que fazem a massa de bolo ou de pão crescer, desaparecendo depois que o produto foi assado.

Bicarbonato de sódio Também conhecido como bicarbonato de soda. Quando em contato com a umidade e com ácido, produz dióxido de carbono. O bicarbonato de sódio também é usado para equilibrar o valor neutralizante do fermento rápido.

Biofilme Comunidade de micro-organismos que aderem às superfícies sólidas expostas à água e excretam uma substância fina e colante.

Biscoito (*oublie*) Biscoito crocante, fino, achatado ou na forma de cone feito com massa assada em formas de ferro quente, com desenhos padronizados. Um precursor do *wafer* moderno, esses biscoitos eram populares na Idade Média.

Biscoito congelado Biscoito feito de massa em forma de cilindro, ou blocos, refrigerada, fatiada e assada. Pode ser criado desenhos geométricos sofisticados ou marmorizados, assim como multiplicidade de sabores.

Biscoito de forma Estilo de biscoito que representa variedade de feitios, normalmente são assados em formas e porcionados em tamanhos individuais. Entre esses biscoitos incluem-se os *brownies*, as barras de limão, barras de granola e *toscani*.

Biscoito de saco de confeiteiro Biscoitos porcionados com o saco de confeitar, prensa de biscoito ou máquina depositora, geralmente são apresentados em formatos decorativos. Os *spritz cookies* são um exemplo desse tipo de biscoito.

Biscoito em estêncil Biscoitos feitos de uma massa básica fina, que depois de misturada é deixada para descansar, e espalhada de forma livre ou cortada com um molde e, então, assada.

Biscoito fatiado Biscoito feito de uma peça grande de massa assada, posteriormente cortada em peças individuais. O *biscotti* é um exemplo desse estilo de biscoito.

Biscoito moldado A massa de biscoito é colocada em placas com corantes e, em seguida, retirada e levada para assar. O tipo mais comum de biscoito moldado é o amanteigado (*shortbread*) produzido em formas de metal.

Biscoito porcionado Sua massa é mais firme é normalmente porcionada com uma colher ou máquina de biscoito.

Biscoito vazado São cortados com moldador sobre massa estendida. Biscoitos açucarados e biscoitos de gengibre são alguns exemplos.

Blind baked Técnica de assar massa de torta sem recheio.

Boas Práticas de Produção – BPF (Good Manufacturing Practices – GMP) Regras de um sistema de processos, procedimentos e documentação que garante

GLOSSÁRIO

que o alimento produzido tenha identidade, força, composição, qualidade e pureza que demonstra possuir.

Bolha de açúcar Resultado da reação entre o açúcar derretido em temperatura superior a 100 °C com o álcool. Podem ser feitas sobre papel-manteiga ou placa de silicone.

Bolo em camadas Bolo composto de camadas alternadas de recheio e bolo.

Bolo espumoso (pão de ló) Bolo que contém ovos amornados e batidos com açúcar até o ponto de fita. Os ingredientes secos peneirados são delicadamente misturados à massa.

Bolos com base em espuma de ovos Bolos leves com base em espuma de ovos batidos, somente com gemas, ou claras, ou uma combinação das duas. Entre eles, incluem-se os bolos *chiffon*, pão de ló e anjo.

Bolos com base em gordura Bolos úmidos, densos e enriquecidos com altos teores de gordura e açúcar. As técnicas usadas para estes bolos incluem o método cremoso, o método de alta proporção e o método de gordura líquida.

Bolos de alta proporção Bolos caracterizados pela alta proporção de açúcar e ingredientes líquidos em relação à farinha. Esses bolos levam gorduras especiais com emulsificantes que ajudam a emulsificar as grandes quantidades de ingredientes líquidos e de gordura.

Bolos especiais Bolos com múltiplos componentes; a textura e o preparo técnico podem variar bastante. Normalmente são usados moldes para criar apresentações únicas.

Bolos rápidos Ampla variedade de doces, como *muffins*, *scones*, biscoitos e bolos. Os bolos rápidos são feitos com fermento químico e vapor.

Bombe Sobremesa congelada moldada, assim chamada pelo seu formato clássico de cúpula. Tradicionalmente é formada de múltiplas camadas de mistura do tipo *parfait*.

Bombom (ou balas) de licor Confeitos recheados com licor aromatizado em solução supersaturada de açúcar. Quando essa calda é colocada em moldes de amido, forma-se uma concha fina e cristalina.

Brix (grau) A porcentagem de açúcar em uma solução.

Bromelaína Enzima proteolítica do abacaxi.

C

Cacau em pó holandês Feito pelo processamento do chocolate em pasta, ou sementes de cacau, que tenham sido tratadas com um álcali. O resultado é um pó mais escuro, suave e menos ácido que o não alcalino ou o pó de cacau natural.

Cacau em pó Produto moído da massa de chocolate que sobra depois que a manteiga de cacau foi extraída do chocolate em pasta.

Cake wall Tira de bolo que circunda um bolo ou sobremesa.

Calda 30 baumé Calda de açúcar feita com 137 partes de açúcar e 100 partes de água. Às vezes é utilizada como calda simples.

Calda de açúcar Combinação de açúcar e de água, que é levada à fervura e mantida a uma determinada temperatura.

Calda de bolo Calda de açúcar feita com menos açúcar do que água (normalmente de 2:1, de água para açúcar). Usada para umedecer bolos, adicionando o mínimo de açúcar.

Calda grossa (*heavy pack*) Densidade de açúcar na calda de frutas enlatadas; é mais doce que as chamadas *light pack*.

Calda leve (*light pack*) Densidade de açúcar na calda de frutas enlatadas; é menos doce que a calda grossa (*heavy pack*).

Calda simples Calda de açúcar feita de pesos iguais de açúcar e água.

Caramelização Processo que ocorre quando o açúcar é aquecido acima de 160 °C. O açúcar muda de cor de claro a amarelo-claro e desenvolve tons mais escuros de marrom, evoluindo de um sabor inicial doce para um sabor mais rico, de nozes, e levemente amargo.

Caramelo (ou açúcar queimado) Açúcar que foi derretido em fogo seco ou em solução, e cozido até atingir uma coloração de marrom-clara à escura. Também um doce com sabor de caramelo, com textura que varia do macio ao firme.

GLOSSÁRIO

Carbonato de cálcio Mineral adicionado ao açúcar para dar opacidade.

Carbonato de sódio (ou de potássio) Cinzas produzidas pela queima de certas plantas que crescem perto ou no mar. Essa substância alcalina foi um dos primeiros fermentos usados na cozinha. Carbonato de sódio é um sal produzido da reação de um ácido carbônico com o hidróxido de sódio, formando carbonato de sódio mais água. Carbonato de potássio é o sal produzido da reação de um ácido carbônico com o hidróxido de potássio, formando carbonato de potássio mais água.

Centeio Cereal capaz de crescer em solos pobres e em climas frios. É especialmente popular nos países nórdicos no uso de panificação.

Cevada É um dos cereais cultivados mais antigos. Tradicionalmente a sua farinha servia para fazer pães; o alto teor de amido e a baixa quantidade de glúten produzem pães densos e mais compactos. Atualmente é usado principalmente para produzir cervejas.

Chocolate amargo Chocolate feito com liquor de cacau com adição de manteiga de cacau e açúcar.

Chocolate ao leite Chocolate feito com liquor de cacau, açúcar, sólidos de leite, baunilha e lecitina. Nos Estados Unidos, o chocolate ao leite deve conter um mínimo de 10% de cacau e 12% de sólidos de leite.

Chocolate branco Chocolate feito de manteiga de cacau, leite em pó, açúcar e aromatizantes. O chocolate branco não é considerado um verdadeiro chocolate porque não contém sólidos do cacau.

Chocolate de origem controlada Chocolate preparado usando sementes de uma determinada região. O resultado é um chocolate com aroma especial, apresentando um cacau de sabor que destaca as variedades e nuances locais.

Chocolate doce Chocolate que deve conter ao menos 15% a 50% de cacau. É raro em chocolataria de qualidade.

Chocolate meio amargo Chocolate feito com 50% a 64% de cacau. O chocolate meio amargo pode ser usado para coberturas, recheios, doces e *entremets*.

Chocolate não temperado Com aparência pouco atraente e com uma visível migração da manteiga de cacau para a superfície do chocolate. Não se consolidará em dois minutos e nunca terá o brilho ou as características do chocolate temperado.

Chocolate recheado Chocolate com recheios sólidos, cobertos ou mergulhados em chocolate derretido.

Chocolates moldados Chocolates preparados em formas.

Chocolatier Profissional especializado em chocolate.

Choque térmico A flutuação de temperatura causa danos à textura e ao sabor de sobremesas congeladas. O descongelamento e o retorno ao congelamento fazem que a água da mistura se transfira e forme grandes cristais de gelo.

Claras em neve Espuma de ovos criada ao bater as claras e introduzir ar em seu interior.

Cobertura (*icing*) Etapa final na montagem de um bolo em camadas. Uma camada grossa e homogênea de uma cobertura (creme de manteiga, glacês, *fondant*, ganache e pasta americana) é aplicada nas laterais e no topo do bolo.

Cobertura de chocolate Produto adaptado destinado a ser usado sem aquecimento. É feito com similares da manteiga de cacau e consequentemente tem gosto e textura de qualidades inferiores.

Cobertura de confeitos Processo de cobertura de castanhas e de outros confeitos; os três tipos de cobertura são calda rala, calda grossa e chocolate.

Cobertura *flat icing* Também conhecida como cobertura de água, o *flat icing* é de preparo rápido feito com açúcar impalpável e um líquido, como leite, suco de limão ou água.

Coberturas aeradas Coberturas batidas consistindo de espuma estável (tipo *marshmallow* e *nougat*). Os dois métodos mais comuns de preparar essas coberturas são: adicionando agente gelificante ao merengue enquanto é batido e adicionando agente gelificante à calda e batendo até o estágio desejado.

Cola de pastilhagem Mistura de gelatina e açúcar impalpável usada para colar peças decorativas de pastilhagens.

Complementos (ou saborizantes) Ingredientes que acrescentam sabor e textura a produtos como biscoitos ou sobremesas congeladas. Eles não têm uma

GLOSSÁRIO

função estrutural e são normalmente adicionados próximos ao fim do processo de mistura. Exemplos de complementos são os chocolates *chips*, aveia em flocos, nozes, doces e frutas secas.

Complementos congelados Partes de bolos especiais que se tornam muito macios e frágeis em temperatura ambiente. Como exemplos, musse, *crémeux* e creme *brûlée*. O congelamento desses componentes antes da montagem permite que o manuseio e a montagem sejam facilitados.

Cones de papel Usados como saco de confeitar para decoração de coberturas como pasta americana e chocolate. Os cones de papel também são usados para firmar calda e chocolates em peças decorativas para montagens feitas com açúcar, pastilhagem ou chocolate.

Confeitos Termo que descreve uma ampla variedade de produtos que podem ser divididos em três categorias: chocolate, farinha e açúcar.

Confeitos cristalizados Estilo de confeitos definidos pela formação de cristais de açúcar durante o processo de cozimento. Entre esses confeitos temos: *fondant*, *fudge*, praline, *liqueur* praline, entre outros.

Confeitos de açúcar Ampla variedade de produtos baseados em açúcar incluindo caramelos, *cordials*, *fondants*, balas de marzipã, *patês de fruits*, *nougat* e *marshmallows*.

Confeitos de chocolate Confeitos de chocolate ou que são cobertos de chocolate.

Confeitos de farinha Categoria de pâtisserie caracterizada pelo uso de farinha como ingrediente principal para a confecção de doces, como biscoitos, bolos e bolos rápidos, mas não se limitam apenas a eles.

Confeitos não cristalizados Confeitos em que a cristalização deve ser evitada, como caramelos, balas e *toffees*. As características dos confeitos não cristalizados variam de duros e quebradiços até macios e consistentes.

Congelamento rápido individual (*individually quick frozen* – IQF) Processo de congelamento que assegura alta retenção de sabor e de cor nas frutas. Em vez da peça inteira, partes são congeladas individualmente, permitindo que possam ser facilmente porcionadas.

Contaminação cruzada Transferência de bactéria de um alimento, geralmente cru, para outros alimentos. É uma das maiores causas de intoxicação alimentar.

Cotiledôneo Primeira folha ou folhas criadas pelo embrião de uma semente de planta.

Coulis Molho simples de fruta sem adição da polpa.

Couverture Chocolate de alta qualidade que contém apenas manteiga de cacau como gordura.

Creme Creme espesso feito de uma mistura de leite, ovos, açúcar e amido de milho, frequentemente usado para rechear bolos, doces, *éclairs*, *napoleons*, tortas e outras pâtisseries.

Creme *anglaise* Creme que pode ser empregado em uma série de aplicações, incluindo creme de sobremesa, base para sorvetes, creme de manteiga e musse.

Creme base (básico) Mistura contendo, gemas, claras, ou ambos; creme, leite, ou ambos; e outros ingredientes como açúcar e flavorizantes. Na medida em que cozinha, as proteínas dos ovos tornam o líquido mais espesso.

Creme batido Creme, ou nata, que foi batido para aumentar o seu volume e dar mais leveza à textura. É usado normalmente como uma base para criar outros cremes.

Creme bávaro Um tipo de musse com base no creme *anglaise*, creme batido e gelatina.

Creme *brûlée* Creme enriquecido feito no forno com uma camada fina de cobertura de açúcar crocante caramelizado que cobre o recheio cremoso.

Creme *chantilly* Creme batido com baunilha e adoçado que pode ser usado como acompanhamento ou cobertura.

Creme *chiboust* Creme enriquecido e leve, componente da clássica sobremesa francesa *St. Honoré*. O creme é combinado com merengue francês ou italiano na proporção de 4:1. A gelatina é adicionada para aumentar a estabilidade.

Creme cozido Creme que foi assado e finalizado no forno. Um exemplo deste tipo de creme é o *brûlée*.

Creme de amêndoas Recheio para uma variedade de doces, incluindo o clássico *pithivier*, viennoiseries, torta de frutas e bolos em camadas. Os ingredientes desse creme incluem normalmente manteiga, açúcar, ovos, farinha de amêndoas, farinha e às vezes rum.

Creme de manteiga básico Manteiga batida com açúcar, geralmente acrescida de espuma de ovos ou claras batidas para dar leveza. Os ingredientes essenciais para o creme de manteiga são açúcar impalpável e manteiga e/ou gordura hidrogenada.

Creme de manteiga francês Baseado em uma *pâte à bombe*. Esta espuma baseada em gemas enriquece e acrescenta cor ao creme de manteiga.

Creme de manteiga italiano Creme de manteiga leve com base no merengue italiano. Manteiga macia é adicionada ao merengue e batida até incorporar.

Creme de manteiga no estilo creme *anglaise* Glacê que combina creme *anglaise*, merengue italiano, e manteiga.

Creme de manteiga suíço Cobertura feita com uma base estável de merengue suíço. Depois que o merengue for feito, a manteiga macia é adicionada lentamente, e o creme é batido até o seu volume completo.

Creme diplomata Creme delicado e leve preparado a partir de creme de baunilha, creme batido e gelatina.

Creme *St. Honoré* Ver Creme *chiboust*.

Crioulo Tipo de cacau valorizado por seu sabor de chocolate suave, embora denso, e pelos baixos níveis de acidez. É o mais raro e o mais caro dos três tipos de cacau.

Cristalização Processo que ocorre quando substâncias cristalinas, como sal ou açúcar, emergem do líquido no qual foram dissolvidos.

Crosta trançada Finalização decorativa para tortas. A aparência final é apresentada por cruzamentos abertos de tiras de massa.

D

Decreto de Rotulação e Educação Nutricional (Nutritional Labeling and Education Act – NLEA) A emenda ao Decreto Federal de Alimentos, Drogas e Cosméticos, o FDCA, de 1990, que determina a rotulação nutricional em toda a produção comercial de panificação.

Derretimento Condição que ocorre durante o cozimento do biscoito quando a manteiga e o açúcar derretem, transbordando da massa. Isso geralmente é causado por mistura incompleta.

Desenvolvimento da massa Formação da estrutura da massa.

Dragées Categoria de confeitos cristalizados feitos com castanhas assadas em fogo brando que passaram por dois processos distintos: caramelização e cobertura.

E

Emulsão Combinação de dois ou mais líquidos que são naturalmente repelentes em uma mistura homogênea. Uma substância é dispersa na outra. Emulsão normalmente é a combinação de água em óleo ou vice-versa.

Emulsificante Substância usada para estabilizar soluções, massas, emulsões e espumas, evitando que elas se desestruturem.

Entremets Bolo de tamanho suficiente para servir um pequeno grupo.

Enzima Proteína que catalisa uma reação química de degradação.

Enzimas proteolíticas Enzimas que transformam as longas cadeias de moléculas de gelatina em fragmentos curtos. Este processo destrói a capacidade da gelatina de firmar líquidos.

Equivalência em dextrose (ED) Valor atribuído a uma substância que indica seu poder adoçante em relação à dextrose. A dextrose tem ED de 100.

Equivalente a manteiga de cacau (CBE) Gorduras que imitam as propriedades de cristalização da manteiga de cacau.

Espelta Variedade primitiva de trigo.

Espuma Dispersão de gás ao longo de uma fase sólida contínua (que pode ser líquida).

Espuma de ovos Ovos, ou gemas ou claras, batidos que criam uma espuma leve ou um conjunto de bolhas de ar por desnaturação das proteínas das moléculas.

Estabilizante (agente) Substância usada para estabilizar soluções que contenham água e gordura.

Estágio Procedimento comum no desenvolvimento profissional; o padeiro ou chef pâtissier realiza um trabalho durante um curto período para aprender técnicas e processos em outro local de trabalho que não o seu próprio.

Ésteres Componente orgânico que é formado pela reação entre um álcool e um ácido. Em panificação, ésteres são componentes aromáticos importantes ao sabor do produto final.

Excesso de têmpera do chocolate Chocolate que tem um excesso de manteiga de cacau pré-cristalizada, resultando num produto que é denso e rápido de consolidar.

Expansão do biscoito Expansão da massa de biscoito que ocorre durante o cozimento.

F

Fat bloom Migração da manteiga de cacau para a superfície do chocolate. *Fat Bloom* aparece na forma de pó esbranquiçado sobre o chocolate. Aquecimento inadequado, condições de armazenagem acima da temperatura ideal ou mudanças bruscas de temperatura podem causar *fat bloom*.

Federal Food, Drug and Cosmetic Act (FDCA) Decreto do Congresso Americano de 1938 que atribuiu ao Food and Drug Administration a responsabilidade de fiscalizar a segurança e a precisão dos rótulos de drogas, cosméticos, equipamentos médicos e produção de alimentos (exceto carnes e frangos) do país.

Fermento de ação única Substância usada em panificação que contém somente sal de fermentação de ação em baixas temperaturas.

Fermento químico de dupla ação Fermento químico que possui ácidos que reagem tanto em baixa como em alta temperatura.

Fermento rápido Uma combinação de bicarbonato de sódio, sais ácidos e uma pequena quantidade de amido para estabilização.

Fermentos químicos Substâncias que ajudam a massa a ficar aerada e fermentada como resultado dos gases produzidos pela reação com água, ácido, e/ou calor.

Ficina Enzima proteolítica do figo.

Filigrana Decorações delicadas feitas com o saco de confeitar ou com moldes extrafinos.

Folhas de Dados de Segurança do Produto (Material Safety Data Sheets – MSDS) Informações destinadas a fornecer aos trabalhadores e ao pessoal de segurança no trabalho procedimentos para manuseio e uso de uma determinada substância.

Fondant Cobertura homogênea e branca preparada com calda fria e agitada para cristalizar o açúcar.

Fondant **para cobertura** Tipo de *fondant* no qual a calda de açúcar é cozida em temperatura baixa; a textura liquida resultante desse *fondant* permite que ela seja usada como cobertura.

Food and Drug Administration (FDA) Agência governamental científica, regulatória da saúde pública nos Estados Unidos, responsável por garantir a segurança dos medicamentos, equipamentos médicos, alimentos e cosméticos.

Forasteiro Tipo de cacau que é usado para produzir 80% do chocolate consumido no mundo.

Forma V de cristalização Nível de cristalização que confeiteiros e produtores de chocolates exigem para garantir um produto com estabilidade de armazenamento e que seja resistente ao *fat bloom*. A forma V é caracterizada pela "compactação densa" dos cristais de gordura em uma estrutura organizada.

Formas para bolos decorados Formas de metal (disponíveis no tamanho de assadeira ou de meia assadeira) que são projetadas para bolos especiais decorados.

Fornarii Padeiros profissionais do século XII. Os *fornarii* assavam os pães da população das cidades em fornos comunitários.

Frangipane Creme semelhante ao de amêndoas, mas com textura e sabor mais leves. Assim como o creme de amêndoas, o *frangipane* pode ser usado na preparação de bolos, tortas e viennoiserie.

Friandise Docinhos servidos com o café ou chá, ou depois de uma sobremesa.

Frutas glaceadas Cobertura porosa, embora viscosa feita com ingredientes como purê de frutas, glicose, água e gelatina.

Fudge Confeito baseado em receita de *fondant* (cristais finos de açúcar em solução de açúcar supersatu-

GLOSSÁRIO

rado) com ingredientes adicionais, como laticínios, gordura, castanhas e chocolate.

G

Galette Torta rústica, de formato variado, que pode ser doce ou salgada. *Galette* pode ser qualquer torta rústica, redonda e achatada como a *galette de rois*, que é feita de massa folhada. Além disso, na Bretanha há uma especialidade chamada *galette*, um crepe de trigo sarraceno com recheio salgado.

Ganache Mistura cremosa feita quando um líquido, geralmente creme, é misturado com chocolate formando uma emulsão.

Gelatinização do amido Processo no qual os átomos de amido desintegram a 60 °C, liberando numerosas cadeias de amido que formam uma matriz, do tipo gelatina, bastante complexa. O processo é completado a 67 °C. Dependendo do tipo de amido haverá variação da temperatura.

Geleia Substância feita com suco de frutas, solução de açúcar e um agente gelificante como gelatina, ágar ou pectina.

Gianduia (*gianduja*) Mistura de chocolate e avelã.

Glaçagem Aplicação de uma camada fina de cobertura nas laterais e no topo de um bolo, antes de cobri-lo. O objetivo é nivelar e corrigir imperfeições impedindo que apareçam na cobertura.

Glacê real (ou cobertura Royal) Cobertura clássica feita de açúcar impalpável e clara.

Glaceado de chocolate Cobertura fina e brilhante de chocolate feita de ganache diluído.

Gordura líquida A gordura líquida (parcialmente hidrogenada) com emulsificantes é usada pela maioria dos confeiteiros de bolo que utilizam essa gordura como base de suas receitas. Essas gorduras se dispersam rápida e facilmente pela massa, mas requerem atenção especial ao tempo de mistura e proporção.

Granita (*granité*) Sobremesa congelada que pode ser feita com um amplo sortimento de sabores; a granita é muitas vezes servida em um intervalo entre uma refeição e outra como sobremesa leve.

Grãos Material estranho como poeira ou cristais de açúcar adicionados (geralmente inadvertidamente) a uma solução de açúcar; tais elementos criam uma série de reações de cristalização nas soluções de açúcar, que podem ou não ser desejáveis.

Gravidade específica (GE) Medida encontrada ao dividir o peso de determinado volume de uma massa pelo peso do mesmo volume de água. Em mistura de bolo, encontrar a gravidade específica é um método para determinar a quantidade de ar em uma massa.

Guitarra Instrumento de corte feito com uma série de arames; a guitarra é usada para cortar com precisão uma variedade de doces como pastas de frutas, *ganache*, pralines e bolos.

H

Hidrólise Processo que converte amido em glicose (dextrose) pela ação do calor, por um ácido ou por enzimas. A hidrólise pode ser descrita como completa ou parcial.

Higiene pessoal Práticas de limpeza que combatem infecções ao remover substâncias que permitem que as bactérias cresçam no organismo humano. Boas práticas de higiene pessoal incluem banhos, lavar os cabelos, lavar as mãos, vestir roupas limpas e higiene bucal.

Higienização Um passo adiante da limpeza para tornar as superfícies de contato com alimentos livre de bactérias e outras contaminações.

Higroscópico Capacidade de atrair e reter umidade.

Histerese A diferença entre o ponto no qual um líquido é fluido e o ponto no qual se solidifica. O ágar, por exemplo, não se dissolve até atingir a temperatura de 85 °C a 90 °C, e as soluções de ágar se solidificam na temperatura aproximada de 32 °C a 40 °C.

I

Infusão Método de adicionar sabor à água ou líquidos baseados em óleos. Ingredientes como raspas de cítricos, ervas ou especiarias são deixados imersos em líquido morno até que seja alcançada a força desejada. O líquido é então coado para evitar sabores muito fortes ou amargos.

GLOSSÁRIO

Ingredientes amaciantes Ingredientes que amaciam, tornam o produto cremoso e previnem endurecimento e textura emborrachada. Os amaciadores incluem granulados, líquidos e açúcar invertido, gorduras naturais ou industrializadas, agentes de fermentação, gemas e amidos derivados do milho ou do trigo.

Ingredientes fortalecedores Ingredientes que criam uma estrutura viável para a massa, reduzindo portanto o amolecimento e criando um produto mais firme. Os principais ingredientes fortalecedores incluem farinha, água, cacau em pó, claras, ovos e leite desnatado em pó.

Insetos Insetos que vivem em alimentos armazenados, como carunchos, besouros, traças.

Isomalte Açúcar manufaturado substituto derivado da sacarose. O isomalte é muitas vezes usado em esculturas de açúcar, por ser mais resistente à cristalização e menos higroscópico do que o açúcar.

L

Laminação Processo pelo qual camadas de massa e manteiga são intercaladas para produzir massas folhadas como croissant e *danish*.

Lâmpada para aquecer açúcar Lâmpada de aquecimento usada para manter a alta temperatura do açúcar.

Lei do bioterrorismo Lei criada em 2002 para proteger a saúde e a segurança da população norte-americana de ataques terroristas, intencionais ou reais, ao suprimento alimentar da nação.

Líquor de cacau Produzido com a semente integral de cacau depois de passar pelo processo de produção inicial. O liquor pode ser transformado em cacau pó e em manteiga de cacau, ser vendido como chocolate amargo, ou ser transformado em chocolate amargo ou ao leite.

M

***Macaron* parisiense** Biscoito delicado feito com açúcar, claras e amêndoas moídas. Duas partes de biscoito recheadas com creme de manteiga ou *ganache*.

Manejo Integrado de Pragas – MIP (Integrated Pest Management – IPM) Série de avaliações de controle de pragas, monitoramento, prevenção e controle.

Manteiga de cacau Gordura vegetal natural encontrada no cacau, a manteiga de cacau é um triglicerídeo composto de três ácidos graxos relacionados a uma molécula de glicerol. São aproximadamente 54% do chocolate líquido.

Marshmallow Doce aerado feito com calda de açúcar saturada, gelatina e claras (opcional).

Marzipã Doce feito de pasta de amêndoas com a adição de açúcar, calda de açúcar e às vezes glicose e/ou álcool.

Massa compacta Tipo de massa de torta caracterizada por uma textura compacta embora tenra.

Massa de cacau *Ver* Líquor de cacau.

Massa de torta Massa adequada para uso em tortas. Não encolhe nem cai pelas bordas da forma. As massas de tortas incluem a *pâte sucrée*, a *pâte sablé* e mesmo a massa folhada.

Massa de torta folhada (laminada) Tipo de massa amanteigada em que a gordura é colocada entre as camadas da massa e passa por uma série de dobraduras para criar um produto final leve e laminado.

Massa esfarelada Tipo de massa de torta caracterizada por uma textura leve e esfarelada.

Massa folhada Massa laminada não fermentada. Os quatro principais tipos de massa folhada são *blitz*, invertida, italiana e tradicional.

Massa folhada *blitz* Massa de torta semelhante à massa bastante amanteigada. A manteiga fria é misturada à massa em grandes pedaços visíveis. A massa é então aberta e dobrada diversas vezes para criar camadas esfareladas.

Massa folhada invertida Tipo de massa folhada produzida ao envolver a manteiga (*beurrage*) na camada de massa (*détrempe*).

Massa folhada italiana Versão da massa folhada caracterizada por massa que contém ovos e vinho branco.

Massa folhada tradicional Pâtisserie na qual a manteiga (*beurrage*) é inserida em uma massa (*détrempe*) e recebe uma série de dobras. Esta técnica produz ca-

GLOSSÁRIO

madas alternadas de massa e manteiga, que, após o cozimento, apresenta uma textura crocante e folhada.

Merengue comum Feito com açúcar e claras, muitas vezes caracterizado por ter menos açúcar do que claras. Normalmente usado como agente de fermentação em misturas para bolos. Um merengue comum pode ser chamado também de merengue francês.

Merengue francês Espuma de claras adicionada de açúcar onde não há cocção de nenhum tipo.

Merengue italiano Merengue cozido feito com claras e cozido em calda de açúcar. A calda de açúcar é cuidadosamente despejada nas claras em neve e a mistura é batida até ficar levemente morna ou fria.

Merengue suíço Caracterizado por aquecer as claras e o açúcar antes de serem levadas à batedeira, onde o merengue deve ser batido até esfriar. Durante o aquecimento, a mistura deve ser constantemente mexida para evitar que as claras coagulem.

Metamorfose completa Ciclo de vida de um inseto.

Método biscoito *jaconde* Variação do método espumoso com ovos separados. É caracterizado pela adição de farinha de amêndoas na massa do bolo, assim como pelo desenho que é aplicado a uma massa de bolo mais densa. O biscoito *jaconde* é assado em forma forrada com papel-manteiga.

Método *biscuit* Método misto que produz biscoitos e *scones* com estrutura esfarelada, conforme desejado. Inicialmente, a gordura fria é cortada e misturada com a farinha e outros ingredientes secos. Os ingredientes líquidos são, então, adicionados à mistura e combinados até serem incorporados.

Método *chiffon* Duas etapas no processo de mistura: é criada uma pasta com os ingredientes líquidos e secos; a seguir, claras batidas são misturadas na base. A adição de óleo neste tipo de bolo produz um miolo bastante macio.

Método cremoso Mistura na qual a gordura e o açúcar são misturados até o estágio desejado. A seguir são acrescentados ovos e adições alternadas de ingredientes secos e líquidos, quando for o caso.

Método cremoso modificado Método básico de creme combinado com merengue comum.

Método da fruta cozida Método no qual a fruta fresca, juntamente com o açúcar e o amido são cozidos antes de assar a torta. Este método é indicado para frutas mais firmes como maçãs ou peras.

Método de deslizar Técnica que utiliza o saco de confeitar em que o bico do cone mal toca a superfície do produto, permitindo ao confeiteiro maior controle de trabalhos finos e mais detalhados.

Método de mistura rápida Método para *muffins*, bolos e *scones*. Os ingredientes secos são simplesmente adicionados aos ingredientes líquidos. É também chamado método *muffin*.

Método de ovos separados para bolo espumoso Método de mistura para bolo caracterizado pela separação da espuma de ovos do merengue comum. Esses elementos são combinados e a farinha é então adicionada. Essa técnica é normalmente usada para bolos que precisam ser enrolados ou rocamboles.

Método de uma etapa Método de mistura onde todos os ingredientes, depois de pesados e mantidos em temperatura ambiente (se preciso), são misturados até a incorporação completa.

Método do bolo anjo O bolo anjo é chamado assim pela textura do miolo, branca e leve. Os três ingredientes básicos são açúcar, claras e farinha. Em razão da alta proporção de açúcar em relação à farinha, as claras são batidas com a metade da quantidade de açúcar e o restante dele é misturado à farinha peneirada e acrescentada posteriormente.

Método do suco da fruta cozido Método usado para ressaltar a consistência dos recheios feitos com frutas delicadas e frutas silvestres. O suco da fruta é cozido com açúcar, amido e especiarias até engrossar. A mistura é adicionada à fruta. Depois de frio, o recheio é posto na massa da torta que, então, é assada.

Método em linha Técnica de aplicação com o saco de confeitar acima da superfície do bolo. Pode ser feita a uma distância de 1 cm.

Método espumoso Método de mistura usado para biscoitos leves e de textura delicada. A primeira etapa é o desenvolvimento de uma espuma estabilizada de ovos e açúcar. Os ingredientes secos peneirados são então adicionados à espuma. Na medida em que os ovos batidos vão incorporando ar, adquirem volume e a espuma é transformada em um agente de fermentação.

GLOSSÁRIO

Método para confeitar É a técnica utilizada com o saco de confeitar para embelezar, destacando uma decoração já existente ou um desenho. A superfície pode ser de qualquer textura.

Método *sablée* (arenoso) Este método cria uma textura arenosa e tenra nos biscoitos.

Micro-organismos Organismos como levedura e bactéria que são muito pequenos para serem vistos a olho nu.

Mignardise Docinhos delicados oferecidos com o serviço de café após o jantar. Entre os *mignardises* estão chocolates, caramelos, frutas com coberturas e nozes, confeitos, biscoitinhos ou tortas.

Mil-folhas Doce que utiliza massa folhada. O nome é uma referência às muitas camadas criadas na massa durante o processo de laminação.

Milho Grão rico em amido originário da América do Norte. Enquanto algumas variedades são cultivadas e consumidas como legumes, outras, cujos grãos são pequenos e duros, são consumidas como farinha, após moagem.

Mingau Prato feito de grãos de cereais fervido em leite ou água.

Mise en place Termo francês que significa "colocado no lugar", usado para descrever a preparação de todos os ingredientes e equipamentos necessários para a finalização de pratos.

Mistura Refere-se à mistura da massa com fermento. A etapa do processo de panificação durante o qual o padeiro combina todos os ingredientes para fazer a massa. Mistura também pode se referir ao processo de combinar os ingredientes para diversas massas de tortas ou bolos.

Modelagem de chocolate Combinação da cobertura de chocolate e açúcar invertido, como xarope de milho, glicose ou calda simples. A modelagem de chocolate pode ser usada para cobrir um bolo ou para criar elementos decorativos texturizados como fitas, laços, flores e folhas.

Moldagem de açúcar Técnica de derramar o açúcar em forma de metal untada, barra de metal, placa de borracha ou formas de silicone.

Moldagem Moldar a massa no seu formato final. A moldagem pode ser feita à mão ou à máquina.

Moldes de amido Moldes feitos de uma camada grossa de amido seco que foi cuidadosamente prensada com cavidades onde podem ser colocados recheios.

Molhos de frutas Molhos que contém um pouco de polpa de frutas.

Montagem de baixo para cima Refere-se ao método de montagem de bolo de baixo para cima. Essas camadas podem ser montadas com aros, em formas de bolo com ou sem fundo removível. Utilizada para bolos decorados.

Montagem invertida Técnica para montagem em camadas que se adapta melhor em formas de silicone e algumas formas especiais, como a do tronco de Natal e formas de meia cúpula ou de pirâmides. Na montagem invertida, a musse é colocada na forma, outros ingredientes são adicionados, e a base do bolo é posta sobre a musse e nivelada com o topo da forma. Depois que a sobremesa for congelada é invertida de maneira que o bolo fique na base.

Musse Termo francês (*mousse*) que significa "espuma". Este preparado leve e elegante consiste de uma base aromatizada na qual foi adicionado claras e/ou creme batidos, acrescentando uma textura aerada à musse.

Musse congelada A combinação congelada de merengue suíço ou italiano, creme batido e aromatizante base.

Musse de chocolate Preparação de musse que inclui chocolate, creme batido, normalmente ovos batidos e, às vezes, gelatina. Se o teor de cacau da mistura for suficientemente alto para firmar a musse não é necessário gelatina.

Musse de frutas Musse preparada com purê de frutas, creme batido, espuma de ovos (opcional) e gelatina.

N

Nougat Confeito denso e aerado com uma textura que varia de macio a firme. A base do *nougat* é de claras em neve para alcançar suas características.

GLOSSÁRIO

O

Oubloyers Guilda de padeiros estabelecida na França, na Idade Média, que vendia pequenos bolos em barracas nas ruas e em festivais e feiras.

***Overrun* (incorporação de ar)** Quantidade de ar incorporada durante as fases de batimento e congelamento. É apresentado como porcentagem e calculado da seguinte forma: usando o mesmo recipiente, pesar o sorvete antes e depois de congelar, e completar o seguinte cálculo: (Peso do sorvete × peso da mistura)/(peso da mistura × 100).

P

Painço Grão cultivado de um grupo de gramíneas destinado tanto ao consumo humano quanto animal. É um elemento importante na dieta de muitos países africanos e asiáticos.

Paleta central vertical Batedor que agita, ou gira dentro do tanque congelador de uma máquina de sorvete.

Papaína Enzima proteolítica da papaia.

***Parfait* congelado** Mistura congelada de *pâte à bombe* ou merengue italiano ou suíço, com flavorizante e creme batido. Nos Estados Unidos, *parfait* também se refere a um sorvete em camadas com frutas e creme batido.

Partes por milhão (ppm) Sistema usado para medir pequenas quantidades de ingredientes bastante reativos como os melhoradores de massa. Uma quantidade específica do ingrediente indicado é diluída numa quantidade específica de um ingrediente neutro (como a farinha) para obter uma mistura. Dessa combinação obtém-se as ppm.

Pasta Pratos feitos a partir de cereais cozidos em água ou leite.

Pasta sfogliata Ver Massa folhada italiana.

Pasteurização Aplicação de calor a uma temperatura específica, por determinado período de tempo, para prevenir o desenvolvimento de micróbios perigosos presentes em alguns alimentos como ovos e lacticínios.

Pastilhagem (*pastillage*) Massa decorativa branca, sem sabor, similar ao *fondant* de rolo que seca e se torna dura. É muito usada para centro de mesa e peças decorativas.

Pâte Palavra francesa que designa massa, pasta ou massa de bolo.

Pâte à bombe Espuma feita de gemas de ovos cozidas em calda de açúcar.

Pâte à choux Massa pré-cozida. *Choux* (em francês "repolho") refere-se à forma irregular que a massa passa a ter depois de assada.

Pâte à foncer Expressão francesa que significa massa-base para torta. Os ingredientes são similares ao da massa de torta, mas também incluem quantidades variáveis de açúcar e ovos.

***Pâte breton* (*Pâte à sablé breton*)** Massa especial originária da Bretanha, França, usada para tortas ou base para os *petits fours*, com a característica de miolo aberto, textura bastante esfarelada e sabor levemente salgado.

Pâte brisée Massa básica de torta feita com manteiga. Pode ser preparada com recheios doces ou salgados.

Pâte sablée Massa macia que pode ser usada como base de tortas, ou como uma base para bolos ou outros doces.

Pâte sucrée A tradução literal do termo francês é "pasta doce". Essa massa enriquecida é normalmente usada como base para tortas.

Pâtes de fruits Doce especial francês feito com suco de frutas ou com purê, açúcar, glicose, pectina amarela e um ácido. As *pâtes de fruits* devem ter uma textura levemente firme, mas manter as qualidades de maciez.

***Pâtissiers*/confeiteiros** Guilda francesa de panificação estabelecida no século XV. A este grupo de comerciantes foi concedido direito exclusivo para fazer e vender tortas recheadas com vários tipos de carnes, peixes e queijos.

Patógenos Micro-organismos causadores de doenças.

Pé de moleque Confeito crocante feito com calda de açúcar em que se acrescentam amendoins ou castanhas (oleaginosas em geral).

Pectina amarela Um dos três tipos mais comuns de pectina usadas em pâtisserie, a pectina amarela é mais frequentemente usada em *patês de fruits*.

GLOSSÁRIO

Pectina de gelificação rápida Pectina de solidificação rápida é mais comumente utilizada em doces e geleias.

Pectina NH Outro tipo de pectina muito utilizada em pâtisserie. A pectina NH é mais frequentemente usada em *nappage* e glaceados em razão de suas propriedades termorreversíveis.

Pectina Polissacarídeo obtido de plantas (mais precisamente de maçãs e frutas cítricas) que produzem geleias de sabor neutro, macio, embora de pouca textura.

Pesticidas Substâncias ou misturas de substâncias destinadas a prevenir, destruir ou repelir quaisquer pragas. Pragas são organismos vivos que ocorrem onde não são desejados ou que causam danos às culturas, aos humanos e animais.

Petits fours Tradicionalmente usados para descrever uma variedade de minibiscoitos e doces mais elaborados que acompanham o café ou chá da tarde, bem como os biscoitos servidos depois das refeições. Leves, delicados e frescos, a característica essencial dos *petits fours* é que eles podem ser comidos em um ou dois bocados.

Petits fours déguisés Também conhecidos como frutas *déguisés*. Frutas frescas, secas ou cristalizadas cobertas de chocolate, *fondant*, calda ou quaisquer combinações dos três.

Petits fours frais Pâtisserie pequena e fresca que deve ser servida no dia em que é preparada. Este grupo inclui doces recheados como os *éclairs*; massa *choux* recheada com creme e mergulhada em *fondant*, chocolate ou caramelo; tortas de frutas, creme cítrico ou decorativo e biscoitos recheados.

Petits fours glacés Confeitos em miniatura com camadas finas de bolo recheado com geleia ou creme de manteiga, cobertos com marzipã e finalizados com *fondant* ou, às vezes, chocolate.

Petits fours prestige Versões em miniatura dos *entremets* contemporâneos ou de outras sobremesas.

Petits fours sec Biscoitos secos, crocantes e sem recheios. Nestas categorias estão incluídos amanteigados e produtos feitos de massa *sablée* como as *duchesses*, *beurre sablée*, *spritz* e *speculoos*; *palmiers* feitos de massa folhada e *allumettes glacês*; e *tuiles* de manteiga e *langue du chats*.

Pico firme Merengue de aparência brilhante e que forma picos quando o batedor é levantado.

Pico médio Espuma que tem uma aparência homogênea e desenvolvida, embora faltem definição e ponto firme.

Pièces montées Centros de mesa de apresentação artística.

Pistores No fim do século XIII, em Paris, os *pistores* ganharam o direito exclusivo de serem os padeiros da cidade.

Polimórfico Refere-se à capacidade de algo existir em diversos estados. Tratando-se de chocolate, a manteiga de cacau é polimórfica, já que é capaz de se solidificar em diversas formas. A forma V é a ideal e é um sinal de que o chocolate possui têmpera.

Ponto de congelamento Temperatura na qual um líquido se torna sólido.

Ponto de fita Refere-se à espuma feita de ovos e açúcar que apresenta uma textura do tipo fita quando o batedor é levantado.

Ponto fluido Espuma homogênea que ainda não firmou e portanto forma picos moles, que não mantém a forma. Ponto comum do glacê real utilizado no preenchimento de desenhos.

Ponto ou pique do ingrediente Ponto que se forma quando um ingrediente (claras, creme batido) tem estabilidade suficiente para atingir o ponto, ou o pique, porém com o topo flexível.

Pot de crème Creme assado ligeiramente firme e de textura muito fina e sedosa. O *pot de crème* é servido no mesmo prato em que foi assado.

Potassa Antigo fermento químico feito de cinza de certas plantas.

Primeiro a entrar, primeiro a sair – PEPS (*First In First Out* – Fifo) Método de rodízio de armazenagem que assegura que os alimentos são consumidos periodicamente, bem antes da data de validade.

Procedimentos Padrão de Higiene Operacional – PPHO (*Standard Sanitation Operating Procedures* – SSOP) Procedimentos escritos, passo a passo, de limpeza e higienização para cada tarefa programada.

GLOSSÁRIO

Professor Raymond Calvel Mestre francês em panificação conhecido por seus estudos aprofundados sobre o processo da massa. Também conhecido como criador do método de autólise.

Pudim de leite com calda de caramelo Creme ligeiramente mais firme que o creme *brûlée*, que pode ser virado da forma antes de ser servido. A marca característica dessa sobremesa é o caramelo que cobre o doce após ser retirado da forma.

Pudim de pão Sobremesa muito popular feita de uma mistura de pão ressecado, creme e outros ingredientes para dar sabor.

R

Reação Maillard Reação de açúcares residuais, aminoácidos e calor que contribuem para aparência dourada e sabor de apetitoso.

Recheio Refere-se aos bolos em camadas: recheios do tipo creme de manteiga, *ganache* ou creme espalhado entre as camadas do bolo.

Refino do chocolate Processo de refino do chocolate para alcançar o tamanho desejado de 15 a 25 microns e melhorar o sabor, a viscosidade e a fluidez do produto.

Refratômetro Instrumento que mede a concentração de açúcar em um líquido.

Resfriamento Em relação ao resfriamento do pão, esta é uma das últimas etapas da panificação.

Ressecamento Degradação do miolo especialmente em razão da migração da água, que envolve as partículas de amido da massa, move-se para o interior durante a gelatinização e o cozimento, desintegrando as partículas e estendendo algumas cadeias de moléculas de amido. Conforme o pão esfria, essas cadeias se retraem à sua posição original, tornando o miolo mais denso e fazendo com que perca a maciez.

Rock sugar **(açúcar em pedra)** Combinação de calda de açúcar e glacê real com agitação suficiente para aerar e produzir bolhas enquanto se torna firme. É menos resistente à umidade, portanto mantém-se bem.

S

Seizing Fenômeno indesejável que ocorre quando mesmo uma gota de água interage com o chocolate, transformando-o em uma pasta grossa.

Sementes de cacau Sementes da vagem da árvore *Theobroma cacao*. As sementes de cacau são processadas para produzir chocolate.

Semifreddo Palavra italiana que significa "semicongelado". O *semifreddo* é uma sobremesa congelada composta de uma base de creme combinado com creme batido ou merengue. É servido congelado, mas o ar incorporado torna-o mais macio e menos gelado.

Separação do cacau Processo de separação da casca e do germe do cacau antes de moê-lo.

Separar em camadas Cortar o bolo horizontalmente em camadas.

Sinerese Processo que ocorre na medida em que o creme envelhece; o amido no creme começa a quebrar e a "liberar" água.

Sobremesas batidas Mistura que é batida ou mexida durante o congelamento para diminuir o tamanho dos cristais de gelo enquanto eles se formam. Sobremesas congeladas batidas são produzidas normalmente usando uma máquina de sorvetes. Sorvetes e *sorbets* são dois exemplos de sobremesas batidas.

Sobremesas congeladas por agitação Preparações em grande parte compostas de ingredientes de musse clássico: espuma feita de claras, gemas ou creme, é adicionada a uma base aromatizada.

Sobremesas montadas e congeladas Faz parte do final de uma refeição normalmente servida em um restaurante ou hotel. Uma sobremesa composta é uma composição de elementos que contribuem complementando ou contrastando os sabores, as texturas e, às vezes, a temperatura. A apresentação é muitas vezes lúdica ou temática.

Sólidos de leite desnatado (*milk solids non fat* – MSNF) Componentes de leite em pó (componentes de água e gordura removidos) semidesnatado ou desnatado incluindo proteínas, lactose e minerais.

Solução de açúcar Mistura estável de água e açúcar dissolvido.

GLOSSÁRIO

Solução saturada Tipo de solução obtida quando a quantidade máxima de açúcar é dissolvida na água.

Solução supersaturada Tipo de solução obtida quando o açúcar é dissolvido em água em maior proporção do que normalmente é e em determinada temperatura; uma solução de açúcar saturado requer fervura para evaporar parte da água que, então, é resfriada.

Sorvete de creme francês Tipo de sorvete que utiliza gema ou ovos inteiros na preparação da base para o sorvete.

Sorvete em estilo Filadélfia Sorvete feito de uma mistura não cozida de creme, açúcar e aromatizantes. Pode ter uma textura levemente granulada pela ausência das características emulsificantes da gema de ovo.

Suflê congelado Semelhante à musse congelada; a diferença está na aparência, que é feita para parecer um suflê quente.

T

Tant pour tant (TPT) Mistura contendo uma parte de farinha de amêndoas para uma parte de açúcar impalpável ou granulado.

Temperagem do chocolate Processo de derreter e pré-cristalizar uma porção de manteiga de cacau para estabelecer os cristais de forma V. O chocolate com têmpera tem brilho atraente, é resistente ao *bloom* e é saboroso.

Temperatura baixa por tempo mais longo (TBTL) Processo de pasteurização no qual a mistura deve ser aquecida a uma temperatura mínima de 65 °C por 30 minutos.

Terroir Palavra francesa que se refere à ideia de que, assim como o vinho e o café, o cacau apresenta características individuais em razão das condições ambientais nas quais cresceu e foi processado. *Terroir* pode ser traduzido livremente como "o sentido do lugar".

Teste da tira Método de conferir se o chocolate possui têmpera; uma tira fina de chocolate é colocada sobre um pedaço de papel vegetal, e as propriedades de consolidação são observadas.

Theobroma cacao A árvore que produz o cacau. Em grego, a palavra *theobroma* significa "alimento dos deuses", uma descrição apropriada para o chocolate.

Toffee Confeito caracterizado por textura endurecida e densa. O *toffee* é feito com o cozimento controlado do açúcar, um anticristalizante e um laticínio.

Torta aberta assada (*tart*) Tortas nas quais a massa é assada com o recheio. Os recheios mais comuns para este tipo de torta incluem *frangipane*, creme de amêndoas, ricota ou arroz.

Torta fechada assada (*pie*) Um estilo de torta que começa com uma base crua, que é recheada com frutas ou creme e então assada. Pode ter crosta simples ou dupla. Exemplos de tortas assadas incluem as tortas de maçã, de mirtilo e de abóbora.

Torta *chiffon* Sobremesa clássica americana composta de uma massa de torta assada sem recheio – *blind baked* – recheio do tipo musse e, às vezes, é finalizada com creme batido.

Torta com frutas cruas Método clássico de preparação de torta de frutas. Frutas frescas ou congeladas são misturadas com açúcar e amido, depois colocadas dentro de uma base de torta crua e levadas para assar.

Torta de creme Torta assada na qual o recheio é feito com ovos para dar firmeza. Como exemplos têm-se as tortas de abóboras, de nozes-pecã e a quiche.

Torta de frutas Torta cujo recheio é feito com frutas frescas, congeladas, enlatadas ou secas.

Torta semipronta Base da torta que foi assada sem recheio, e depois é finalizada com creme e frutas frescas ou qualquer variedade de recheio que não requeira cozimento.

Tourrier Pessoa cujas responsabilidades profissionais incluem misturar e preparar adequadamente as várias massas. *Tour* refere-se à mesa de mármore ou de granito em que normalmente se trabalha.

Triglicerídeo Molécula de gordura formada por três ácidos graxos.

Trigo É o cereal mais amplamente cultivado para consumo humano. A flor produzida pelo trigo é a base alimentar da dieta mundial. É um ingrediente essencial da maioria dos pães, das tortas, das pastas e dos produtos de pâtisserie.

GLOSSÁRIO

Trinitário Variedade híbrida de cacau crioulo e forasteiro. O trinitário combina os benefícios dos resultados mais altos e mais consistentes do *forasteiro* com as notas de sabores mais delicadas do crioulo.

Trituração Processo de trituração de sólidos, transformando-os em partículas menores. No caso das sementes de cacau, obtém-se uma massa líquida chamada liquor de cacau.

Trufas Bombons de chocolate compostos de *ganache* coberto de chocolate. A origem do nome se dá pela semelhança com cogumelos do bosque, mas atualmente podem ser encontrados em diversos formatos e apresentações.

Tuile Biscoito crocante feito com uma fina massa com base em claras, farinha e açúcar. Variações podem incluir xarope de milho, nozes, sementes ou purês de frutas.

Túnel, efeito Buracos que atravessam diagonalmente um produto. Este efeito é o resultado de mistura excessiva da massa, o que também causa endurecimento do miolo.

U

Ultracongelador (*blastfreezer*) Freezer usado para congelar produtos instantaneamente, minimizando o ressecamento e a formação de cristais nos alimentos.

Umectantes Substâncias que promovem a retenção da umidade.

V

Valor neutralizante (VN) Medida da acidez produzida pelos ácidos de fermentação. O VN é utilizado para determinar a quantidade de ácidos fermentativos necessários para alcançar um pH neutro quando combinado com bicarbonato de sódio; este valor representa o número de partes do bicarbonato de sódio que podem ser neutralizados por 100 partes de ácido fermentativo.

Z

Zona de perigo A variação de temperatura propícia ao desenvolvimento de bactérias nocivas. A zona de perigo é considerada entre 5 °C a 60 °C onde os micro-organismos causadores de intoxicação alimentar se desenvolvem.

W

Whipped topping É uma base cremosa sem lactose com estabilizantes e emulsificantes que proporcionam um creme leve e fácil de trabalhar.

REFERÊNCIAS

Observação: Como qualquer outro instrumento dinâmico de informação, os sites da Web mudam ou mesmo desaparecem sem aviso prévio. Qualquer internauta deve estar ciente e preparado para investigar e descobrir sites similares.

BACHAMANN, W. *Continental confectionery*: The pastrycooks' art. Londres: Maclaren & Sons, 1995.

BECKETT, S. T. *The science of chocolate*. Cambridge, UK: Royal Society of Chemistry, 2000.

BENNION, E. B. & BAMFORD, G. S. T. *The technology of cake making*. Bucks, Grã-Bretanha: Leonard Hill Books, 1973.

BILHEUX, R. & ESCOFFIER, A. *Doughs, batters, and meringues*. Nova York: John Wiley and Sons, 2000.

_____. *Creams, confections, and finished desserts*. Nova York: John Wiley and Sons, 2000.

BUYS, A. & DECLUZEAU, J.-L. *Decorating with a paper cone*. Nova York: John Wiley & Sons, 1996.

CALVEL, R. *The taste of bread*. (Trad. R. L. Wirtz). Gaithersburg, MD: Aspen Publishers, Inc., 2001.

CHABOISSIER, D. & LEBIGRE, D. *Compagnon et maître pâtissier*. Tome I – Technologie de pâtisserie. Les Lilas, França: Editions Jerome Villette, 1993.

CLARKE, C. *The science of ice cream*. Cambridge, UK: The Royal Society of Chemistry, 2002.

CLEVELAND CLINIC HEART AND VASCULAR INSTITUTE (s.d.). *The health benefits of chocolate unveiled*. Consultado em: http://www.clevelandclinic.org/heartcenter/pub/guide/prevention/nutrition/chocolate.htm.

COE, S. & COE, M. *The true history of chocolate*. Nova York: Thames and Hudson, 1996.

"Current good manufacturing practice in manufacturing, packing, or holding human food", 21 C.F.R. § 110. Washington DC: US Government Printing Office. Consultado em: http://www.access.gpo.gov/nara/cfr/waisidx_07/21cfrll0_07.html.

DARENNE, E. & DUVAL, E. *Traité de pâtisserie moderne*. Paris: Flammarion, 1974.

ECOLE LENÔTRE. *Les recettes glacées*. Les Lilas, França: Jérôme Villette, 1995.

_____. *Chocolats et confiserie*. Les Lilas, França: Jérôme Villette, 2000.

_____. *Ecole Lenôtre: La pâtisserie* – Grands classiques et créations. Les Lilas, França: Jérôme Villette, 2006.

EDWARDS, W. R. *The science of sugar confectionary*. Cambridge, UK: The Royal Society of Chemistry, 2000.

FLANDRIN, J.-L., MONTANARI, M., SONNENFELD, A. (Eds.). *Food: A culinary history from antiquity to the present*. Nova York: Columbia University Press, 1999.

GISSLEN, W. *Professional baking*. Nova York: John Wiley and Sons, 2001.

GLACIER, S. *Sucre d'art*: l'envers du décor. Paris: Les Editions de L'if, 2001.

GOFF, D. *Dairy science and technology education series*. 1995. Acessado em fev. 2006, University of Guelph, Canada, em: http://www.foodsci.uoguelph.ca/dairyedu/home.html.

GREWELING, P. P. *Chocolates and confections*: Formula, theory and technique for the artisan confectioner. Hoboken, NJ: John Wiley and Sons, 2007.

GUINET, R. & GODON, B. *La panification française*. Paris: Lavoisier, 1994.

JACOB, H. E. *Six thousand years of bread*: Its holy and unholy history. Nova York: Lyons Press, 1944.

MATZ, S. A. *Formulas and processes for bakers*. McAllen, Texas: Pan-Tech International, 1987.

_____. *Cookie and cracker technology*. McAllen, Texas: Pan-Tech International, 1992.

MCGEE, H. *On food and cooking*: The science and lore of the kitchen. Nova York: Scribner, 2004.

MACLAUCHLAN. A. *New classic desserts*. Nova York: John Wiley and Sons, 1995.

_____. *The making of a pastry chef*. Nova York: John Wiley and Sons, 1999.

MCWILLIAMS, M. *Foods*: experimental perspectives. Upper Saddle River, NJ: Prentice Hall, 2001.

MEYER, A. L. *Baking across America*. Austin, TX: University of Texas Press, 1998.

MONTAGNE, P. (Ed.). *Larousse gastronomique*. Nova York: Clarkson Potter/Publishers, 2001.

PERRUCHON, J. M. & BELLOUET, G. J. *Apprenez l'art des petits fours sucres et sales*. Barcelona: Montagud Editions, 2002.

PYLER, E. J. *Baking science and technology*. (Vols. 1-2). Kansas City, MO: Sosland Publishing Company, 1988.

REVEL, J.-F. *Culture and cuisine*: A journey through the history of food. Garden City, NY: Doubleday, 1982.

TANNAHILL, R. *Food in history*. Nova York: Three Rivers Press, 1988.

TROTTER, C. *Charlie Trotter's desserts*. Berkeley, CA: Ten Speed Press, 1998.

ÍNDICE DE FÓRMULAS

Os números de página seguidos de *f* referem-se às figuras.

A

abóbora, bolo de, 112, 115*f*
abóbora, pavê de, 89-90, 91*f*
abóbora, torta de, 191-192
açúcar (líquida, puxada e soprada), calda de, 604-606
açúcar em fio, 589-590
amêndoas cristalizadas, 611
amêndoas, creme de, 287
amêndoas, *sablé* de, com musse de chocolate e framboesas, 456, 458*f*
amendoim, biscoito de pasta de, 69, 73*f*
amendoim, pé de moleque, 485-486
amendoim, bombom de praline, 665, 667*f*
anjo, bolo, 240-241, 241*f*
aveia e uvas-passas, biscoito de, 68, 73*f*
avelã japonesa, merengue de, 250
avelã, sorvete de praline de, 524-525

B

baba ao rum (*baba savarin*), 378-379, 379*f*
bacon e cheddar, pudim de pão, 297
balas, 445. Ver também Confeitos
banana, bolo de, 110-111, 115*f*
baunilha, *bavarois* com fava de, 396-399, 399*f*
baunilha, bolo de creme azedo, 232
baunilha, sorvete de, 517-518, 522*f*
bávaro, creme básico com variações, 327
biscotti, 75-76, 81*f*
biscuit *viennois*, 248
biscoito de chocolate conforto, 80, 81*f*
blitz, massa folhada, 158
bolo(s)
anjo, 240-241, 241*f*
baba ao rum (*baba savarin*), 378-379, 379*f*
bavarois com fava de baunilha, 396-399, 399*f*
biscuit de chocolate, 246
biscuit viennois, 248
charlotte de frutas frescas, 391-394, 394*f*
chiffon
chocolate, 243-245
dourado, 243
concord, 380-381, 381*f*
de cenoura, 366-367
de chocolate com avelãs, 359-360, 360*f*
de chocolate de alta proporção, 237-238
de chocolate com avelãs, 359-360
de chocolate para café, 234, 235*f*
de creme azedo, 232-233
de creme de limão, 358, 358*f*
de frutas, 236-237 236*f*
de maçã para café, 249, 249*f*
espumoso (pão de ló)
biscuit de chocolate, 246
de chocolate com gordura líquida, 238-239
Emmanuel, 239-240
génoise básico, 242
Floresta Negra, 360-362, 363*f*
jalousie, 372
1e*fraisier*, 387-389, 389*f*, 390*f*
macaron com creme *brûlée* e framboesa, 400-401, 402*f*
mármore, 231-232, 235*f*
merengue de avelã japonesa, 250
mocha, 362-364, 363*f*
musse de avelãs e uísque, 420-422, 423*f*
musse de chocolate branco com framboesas, 417-419, 419*f*
musse de chocolate e menta, 413-415, 416
musse de chocolate com risoto doce, 410-413, 412*f*, 413*f*
musse de framboesas, 403-405, 405*f*
musse de limão com amoras, 406-409, 409*f*
Napoleon (mil-folhas), 368-369, 371*f*
ópera, 385-386, 385*f*
ópera em veludo vermelho, 572-576,576*f*
Paris-Brest, 376, 377*f*
páte à décor e *patê à décor noir*, 247
phitivier, 370, 371*f*
rocambole (*roulade*), 245
Sacher, 364-365, 365*f*
St. Honoré, 373-375, 377*f*
tiramisu, 382-384, 384*f*
tronco de Natal (*bûche de Nöel*),
de chocolate com praline, 427-429, 430*f*
de limão e frutas vermelhas, 424-427
bolos rápidos
de abóbora, 112, 115*f*
de banana, 110-111, 115*f*
de milho, 113, 114*f*
fibras, *muffin* de, 117, 122*f*
financier, 130
madeleines, 127-129, 128*f*
mirtilo, *muffin* de, 116, 122*f*
para café, 118-119, 122*f*
para café com creme azedo, 120-122, 122*f*
salgado, *muffin*, 114, 115*f*
scones
com creme, 123*f*, 124
de manteiga, 123*f*, 125
salgado, 123*f*, 126-127
breton, torta de morango, 205-206, 202*f*
brownies, 87, 91*f*

C

café, bolo para, 118-121, 122*f*
creme azedo, 120-121, 122*f*

ÍNDICE DE FÓRMULAS

café, ganache de, 659f, 661, 661f
café, sorvete de, 520-521, 522f
calda
   de açúcar (líquida, puxada, soprada), 604-605, 607f, 608f
   simples, 283
   30 baumé, 283
caldas para glacear
   chocolate, 305-306
   nappage, 308
   negra, 306
canela, praline de avelãs e, 664, 667f
cappuccino, recheio de, para, 653
caramelos, 475-478, 477f, 484f
cereja, creme, 361
cassis, ganache e, 662, 667f
cenoura, bolo, 366-367
chartreuse, pirulito de *marshmallow*, 470, 472f
chá verde, sorvete de, 523
chá verde, bolo de creme azedo com, 233
cheesecake, 294-295, 295f
chiffon, bolo
   chocolate, 243-244
   dourado. 243-244
chocolate. Ver também Crocante
   de praline com chocolate ao leite, 666, 667f
   de praline de amendoim, 665, 667f
   mediants, 668
   praline de avelãs e canela, 664, 667f
   recheio para *macaron*, 652-654
chocolate com praline, tronco de Natal de (*bûche de Noël*), 427-429, 430f
chocolate com toranja, torta de, 564-567, 567f
chocolate conforto, biscoito de, 80, 81f
chocolate e menta, bolo musse de, 413-415, 416f
chocolate e nozes, fudge de, 484-485
chocolate *nougat* de, 474, 476f
chocolate, biscoitos com gotas de, 67-68, 73f
chocolate, bolo anjo com, 240-241, 241f
chocolate, bolo de, para café, 234, 235f
chocolate, bolo chiffon de, 243
chocolate, bolo de, com avelãs, 359
chocolate, bolo de creme azedo, 232
chocolate, creme *chantilly* com, 361-362
chocolate, calda de, 305
chocolate, musse de, 330
   amêndoas, *sablé* de, com chocolate e menta, bolo musse de, 413-415, 416f
   chocolate musse e *macaron* de framboesa, 792f, 793, 796f
   chocolate com risoto doce, bolo musse de, 410-413, 412f, 413f
   chocolate branco com framboesas, bolo musse de, 417-419, 419f
chocolate, bolo espumoso de, com gordura líquida, 238-239
chocolate, sorvete de, 518-519, 522f
chocolate, torta de, com creme *chantilly*, 194-195, 195f
cítricos, confeitos de, 612
coberturas lisas, 646
coco, *macaron* de, 74, 74f
cogumelo e queijo suíço, 198
cogumelo e recheio suíço, 538
confeitos. Ver também Ganache
   balas, 481
   bombom de licor, 487-488
   caramelos, 475-478, 477f, 480f
   dragée, 479, 480f
   fondant, 486-487
   fudge de chocolate e nozes, 484-485
   marshmallow chartreuse, pirulito de, 470, 472f
   marshmallow em quadrados, 469, 472f
   marshmallow sem claras, 471
   marzipã, 466
   nougat de chocolate, 474-475, 477f
   nougat de Montélimar, 473
   pâte de fruit, 467-468, 472f
   pé de moleque de, 485-486
   rocher suíço, 478, 480f

toffee em quadrados, 483
toffee inglês, 482
cobertura(s)
   creme de manteiga
     clássico com chocolate e, 301
     creme *anglaise*, estilo, 303-304
     francês, 302
     italiano, 302-303
   cream cheese, 367
   glacê mármore, 310
   glacê real, 309
congeladas, sobremesas. Ver também Sorvetes
   Glacée
     limão siciliano, *bombe glacé*, 532
     nougat, 533
     soufflée glacée de tangerina, 534
   vinho tinto, granita de, 530, 531f
   sorbet
     de framboesa, 525-526
     de frutas, 528-529
clássica, cobertura de creme de manteiga com chocolate, 301
clássica, massa folhada, 159
concord, 380-381, 381f
cream cheese, cobertura de, 367
cream cheese, recheio de, 391
creme(s)
   anglaise, 284-285
   brûllée, 289, 292f
   caramelo (calda), pudim de leite com, 290, 292f
   chantilly, 284
   chiboust, 374-375
   de amêndoas, 287
   frangipane, 288
   pâtissière, 285-286
creme *anglaise*, 284-285
creme *anglaise* (cobertura de), creme de manteiga no estilo, 303-304
creme azedo, bolo de, 232-233, 235f
creme *brûllée*, 289, 292f
creme *caramel* (calda), 290, 292f
creme *chantilly*, 284
creme *chiboust*, 374-375
creme de baunilha

ÍNDICE DE FÓRMULAS

calda de caramelo, pudim de leite, 290, 292f
cheesecake, 294-295, 295f
creme brûllée, 289, 292f
pot de crème, 291, 292f
creme de manteiga (cobertura)
   clássico com chocolate, 301
   francês, 302
   italiano, 302-303
   no estilo *anglaise*, 303-304
creme de manteiga francês, cobertura de, 302
crocante de praline de chocolate ao leite, 666, 667f

D
decoração
   amêndoas cristalizadas, 611
   calda de açúcar (líquida, puxada e soprada), 604-605, 607f, 608f
   confeitos cítricos, 612
   massa elástica (*gum paste*), 609
   pasta americana (*rolled fondant*), 610
   pastilhagem, 606, 608f
diamant, biscoitos, 78, 81f
donuts, 553-559, 559f
dourado, bolo *chiffon*, 243-244
dragée, 479, 480f

E
earl Grey, ganache com, 658, 656f
éclair, *petit four*, 458
Emmanuel, bolo espumoso, 239-240
espumoso, bolo
   básico, *génoise*, 242
   chocolate, *biscuit* de, 246
   chocolate, com gordura líquida, 238-239
   Emmanuel, 239-240
   de alta proporção, bolo de chocolate, 237-238

F
figo, recheio de, 57
financier, 130
fio, açúcar em, 589-590
fibras, *muffins* de, 117, 122f
Floresta Negra, bolo, 360-363, 363f
fondant, 486

framboesas, bolo musse de, 403-405, 405f
framboesa, *macaron* com creme *brûllée*, 400-402, 402f
framboesa, recheio para *macaron*, 652
framboesa, sorvete de, 525-526
francês, creme de manteiga, 302
francês, merengue, 298
frangipane, 288
frango e alcachofras com pimentão vermelho assado, recheio, 198
frutas frescas, *charlotte* de, 391-395, 395f
frutas frescas, torta de, 200, 202f
frutas, planilha para *sorbets*, 528-529
frutas, planilha para sorvetes de, 527

G
ganache
   baunilha de Madagascar, 659, 659f
   café, 661, 659f
   cassis, 662, 657f
   Earl Grey, 658, 656f
   passas ao rum, 656, 656f
   70 por cento, 660, 656f
   uísque, 663
génoise básico, 242
gengibre e açúcar mascavo, biscoitos de, 71, 73f
gingersnaps, 72, 73f
glacê mármore, 310
glacée
   limão siciliano, *bombe* de, 532
   nougat, 533
   tangerina, *soufflée glacée* de, 534
Graham Cracker, crosta, 294
granita de vinho tinto, 530, 531f

I
invertida, massa folhada, 160-161
italiano, creme de manteiga, 302-303
italiano, merengue, 298-299

J
jalousie, 372

L
laranja e nozes-pecã, *biscotti* de, 76, 81f

le fraisier, 387-389, 389f, 390f
licor *cordials*, confeitos, 487
limão e frutas vermelhas, tronco de Natal de, 424-426
limão e merengue, torta de, 202f
limão, biscoitos em barras de, 88, 91f
limão, bolo de creme azedo com, 233
limão, bolo de creme de, 358, 358f
limão, bolo musse de, com amora, 406-409, 409f
limão, creme, 293
limão para *macaron*, recheio de, 653
limão, torta de creme de, 204-205, 202f
limão siciliano, *bombe glacée* de, 532
lorraine, recheio, 198

M
maçã, recheio de, 120
massa elástica, 609
massa folhada
   blitz, 158
   clássica, 159-160
   invertida, 160-161
macaron, de coco, 74, 74f
macaron(s)
   caramel, com creme praline, 462-463, 463f
   chocolate musse e framboesa, 456f, 460, 463f
   parisiense, 82-83, 84f
   recheios, 652-654
   toranja e creme de baunilha, 461, 463f
madeleines, 127-129, 128f
maracujá, recheio de, para *macaron*, 654
maracujá, torta de, 200-201
mármore, bolo de manteiga, 231-232, 235f
marzipã, 466
mediants, 668
merengue rocher, biscoitos, 85, 86f
mil-folhas (*Napoleon*), 368-369, 371f
milho e groselha desidratada, biscoito de, 79, 81f
milho, bolo de, 113, 115f

| 699 |

ÍNDICE DE FÓRMULAS

mirtilo, *muffin* de, 116, 122*f*
mocha, bolo, 362-364363*f*
moldar, chocolate para, 353-354
morangos e creme, 550-551, 552*f*
musse (bolo musse)
    avelãs e uísque, 420-422, 423*f*
    chocolate branco com framboesas, , 417-419, 419*f*
    chocolate e menta, 413-415, 416*f*
    creme bávaro básico com variações, 327
    de chocolate, 330
    de chocolate branco com frutas, 457, 459*f*
    de chocolate com framboesa, 460, 463*f*
    de chocolate com risoto doce, 410-413, 412*f*, 413*f*
    de pera Williams com e sem merengue italiano, 328-329
    framboesas, bolo musse de, 403-405, 405*f*
    limão com amora, bolo musse de, 406-409, 409*f*
    sablé de amêndoas com musse de chocolate e framboesas, 456, 459*f*
muffins
    de fibras, 117, 122*f*
    de mirtilo, 116, 122*f*
    salgado, 114, 115*f*

N
Napoleon (mil-folhas), 368-369, 371*f*
nappage, calda, 308
nougat, 480*f*
    de chocolate, 474, 477*f*
    de Montélimar, 473
    nougat glacée, 533
nozes-pecã, torta de, 192-193, 195*f*

O
ópera, bolo, 385-386-385*f*
ópera em veludo vermelho, bolo, 572-576, 576*f*

P
palmiers, 92, 94f
panna cotta, 568-571, 571*f*
Paris-Brest, bolo, 376, 377*f*
Paris-Brest, *petit four*, 458
parisienses, *macarons*, 82-83, 84*f*
pasta americana, 610
pastilhagem (*pastillage*), 606, 608*f*
pâte à choux, 161-162
pâte à décor, 247
pâte à décor noir, 247
pâte à foncer, 154
pâte breton, 157-158
pâte brisée, 155-156
pâte de fruit, 467-468, 472*f*
pâte sablée, 156-157
pâte sucrée, 155-156
pâtisserie
    baba ao rum, 378-379, 379*f*
    creme *pâtissière*, 260-261
    jalousie, 372
    mil-folhas (*Napoleon*), 368-369, 371*f*
    pâte à choux, 161-162
    pâte à décor, 247
    pâte à décor noir, 247
    pâte à foncer, 154
    pâte breton, 157
    pâte brisée, 155
    pâte de fruit, 467-468, 472*f*
    pâte sablée, 156-157
    pâte sucrée, 155-156
pera, torta de, com creme de amêndoas, 199, 199*f*
petit four em torta *crémeux*, 464-466
petit four, torta de frutas, 455, 459*f*
petits fours
    bolo musse de chocolate branco com frutas, 457, 459*f*
    éclair, 458
    torta de frutas em, 455, 459*f*
    macaron e musse chocolate com framboesas, 460, 463*f*
    macaron com creme praline e caramelo salgado, 462, 463*f*
    macaron com toranja e creme de baunilha, 461, 463*f*
    Paris-Brest, 458
    sablé de amêndoas com musse de chocolate e framboesas, 456, 459*f*
    seleção de *petit four choux*, 458
    torta *crémeux* em *petit four*, 464-466
pistache, creme, 206
pistache para *macaron*, recheio de, 654
pistache, bolo de creme azedo, 233
pithivier, 370, 371*f*
pot de crème, 291, 292*f*
praline
    de amendoim, 665, 667*f*
    de avelãs e canela, 664, 667*f*
    crocante de, com chocolate ao leite, 666, 667*f*
    macaron com creme de praline e caramelo salgado, 462, 463*f*
    praline, creme bávaro com, 327
pimentão vermelho e alcachofra, pudim de pão, 634
pera assada com camomila, 560-563, 563*f*
pudim de pão, 633-634, 633*f*
puxado, açúcar, 593-596

Q
quiche, 196-198, 197*f*

R
recheio(s)
    de brócolis com queijo cheddar, 198
    de *cappuccino* para *macaron*, 653
    de chocolate amargo para *macaron*, 652
    de cogumelo e queijo suíço, 198
    de espinafre, queijo feta e tomate, 198
    de framboesa para *macaron*, 652
    de frango com alcachofras e pimentão vermelho assado, 198
    de limão para *macaron*, 653
    de maçã em cubos, 120
    de maracujá para *macaron*, 654
    de pistache para *macaron*, 654
    lorraine, 198
    para *macaron*, 652-654
    streusel, 118-119
rocambole (*roulade*), 245
rock sugar (açúcar em pedra), 589
real, glacê, 309
rum, ganache com passas ao, 656, 657*f*

S
sables à la poche, 77
Sacher, bolo, 364-365, 365*f*

ÍNDICE DE FÓRMULAS

sacristans, 93, 94*f*
salgados, *muffins*, 114, 115*f*
scones
    com creme, 124, 123*f*
    com manteiga, 125, 123*f*
    salgado, 126-127, 123*f*
snickerdoodles, 70, 73*f*
70 por cento, ganache, 660, 660*f*
sobremesas compostas
    chocolate com toranja, torta de, 564-567, 567*f*
    donuts, 553-559, 559*f*
    morangos e creme, 550-552, 552*f*
    panna cotta, 568-571, 571*f*
    pera assada com camomila, 560-563, 563*f*
    veludo vermelho, bolo ópera em, 572-576, 576*f*
sorbet
    de framboesa, 525-526
    de frutas, 528-529
spray, chocolate, 651
streusel, recheio, 118-119
suíço, merengue, 299
suíço, *rocher*, 478, 480*f*
St. Honoré, bolo, 373-375, 377*f*

T
tangerina, *soufflée glacée* de, 534

tarte Tatin, 203-204
tortas
    breton de morango, 202*f*, 205
    de creme de limão, 202*f*, 204-205
    de frutas frescas, 200, 202*f*
    de limão e merengue, 202*f*
    de maracujá, 200-201, 202
    de peras com amêndoas, 199, 199*f*
    petit four, torta de frutas em, 455, 459*f*
    pithivier, 370, 371*f*
    tarte Tatin, 203-204
    torta crémeux em, *petit four*, 458
torta fechada (*pie*)
    crosta, Graham Cracker, 294
    de abóbora, 191-192
    de chocolate com creme *chantilly*, 194-196, 195*f*
    de maçã, tradicional, 190-191, 195*f*
    de nozes-pecã, 192-193, 195*f*
    massa de, 153
torta de creme (*custard*) calda de caramelo 290, 292*f*
    cheesecake, 294-295, 295*f*
    creme *brûllée*, 289, 292*f*
    creme *caramel* (calda), 290, 292*f*
    pot de crème, 291, 292*f*
    pudim de pão, 296-297, 296*f*
tiramisu, 382-384, 384*f*
toffee, quadrados, 483
toranja e creme de baunilha, *macaron*, 461, 463*f*
toranja, torta de chocolate com, 564-567, 567*f*
torta de frutas em *petit four*, 455
30 baumé, calda, 283
tronco de Natal (*bûche de Nöel*),
    de chocolate com praline, 424-429, 430*f*
    de limão e frutas vermelhas, 424-427

U
uísque, ganache, 663, 663*f*
uísque, bolo musse de avelãs e, 420-422, 423*f*

V
veludo vermelho, bolo ópera em, 572-576, 567*f*
vinho tinto, granita, 530, 576*f*

W
Williams, torta de pera com e sem merengue italiano, 328-329

| 701 |

ÍNDICE REMISSIVO

Os números de página seguidos de *f* referem-se às figuras.

A

abrir massas
   de torta aberta (*tart*), 184
   de torta fechada (*pie*), 167, 168*f*
ação única, fermentos de, 99
acetinado, açúcar, 593-594
ácido
   fumárico, 214*f*
   oleico, 650
   palmítico, 972
   peracético, como higienizador, 42*f*
Acme Bread Co., 18
actinidina, 545
açúcar(es). *Ver também* moldagem em açúcar
   calda, frutas banhadas em, 436
   composição e potencial adoçante, 495-497, 496*f*
   confeitado (com cone de apel), 590
   doçura, medida de, 495
   e ponto de congelamento, 491, 492
   em biscoitos, 54-55
   em bolo, 211-212
   em bolos rápidos, 101-102
   em decoração para sobremesas compostas, 549
   em fio, 589-590
   em ganache, 635
   em massa de pâtisserie, 137, 137*f*, 144
   em massa folhada, 146-147
   em sobremesas congeladas, 495-497, 496*f*
   história do, 10, 12-13, 437
   invertido, 495, 497, 516
   moldado, 590-593, 591*f*, 592*f*, 593*f*
   ponto e temperatura, 256, 257*f*
   soprado
      para bolo de noiva, 353
      para decoração avançada, 597-600, 602*f*
adulteração
   dos alimentos, prevenção, 24
   leis regulatórias, 24-25
   material estranho, prevenção de, 24-25
   tipos, 24
   versus risco, 28
aerados, confeitos, 447-449
aflatoxinas, 33
África do Sul, bolos de noivas na, 350
ágar
   características e usos, 451
   como estabilizante, 498, 498*f*
agentes geleificantes no musse, 317-318
água
   no chocolate, 629
   em biscoitos, 54
à la carte, sobremesa, definição, 537
à la minute, definição, 549
alergias. *Ver* alimentos, alergênicos
alfarroba, farinha de, 498*f*, 498
alginato, 498
alginato de sódio, 498*f*
alimentares, doenças de origem. *Ver* doenças
alimentos
   alergênicos, 38-40
   resfriados, temperatura de armazenamento, 35
   rotulação, exigências de para alergênicos, 40
   temperatura de armazenamento, 35
alta proporção, método de mistura para bolos, 219-220, 221*f*
alta temperatura em tempo curto (ATTC), pasteurização, 501-503
altitudes elevadas, cozimento de bolos, 217-218
alume, 99
alumínio, sais de, como agente de fermentação, 99
amaciantes para biscoitos, ingredientes, 54-56
amarelo FD&C #5, como alergênico, 39
amêndoa creme, 12, 263
amêndoas, tortas doces de, história das, 13
amendoim como alergênico, 39
amido
   em biscoitos, 55
   em recheio de tortas, 175
   no bolo, 211
amônia
   como agente de fermentação, 15
   como fermento, 99
   compostos de amônia, na higienização, 41, 42*f*
   fermento de, 99
Amuses bouche, 434
Amy's Breads, 18
Análises de Perigos e Pontos Críticos de Controle (APPCC), sistema de. *Ver também* Pontos de Controle Críticos (PCCs)
   alergênicos e o, 39
   elementos do, 28-33
   história dos, 27-28
   manutenção de registros, exigência de, 33
   objetivos do, 28
   risco, definição de, 28
anjo, método de mistura do bolo, 225, 226*f*
anticristalizantes, para solução de açúcar, 439
antioxidantes, 649
Apicius, 8
APPCC (Análise de Perigos e Pontos Críticos de Controle), programa de, 28-33, 29*f*, 30*f*-31*f*, 32*f*.
arenoso, método de mistura, 100-103, 103*f*
armazenamento de alimentos
   matérias-primas, 36-37, 47-48
   orientações gerais, 35-36
   perfil do produto, criação do, 47

ÍNDICE REMISSIVO

primeiro a entrar, primeiro a sair (PEPS), a regra do, 36, 44
  procedimento para, 47-48
  temperatura, 35, 36
  validade, 35-36, 47
Ateneus, 7, 8
ATTC. *Ver* alta temperatura em tempo curto, pasteurização
Austrália, bolos de noivas na, 349-350
autólise, introdução à, 17
aveia, como alergênico, 39

B

baba ao rum, história da, 13
baguetes, história, 16-17
Bailly, 13
bala dura, estágio de, 257*f*, 437*f*
bala firme, estágio de, 257*f*, 437*f*
bala mole, ponto de, 256, 257*f*, 437*f*
balas, 445-446
balas de goma, 450-454
Balthazar, 18
baratas, 43
base (crosta) da torta
  armazenamento, 172
  assada sem recheio, 166, 169, 171-172, 172*f*
  colocar a massa nas formas, 167-169, 168*f*
  dupla, 169, 170*f*
  trançada, 169-171, 170*f*
  única, borda de, 169, 170*f*
base para musse, 314-316
baseadas em chocolate, sobremesas, 539
básico, método espumoso, 221, 222*f*
baumé, 254, 254*f*-255*f*
bávaro, creme
  definição, história e utilização, 318-319
  durabilidade, 320
  ingredientes e composição, 319-320
  processo, 319*f*, 320
besouros, 43
beterraba, história do açúcar de, 13
bicarbonato de potássio, como fermento, 15

bicarbonato de sódio, 15, 98-99
biofilmes, 42
biossegurança, 45
bioterrorismo, Lei de 2002, 45
biscoito
  congelado, características dos, 57
  de forma, características do, 57
  esfarelado, causas de, 64
  moldado, características, 57-58
  porcionado, características dos, 56
biscoitos
  características, causas, 63-64
  complementos, 53
  de amêndoas, história dos, 12
  expansão, fatores que afetam, 64-66
  fatiados, características dos, 57
  história dos, 53
  ingredientes funcionais, 54-56
  métodos de mistura, 58-62, 59*f*, 60*f*, 61*f*, 62*f*
  produção de, 65-66
  tipos e características, 56-58
biscuit jaconde, método de mistura, 223-224, 224*f*
biscuits
  métodos de mistura, 100-104, 103*f*
  moldagem, 107
  produção em escala, 109
blitz, massa folhada, 147-148
Boas Práticas de Produção (GMP), 25-27
bolhas de açúcar, 588
bolo. *Ver também* bolos de noiva
  agentes de fermentação, 213-214, 214*f*, 215*f*
  altitudes elevadas, 217-218
  baseado em gordura
    definição e características, 209-210
    mistura, 218-221
  com base em espuma
    definição e características, 210
    mistura, 221-226
    orientações gerais, 221
  cozimento
    agentes de fermentação e, 213-214, 214*f*, 215*f*

  controle do, 229
  massa pH, 230*f*
  escolha dos ingredientes e suas funções, 210-214
  história do, 8, 333-334
  massa, gravidade específica, 229-230, 230*f*
  mise-en-place, 214-216
  mistura
    com base em espuma, 221-226
    com base em gordura, 218-221
    orientações gerais, 216-218
    pesar os ingredientes, 216
    resfriamento e armazenamento, 218
    solução de problemas, 226, 227*f*
    temperatura da massa, 228-229, 230*f*
    teste para conferir cozimento, 217
bolo Alaska, 538
bolo de forma
  método de mistura, 105-106
  moldagem, 107
bolo em camadas
  bolos clássicos, 336-342
    cobertura e calda, 339-340, 341*f*
    decoração, 340-342
    divisão em camadas, 337-338, 337*f*
    glaçagem, 338-339, 339*f*
    mise en place, 336-337
    recheio, 338, 338*f*
  composição e equilíbrio, 334-336
  decoração e guarnição, 335-336, 340-342
  especial, 342-348
    bolos musses, 344-346, 344*f*, 345*f*, 346*f*
    composição e *design*, 348
    mise en place, 342-343
  estilos de, 335
  visão geral, 333-334
bolo espumoso com manteiga, método de mistura, 222
bolo musse
  em camada, invertido, 345-346, 346*f*

ÍNDICE REMISSIVO

finalização e apresentação, 346-347
montagem, 344-346, 344f, 345f, 346f
produção e durabilidade, 347
bolos com base de gordura
   definição e características, 209-210
   mistura, 218-221
bolos com base em espuma, método de mistura, 221, 222f
bolos de noiva, 348-357
   apresentação de modelos ao cliente, 355
   bolo do noivo, 351
   comunicação com o cliente, 348, 351
   coordenação da produção, 351-357
   de diversas culturas, 349-351
   design, 351-354
   estrutura, 351-352, 356
   história do, 348-349
   materiais, 352-353
   montagem, 356
   planejamento da logística, 354, 356
   planejamento financeiro, 356
   preço, 357
   tamanho, 354, 355f
bolos especiais, montagem de, 342-348
   mise en place, 342-343
   musses, bolos, 344-348, 344f, 345f
bolos rápidos
   armazenamento, 109
   combinações dos ingredientes, 101-102, 104
   cozimento, 108-109
   desenvolvimento do glúten, controle do, 98
   fermentos químicos, papel dos, 98-100, 101f
   método de mistura, 98, 98f, 100-103, 103f
   montagem, 106-108, 106f
   produção em escala, 109
   visão geral, 97
bombe glacée, 538
bombe, 507
bombom de licor, 441-442

bombons de chocolate, 638-642
   colocar o recheio, 641, 641f
   desinformar os doces, 641-642
   encher os moldes, 639, 640f
   preparar o molde, 638-639
   selar os moldes, 641, 642f
botulismo, 38
bromelaína, 545

C

cacau em pó
   holandês, 622
   produção de, 622, 624f, 626
   teor de gordura, 626
cacau, fruta, 618f
cacau, grãos
   armazenamento e transporte do, 620
   história do, 615-616
   preparação para processamento, 617-620, 618f, 624f
   produção do, 616-617
   teor de gordura, 616-617
   transformação do, 620-622, 624f
   variedades de, 616-617
cacau, massa de. *Ver* chocolate, em pasta – líquor
cacau, produtos, porcentagens de chocolate, 624-628, 625f
café, bolos para métodos de mistura, 106
   montagem, 108, 108f
café, história do, 12-13
caixa para fermentação de sementes cacau, 618-619, 619f
calda
   grossa (*hard pack*) de frutas enlatadas, 175
   leve (*light pack*) de frutas enlatadas, 175
   saturada, 438
   simples
      definição, 254
      uso de, 254
calda de açúcar cozimento, 256, 257f
   definição, 253
   ingredientes, 256
   moldado
      açúcar puxado, 594-595
      em geral, 587-588

      soprado, 597
   procedimentos, 256
   utilização do, 253
calda de bolo, 254
   em sobremesas compostas, 544
   simples
      definição, 254
      utilização, 254
calda 30 baumé, 254
caldas de açúcar
   caramelização, 439
   cozimento, 256, 257f
   cristalização, 438-439
   definição de, 253
   ingredientes, 256
   para moldagem em açúcar
      açúcar puxado, 594-595
      açúcar soprado, 597
      em geral, 587-588
   procedimento, 256, 437-439, 437f
   saturação do açúcar, 438
   temperaturas, 437f, 438
   utilização da, 253
Calvel, Raymond, 17
camadas, bolo em
   componentes, 334, 342
   composição e equilíbrio, 334-336
   montagem, 336-342
campylobacter, 36, 37
camundongos, 43-44
canudos de chocolate, 647, 647f
caramelos, 475-478
carbonato de cálcio, 588
carbonato de potássio, como fermento, 15
cardápio, concepção de, para sobremesas, 540-542
Carême, Marie-Antonin, 13-14
Carlos V, Rei da França, 11
Carlos VI, Rei da França, 11
Carlos VIII, Rei da França, 11
carne, segurança alimentar, 38
caroços em caldas de açúcar, 438
carragena, 498, 498f
Catarina de Médici, 12
Cato, 24
caucasianos, fermentação pelos, 7-8
CBEs. *Ver* equivalentes da manteiga de cacau

ÍNDICE REMISSIVO

centros de mesa e esculturas
  chocolate, 648-650, 649f
  pastilhagem, 582-584, 582f, 583f, 593f
cerveja, como fermento, 7-8
cevada
  como alergênico, 39
  na história da panificação, 6, 7
chá, história do, 12-13
cheesecake, 265-266
chiffon, método de mistura, 224-225, 226f
chiffon, torta, 181-183
  produção, método de, 182-183
  recheio, 182
chocolate(s). *Ver também* cacau, grãos
  ao leite, estilo e ingredientes, 627
  armazenamento do, 629
  bombons de, 638-642
    colocar o recheio, 641, 641f
    encher os moldes, 639, 640f
    preparar o molde, 638-639
    retirar dos moldes, 641-642
    selar os moldes, 641, 642f
  branco, ingredientes, 625f, 627
  centros de mesa e esculturas, 648-649, 649f
  como aromatizante de sobremesas congeladas, 501, 502f
  conchagem, utilizar a, 623
  confeitar, 580-581
  couverture
    definição, 622
    produção de, 622-624, 624f
    usos, 634-644
  decoração
    bombons, 644
    sobremesas compostas, 549
  de origem controlada, 627
  derreter o, 629-630
  doce, ingredientes, 624f, 625f
  e as propriedades da manteiga de cacau, 628-629, 628f
  efeitos saudáveis, 649-650
  empanado, 642-644, 644f
  em pasta – líquor
    definição, 626
    padrão de identidade, 625f
    produção de, 622, 624f
  especiais, 627
  folhas de decalque para, 645, 645f
  forma V de cristalização
    definição, 628
    manter a, 634
  ganache, 280-281
  história do, 13, 615-616
  manteiga de cacau,
    derretimento da, 628-629
  mistura de água (*seizing*), 629
  moldagem de, 647
  moldar
    em geral, 623-624, 624f
    peças grandes, 648
  padrões de identidade, 624, 625f
  panning, 443
  para cobertura (com equivalentes de manteiga de cacau, CBE), 627-628
  para moldar, para bolo de noiva, 353-354
  pouco temperado, características do, 633-634
  procedimentos especiais para trabalhos decorativos, 645-648
  produção de, 617-624, 625
  spray, 648
  supertemperado, características do, 632-633
  temperar, 623-624, 630-634, 631f, 632f, 633f
  tipos e ingredientes, 624-628, 625f
  trabalhando com, 629-634
  trufas, 637-638, 638f, 639f
chocolatier, 629
choque térmico, 497
choux, história da massa, 12-13
cilindros para massas, 172-173
cítrico, ácido, 214f
cloro, como higienizador, 41, 42f
Clostridium botulinum, 38
cobertura
  chocolate, cobertura, 280-281
  chocolate, ganache de, 280-281
  creme *chantilly*, 282
  creme de manteiga
    básico, 276
    estilo creme *anglaise*, 277-278
    francês, 277
  italiano, 276-277, 277f
  manuseio do, 278-279
  suíço, 276
  visão geral, 275-276
  de bolos, técnicas de, 339-342, 341f
  de calda de chocolate, 280
  de chocolate, 642-644, 644f
  de fruta, 281
  de ganache de chocolate, 280-281
  de ingredientes especiais nas trufas, procedimento, 638
  fondant, 279
  fruta, cobertura de, 281
  glacê mármore, 281-282
  glacê real, 281, 353, 581
  para confeitos, 443-444
  procedimento na trufa, 638
  técnica, bolos, 339-340, 341f
  visão geral, 275
  whipped topping, 282
coberturas batidas, 282
Colombo, Cristóvão, 615
cominho, sementes, em pães da Grécia antiga, 7
compacta, massa de torta, 139
complementos congelados, 345
componentes do chocolate. *Ver couverture*, de chocolate
compressora de tortas, 172
concha, processar o chocolate com a, 623
conchagem, método de, 623
confeitar
  cobertura de bolos, 342, 342f
  decoração profissional com cone de papel, 581
  material para confeitar, 580-581
  técnicas, 581-582
merengue, 272, 300f
pâte à choux, 151f
confeitos cristalizados, 438, 439-444
confeitos
  de açúcar
    aerado, 447-449
    balas de goma, 450-453
    caldas de, processo, 437-439, 437f
    cristalizados, 438-439, 439-444

| 706 |

ÍNDICE REMISSIVO

história do, 437
    não cristalizados, 438-439, 444-447
    visão geral, 436, 437 *f*
  de farinha, 436
confeitos de chocolate, 436. *Ver também* chocolate
congeladas, sobremesas, 491-492, 506-507
congelamento rápido individual (IQF – *individually quick frozen*), frutas, 175
cores, projeto de, do bolo, composição e equilíbrio, 335
Cortez, Hernán, 625
cotiledôneo, semente de cacau, 616
coulis de fruta em sobremesas compostas, 545
coupe, 538
couverture, chocolate
  aplicações, 634-644
  definição, 622
  produção de, 622-624, 624*f*
cozimento da base da torta, 166, 171, 172, 172*f*
creme
  anglaise
    ingredientes e variações, 258-259
    preparação, 258, 259-260, 259*f*
    usos, 258
    creme de manteiga no estilo, 277-278
  batido
    características e utilização, 257
    em musse, 317
    preparo, 257
  brûlée, 264-265, 538
  chantilly, 258
  chantilly, cobertura de, 282
  como base para sobremesas compostas, 538-539
  cozido como base, 263-264
  custard, torta de
    orientações para o cozimento, 179-180
    seleção de massas, 179
  de manteiga italiano, cobertura, 276-277, 277*f*
  de manteiga, cobertura básico, 276

creme *anglaise*, estilo, 277-278
  francês, 277
  italiano, 276-277, 277*f*
  para bolo de noiva, 352
  suíço, 276
  trabalhar com, 278-279
  visão geral, 275-276
método de mistura com para
  biscoitos, 58-59, 59*f*
  para bolos rápidos (*scones*), 103-104
  para bolos, 218-219, 220*f*
  para massa de tortas, 145
  para *muffins*, bolos para café e bolos de forma, 105-106
  sorvete com base de, 494-495, 505
tortas de
  procedimento, 180*f*, 181
  recheios, 180-181
  seleção de crostas, 180
creme *chiboust*. *Ver* creme St. Honoré
creme Paris-Brest, 267
creme *pâtissière* (creme de confeiteiro)
  considerações, 262-263
  ingredientes e composição, 261
  preparação, 261-262, 261*f*
  usos, 260-261
cremes
  anglaise, 258-260
    ingredientes e variações, 258-259
    preparação, 258, 259-260, 259*f*
    usos, 258
  chantilly, 258
  crémeux, 269-270, 269*f*
  de amêndoas, 263
  de *pâtissière*
    considerações, 262-263
    ingredientes e composição, 261
    preparação, 261-262, 261*f*
    usos, 260-261
  batido, 257
  como base para sobremesas compostas, 538-539
  diplomata, 267-268
  frangipane, 263

mais elaborados, 266-269
  musseline, 268-269
  Paris-Brest, 267
  pincelar com, crostas de tortas, 171
  St. Honoré, 266-267
  visão geral, 257
creme *St. Honoré*, 266-267
crémeux, 269-270, 269*f*
crioulo, 942
Crisipo de Tiana, 8
cristalização de açúcar, calda, 256
crocância, dos biscoitos, causas da, 63
crosta dura, ponto de, 256, 257*f*, 437*f*
crosta mole, ponto de, 257*f*, 437*f*
Cultura e cozinha (Revel), 8, 13
cultura germânica, panificação na, 9

D

decoração
  avançada
    açúcar, moldagem em confeitar, 580-582
    cones de papel, construção, 580
    técnicas, 581-582
    tipos de confeitos e características, 580-581
    história da, 579
    pastilhagem, 582-584, 582*f*, 583*f*, 584*f*
    tendências atuais, 579
  bolos, 335-336, 340-341
  chocolates especiais, procedimentos, 645-648
  de bombons de chocolates, 644
Decreto de Rotulação e Educação Nutricional de 1990 (NLEA), 25
Della Factoria, 18
densidade de açúcar, interpretação baumé, 254, 254*f*-255*f*
Departamento de Agricultura (USDA), definição de sorvete, 492, 493, 505
derretimento (massa do biscoito), 58*f*, 59
desenvolvimento do glúten em bolos rápidos, 98
deslizar o cone de papel, método de, 581

ÍNDICE REMISSIVO

dextrose, 495, 496, 496f
    equivalente em (ED), 496, 496f
diglicerídeos, 499f
diplomata, creme, 267-268
documentação. *Ver* padaria, manutenção dos registros necessários
doenças
    causadas por roedores, 43-44
    controle, decreto federal sobre, 25
    intoxicação alimentar
        causas da, 34, 36
        diagnósticos, 37
        incidência, 37
        patógenos causadores, 36-38
        tratamento, 37-38
dragées, 442-443
durabilidade
    bávaro, creme, 320
    musse, bolos, 347
dureza e temperatura do açúcar, 256, 257f

E

Ecce Panis, 18
ED. *Ver* dextrose, equivalente de.
educação. *Ver* treinamento
educação continuada, benefícios da, 19-20
efeito túnel, em bolos rápidos, 98
Egito antigo, panificação no, 6-9
embalagem, procedimento para, 47-48
emulsão, definição, 315
emulsificantes, no sorvete, 492, 497-499, 499f
entremets, 333-334
enzimas proteolíticas, 545
equipamento, planejamento da distribuição de, 46
equivalentes da manteiga de cacau (CBEs), 627-628
ervas em sobremesas compostas, 547-549, 548f
escherichia coli 0157:H7, 36, 37
Escoffier, Auguste, 14
espirais e laços de chocolate, 646f, 647
espuma
    definição de, 546
    em sobremesas compostas, 546

de ovos, bolos com definição e características, 209
    mistura, 221-226
    orientações gerais, 221
de ovos, merengues
    classificação do desenvolvimento, 272
    francês (comum), 272-273
    ingredientes adicionais, 271
    italiano, 273-274, 274f, 282
    pâte à bombe, 274-275
    visão geral, 270
método de mistura
    básica, 221, 222f
    para biscoitos, 59-60
Essential Baking Company, 18
estabilizantes
    no sorvete, 497-499, 498f
    agentes, 450-451
estações do ano e concepção de cardápio de sobremesas, 541-542
Estados Unidos
    bolos de noivas nos, 350-351
    história da panificação, 14-18
estágio, definição, 20
esteárico, ácido, 650
estêncil, características dos biscoitos em, 57
esterels, 11
etanóicos, ácidos, 618-619

F

farinha, 210-211
    em biscoitos, 54
    em bolo, 210-211
    em bolos rápidos, 101
    em massa de pâtisserie, 135, 144
    em massa folhada, 146-147
fat bloom, 953
Federal Food, Drug and Cosmetic, Decreto de 1938 (FDCA), 24, 25
fermentação
    de sementes de cacau, 617-618, 618f, 619f
    intermediária, massa amanteigada, 139
fermento. *Ver também* fermentação
    ácidos fermentativos, 98
    história do, 7-8, 15-16
    para bolos, 213-214, 214f, 215f

para massa de pâtisserie, 138
químico
    de dupla ação, 99, 217
    e equilíbrio do pH, 100
    e pH do bolo, 213-214
    em biscoitos, 55-56
    em bolos rápidos, 98
    em bolos rápidos, 98-100, 101f
    história do, 15
    história do, 99-100
    na massa de pâtisserie, 144
Feuillet, 14
Ficina, 545
FIFO. *Ver* primeiro a entrar, primeiro a sair (PEPS)
Filadélfia, sorvete em estilo, 505
filigrana, 581
fita, ponto de, 60
flavonoides, 649
flores em sobremesas compostas, 547-549, 548f
fluxograma de decisão, na identificação dos pontos de controle críticos, 29, 32f
folhada, massa, 146-152
    blitz, 147-148
    história da, 14
    invertida, 148, 149f
    italiana (pasta *sfogliata*), 148
    procedimentos básicos, 147
    tipos, 147-148
    trabalhando com, 148-149, 150f
    tradicional, 147f, 148
    usos comuns, 134f
Folhas de Dados de Segurança do Produto (Material Safety Data Sheets – MSDS), 47, 48
folhas de decalque caseiras
    para trabalho decorativo em chocolate, 645-647
folhas texturizadas para trabalho decorativo em chocolate, 645
fondant, 279, 440-441, 440f
    para confeitos, 440
    para pâtisserie, 440
fondant para confeitos, 440
Food and Drug Administration (FDA)
    validade, 24
    e o decreto de bioterrorismo de 2002, 45

ÍNDICE REMISSIVO

Guidance Document for Food Investigators, 39
padrões para identificação de chocolates, 625*f*
recalls, 24-25
rotulação, exigências para gordura trans, 40
supervisão de fornecimento de alimentos, 27-28
forastero, 942
Força Aérea – Space Laboratory Project Group, 27
forma V, cristalização
  definição, 628
  manutenção, 634
formas de bolo, 343
fornarii, 10
forno
  para o preparo de bolos, 216
  história do, 6, 7, 9, 10
fortalecedores de biscoitos, ingredientes, 54
fosfato de alumínio, como agente de fermentação, 99
fosfato de alumínio e sódio, 215*f*
fosfato de alumínio e sódio anidro, 214*f*
fosfato de alumínio e sódio hidratado, 214*f*
fosfato dicálcico, 215*f*
fosfato dicálcico hidratado, 214*f*
fosfato monocálcico anidro, 214*f*, 215*f*
fosfato monocálcio monoidratado, 214*f*, 215*f*
França
  bolos de noiva na, 349
  história da panificação na, 11-14, 16
francês
  creme de manteiga, 277
  merengue (comum), 272-273
  sorvete de creme, 494-495
frangipane, 263
frango, segurança alimentar, 38
friandise, 434
fruta
  banhada em calda, 436
  congelada, 175
  da estação e montagem de cardápio, 541-542
  em conservas, tipos de, 174-175
  em pães da Antiguidade clássica, 7, 8
  em sobremesas compostas, 539, 547
  em sobremesas congeladas, 499-501, 500*f*
frutos do mar, como alergênico, 39
frutose, composição e doçura, 496*f*
fudge, 441
fungos e intoxicações alimentares, 37

G

ganache
  cobertura de ganache de chocolate, 280-281
  como base para musse, 315-316
  definição, 315
  em chocolates empanados, 642-644, 644
  em trufas, 637-638, 638*f*
  ingredientes, 635-636
  procedimento, 636, 637*f*
gastroenterite, 38
gauleses, fermentação pelos, 8
gelatina
  características e usos, 450
  como estabilizante, 498, 498*f*
gelato, 505
Gelé, Claude, 14
geleia em sobremesas compostas, 545
gelificantes, ingredientes, 450-451
gergelim, como alergênico, 39
glaçagem, bolos, 338-339, 339*f*
glacê
  mármore, 281-282
  real, 281, 353, 581
glicose, 495-497
  escultura em açúcar, 585
glicose ED 38, 496*f*
glicose ED 50, 496-497
glicose ED 60, 496*f*
glicose em pó ED 38, 496*f*
glucona delta lactona, 214*f*
goma guar, farinha, 498*f*, 498
gordura líquida para bolos, método de mistura com, 220-221
gordura(s)
  em biscoitos, 55
  em bolos, 211
  em cacau em pó, 626
  em massa de *pâtisserie*, 135-136
  em sementes de cacau, 616
Grã-Bretanha, bolos de noivas na, 349
Grace Baking, 18
granita, 506
gravidade específica de massa de bolo, 229-230, 230*f*
Grécia, panificação na antiga, 6-9
guildas para padeiros, história das, 9, 10, 11
guitarra, 453

H

Henrique II, rei da França, 12
hepatite, 37
hidrólise, 496
higiene
  pessoal, 34-35
  orientações sobre, 34-35
higiene dos alimentos, 34-37
higienização, definição, 40
higroscópicos, ingredientes, definição, 54-55
histerese, 451
história da panificação, 6-18
holandês, cacau em pó, 622

I

Igreja Católica e a história da panificação, 9
Império Romano
  legislação alimentar, 24
  panificação, 9
infusão, 545-546
ingredientes. *Ver também*
  alimentos, alergênicos;
  Análises de Perigos e Pontos Críticos de Controle (APPCC); pragas, controle de
  higiene dos alimentos, 35
ingredientes adicionais
  definição, 53
  em biscoitos, 53
  em sobremesas congeladas, 499-501
insetos. *Ver também* controle de pragas
  em alimentos armazenados, 43
  secundários, 43
inspeções
  documentação e, 33

ÍNDICE REMISSIVO

medidas para controle de pragas, 44
instalações e a concepção do cardápio de sobremesa, 540
intoxicação alimentar. *Ver* doenças, intoxicação alimentar
invertida, massa folhada, 148, 149*f*
IPM. *Ver* Manejo Integrado de Pragas
IQF. *Ver* congelamento rápido individual (IQF), frutas
isomalte, 496*f*, 586

J

João I, Rei da Inglaterra, 24
João, o Bom, Rei da França, 11

L

La Brea Bakery, 18
lácteos, sólidos do leite desnatado (MSNF), 493
lactose, 496*f*
lactose em pó, 496*f*
lâmpada para aquecer açúcar, 587
laticínios, segurança alimentar, 35
legislação alimentar. *Ver* doenças, intoxicação alimentar
legumes, como alergênicos, 39
leite, chocolate ao, ingredientes, 625*f*, 627
leite/creme
    como alergênico, 39
    em biscoitos, 54
    em ganache, 635
    em sorvete, 493-494, 494*f*
    integral, preparo, 493, 494*f*
    quente, método espumoso com manteiga e, 222
Leszczynski, Stanislas, 13
licor, bombom de, 441-442
limpeza e higienização práticas
    adequadas e produtos, 40-42
    processo para, 48
    regulamentação federal sobre, 25-27
    treinamento em, 48
Lindt, Rudi, 623
líquido(s)
    em bolos, 212
    em massa de pâtisserie, 136
listeria monocytogenes, 36, 38
listeriose, 38
local de trabalho, diagrama do, 46
Luís XVI, rei da França, 13

M

maçã, pectina, 451, 451*f*
macaron parisiense, 434
maciez de biscoitos, causas da, 63
madeleines, história das, 13
maias, produção de cacau pelos, 615
Maillard, reação, 439
mal estar. *Ver* doença
maltose, composição e doçura, 496*f*
Manejo Integrado de Pragas (MIP), 42-44
manteiga
    em ganache, 635
    em massa de torta, 144
    em massa folhada, 145-147
manteiga de cacau
    efeitos saudáveis, 649-650
    gordura em, 650
    produção de, 616, 622, 624*f*
    propriedades, no chocolate, 628-629, 628*f*
mãos, lavagem das, 34
marshmallow, 447-448
Marvelous Market, 18
marzipã
    em *petit fours*, 434-435
    para bolo de noiva, 353
massa de torta armazenamento, 186
    assar, 185
    descansar, 139
    laminada, 140
    manusear, 184-185, 185*f*
    solução de problemas, 186, 186*f*
massa de torta amanteigada (*pie*)
    abrir, 167, 168*f*
    características e usos, 134*f*, 139
    características, problemas e causas, 173, 174*f*
    controle da porção, 166-167, 167*f*
    método de mistura, 139-140
    mistura, 140-142, 141*f*
    tipos, 139
    trabalhar com, 166-173
massa elástica, para bolos de noivas, 352
massa folhada italiana (*pasta sfogliata*), 148

massa, *fondant* em, 440-441
massa para pâtisserie doce, 143-146
    combinação dos ingredientes, 144
    métodos de mistura, 144-145
    pâte à sablé breton, 134*f*, 143-144, 146
    pâte sucrée, 134*f*, 143-144, 145
    sem açúcar, 138-139
    ingredientes e funções, 134-138
    massa de torta, 134*f*, 139-142
    pâte à foncer, 134*f*, 138-139, 142, 142*f*
    pâte brisée, 134*f*, 138-139, 142-143
    pâte à choux, 149-152
    combinação dos ingredientes, 149-150
    cozinhar e assar, 150-152, 151*f*, 152*f*
    história da, 12
    usos, 134*f*
    visão geral, 133-134
maturação, de mistura de sobremesas congeladas, 503
meio amargo, chocolate, ingredientes, 625*f*, 627
mercado e concepção de cardápio de sobremesas, 540
merengue
    classificação do desenvolvimento, 272
    comum (francês), 272-273
    firmeza, classificação de, 60
    fluido, definição de, 60, 272
    francês (comum), 272-273
    história do, 14
    ingredientes adicionais, 270-272
    italiano, 273-274, 274*f*, 282
    método espumoso para, 59-61, 60*f*, 61*f*
    precauções, 271
    suíço, 273
    visão geral, 270-271
metamorfose completa dos insetos de alimentos armazenados, 43
método
    aplicado de confeitar, 582
    arenoso (*sablé*)

ÍNDICE REMISSIVO

para biscoitos, 61-62, 62*f*
para massa de pâtisserie, 145
caseiro de tempero de chocolate, 631
cremoso modificado, para bolos, 219
da mesa para temperar o chocolate, 632
de confeitar, em linha, 581
de mistura combinado, para bolos rápidos, 104-105
de mistura de estágio único para biscoitos, 62
mecânico para temperar chocolate, 632-634
mignardise, 434
mil-folhas, 146
milho
   calda de, 495
   na história da panificação, 14, 15
mingaus (cremes cozidos)
   assados
      cheesecake, 265-266
      creme *brûlée*, 264-265
      pot de crème, 265
      preparação, 263-264
      pudim de leite com calda de caramelo, 265
      pudim de pão, 264
      visão geral, 263-264
   cozidos e mexidos, como base para musse, 315
mise en place, definição, 549
mistura
   bolos, 216
      espuma de ovos, com base em, 221-225
      gordura, com base em, 218-221
   bolos rápidos, 98-99, 98*f*, 100-105, 103*f*
   pâtisserie, massa de, 138-139, 144-145
   torta, massa de, 140-142, 141*f*
misturador, da máquina de sorvete, 504
moinhos de grãos, história dos, 6-11
moldagem em açúcar, 585-603
   açúcar confeitado, 590
   açúcar em pedra (*rock sugar*), 589
   açúcar moldado, 590-593, 591*f*, 592*f*, 593*f*

açúcar puxado, 593-597
   acetinar o açúcar, 593-594, 595
   colorir, 595, 598*f*
   fórmula, 594
   moldagem do, 595-596, 598*f*, 599*f*, 600*f*
   para bolo de noiva, 353
   procedimento, 594, 596
   visão geral, 593-594
açúcar soprado
   para bolo de noiva, 353
   para decoração avançada, 597-600, 602*f*
armazenagem de, 603
base e suporte, sistemas de, 601
bolhas de açúcar, 588
caldas de açúcar
   açúcar puxado, 593
   açúcar soprado, 597
   em geral, 587-588
equipamentos, 586-587
fio, açúcar em, 589-590
ingredientes, 585-586
local de trabalho, 587
manuseio de, 603
medidas de segurança, 588
montagem, 601-603
planejamento e concepção, 600-601
visão geral, 585
moldes de amido, 440
molho de frutas em sobremesas compostas, 545
molhos
   baseados em creme para sobremesas compostas, 544
   em sobremesas compostas
      decoração com, 546
      tipos, 544-546, 544*f*
mono- e diglicerídeos, 499*f*
monoestearato, 516
montagem de baixo para cima de bolo musse, 345, 344*f*
montes, fermentação das sementes de cacau em, 618-619, 618*f*
MSDS. *Ver* Folhas de Dados de Segurança do Produto
muffins
   método de mistura, 105-106, 107
   moldagem, 107

musse
   componentes, 314-318
   congelada, 506
   creme bávaro, 318-320
   de chocolate, 322-326
      procedimento, 324*f*, 325*f*, 325-326
      regras, 322-325
      visão geral, 322
   de fruta, 321-322, 322*f*
   higiene e assepsia, 314
   procedimento, 318
   visão geral, 313-314
musseline, creme, 268-269

N

NACMCF. *Ver* National Advisory Committee on Microbiological Criteria for Foods
não cristalizados, confeitos, 438, 444-447
NASA. *Ver* National Air and Space Administration
Natick Laboratories (Forças Armadas dos Estados Unidos), 27
National Advisory Committee on Microbiological Criteria for Foods (NACMCF), 29
National Air and Space Administration (Nasa), 27
NLEA. *Ver* Decreto de Rotulação e Educação Nutricional de 1990
norovírus, 38
nougat, 14, 448-449
Nova Zelândia, bolos de noiva na, 349-350
nozes e sementes
   amendoim como alergênico, 39
   em pães na Antiguidade clássica, 7, 8
   em sobremesas congeladas, 501
   oleaginosas como alergênicos, 39

O

oleaginosas como alergênico, 38
origem controlada, chocolates, 627
otomanos, invasão dos, 13
oublies, 11
oubloyers, 11
overrun (retenção de ar), 496-497, 504

ÍNDICE REMISSIVO

ovo(s)
    claras, como estabilizantes, 498
    como alergênico, 38, 39
    em biscoitos, 54
    em bolo, 212
    em massa de pâtisserie, 147
    em sorvetes, 494, 495*f*
    inteiros, espumoso com o método do, 60
    segurança alimentar, 35, 38, 39
    separados, método espumoso de
        para biscoito, 61
        para bolos, 222-223, 223*f*

P

padaria. *Ver também* segurança alimentar
    abertura
        controle da vigilância sanitária, 25
        planejamento, 46-48
        limpeza e higienização, 40-42, 48
        manutenção dos registros necessários, 33
        de higiene e assepsia, 40, 48
        procedimentos para o controle de pragas, 44, 47
padeiro, profissão
    história da, 9-14, 15-16
    iniciar um empreendimento em panificação, 25, 46-48
    oportunidades na, 19
    treinamento, 19-20
padeiros e pâtissiers
    oportunidades para, 19, 20
    treinamento, 19-20
    visão geral da profissão, 18
pain de bouche (*mollet*), 10
painço
    na história da panificação, 6
    como agente de fermentação, 7-8
paindemain, 10
panificação
    história da, 6-18
    recomendações sobre higiene, 36-37
pão
    branco, história do, 10, 16
    de farinha integral, história do, 10
    marrom (integral), história do, 10
    pudim de, 264
papaína, 545
parfait congelado, 506
pássaros, como peste, 44
pasta americana para cobertura para bolo de noiva, 352
pasta, história da, 6, 7, 8
pasta *sfogliata* (massa folhada italiana), 148
pasteurização de sobremesas congeladas, 502-503
pastilhagem
    cola de pastilhagem, 583-584
    decoração profissional, 582-584, 582*f*, 583*f*, 584*f*, 593*f*
    história da, 12
    para bolo de noiva, 352
pâte
    definição, 133
    à bombe, 274-275
    à choux, 149-152
        cozinhar e assar, 150-152, 151*f*, 152*f*
        história da, 12, 13
        ingredientes e características, 149-150
        usos, 134*f*
    à foncer, 134*f*, 138-139, 142, 142*f*
    à sablé breton, 134*f*, 143-144, 146
    breton, 146
    brisée, 134*f*, 138-139, 142-143
    sablée, 134*f*, 143-144, 145-146
    sucrée, 134*f*, 143-144, 145
pâtes de fruits, 452-453
pâtisserie
    história da, 10, 12-14
    movimento artesanal e, 16
pâtissiers, história dos, 11
patógenos, temperatura de armazenamento de alimentos e, 36
pé de moleque, 446
pectina
    como estabilizante, 498, 498*f*
    tipos e usos, 451, 451*f*
    amarela, 451, 451*f*
    de geleificação rápida, 451, 451*f*
    NH, 451, 451*f*
peixe, como alergênico, 39
perfil do produto, criação do, 47
período neolítico, panificação no, 6
pesagem dos ingredientes, bolos, 216
petit fours
    armazenamento e serviço, 436
    características, 433
    definição, 433
    déguisés, 435-436
    frais, 435
    glacés, 434-435
    prestige, 436
    sec, 434
    visão geral, 433-434
pH
    fermentos químicos e, 100
    massa de bolo, 230*f*
        controle do, 229
        fermentos e, 213-214, 214*f*, 215*f*
pico
    firme, merengue de, definição, 60, 272
    leve de merengue, definição, 60, 272
pièces montées, 12
Pillsbury Company, 27
pimenta em pâtisseries na Antiguidade clássica, 8
pincelar com ovos, crosta de torta, 171
pioneiros, cozimento pelos, 15
pirofosfato do ácido do sódio, 99-100, 214*f*, 215*f*
pistores, 10
Pithivier, história do bolo, 12
pó de pérola (carbonato de potássio), como agente de fermentação, 15
polissorbato, 499*f*
ponto
    de caramelo, 257*f*, 437*f*
    de congelamento, açúcar, 491
    de fio, 257*f*, 437*f*
pontos de controle críticos (PCCs)
    ações corretivas, planejamento, 32-33
    definição, 28-29
    identificação dos, 28-29, 29*f*, 30*f*, 31*f*, 32*f*
    limites para, estabelecer, 29-32

ÍNDICE REMISSIVO

monitoramento dos, 32
revisão dos, 33
Popelini, 12
POPH. *Ver* Procedimentos Padrão de Higiene Operacional
porcentagem Brix, 497
porcionado, biscoito, tipo, 56
pot de crème, 265
potássio, 99
poupelins, história do, 14
pragas, 44
    controle de aplicação de pesticida, 44, 47
    controle de pragas, contratação de serviços, 47
    planejamento, antes de abertura, 47
    procedimentos padrões, 42-44
preparação de alimentos, orientações sobre higiene, 36
primeiro a entrar, primeiro a sair (PEPS), regra do, 36, 44
Procedimentos Padrão de Higiene Operacional (PPOH), 23, 40
processo
    de avaliação de riscos na produção da baguete, 28, 30*f*, 31*f*
    de cozimento, bolo. *Ver* bolo
    de cozimento, torta, 169-172
        chiffon, tortas, 182-183
        cozimento da base da torta, 166, 171-172, 172*f*
        creme – custard, torta de, 179-180
        creme, tortas de, 181, 180*f*
        frutas, torta de, 175-179, 176*f*, 177*f*, 178*f*
profissionais
    doenças e higiene dos alimentos, 34-35
    e concepção de cardápio de sobremesas, 542
profiteroles, 538
proteolíticas, enzimas, 545
pudim de leite com calda de caramelo, 265, 538-539
purê de fruta como base para musse, 314-315
puxado, açúcar, 593-597
    acetinado, açúcar, 593-594, 595
    colorir, 595, 598*f*
    fórmula, 594
    moldagem do, 595-597, 598*f*, 599*f*, 600*f*
    para bolo de noiva, 353
    procedimento, 594, 596
    visão geral, 593-594

Q

qualidade, ponto de controle de, 28-29
quaternária, composto de amônia, 41, 42*f*
queijos, sobremesas com base em, 539-540

R

Rageuneau, 13
Ramsés III, 9
ratos, 43-44
reaquecimento de alimentos, orientações, 36
recalls
    classes de, 24-25
    possibilidade de, 24-25
recheio do bolo, 338, 338*f*
refratômetro, 497
Regulamentações de Saúde Pública Boas Práticas de Produção (GMP), 25-27
    história das, 16-27, 24-25
    legislação, 24-25, 45
regulamentos da indústria de panificação, 11-12, 16, 24, 25
Renascença, panificação na, 11-14
resfriamento, bolos, 218
Revel, Jean-François, 7, 8, 13, 14
Richelieu, Cardeal, 11
riscos
    definição dos, 28
    identificação dos, 28-33, 29*f*, 30*f*, 31*f*, 32*f*
Rock sugar, 589
roedores, 43-44. *Ver também* pragas, controle
rotulação, exigências de
    em alimentos alergênicos, 38
    em alimentos armazenados, 47
    em gorduras *trans*, 40
rotulação nutricional, obrigatoriedade, 25

S

Sablé breton, 134*f*
sabor do bolo, composição e equilíbrio, 334
sacarose, 495
sal
    em biscoitos, 54
    em massa de pâtisserie, 138, 144
    em massa folhada, 146, 147
salmonela, 37, 38
saúde
    chocolate e, 649-650
    segurança alimentar. *Ver* segurança alimentar
saúde e bem estar no Canadá, padronização para identificação de produtos de chocolate, 625*f*
scones
    mistura, métodos de, 100-102, 103-104
    montagem, 106, 106*f*
    produção em escala, 109
segurança alimentar. *Ver também* limpeza e higienização; alimentos, alergênicos; Análises de Perigos e Pontos Críticos de Controle (HACCP); pragas, controle
    biossegurança, 45
    Folhas de Dados de Segurança do Produto (MSDS), 47
    pesticidas, 44, 47
    procedimentos para, antes de abrir, 47-48
seleção, método para sementes de cacau, 621
semente(s)
    de algodão, como alergênico, 39
    de gergelim, como alergênico, 39
    de girassol, como alergênico, 39
    de papoula, como alergênico, 39
    em pães da Antiguidade clássica, 8
Semifreddi's, 18
semifreddo, 506-507
semmelbrot, 10
septicemia, 38
serviço à francesa, 14
shigella, 38

ÍNDICE REMISSIVO

sinerese, 263
sobremesa composta. *Ver* sobremesas compostas
sobremesa, menu de, concepção, 540-542
sobremesas compostas categorias de, 537-540
   componente principal, 543-544
   componentes adicionais, 544-549, 548*f*
   concepção de cardápio, 540-542
congeladas, 538
   considerações sobre as, 542-543
   mise em place, importância da, 549
   mornas e quentes, 538
   serviço, 549
   visão geral, 537
sobremesas congeladas
   aromatizantes, 499, 501
   choque térmico, 497
   congelados (sem agitar), 491-492, 506-507
   congelamento das, 504
   doçura, nível de, 495-496
   endurecimento, 504
   estrutura física, 492
   granita, 506
   ingredientes, 492-501
   ingredientes sólidos, 499-501
   maturação das, 530
   overrun (retenção de ar no sorvete), 496-497, 504
   pasteurização, 501-503
   procedimento, 501-504
   sobremesas congeladas por agitação, 491, 501-506. *Ver também* sorvete
   sorbet
      cálculo para a fórmula, 501-513
      ingredientes, 505-506
      porcentagem de frutas, 499-500, 500*f*
      procedimento, 505-506
   sorvete, história do, 13
   textura, 492, 493, 495, 496, 497, 499, 500
   visão geral, 491-492
soja como alergênico, 39
solilemmes, história, 14
sorbet
   cálculo para a fórmula, 511-513
   ingredientes, 505-506
   porcentagem de frutas, 499-501, 500*f*
sorbitol, 496*f*
sorvete
   aromatizantes, 499
   choque térmico, 497
   com base de creme, 494-495, 505
   complementos, 499-501
   doçura, medida de, 495-496
   emulsificantes e estabilizantes, 497-499, 498*f*, 499*f*
   estilo Filadélfia, 505
   estrutura física, 492
   fórmulas
      criação e cálculo equilibrado, 507-511, 514*f*, 515*f*
      interpretar, 516
   ingredientes básicos, 492-497
   overrun (retenção de ar), 496-497, 504
   procedimento, 501-504
   teor de gordura, 493, 494*f*
   textura, 492, 493, 495, 496, 497, 499, 500
   tipo creme francês, 494-495
   tipos, 505-506
   USDA (Departamento de Agricultura dos Estados Unidos) definição do, 492, 505
spray, chocolate, 648
staphylococcus aureus, 38
substância polimórfica, manteiga de cacau como, 628
suflê congelado, 506
sugar bloom, 629
suíço
   creme de manteiga, 275
   merengue, 273
sulfato de alumínio de sódio (SAS), 99, 214*f*
sulfito como alergênico, 39
supersaturadas, caldas, 438
supervisão e higiene dos alimentos, 35
supplications, 11

T

Taillevent. *Ver* Tirel, Guillaume
Talleyrand, Charles Maurice de, 13
Tameliers, 10
tant pour tant (TPT), 223
tartarato ácido de potássio, 214*f*
tartárico, ácido, 214*f*, 586, 597
TBLT. *Ver* temperatura, baixa por tempo longo, pasteurização
temperar, chocolate, 623-624, 630-634, 631*f*, 632*f*, 633*f*
temperatura
   baixa por longo tempo (TBLT), pasteurização, 503
   da massa do bolo, 228-229, 230*f*
   do chocolate, controle da, 633-634
   e assepsia, 41-42
   para armazenar alimentos, 36
   zona de perigo, 36
terroir, 617
teste da tira para temperar chocolate, 631, 633-634
textura
   de sobremesas compostas, 542-543
   de sobremesas congeladas, 492, 493, 495, 496-497, 498, 499, 500, 501
   do bolo, composição e estabilidade, 335
Theobroma cacao, 615, 616
tifo, 43
Tirel, Guillaume (Taillevent), 14
toffee, 447
torrar sementes de cacau, 620-621
torta de frutas
   escolha do ingrediente, 173-175
   métodos de produção, 175-179, 176*f*, 177*f*, 178*f*
   seleção de amido, 175
tortas abertas (*tarts*), 183-189
   assadas, 185, 186-189, 188*f*
   assadas com o recheio, 183-184, 186-187, 188*f*
   visão geral, 183-184
tortas fechadas (*pies*)
   assadas, 166
   assadas com recheio, 166
   chiffon, 181-183
      método de produção, 182-183
      recheio, 182-183
   cozimento de, 171-172

de creme
    escolha da crosta, 180
    procedimento para a produção, 180*f*, 181
    recheios, 180-181
de creme – *custard*
    orientações para o cozimento, 179-180
    seleção de massas, 179
de frutas
    escolha do ingrediente, 173
    métodos de produção, 175-179, 176*f*, 177*f*, 178*f*
    seleção de amido, 175
    história das, 15
    produção em escala de, 172-173
    recheios de, 173-183
    visão geral, 165-166
tourier, 133
toxoplasma gondii, 38
toxoplasmose, 38
TPT. *Ver tant pour tant*
traças, 43
Trajano (imperador romano), 9
trans, gorduras, exigência de rotulação, 40
tratado sobre preparo de bolos (Crisipo de Tiana), 8
treinamento

    em boas práticas de produção, 25
    em funções da padaria, 48
    em higiene dos alimentos, 34
    em manipulação de alimentos, 48
    em procedimentos de limpeza, 48
    no trabalho, 19-20
    para panificação e pâtisserie, 18-20
triglicerídeo, manteiga de cacau como, 628
trigo
    como alergênico, 39
    e indústria da farinha, o movimento de artesãos e o, 17-18
    na história da panificação, 6, 7, 10, 12, 13, 14, 15
trinitário, 616
triquinose, 37
trituração das sementes de cacau, 621-622
triturador para refino de chocolate, 623
trufas confeitadas, procedimento para, 637-638
trufas, 637, 638*f*, 639*f*

trufas, procedimento manual de moldagem de, 637, 638*f*, 639
trufas, técnica de passar no cacau em pó, 637-638
tuile em sobremesas compostas, 547
Turgot, 11

U

umectantes em biscoitos, 63
USDA. *Ver* Departamento de Agricultura
uso de assadeiras, 108

V

vacherin, 538
valor neutralizante (VN), 213, 214*f*
Van Houten, Conrad, 622
vazados, biscoitos, características, 56-57
vibrio vulnificus, 38
Vigilância Sanitária, como fonte de informações, 46
VN. *Ver* valor neutralizante

Z

zona de perigo da temperatura, 36

Este livro foi impresso na
LIS GRÁFICA E EDITORA LTDA.
Rua Felício Antônio Alves, 370 – Bonsucesso
CEP 07175-450 – Guarulhos – SP
Fone: (11) 3382-0777 – Fax: (11) 3382-0778
lisgrafica@lisgrafica.com.br – www.lisgrafica.com.br